2023

ESCRITURÁRIO - BANCO DO ESTADO DO RIO GRANDE DO SUL - BANRISUL

EDITORA

AlfaCon
Concursos Públicos

Diretor Geral: Evandro Guedes
Diretor de TI: Jadson Siqueira
Diretor Editorial: Javert Falco
Gerente Editorial: Mariana Passos
Editor(a): Mateus Ruhmke Vazzoller, Paula Craveiro
Assistente Editorial: Dayane Ribeiro
Gerente de Editoração: Alexandre Rossa
Diagramador(a): Emilly Lazarotto

Língua Portuguesa
Adriano Paccielo, Giancarla Bombonato, Glaucia Cansian, Pablo Jamilk, Priscila Conte

Matemática
Daniel Lustosa

Atualidades do Mercado Financeiro
Luiz Rezende

Conhecimentos Bancários
Thais Vieira, André Adriano, Ricardo Barrios, Luiz Rezende, Fabyanne Cavagionni

Matemática Financeira
André Arruda

Conhecimentos de Informática
João Paulo, Kátia Quadros, Luiz Rezende

Vendas e Negociação
Aline Betiatto, Luiz Rezende

Ética e Diversidade
Isabel Rossoni, Guilherme de Luca, Nilton Matos, Rafael Medeiros

Dados Internacionais de Catalogação na Publicação (CIP)
Jéssica de Oliveira Molinari CRB-8/9852

E74

    Escriturário : Banco do Estado do Rio Grande do Sul - BANRISUL / Equipe de professores Alfacon. – 1. ed. - Cascavel, PR : AlfaCon, 2023.

    366 p.

    ISBN 978-65-5918-548-1

    1. Serviço público - Concursos – Brasil 2. Escriturário – Rio Grande do Sul - Concursos 3. Língua portuguesa 4. Matemática 6. Finanças 7. Informática 8. Ética

22-6709
        CDD 351.81076

Índices para catálogo sistemático:
1. Serviço público - Brasil - Concursos

Dúvidas?
Acesse: www.alfaconcursos.com.br/atendimento

Núcleo Editorial:
    Rua: Paraná, nº 3193, Centro - Cascavel/PR
    CEP: 85810-010

Núcleo Comercial/Centro de Distribuição:
    Rua: Dias Leme, nº 489, Mooca - São Paulo/SP
    CEP: 03118-040

SAC: (45) 3037-8888

Data de fechamento
1ª impressão:
23/11/2022

EDITORA

www.alfaconcursos.com.br/apostilas

APRESENTAÇÃO

A sua chance de fazer parte do Serviço Público chegou, e a oportunidade está no concurso para **Escriturário - Banco do Estado do Rio Grande do Sul - BANRISUL**. Neste universo dos concursos públicos, estar bem-preparado faz toda a diferença e para ingressar nesta carreira, é fundamental que esteja preparado com os conteúdos que o AlfaCon julga mais importante cobrados na prova:

Aqui, você encontrará os conteúdos básicos de

> Língua Portuguesa
> Matemática
> Atualidades do Mercado Financeiro
> Conhecimentos Bancários
> Matemática Financeira
> Conhecimentos de Informática
> Vendas e Negociação
> Ética e Diversidade

Ressaltamos que as disciplinas de Conhecimentos Bancário e Vendas e Negociação se complementam com os cursos on-line.

O AlfaCon preparou todo o material com explicações, reunindo os principais conteúdos relacionados a prova, dando ênfase aos tópicos mais cobrados. ESTEJA ATENTO AO CONTEÚDO ONLINE POR MEIO DO CÓDIGO DE RESGATE, para que você tenha acesso a todo conteúdo do solicitado pelo edital.

Desfrute de seu material o máximo possível, estamos juntos nessa conquista!

Bons estudos e rumo à sua aprovação!

EDITORA
AlfaCon
Concursos Públicos

APRESENTAÇÃO

A sua chance de fazer parte do Serviço Público chegou, e a oportunidade está no concurso para **Escriturário - Banco do Estado do Rio Grande do Sul - BANRISUL**. Neste universo dos concursos públicos, estar bem-preparado faz toda a diferença e para ingressar nesta carreira, é fundamental que esteja preparado com os conteúdos que o AltaCon julga mais importante cobrados na prova.

Aqui, você encontrará os conteúdos básicos de

> Língua Portuguesa
> Matemática
> Atualidades do Mercado Financeiro
> Conhecimentos Bancários
> Matemática Financeira
> Conhecimentos de Informática
> Vendas e Negociação
> Ética e Diversidade

Ressaltamos que as disciplinas de Conhecimentos Bancário e Vendas e Negociação se complementam com os cursos on-line.

O AltaCon preparou todo o material com explicações, reunindo os principais conteúdos relacionados a prova, dando ênfase aos tópicos mais cobrados. ESTEJA ATENTO AO CONTEÚDO ONLINE POR MEIO DO CÓDIGO DE RESGATE, para que você tenha acesso a todo conteúdo do solicitado pelo edital.

Desfrute de seu material o máximo possível, estamos juntos nessa conquista!

Bons estudos e rumo à sua aprovação!

EDITORA

AltaCon

COMO ESTUDAR PARA UM CONCURSO PÚBLICO!

Para se preparar para um concurso público, não basta somente estudar o conteúdo. É preciso adotar metodologias e ferramentas, como plano de estudo, que ajudem o concurseiro em sua organização.

As informações disponibilizadas são resultado de anos de experiência nesta área e apontam que estudar de forma direcionada traz ótimos resultados ao aluno.

Curso on-line GRATUITO

- Como montar caderno
- Como estudar
- Como e quando fazer simulados
- O que fazer antes, durante e depois de uma prova!

Ou pelo link: alfaconcursos.com.br/cursos/material-didatico-como-estudar

ORGANIZAÇÃO

Organização é o primeiro passo para quem deseja se preparar para um concurso público.

Conhecer o conteúdo programático é fundamental para um estudo eficiente, pois os concursos seguem uma tendência e as matérias são previsíveis. Usar o edital anterior - que apresenta pouca variação de um para outro - como base é uma boa opção.

Quem estuda a partir desse núcleo comum precisa somente ajustar os estudos quando os editais são publicados.

PLANO DE ESTUDO

Depois de verificar as disciplinas apresentadas no edital, as regras determinadas para o concurso e as características da banca examinadora, é hora de construir uma tabela com seus horários de estudo, na qual todas as matérias e atividades desenvolvidas na fase preparatória estejam dispostas.

PASSO A PASSO

VEJA AS ETAPAS FUNDAMENTAIS PARA ORGANIZAR SEUS ESTUDOS

PASSO 1	PASSO 2	PASSO 3	PASSO 4	PASSO 5
Selecionar as disciplinas que serão estudadas.	Organizar sua rotina diária: marcar pontualmente tudo o que é feito durante 24 horas, inclusive o tempo que é destinado para dormir, por exemplo.	Organizar a tabela semanal: dividir o horário para que você estude 2 matérias por dia e também destine um tempo para a resolução de exercícios e/ou revisão de conteúdos.	Seguir rigorosamente o que está na tabela, ou seja, destinar o mesmo tempo de estudo para cada matéria. Por exemplo: 2h/dia para cada disciplina.	Reservar um dia por semana para fazer exercícios, redação e também simulados.

Esta tabela é uma sugestão de como você pode organizar seu plano de estudo. Para cada dia, você deve reservar um tempo para duas disciplinas e também para a resolução de exercícios e/ou revisão de conteúdos. Fique atento ao fato de que o horário precisa ser determinado por você, ou seja, a duração e o momento do dia em que será feito o estudo é você quem escolhe.

AlfaCon
Concursos Públicos

TABELA SEMANAL

SEMANA	SEGUNDA	TERÇA	QUARTA	QUINTA	SEXTA	SÁBADO	DOMINGO
1							
2							
3							
4							

SUMÁRIO

Sumário

Sumário

Sumário

Sumário

Sumário

Sumário

Sumário

Sumário

Sumário

Sumário

Sumário

Sumário

LÍNGUA PORTUGUESA

1 COMPREENSÃO E INTERPRETAÇÃO DE TEXTOS

1.1 Ideias preliminares sobre o assunto

Para interpretar um texto, o indivíduo precisa de muita atenção e de muito treino. Interpretar pode ser comparado com o disparar de uma arma: apenas temos chance de acertar o alvo se treinarmos muito e soubermos combinar todos os elementos externos ao disparo: velocidade do ar, direção, distância etc.

Quando o assunto é texto, o primordial é estabelecer uma relação contextual com aquilo que estamos lendo. Montar o contexto significa associar o que está escrito no texto-base com o que está disposto nas questões. Lembre-se de que as questões são elaboradas com a intenção de testar os concursandos, ou seja, deve ficar atento para todas as palavras e para todas as possibilidades de mudança de sentido que possa haver nas questões.

É preciso, para entender as questões de interpretação de qualquer banca, buscar o raciocínio que o elaborador da questão emprega na redação da questão. Usualmente, objetiva-se a depreensão dos sentidos do texto. Para tanto, destaque os itens fundamentais (as ideias principais contidas nos parágrafos) para poder refletir sobre tais itens dentro das questões.

1.2 Semântica ou pragmática?

Existe uma discussão acadêmica sobre o que possa ser considerado como semântica e como pragmática. Em que pese o fato de os universitários divergirem a respeito do assunto, vamos estabelecer uma distinção simples, apenas para clarear nossos estudos.

- **Semântica:** disciplina que estuda o **significado** dos termos. Para as questões relacionadas a essa área, o comum é que se questione acerca da troca de algum termo e a manutenção do sentido original da sentença.
- **Pragmática:** disciplina que estuda o **sentido** que um termo assume dentro de determinado contexto. Isso quer dizer que a identificação desse sentido depende do entorno linguístico e da intenção de quem exprime a sentença.

Para exemplificar essa situação, vejamos o exemplo a seguir:

- **Pedro está na geladeira.**

Nesse caso, é possível que uma questão avalie a capacidade de o leitor compreender que há, no mínimo, dois sentidos possíveis para essa sentença: um deles diz respeito ao fato de a expressão "na geladeira" poder significar algo como "ele foi até a geladeira buscar algo", o que – coloquialmente – significaria uma expressão indicativa de lugar.

O outro sentido diz respeito ao fato de "na geladeira" significar que "foi apartado de alguma coisa para receber algum tipo de punição".

A questão sobre **semântica** exigiria que o candidato percebesse a possibilidade de trocar a palavra "geladeira" por "refrigerador" – havendo, nesse caso, uma relação de sinonímia.

A questão de **pragmática** exigiria que o candidato percebesse a relação contextualmente estabelecida, ou seja, a criação de uma figura de linguagem (um tipo de metáfora) para veicular um sentido particular.

1.3 Questão de interpretação

Como se faz para saber que uma questão de interpretação é uma questão de interpretação?

Respondendo a essa pergunta, entende-se que há pistas que identificam a questão como pertencente ao rol de questões para interpretação. Os indícios mais precisos que costumam aparecer nas questões são:

- Reconhecimento da intenção do autor.
- Ponto de vista defendido.
- Argumentação do autor.
- Sentido da sentença.

Apesar disso, não são apenas esses os indícios de que uma questão é de intepretação. Dependendo da banca, podemos ter a natureza interpretativa distinta, principalmente porque o critério de interpretação é mais subjetivo que objetivo. Algumas bancas podem restringir o entendimento do texto; outras podem extrapolá-lo.

1.4 Dicas para interpretação

Há três elementos fundamentais para boa interpretação:

- Eliminação dos vícios de leitura.
- Organização.
- Sagacidade.

1.4.1.Vícios de leitura

A pior coisa que pode acontecer com o concursando, quando recebe um texto complexo para ler e interpretar, é cair num vício de leitura. Veja se você possui algum deles. Caso possua, tente eliminar o quanto antes.

Movimento

Como tudo inicia. O indivíduo pega o texto para ler e não para quieto. Troca a maneira de sentar, troca a posição do texto, nada está bom, nada está confortável. Em casa, senta para estudar e o que acontece? Fome. Depois? Sede. Então, a pessoa fica se mexendo para pegar comida, para tomar água, para ficar mais sossegado e o fluxo de leitura vai para o espaço. Fique quieto! O conceito é militar! Sente-se e permaneça assim até acabar a leitura, do contrário, vai acabar com a possibilidade de entender o que está escrito. Estudar com televisão, rádio, redes sociais e qualquer coisa dispersiva desse gênero só vai atrapalhar você.

Apoio

Não é aconselhável utilizar apoios para a leitura, tais como: réguas, acompanhar a linha com a caneta, ler em voz baixa, passar o dedo pelo papel etc. Basta pensar que seus olhos são muito mais rápidos que qualquer movimento ou leitura em voz alta.

"Garoto da borboleta"

Se você possui os vícios anteriores, certamente é um "garoto da borboleta" também. Isso quer dizer que é desatento e fica facilmente (fatalmente) disperso. Tudo chama sua atenção: caneta batendo na mesa, o concorrente barulhento, a pessoa estranha que está em sua frente, o tempo passando etc. Você vai querer ficar voltando ao início do texto porque não conseguiu compreender nada e, finalmente, vai perder as questões de interpretação.

1.4.2.Organização da leitura

Para que ocorra organização, é necessário compreender que todo texto possui:

- **Posto:** aquilo que é dito no texto. O conteúdo expresso.
- **Pressuposto:** aquilo que não está dito, mas que é facilmente compreendido.
- **Subentendido:** o que se pode interpretar por uma soma de dito com não-dito.

Veja um exemplo:

Alguém diz: "felizmente, meu tio parou de beber." É certo que o dito se compõe pelo conteúdo da mensagem: o homem parou de beber. O não-dito, ou pressuposto, fica a cargo da ideia de que o homem bebia e, agora, não bebe mais. Por sua vez, o subentendido pode ser abstraído como "meu tio possuía problemas com a bebida e eu assumo isso por meio da sentença que profiro". Não é difícil! É necessário, no entanto, possuir uma certa "malandragem linguística" para perceber isso de início.

1.5 Dicas para organização

As dicas de organização não são novas, mas são eficazes, vamos lá:

- **Ler mais de uma vez o texto (quando for curto, é lógico)**

A primeira leitura é para tomar contato com o assunto, a segunda, para observar como o texto está articulado.

Ao lado de cada parágrafo, escreva a principal ideia (tópico frasal) ou argumento mais forte do trecho. Isso ajuda você a ter clareza da temática e como ela está sendo desenvolvida.

Se o texto for muito longo, recomenda-se ler primeiro a questão de interpretação, para, então, buscá-la na leitura.

- **Observar as relações entre parágrafos**

Observar que há relações de exemplificação, oposição e causalidade entre os parágrafos do texto, por isso, tente compreender as relações intratextuais nos parágrafos.

Ficar de olho aberto para as conjunções adversativas: *no entanto, contudo, entretanto* etc.

- **Atentar para o comando da questão**

Responda àquilo que foi pedido.

- **Dica:** entenda que modificar e prejudicar o sentido não são a mesma coisa.

- **Palavras de alerta (polarizadoras)**

Sublinhar palavras como: *erro, incorreto, correto* e *exceto*, para não se confundir no momento de responder à questão.

Inaceitável, incompatível e *incongruente* também podem aparecer.

- **Limitar os horizontes**

Não imaginar que você sabe o que o autor quis dizer, mas sim entender o que ele disse: o que ele escreveu. Não extrapolar a significação do texto. Para isso, é importante prestar atenção ao significado das palavras.

Pode até ser coerente o que você concluiu, mas se não há base textual, descarte.

O homem **pode** morrer de infarto. / O homem **deve** morrer de infarto.

- **Busque o tema central do texto**

Geralmente aparece no primeiro parágrafo do texto.

- **Desenvolvimento**

Se o enunciado mencionar a argumentação do texto, você deve buscar entender o que ocorre com o desenvolvimento dos parágrafos.

Verificar se o desenvolvimento ocorre por:

- Causa e consequência.
- Enumeração de fatos.
- Retrospectiva histórica.
- Fala de especialista.
- Resposta a um questionamento.
- Sequência de dados.
- Estudo de caso.
- Exemplificação.

- **Relatores**

Atentar para os pronomes relativos e demonstrativos no texto. Eles auxiliam o leitor a entender como se estabelece a coesão textual.

Alguns deles: *que, cujo, o qual, onde, esse, este, isso, isto* etc.

- **Entender se a questão é de interpretação ou de compreensão**

- Interpretação

Parte do texto para uma conclusão. As questões que solicitam uma inferência costumam apresentar as seguintes estruturas:

"É possível entender que..."
"O texto possibilita o entendimento de que..."
"O texto encaminha o leitor para..."
"O texto possibilita deduzir que..."
"Depreende-se do texto que..."
"Com apoio no texto, infere-se que..."
"Entende-se que..."
"Compreende-se que..."
"Compreensão"

Buscam-se as informações solicitadas pela questão no texto. As questões dessa natureza possuem as seguintes estruturas:

"De acordo com o texto, é possível afirmar..."
"Segundo o texto..."
"Conforme o autor..."
"No texto..."
"Conforme o texto..."

- **Tome cuidado com as generalizações**

Na maior parte das vezes, o elaborador da prova utiliza a generalização para tornar a questão incorreta.

Atenção para as palavras: *sempre, nunca, exclusivamente, unicamente, somente.*

O que você não deve fazer!
"Viajar" no texto: interpretar algo para além do que o texto permite.
Interpretar apenas um trecho do texto.
Entender o contrário: fique atento a palavras como "pode", "não", "deve" etc.

1.5.1. Astúcia da banca

Talvez seja essa a característica mais difícil de se desenvolver no concursando, pois ela envolve o conhecimento do tipo de interpretação e dos limites estabelecidos pelas bancas. Só há uma maneira de ficar esperto estudando para concurso público: realizando provas! Pode parecer estranho, mas depois de resolver 200 questões da mesma banca, você já consegue prever como será a próxima questão. Prever é garantir o acerto! Então, faça exercícios até cansar e, quando cansar, faça mais um pouco.

Vamos trabalhar com alguns exemplos agora:

- **Exemplo I**

Entre os maiores obstáculos ao pleno desenvolvimento do Brasil, está a educação. Este é o próximo grande desafio que deve ser enfrentado com paciência, mas sem rodeios. É a bola da vez dentro das políticas públicas prioritárias do Estado. Nos anos 1990 do século passado, o país derrotou a inflação – que corroía salários, causava instabilidade política e irracionalidade econômica. Na primeira década deste século, os avanços deram-se em direção a uma agenda social, voltada para a redução da pobreza e da desigualdade estrutural. Nos próximos anos, a questão da melhoria da qualidade do ensino deve ser uma obrigação dos governantes, sejam quais forem os ungidos pelas decisões das urnas.

Jornal do Brasil, Editorial, 21/1/2010 (com adaptações).

Agora o mesmo texto, devidamente marcado.

> *Entre os maiores obstáculos ao pleno desenvolvimento do Brasil, está a educação. Este é o próximo grande desafio que deve ser enfrentado com paciência, mas sem rodeios. É a bola da vez dentro das políticas públicas prioritárias do Estado. Nos anos 90 do século passado, o país derrotou a inflação – que corroía salários, causava instabilidade política e irracionalidade econômica. Na primeira década deste século, os avanços deram-se em direção a uma agenda social, voltada para a redução da pobreza e da desigualdade estrutural. Nos próximos anos, a questão da melhoria da qualidade do ensino deve ser uma OBRI-GAÇÃO DOS GOVERNANTES, sejam quais forem os ungidos pelas decisões das urnas.*

Observe que destacamos para você elementos que podem surgir, posteriormente como questões. O texto inicia falando que há mais obstáculos além da educação. Também argumenta, posteriormente, que já houve outros desafios além desse que ele chama de "próximo grande desafio". Utilizando uma expressão de sentido **conotativo** (bola da vez), o escritor anuncia que a educação ocupa posição de destaque quando o assunto se volta para as políticas públicas prioritárias do Estado.

No decorrer do texto, que se desenvolve por um tipo de retrospectiva histórica (veja o que está destacado), o redator traça um panorama dessas políticas públicas ao longo da história do país, fazendo uma previsão para os anos vindouros (o que foi destacado em caixa alta).

- **Exemplo II**

> *Um passo fundamental para que não nos enganemos quanto à natureza do capitalismo contemporâneo e o significado das políticas empreendidas pelos países centrais para enfrentar a recente crise econômica é problematizarmos, com cuidado, o termo neoliberalismo: "começar pelas palavras talvez não seja coisa vã", escreve Alfredo Bosi em Dialética da Colonização.*
>
> *A partir da década de 1980, buscando exprimir a natureza do capitalismo contemporâneo, muitos, principalmente os críticos, utilizaram esta palavra que, por fim, se generalizou. Mas o que, de fato, significa? O prefixo neo quer dizer novo; portanto, novo liberalismo. Ora, durante o século XIX deu-se a construção de um liberalismo que viria encontrar a sua crise definitiva na I Guerra Mundial em 1914 e na crise de 1929. Mas desde o período entre guerras e, sobretudo, depois, com o término da II Guerra Mundial, em 1945, tomou corpo um novo modelo, principalmente na Europa, que de certa forma se contrapunha ao velho liberalismo: era o mundo da socialdemocracia, da presença do Estado na vida econômica, das ações políticas inspiradas na reflexão teórica do economista britânico John Keynes, um crítico do liberalismo econômico clássico que viveu na primeira metade do século XX. Quando esse modelo também entrou em crise, no princípio da década de 1970, surgiu a perspectiva de reconstrução da ordem liberal. Por isso, novo liberalismo, neoliberalismo.*

Grupo de São Paulo, disponível em: http://www.correiocidadania.com.br/content/view/5158/9/. Acesso em: 28/10/2010. (Adaptado)

- **Exemplo III**

Em Defesa do Voto Obrigatório

> *O voto, direito duramente conquistado, deve ser considerado um dever cívico, sem o exercício do qual o direito se descaracteriza ou se perde, afinal liberdade e democracia são fins e não apenas meios. Quem vive em uma comunidade política não pode estar desobrigado de opinar sobre os rumos dela. Nada contra a desobediência civil, recurso legítimo para o protesto cidadão, que, no caso eleitoral, se pode expressar no voto nulo (cuja tecla deveria constar na máquina utilizada para votação). Com o voto facultativo, o direito de votar e o de não votar ficam inscritos, em pé de igualdade, no corpo legal. Uma parte do eleitorado deixará voluntariamente de opinar sobre a constituição do poder político. O desinteresse pela política e a descrença no voto são registrados como mera "escolha", sequer como desobediência civil ou protesto. A consagração da alienação política como um direito legal interesa aos conservadores, reduz o peso da soberania popular e desconstitui o sufrágio como universal.*

> *Para o cidadão ativo, que, além de votar, se organiza para garantir os direitos civis, políticos e sociais, o enfoque é inteiramente outro. O tempo e o trabalho dedicados ao acompanhamento continuado da política não se apresentam como restritivos da liberdade individual. Pelo contrário, são obrigações auto assumidas no esforço de construção e aprofundamento da democracia e de vigília na defesa das liberdades individuais e públicas. A ideia de que a democracia se constrói nas lutas do dia a dia se contrapõe, na essência, ao modelo liberal. O cidadão escolado na disputa política sabe que a liberdade de não ir votar é uma armadilha. Para que o sufrágio continue universal, para que todo poder emane do povo e não, dos donos do poder econômico, o voto, além de ser um direito, deve conservar a sua condição de dever cívico.*

2 ORTOGRAFIA

A ortografia é a parte da Gramática que estuda a escrita correta das palavras. O próprio nome da disciplina já designa tal função. É oriunda das palavras gregas *ortho* que significa "correto" e *graphos* que significa "escrita".

2.1 Alfabeto

As letras **K**, **W** e **Y** foram inseridas no alfabeto devido a uma grande quantidade de palavras que são grafadas com tais letras e não podem mais figurar como termos exóticos em relação ao português. Eis alguns exemplos de seu emprego:

- Em abreviaturas e em símbolos de uso internacional: **kg** - quilograma / **w** - watt.
- Em palavras estrangeiras de uso internacional, nomes próprios estrangeiros e seus derivados: Kremlin, Kepler, Darwin, Byron, byroniano.

O alfabeto, também conhecido como abecedário, é formado (a partir do novo acordo ortográfico) por 26 letras.

FORMA MAIÚSCULA	FORMA MINÚSCULA	FORMA MAIÚSCULA	FORMA MINÚSCULA
A	a	N	n
B	b	O	o
C	c	P	p
D	d	Q	q
E	e	R	r
F	f	S	s
G	g	T	t
H	h	U	u
I	i	V	v
J	j	W	w
K	k	X	x
L	l	Y	y
M	m	Z	z

2.2 Emprego da letra H

A letra **H** demanda um pouco de atenção. Apesar de não possuir verdadeiramente sonoridade, ainda a utilizamos por convenção histórica. Seu emprego, basicamente, está relacionado às seguintes regras:

- No início de algumas palavras, por sua origem: hoje, hodierno, haver, Helena, helênico.
- No fim de algumas interjeições: Ah! Oh! Ih! Uh!
- No interior de palavra compostas que preservam o hífen, nas quais o segundo elemento se liga ao primeiro: super-homem, pré-história, sobre-humano.
- Nos dígrafos **NH**, **LH** e **CH**: tainha, lhama, chuveiro.

2.3 Emprego de E e I

Existe uma curiosidade a respeito do emprego dessas letras nas palavras que escrevemos: o fato de o "e", no final da palavra, ser pronunciado como uma semivogal faz com que muitos falantes pensem ser correto grafar a palavra com **I**.

Aqui, veremos quais são os principais aspectos do emprego dessas letras.

- Escreveremos com "e" palavras formadas com o prefixo **ANTE-** (que significa antes, anterior).

    Por exemplo: antebraço, antevéspera, antecipar, antediluviano etc.

- A sílaba final de formas conjugadas dos verbos terminados em **–OAR** e **–UAR** (quando estiverem no subjuntivo).

    Por exemplo: abençoe (abençoar), continue (continuar), pontue (pontuar).

- Algumas palavras, por sua origem.

    Por exemplo: arrepiar, cadeado, creolina, desperdiçar, desperdício, destilar, disenteria, empecilho, indígena, irrequieto, mexerico, mimeógrafo, orquídea, quase, sequer, seringa, umedecer etc.

- Escreveremos com "i" palavras formadas com o prefixo **ANTI-** (que significa contra).

    Por exemplo: antiaéreo, anticristo, antitetânico, anti-inflamatório.

- A sílaba final de formas conjugadas dos verbos terminados em **-AIR**, **-OER** e **-UIR**.

    Por exemplo: cai (cair), sai (sair), diminui (diminuir), dói (doer).

- Os ditongos AI, OI, ÓI, UI.

    Por exemplo: pai, foi, herói, influi.

- As seguintes palavras: aborígine, chefiar, crânio, criar, digladiar, displicência, escárnio, implicante, impertinente, impedimento, inigualável, lampião, pátio, penicilina, privilégio, requisito etc.

Vejamos alguns casos em que o emprego das letras **E** e **I** pode causar uma alteração semântica:

- Escrito com **E**:

    Arrear = pôr arreios.

    Área = extensão de terra, local.

    Delatar = denunciar.

    Descrição = ação de descrever.

    Descriminação = absolver.

    Emergir = vir à tona.

    Emigrar = sair do país ou do local de origem.

    Eminente = importante.

- Escrito com **I**:

    Arriar = abaixar, desistir.

    Ária = peça musical.

    Dilatar = alargar, aumentar.

    Discrição = separar, estabelecer diferença.

    Imergir = mergulhar.

    Imigrar = entrar em um país estrangeiro.

    Iminente = próximo, prestes a ocorrer.

O Novo Acordo Ortográfico explica que, agora, escreve-se com **I** antes de sílaba tônica. Veja alguns exemplos: acriano (admite-se, por ora, acreano, de Acre), rosiano (de Guimarães Rosa), camoniano (de Camões), nietzschiano (de Nietzsche) etc.

2.4 Emprego de O e U

Apenas por exceção, palavras em português com sílabas finais átonas (fracas) terminam por **US**; o comum é que se escreva com **O** ou **OS**. Por exemplo: carro, aluno, abandono, abono, chimango etc.

Exemplos das exceções a que aludimos: bônus, vírus, ônibus etc.

Em palavras proparoxítonas ou paroxítonas com terminação em ditongo, são comuns as terminações em -UA, -ULA, -ULO: tábua, rábula, crápula, coágulo.

As terminações em -AO, -OLA, -OLO só aparecem em algumas palavras: mágoa, névoa, nódoa, agrícola, vinícola, varíola etc.

Fique de olho na grafia destes termos:

- **Com a letra O:** abolir, boate, botequim, bússola, costume, engolir, goela, moela, moleque, mosquito etc.
- **Com a letra U:** bulício, buliçoso, bulir, camundongo, curtume, cutucar, jabuti, jabuticaba, rebuliço, urtiga, urticante etc.

2.5 Emprego de G e J

Essas letras, por apresentarem o mesmo som, eventualmente, costumam causar problemas de ortografia. A letra **G** só apresenta o som de **J** diante das letras **E** e **I**: gesso, gelo, agitar, agitador, agir, gíria.

2.5.1. Escreveremos com G

- Palavras terminadas em -AGEM, -IGEM, -UGEM. Por exemplo: garagem, vertigem, rabugem, ferrugem, fuligem etc.
  - **Exceções:** pajem, lambujem (doce ou gorjeta), lajem (pedra da sepultura).
- Palavras terminadas em -ÁGIO, -ÉGIO, -ÍGIO, -ÓGIO, -ÚGIO: contágio, régio, prodígio, relógio, refúgio.
- Palavras derivadas de outras que já possuem a letra **G**. Por exemplo: **viagem** – viageiro; **ferrugem** – ferrugento; **vertigem** – vertiginoso; **regime** – regimental; **selvagem** – selvageria; **regional** – regionalismo.
- Em geral, após a letra "r". Por exemplo: aspergir, divergir, submergir, imergir etc.
- Palavras:
  - **De origem latina:** agir, gente, proteger, surgir, gengiva, gesto etc.
  - **De origem árabe:** álgebra, algema, ginete, girafa, giz etc.
  - **De origem francesa:** estrangeiro, agiotagem, geleia, sargento etc.
  - **De origem italiana:** gelosia, ágio etc.
  - **Do castelhano:** gitano.
  - **Do inglês:** gim.

2.5.2. Escreveremos com J

- Os verbos terminados em -JAR ou -JEAR e suas formas conjugadas:
  - **Gorjear:** gorjeia (lembre-se das "aves"), gorjeiam, gorjearão.
  - **Viajar:** viajei, viaje, viajemos, viajante.

> Cuidado para não confundir os termos **viagem** (substantivo) com **viajem** (verbo "viajar"). Vejamos o emprego:
>
> Ele fez uma bela viagem.
>
> Tomara que eles viajem amanhã.

- Palavras derivadas de outras terminadas em -JA. Por exemplo: **granja:** granjeiro, granjear; **loja:** lojista, lojinha; **laranja:** laranjal, laranjeira; **lisonja:** lisonjeiro, lisonjeador; **sarja:** sarjeta.
- Palavras cognatas (raiz em comum) ou derivadas de outras que possuem o J. Por exemplo:
  - **Laje:** lajense, lajedo.
  - **Nojo:** nojento, nojeira.
  - **Jeito:** jeitoso, ajeitar, desajeitado.

- Palavras de origem ameríndia (geralmente tupi-guarani) ou africana: canjerê, canjica, jenipapo, jequitibá, jerimum, jia, jiboia, jiló, jirau, Moji, pajé.
- Palavras: conjetura, ejetar, injeção, interjeição, objeção, objeto, objetivo, projeção, projeto, rejeição, sujeitar, sujeito, trajeto, trajetória, trejeito, berinjela, cafajeste, jeca, jegue, Jeremias, jerico, jérsei, majestade, manjedoura, ojeriza, pegajento, rijeza, sujeira, traje, ultraje, varejista.

2.6 Orientações sobre a grafia do fonema /s/

Podemos representar o fonema /s/ por:

- S: ânsia, cansar, diversão, farsa.
- SS: acesso, assar, carrossel, discussão.
- C, Ç: acetinado, cimento, açoite, açúcar.
- SC, SÇ: acréscimo, adolescente, ascensão, consciência, nasço, desça.
- X: aproximar, auxiliar, auxílio, sintaxe.
- XC: exceção, exceder, excelência, excepcional.

2.6.1. Escreveremos com S

- A correlação **ND – NS**:
  - **Pretender** – pretensão, pretenso.
  - **Expandir** – expansão, expansivo.
- A correlação **RG – RS**:
  - **Aspergir** – aspersão.
  - **Imergir** – imersão.
  - **Emergir** – emersão.
- A correlação **RT – RS**:
  - **Divertir** – diversão.
  - **Inverter** – inversão.
- O sufixo -**ENSE**:
  - Paranaense.
  - Cearense.
  - Londrinense.

2.6.2. Escreveremos com SS

- A correlação **CED – CESS**:
  - **Ceder** – cessão.
  - **Interceder** – intercessão.
  - **Retroceder** – retrocessão.
- A correlação **GRED – GRESS**:
  - **Agredir** – agressão, agressivo.
  - **Progredir** – progressão, progresso.
- A correlação **PRIM – PRESS**:
  - **Imprimir** – impressão, impresso.
  - **Oprimir** – opressão, opressor.
  - **Reprimir** – repressão, repressivo.
- A correlação **METER – MISS**:
  - **Submeter** – submissão.
  - **Intrometer** – intromissão.

2.6.3. Escreveremos com C ou com Ç

- Palavras de origem tupi ou africana. Por exemplo: açaí, araçá, Iguaçu, Juçara, muçurana, Paraguaçu, caçula, cacimba.
- **O Ç só será usado antes das vogais A, O e U.**
- Com os sufixos:
  - -**AÇA:** barcaça.
  - -**AÇÃO:** armação.
  - -**ÇAR:** açucar.

-ECER: esmaecer.

-IÇA: carniça.

-NÇA: criança.

-UÇA: dentuça.

- Palavras derivadas de verbos terminados em **-TER** (não confundir com a regra do **–METER – -MISS**):

    Abster: abstenção.

    Reter: retenção.

    Deter: detenção.

- Depois de ditongos:

    Feição; louça; traição.

- Palavras de origem árabe:

    Açúcar; açucena; cetim; muçulmano.

2.6.4. Emprego do SC

Escreveremos com **SC** palavras que são termos emprestados do latim. Por exemplo: adolescência; ascendente; consciente; crescer; descer; fascinar; fescenino.

2.6.5. Grafia da letra S com som de /z/

Escreveremos com S:

- Terminações em **-ÊS, -ESA** e **-ISA**, que indicam nacionalidade, título ou origem:

    Japonês – japonesa.

    Marquês – marquesa.

    Camponês – camponesa.

- Após ditongos: causa; coisa; lousa; Sousa.

- As formas dos verbos **pôr** e **querer** e de seus compostos:

    Eu pus, nós pusemos, pusésseis etc.

    Eu quis, nós quisemos, quisésseis etc.

- Terminações **-OSO** e **-OSA**, que indicam qualidade. Por exemplo: gostoso; garboso; fervorosa; talentosa.

- Prefixo **TRANS-**: transe; transação; transoceânico.

- Em diminutivos cujo radical termine em **S**:

    Rosa – rosinha.

    Teresa – Teresinha.

    Lápis – lapisinho.

- Na correlação **D – S**:

    Aludir – alusão, alusivo.

    Decidir – decisão, decisivo.

    Defender – defesa, defensivo.

- Verbos derivados de palavras cujo radical termina em **S**:

    Análise – analisar.

    Presa – apresar.

    Êxtase – extasiar.

    Português – aportuguesar.

- Substantivos com os sufixos gregos **-ESE, -ISA** e **-OSE**: catequese, diocese, poetisa, virose, (obs.: "catequizar" com **Z**).

- Nomes próprios: Baltasar, Heloísa, Isabel, Isaura, Luísa, Sousa, Teresa.

- Palavras: análise, cortesia, hesitar, reses, vaselina, avisar, defesa, obséquio, revés, vigésimo, besouro, fusível, pesquisa, tesoura, colisão, heresia, querosene, vasilha.

2.7 Emprego da letra Z

Escreveremos com **Z**:

- Terminações **-EZ** e **-EZA** de substantivos abstratos derivados de adjetivos:

    Belo – beleza.

    Rico – riqueza.

Altivo – altivez.

Sensato - sensatez.

- Verbos formados com o sufixo **-IZAR** e palavras cognatas: balizar, inicializar, civilizar.

- As palavras derivadas em:

    -ZAL: cafezal, abacaxizal.

    -ZEIRO: cajazeiro, açaizeiro.

    -ZITO: avezita.

    -ZINHO: cãozinho, pãozinho, pezinho

- Derivadas de palavras cujo radical termina em **Z**: cruzeiro, esvaziar.

- Palavras: azar, aprazível, baliza, buzina, bazar, cicatriz, ojeriza, prezar, proeza, vazamento, vizinho, xadrez, xerez.

2.8 Emprego do X e do CH

A letra X pode representar os seguintes fonemas:

    /ch/: xarope.

    /cx/: sexo, tóxico.

    /z/: exame.

    /ss/: máximo.

    /s/: sexto.

2.9 Escreveremos com X

- Em geral, após um ditongo. Por exemplo: caixa, peixe, ameixa, rouxinol, caixeiro. **Exceções:** recauchutar e guache.

- Geralmente, depois de sílaba iniciada por **EN-**: enxada; enxerido; enxugar; enxurrada.

- Encher (e seus derivados); palavras que iniciam por **CH** e recebem o prefixo **EN-**. Por exemplo: encharcar, enchumaçar, enchiqueirar, enchumbar, enchova.

- Palavras de origem indígena ou africana: abacaxi, xavante, xará, orixá, xinxim.

- Após a sílaba **ME** no início da palavra. Por exemplo: mexerica, mexerico, mexer, mexida. **Exceção:** mecha de cabelo.

- Palavras: bexiga, bruxa, coaxar, faxina, graxa, lagartixa, lixa, praxe, vexame, xícara, xale, xingar, xampu.

2.10 Escreveremos com CH

- As seguintes palavras, em razão de sua origem: chave, cheirar, chuva, chapéu, chalé, charlatão, salsicha, espadachim, chope, sanduíche, chuchu, cochilo, fachada, flecha, mecha, mochila, pechincha.

- **Atente para a divergência de sentido com os seguintes elementos:**

    Bucho – estômago.

    Buxo – espécie de arbusto.

    Cheque – ordem de pagamento.

    Xeque – lance do jogo de xadrez.

    Tacha – pequeno prego.

    Taxa – imposto.

3 MORFOLOGIA

Antes de adentrar nas conceituações, veja a lista a seguir para facilitar o estudo. Nela, temos uma classe de palavra seguida de um exemplo.

Artigo: o, a, os, as, um, uma, uns, umas.
Adjetivo: legal, interessante, capaz, brasileiro, francês.
Advérbio: muito, pouco, bem, mal, ontem, certamente.
Conjunção: que, caso, embora.
Interjeição: Ai! Ui! Ufa! Eita!
Numeral: sétimo, vigésimo, terço.
Preposição: a, ante, até, após, com, contra, de, desde, em, entre.
Pronome: cujo, o qual, quem, eu, lhe.
Substantivo: mesa, bicho, concursando, Pablo, José.
Verbo: estudar, passar, ganhar, gastar.

3.1 Substantivos

É a palavra variável que designa qualidades, sentimentos, sensações, ações etc.

Quanto à sua classificação, o substantivo pode ser:
- **Primitivo** (sem afixos): pedra.
- **Derivado** (com afixos): pedreiro/empedrado.
- **Simples** (1 núcleo): guarda.
- **Composto** (mais de 1 núcleo): guarda-roupas.
- **Comum** (designa ser genérico): copo, colher.
- **Próprio** (designa ser específico): Maria, Portugal.
- **Concreto** (existência própria): cadeira, lápis.
- **Abstrato** (existência dependente): glória, amizade.

3.1.1. Substantivos concretos

Designam seres de existência própria, como: padre, político, carro e árvore.

3.1.2. Substantivos abstratos

Nomeiam qualidades ou conceitos de existência dependente, como: beleza, fricção, tristeza e amor.

3.1.3. Substantivos próprios

São sempre concretos e devem ser grafados com iniciais maiúsculas. Alguns substantivos próprios, no entanto, podem vir a se tornar comuns pelo processo de derivação imprópria que, geralmente, ocorre pela anteposição de um artigo e a grafia do substantivo com letra minúscula (um judas = traidor/um panamá = chapéu). As flexões dos substantivos podem se dar em gênero, número e grau.

3.1.4. Gênero dos substantivos

Quanto à distinção entre masculino e feminino, os substantivos podem ser:
- **Biformes:** quando apresentam uma forma para o masculino e outra para o feminino. Por exemplo: gato, gata, homem, mulher.
- **Uniformes:** quando apresentam uma única forma para ambos os gêneros. Nesse caso, eles estão divididos em:
  - **Epicenos:** usados para animais de ambos os sexos (macho e fêmea). Por exemplo: besouro, jacaré, albatroz.
  - **Comum de dois gêneros:** aqueles que designam pessoas. Nesse caso, a distinção é feita por um elemento ladeador (artigo, pronome). Por exemplo: o/a terrícola, o/a estudante, o/a dentista, o/a motorista.
- **Sobrecomuns:** apresentam um só gênero gramatical para designar seres de ambos os sexos. Por exemplo: o indivíduo, a vítima, o algoz.

Em algumas situações, a mudança de gênero altera também o sentido do substantivo:
- O cabeça (líder).
- A cabeça (parte do corpo).

3.1.5. Número dos substantivos

Tentemos resumir as principais regras de formação do plural nos substantivos.

TERMINAÇÃO	VARIAÇÃO	EXEMPLO
vogal ou ditongo	acréscimo do S	barco – barcos
M	NS	pudim – pudins
ÃO (primeiro caso)	ÕES	ladrão – ladrões
ÃO (segundo caso)	ÃES	pão – pães
ÃO (terceiro caso)	S	cidadão – cidadãos
R	ES	mulher – mulheres
Z	ES	cartaz – cartazes
N	ES	abdômen – abdômenes
S (oxítonos)	ES	inglês – ingleses
AL, EL, OL, UL	IS	tribunal – tribunais
IL (oxítonos)	S	barril – barris
IL (paroxítonos)	EIS	fóssil – fósseis
ZINHO, ZITO	S	anelzinho – aneizinhos

Alguns substantivos são grafados apenas no plural: alvíssaras, anais, antolhos, arredores, belas-artes, calendas, cãs, condolências, esponsais, exéquias, fastos, férias, fezes, núpcias, óculos, pêsames.

3.1.6. Grau do substantivo

Aumentativo/diminutivo

Analítico: quando se associam os adjetivos ao substantivo. Por exemplo: carro grande, pé pequeno.

Sintético: quando se adiciona ao substantivo sufixos indicadores de grau, carrão, pezinho.
- **Sufixos:**
  - **Aumentativos:** -ÁZIO, -ORRA, -OLA, -AZ, -ÃO, -EIRÃO, -ALHÃO, -ARÃO, -ARRÃO, -ZARRÃO.
  - **Diminutivos:** -ITO, -ULO-, -CULO, -OTE, -OLA, -IM, -ELHO, -INHO, -ZINHO. O sufixo -ZINHO é obrigatório quando o substantivo terminar em vogal tônica ou ditongo: cafezinho, paizinho etc.

O aumentativo pode exprimir tamanho (casarão), desprezo (sabichão, ministraço, poetastro) ou intimidade (amigão); enquanto o diminutivo pode indicar carinho (filhinho) ou ter valor pejorativo (livreco, casebre), além das noções de tamanho (bolinha).

3.2 Artigo

O artigo é a palavra variável que tem por função individualizar algo, ou seja, possui como função primordial indicar um elemento, por meio de definição ou indefinição da palavra que, pela anteposição do artigo, passa a ser substantivada. Os artigos se subdividem em:

- **Artigos definidos (O, A, OS, AS):** definem o substantivo a que se referem. Por exemplo:

> Hoje à tarde, falaremos sobre **a** aula da semana passada.
> Na última aula, falamos **do** conteúdo programático.

- **Artigos indefinidos (um, uma, uns, umas):** indefinem o substantivo a que se referem. Por exemplo:

> Assim que eu passar no concurso, eu irei comprar **um** carro.
> Pela manhã, papai, apareceu **um** homem da loja aqui.

É importante ressaltar que os artigos podem ser contraídos com algumas preposições essenciais, como demonstrado na tabela a seguir:

PREPOSIÇÕES	ARTIGO							
	DEFINIDO				INDEFINIDO			
	O	A	OS	AS	UM	UMA	UNS	UMAS
A	ao	à	aos	às	-	-	-	-
De	do	da	dos	das	dum	duma	duns	dumas
Em	no	na	nos	nas	num	numa	nuns	numas
Per	pelo	pela	pelos	pelas	-	-	-	-
Por	polo	pola	polos	polas	-	-	-	-

O artigo é utilizado para substantivar um termo. Ou seja, quer transformar algo em um substantivo? Coloque um artigo em sua frente.

> **Cantar** alivia a alma. (Verbo)
> O **cantar** alivia a alma. (Substantivo)

3.2.1. Emprego do artigo com a palavra "todo"

Quando inserimos artigos ao lado da palavra "todo", em geral, o sentido da expressão passa a designar totalidade. Como no exemplo abaixo:

> Pobreza é um problema que acomete **todo país**. (todos os países)
> Pobreza é um problema que acomete **todo o país**. (o país em sua totalidade).

3.3 Pronome

Em uma definição breve, podemos dizer que pronome é o termo que substitui um substantivo, desempenhando, na sentença em que aparece, uma função coesiva. Podemos dividir os pronomes em sete categorias, são elas: pessoais, tratamento, demonstrativos, relativos, indefinidos, interrogativos, possessivos.

Antes de partir para o estudo pormenorizado dos pronomes, vamos fazer uma classificação funcional deles quando empregados em uma sentença:

- **Pronomes substantivos:** são aqueles que ocupam o lugar do substantivo na sentença. Por exemplo:

> **Alguém** apareceu na sala ontem.
> **Nós** faremos todo o trabalho.

- **Pronomes adjetivos:** são aqueles que acompanham um substantivo na sentença. Por exemplo:

> **Meus** alunos são os mais preparados.
> Pessoa **alguma** fará tal serviço por **esse** valor.

3.3.1. Pronomes substantivos e adjetivos

É chamado **pronome substantivo** quando um pronome substitui um substantivo.

É chamado **pronome adjetivo** quando determina o substantivo com o qual se encontra.

3.3.2. Pronomes pessoais

Referem-se às pessoas do discurso, veja:

- Quem fala (1ª pessoa).
- Com quem se fala (2ª pessoa).
- De quem se fala (3ª pessoa).

Classificação dos pronomes pessoais (caso **reto** × caso **oblíquo**):

PESSOA GRAMATICAL	RETOS	OBLÍQUOS	
		ÁTONOS	TÔNICOS
1ª – Singular	eu	me	mim, comigo
2ª – Singular	tu	te	ti, contigo
3ª – Singular	ele, ela	o, a, lhe, se	si, consigo
1ª – Plural	nós	nos	nós, conosco
2ª – Plural	vós	vos	vós, convosco
3ª – Plural	eles, elas	os, as, lhes, se	si, consigo
Função	Sujeito	Complemento/Adjunto	

Veja a seguir o emprego de alguns pronomes (**certo** × **errado**).

Eu e tu × mim e ti

1ª regra: depois de preposição essencial, usa-se pronome oblíquo. Observe:

> **Entre** mim e ti, não há acordo.
> **Sobre** Manoel e ti, nada se pode falar.
> Devo **a** ti esta conquista.
> O presente é **para** mim.
> Não saia **sem** mim.
> Comprei um livro **para** ti.
> Observe a preposição essencial destacada nas sentenças.

2ª regra: se o pronome utilizado na sentença for sujeito de um verbo, deve-se empregar os do caso reto.

> Não saia sem **eu** deixar.
> Comprei um livro para **tu** leres.
> O presente é para **eu** desfrutar.

Observe que o pronome desempenha a função de sujeito do verbo destacado. Ou seja: "mim" não faz nada!

Não se confunda com as sentenças em que a ordem frasal está alterada. Deve-se, nesses casos, tentar colocar a sentença na ordem direta.

> Para mim, fazer exercícios é muito bom. → Fazer exercícios é muito bom para mim.
> Não é tarefa para mim realizar esta revisão. → Realizar esta revisão não é para mim.

Com causativos e sensitivos

Regra com verbos causativos (mandar, fazer, deixar) ou sensitivos (ver, ouvir, sentir): quando os pronomes oblíquos átonos são empregados com verbos causativos ou sensitivos, pode haver a possibilidade de desempenharem a função de sujeito de uma forma verbal próxima. Veja os exemplos:

> Fiz **Juliana** chorar. (Sentença original).
> Fi-**la** chorar. (Sentença reescrita com a substituição do termo Juliana pelo pronome oblíquo).

Em ambas as situações, a "Juliana é a chorona". Isso quer dizer que o termo feminino que está na sentença é sujeito do verbo "chorar". Pensando dessa maneira, entenderemos a primeira função da forma pronominal "la" que aparece na sentença reescrita.

Outro fator a ser considerado é que o verbo "fazer" necessita de um complemento, portanto, é um verbo transitivo. Ocorre que o complemento do verbo "fazer" não pode ter outro referente senão "Juliana". Então, entendemos que, na reescrita da frase, a forma pronominal "la" funciona como complemento do verbo "fazer" e sujeito do verbo "chorar".

Si e consigo

Esses pronomes somente podem ser empregados se se referirem ao sujeito da oração, pois possuem função reflexiva. Observe:

Alberto só pensa em si. ("Si" refere-se a "Alberto": sujeito do verbo "pensar").

O aluno levou as apostilas consigo. ("consigo" refere-se ao termo "aluno").

Estão erradas, portanto, frases como estas:

Creio muito em si, meu amigo.

Quero falar consigo.

Corrigindo:

Creio muito em você, meu amigo.

Quero falar contigo.

Conosco e convosco

As formas **"conosco"** e **"convosco"** são substituídas por **"com nós"** e **"com vós"** quando os pronomes pessoais são reforçados por palavras como **outros, mesmos, próprios, todos, ambos** ou **algum numeral**. Por exemplo:

Ele disse que iria com nós três.

Ele(s), ela(s) × o(s), a(s)

É muito comum ouvirmos frases como: "vi **ela** na esquina", "não queremos **eles** aqui". De acordo com as normas da Língua Portuguesa, é errado falar ou escrever assim, pois o pronome em questão está sendo utilizado fora de seu emprego original, ou seja, como um complemento (ao passo que deveria ser apenas sujeito). O certo é: "vi-**a** na esquina", "não **os** queremos aqui".

"O" e "a"

São **complementos diretos**, ou seja, são utilizados juntamente aos verbos transitivos diretos, ou nos bitransitivos, como no exemplo a seguir:

Comprei **um carro** para minha namorada = Comprei-**o** para ela. (Ocorreu a substituição do objeto direto)

É importante lembrar que há uma especificidade em relação à colocação dos pronomes "o" e "a" depois de algumas palavras:

- Se a palavra terminar em **R, S** ou **Z**: tais letras devem ser suprimidas e o pronome será empregado como **lo, la, los, las**.

    Fazer as tarefas = fazê-**las**.

    Querer o dinheiro = querê-**lo**.

- Se a palavra terminar com **ÃO, ÕE** ou **M**: tais letras devem ser mantidas e o pronome há de ser empregado como **no, na, nos, nas**.

    Compraram a casa = compraram-**na**.

    Compõe a canção = compõe-**na**.

Lhe

É um complemento indireto, equivalente a "a ele" ou "a ela". Ou seja, é empregado juntamente a um verbo transitivo indireto ou a um verbo bitransitivo, como no exemplo:

- Comprei um carro **para minha namorada** = comprei-**lhe** um carro. (Ocorreu a substituição do objeto indireto).

Muitas bancas gostam de trocar as formas "o" e "a" por "lhe", o que não pode ser feito sem que a sentença seja totalmente reelaborada.

3.3.3. Pronomes de tratamento

São pronomes de tratamento **você, senhor, senhora, senhorita, fulano, sicrano, beltrano** e as expressões que integram o quadro seguinte:

PRONOME	ABREVIATURA SINGULAR	ABREVIATURA PLURAL
Vossa Excelência(s)	V. Ex.ª	V. Ex.ªˢ
USA-SE PARA:		
Presidente (sem abreviatura), ministro, embaixador, governador, secretário de Estado, prefeito, senador, deputado federal e estadual, juiz, general, almirante, brigadeiro e presidente de câmara de vereadores.		
PRONOME	ABREVIATURA SINGULAR	ABREVIATURA PLURAL
Vossa(s) Magnificência(s)	V. Mag.ª	V. Mag.ªˢ
USA-SE PARA:		
Reitor de universidade para o qual também se pode usar V. Ex.ª		

PRONOME	ABREVIATURA SINGULAR	ABREVIATURA PLURAL
Vossa(s) Senhoria(s)	V. Sª	V. S.ªˢ
USA-SE PARA:		
Qualquer autoridade ou pessoa civil não citada acima.		
PRONOME	ABREVIATURA SINGULAR	ABREVIATURA PLURAL
Vossa(s) Santidade(s)	V. S	VV. SS.
USA-SE PARA:		
Papa.		
PRONOME	ABREVIATURA SINGULAR	ABREVIATURA PLURAL
Vossa(s) Eminência(s)	V. Em.ª	V.Em.ªˢ
USA-SE PARA:		
Cardeal.		
PRONOME	ABREVIATURA SINGULAR	ABREVIATURA PLURAL
Vossa(s) Excelência(s) Reverendíssima(s)	V. Exª. Rev.ma	V. Ex.ªˢ. Rev.ᵐᵃˢ
USA-SE PARA:		
Arcebispo e bispo.		
PRONOME	ABREVIATURA SINGULAR	ABREVIATURA PLURAL
Vossa(s) Reverendíssima(s)	V. Rev.ᵐᵃ	V.Rev.ᵐᵃˢ
Usa-se para:		
Autoridade religiosa inferior às acima citadas.		
PRONOME	ABREVIATURA SINGULAR	ABREVIATURA PLURAL
Vossa(s) Reverência(s)	V. Rev.ª	V. Rev.ᵐᵃˢ
USA-SE PARA:		
Religioso sem graduação.		
PRONOME	ABREVIATURA SINGULAR	ABREVIATURA PLURAL
Vossa(s) Majestade(s)	V. M.	VV. MM.
USA-SE PARA:		
Rei e imperador.		
PRONOME	ABREVIATURA SINGULAR	ABREVIATURA PLURAL
Vossa(s) Alteza(s)	V. A.	VV. AA.
USA-SE PARA:		
Príncipe, arquiduque e duque.		

Todas essas expressões se apresentam também com "Sua" para cujas abreviaturas basta substituir o "V" por "S".

Emprego dos pronomes de tratamento

- **Vossa Excelência** etc. × **Sua Excelência** etc.

Os pronomes de tratamento iniciados com "Vossa(s)" empregam-se em uma relação direta, ou seja, indicam o nosso interlocutor, pessoa com quem falamos:

Soube que V. Ex.ª, Senhor Ministro, falou que não estava interessado no assunto da reunião.

Empregaremos o pronome com a forma "sua" quando a relação não é direta, ou seja, quando falamos sobre a pessoa:

A notícia divulgada é de que Sua Excelência, o Presidente da República, foi flagrado em uma boate.

Utilização da 3ª pessoa

Os pronomes de tratamento são de 3ª pessoa; portanto, todos os elementos relacionados a eles devem ser empregados também na 3ª pessoa, para que se mantenha a uniformidade:

É preciso que V. Ex.ª **diga** qual será o **seu** procedimento no caso em questão, a fim de que seus assessores possam agir a tempo.

Uniformidade de tratamento

No momento da escrita ou da fala, não é possível ficar fazendo "dança das pessoas" com os pronomes. Isso quer dizer que se deve manter a uniformidade de tratamento. Para tanto, se for utilizada 3ª pessoa no início de uma sentença, ela deve permanecer ao longo de todo o texto. Preste atenção para ver como ficou estranha a construção abaixo:

Quando **você** chegar, eu **te** darei o presente.

"Você" é de 3ª pessoa e "te" é de 2ª pessoa. Não há motivo para cometer tal engano. Tome cuidado, portanto. Podemos corrigir a sentença:

Quando tu chegares, eu te darei o presente.
Quando você chegar, eu lhe darei o presente.

3.3.4. Pronomes possessivos

São os pronomes que atribuem posse de algo às pessoas do discurso. Eles podem estar em:

- **1ª pessoa do singular:** meu, minha, meus, minhas.
- **2ª pessoa do singular:** teu, tua, teus, tuas.
- **3ª pessoa do singular:** seu, sua, seus, suas.
- **1ª pessoa do plural:** nosso, nossa, nossos, nossas.
- **2ª pessoa do plural:** vosso, vossa, vossos, vossas.
- **3ª pessoa do plural:** seu, sua, seus, suas.

Emprego

- Ambiguidade: "seu", "sua", "seus" e "suas" são os reis da ambiguidade (duplicidade de sentido).

  O policial prendeu o maconheiro em **sua** casa. (casa de quem?).

  Meu pai levou meu tio para casa em **seu** carro. (no carro de quem?).

- Corrigindo:

  O policial prendeu o maconheiro na casa **deste**.

  Meu pai, em **seu** carro, levou meu tio para casa.

- Emprego especial: não se usam os possessivos em relação às partes do corpo ou às faculdades do espírito. Devemos, pois, dizer:

  Machuquei a mão. (E não "a minha mão").

  Ele bateu a cabeça. (E não "a sua cabeça").

  Perdeste a razão? (E não "a tua razão").

3.3.5. Pronomes demonstrativos

São os que localizam ou identificam o substantivo ou uma expressão no espaço, no tempo ou no texto.

- **1ª pessoa:**

  Masculino: este(s).

  Feminino: esta(s).

  Neutro: isto.

  No espaço: com o falante.

  No tempo: presente.

  No texto: o que se pretende dizer ou o imediatamente retomado.

- **2ª pessoa**

  Masculino: esse(s).

  Feminino: essa(s).

  Neutro: isso.

  No espaço: pouco afastado.

  No tempo: passado ou futuro próximos.

  No texto: o que se disse anteriormente.

- **3ª pessoa**

  Masculino: aquele(s).

  Feminino: aquela(s).

  Neutro: aquilo.

  No espaço: muito afastado.

  No tempo: passado ou futuro distantes.

  No texto: o que se disse há muito ou o que se pretende dizer.

Quando o pronome retoma algo já mencionado no texto, dizemos que ele possui função **anafórica**. Quando aponta para algo que será dito, dizemos que possui função **catafórica**. Essa nomenclatura começou a ser cobrada em algumas questões de concurso público, portanto, é importante ter esses conceitos na ponta da língua.

Exemplos de emprego dos demonstrativos:

Veja **este** livro que eu trouxe, é muito bom.

Você deve estudar mais! **Isso** é o que eu queria dizer.

Vê **aquele** mendigo lá na rua? Terrível futuro o aguarda.

Há outros pronomes demonstrativos: **o, a, os, as**, quando antecedem o relativo que e podem ser permutados por **aquele(s), aquela(s), aquilo**. Veja os exemplos:

Não entendi o que disseste. (Não entendi aquilo que disseste.).

Esta rua não é a que te indiquei. (Esta rua não é aquela que te indiquei.).

Tal: quando puder ser permutado por qualquer demonstrativo:

Não acredito que você disse **tal** coisa. (Aquela coisa).

Semelhante: quando puder ser permutado por qualquer demonstrativo:

Jamais me prestarei a **semelhante** canalhice. (Esta canalhice).

Mesmo: quando modificar os pronomes eu, tu, nós e vós:

Eu **mesmo** investiguei o caso.

De modo análogo, classificamos o termo "**próprio**" (eu próprio, ela própria).

O termo "**mesmo**" pode ainda funcionar como pronome neutro em frases como: "é o mesmo", "vem a ser o mesmo".

Vejamos mais alguns exemplos:

José e **João** são alunos do ensino médio. Este gosta de matemática, **aquele** gosta de português.

Veja que a verdadeira relação estabelecida pelos pronomes demonstrativos focaliza, por meio do "este" o elemento mais próximo, por meio do "aquele" o elemento mais afastado.

Esta sala precisa de bons professores.

Gostaria de que esse órgão pudesse resolver meu problema.

Este(s), esta(s), isto indicam o local de onde escrevemos. **Esse(s), essa(s), isso** indicam o local em que se encontra o nosso interlocutor.

3.3.6. Pronomes relativos

São termos que relacionam palavras em um encadeamento. Os relativos da Língua Portuguesa são:

- **Que:** quando puder ser permutado por "o qual" ou um de seus termos derivados. Utiliza-se o pronome "que" para referências a pessoas ou coisas.

  O peão a **que** me refiro é Jonas.

- **O qual:** empregado para referência a coisas ou pessoas.

  A casa **na qual** houve o tiroteio foi interditada.

- **Quem:** é equivalente a dois pronomes: "aquele" e "que".

  O homem para **quem** se enviou a correspondência é Alberto.

- **Quanto:** será relativo quando seu antecedente for o termo "tudo".

    Não gastes tudo **quanto** tens.

- **Onde:** é utilizado para estabelecer referência a lugares, sendo permutável por "em que" ou "no qual" e seus derivados.

    O estado para **onde** vou é Minas Gerais.

- **Cujo:** possui um sentido possessivo. Não permite permuta por outro relativo. Também é preciso lembrar que o pronome "cujo" não admite artigo, pois já é variável (cujo/cuja, jamais "cujo o", "cuja a").

    Cara, o pedreiro em **cujo** serviço podemos confiar é Marcelino.

> A preposição que está relacionada ao pronome é, em grande parte dos casos, oriunda do verbo que aparece posteriormente na sentença.

3.3.7. Pronomes indefinidos

São os pronomes que se referem, de forma imprecisa e vaga, à 3ª pessoa do discurso.

Eles podem ser:

- **Pronomes indefinidos substantivos:** têm função de substantivo: alguém, algo, nada, tudo, ninguém.
- **Pronomes indefinidos adjetivos:** têm função de adjetivo: cada, certo(s), certa (s).
- **Que variam entre pronomes adjetivos e substantivos:** variam de acordo com o contexto: algum, alguma, bastante, demais, mais, qual etc.

VARIÁVEIS				INVARIÁVEIS
MASCULINO		FEMININO		
SINGULAR	PLURAL	SINGULAR	PLURAL	
Algum	Alguns	Alguma	Algumas	Alguém
Certo	Certos	Certa	Certas	Algo
Muito	Muitos	Muita	Muitas	Nada
Nenhum	Nenhuns	Nenhuma	Nenhumas	Ninguém
Outro	Outros	Outra	Outras	Outrem
Qualquer	Quaisquer	Qualquer	Quaisquer	Cada
Quando	Quantos	Quanta	Quantas	-
Tanto	Tantos	Tanta	Tantas	-
Todo	Todos	Toda	Todas	Tudo
Vário	Vários	Vária	Várias	-
Pouco	Poucos	Pouca	Poucas	-

Fique bem atento para as alterações de sentido relacionadas às mudanças de posição dos pronomes indefinidos.

> Alguma pessoa passou por aqui ontem. (Alguma pessoa = ao menos uma pessoa).
>
> Pessoa alguma passou por aqui ontem. (Pessoa alguma = ninguém).

Locuções pronominais indefinidas

"Cada qual", "cada um", "seja qual for", "tal qual", "um ou outro" etc.

3.3.8. Pronomes interrogativos

Chamam-se interrogativos os pronomes **que, quem, qual** e **quanto**, empregados para formular uma pergunta direta ou indireta:

> **Que** conteúdo estão estudando?
>
> Diga-me **que** conteúdo estão estudando.
>
> **Quem** vai passar no concurso?
>
> Gostaria de saber **quem** vai passar no concurso.
>
> **Qual** dos livros preferes?
>
> Não sei **qual** dos livros preferes.
>
> **Quantos** de coragem você tem?
>
> Pergunte **quanto** de coragem você tem.

3.4 Verbo

É a palavra com que se expressa uma ação (cantar, vender), um estado (ser, estar), mudança de estado (tornar-se) ou fenômeno da natureza (chover).

Quanto à noção que expressam, os verbos podem ser classificados da seguinte maneira:

- **Verbos relacionais:** exprimem estado ou mudança de estado. São os chamados verbos de ligação.
- **Verbos de ligação: ser, estar, continuar, andar, parecer, permanecer, ficar, tornar-se etc.**
- **Verbos nocionais:** exprimem ação ou fenômeno da natureza. São os chamados verbos significativos.

Os verbos nocionais podem ser classificados da seguinte maneira:

- **Verbo Intransitivo (VI):** diz-se daquele que não necessita de um complemento para que se compreenda a ação verbal. Por exemplo: "morrer", "cantar", "sorrir", "nascer", "viver".
- **Verbo Transitivo (VT):** diz-se daquele que necessita de um complemento para expressar o afetado pela ação verbal. Divide-se em três tipos:
    - **Diretos (VTD):** não possuem preposição para ligar o complemento verbal ao verbo. São exemplos os verbos "querer", "comprar", "ler", "falar" etc.
    - **Indiretos (VTI):** possuem preposição para ligar o complemento verbal ao verbo. São exemplos os verbos "gostar", "necessitar", "precisar", "acreditar" etc.
    - **Diretos e Indiretos (VTDI) ou bitransitivos:** possuem dois complementos, um não preposicionado, outro com preposição. São exemplos os verbos "pagar", "perdoar", "implicar" etc.

Preste atenção na dica que segue:

> João morreu. (Quem morre, morre. Não é preciso um complemento para entender o verbo).
>
> Eu quero um aumento. (Quem quer, quer alguma coisa. É preciso um complemento para entender o sentido do verbo).
>
> Eu preciso de um emprego. (Quem precisa, precisa "de" alguma coisa. Deve haver uma preposição para ligar o complemento ao seu verbo).
>
> Mário pagou a conta ao padeiro. (Quem paga, paga algo a alguém. Há um complemento com preposição e um complemento sem preposição).

3.4.1.Estrutura e conjugação dos verbos

Os verbos possuem:

- **Raiz:** o que lhes guarda o sentido (**cant**ar, **corr**er, **sorr**ir).
- **Vogal temática:** o que lhes garante a família conjugacional (AR, ER, IR).
- **Desinências:** o que ajuda a conjugar ou nominalizar o verbo (canta**ndo**, cantá**vamos**).

Os verbos apresentam três conjugações, ou seja, três famílias conjugacionais. Em função da vogal temática, podem-se criar três paradigmas verbais. De acordo com a relação dos verbos com esses paradigmas, obtém-se a seguinte classificação:

- **Regulares:** seguem o paradigma verbal de sua conjugação sem alterar suas raízes (amar, vender, partir).
- **Irregulares:** não seguem o paradigma verbal da conjugação a que pertencem. As irregularidades podem aparecer na raiz ou nas desinências (ouvir – ouço/ouve, estar – estou/estão).
- **Anômalos:** apresentam profundas irregularidades. São classificados como anômalos em todas as gramáticas os verbos "ser" e "ir".
- **Defectivos:** não são conjugados em determinadas pessoas, tempo ou modo, portanto, apresentam algum tipo de "defeito" ("falir", no presente do indicativo, só apresenta a 1ª e a 2ª pessoa do plural). Os defectivos distribuem-se em grupos:
    - Impessoais.
    - Unipessoais: vozes ou ruídos de animais, só conjugados nas terceiras pessoas.
    - Antieufônicos: a sonoridade permite confusão com outros verbos – "demolir"; "falir", "abolir" etc.
- **Abundantes:** apresentam mais de uma forma para uma mesma conjugação.

Existe abundância **conjugacional** e **participial**. A primeira ocorre na conjugação de algumas formas verbais, como o verbo "haver", que admite "nós havemos/hemos", "vós haveis/heis". A segunda ocorre com as formas nominais de particípio.

A seguir segue uma lista dos principais abundantes na forma participial.

VERBOS	PARTICÍPIO REGULAR – EMPREGADO COM OS AUXILIARES "TER" E "HAVER"	PARTICÍPIO IRREGULAR – EMPREGADO COM OS AUXILIARES "SER", "ESTAR" E "FICAR"
aceitar	aceitado	aceito
acender	acendido	aceso
benzer	benzido	bento
eleger	elegido	eleito
entregar	entregado	entregue
enxugar	enxugado	enxuto
expressar	expressado	expresso
expulsar	expulsado	expulso
extinguir	extinguido	extinto
matar	matado	morto
prender	prendido	preso
romper	rompido	roto
salvar	salvado	salvo
soltar	soltado	solto
suspender	suspendido	suspenso
tingir	tingido	tinto

3.4.2.Flexão verbal

Relativamente à flexão verbal, anotamos:

- **Número:** singular ou plural.
- **Pessoa gramatical:** 1ª, 2ª ou 3ª.

Tempo: referência ao momento em que se fala (pretérito, presente ou futuro). O modo imperativo só tem um tempo, o presente.

- **Voz:** ativa, passiva, reflexiva e recíproca (que trabalharemos mais tarde).
- **Modo:** indicativo (certeza de um fato ou estado), subjuntivo (possibilidade ou desejo de realização de um fato ou incerteza do estado) e imperativo (expressa ordem, advertência ou pedido).

3.4.3.Formas nominais do verbo

As três formas nominais do verbo (infinitivo, gerúndio e particípio) não possuem função exclusivamente verbal.

- **Infinitivo:** assemelha-se ao substantivo, indica algo atemporal – o nome do verbo, sua desinência característica é a letra R: amar, realçar, ungir etc.
- **Gerúndio:** equipara-se ao adjetivo ou advérbio pelas circunstâncias que exprime de ação em processo. Sua desinência característica é -**NDO**: ama**ndo**, realça**ndo**, ungi**ndo** etc.
- **Particípio:** tem valor e forma de adjetivo – pode também indicar ação concluída, sua desinência característica é -**ADO** ou -**IDO** para as formas regulares: am**ado**, realç**ado**, ung**ido** etc.

3.4.4.Tempos verbais

Dentro do **modo indicativo**, anotamos os seguintes tempos:

- **Presente do indicativo:** indica um fato situado no momento ou época em que se fala.

    Eu amo, eu vendo, eu parto.
- **Pretérito perfeito do indicativo:** indica um fato cuja ação foi iniciada e concluída no passado.

    Eu amei, eu vendi, eu parti.
- **Pretérito imperfeito do indicativo:** indica um fato cuja ação foi iniciada no passado, mas não foi concluída ou era uma ação costumeira no passado.

    Eu amava, eu vendia, eu partia.
- **Pretérito mais-que-perfeito do indicativo:** indica um fato cuja ação é anterior a outra ação já passada.

    Eu amara, eu vendera, eu partira.
- **Futuro do presente do indicativo:** indica um fato situado em momento ou época vindoura.

    Eu amarei, eu venderei, eu partirei.
- **Futuro do pretérito do indicativo:** indica um fato possível, hipotético, situado num momento futuro, mas ligado a um momento passado.

    Eu amaria, eu venderia, eu partiria.

Dentro do **modo subjuntivo**, anotamos os seguintes tempos:

- Presente do subjuntivo: indica um fato provável, duvidoso ou hipotético, situado no momento ou época em que se fala. Para facilitar a conjugação, utilize a conjunção "que".

  Que eu ame, que eu venda, que eu parta.

- Pretérito imperfeito do subjuntivo: indica um fato provável, duvidoso ou hipotético, cuja ação foi iniciada, mas não concluída no passado. Para facilitar a conjugação, utilize a conjunção "se".

  Se eu amasse, se eu vendesse, se eu partisse.

- Futuro do subjuntivo: indica um fato provável, duvidoso, hipotético, situado num momento ou época futura. Para facilitar a conjugação, utilize a conjunção "quando".

  Quando eu amar, quando eu vender, quando eu partir.

3.4.5. Tempos compostos da voz ativa

Constituem-se pelos verbos auxiliares **"ter"** ou **"haver"** + particípio do verbo que se quer conjugar, dito principal.

No **modo indicativo**, os tempos compostos são formados da seguinte maneira:

- **Pretérito perfeito:** presente do indicativo do auxiliar + particípio do verbo principal (tenho amado).
- **Pretérito mais-que-perfeito:** pretérito imperfeito do indicativo do auxiliar + particípio do verbo principal (tinha amado).
- **Futuro do presente:** futuro do presente do indicativo do auxiliar + particípio do verbo principal (terei amado).
- **Futuro do pretérito:** futuro do pretérito indicativo do auxiliar + particípio do verbo principal (teria amado).

No **modo subjuntivo,** a formação se dá da seguinte maneira:

- **Pretérito perfeito:** presente do subjuntivo do auxiliar + particípio do verbo principal (tenha amado).
- **Pretérito mais-que-perfeito:** imperfeito do subjuntivo do auxiliar + particípio do verbo principal (tivesse amado).
- **Futuro composto:** futuro do subjuntivo do auxiliar + particípio do verbo principal (tiver amado).

Quanto às **formas nominais**, elas são formadas da seguinte maneira:

- **Infinitivo composto:** infinitivo pessoal ou impessoal do auxiliar + particípio do verbo principal (ter vendido/teres vendido).
- **Gerúndio composto:** gerúndio do auxiliar + particípio do verbo principal (tendo partido).

3.4.6. Vozes verbais

Quanto às vozes, os verbos apresentam voz:

- **Ativa:** o sujeito é agente da ação verbal.

  O corretor vende casas.

- **Passiva:** o sujeito é paciente da ação verbal.

  Casas são vendidas **pelo corretor**.

- **Reflexiva:** o sujeito é agente e paciente da ação verbal.

  A garota feriu-**se** ao cair da escada.

- **Recíproca:** há uma ação mútua descrita na sentença.

  Os amigos entreolh**aram-se**.

Voz passiva: sua característica é possuir um sujeito paciente, ou seja, que é afetado pela ação do verbo.

- **Analítica:** verbo auxiliar + particípio do verbo principal. Isso significa que há uma locução verbal de voz passiva.

  Casas **são *vendidas*** pelo corretor.

  Ele fez o trabalho – O trabalho **foi feito** por ele (mantido o pretérito perfeito do indicativo).

O vento ia levando as folhas – As folhas iam **sendo levadas** pelo vento (mantido o gerúndio do verbo principal em um dos auxiliares).

Vereadores entregarão um prêmio ao gari – Um prêmio **será entregue** ao gari por vereadores (veja como a flexão do futuro se mantém na locução).

- **Sintética:** verbo apassivado pelo termo "se" (partícula apassivadora) + sujeito paciente.

  Roubou-se **o dinheiro do povo**.

  Fez-se **o trabalho** com pressa.

É comum observar, em provas de concurso público, questões que mostram uma voz passiva sintética como aquela que é proveniente de uma ativa com sujeito indeterminado.

Alguns verbos da língua portuguesa apresentam **problemas de conjugação**:

  Compraram um carro novo (ativa).

  Comprou-se um carro novo (passiva sintética).

3.4.7. Verbos com a conjugação irregular

Abolir: defectivo – não possui a 1ª pessoa do singular do presente do indicativo, por isso não possui presente do subjuntivo e o imperativo negativo. (= banir, carpir, colorir, delinquir, demolir, descomedir-se, emergir, exaurir, fremir, fulgir, haurir, retorquir, urgir).

Acudir: alternância vocálica O/U no presente do indicativo – acudo, acodes etc. Pretérito perfeito do indicativo com U. (= bulir, consumir, cuspir, engolir, fugir).

Adequar: defectivo – só possui a 1ª e a 2ª pessoa do plural no presente do indicativo.

Aderir: alternância vocálica E/I no presente do indicativo – adiro, adere etc. (= advertir, cerzir, despir, diferir, digerir, divergir, ferir, sugerir).

Agir: acomodação gráfica G/J no presente do indicativo – ajo, ages etc. (= afligir, coagir, erigir, espargir, refulgir, restringir, transigir, urgir).

Agredir: alternância vocálica E/I no presente do indicativo – agrido, agrides, agride, agredimos, agredis, agridem. (= prevenir, progredir, regredir, transgredir).

Aguar: regular. Presente do indicativo – águo, águas etc. Pretérito perfeito do indicativo – aguei, aguaste, aguou, aguamos, aguastes, aguaram. (= desaguar, enxaguar, minguar).

Aprazer: irregular. Presente do indicativo – aprazo, aprazes, apraz etc. Pretérito perfeito do indicativo – aprouve, aprouveste, aprouve, aprouvemos, aprouvestes, aprouveram.

Arguir: irregular com alternância vocálica O/U no presente do indicativo – arguo (ú), arguis, argui, arguimos, arguis, arguem. Pretérito perfeito – argui, arguiste etc.

Atrair: irregular. Presente do indicativo – atraio, atrais etc. Pretérito perfeito – atraí, atraíste etc. (= abstrair, cair, distrair, sair, subtrair).

Atribuir: irregular. Presente do indicativo – atribuo, atribuis, atribui, atribuímos, atribuís, atribuem. Pretérito perfeito – atribuí, atribuíste, atribuiu etc. (= afluir, concluir, destituir, excluir, instruir, possuir, usufruir).

Averiguar: alternância vocálica O/U no presente do indicativo – averiguo (ú), averiguas (ú), averigua (ú), averiguamos, averiguais, averiguam (ú). Pretérito perfeito – averiguei, averiguaste etc. Presente do subjuntivo – averigue, averigues, averigue etc. (= apaziguar).

Cear: irregular. Presente do indicativo – ceio, ceias, ceia, ceamos, ceais, ceiam. Pretérito perfeito indicativo – ceei, ceaste, ceou, ceamos, ceastes, cearam. (= verbos terminados em -ear: falsear, passear... - alguns apresentam pronúncia aberta: estreio, estreia...).

Coar: irregular. Presente do indicativo – coo, côas, côa, coamos, coais, coam. Pretérito perfeito – coei, coaste, coou etc. (= abençoar, magoar, perdoar).

Comerciar: regular. Presente do indicativo – comercio, comerciais etc. Pretérito perfeito – comerciei etc. (= verbos em -iar, exceto os seguintes verbos: mediar, ansiar, remediar, incendiar, odiar).

Compelir: alternância vocálica E/I. Presente do indicativo – compilo, compeles etc. Pretérito perfeito indicativo – compeli, compeliste.

Compilar: regular. Presente do indicativo – compilo, compilas, compila etc. Pretérito perfeito indicativo – compilei, compilaste etc.

Construir: irregular e abundante. Presente do indicativo – construo, constróis, constrói, construímos, construís, constroem. Pretérito perfeito indicativo – construí, construíste etc.

Crer: irregular. Presente do indicativo – creio, crês, crê, cremos, credes, creem. Pretérito perfeito indicativo – cri, creste, creu, cremos, crestes, creram. Imperfeito indicativo – cria, crias, cria, críamos, críeis, criam.

Falir: defectivo. Presente do indicativo – falimos, falis. Pretérito perfeito indicativo – fali, faliste etc. (= aguerrir, combalir, foragir-se, remir, renhir).

Frigir: acomodação gráfica G/J e alternância vocálica E/I. Presente do indicativo – frijo, freges, frege, frigimos, frigis, fregem. Pretérito perfeito indicativo – frigi, frigiste etc.

Ir: irregular. Presente do indicativo – vou, vais, vai, vamos, ides, vão. Pretérito perfeito indicativo – fui, foste etc. Presente subjuntivo – vá, vás, vá, vamos, vades, vão.

Jazer: irregular. Presente do indicativo – jazo, jazes etc. Pretérito perfeito indicativo – jázi, jazeste, jazeu etc.

Mobiliar: irregular. Presente do indicativo – mobílio, mobílias, mobília, mobiliamos, mobiliais, mobíliam. Pretérito perfeito indicativo – mobiliei, mobiliaste.

Obstar: regular. Presente do indicativo – obsto, obstas etc. Pretérito perfeito indicativo – obtei, obstaste etc.

Pedir: irregular. Presente do indicativo – peço, pedes, pede, pedimos, pedis, pedem. Pretérito perfeito indicativo – pedi, pediste etc. (= despedir, expedir, medir).

Polir: alternância vocálica E/I. Presente do indicativo – pulo, pules, pule, polimos, polis, pulem. Pretérito perfeito indicativo – poli, poliste etc.

Precaver-se: defectivo e pronominal. Presente do indicativo – precavemo-nos, precaveis-vos. Pretérito perfeito indicativo – precavi-me, precaveste-te etc.

Prover: irregular. Presente do indicativo – provejo, provês, provê, provemos, provedes, proveem. Pretérito perfeito indicativo – provi, proveste, proveu etc.

Reaver: defectivo. Presente do indicativo – reavemos, reaveis. Pretérito perfeito indicativo – reouve, reouveste, reouve etc. (verbo derivado do haver, mas só é conjugado nas formas verbais com a letra v).

Remir: defectivo. Presente do indicativo – remimos, remis. Pretérito perfeito indicativo – remi, remiste etc.

Requerer: irregular. Presente do indicativo – requeiro, requeres etc. Pretérito perfeito indicativo – requeri, requereste, requereu etc. (Derivado do querer, diferindo dele na 1ª pessoa do singular do presente do indicativo e no pretérito perfeito do indicativo e derivados, sendo regular).

Rir: irregular. Presente do indicativo – rio, ris, ri, rimos, rides, riem. Pretérito perfeito indicativo – ri, riste. (= sorrir).

Saudar: alternância vocálica. Presente do indicativo – saúdo, saúdas etc. Pretérito perfeito indicativo – saudei, saudaste etc.

Suar: regular. Presente do indicativo – suo, suas, sua etc. Pretérito perfeito indicativo – suei, suaste, sou etc. (= atuar, continuar, habituar, individuar, recuar, situar).

Valer: irregular. Presente do indicativo – valho, vales, vale etc. Pretérito perfeito indicativo – vali, valeste, valeu etc.

Também merecem atenção os seguintes verbos irregulares:

▷ **Pronominais:** apiedar-se, dignar-se, persignar-se, precaver-se.

- **Caber**

  Presente do indicativo: caibo, cabes, cabe, cabemos, cabeis, cabem.

  Presente do subjuntivo: caiba, caibas, caiba, caibamos, caibais, caibam.

  Pretérito perfeito do indicativo: coube, coubeste, coube, coubemos, coubestes, couberam.

  Pretérito mais-que-perfeito do indicativo: coubera, couberas, coubera, coubéramos, coubéreis, couberam.

  Pretérito imperfeito do subjuntivo: coubesse, coubesses, coubesse, coubéssemos, coubésseis, coubessem.

  Futuro do subjuntivo: couber, couberes, couber, coubermos, couberdes, couberem.

- **Dar**

  Presente do indicativo: dou, dás, dá, damos, dais, dão.

  Presente do subjuntivo: dê, dês, dê, demos, deis, deem.

  Pretérito perfeito do indicativo: dei, deste, deu, demos, destes, deram.

  Pretérito mais-que-perfeito do indicativo: dera, deras, dera, déramos, déreis, deram.

  Pretérito imperfeito do subjuntivo: desse, desses, desse, déssemos, désseis, dessem.

  Futuro do subjuntivo: der, deres, der, dermos, derdes, derem.

- **Dizer**

  Presente do indicativo: digo, dizes, diz, dizemos, dizeis, dizem.

  Presente do subjuntivo: diga, digas, diga, digamos, digais, digam.

  Pretérito perfeito do indicativo: disse, disseste, disse, dissemos, dissestes, disseram.

  Pretérito mais-que-perfeito do indicativo: dissera, disseras, dissera, disséramos, disséreis, disseram.

  Futuro do presente: direi, dirás, dirá etc.

  Futuro do pretérito: diria, dirias, diria etc.

  Pretérito imperfeito do subjuntivo: dissesse, dissesses, dissesse, disséssemos, dissésseis, dissessem.

  Futuro do subjuntivo: disser, disseres, disser, dissermos, disserdes, disserem.

- **Estar**

  Presente do indicativo: estou, estás, está, estamos, estais, estão.

  Presente do subjuntivo: esteja, estejas, esteja, estejamos, estejais, estejam.

  Pretérito perfeito do indicativo: estive, estiveste, esteve, estivemos, estivestes, estiveram.

  Pretérito mais-que-perfeito do indicativo: estivera, estiveras, estivera, estivéramos, estivéreis, estiveram.

Pretérito imperfeito do subjuntivo: estivesse, estivesses, estivesse, estivéssemos, estivésseis, estivessem.

Futuro do subjuntivo: estiver, estiveres, estiver, estivermos, estiverdes, estiverem.

- **Fazer**

Presente do indicativo: faço, fazes, faz, fazemos, fazeis, fazem.

Presente do subjuntivo: faça, faças, faça, façamos, façais, façam.

Pretérito perfeito do indicativo: fiz, fizeste, fez, fizemos, fizestes, fizeram.

Pretérito mais-que-perfeito do indicativo: fizera, fizeras, fizera, fizéramos, fizéreis, fizeram.

Pretérito imperfeito do subjuntivo: fizesse, fizesses, fizesse, fizéssemos, fizésseis, fizessem.

Futuro do subjuntivo: fizer, fizeres, fizer, fizermos, fizerdes, fizerem.

Seguem esse modelo os verbos: desfazer, liquefazer e satisfazer.

Os particípios destes verbos e seus derivados são irregulares: feito, desfeito, liquefeito, satisfeito etc.

- **Haver**

Presente do indicativo: hei, hás, há, havemos, haveis, hão.

Presente do subjuntivo: haja, hajas, haja, hajamos, hajais, hajam.

Pretérito perfeito do indicativo: houve, houveste, houve, houvemos, houvestes, houveram.

Pretérito mais-que-perfeito do indicativo: houvera, houveras, houvera, houvéramos, houvéreis, houveram.

Pretérito imperfeito do subjuntivo: houvesse, houvesses, houvesse, houvéssemos, houvésseis, houvessem.

Futuro do subjuntivo: houver, houveres, houver, houvermos, houverdes, houverem.

- **Ir**

Presente do indicativo: vou, vais, vai, vamos, ides, vão.

Presente do subjuntivo: vá, vás, vá, vamos, vades, vão.

Pretérito imperfeito do indicativo: ia, ias, ia, íamos, íeis, iam.

Pretérito perfeito do indicativo: fui, foste, foi, fomos, fostes, foram.

Pretérito mais-que-perfeito do indicativo: fora, foras, fora, fôramos, fôreis, foram.

Pretérito imperfeito do subjuntivo: fosse, fosses, fosse, fôssemos, fôsseis, fossem.

Futuro do subjuntivo: for, fores, for, formos, fordes, forem.

- **Poder**

Presente do indicativo: posso, podes, pode, podemos, podeis, podem.

Presente do subjuntivo: possa, possas, possa, possamos, possais, possam.

Pretérito perfeito do indicativo: pude, pudeste, pôde, pudemos, pudestes, puderam.

Pretérito mais-que-perfeito do indicativo: pudera, puderas, pudera, pudéramos, pudéreis, puderam.

Pretérito imperfeito do subjuntivo: pudesse, pudesses, pudesse, pudéssemos, pudésseis, pudessem.

Futuro do subjuntivo: puder, puderes, puder, pudermos, puderdes, puderem.

- **Pôr**

Presente do indicativo: ponho, pões, põe, pomos, pondes, põem.

Presente do subjuntivo: ponha, ponhas, ponha, ponhamos, ponhais, ponham.

Pretérito imperfeito do indicativo: punha, punhas, punha, púnhamos, púnheis, punham.

Pretérito perfeito do indicativo: pus, puseste, pôs, pusemos, pusestes, puseram.

Pretérito mais-que-perfeito do indicativo: pusera, puseras, pusera, puséramos, puséreis, puseram.

Pretérito imperfeito do subjuntivo: pusesse, pusesses, pusesse, puséssemos, pusésseis, pusessem.

Futuro do subjuntivo: puser, puseres, puser, pusermos, puserdes, puserem.

Todos os derivados do verbo pôr seguem exatamente este modelo: antepor, compor, contrapor, decompor, depor, descompor, dispor, expor, impor, indispor, interpor, opor, pospor, predispor, pressupor, propor, recompor, repor, sobrepor, supor, transpor são alguns deles.

- **Querer**

Presente do indicativo: quero, queres, quer, queremos, quereis, querem.

Presente do subjuntivo: queira, queiras, queira, queiramos, queirais, queiram.

Pretérito perfeito do indicativo: quis, quiseste, quis, quisemos, quisestes, quiseram.

Pretérito mais-que-perfeito do indicativo: quisera, quiseras, quisera, quiséramos, quiséreis, quiseram.

Pretérito imperfeito do subjuntivo: quisesse, quisesses, quisesse, quiséssemos, quisésseis, quisessem.

Futuro do subjuntivo: quiser, quiseres, quiser, quisermos, quiserdes, quiserem.

- **Saber**

Presente do indicativo: sei, sabes, sabe, sabemos, sabeis, sabem.

Presente do subjuntivo: saiba, saibas, saiba, saibamos, saibais, saibam.

Pretérito perfeito do indicativo: soube, soubeste, soube, soubemos, soubestes, souberam.

Pretérito mais-que-perfeito do indicativo: soubera, souberas, soubera, soubéramos, soubéreis, souberam.

Pretérito imperfeito do subjuntivo: soubesse, soubesses, soubesse, soubéssemos, soubésseis, soubessem.

Futuro do subjuntivo: souber, souberes, souber, soubermos, souberdes, souberem.

- **Ser**

Presente do indicativo: sou, és, é, somos, sois, são.

Presente do subjuntivo: seja, sejas, seja, sejamos, sejais, sejam.

Pretérito imperfeito do indicativo: era, eras, era, éramos, éreis, eram.

Pretérito perfeito do indicativo: fui, foste, foi, fomos, fostes, foram.

Pretérito mais-que-perfeito do indicativo: fora, foras, fora, fôramos, fôreis, foram.

Pretérito imperfeito do subjuntivo: fosse, fosses, fosse, fôssemos, fôsseis, fossem.

Futuro do subjuntivo: for, fores, for, formos, fordes, forem.

As segundas pessoas do imperativo afirmativo são: sê (tu) e sede (vós).

- **Ter**

Presente do indicativo: tenho, tens, tem, temos, tendes, têm.

Presente do subjuntivo: tenha, tenhas, tenha, tenhamos, tenhais, tenham.

Pretérito imperfeito do indicativo: tinha, tinhas, tinha, tínhamos, tínheis, tinham.

Pretérito perfeito do indicativo: tive, tiveste, teve, tivemos, tivestes, tiveram.

Pretérito mais-que-perfeito do indicativo: tivera, tiveras, tivera, tivéramos, tivéreis, tiveram.

Pretérito imperfeito do subjuntivo: tivesse, tivesses, tivesse, tivéssemos, tivésseis, tivessem.

Futuro do subjuntivo: tiver, tiveres, tiver, tivermos, tiverdes, tiverem.

Seguem esse modelo os verbos: ater, conter, deter, entreter, manter, reter.

- **Trazer**

Presente do indicativo: trago, trazes, traz, trazemos, trazeis, trazem.

Presente do subjuntivo: traga, tragas, traga, tragamos, tragais, tragam.

Pretérito perfeito do indicativo: trouxe, trouxeste, trouxe, trouxemos, trouxestes, trouxeram.

Pretérito mais-que-perfeito do indicativo: trouxera, trouxeras, trouxera, trouxéramos, trouxéreis, trouxeram.

Futuro do presente: trarei, trarás, trará etc.

Futuro do pretérito: traria, trarias, traria etc.

Pretérito imperfeito do subjuntivo: trouxesse, trouxesses, trouxesse, trouxéssemos, trouxésseis, trouxessem.

Futuro do subjuntivo: trouxer, trouxeres, trouxer, trouxermos, trouxerdes, trouxerem.

- **Ver**

Presente do indicativo: vejo, vês, vê, vemos, vedes, veem.

Presente do subjuntivo: veja, vejas, veja, vejamos, vejais, vejam.

Pretérito perfeito do indicativo: vi, viste, viu, vimos, vistes, viram.

Pretérito mais-que-perfeito do indicativo: vira, viras, vira, víramos, víreis, viram.

Pretérito imperfeito do subjuntivo: visse, visses, visse, víssemos, vísseis, vissem.

Futuro do subjuntivo: vir, vires, vir, virmos, virdes, virem.

Seguem esse modelo os derivados antever, entrever, prever, rever. Prover segue o modelo acima apenas no presente do indicativo e seus tempos derivados; nos demais tempos, comporta-se como um verbo regular da segunda conjugação.

- **Vir**

Presente do indicativo: venho, vens, vem, vimos, vindes, vêm.

Presente do subjuntivo: venha, venhas, venha, venhamos, venhais, venham.

Pretérito imperfeito do indicativo: vinha, vinhas, vinha, vínhamos, vínheis, vinham.

Pretérito perfeito do indicativo: vim, vieste, veio, viemos, viestes, vieram.

Pretérito mais-que-perfeito do indicativo: viera, vieras, viera, viéramos, viéreis, vieram.

Pretérito imperfeito do subjuntivo: viesse, viesses, viesse, viéssemos, viésseis, viessem.

Futuro do subjuntivo: vier, vieres, vier, viermos, vierdes, vierem.

Particípio e gerúndio: vindo.

3.4.8. Emprego do infinitivo

Apesar de não haver regras bem definidas, podemos anotar as seguintes ocorrências:

▷ Usa-se o **impessoal**:
- Sem referência a nenhum sujeito:
  É proibido **estacionar** na calçada.
- Nas locuções verbais:
  Devemos **pensar** sobre a sua situação.
- Se o infinitivo exercer a função de complemento de adjetivos:
  É uma questão fácil de **resolver**.
- Se o infinitivo possuir valor de imperativo:
  O comandante gritou: "**marchar!**"

▷ Usa-se o **pessoal**:
- Quando o sujeito do infinitivo é diferente do sujeito da oração principal:
  Eu não te culpo por **seres** um imbecil.
- Quando, por meio de flexão, se quer realçar ou identificar a pessoa do sujeito:
  Não foi bom **agires** dessa forma.

3.5 Adjetivo

É a palavra variável que expressa uma qualidade, característica ou origem de algum substantivo ao qual se relaciona.
- Meu terno é azul, elegante e italiano.

Analisando, entendemos assim:

Azul: característica.
Elegante: qualidade.
Italiano: origem.

3.5.1. Estrutura e a classificação dos adjetivos

Com relação à sua formação, eles podem ser:
- **Explicativos:** quando a característica é comum ao substantivo referido.
  Fogo **quente**, homem **mortal**. (Todo fogo é quente, todo homem é mortal).
- **Restritivos:** quando a característica não é comum ao substantivo, ou seja, nem todo substantivo é assim caracterizado.
  Terno **azul**, casa **grande**. (Nem todo terno é azul, nem toda casa é grande).
- **Simples:** quando possui apenas uma raiz.
  Amarelo, brasileiro, competente, sagaz, loquaz, inteligente, grande, forte etc.
- **Composto:** quando possui mais de uma raiz.
  Amarelo-canário, luso-brasileiro, verde-escuro, vermelho-sangue etc.
- **Primitivo:** quando pode dar origem a outra palavra, não tendo sofrido derivação alguma.
  Bom, legal, grande, rápido, belo etc.
- **Derivado:** quando resultado de um processo de derivação, ou seja, oriundo de outra palavra.
  Bondoso (de bom), grandioso (de grande), maléfico (de mal), esplendoroso (de esplendor) etc.

Os adjetivos que designam origem de algum termo são denominados adjetivos pátrios ou gentílicos.

Adjetivos pátrios de estados:

Acre: acriano.

Alagoas: alagoano.

Amapá: amapaense.

Aracaju: aracajuano ou aracajuense.

Amazonas: amazonense ou baré.

Belém (PA): belenense.

Belo Horizonte: belo-horizontino.

Boa Vista: boa-vistense.

Brasília: brasiliense.

Cabo Frio: cabo-friense.

Campinas: campineiro ou campinense.

Curitiba: curitibano.

Espírito Santo: espírito-santense ou capixaba.

Fernando de Noronha: noronhense.

Florianópolis: florianopolitano.

Fortaleza: fortalezense.

Goiânia: goianiense.

João Pessoa: pessoense.

Macapá: macapaense.

Maceió: maceioense.

Manaus: manauense.

Maranhão: maranhense.

Marajó: marajoara.

Natal: natalense ou papa-jerimum.

Porto Alegre: porto alegrense.

Ribeirão Preto: ribeiropretense.

Rio de Janeiro (estado): fluminense.

Rio de Janeiro (cidade): carioca.

Rio Branco: rio-branquense.

Rio Grande do Norte: rio-grandense-do-norte, norte-riograndense ou potiguar.

Rio Grande do Sul: rio-grandense-do-sul, sul-rio-grandense ou gaúcho.

Rondônia: rondoniano.

Roraima: roraimense.

Salvador: salvadorense ou soteropolitano.

Santa Catarina: catarinense ou barriga verde.

Santarém: santarense.

São Paulo (estado): paulista.

São Paulo (cidade): paulistano.

Sergipe: sergipano.

Teresina: teresinense.

Tocantins: tocantinense.

Adjetivos pátrios de países:

Croácia: croata.

Costa Rica: costarriquense.

Curdistão: curdo.

Estados Unidos: estadunidense ou norte-americano.

El Salvador: salvadorenho.

Guatemala: guatemalteco.

Índia: indiano ou hindu (os que professam o hinduísmo).

Israel: israelense ou israelita.

Irã: iraniano.

Moçambique: moçambicano.

Mongólia: mongol ou mongólico.

Panamá: panamenho.

Porto Rico: porto-riquenho.

Somália: somali.

Na formação de adjetivos pátrios compostos, o primeiro elemento aparece na forma reduzida e, normalmente, erudita.

Observe alguns exemplos de adjetivos pátrios compostos:

África: afro-americana.

Alemanha: germano- ou teuto-: competições teutoinglesas.

América: Américo-: companhia américo-africana.

Ásia: ásio-: encontros ásio-europeus.

Áustria: austro-: peças austro-búlgaras.

Bélgica: belgo-: acampamentos belgo-franceses.

China: sino-: acordos sino-japoneses.

Espanha: hispano- + mercado: hispano-português.

Europa: euro + negociações euro-americanas.

França: franco- ou galo-: reuniões franco-italianas.

Grécia: greco-: filmes greco-romanos.

Índia: indo-: guerras indo-paquistanesas.

Inglaterra: anglo-: letras anglo-portuguesas.

Itália: ítalo-: sociedade ítalo-portuguesa.

Japão: nipo-: associações nipo-brasileiras.

Portugal: luso-: acordos luso-brasileiros.

3.5.2. Locução adjetiva

Expressão que tem valor adjetival, mas que é formada por mais de uma palavra. Geralmente, concorrem para sua formação uma preposição e um substantivo. Veja alguns exemplos de locução adjetiva seguida de adjetivo:

De águia: aquilino.

De aluno: discente.

De anjo: angelical.

De bispo: episcopal.

De cabelo: capilar.

De cão: canino.

De dedo: digital.

De estômago: estomacal ou gástrico.

De fera: ferino.

De gelo: glacial.

De homem: viril ou humano.

De ilha: insular.

De lago: lacustre.

De madeira: lígneo.

De neve: níveo ou nival.

De orelha: auricular.

De paixão: passional.

De quadris: ciático.

De rio: fluvial.

De serpente: viperino.

De trigo: tritício.

De urso: ursino.

De velho: senil.

3.5.3. Flexão do adjetivo

O adjetivo pode ser flexionado em gênero, número e grau.

Flexão de gênero (masculino/feminino)

Com relação ao gênero, os adjetivos podem ser classificados de duas formas:

- Biformes: quando possuem uma forma para cada gênero.

    Homem **belo**/mulher **bela.**

    Contexto **complicado**/questão **complicada.**

- **Uniformes:** quando possuem apenas uma forma, como se fossem elementos neutros.

> Homem **fiel**/mulher **fiel**.
> Contexto **interessante**/questão **interessante**.

Flexão de número (singular/plural)

Os adjetivos simples seguem a mesma regra de flexão que os substantivos simples. Serão, por regra, flexionados os adjetivos compostos que, em sua formação, possuírem dois adjetivos. A flexão ocorrerá apenas no segundo elemento da composição.

> Guerra greco-**romana** – Guerras greco-**romanas.**
> Conflito **socioeconômico** – Análises **socioeconômicas.**

Por outro lado, se houver um substantivo como elemento da composição, o adjetivo fica invariável.

> Blusa **amarelo-canário** – Blusas **amarelo-canário.**
> Mesa **verde-musgo** – Mesas **verde-musgo.**

O caso em questão também pode ocorrer quando um substantivo passa a ser, por derivação imprópria, um adjetivo, ou seja, também serão invariáveis os "substantivos adjetivados".

> Terno cinza – Ternos cinza.
> Vestido rosa – Vestidos rosa.

E também:

> Surdo mudo – surdos mudos.
> Pele vermelha – peles vermelhas.

> Azul-marinho e azul-celeste são invariáveis.

3.5.4. Flexão de grau (comparativo e superlativo)

Há duas maneiras de se estabelecer o grau do adjetivo: por meio do **grau comparativo** e por meio do **grau superlativo**.

Grau comparativo: estabelece um tipo de comparação de características, sendo estabelecido de três maneiras:

- **Inferioridade:** o açúcar é **menos** doce (do) **que** os teus olhos.
- **Igualdade:** o meu primo é **tão** estudioso **quanto** o meu irmão.
- **Superioridade:** gramática **é mais legal** (do) **que** matemática.

Grau superlativo: reforça determinada qualidade em relação a um referente. Pode-se estabelecer o grau superlativo de duas maneiras:

▷ **Relativo:** em relação a um grupo.
  - **De superioridade:** José é o **mais** inteligente dos alunos.
  - **De inferioridade:** o presidente foi o **menos** prestigiado da festa.

▷ **Absoluto:** sem relações, apenas reforçando as características:
  - **Analítico:** com auxílio de algum termo:
    > Pedro é muito magro.
    > Pedro é magro, magro, magro.
  - **Sintético** (com o acréscimo de -íssimo ou -érrimo):
    > Pedro é macérrimo.
    > Somos todos estudiosíssimos.

Veja, agora, alguns exemplos de superlativos sintéticos:

> Ágil: agilíssimo.
> Bom: ótimo ou boníssimo.
> Capaz: capacíssimo.
> Difícil: dificílimo.
> Eficaz: eficacíssimo.
> Fiel: fidelíssimo.
> Geral: generalíssimo.
> Horrível: horribilíssimo.

> Inimigo: inimicíssimo.
> Jovem: juveníssimo.
> Louvável: laudabilíssimo.
> Mísero: misérrimo.
> Notável: notabilíssimo.
> Pequeno: mínimo ou pequeníssimo.
> Sério: seríssimo.
> Terrível: terribilíssimo.
> Vão: vaníssimo.

Atente à mudança de sentido provocada pela alteração de posição do adjetivo.

> Homem **grande** (alto, corpulento).
> **Grande** homem (célebre).

Mas isso nem sempre ocorre. Se você analisar a construção "giz azul" e "azul giz", perceberá que não há diferença semântica.

3.6 Advérbio

É a palavra invariável que se relaciona ao verbo, ao adjetivo ou a outro advérbio para atribuir-lhes uma circunstância. Veja os exemplos:

> Os alunos saíram **apressadamente**.
> O caso era muito **interessante**.
> Resolvemos **muito bem** o problema.

3.6.1. Classificação do advérbio

- **Afirmação:** sim, certamente, efetivamente etc.
- **Negação:** não, nunca, jamais.
- **Intensidade:** muito, pouco, assaz, bastante, mais, menos, tão, tanto, quão etc.
- **Lugar:** aqui, ali, aí, aquém, acima, abaixo, atrás, dentro, junto, defronte, perto, longe, algures, alhures, nenhures etc.
- **Tempo:** agora, já, depois, anteontem, ontem, hoje, jamais, sempre, outrora, breve etc.
- **Modo:** assim, bem, mal, depressa, devagar, melhor, pior e a maior parte das palavras formadas de um adjetivo, mais a terminação "mente" (leve + mente = levemente; calma + mente = calmamente).
- **Inclusão:** também, inclusive.
- **Designação:** eis.
- **Interrogação:** onde, como, quando, por que.

Também existem as chamadas locuções adverbiais que vêm quase sempre introduzidas por uma preposição: à farta (= fartamente), às pressas (= apressadamente), à toa, às cegas, às escuras, às tontas, às vezes, de quando em quando, de vez em quando etc.

Existem casos em que utilizamos um adjetivo como forma de advérbio. É o que chamamos de adjetivo adverbializado. Veja os exemplos:

> Aquele orador fala **belamente**. (Advérbio de modo).
> Aquele orador fala **bonito**. (Adjetivo adverbializado que tenta designar modo).

3.7 Conjunção

É a palavra invariável que conecta elementos em algum encadeamento frasal. A relação em questão pode ser de natureza lógico-semântica (relação de sentido) ou apenas indicar uma conexão exigida pela sintaxe da frase.

3.7.1. Coordenativas

São as conjunções que conectam elementos que não possuem dependência sintática, ou seja, as sentenças que são conectadas por meio desses elementos já estão com suas estruturas sintáticas (sujeito / predicado / complemento) completas.

- **Aditivas:** e, nem (= e não), também, que, não só..., mas também, não só... como, tanto ... como, assim... como etc.

  José não foi à aula **nem** fez os exercícios.

  Devemos estudar **e** apreender os conteúdos.

- **Adversativas:** mas, porém, contudo, todavia, no entanto, entretanto, senão, não obstante, aliás, ainda assim.

  Os países assinaram o acordo, **mas** não o cumpriram.

  A menina cantou bem, **contudo** não agradou ao público.

- **Alternativas:** ou... ou, já ... já, seja... seja, quer... quer, ora... ora, agora... agora.

  Ora diz sim, **ora** diz não.

  Ou está feliz, **ou** está no ludibriando.

- **Conclusivas:** logo, pois (depois do verbo), então, portanto, assim, enfim, por fim, por conseguinte, conseguintemente, consequentemente, donde, por onde, por isso.

  O **concursando** estudou muito, **logo**, deverá conseguir seu cargo.

  É professor, **por conseguinte** deve saber explicar o conteúdo.

- **Explicativas:** isto é, por exemplo, a saber, ou seja, verbi gratia, pois (antes do verbo), pois bem, ora, na verdade, depois, além disso, com efeito, que, porque, ademais, outrossim, porquanto etc.

  Deve ter chovido, **pois** o chão está molhado.

  O homem é um animal racional, **porque** é capaz de raciocinar.

  Não converse agora, **que** eu estou explicando.

3.7.2. Subordinativas

São as conjunções que denotam uma relação de subordinação entre orações, ou seja, a conjunção subordinativa evidencia que uma oração possui dependência sintática em relação a outra. O que se pretende dizer com isso é que uma das orações envolvidas nesse conjunto desempenha uma função sintática para com sua oração principal.

Integrantes

- Que, se:

  Sei **que** o dia do pagamento é hoje.

  Vejamos **se** você consegue estudar sem interrupções.

Adverbiais

▷ **Causais:** indicam a causa de algo.

- Já que, porque, que, pois que, uma vez que, sendo que, como, visto que, visto como, como etc.

  Não teve medo do perigo, **já que** estava protegido.

  Passou no concurso, **porque** estudou muito.

▷ **Comparativas:** estabelecem relação de comparação:

- Como, mais... (do) que, menos... (do) que, tão como, assim como, tanto quanto etc.

  Tal como procederes, receberás o castigo.

  Alberto é aplicado **como** quem quer passar.

▷ **Concessivas (concessão):** estabelecem relação de quebra de expectativa com respeito à sentença à qual se relacionam.

- Embora, ainda que, dado que, posto que, conquanto, em que, quando mesmo, mesmo que, por menos que, por pouco que, apesar de (que).

Embora tivesse estudado pouco, conseguiu passar.

Conquanto estudasse, não conseguiu aprender.

▷ **Condicionais:** estabelecem relação de condição.

- Se, salvo se, caso, exceto se, contanto que, com tal que, caso, a não ser que, a menos que, sem que etc.

  Se tudo der certo, estaremos em Portugal amanhã.

  Caso você tenha dúvidas, pergunte a seu professor.

▷ **Consecutivas:** estabelecem relação de consequência.

- Tanto que, de modo que, de sorte que, tão...que, sem que etc.

  O aluno estudou **tanto que** morreu.

  Timeto Amon era **tão** feio **que** não se olhava no espelho.

▷ **Conformativas:** estabelecem relação de conformidade.

- Conforme, consoante, segundo, da mesma maneira que, assim como, como que etc.

  Faça a prova **conforme** teu pai disse.

  Todos agem **consoante** se vê na televisão.

▷ **Finais:** estabelecem relação de finalidade.

- Para que, a fim de que, que, porque.

  Estudou muito **para que** pudesse ter uma vida confortável.

  Trabalhei **a fim de que** o resultado seja satisfatório.

▷ **Proporcionais:** estabelecem relação de proporção.

- À proporção que, à medida que, quanto mais... tanto mais, quanto menos... tanto menos, ao passo que etc.

  À medida que o momento de realizar a prova chegava, a ansiedade de todos aumentava.

  Quanto mais você estudar, **tanto mais** terá a chance de ser bem-sucedido.

▷ **Temporais:** estabelecem relação de tempo.

- Quando, enquanto, apenas, mal, desde que, logo que, até que, antes que, depois que, assim que, sempre que, senão quando, ao tempo que, apenas que, antes que, depois que, sempre que etc.

  Quando todos disserem para você parar, continue.

  Depois que terminar toda a lição, poderá descansar um pouco.

  Mal chegou, já quis sair.

3.8 Interjeição

É o termo que exprime, de modo enérgico, um estado súbito de alma. Sem muita importância para a análise a que nos propomos, vale apenas lembrar que elas possuem uma classificação semântica:

- **Dor:** ai! ui!
- **Alegria:** ah! eh! oh!
- **Desejo:** oxalá! tomara!
- **Admiração:** puxa! cáspite! safa! quê!
- **Animação:** eia! sus! coragem!
- **Aplauso:** bravo! apoiado!
- **Aversão:** ih! chi! irra! apre!
- **Apelo:** ó, olá! psit! pitsiu! alô! socorro!
- **Silêncio:** psit! psiu! caluda!
- **Interrogação, espanto:** hem!

Há, também, locuções interjeitivas: **minha nossa! Meu Deus!**

A despeito da classificação acima, o que determina o sentido da interjeição é o seu uso.

3.9 Numeral

É a palavra que indica uma quantidade, multiplicação, fração ou um lugar em uma série. Os numerais podem ser divididos em:

- **Cardinais:** quando indicam um número básico: um, dois, três, cem mil etc.
- **Ordinais:** quando indicam um lugar numa série: primeiro, segundo, terceiro, centésimo, milésimo etc.
- **Multiplicativos:** quando indicam uma quantidade multiplicativa: dobro, triplo, quádruplo etc.
- **Fracionários:** quando indicam parte de um inteiro: meio, metade, dois terços etc.

ALGARISMO		CARDINAIS	ORDINAIS
ROMANOS	**ARÁBICOS**		
I	1	um	primeiro
II	2	dois	segundo
III	3	três	terceiro
IV	4	quatro	quarto
V	5	cinco	quinto
VI	6	seis	sexto
VII	7	sete	sétimo
VIII	8	oito	oitavo
IX	9	nove	nono
X	10	dez	décimo
XI	11	onze	undécimo ou décimo primeiro
XII	12	doze	duodécimo ou décimo segundo
XIII	13	treze	décimo terceiro
XIV	14	quatorze ou catorze	décimo quarto
XV	15	quinze	décimo quinto
XVI	16	dezesseis	décimo sexto
XVII	17	dezessete	décimo sétimo
XVIII	18	dezoito	décimo oitavo
XIX	19	dezenove	décimo nono
XX	20	vinte	vigésimo
XXI	21	vinte e um	vigésimo primeiro
XXX	30	trinta	trigésimo
XXXL	40	quarenta	quadragésimo
L	50	cinquenta	quinquagésimo
LX	60	sessenta	sexagésimo
LXX	70	setenta	septuagésimo ou setuagésimo
LXXX	80	oitenta	octogésimo
XC	90	noventa	nonagésimo
C	100	cem	centésimo
CC	200	duzentos	ducentésimo
CCC	300	trezentos	trecentésimo
CD	400	quatrocentos	quadringentésimo
D	500	quinhentos	quingentésimo
DC	600	seiscentos	seiscentésimo ou sexcentésimo
DCC	700	setecentos	septingentésimo
DCCC	800	oitocentos	octingentésimo
CM	900	novecentos	nongentésimo ou noningentésimo
M	1.000	mil	milésimo
X'	10.000	dez mil	dez milésimos
C'	100.000	cem mil	cem milésimos
M'	1.000.000	um milhão	milionésimo
M''	1.000.000.000	um bilhão	bilionésimo

Lista de numerais multiplicativos e fracionários:

ALGARISMOS	MULTIPLICATIVOS	FRACIONÁRIOS
2	duplo, dobro, dúplice	meio ou metade
3	triplo, tríplice	terço
4	quádruplo	quarto
5	quíntuplo	quinto
6	sêxtuplo	sexto
7	sétuplo	sétimo
8	óctuplo	oitavo
9	nônuplo	nono
10	décuplo	décimo
11	undécuplo	onze avos
12	duodécuplo	doze avos
100	cêntuplo	centésimo

3.9.1. Cardinais

Para realizar a leitura dos cardinais, é necessário colocar a conjunção "e" entre as centenas e dezenas, assim como entre as dezenas e a unidade.

Exemplo: 3.068.724 = três milhões, sessenta **e** oito mil, setecentos **e** vinte **e** quatro.

3.9.2. Ordinais

Quanto à leitura do numeral ordinal, há duas possibilidades: quando é inferior a 2.000, lê-se inteiramente segundo a forma ordinal.

- 1.766º = milésimo septingentésimo sexagésimo sexto.

Acima de 2.000, lê-se o primeiro algarismo como cardinal e os demais como ordinais. Hodiernamente, entretanto, tem-se observado a tendência a ler os números redondos segundo a forma ordinal.

- 2.536º = dois milésimos quingentésimo trigésimo sexto.
- 8 000º = oitavo milésimo.

3.9.3. Fracionários

O numerador de um numeral fracionário é sempre lido como cardinal. Quanto ao denominador, há dois casos:

- Primeiro: se for inferior ou igual a 10, ou ainda for um número redondo, será lido como ordinal 2/6 = dois sextos; 9/10 = nove décimos; centésimos (se houver). São exceções: 1/2 = meio; 1/3 = um terço.

- Segundo: se for superior a 10 e não constituir número redondo, é lido como cardinal, seguido da palavra "avos". 1/12 = um doze avos; 4/25 = quatro vinte e cinco avos.

Ao se fazer indicação de reis, papas, séculos, partes de uma obra, usam-se os numerais ordinais até décimo. A partir daí, devem-se empregar os cardinais. Século V (século quinto), século XX (vinte), João Paulo II (segundo), Bento XVI (dezesseis).

3.10 Preposição

É a palavra invariável que serve de ligação entre dois termos de uma oração ou, às vezes, entre duas orações. Costuma-se denominar "regente" o termo que exige a preposição e "regido" aquele que recebe a preposição:

Ele comprou um livro **de** poesia.

Ele tinha medo **de** ficar solitário.

Como se vê, a preposição "de", no primeiro caso, liga termos de uma mesma oração; no segundo, liga orações.

3.10.1. Preposições essenciais

São aquelas que têm como função primordial a conexão das palavras:

- a, ante, até, após, com contra, de, desde, em, entre, para, per, perante, por, sem, sob, sobre, trás.

Veja o emprego de algumas preposições:

Os manifestantes lutaram **contra** a polícia.

O aluno chegou **ao** salão rapidamente.

Aguardo sua decisão **desde** ontem.

Entre mim e ti, não há qualquer problema.

3.10.2. Preposições acidentais

São palavras que pertencem a outras classes, empregadas, porém, eventualmente como preposições: conforme, consoante, durante, exceto, fora, agora, mediante, menos, salvante, salvo, segundo, tirante.

O emprego das preposições acidentais é mais comum do que parece, veja os exemplos:

Todos saíram da sala, **exceto** eu.

Tirante as mulheres, o grupo que estava na sala parou de falar.

Escreveu o livro **conforme** o original.

3.10.3. Locuções prepositivas

Além das preposições simples, existem também as chamadas locuções prepositivas, que terminam sempre por uma preposição simples:

- abaixo de, acerca de, acima de, a despeito de, adiante de, a fim de, além de, antes de, ao lado de, a par de, apesar de, a respeito de, atrás de, através de, de acordo com, debaixo de, de cima de, defronte de, dentro de, depois de, diante de, embaixo de, em cima de, em frente de(a), em lugar de, em redor de, em torno de, em vez de, graças a, junto a (de), para baixo de, para cima de, para com, perto de, por baixo de, por causa de, por cima de, por detrás de, por diante de, por entre, por trás de.

3.10.4. Conectivos

Os conectivos têm a função de ligar palavras ou orações. Eles podem ser coordenativos (ligam orações coordenadas) ou subordinativos (ligam orações subordinadas).

Coordenativos

- Conjunções coordenativas que iniciam as orações coordenadas:
  Aditivas: e.
  Adversativas: mas.
  Alternativas: ou.
  Conclusivas: logo.
  Explicativas: pois.

Subordinativos

- Pronomes relativos que iniciam as orações adjetivas:
  Que.
  Quem.
  Cujo/cuja.
  O qual/a qual.

- Conjunções subordinativas que iniciam as orações adverbiais:
  Causais: porque.
  Comparativas: como.
  Concessivas: embora.
  Condicionais: se.
  Conformativas: conforme.
  Consecutivas: (tão) que.
  Finais: para que.
  Proporcionais: à medida que.
  Temporais: quando.

- **Conjunções subordinativas que iniciam as orações substantivas:**
  Integrantes: que, se.

3.10.5. Formas variantes

Algumas palavras possuem mais de uma forma, ou seja, junto à forma padrão existem outras formas variantes.

Em algumas situações, é irrelevante a variação utilizada, mas em outros deve-se escolher a variação mais generalizada.

Exemplos:

Assobiar, assoviar.

Coisa, cousa.

Louro, loiro.

Lacrimejar, lagrimejar.

Infarto, enfarte.

Diabete, diabetes.

Transpassar, traspassar, trespassar.

4 CRASE

O acento grave é solicitado nas palavras quando há a união da preposição "a" com o artigo (ou a vogal dependendo do caso) feminino "a" ou com os pronomes demonstrativos (aquele, aquela, aquilo e "a").

* Mário foi **à** festa ontem.

   Tem-se o "a" preposição e o "a" artigo feminino.

   Quem vai, vai a algum lugar. "Festa" é palavra feminina, portanto, admite o artigo "a".

* Chegamos **àquele** assunto (a + aquele).

* A gravata que eu comprei é semelhante **à** que você comprou (a + a).

Decore os casos em que não ocorre crase, pois a tendência da prova é perguntar se há crase ou não. Sabendo os casos proibitivos, fica muito fácil.

4.1 Crase proibitiva

Não se pode usar acento grave indicativo de crase:

* Antes de palavras masculinas.

   Fez uma pergunta **a** Mário.

* Antes de palavras de sentido indefinido.

   Não vai **a** festas, **a** reuniões, **a** lugar algum.

* Antes de verbos.

   Todos estão dispostos **a** colaborar.

* Antes de pronomes pessoais.

   Darei um presente **a ela**.

* Antes de nomes de cidade, estado ou país que não utilizam o artigo feminino.

   Fui **a** Cascavel.

   Vou **a** Pequim.

* Antes da palavra "casa" quando tem significado de próprio lar, ou seja, quando ela aparecer indeterminada na sentença.

   Voltei a casa, pois precisava comer algo.

> Quando houver determinação da palavra casa, ocorrerá crase.

> "Voltei à casa de meus pais."

* Da palavra "terra" quando tem sentido de solo.

   Os tripulantes vieram a terra.

> A mesma regra da palavra "casa" se aplica à palavra terra.

* De expressões com palavras repetidas.

   Dia a dia, mano a mano, face a face, cara a cara etc.

* Diante de numerais cardinais referentes a substantivos que não estão determinados pelo artigo.

   Assistirei a duas aulas de Língua Portuguesa.

> No caso de locuções adverbiais que exprimem hora determinada e nos casos em que o numeral estiver precedido de artigo, acentua-se:

> "Chegamos às oito horas da noite."

> "Assisti às duas sessões de ontem."

> No caso dos numerais, há uma dica para facilitar o entendimento dos casos de crase. Se houver o "a" no singular e a palavra posterior no plural, não ocorrerá o acento grave. Do contrário, ocorrerá.

4.2 Crase obrigatória

Deve-se usar acento grave indicativo de crase:

* Antes de locução adverbial feminina.

   À noite, à tarde, às pressas, às vezes, à farta, à vista, à hora certa, à esquerda, à direita, à toa, às sete horas, à custa de, à força de, à espera de, à vontade, à toa.

* Antes de termos femininos ou masculinos com sentido da expressão "à moda de" ou "ao estilo de".

   Filé à milanesa, servir à francesa, brigar à portuguesa, gol à Pelé, conto à Machado de Assis, discurso à Rui Barbosa etc.

* Antes de locuções conjuntivas proporcionais.

   À medida que, à proporção que.

* Antes de locuções prepositivas.

   À procura de, à vista de, à margem de, à beira de, à custa de, à razão de, à mercê de, à maneira de etc.

* Para evitar ambiguidade: receberá o acento o termo afetado pela ação do verbo (objeto direto preposicionado).

   Derrubou a menina **à panela**.

   Matou a vaca **à cobra**.

   Diante da palavra distância quando houver determinação da distância em questão:

   Achava-se à **distância de cem** (ou de alguns) **metros**.

* Antes das formas de tratamento "senhora", "senhorita" e "madame" = não há consenso entre os gramáticos, no entanto, opta-se pelo uso.

   Enviei lindas flores **à senhorita**.

   Josias remeteu uma carta **à senhora**.

4.3 Crase facultativa

* Após a preposição até.

   As crianças foram até **à escola**.

* Antes de pronomes possessivos femininos.

   Ele fez referência **à nossa causa!**

* Antes de nomes próprios femininos.

   Mandei um SMS **à Joaquina**.

* Antes da palavra "Dona".

   Remeti uma carta à **Dona Benta**.

   Não se usa crase antes de nomes históricos ou sagrados.

   O padre fez alusão a Nossa Senhora.

   Quando o professor fez menção a Joana D'Arc, todos ficaram entusiasmados.

5 SINTAXE BÁSICA

Sintaxe é a parte da Gramática que estuda a função das palavras ou das expressões em uma oração ou em um período.

Antes de iniciar o estudo da sintaxe, faz-se necessário definir alguns conceitos, tais como: frase, oração e período (conceitos essenciais).

- **Frase**: qualquer sentença dotada de sentido.
    > Eu adoro estudar português!
    > Fogo! Socorro!
- **Oração**: frase organizada em torno de uma forma verbal.
    > Os alunos farão a prova amanhã!
- **Período**: conjunto de orações.
    - Período simples: 1 oração.
        > Ex.: **Estudarei** português.
    - Período composto: mais de 1 oração.
        > Ex.: **Estudarei** português e **farei** a prova.

5.1 Período simples (oração)

A oração é dividida em termos. Assim, o estudo fica organizado e impossibilita a confusão. São os termos da oração:

- Essenciais.
- Integrantes.
- Acessórios.

5.1.1. Termos essenciais da oração

Sujeito e predicado: são chamados de essenciais, porque são os elementos que dão vida à oração. Quer dizer, sem um deles (o predicado, ao menos) não se pode formar oração.

- **O Brasil** caminha para uma profunda transformação social.
    > O Brasil: sujeito.
    > Para uma profunda transformação social: predicado.

Sujeito

Sujeito é o termo sintático sobre o qual se declara ou se constata algo. Deve-se observar que há uma profunda relação entre o verbo que comporá o predicado e o sujeito da oração. Usualmente, o sujeito é formado por um substantivo ou por uma expressão substantivada.

O sujeito pode ser: simples; composto; oculto, elíptico ou desinencial; indeterminado; inexistente ou oracional.

- **Sujeito simples:** aquele que possui apenas um núcleo.
    > **O país** deverá enfrentar difíceis rivais na competição.
    > **A perda de fôlego de algumas das grandes economias** também já foi notada por outras gigantes do setor.
- **Sujeito composto:** é aquele que possui mais de um núcleo.
    > **João e Maria** são amigos inseparáveis.
    > **Eu**, meus **amigos** e todo o **resto** dos alunos faremos a prova.
- **Sujeito oculto, elíptico ou desinencial:** aquele que não se encontra expresso na oração, porém é facilmente subentendido pelo verbo apresentado.
    > Acord**amos** cedo naquele dia. (Nós)
    > Ab**ri** o blusão, tirei o 38, e perguntei com tanta raiva que uma gota de meu cuspe bateu na cara dele. (R. Fonseca) (eu)
    > Vanderlei caminh**ou** pela manhã. À tarde pass**eou** pelo lago municipal, onde encont**rou** a Anaconda da cidade. (Ele, Vanderlei)

Perceba que o sujeito não está grafado na sentença, mas é facilmente recuperável por meio da terminação do verbo.

▷ **Sujeito indeterminado:** ocorre quando o verbo não se refere a um núcleo determinado. São situações de indeterminação do sujeito:

- Terceira pessoa do plural sem um referente:
    > Nunca lhe **deram** nada.
    > **Fizeram** comentários maldosos a seu respeito.
- Com verbos transitivos indiretos, intransitivo e relacionais (de ligação) acompanhados da partícula "se" que, no caso, será classificada como índice de indeterminação de sujeito:
    > **Vive-se** muito bem.
    > **Precisa-se** de força e coragem na vida de estudante.
    > Nem sempre **se está** feliz na riqueza.

▷ **Sujeito inexistente ou oração sem sujeito:** ocorre em algumas situações específicas.

- Com verbos impessoais (principalmente os que denotam fenômeno da natureza).
    > Em setembro **chove** muito.
    > **Nevava** em Palotina.
- Com o verbo haver, desde que empregado nos sentidos de existir, acontecer ou ocorrer.
    > **Há** poemas perfeitos, não **há** poetas perfeitos.
    > **Deveria haver** soluções para tais problemas.
- Com os verbos ir, haver e fazer, desde que empregado fazendo alusão a tempo transcorrido.
    > **Faz** um ano que não viajo. (verbo "fazer" no sentido de "tempo transcorrido")
    > **Há** muito tempo que você não aparece. (verbo "haver" no sentido de "tempo")
    > **Vai** para dois meses que não recebo salário. (verbo "ir" no sentido de "tempo")
- Com os verbos ser ou estar indicando tempo.
    > **Era** noite fechada.
    > **É** tarde, eles não vêm!
- Com os verbos bastar e chegar indicando cessamento.
    > **Basta** de tanta corrupção no Senado!
    > **Chega** de ficar calado quando a situação aperta!
- Com o verbo ser indicando data ou horas.
    > **São** dez horas no relógio da torre.
    > Amanhã **serão** dez de dezembro.

▷ **Sujeito oracional:** ocorre nas análises do período composto, quando se verifica que o sujeito de um verbo é uma oração.
    > É preciso **que você estude Língua Portuguesa**.

Predicado

É o termo que designa aquilo que se declara acerca do sujeito. É mais simples e mais prudente para o aluno buscar identificar o predicado antes do sujeito, pois, se assim o fizer, terá mais concretude na identificação do sujeito.

O predicado pode ser nominal, verbal ou verbo-nominal.

- **Predicado Nominal:** o predicado nominal é formado por um verbo relacional (de ligação) + predicativo.

Principais verbos de ligação: ser, estar, permanecer, continuar, ficar, parecer, andar e torna-se.
    > A economia da Ásia parecia derrotada após a crise.
    > O deputado, de repente, virou patriota.
    > Português é legal.

- **Predicado Verbal:** o predicado verbal tem como núcleo um verbo nocional.

  Empresários **investirão R$ 250 milhões em novo berço para o Porto de Paranaguá.**

- **Predicado Verbo-nominal:** ocorre quando há um verbo significativo (nocional) + um predicativo do sujeito.

  O trem chegou atrasado. ("atrasado" é uma qualidade do sujeito que aparece após o verbo, portanto, é um predicativo do sujeito).

  Pedro Paladino já nasceu rico.

  Acompanhei a indignação de meus alunos preocupado.

Predicativo

O predicativo é um termo componente do predicado. Qualifica sujeito ou objeto.

Josefina era **maldosa, ruim, sem valor.** (predicativo do sujeito)

Leila deixou o garoto **louco.** (predicativo do objeto)

O diretor nomeou João **chefe da repartição.** (predicativo do objeto)

5.2 Termos integrantes da oração

Os termos integrantes da oração são: objeto direto (complemento verbal); objeto indireto (complemento verbal); complemento nominal e agente da passiva.

- **Objeto Direto:** é o complemento de um verbo transitivo direto.

  Os bons cidadãos cumprem **as leis.** (quem cumpre, cumpre algo)

  Em resumo: ele queria **uma mulher.** (quem quer, quer algo)

- **Objeto Indireto:** é o complemento de um verbo transitivo indireto.

  Os bons cidadãos obedecem **às leis.** (quem obedece, obedece a algo)

  Necessitamos **de manuais mais práticos** nos dias de hoje. (quem necessita, necessita de algo)

- **Complemento Nominal:** é o complemento, sempre preposicionado, de adjetivos, advérbios e substantivos que, em determinadas circunstâncias, pedem complemento, assim como os verbos transitivos indiretos.

  O filme era impróprio para crianças.

  Finalizou-se a construção do prédio.

  Agiu favoravelmente ao réu.

- **Agente da Passiva:** é o complemento que, na voz passiva, designa o ser praticante da ação sofrida ou recebida pelo sujeito. Veja os exemplos:

  Voz ativa: o zagueiro executou a jogada.

  Voz passiva: a jogada foi executada **pelo zagueiro. (Agente da passiva)**

  Conversas foram interceptadas pela **Polícia Federal.** (Agente da passiva)

5.3 Termos acessórios da oração

Os termos acessórios da oração são: adjunto adnominal; adjunto adverbial; aposto e vocativo.

▷ **Adjunto Adnominal:** a função do adjunto adnominal é desempenhada por qualquer palavra ou expressão que, junto de um substantivo ou de uma expressão substantivada, modifica o seu sentido. Vejamos algumas palavras que desempenham tal função.

- **Artigos: as** alunas serão aprovadas.

- **Pronomes adjetivos: aquela** aluna será aprovada.
- **Numerais adjetivos: duas** alunas serão aprovadas.
- **Adjetivos:** aluno **estudioso** é aprovado.
- **Locuções adjetivas:** aluno **de gramática** passa no concurso.

▷ **Adjunto Adverbial:** o adjunto adverbial é o termo acessório (que não é exigido por elemento algum da sentença) que exprime circunstância ao verbo e, às vezes, ao adjetivo ou mesmo ao advérbio.

- **Advérbios:** os povos antigos trabalhavam mais.
- **Locuções Adverbiais:** li vários livros **durante as férias.**
- **Alguns tipos de adjuntos adverbiais:**

  Tempo: ontem, choveu muito.

  Lugar: gostaria de que me encontrasse **na esquina da padaria.**

  Modo: Alfredo executou a aria **fantasticamente.**

  Meio: fui para a escola **a pé.**

  Causa: por amor, cometem-se loucuras.

  Instrumento: quebrou a **vidraça com uma pedra.**

  Condição: se estudar muito, será aprovado.

  Companhia: faremos sucesso **com essa banda.**

▷ **Aposto:** o aposto é o termo sintático que, possuindo equivalência semântica, esclarece seu referente. Tipos de aposto:

Explicativo: Alencar, **escritor romântico,** possui uma obra vastíssima.

Resumitivo ou recapitulativo: estudo, esporte, cinema, **tudo** o chateava.

Enumerativo: preciso de duas coisas: **saúde e dinheiro.**

Especificativo: a notícia foi publicada na revista **Veja.**

Distributivo: havia grupos interessados: **o da direita e o da esquerda.**

Oracional: desejo só uma coisa: **que vocês passem no concurso.**

Vocativo: é uma interpelação, é um chamamento. Normalmente, indica com quem se fala.

▷ **Ó mar,** por que não me levas contigo?

- Vem, **minha amiga,** abraçar um vitorioso.

5.4 Período composto

O período composto possui dois processos: coordenação e subordinação.

- **Coordenação:** ocorre quando são unidas orações independentes sintaticamente. Ou seja, são autônomas do ponto de vista estrutural. Vamos a um exemplo:

  - Altamiro pratica esportes e estuda muito.

- **Subordinação:** ocorre quando são unidas orações que possuem dependência sintática. Ou seja, não estão completas em sua estrutura. O processo de subordinação ocorre de três maneiras:

  - **Substantiva:** quando a oração desempenhar a função de um substantivo na sentença (**sujeito, predicativo, objeto direto, objeto indireto, complemento nominal ou aposto**).

  - **Adjetiva:** quando a oração desempenhar a função de adjunto adnominal na sentença.

  - **Adverbial:** quando a oração desempenhar a função de adjunto adverbial na sentença.

    Eu quero **que vocês passem no concurso.** (Oração subordinada substantiva objetiva direta – a função de objeto direto está sendo desempenhada pela oração)

    O Brasil, **que é um belíssimo país,** possui vegetação exuberante. (Oração subordinada adjetiva explicativa)

    Quando José entrou na sala, Manoel saiu. (Oração subordinada adverbial temporal)

5.4.1. Processo de coordenação

Há dois tipos de orações coordenadas: **assindéticas** e **sindéticas**.

- **Assindéticas:**

O nome vem da palavra grega *sýndetos*, que significa conjunção, união. Ou seja, oração que não possui conjunção quando está colocada ao lado de outra.

> Valdevino **correu (oração coordenada assindética), correu (oração coordenada assindética), correu (oração coordenada assindética)** o dia todo.

Perceba que não há conjunções para ligar os verbos, ou seja, as orações estão colocadas uma ao lado da outra sem síndeto, portanto, são **orações coordenadas assindéticas**.

- **Sindéticas:**

Contrariamente às assindéticas, as sindéticas possuem conjunção para exprimir uma relação lógico-semântica. Cada oração recebe o nome da conjunção que a introduz. Por isso é necessário decorar as conjunções.

- **Aditivas:** são introduzidas pelas conjunções e, nem, mas também, também, como (após "não só"), como ou quanto (após "tanto"), mais etc., dando a ideia de adição à oração anterior.

> A seleção brasileira venceu a Dinamarca / **e empatou com a Inglaterra.** (Oração coordenada assindética / **oração coordenada sindética aditiva**)

- **Adversativas:** são introduzidas pelas conjunções: mas, porém, todavia, contudo, entretanto, no entanto, não obstante, senão, apesar disso, embora etc., indicando uma relação de oposição à sentença anterior.

> O time batalhou muito, / **mas não venceu o adversário.** (Oração coordenada assindética / **oração coordenada sindética adversativa**)

- **Alternativas:** são introduzidas pelas conjunções ou... ou, ora... ora, já... já, quer... quer, seja... seja, nem... nem etc., indicando uma relação de alternância entre as sentenças.

> Ora estuda, / ora trabalha. (**Oração coordenada sindética alternativa / oração coordenada sindética alternativa**)

- **Conclusivas:** são introduzidas pelas conjunções: pois (posposto ao verbo), logo, portanto, então, por conseguinte, por consequência, assim, desse modo, destarte, com isso, por isto, consequentemente, de modo que, indicando uma relação de conclusão do período anterior.

> Comprei a carne e o carvão, / **portanto podemos fazer o churrasco.** (Oração coordenada assindética / **oração coordenada sindética conclusiva**)

> Estou muito doente, / **não posso, pois, ir à aula.** (Oração coordenada assindética / **oração coordenada sindética conclusiva**)

- **Explicativas:** são introduzidas pelas conjunções que, porque, porquanto, por, portanto, como, pois (anteposta ao verbo), ou seja, isto é, indicando uma relação de explicação para com a sentença anterior.

> Não converse, / **pois estou estudando.** (Oração coordenada assindética / **oração coordenada sindética explicativa**)

5.4.2. Processo de subordinação

As orações subordinadas substantivas se dividem em seis tipos, introduzidas, geralmente, pelas conjunções "**que**" e "**se**".

- **Subjetiva:** exerce função de sujeito do verbo da oração principal.

> É interessante / **que todos joguem na loteria.** (Oração principal / **oração subordinada substantiva subjetiva**)

- **Objetiva direta:** exerce função de objeto direto.

> Eu quero / **que você entenda a matéria.** Quem quer, quer algo ou alguma coisa. (Oração principal / **oração subordinada substantiva objetiva direta**)

- **Objetiva indireta:** exerce função de objeto indireto.

> Os alunos necessitam / **de que as explicações fiquem claras.** Quem necessita, necessita de algo. (Oração principal / **oração subordinada substantiva objetiva indireta**)

- **Predicativa:** exerce função de predicativo.

> O bom é / **que você faça exercícios todos os dias.** (Oração principal / **oração subordinada substantiva predicativa**)

- **Completiva nominal:** exerce função de complemento nominal de um nome da oração principal.

> Jonas tem vontade / **de que alguém o mande calar a boca.** (Oração principal / **oração subordinada substantiva completiva nominal**)

- **Apositivas:** possuem a função de aposto da sentença principal, geralmente são introduzidas por dois-pontos (:).

> Eu quero apenas isto: / **que você passe no concurso.** (Oração principal / **oração subordinada substantiva apositiva**)

- **Orações subordinadas adjetivas:** dividem-se em dois tipos. Quando desenvolvidas, são introduzidas por um pronome relativo.

O nome oração subordinada adjetiva se deve ao fato de ela desempenhar a mesma função de um adjetivo na oração, ou seja, a função de adjunto adnominal. Na Gramática de Portugal, são chamadas de orações relativas pelo fato de serem introduzidas por pronome relativo.

- **Restritivas:** restringem a informação da oração principal. Não possuem vírgulas.

> O homem / **que mora ao lado** / é mal-humorado. (Oração principal / **oração subordinada adjetiva restritiva** / oração principal)

Para entender basta perguntar: qualquer homem é mal-humorado? Não. Só o que mora ao lado.

- **Explicativas:** explicam ou dão algum esclarecimento sobre a oração principal.

> João, / **que é o ex-integrante da comissão,** / chegou para auxiliar os novos contratados. (Oração principal / **oração subordinada adjetiva explicativa** /oração principal)

- **Orações subordinadas adverbiais:** dividem-se em nove tipos. Recebem o nome da conjunção que as introduz. Nesse caso, teremos uma principal (que não está negritada) e uma subordinada adverbial (que está em negrito).

Essas orações desempenham a função de adjunto adverbial da oração principal.

- **Causais:** exprimem a causa do fato que ocorreu na oração principal. Introduzidas, principalmente, pelas conjunções porque, visto que, já que, uma vez que, como que, como.

> **Já que precisamos de dinheiro,** vamos trabalhar.

- **Comparativas:** representam o segundo termo de uma comparação. Introduzidas, na maior parte dos casos, pelas conjunções que, do que, como, assim como, (tanto) quanto.

> Tiburcina fala **como uma gralha** (fala - o verbo está elíptico).

- **Concessivas:** indica uma concessão entre as orações. Introduzidas, principalmente, pelas conjunções embora, a menos que, ainda que, posto que, conquanto, mesmo que, se bem que, por

mais que, apesar de que. Fique de olho na relação da conjunção com o verbo.

>**Embora não tivesse tempo disponível**, consegui estudar.

- **Condicionais:** expressa ideia de condição. Introduzidas, principalmente, pelas conjunções se, salvo se, desde que, exceto, caso, desde, contanto que, sem que, a menos que.

>**Se ele não se defender**, acabará como "boi-de-piranha" no caso.

- **Conformativas:** exprimem acordo, concordância entre fatos ou ideias. Introduzidas, principalmente, pelas conjunções como, consoante, segundo, conforme, de acordo com etc.

>Realize as atividades **conforme eu expliquei**.

- **Consecutivas:** indicam a consequência ou o efeito daquilo que se diz na oração principal. Introduzidas, principalmente, pelas conjunções que (precedida de tal, tão, tanto, tamanho), de sorte que, de modo que.

>Estudei tanto, **que saiu sangue dos olhos**.

- **Finais:** exprimem finalidade da ação primeira. Introduzidas, em grande parte dos casos, pelas conjunções para que, a fim de que, que e porque.

>Estudei muito **para que pudesse fazer a prova**.

- **Proporcionais:** expressa uma relação de proporção entre as orações. Introduzidas, principalmente, pelas conjunções (locuções conjuntivas) à medida que, quanto mais... mais, à proporção que, ao passo que, quanto mais.

  - José piorava, **à medida que abandonava seu tratamento**.

- **Temporais:** indicam circunstância de tempo. Introduzidas, principalmente, pelas conjunções quando, antes que, assim que, logo que, até que, depois que, mal, apenas, enquanto etc.

>**Logo que iniciamos o trabalho** os alunos ficaram mais tranquilos.

6 PONTUAÇÃO

A pontuação assinala a melodia de nossa fala, ou seja, as pausas, a ênfase etc.

6.1 Principais sinais e usos

6.1.1.Vírgula

É o sinal mais importante para concurso público.

Usa-se a vírgula para:

- Separar termos que possuem mesma função sintática no período.

  José, **Maria**, **Antônio** e **Joana** foram ao mercado. (Função de núcleo do sujeito).

- Isolar o vocativo.

  Então, **minha cara**, não há mais o que se dizer!

- Isolar um aposto explicativo (cuidado com essa regra, veja que não há verbo no aposto explicativo).

  O João, **ex-integrante da comissão**, veio fazer parte da reunião.

- Isolar termos antecipados, como: complemento, adjunto ou predicativo.

  Na semana passada, comemos camarão no restaurante português. (Antecipação de adjunto adverbial).

- Separar expressões explicativas, conjunções e conectivos.

  Isto é, ou seja, por exemplo, além disso, pois, porém, mas, no entanto, assim etc.

- Separar os nomes dos locais de datas.

  Cascavel, 2 de maio de 2012.

- Isolar orações adjetivas explicativas (pronome relativo + verbo + vírgula).

  O Brasil, **que é um belíssimo país**, possui ótimas praias.

- Separar termos de uma enumeração.

  Vá ao mercado e traga **cebola**, **alho**, **sal**, **pimenta** e **coentro**.

- Separar orações coordenadas.

  Esforçou-se muito, **mas não venceu o desafio**. (Oração coordenada sindética adversativa).

  Roubou todo o dinheiro, **e ainda apareceu na casa**. (Oração coordenada sindética aditiva).

A vírgula pode ser utilizada antes da conjunção aditiva "e" caso se queira enfatizar a oração por ela introduzida.

- Omitir um termo, elipse (no caso da elipse verbal, chamaremos "zeugma").

  - De dia era um anjo, de noite um **demônio**. (Omissão do verbo "ser").

- Separar termos de natureza adverbial deslocados dentro da sentença.

  Na semana passada, trinta alunos foram aprovados no concurso. (Locução adverbial temporal)

  Se estudar muito, você será aprovado no concurso. (Oração subordinada adverbial condicional)

6.1.2.Ponto final

Usa-se o ponto final:

- Ao final de frases para indicar uma pausa total; é o que marca o fim de um período.

  Depois de passar no concurso, comprarei um carro.

Em abreviaturas:

  Sr., a. C., Ltda., num., adj., obs., máx., *bat., brit. etc.*

6.1.3.Ponto e vírgula

Usam-se ponto e vírgula para:

- Separar itens que aparecem enumerados.

  - Uma boa dissertação apresenta:

  Coesão;

  Coerência;

  Progressão lógica;

  Riqueza lexical;

  Concisão;

  Objetividade;

  Aprofundamento.

- Separar um período que já se encontra dividido por vírgulas.

  Não gostava de trabalhar; queria, no entanto, muito dinheiro no bolso.

- Separar partes do texto que se equilibram em importância.

  Os pobres dão pelo pão o trabalho; os ricos dão pelo pão a fazenda; os de espíritos generosos dão pelo pão a vida; os de nenhum espírito dão pelo pão a alma. (Vieira)

  O capitalismo é a exploração do homem pelo homem; o socialismo é exatamente o contrário.

6.1.4.Dois pontos

São usados dois pontos quando:

- Se vai fazer uma citação ou introduzir uma fala.

  José respondeu:

  – Não, muito obrigado!

- Se quer indicar uma enumeração.

  Quero apenas uma coisa: que vocês sejam aprovados no concurso!

6.1.5.Aspas

São usadas aspas para indicar:

- Citação presente no texto.

  "Há distinção entre categorias do pensamento" – disse o filósofo.

- Expressões estrangeiras, neologismos, gírias.

  Na parede, haviam pintado a palavra "love". (Expressão estrangeira).

  Ficava "bailarinando", como diria Guimarães. (Neologismo).

  "Velho", esconde o "cano" aí e "deixa baixo". (Gíria).

6.1.6.Reticências

São usadas para indicar supressão de um trecho, interrupção na fala, ou dar ideia de continuidade ao que se estava falando.

  [...] Profundissimamente hipocondríaco. Este ambiente me causa repugnância. Sobe-me à boca uma ânsia análoga à ânsia. Que se escapa pela boca de um cardíaco [...]

  Eu estava andando pela rua quando...

  Eu gostei da nova casa, mas da garagem...

6.1.7.Parênteses

- São usados quando se quer explicar melhor algo que foi dito ou para fazer simples indicações.

  Foi o homem que cometeu o crime (o assassinato do irmão).

6.1.8. Travessão

- Indica a fala de um personagem.

  Ademar falou.

  Amigo, preciso contar algo para você.

- Isola um comentário no texto.

  O estudo bem realizado – **diga-se de passagem, que quase ninguém faz** – é o primeiro passo para a aprovação.

- Isola um aposto na sentença.

  A Semântica – **estudo sobre as relações de sentido** – é importantíssima para o entendimento da Língua.

- Reforçar a parte final de um enunciado.

  Para passar no concurso, é preciso estudar muito – **muito mesmo.**

6.1.9. Trocas

A banca, eventualmente, costuma perguntar sobre a possibilidade de troca de termos, portanto, atenção!

Vírgulas, travessões e parênteses, quando isolarem um aposto, podem ser trocados sem prejuízo para a sentença.

Travessões podem ser trocados por dois pontos, a fim de enfatizar um enunciado.

6.1.10. Regra de ouro

Na ordem natural de uma sentença, é proibido:

- Separar sujeito e predicado com vírgulas:

  Aqueles maravilhosos velhos ensinamentos de meu pai foram de grande utilidade. (Certo)

  Aqueles maravilhosos velhos ensinamentos de meu pai, foram de grande utilidade. (Errado)

- Separar verbo de objeto:

  "O presidente do maravilhoso país chamado Brasil assinou uma lei importante. (Certo)

  O presidente do maravilhoso país chamado Brasil assinou, uma lei importante. (Errado)

7 CONCORDÂNCIA VERBAL E NOMINAL

Trata-se do processo de flexão dos termos a fim de se relacionarem harmoniosamente na frase. Quando se pensa sobre a relação do verbo com os demais termos da oração, o estudo focaliza a concordância verbal. Quando a análise se volta para a relação entre pronomes, substantivos, adjetivos e demais termos do grupo nominal, diz-se que o foco é concordância nominal.

7.1 Concordância verbal

7.1.1.Regra geral

O verbo concorda com o sujeito em número e pessoa.

> O **primeiro-ministro** russo **acusou** seus inimigos.
> Dois **parlamentares rebateram** a acusação.
> **Contaram**-se **mentiras** no telejornal.
> **Vós sois** os responsáveis por vosso destino.

Regras para sujeito composto

▷ Anteposto se colocado antes do verbo, o verbo vai para o plural:

> **Eu e meus irmãos vamos** à praia.

▷ Posposto se colocado após o verbo, o verbo concorda com o mais próximo ou vai para o plural:

> **Morreu (morreram),** no acidente, **o prefeito e o vereador**.

▷ Formado por pessoas (gramaticais) diferentes: plural da predominante.

> Eu, você e os alunos **estudaremos** para o concurso. (a primeira pessoa é a predominante, por isso, o verbo fica na primeira pessoa do plural).

▷ Com núcleos em correlação, a concordância se dá com o mais próximo ou fica no plural:

> O professor assim como o monitor auxilia(m) os estudantes.

▷ **Ligado por NEM o verbo concordará:**

• No singular: se houver exclusão.

> Nem Josias nem Josué **percebeu** o perigo iminente.

• No singular: quando se pretende individualizar a ação, aludindo a um termo em específico.

> Nem os esportes nem a leitura **o entretém**.

• No plural: quando não houver exclusão, ou seja, quando a intenção for aludir ao sujeito em sua totalidade.

> Nem a minha rainha nem o meu mentor **serão** tão convincentes a ponto de me fazerem mudar de ideia.

▷ **Ligado por COM o verbo concorda com o antecedente do COM ou vai para o plural:**

> O vocalista com os demais integrantes da banda **realizaram (realizou)** o show.

▷ **Ligado por OU o verbo fica no singular (se houver exclusão) ou no plural (se não houver exclusão):**

> Ou Pedro Amorim ou Jurandir Leitão **será** eleito vereador da cidade.
> *O aviso ou o ofício* **deveriam** ser expedidos antes da data prevista.

▷ **Se o sujeito for construído com os termos:** um e outro, nem um nem outro, o verbo fica no singular ou plural, dependendo do sentido pretendido.

> Um e outro **passou (passaram)** no concurso.
> Um ou outro: verbo no singular.
> Um ou outro fez a lição.

▷ **Expressões partitivas seguidas de nome plural:** verbo no singular ou plural.

> A maior parte das pessoas **fez (fizeram)** o exercício recomendado.

▷ **Coletivo geral:** verbo no singular.

> O cardume **nadou** rio acima.

▷ **Expressões que indicam quantidade aproximada seguida de numeral:** o verbo concorda com o substantivo.

> Aproximadamente 20% dos eleitores **compareceram** às urnas.
> Aproximadamente 20% do eleitorado **compareceu** às urnas.

▷ **Pronomes (indefinidos ou interrogativos) seguidos dos pronomes "nós" e/ou "vós":** o verbo fica no singular ou plural.

> Quem de nós **fará (faremos)** a diferença?

▷ **Palavra QUE (pronome relativo):** o verbo concorda com o antecedente do pronome "que".

> Fui eu que **fiz** a diferença.

▷ **Palavra QUEM:** verbo na 3ª pessoa do singular.

> Fui eu *quem* **fez** a diferença.

Pela repetida utilização errônea, algumas gramáticas já toleram a concordância do verbo com a pessoa gramatical distinta da terceira, no caso de se utilizar um pronome pessoal como antecedente do "quem".

▷ **Um dos que:** verbo no singular ou plural.

> Ele foi *um dos que* **fez (fizeram)** a diferença.

▷ **Palavras sinônimas:** verbo concorda com o mais próximo ou fica no plural.

> *A ruindade, a maldade, a vileza* **habita (habitam)** a alma do ser humano.

▷ **Quando os verbos estiverem acompanhados da palavra "SE":** fique atento à função da palavra "SE".

• **SE na função de pronome apassivador:** o verbo concorda com o sujeito paciente.

> **Vendem-se** casas e sobrados em Alta Vista.
> **Presenteou**-se o aluno aplicado com uma gramática.

• **SE na função de índice de indeterminação do sujeito:** o verbo fica sempre na 3ª pessoa do singular.

> **Precisa-se** de empregados com capacidade de aprender.
> **Vive**-se muito bem na riqueza.

A dica é ficar de olho na transitividade do verbo. Se o verbo for VTI, VI ou VL, o termo "SE" será índice de indeterminação do sujeito.

▷ **Casos de concordância com o verbo "ser":**

• **Quando indicar tempo ou distância:** concorda com o predicativo.

> Amanhã **serão** 7 de fevereiro.
> **São** 890 quilômetros daqui até Florianópolis.

• **Quando houver sujeito que indica quantidade e predicativo que indica suficiência ou excesso:** concorda com o predicativo.

> Vinte milhões **era** muito por aquela casa.
> Sessenta centavos **é** pouco por aquele lápis.

• **O verbo "dar", no sentido de "bater" ou "soar", acompanhado do termo "hora(s)":** concorda com o sujeito.

> **Deram** cinco horas no relógio do juiz.
> **Deu** cinco horas o relógio juiz.

• **Verbo "parecer" somado a infinitivo:** flexiona-se um dos dois.

> Os alunos **pareciam** estudar novos conteúdos.
> Os alunos **pareciam estudarem** novos conteúdos.

- **Quando houver sujeito construído com nome no plural,** com artigo no singular ou sem artigo: o verbo fica no singular.

    Memórias Póstumas de Brás Cubas **continua** sendo lido por jovens estudantes.

    Minas Gerais **é** um lindo lugar.

- Com artigo plural: o verbo fica no plural.

    Os Estados Unidos **aceitaram** os termos do acordo assinado.

7.2 Concordância nominal

A concordância nominal está relacionada aos termos do grupo nominal. Ou seja, relaciona-se com o substantivo, o pronome, o artigo, o numeral e o adjetivo. Vamos à regra geral para a concordância.

7.2.1.Regra geral

O artigo, o numeral, o adjetivo e o pronome adjetivo devem concordar com o substantivo a que se referem em gênero e número.

Meu belíssimo e **antigo** carro **amarelo** quebrou, ontem, em **uma** rua **estreita.**

Os termos destacados acima, mantém uma relação harmoniosa com o núcleo de cada expressão. Relação essa que se estabelece em questões de gênero e de número.

A despeito de a regra geral dar conta de grande parte dos casos de concordância, devemos considerar a existência de casos particulares, que merecem atenção.

7.2.2.Casos que devem ser estudados

Dependendo da intencionalidade de quem escreve, pode-se realizar a concordância atrativa, primando por concordar com apenas um termo de uma sequência ou com toda a sequência. Vejamos:

    Vi um carro e uma **moto** *vermelha.* (concordância apenas com o termo "moto")

    Vi um carro e uma **moto** *vermelhos.* (concordância com ambos os elementos)

A palavra "**bastante**", por exemplo, varia de acordo com o contexto. Se "bastante" é pronome adjetivo, será variável; se for advérbio (modificando o verbo), será invariável, ou seja, não vai para o plural.

    Há *bastantes* **motivos** para sua ausência. (adjetivo)

    Os alunos **falam** *bastante.* (advérbio)

Troque a palavra "bastante" por "muito". Se "muito" for para o plural, "bastante" também irá.

Anexo, incluso, apenso, obrigado, mesmo, próprio: são adjetivos que devem concordar com o substantivo a que se referem.

    O *relatório* segue **anexo** ao documento.

    Os *documentos* irão **apensos** ao relatório.

A expressão "em anexo" é invariável (não vai para plural nem para o feminino).

    As planilhas irão **em anexo.**

É bom, é necessário, é proibido, é permitido: variam somente se o sujeito vier antecedido de um artigo ou outro termo determinante.

    Maçã **é bom** para a voz. / A maçã **é boa** para a voz.

    É necessário **aparecer** na sala. / É necessária **sua aparição** na sala.

"Menos" e "alerta" são sempre invariáveis, contanto que respeitem sua classe de origem - advérbio: se forem derivadas para substantivo, elas poderão variar.

    Encontramos **menos** alunos na escola. / Encontramos **menos** alunas na escola.

    O policial ficou **alerta.** / Os policiais ficaram **alerta.**

"**Só**" e "**sós**" variam apenas quando forem adjetivos: quando forem advérbios, serão invariáveis.

    Pedro apareceu **só** (sozinho) na sala. / Os meninos apareceram **sós** (sozinhos) na sala. (adjetivo)

    Estamos **só** (somente) esperando sua decisão. (advérbio)

- A expressão "a sós" é invariável.

    A menina ficou **a sós** com seus pensamentos.

Troque "só" por "sozinho" (vai para o plural) ou "somente" (fica no singular).

8 REGÊNCIA VERBAL E NOMINAL

Regência é a parte da Gramática Normativa que estuda a relação entre dois termos, verificando se um termo serve de complemento a outro e se nessa complementação há uma preposição.

Dividimos a regência em:

- Regência verbal (ligada aos verbos).
- Regência nominal (ligada aos substantivos, adjetivos ou advérbios).

8.1 Regência verbal

Deve-se analisar, nesse caso, a necessidade de complementação, a presença ou ausência da preposição e a possibilidade de mudança de sentido do texto.

Vamos aos casos:

- **Agradar e desagradar:** são transitivos indiretos (com preposição a) nos sentidos de satisfazer, contentar.

  A biografia de Aníbal Machado **agradou/desagradou** à maioria dos leitores.

  A criança **agradava** ao pai por ser muito comportada.

- **Agradar:** pode ser transitivo direto (sem preposição) se significar acariciar, afagar.

  Agradar a esposa.

  Pedro passava o dia todo **agradando** os seus gatos.

- **Agradecer:** transitivo direto e indireto, com a preposição a, no sentido de demonstrar gratidão a alguém.

  Agradecemos a Santo Antônio o milagre alcançado.

  Agradecemos-lhes a benesse concedida.

O verbo em questão também pode ser transitivo direto no sentido de mostrar gratidão por alguma coisa:

  Agradeço a dedicação de todos os estudantes.

  Os pais **agradecem** a dedicação dos professores para com os alunos.

- **Aspirar:** é transitivo indireto (preposição "a") nos sentidos de desejar, pretender ou almejar.

  Sempre **aspirei** a um cargo público.

  Manoel **aspirava** a ver novamente a família na Holanda.

- **Aspirar:** é transitivo direto na acepção de inalar, sorver, tragar, ou seja, mandar para dentro.

  Aspiramos o perfume das flores.

  Vimos a empregada **aspirando** a poeira do sofá.

- **Assistir:** é transitivo direto no sentido de ajudar, socorrer etc.

  O professor **assistia** o aluno.

  Devemos **assistir** os mais necessitados.

- **Assistir:** é transitivo indireto (complemento regido pela preposição "a") no sentido de ver ou presenciar.

  Assisti ao comentário da palestra anterior.

  Você deve **assistir** às aulas do professor!

- **Assistir:** é transitivo indireto (complemento regido pela preposição "a") no sentido de "ser próprio de", "pertencer a".

  O direito à vida **assiste** ao ser humano.

  Esse comportamento **assiste** às pessoas vitoriosas.

- **Assistir:** é intransitivo no sentido de morar ou residir.

  Maneco **assistira** em Salvador.

- **Chegar:** é verbo intransitivo e possui os adjuntos adverbiais de lugar introduzidos pela preposição "a".

  Chegamos a Cascavel pela manhã.

  Este é o ponto a que pretendia **chegar**.

Caso a expressão indique posição em um deslocamento, admite-se a preposição em:

  Cheguei no trem à estação.

Os verbos ir e vir têm a mesma regência de chegar:

  Nós **iremos** à praia amanhã.

  Eles **vieram** ao cursinho para estudar.

- **Custar no sentido de** ter valor ou preço: verbo transitivo direto.

  O avião **custa** 100 mil reais.

- **Custar no sentido de** ter como resultado certa perda ou revés é verbo transitivo direto e indireto:

  Essa atitude **custou**-lhe a vida.

- **Custar no sentido de** ser difícil ou trabalhoso é intransitivo:

  Custa muito entender esse raciocínio.

- **Custar no sentido de** levar tempo ou demorar é intransitivo:

  Custa a vida para aprender a viver.

- **Esquecer/lembrar:** possuem a seguinte regra – se forem pronominais, terão complemento regido pela preposição "de"; se não forem, não haverá preposição.

  Lembrei-**me de** seu nome.

  Esqueci-**me de** seu nome.

  Lembrei seu nome.

  Esqueci seu nome.

- **Gostar:** é transitivo indireto no sentido de apreciar (complemento introduzido pela preposição "de").

  Gosto de estudar.

  Gosto muito de minha mãe.

- **Gostar:** como sinônimo de experimentar ou provar é transitivo direto.

  Gostei a sobremesa apenas uma vez e já adorei.

  Gostei o chimarrão uma vez e não mais o abandonei.

- **Implicar** pode ser:
  - **Transitivo direto** (sentido de acarretar):

    Cada escolha **implica** uma renúncia.

  - **Transitivo direto e indireto** (sentido de envolver alguém em algo):

    Implicou a irmã no crime.

  - **Transitivo indireto** (sentido de rivalizar):

    Joana estava **implicando** com o irmão menor.

- **Informar:** é bitransitivo, ou seja, é transitivo direto e indireto. Quem informa, informa:

  Algo a alguém: **informei** o acontecido para Jonas.

  Alguém de algo: **informei**-o do acontecido.

  Alguém sobre algo: **informei**-o sobre o acontecido.

- **Morar/residir:** verbos intransitivos (ou, como preconizam alguns dicionários, transitivo adverbiado), cujos adjuntos adverbiais de lugar são introduzidos pela preposição "em".

  José **mora** em Alagoas.

  Há boas pessoas **residindo** em todos os estados do Brasil.

- **Obedecer:** é um verbo transitivo indireto.

  Os filhos **obedecem** aos pais.

  Obedeça às leis de trânsito.

Embora transitivo indireto, admite forma passiva:

  Os pais são obedecidos pelos filhos.

O antônimo "desobedecer" também segue a mesma regra.

- **Perdoar:** é transitivo direto e indireto, com objeto direto de coisa e indireto de pessoa.

  Jesus **perdoou** os pecados aos pecadores.

  Perdoava-lhe a desconsideração.

Perdoar admite a voz passiva:

> Os pecadores foram perdoados por Deus.

- **Precisar:** é transitivo indireto (complemento regido pela preposição de) no sentido de "necessitar".

  > **Precisaremos** de uma nova Gramática.

- **Precisar:** é transitivo direto no sentido de indicar com precisão.

  > Magali não soube **precisar** quando o marido voltaria da viagem.

- **Preferir:** é um verbo bitransitivo, ou seja, é transitivo direto e indireto, sempre exigindo a preposição a (preferir alguma coisa à outra).

  > Adelaide **preferiu** o filé ao risoto.
  > **Prefiro** estudar a ficar em casa descansando.
  > **Prefiro** o sacrifício à desistência.

É incorreto reforçar o verbo "preferir" ou utilizar a locução "do que".

- **Proceder:** é intransitivo na acepção de "ter cabimento":

  > Suas críticas são vazias, não **procedem**.

- **Proceder:** é também intransitivo na acepção de "portar-se":

Todas as crianças **procederam** bem ao lavarem as mãos antes do lanche.

- **Proceder:** no sentido de "ter procedência" é utilizado com a preposição de:

  > Acredito que a dúvida **proceda** do coração dos curiosos.

- **Proceder:** é transitivo indireto exigindo a preposição a no sentido de "dar início":

  > Os investigadores **procederam** ao inquérito rapidamente.

- **Querer:** é transitivo direto no sentido de "desejar":

  > Eu **quero** um carro novo.

- **Querer:** é transitivo indireto (com o complemento de pessoa) no sentido de "ter afeto":

  > **Quero** muito a meus alunos que são dedicados.

- **Solicitar:** é utilizado, na maior parte dos casos, como transitivo direto e indireto. Nada impede, entretanto, que se construa como transitivo direto.

  > O juiz **solicitou** as provas ao advogado.
  > **Solicito** seus documentos para a investidura no cargo.

- **Visar:** é transitivo direto na acepção de mirar.

  > O atirador **visou** o alvo e disparou um tiro certeiro.

- **Visar:** é transitivo direto também no sentido de "dar visto", "assinar".

  > O gerente havia **visado** o relatório do estagiário.

- **Visar:** é transitivo indireto, exigindo a preposição a, na acepção de "ter em vista", "pretender", "almejar".

  > Pedro **visava** ao amor de Mariana.
  > As regras gramaticais **visam** à uniformidade da expressão linguística.

8.2 Regência nominal

Alguns nomes (substantivos, adjetivos e advérbios) são comparáveis aos verbos transitivos indiretos: precisam de um complemento introduzido por uma preposição.

Acompanhemos os principais termos que exigem regência especial.

SUBSTANTIVO		
Admiração a, por	Devoção a, para, com, por	Medo a, de
Aversão a, para, por	Doutor em	Obediência a
Atentado a, contra	Dúvida acerca de, em, sobre	Ojeriza a, por
Bacharel em	Horror a	Proeminência sobre
Capacidade de, para	Impaciência com	Respeito a, com, para com, por
Exceção a	Excelência em	Exatidão de, em
Dissonância entre	Divergência com, de, em, entre, sobre	Referência a
Alusão a	Acesso a	Menção a

ADJETIVOS		
Acessível a	Diferente de	Necessário a
Acostumado a, com	Entendido em	Nocivo a
Afável com, para com	Equivalente a	Paralelo a
Agradável a	Escasso de	Parco em, de
Alheio a, de	Essencial a, para	Passível de
Análogo a	Fácil de	Preferível a
Ansioso de, para, por	Fanático por	Prejudicial a
Apto a, para	Favorável a	Prestes a
Ávido de	Generoso com	Propício a
Benéfico a	Grato a, por	Próximo a
Capaz de, para	Hábil em	Relacionado com
Compatível com	Habituado a	Relativo a
Contemporâneo a, de	Idêntico a	Satisfeito com, de, em, por
Contíguo a	Impróprio para	Semelhante a
Contrário a	Indeciso em	Sensível a
Curioso de, por	Insensível a	Sito em
Descontente com	Liberal com	Suspeito de
Desejoso de	Natural de	Vazio de
Distinto de, em, por	Dissonante a, de, entre	Distante de, para

ADVÉRBIOS		
Longe de	Perto de	Relativamente a
Contemporaneamente a	Impropriamente a	Contrariamente a

É provável que você encontre muitas listas com palavras e suas regências, porém a maneira mais eficaz de se descobrir a regência de um termo é fazer uma pergunta para ele e verificar se, na pergunta, há uma preposição. Havendo, descobre-se a regência.

- A descoberta era **acessível** a todos.

Faz-se a pergunta: algo que é acessível é acessível? (a algo ou a alguém). Descobre-se, assim, a regência de acessível.

9 COLOCAÇÃO PRONOMINAL

Esta parte do conteúdo é relativa ao estudo da posição dos pronomes oblíquos átonos em relação ao verbo. Antes de iniciar o estudo, memorize os pronomes em questão.

PRONOMES OBLÍQUOS ÁTONOS
me
te
o, a, lhe, se
nos
vos
os, as, lhes, se

Quatro casos de colocação:

- **Próclise** (anteposto ao verbo):

    Nunca **o** vi.

- **Mesóclise** (medial em relação ao verbo):

    Dir-te-ei algo.

- **Ênclise** (posposto ao verbo):

    Passa-**me** a resposta.

- **Apossínclise** (intercalação de uma ou mais palavras entre o pronome e o verbo):

    - Talvez tu **me** já não creias.

9.1 Regras de próclise

- Palavras ou expressões negativas:

    Não **me** deixe aqui neste lugar!

    Ninguém **lhe** disse que seria fácil.

- Pronomes relativos:

    O material de que **me** falaste é muito bom.

    Eis o conteúdo que **me** causa nojo.

- Pronomes indefinidos:

    Alguém **me** disse que você vai ser transferido.

    Tudo **me** parece estranho.

- Conjunções subordinativas:

    Confiei neles, assim que **os** conheci.

    Disse que **me** faltavam palavras.

- Advérbios:

    Sempre **lhe** disse a verdade.

    Talvez **nos** apareça a resposta para essa questão.

- Pronomes interrogativos:

    Quem **te** contou a novidade?

    Que **te** parece essa situação?

- "Em + gerúndio"

    Em **se** tratando de Gramática, eu gosto muito!

    Nesta terra, em **se** plantando, tudo há de nascer.

- Particípio

    Ele havia avisado-**me**. (errado)

    Ele **me** havia avisado. (certo)

- Sentenças optativas:

    Deus **lhe** pague!

    Deus **o** acompanhe!

9.2 Regras de mesóclise

Emprega-se o pronome oblíquo átono no meio da forma verbal, quando ela estiver no futuro do presente ou no futuro simples do pretérito do indicativo.

    Chamar-**te**-ei, quando ele chegar.

    Se houver tempo, contar-**vos**-emos nossa aventura.

    Contar-**te**-ia a novidade.

9.3 Regras de ênclise

Não se inicia sentença, em Língua Portuguesa, por pronome oblíquo átono. Ou seja, o pronome átono não deve ficar no início da frase.

Formas verbais:

- Do **infinitivo impessoal** (precedido ou não da preposição "a");
- Do **gerúndio**;
- Do **imperativo afirmativo**:

    Alcança-**me** o prato de salada, por favor!

    Urge obedecer-**se** às leis.

    O garoto saiu da sala desculpando-**se**.

    Tratando-**se** desse assunto, não gosto de pensar.

    Dá-**me** motivos para estudar.

Se o gerúndio vier precedido da preposição "em", deve-se empregar a próclise.

    Em **se** tratando de Gramática, eu gosto muito.

9.4 Casos facultativos

Sujeito expresso, próximo ao verbo.

    O menino se machucou (-**se**).

    Eu **me** refiro (-**me**) ao fato de ele ser idiota.

Infinitivo antecedido de "não" ou de preposição.

    Sabemos que não se habituar (-**se**) ao meio causa problemas.

    O público o incentivou a se jogar (-**se**) do prédio.

10 COESÃO E COERÊNCIA

10.1 Coesão

O texto não é um emaranhado de frases, e para que ele seja efetivado existem dois critérios fundamentais: a coesão e coerência. **Coesão** é a articulação entre as palavras, as frases, os parágrafos e o texto, considerado como um todo. Estabelece-se a coesão por meio do emprego de termos de referência, ou seja, termos que evitam a repetição de palavras (**coesão referencial**) e por meio de conectivos que articulam e relacionam as partes e as informações do texto (**coesão sequencial**).

10.2 Coesão Referencial

É um recurso coesivo que ocorre quando um termo (ou expressão) remete a ouro termo (ou expressão).

10.2.1.Remissão intratextual (para dentro do texto) – Endófora

O que foi mencionado anteriormente é chamado de **referente** textual, enquanto o termo que o remete é denominado de **referenciador**.

Ex.: Maria saiu cedo de casa esta manhã. **Ela** foi trabalhar e mais tarde irá à aula de dança.

Nesse exemplo, o termo "ela" retoma o termo citado anteriormente "Maria", evitando, assim, a repetição desnecessária.

Essa remissão textual pode ser feita de várias formas. Quando a referência é feita a algum elemento já mencionado no texto anteriormente, ocorre a **anáfora**. Quando a referência aponta para frente, ou seja, o referente textual surge após o elemento coesivo, ocorre a **catáfora**.

Ex.: "De uma coisa tenho certeza: essa narrativa mexerá com uma coisa delicada: a criação de uma pessoa inteira **que** na certa está tão viva quanto eu. Cuidai **dela** porque meu poder é só mostrá-**la** para que vós **a** reconheçais na rua, andando de leve por causa da esvoaçada magreza." (A hora da estrela de Clarice Lispector) => Os pronomes destacados têm como referente "uma pessoa inteira", então ocorreu anáfora.

Ex.: "Há **três coisas** que não podem ser escondidas por muito tempo: **o sol, a lua e a verdade**". (Buda) => A expressão "três coisas" tem como referente "sol, a lua e a verdade". O referente aparece depois do referenciador, por isso ocorreu catáfora.

Como evitar a repetição problemática de palavras? Muitos são os processos usados com essa finalidade, podendo ser reunidos em: **substituição, omissão, redução e ampliação**.

a) Substituição

- Substituição por um termo de conteúdo mais geral (hiperônimo)
  Ex.: A polícia apreendeu a cocaína, mas não conseguiu prender os traficantes que trouxeram a droga da Bolívia.

- Substituição por um sinônimo ou quase sinônimo
  Ex.: Mais cinco **presos** fugiram da cadeia de Bangu. Os **detentos** foram recapturados nas redondezas.

- Substituição por um pronome pessoal
  Ex.: Todos têm o **dever** de preservar o meio ambiente e todos precisam cumpri-**lo**.

- Substituição por pronomes demonstrativos
  Ex.: **Flamengo** e **fluminense** se enfrentaram no Maracanã durante a Copa do Brasil. **Este** (fluminense) estreou um uniforme novo, **aquele** (flamengo) usou o tradicional vermelho e preta.
  Ex.: Envelhecer em Pipa. Esse é meu sonho.

- Substituição por pronome relativo
  Ex.: O homem é o único **mamífero que** bebe leite na fase adulta.

- Substituição por um nome (nominalização)
  Ex.: **Verificaram-se** as urnas eletrônicas e a **verificação** constatou que não houve fraude.

> **Fique ligado**
>
> É importante ressaltar que essa lista de substituição não exaustiva, ou seja, existem outros tipos de substituição. Aqui estão os mais relevantes para concurso públicos.

b) Omissão

Ex.: O professor passou o dia preparando os materiais. (?) Resolveu tomar uma cerveja para relaxar.

c) Redução

Ex.: O ex-presidente Luís Inácio Lula da Silva=> O ex-presidente => Luís Inácio => O ex-presidente Luís Inácio => Lula

d) Ampliação

Ex.: Comprei uma casa ano passado. Essa bela casa foi reformada e hoje custa o dobro.

> **Fique ligado**
>
> As relações entre as ideias e expressões no universo intratextual (dentro do próprio texto) são chamadas de endofóricas, seja por meio de retomadas (anáforas), seja por antecipações (catáforas). Exófora é a remissão feita a algum elemento da situação comunicativa, ou seja, o referente está fora da superfície textual.
> Ex.: Na frase "Eu estou muito desanimado, porque me convenci de que este país é corrupto", o pronome "este" só poderá ser interpretado se soubermos em que país está o falante. Além disso, o pronome "eu" faz referência ao enunciador, o qual está fora do texto. Por isso, ambos caracterizam a exófora, já que seus referentes se encontram fora do texto.

10.2.2.Remissão extratextual – Exófora

Na interlocução, um falante (primeira pessoa: locutor, emissor, enunciador) se dirige a um ouvinte (segunda pessoa: interlocutor, receptor, enunciatário). Esses "agentes" do discurso são marcados por palavras ou expressões referenciais (fóricas), que são basicamente: os pronomes pessoais de primeira pessoa, para o falante; os pronomes pessoais de segunda pessoa e os pronomes de tratamento, para o ouvinte.

Tais palavras têm função exofórica (também chamada dêitica ou díctica), isto é, fazem referência a elementos que estão fora do texto, ou seja, na situação de discurso.

Vimos que as relações entre as ideias e expressões no universo intratextual (dentro do próprio texto) são chamadas de endofóricas, seja por meio de retomadas (anáforas), seja por antecipações (catáforas).

Sempre que houver uma situação comunicativa qualquer, a função dêitica (exofórica) será ativada automaticamente. A partir daí, serão dêiticas (exofóricas):

01. expressões de primeira pessoa, pois têm como referente o enunciador.

02. expressões de segunda pessoa, pois têm como referente o enunciatário.

03. expressões temporais que tenham como referência ou parâmetro básico o momento da enunciação.

04. expressões espaciais que tenham como referência ou parâmetro básico o local da enunciação.

10.3 Coesão Sequencial

A coesão sequencial é responsável por criar as condições para a progressão do texto. Os mecanismos de coesão sequencial são utilizados para que as partes e as informações do texto possam ser articuladas e relacionadas. Dessa forma, o autor do texto evita falta de coesão, assegurando a articulação entre as ideias e argumentos e, sobretudo, coerência textual. Você deve relembrar a conjunções e locuções conjuntivas (subordinativas e coordenativas) e seus valor semânticos. Vejamos alguns.

- Adição: além disso, além desse fator, outro aspecto importante, vale lembrar também, etc.

- Oposição: por outro lado, em contrapartida, entretanto, contudo, mas, apesar disso, embora, etc.

- Explicação: pois, porque, já que, visto que, na medida em que, etc.

- Conclusão: portanto, por conseguinte, diante disso, diante do exposto, assim, etc.

Ex.: "**Não obstante**, ao lado dele a crioula roncava, de papo para o ar, gorda, estrompada de serviço, tresandando a uma mistura de suor com cebola crua e gordura podre. **Mas** João Romão nem dava por ela; só o que ele via e sentia era todo aquele voluptuoso mundo inacessível vir descendo para a terra, chegando-se para o seu alcance, lentamente, acentuando-se."

"Houve um silêncio, no qual o desgraçado parecia arrancar de dentro uma frase que, **no entanto**, era a única idéia que o levava a dirigir-se à mulher. **Afinal**, depois de coçar mais vivamente a cabeça, gaguejou com a voz estrangulada de soluços:" (*O Cortiço* de Aluísio Azevedo)

10.4 Coerência

É o fator que possibilita o entendimento da mensagem transmitida no texto. A coerência, associada à coesão, tem como função a construção dos sentidos da textualidade. Por meio da coerência, ocorre o encadeamento das ideias do texto. A falta dela afeta a significação do texto, prejudica a relação com o interlocutor, a continuidade dos sentidos e compreensão.

Um texto tem coerência quando suas frases formam se encaixam perfeitamente, formando um todo. O leitor passa de uma frase à outra sem dúvidas, hesitações ou lacunas. Dessa forma, devem-se observar a coerência interna dos parágrafos (conexão entre as frases, emprego dos elementos de referenciação) e a coerência entre os parágrafos (perfeita articulação entre as ideias, ou seja, apresentação e retomada dos elementos do texto).

Os problemas mais comuns que afetam a coerência, além da falta de coesão, dizem respeito à ambiguidade, à falta de paralelismo, à alteração de sujeito. Vejamos alguns exemplos.

Ex.: A desorganização da empresa prejudicou obra.

Nessa oração é difícil fazer a distinção entre agente e paciente. A empresa desorganizou e é desorganizada? Isso causa ambiguidade.

Ex.: Encontrei o professor do curso que admiro.

O emprego inadequado do pronome relativo causou ambiguidade no trecho. Eu admiro o curso ou o professor?

Ex.: Cristiano Ronaldo jogou muito bem, mas a defesa contrária é foi muita esperta.

Nesse exemplo, houve a troca de um sujeito (Cristiano Ronaldo) para outro (defesa contrária) ligado por conjunção adversativa (mas). Torna-se estranho ligar duas frases, com dois sujeitos diferentes, com essa conjunção. Seria melhor escrever da seguinte forma:

Ex.: Cristiano Ronaldo jogou muito bem, mas não o suficiente para ultrapassar a defesa contrária.

Ex.: Quando se estuda mais, conseguimos nos sair bem nas provas.

Nesse exemplo, houve alteração do sujeito indeterminado para o determinado. Quando quem estuda? Nós conseguimos nos sair bem nas provas quando quem estuda? Observe que há incoerência, pois o sujeito da primeira oração é indeterminado e o da segunda, determinado. Quando alguém estuda, nós conseguimos nos sair bem nas provas? Não faz sentido, ou seja, não é coerente.

Ex.: O que espero das férias: viagens, praia e visitar lugares diferentes.

Observe que houve uma quebra na estrutura do período. Na enumeração, foram sequenciados substantivos e o último elemento destoa dos demais (visitar = verbo). Por isso houve quebra no paralelismo sintático. O correto seria:

Ex.: O que espero das férias: viagens, praia e visitas a lugares diferentes.

Casos de quebra de paralelismo semântico:

a) não só ... mas também

Sem paralelismo: A educação das crianças não só é só função dos professores. Os pais também são responsáveis por ela.

Com paralelismo: A educação das crianças não só é função dos professores, mas também dos pais.

b) por um lado ... por outro

Sem paralelismo: Se por um lado agradou aos convidados, por outro agradou à família também.

Com paralelismo: Se por um lado agradou aos convidados, por outro desagradou à família.

c) quanto mais ... mais

Sem paralelismo: Quanto mais eu o vejo, talvez não me case com ele.

Com paralelismo: Quanto mais eu o vejo, mais certeza tenho que não quero me casar com ele.

d) tanto ... quanto

Sem paralelismo: A despedida é extremamente ruim, tanto para quem parte, e para quem fica.

Com paralelismo: A despedida é extremamente ruim, tanto para quem parte, quanto para quem fica.

e) ora ... ora, seja ... seja

Sem paralelismo: Ora faz os deveres, mas não faz tudo.

Com paralelismo: Ora faz os deveres, ora não faz.

MATEMÁTICA

1 CONJUNTOS NUMÉRICOS

Os números surgiram da necessidade de contar ou quantificar coisas ou objetos. Com o passar do tempo, foram adquirindo características próprias.

1.1 Números naturais

É o primeiro dos conjuntos numéricos. Representado pelo símbolo $\mathbb{N}$ e formado pelos seguintes elementos:

$\mathbb{N} = \{0, 1, 2, 3, 4, 5, 6, 7, 8, 9, 10, 11, 12, 13, \ldots + \infty\}$

O símbolo ∞ significa infinito, o + quer dizer positivo, então $+\infty$ quer dizer infinito positivo.

1.2 Números inteiros

Esse conjunto surgiu da necessidade de alguns cálculos não possuírem resultados, pois esses resultados eram negativos. Representado pelo símbolo $\mathbb{Z}$ e formado pelos seguintes elementos:

$\mathbb{Z} = \{- \infty, \ldots, -3, -2, -1, 0, 1, 2, 3, \ldots, + \infty\}$

1.2.1 Operações e propriedades dos números naturais e inteiros

As principais operações com os números naturais e inteiros são: adição, subtração, multiplicação, divisão, potenciação e radiciação (as quatro primeiras são também chamadas operações fundamentais).

Adição

Na adição, a soma dos termos ou das parcelas resulta naquilo que se chama **total**.

| $2 + 2 = 4$

As propriedades da adição são:

- **Elemento neutro:** qualquer número somado ao zero tem como total o próprio número.
| $2 + 0 = 2$
- **Comutativa:** a ordem dos termos não altera o total.
| $2 + 3 = 3 + 2 = 5$
- **Associativa:** o ajuntamento de parcelas não altera o total.
| $(2 + 3) + 5 = 2 + (3 + 5) = 10$

Subtração

Operação contrária à adição é conhecida como diferença.

Os termos ou parcelas da subtração, assim como o total, têm nomes próprios:

$M - N = P$; em que M = minuendo, N = subtraendo e P = diferença ou resto.

| $7 - 2 = 5$

Quando o subtraendo for maior que o minuendo, a diferença será negativa.

Multiplicação

É a soma de uma quantidade de parcelas fixas. O resultado da multiplicação chama-se produto. Os sinais que indicam a multiplicação são o $\times$ e o $\cdot$.

| $4 \times 7 = 7 + 7 + 7 + 7 = 28$
| $7 \cdot 4 = 4 + 4 + 4 + 4 + 4 + 4 + 4 = 28$

As propriedades da multiplicação são:

Elemento neutro: qualquer número multiplicado por 1 terá como produto o próprio número.

| $5 \cdot 1 = 5$

Comutativa: ordem dos fatores não altera o produto.

| $3 \cdot 4 = 4 \cdot 3 = 12$

Associativa: o ajuntamento dos fatores não altera o resultado.

| $2 \cdot (3 \cdot 4) = (2 \cdot 3) \cdot 4 = 24$

Distributiva: um fator em evidência multiplica todas as parcelas dentro dos parênteses.

| $2 \cdot (3 + 4) = (2 \cdot 3) + (2 \cdot 4) = 6 + 8 = 14$

Fique ligado		
Na multiplicação existe jogo de sinais. Veja a seguir:		
Parcela	Parcela	Produto
+	+	+
+	-	-
-	+	-
-	-	+

| $2 \cdot (-3) = -6$
| $-3 \cdot (-7) = 21$

Divisão

É o inverso da multiplicação. Os sinais que indicam a divisão são: $\div$, $:$, $/$.

| $14 \div 7 = 2$
| $25 : 5 = 5$
| $36/12 = 3$

Fique ligado
Por ser o inverso da multiplicação, a divisão também possui o jogo de sinal.

1.3 Números racionais

Os números racionais são os números que podem ser escritos na forma de fração, são representados pela letra $\mathbb{Q}$ e podem ser escritos em forma de frações.

| $\mathbb{Q} = \dfrac{a}{b}$ (com b diferente de zero $\rightarrow$ b $\neq$ 0); em que a é o numerador e b é o denominador.

Pertencem também a este conjunto as dízimas periódicas (números que apresentam uma série infinita de algarismos decimais, após a vírgula) e os números decimais (aqueles que são escritos com a vírgula e cujo denominador são potências de 10).

Toda fração cujo numerador é menor que o denominador é chamada de fração própria.

1.3.1 Operações com números racionais

Adição e subtração

Para somar frações deve estar atento se os denominadores das frações são os mesmos. Caso sejam iguais, basta repetir o denominador e somar (ou subtrair) os numeradores, porém se os denominadores forem diferentes é preciso fazer o MMC (mínimo múltiplo comum) dos denominadores, constituindo novas frações equivalentes às frações originais e proceder com o cálculo.

$$\frac{2}{7} + \frac{4}{7} = \frac{6}{7}$$

$$\frac{2}{3} + \frac{4}{5} = \frac{10}{15} + \frac{12}{15} = \frac{22}{15}$$

Multiplicação

Multiplicar numerador com numerador e denominador com denominador das frações.

$$\frac{3}{4} \cdot \frac{5}{7} = \frac{15}{28}$$

Divisão

Para dividir frações, multiplicar a primeira fração com o inverso da segunda fração.

$$\frac{2}{3} \div \frac{4}{5} = \frac{2}{3} \cdot \frac{5}{4} = \frac{10}{12} = \frac{5}{6}$$

(Simplificado por 2)

Toda vez, que for possível, deve simplificar a fração até sua fração irredutível (aquela que não pode mais ser simplificada).

Potenciação

Se a multiplicação é a soma de uma quantidade de parcelas fixas, a potenciação é a multiplicação de uma quantidade de fatores fixos, tal quantidade indicada no expoente que acompanha a base da potência.

A potenciação é expressa por: a^n, cujo a é a base da potência e o **n** é o expoente.

$4^3 = 4 \cdot 4 \cdot 4 = 64$

Propriedades das potências:

$a^0 = 1$

$3^0 = 1$

$a^1 = a$

$5^1 = 5$

$a^{-n} = 1/a^n$

$2^{-3} = 1/2^3 = 1/8$

$a^m \cdot a^n = a^{(m+n)}$

$3^2 \cdot 3^3 = 3^{(2+3)} = 3^5 = 243$

$a^m : a^n = a^{(m-n)}$

$4^5 : 4^3 = 4^{(5-3)} = 4^2 = 16$

$(a^m)^n = a^{m \cdot n}$

$(2^2)^4 = 2^{2 \cdot 4} = 2^8 = 256$

$a^{m/n} = \sqrt[n]{a^m}$

$7^{2/3} = \sqrt[3]{7^2}$

Não confunda: $(a^m)^n \neq a^{m^n}$

Não confunda também: $(-a)^n \neq -a^n$.

Radiciação

É a expressão da potenciação com expoente fracionário.

A representação genérica da radiciação é: $\sqrt[n]{a}$; cujo **n** é o índice da raiz, o **a** é o radicando e $\sqrt{}$ é radical.

Quando o índice da raiz for o 2 ele não precisa aparecer e essa raiz será uma raiz quadrada.

Propriedades das raízes:

$$\sqrt[n]{a^m} = (\sqrt[n]{a})^m = a^{m/n}$$

$$\sqrt[m]{\sqrt[n]{a}} = \sqrt[m \cdot n]{a}$$

$$\sqrt[m]{a^m} = a = a^{m/m} = a^1 = a$$

Racionalização: se uma fração tem em seu denominador um radical, faz-se o seguinte:

$$\frac{1}{\sqrt{a}} = \frac{1}{\sqrt{a}} \cdot \frac{\sqrt{a}}{\sqrt{a}} = \frac{\sqrt{a}}{\sqrt{a^2}} = \frac{\sqrt{a}}{a}$$

1.3.2 Transformação de dízima periódica em fração

Para transformar dízimas periódicas em fração, é preciso atentar-se para algumas situações:

- Verifique se depois da vírgula só há a parte periódica, ou se há uma parte não periódica e uma periódica.
- Observe quantas são as casas periódicas e, caso haja, as não periódicas. Lembre-se sempre que essa observação só será para os números que estão depois da vírgula.
- Em relação à fração, o denominador será tantos 9 quantos forem as casas do período, seguido de tantos 0 quantos forem as casas não periódicas (caso haja e depois da vírgula). Já o numerador será o número sem a vírgula até o primeiro período menos toda a parte não periódica (caso haja).

$$0,6666... = \frac{6}{9}$$

$$0,36363636... = \frac{36}{99}$$

$$0,123333... = \frac{123 - 12}{900} = \frac{111}{900}$$

$$2,8888... = \frac{28 - 2}{9} = \frac{26}{9}$$

$$3,754545454... = \frac{3754 - 37}{990} = \frac{3717}{990}$$

1.3.3 Transformação de número decimal em fração

Para transformar número decimal em fração, basta contar quantas casas existem depois da vírgula; então o denominador da fração será o número 1 acompanhado de tantos zeros quantos forem o número de casas, já o numerador será o número sem a vírgula.

$$0,3 = \frac{3}{10}$$

$$2,45 = \frac{245}{100}$$

$$49,586 = \frac{49586}{1000}$$

1.4 Números irracionais

São os números que não podem ser escritos na forma de fração.

O conjunto é representado pela letra $\mathbb{I}$ e tem como elementos as dízimas não periódicas e as raízes não exatas.

1.5 Números reais

Simbolizado pela letra $\mathbb{R}$, é a união do conjunto dos números racionais com o conjunto dos números irracionais.

Representado, temos:

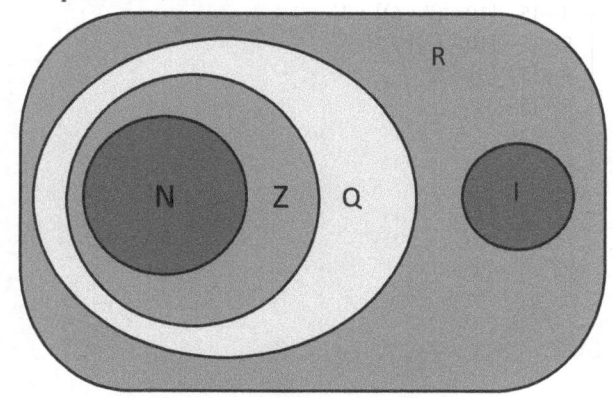

Colocando todos os números em uma reta, temos:

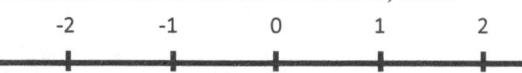

As desigualdades ocorrem em razão de os números serem maiores ou menores uns dos outros.

Os símbolos das desigualdades são:

$\geq$ maior ou igual a.

$\leq$ menor ou igual a.

$>$ maior que.

$<$ menor que.

Dessas desigualdades surgem os intervalos, que nada mais são do que um espaço dessa reta, entre dois números.

Os intervalos podem ser abertos ou fechados, depende dos símbolos de desigualdade utilizados.

Intervalo aberto ocorre quando os números não fazem parte do intervalo e os sinais de desigualdade são:

$>$ maior que.

$<$ menor que.

Intervalo fechado ocorre quando os números fazem parte do intervalo e os sinais de desigualdade são:

$\geq$ maior ou igual a.

$\leq$ menor ou igual a.

1.6 Intervalos

Os intervalos numéricos podem ser representados das seguintes formas:

1.6.1 Com os símbolos <, >, ≤, ≥

Quando usar os símbolos $<$ ou $>$, os números que os acompanham não fazem parte do intervalo real. Quando usar os símbolos $\leq$ ou $\geq$, os números farão parte do intervalo real.

| $2 < x < 5$: o 2 e o 5 não fazem parte do intervalo.
| $2 \leq x < 5$: o 2 faz parte do intervalo, mas o 5 não.
| $2 \leq x \leq 5$: o 2 e o 5 fazem parte do intervalo.

1.6.2 Com os colchetes [ ]

Quando os colchetes estiverem voltados para os números, significa que farão parte do intervalo. Quando os colchetes estiverem invertidos, significa que os números não farão parte do intervalo.

|]2;5[: o 2 e o 5 não fazem parte do intervalo.
| [2;5[: o 2 faz parte do intervalo, mas o 5 não faz.
| [2;5]: o 2 e o 5 fazem parte do intervalo.

1.6.3 Sobre uma reta numérica

▷ **Intervalo aberto**

$2 < x < 5$:

Em que 2 e 5 não fazem parte do intervalo numérico, representado pela marcação aberta (sem preenchimento - O).

▷ **Intervalo fechado e aberto**

$2 \leq x < 5$:

Em que 2 faz parte do intervalo, representado pela marcação fechada (preenchida●) em que 5 não faz parte do intervalo, representado pela marcação aberta (O).

▷ **Intervalo fechado**

$2 \leq x \leq 5$:

Em que 2 e 5 fazem parte do intervalo numérico, representado pela marcação fechada (●).

1.7 Múltiplos e divisores

Os múltiplos são resultados de uma multiplicação de dois números naturais.

| Os múltiplos de 3 são: 0, 3, 6, 9, 12, 15, 18, 21, 24, 27, 30... (os múltiplos são infinitos).

Os divisores de um número são os números, cuja divisão desse número por eles será exata.

| Os divisores de 12 são: 1, 2, 3, 4, 6, 12.

Fique ligado
Números quadrados perfeitos são aqueles que resultam da multiplicação de um número por ele mesmo. $4 = 2 \cdot 2$ $25 = 5 \cdot 5$

1.8 Números primos

São os números que têm apenas dois divisores, o 1 e ele mesmo. (Alguns autores consideram os números primos aqueles que tem 4 divisores, sendo o 1, o -1, ele mesmo e o seu oposto – simétrico.)

| 2 (único primo par), 3, 5, 7, 11, 13, 17, 19, 23, 29, 31, 37, 41, 43, 47, 53, 59, ...

Os números primos servem para decompor outros números.

A decomposição de um número em fatores primos serve para fazer o MMC e o MDC (máximo divisor comum).

1.9 MMC e MDC

O MMC de um, dois ou mais números é o menor número que, ao mesmo tempo, é múltiplo de todos esses números.

O MDC de dois ou mais números é o maior número que pode dividir todos esses números ao mesmo tempo.

Para calcular, após decompor os números, o MMC de dois ou mais números será o produto de todos os fatores primos, comuns e não comuns, elevados aos maiores expoentes. Já o MDC será apenas os fatores comuns a todos os números elevados aos menores expoentes.

$$6 = 2 \cdot 3$$
$$18 = 2 \cdot 3 \cdot 3 = 2 \cdot 3^2$$
$$35 = 5 \cdot 7$$
$$144 = 2 \cdot 2 \cdot 2 \cdot 2 \cdot 3 \cdot 3 = 2^4 \cdot 3^2$$
$$225 = 3 \cdot 3 \cdot 5 \cdot 5 = 3^2 \cdot 5^2$$
$$490 = 2 \cdot 5 \cdot 7 \cdot 7 = 2 \cdot 5 \cdot 7^2$$
$$640 = 2 \cdot 2 \cdot 2 \cdot 2 \cdot 2 \cdot 2 \cdot 2 \cdot 5 = 2^7 \cdot 5$$
$$\text{MMC de 18 e 225} = 2 \cdot 3^2 \cdot 5^2 = 2 \cdot 9 \cdot 25 = 450$$
$$\text{MDC de 225 e 490} = 5$$

Para saber a quantidade de divisores de um número basta, depois da decomposição do número, pegar os expoentes dos fatores primos, somar +1 e multiplicar os valores obtidos.

$$225 = 3^2 \cdot 5^2 = 3^{2+1} \cdot 5^{2+1} = 3 \cdot 3 = 9$$

Nº de divisores = $(2 + 1) \cdot (2 + 1) = 3 \cdot 3 = 9$ divisores. Que são: 1, 3, 5, 9, 15, 25, 45, 75, 225.

1.10 Divisibilidade

As regras de divisibilidade servem para facilitar a resolução de contas, para ajudar a descobrir se um número é ou não divisível por outro. Veja algumas dessas regras.

Divisibilidade por 2: para um número ser divisível por 2, ele tem de ser par.

14 é divisível por 2.

17 não é divisível por 2.

Divisibilidade por 3: para um número ser divisível por 3, a soma dos seus algarismos tem de ser divisível por 3.

174 é divisível por 3, pois 1 + 7 + 4 = 12.

188 não é divisível por 3, pois 1 + 8 + 8 = 17.

Divisibilidade por 4: para um número ser divisível por 4, ele tem de terminar em 00 ou os seus dois últimos números devem ser múltiplos de 4.

300 é divisível por 4.

532 é divisível por 4.

766 não é divisível por 4.

Divisibilidade por 5: para um número ser divisível por 5, ele deve terminar em 0 ou em 5.

35 é divisível por 5.

370 é divisível por 5.

548 não é divisível por 5.

Divisibilidade por 6: para um número ser divisível por 6, ele deve ser divisível por 2 e por 3 ao mesmo tempo.

78 é divisível por 6.

576 é divisível por 6.

652 não é divisível por 6.

Divisibilidade por 9: para um número ser divisível por 9, a soma dos seus algarismos deve ser divisível por 9.

75 é não divisível por 9.

684 é divisível por 9.

Divisibilidade por 10: para um número ser divisível por 10, ele tem de terminar em 0.

90 é divisível por 10.

364 não é divisível por 10.

1.11 Expressões numéricas

Para resolver expressões numéricas, deve-se seguir a ordem:

- Resolva os parênteses ( ), depois os colchetes [ ], depois as chaves { }, sempre nessa ordem.
- Dentre as operações, resolva primeiro as potenciações e raízes (o que vier primeiro), depois as multiplicações e divisões (o que vier primeiro) e, por último, as somas e subtrações (o que vier primeiro).

Calcule o valor da expressão:

$$8 - \{5 - [10 - (7 - 3 \cdot 2)] \div 3\}$$
$$8 - \{5 - [10 - (7 - 6)] \div 3\}$$
$$8 - \{5 - [10 - (1)] \div 3\}$$
$$8 - \{5 - [9] \div 3\}$$
$$8 - \{5 - 3\}$$
$$8 - \{2\}$$
$$6$$

2 SISTEMA LEGAL DE MEDIDAS

2.1 Medidas de tempo

A unidade padrão do tempo é o segundo (s), mas devemos saber as seguintes relações:

1min = 60s

1h = 60min = 3.600s

1 dia = 24h = 1.440min = 86.400s

30 dias = 1 mês

2 meses = 1 bimestre

6 meses = 1 semestre

12 meses = 1 ano

10 anos = 1 década

100 anos = 1 século

> 15h47min18s + 11h39min59s = 26h86min77s = 26h87min17s = 27h27min17s= 1 dia 3h27min17s.

> 8h23min − 3h49min51s = 7h83min − 3h49min51s = 7h82min60s − 3h49min51s = 4h33min9s.

Cuidado com as transformações de tempo, pois elas não seguem o mesmo padrão das outras medidas.

2.2 Sistema métrico decimal

Serve para medir comprimentos, distâncias, áreas e volumes. Tem como unidade padrão o metro (m). Veja a seguir seus múltiplos, variações e algumas transformações.

Metro (m):

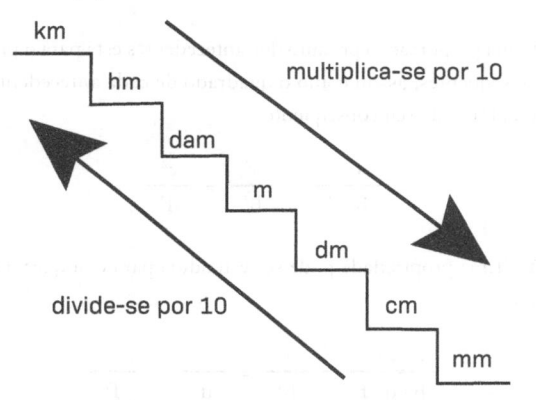

Ao descer um degrau da escada, multiplica-se por 10, e ao subir um degrau, divide-se por 10.

> Transformar 2,98km em cm = 2,98 · 100.000 = 298.000cm (na multiplicação por 10 ou suas potências, basta deslocar a vírgula para a direita).

> Transformar 74m em km = 74 ÷ 1.000 = 0,074km (na divisão por 10 ou suas potências, basta deslocar a vírgula para a esquerda).

Fique ligado
O grama (g) e o litro (l) seguem o mesmo padrão do metro (m).

Metro quadrado (m^2):

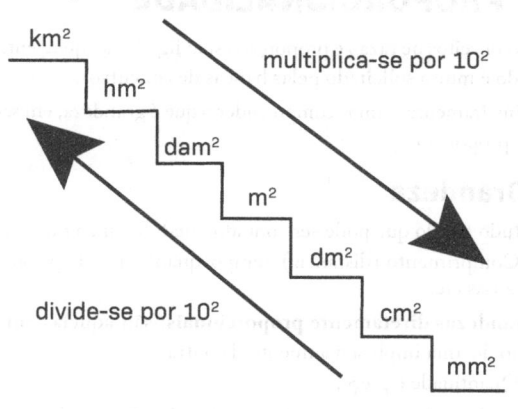

Ao descer um degrau da escada, multiplica por 10^2 ou 100, e ao descer um degrau, divide por 10^2 ou 100.

> Transformar 79,11m^2 em cm^2 = 79,11 · 10.000 = 791.100cm^2.

> Transformar 135m^2 em km^2 = 135 ÷ 1.000.000 = 0,000135km^2.

Metro cúbico (m^3):

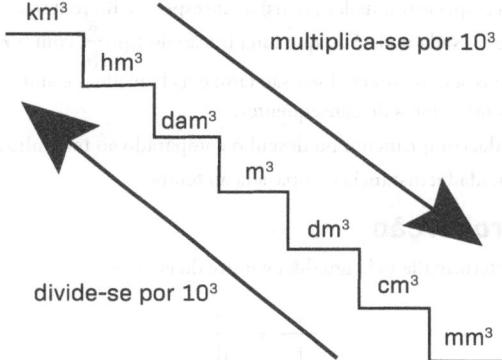

Ao descer um degrau da escada, multiplica-se por 10^3 ou 1.000, e ao subir um degrau, divide-se por 10^3 ou 1.000.

> Transformar 269dm^3 em cm^3 = 269 · 1.000 = 269.000cm^3.

> Transformar 4.831cm^3 em m^3 = 4.831 ÷ 1.000.000 = 0,004831m^3.

O metro cúbico, por ser uma medida de volume, tem relação com o litro (l), e essa relação é:

1m^3 = 1.000 litros.

1dm^3 = 1 litro.

1cm^3 = 1 mililitro.

3 PROPORCIONALIDADE

Os conceitos de razão e proporção estão ligados ao quociente. Esse conteúdo é muito solicitado pelas bancas de concursos.

Primeiramente, vamos compreender o que é grandeza, em seguida, razão e proporção.

3.1 Grandeza

É tudo aquilo que pode ser contado, medido ou enumerado.

| Comprimento (distância), tempo, quantidade de pessoas e/ou coisas etc.

Grandezas diretamente proporcionais: são aquelas em que o aumento de uma implica o aumento da outra.

| Quantidade e preço.

Grandezas inversamente proporcionais: são aquelas em que o aumento de uma implica a diminuição da outra.

| Velocidade e tempo.

3.2 Razão

É a comparação de duas grandezas. Essas grandezas podem ser da mesma espécie (unidades iguais) ou de espécies diferentes (unidades diferentes). Nada mais é do que uma fração do tipo $\frac{a}{b}$, com $b \neq 0$.

Nas razões, os numeradores são também chamados de antecedentes e os denominadores de consequentes.

Escala: comprimento no desenho comparado ao tamanho real.

Velocidade: distância comparada ao tempo.

3.3 Proporção

É determinada pela igualdade entre duas razões.

$$\frac{a}{b} = \frac{c}{d}$$

Dessa igualdade, tiramos a propriedade fundamental das proporções: o produto dos meios igual ao produto dos extremos (a chamada multiplicação cruzada).

$$b \cdot c = a \cdot d$$

É basicamente essa propriedade que ajuda resolver a maioria das questões desse assunto.

Dados três números racionais a, b e c, não nulos, denomina **quarta proporcional** desses números um número x tal que:

$$\frac{a}{b} = \frac{c}{x}$$

Proporção contínua é a que apresenta os meios iguais.

De um modo geral, uma proporção contínua pode ser representada por:

$$\frac{a}{b} = \frac{b}{c}$$

As outras propriedades das proporções são:

Numa proporção, a soma dos dois primeiros termos está para o 2º (ou 1º) termo, assim como a soma dos dois últimos está para o 4º (ou 3º).

$$\frac{a+b}{b} = \frac{c+d}{d} \quad \text{ou} \quad \frac{a+b}{a} = \frac{c+d}{c}$$

Numa proporção, a diferença dos dois primeiros termos está para o 2º (ou 1º) termo, assim como a diferença dos dois últimos está para o 4º (ou 3º).

$$\frac{a-b}{b} = \frac{c-d}{d} \quad \text{ou} \quad \frac{a-b}{a} = \frac{c-d}{c}$$

Numa proporção, a soma dos antecedentes está para a soma dos consequentes, assim como cada antecedente está para o seu consequente.

$$\frac{a+c}{b+d} = \frac{c}{d} = \frac{a}{b}$$

Numa proporção, a diferença dos antecedentes está para a diferença dos consequentes, assim como cada antecedente está para o seu consequente.

$$\frac{a-c}{b-d} = \frac{c}{d} = \frac{a}{b}$$

Numa proporção, o produto dos antecedentes está para o produto dos consequentes, assim como o quadrado de cada antecedente está para quadrado do seu consequente.

$$\frac{a \cdot c}{b \cdot d} = \frac{a^2}{b^2} = \frac{c^2}{d^2}$$

A última propriedade pode ser estendida para qualquer número de razões.

$$\frac{a \cdot c \cdot e}{b \cdot d \cdot f} = \frac{a^3}{b^3} = \frac{c^3}{d^3} = \frac{e^3}{f^3}$$

3.4 Divisão em partes proporcionais

Para dividir um número em partes direta ou inversamente proporcionais, devem-se seguir algumas regras.

▷ **Divisão em partes diretamente proporcionais**

Divida o número 50 em partes diretamente proporcionais a 4 e a 6.

$4x + 6x = 50$

$10x = 50$

$x = \frac{50}{10}$

$x = 5$

x = constante proporcional

Então, $4x = 4 \cdot 5 = 20$ e $6x = 6 \cdot 5 = 30$

Logo, a parte proporcional a 4 é o 20 e a parte proporcional ao 6 é o 30.

▷ **Divisão em partes inversamente proporcionais**

Divida o número 60 em partes inversamente proporcionais a 2 e a 3.

$$\frac{x}{2} = \frac{x}{3} = 60$$

$$\frac{3x}{6} + \frac{2x}{6} = 60$$

$$5x = 60 \cdot 6$$

$$5x = 360$$

$$x = \frac{360}{5}$$

$$x = 72$$

x = constante proporcional

Então, $\frac{x}{2} = \frac{72}{2} = 36$ e $\frac{x}{3} = \frac{72}{3} = 24$

Logo, a parte proporcional a 2 é o 36 e a parte proporcional ao 3 é o 24.

Perceba que, na divisão diretamente proporcional, quem tiver a maior parte ficará com o maior valor. Já na divisão inversamente proporcional, quem tiver a maior parte ficará com o menor valor.

3.5 Regra das torneiras

Sempre que uma questão envolver uma situação que pode ser feita de um jeito em determinado tempo (ou por uma pessoa) e, em outro tempo, de outro jeito (ou por outra pessoa), e quiser saber em quanto tempo seria se fosse feito tudo ao mesmo tempo, usa-se a regra da torneira, que consiste na aplicação da seguinte fórmula:

$$t_T = \frac{t_1 \cdot t_2}{t_1 + t_2}$$

Em que **T** é o tempo.

Quando houver mais de duas situações, é melhor usar a fórmula:

$$\frac{1}{t_T} = \frac{1}{t_1} + \frac{1}{t_2} + \ldots + \frac{1}{t_n}$$

Em que **n** é a quantidade de situações.

Uma torneira enche um tanque em 6h. Uma segunda torneira enche o mesmo tanque em 8h. Se as duas torneiras forem abertas juntas quanto tempo vão levar para encher o mesmo tanque?

$$t_T = \frac{6 \cdot 8}{6 + 8} = \frac{48}{14} = 3h25min43s$$

3.6 Regra de três

Mecanismo prático e/ou método utilizado para resolver questões que envolvem razão e proporção (grandezas).

3.6.1 Regra de três simples

Aquela que só envolve duas grandezas.

Durante uma viagem, um carro consome 20 litros de combustível para percorrer 240km, quantos litros são necessários para percorrer 450km?

Primeiro, verifique se as grandezas envolvidas na questão são direta ou inversamente proporcionais, e monte uma estrutura para visualizar melhor a questão.

Distância	Litro
240	20
450	x

Ao aumentar a distância, a quantidade de litros de combustível necessária para percorrer essa distância também vai aumentar, então, as grandezas são diretamente proporcionais.

$$\frac{20}{x} = \frac{240}{450}$$

Aplicando a propriedade fundamental das proporções:

$$240x = 9.000$$

$$x = \frac{9.000}{240} = 37,5 \text{ litros}$$

3.6.2 Regra de três composta

Aquela que envolve mais de duas grandezas.

Dois pedreiros levam nove dias para construir um muro com 2m de altura. Trabalhando três pedreiros e aumentando a altura para 4m, qual será o tempo necessário para completar esse muro?

Neste caso, deve-se comparar uma grandeza de cada vez com a variável.

Dias	Pedreiros	Altura
9	2	2
x	3	4

Note que, ao aumentar a quantidade de pedreiros, o número de dias necessários para construir um muro diminui, então as grandezas pedreiros e dias são inversamente proporcionais. No entanto, se aumentar a altura do muro, será necessário mais dias para construí-lo. Dessa forma, as grandezas muro e dias são diretamente proporcionais. Para finalizar, monte a proporção e resolva. Lembre-se que quando uma grandeza for inversamente proporcional à variável sua fração será invertida.

$$\frac{9}{x} = \frac{3}{2} \cdot \frac{2}{4}$$

$$\frac{9}{x} = \frac{6}{8}$$

Aplicar a propriedade fundamental das proporções:

$$6x = 72$$

$$x = \frac{72}{6} = 12 \text{ dias}$$

4 PROPOSIÇÕES

4.1 Definições

Proposição é uma sentença declarativa que admite apenas um dos dois valores lógicos (verdadeiro ou falso). As sentenças podem ser classificadas em abertas – que são as expressões que não podemos identificar como verdadeiras ou falsas – ou fechadas – que são as expressões que podemos identificar como verdadeiras ou falsas.

A seguir exemplos de algumas sentenças:

p: Danilo tem duas empresas.
Q: Susana comprou um carro novo.
a: Beatriz é inteligente.
B: 2 + 7 = 10

Nos exemplos acima, as letras do alfabeto servem para representar (simbolizar) as proposições.

4.1.1 Valores lógicos das proposições

Uma proposição só pode ser classificada em dois valores lógicos, que são: **Verdadeiro (V)** ou **Falso (F)**, não admitindo outro valor.

As proposições têm três princípios básicos, no entanto, o princípio fundamental é:

▷ **Princípio da não contradição:** diz que uma proposição não pode ser verdadeira e falsa ao mesmo tempo.

▷ Os outros dois são:

▷ **Princípio da identidade:** diz que uma proposição verdadeira sempre será verdadeira e uma falsa sempre será falsa.

▷ **Princípio do terceiro excluído:** diz que uma proposição só pode ter dois valores lógicos, – verdadeiro ou falso – se **não existir** um terceiro valor.

Interrogações, exclamações, ordens e frase sem verbo não são proposições.

Que dia é hoje?
Que maravilha!
Estudem muito.
Ótimo dia.

4.1.2 Sentenças abertas e quantificadores lógicos

Existem algumas sentenças abertas com incógnitas (termo desconhecido) ou com sujeito indefinido, como x + 2 = 5, ou seja, não sendo consideradas proposições, porque não se pode classificá-las sem saber o valor de x ou se ter a definição do sujeito. Com o uso dos **quantificadores lógicos**, tornam-se proposições, uma vez que eles passam a dar valor ao x ou definir o sujeito.

Os quantificadores lógicos são:

∀: para todo; qualquer que seja; todo;

∃: existe; existe pelo menos um; algum;

∄: não existe; nenhum.

x + 2 = 5 (sentença aberta – não é proposição).

p: ∃ x, x + 2 = 5 (lê-se: existe x tal que, x + 2 =5). Agora é proposição, porque é possível classificar a proposição como verdadeira, já que sabemos que tem um valor de x que somado a dois é igual a cinco.

4.1.3 Negação de proposição (modificador lógico)

Negar uma proposição significa modificar o seu valor lógico, ou seja, se uma proposição é verdadeira, a sua negação será falsa, e se uma proposição for falsa, a sua negação será verdadeira.

Os símbolos da negação são (~) ou (¬) antes da letra que representa a proposição.

p: 3 é ímpar.
~p: 3 não é ímpar.
¬p: 3 é **par** (outra forma de negar a proposição).
~p: não é verdade que 3 é ímpar (outra forma de negar a proposição).
¬p: é mentira que 3 é ímpar (outra forma de negar a proposição).

Lei da dupla negação:

~(~p) = p, negar uma proposição duas vezes significa voltar para a própria proposição:

q: 2 é par;
~q: 2 não é par;
~(~q): 2 não é **ímpar;**
Portanto:
q: 2 é par.

4.1.4 Tipos de proposição

Simples ou atômica: são únicas, com apenas um verbo (ação), não pode ser dividida/separada (fica sem sentido) e não tem conectivo lógico.

Na proposição "João é professor", tem-se uma única informação, com apenas um verbo. Não é possível separá-la e não ter um conectivo.

Composta ou molecular: tem mais de uma proposição simples, unidas pelos conectivos lógicos. Podem ser divididas/separadas e ter mais de um verbo (pode ser o mesmo verbo referido mais de uma vez).

"Pedro é advogado e João é professor". É possível separar em duas proposições simples: "Pedro é advogado" e "João é professor".

Simples (atômicas)	Compostas (moleculares)
Não têm conectivo lógico	Têm conectivo lógico
Não podem ser divididas	Podem ser divididas
1 verbo	+ de 1 verbo

Conectivo lógico

Serve para unir as proposições simples, formando proposições compostas. São eles:

e: conjunção (∧)

ou: disjunção (∨)

ou... ou: disjunção exclusiva (∨)

se..., então: condicional (→)

se..., e somente se: bicondicional (↔)

Alguns autores consideram a negação (~) como um conectivo, aqui não faremos isso, pois os conectivos servem para formar proposição composta, e a negação faz apenas a mudança do valor das proposições.

O e possui alguns sinônimos, que são: mas, porém, nem (nem = e não) e a vírgula. O condicional também tem alguns sinônimos que são: portanto, quando, como e pois (pois = condicional invertido, como: A, pois B = B → A).

a: Maria foi à praia.
b: João comeu peixe.
p: Se Maria foi a praia, então João comeu peixe.
q: ou 4 + 7 = 11 ou a Terra é redonda.

4.2 Tabela verdade e valores lógicos das proposições compostas

A tabela verdade é um mecanismo usado para dar valor às proposições compostas (podendo ser verdadeiras ou falsas), por meio de seus respectivos conectivos.

A primeira coisa que precisamos saber numa tabela verdade é o seu número de linhas, e que esse depende do número de proposições simples que compõem a proposição composta.

Número de linhas = 2^n

Em que **n** é o número de proposições simples que compõem a proposição composta. Portanto, se houver 3 proposições simples formando a proposição composta, então, a tabela dessa proposição terá 8 linhas ($2^3 = 8$). Esse número de linhas da tabela serve para que tenhamos as possíveis relações entre V e F das proposições simples. Veja:

P	Q	R
V	V	V
V	V	F
V	F	V
V	F	F
F	V	V
F	V	F
F	F	V
F	F	F

Observe que temos as relações entre os valores lógicos das proposições, que são três verdadeiras (1ª linha), três falsas (última linha), duas verdadeiras e uma falsa (2ª, 3ª e 5ª linhas), e duas falsas e uma verdadeira (4ª, 6ª e 7ª linhas). Nessa demonstração, observamos uma forma prática de como organizar a tabela, sem se preocupar se foram feitas todas relações entre as proposições.

Para o correto preenchimento da tabela, devemos seguir algumas regras:

- Comece sempre pelas proposições simples e suas negações, se houver.
- Resolva os parênteses, colchetes e chaves, respectivamente (igual à expressão numérica), se houver.
- Faça primeiro as conjunções e disjunções, depois os condicionais e, por último, os bicondicionais.
- Em uma proposição composta, com mais de um conectivo, o conectivo principal será o que for resolvido por último (importante saber o conectivo principal).
- A última coluna da tabela deverá ser sempre a da proposição toda, conforme as demonstrações a seguir.

O valor lógico de uma proposição composta depende dos valores lógicos das proposições simples que a compõem e do conectivo utilizado. Veja a seguir.

Valor lógico de uma proposição composta por conjunção (e) = tabela verdade da conjunção ($\wedge$)

Conjunção e: p e q são proposições, sua conjunção é denotada por $p \wedge q$. Essas proposições só são verdadeiras simultaneamente (se p ou q for falso, então $p \wedge q$ será falso).

| $P \wedge Q$

P	Q	P∧Q
V	V	V
V	F	F
F	V	F
F	F	F

| Representado por meio de conjuntos, temos: $P \wedge Q$

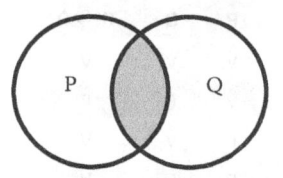

Valor lógico de uma proposição composta por disjunção (ou) = tabela verdade da disjunção ($\vee$)

Disjunção "ou": sejam p e q proposições, a disjunção é denotada por $p \vee q$. Essas proposições só são falsas simultaneamente (se p ou q for verdadeiro, então $p \vee q$ será verdadeiro).

| $P \vee Q$

P	Q	P∨Q
V	V	V
V	F	V
F	V	V
F	F	F

| Representado por meio de conjuntos, temos: $P \vee Q$

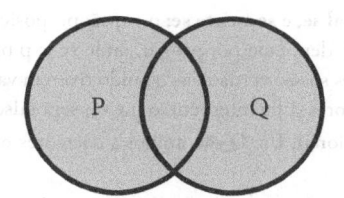

Valor lógico de uma proposição composta por disjunção exclusiva (ou, ou) = tabela verdade da disjunção exclusiva ($\underline{\vee}$)

Disjunção Exclusiva ou ..., ou ...: p e q são proposições, sua disjunção exclusiva é denotada por $p \underline{\vee} q$. Essas proposições só são verdadeiras quando p e q tiverem valores diferentes/contrários (se p e q tiverem valores iguais, então $p \underline{\vee} q$ será falso).

| $P \underline{\vee} Q$

P	Q	P∨Q
V	V	F
V	F	V
F	V	V
F	F	F

| Representado por meio de conjuntos, temos: $P \underline{\vee} Q$

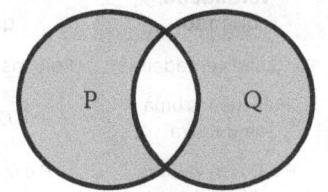

Valor lógico de uma proposição composta por condicional (se, então) = tabela verdade do condicional ($\rightarrow$)

Condicional Se p, e ntão q: p e q sãoproposições, sua condicional é denotada por $p \rightarrow q$, onde se lê p condiciona q ou se p, então q. A proposição assume o valor falso somente quando p for verdadeira e q for falsa. A seguir, a tabela para a condicional de p e q.

| P → Q

P	Q	P→Q
V	V	V
V	F	F
F	V	V
F	F	V

Dicas:

P é antecedente e Q é consequente = P → Q

P é consequente e Q é antecedente = Q → P

P é suficiente e Q é necessário = P → Q

P é necessário e Q é suficiente = Q → P

| Representado por meio de conjuntos, temos: P → Q

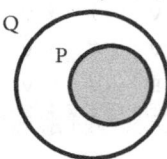

Valor lógico de uma proposição composta por bicondicional (se e somente se) = tabela verdade do bicondicional (↔)

Biconditional se, e somente se: p e q são proposições, a biconditional de p e q é denotada por p ↔ q, onde se lê p biconditional q. Essas proposições só são verdadeiras quando tiverem valores iguais (se p e q tiverem valores diferentes, então p ↔ q será falso).

No biconditional, P e Q são ambos suficientes e necessários ao mesmo tempo.

| P ↔ Q

P	Q	P↔Q
V	V	V
V	F	F
F	V	F
F	F	V

| Representado por meio de conjuntos, temos: P ↔ Q

P = Q

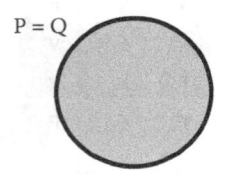

Proposição composta	Verdadeira quando:	Falsa quando:
P∧Q	P e Q são verdadeiras	Pelo menos uma falsa
P∨Q	Pelo menos uma verdadeira	P e Q são falsas
P⊻Q	P e Q têm valores diferentes	P e Q têm valores iguais
P→Q	P = verdadeiro, Q = verdadeiro ou P = falso	P = verdadeiro e Q = falso
P↔Q	P e Q têm valores iguais	P e Q têm valores diferentes

4.3 Tautologias, contradições e contingências

▷ **Tautologia:** proposição composta que é **sempre verdadeira**, independente dos valores lógicos das proposições simples que a compõem.

| (P ∧ Q) → (P ∨ Q)

P	Q	P∧Q	P∨Q	(P∧Q) → (P∨Q)
V	V	V	V	V
V	F	F	V	V
F	V	F	V	V
F	F	F	F	V

▷ **Contradição:** proposição composta que é **sempre falsa**, independente dos valores lógicos das proposições simples que a compõem.

| ~(P ∨ Q) ∧ P

P	Q	P∨Q	~(P∨Q)	~(P∨Q)∧P
V	V	V	F	F
V	F	V	F	F
F	V	V	F	F
F	F	F	V	F

▷ **Contingência:** ocorre quando não é tautologia nem contradição.

| ~(P ⊻ Q) ↔ P

P	Q	P⊻Q	~(P⊻Q)	~(P⊻Q)↔P
V	V	F	V	V
V	F	V	F	F
F	V	V	F	V
F	F	F	V	F

4.4 Equivalências lógicas

Duas ou mais proposições compostas são equivalentes, quando são formadas pelas mesmas proposições simples, e suas tabelas verdades (resultado) são iguais.

Fique Ligado
Atente-se para o princípio da equivalência. A tabela verdade está aí só para demonstrar a igualdade.

Seguem algumas demonstrações importantes:

▷ **P ∧ Q = Q ∧ P:** trocar as proposições de lugar – chamada de **recíproca**.

P	Q	P∧Q	Q∧P
V	V	V	V
V	F	F	F
F	V	F	F
F	F	F	F

▷ **P ∨ Q = Q ∨ P**: trocar as proposições de lugar – chamada de **recíproca**.

P	Q	P∨Q	Q∨P
V	V	V	V
V	F	V	V
F	V	V	V
F	F	F	F

P ⊻ Q = Q ⊻ P: trocar as proposições de lugar – chamada de **recíproca**.

P ⊻ Q = ~P ⊻ ~Q: negar as proposições – chamada de **contrária**.

P ⊻ Q = ~Q ⊻ ~P: trocar as proposições de lugar e negar – chamada de **contrapositiva**.

P ⊻ Q = (P ∧ ~Q) ∨ (~P ∧ Q): observe a seguir a exclusividade dessa disjunção.

P	Q	~P	~Q	P∧~Q	~P∧Q	P⊻Q	Q⊻P	~P⊻~Q	~Q⊻~P	(P∧~Q)∨(~P∧Q)
V	V	F	F	F	F	F	F	F	F	F
V	F	F	V	V	F	V	V	V	V	V
F	V	V	F	F	V	V	V	V	V	V
F	F	V	V	F	F	F	F	F	F	F

P ↔ Q = Q ↔ P: trocar as proposições de lugar – chamada de **recíproca**.

P ↔ Q = ~P ↔ ~Q: negar as proposições – chamada de **contrária**.

P ↔ Q = ~Q ↔ ~P: trocar as proposições de lugar e negar – chamada de **contrapostiva**.

P ↔ Q = (P → Q) ∧ (Q → P): observe a seguir a condicional para os dois lados, ou seja, biconditional.

P	Q	~P	~Q	P→Q	Q→P	P↔Q	Q↔P	~P↔~Q	~Q↔~P	(P→Q)∧(Q→P)
V	V	F	F	V	V	V	V	V	V	V
V	F	F	V	F	V	F	F	F	F	F
F	V	V	F	V	F	F	F	F	F	F
F	F	V	V	V	V	V	V	V	V	V

Fique Ligado

A disjunção exclusiva e o biconditional são as proposições com o maior número de equivalências.

P → Q = ~Q → ~P: trocar as proposições de lugar e negar – chamada de **contrapositiva**.

P → Q = ~P ∨ Q: negar o antecedente ou manter o consequente.

P	Q	~P	~Q	P→Q	~Q→~P	~P∨Q
V	V	F	F	V	V	V
V	F	F	V	F	F	F
F	V	V	F	V	V	V
F	F	V	V	V	V	V

Equivalências importantes e mais cobradas em concursos.

4.4.1 Negação de proposição composta

São também equivalências lógicas. Veja

▷ **~(P ∧ Q) = ~P ∨ ~Q** (Leis de Morgan)

Para negar a conjunção, troca-se o conectivo **e** (∧) por **ou** (∨) e nega-se as proposições que a compõem.

P	Q	~P	~Q	P∧Q	~(P∧Q)	~P∨~Q
V	V	F	F	V	F	F
V	F	F	V	F	V	V
F	V	V	F	F	V	V
F	F	V	V	F	V	V

▷ **~(P ∨ Q) = ~P ∧ ~Q** (Leis de Morgan)

Para negar a disjunção, troca-se o conectivo **ou** (∨) por **e** (∧) e negam-se as proposições simples que a compõem.

P	Q	~P	~Q	P∨Q	~(P∨Q)	~P∧~Q
V	V	F	F	V	F	F
V	F	F	V	V	F	F
F	V	V	F	V	F	F
F	F	V	V	F	V	V

▷ **~(P → Q) = P ∧ ~Q**

Para negar o condicional, mantém-se o antecedente e nega-se o consequente.

P	Q	~Q	P→Q	~(P→Q)	P∧~Q
V	V	F	V	F	F
V	F	V	F	V	V
F	V	F	V	F	F
F	F	V	V	F	F

▷ **~(P ∨ Q) = P ↔ Q**

Para negar a disjunção exclusiva, faz-se o biconditional ou nega-se a disjunção exclusiva com a própria disjunção exclusiva, mas negando apenas uma das proposições que a compõe.

P	Q	P∨Q	~(P∨Q)	P↔Q
V	V	F	V	V
V	F	V	F	F
F	V	V	F	F
F	F	F	V	V

▷ **~(P ↔ Q) = (P ∨ Q)**

Para negar a biconditional, faz-se a disjunção exclusiva ou nega-se o biconditional com o próprio biconditional, mas negando apenas uma das proposições que a compõe.

P	Q	P↔Q	~(P↔Q)	P∨Q
V	V	V	F	F
V	F	F	V	V
F	V	F	V	V
F	F	V	F	F

4.5 Relação entre todo, algum e nenhum

Têm algumas relações entre si, conhecidas como **quantificadores lógicos.** Veja:

"Todo A é B" equivale a **"nenhum A não é B"**, vice-versa.

| "todo amigo é bom = nenhum amigo não é bom."

"Nenhum A é B" equivale a **"todo A não é B"**, vice-versa.

| "nenhum aluno é burro = todo aluno não é burro."

"Todo A é B" tem como negação **"algum A não é B"**, vice-versa.

| ~(todo estudante tem insônia) = algum estudante não tem insônia.

"Nenhum A é B" tem como negação **"algum A é B"**, vice-versa.

| ~(algum sonho é impossível) = nenhum sonho é impossível.

Representado em forma de conjuntos:

TODO A é B:

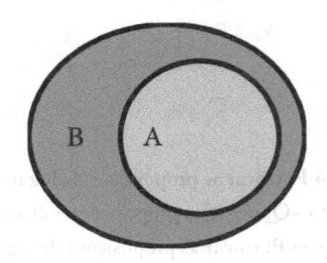

ALGUM A é B:

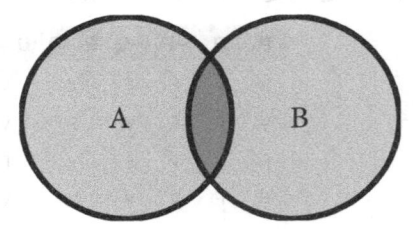

NENHUM A é B:

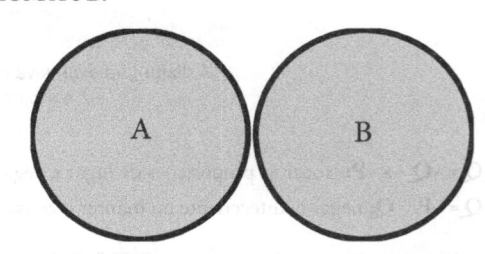

Relação de Equivalência	Relação de Negação
Todo A é B = Nenhum A não é B. *Todo diretor é bom ator. = Nenhum diretor é mau ator.*	Todo A é B = Algum A não é B. *Todo policial é honesto. = Algum policial não é honesto.*
Nenhum A é B = Todo A não é B. *Nenhuma mulher é legal. = Toda mulher não é legal.*	Nenhum A é B = Algum A é B. *Nenhuma ave é mamífera. = Alguma ave é mamífera.*

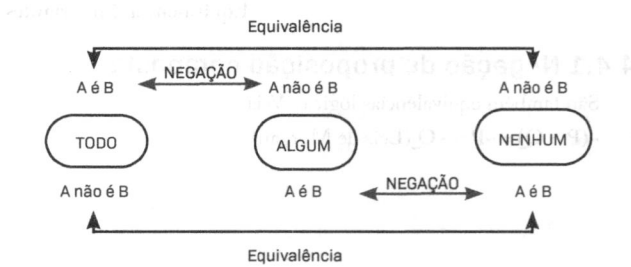

5 CONJUNTOS

5.1 Definição

Os conjuntos numéricos são advindos da necessidade de contar ou quantificar as coisas ou os objetos, adquirindo características próprias que os diferem. Os componentes de um conjunto são chamados de elementos. Costuma-se representar um conjunto nomeando os elementos um a um, colocando-os entre chaves e separando-os por vírgula, o que chamamos de representação por extensão. Para nomear um conjunto, usa-se geralmente uma letra maiúscula.

$$A = \{1,2,3,4,5\} \rightarrow \text{conjunto finito}$$

$$B = \{1,2,3,4,5,...\} \rightarrow \text{conjunto infinito}$$

Ao montar o conjunto das vogais do alfabeto, os **elementos** serão a, e, i, o, u.

A nomenclatura dos conjuntos é formada pelas letras maiúsculas do alfabeto.

Conjunto dos estados da região Sul do Brasil:
A = {Paraná, Santa Catarina, Rio Grande do Sul}.

5.1.1 Representação dos conjuntos

Os conjuntos podem ser representados em **chaves** ou em **diagramas**.

Fique ligado
Quando é dada uma característica dos elementos de um conjunto, diz-se que ele está representado por compreensão. A = {x | x é um múltiplo de dois maior que zero}

▷ **Representação em chaves**

Conjunto dos estados brasileiros que fazem fronteira com o Paraguai:
B = {Paraná, Mato Grosso do Sul}.

▷ **Representação em diagramas**

Conjunto das cores da bandeira do Brasil:

5.1.2 Elementos e relação de pertinência

Quando um elemento está em um conjunto, dizemos que ele pertence a esse conjunto. A relação de pertinência é representada pelo símbolo ∈ (pertence).

Conjunto dos algarismos pares: **G** = {2, 4, 6, 8, 0}.
Observe que:
4 ∈ G
7 ∉ G

5.1.3 Conjuntos unitário, vazio e universo

Conjunto unitário: possui um só elemento.

Conjunto da capital do Brasil: K = {Brasília}

Conjunto vazio: simbolizado por ∅ ou {}, é o conjunto que não possui elemento.

Conjunto dos estados brasileiros que fazem fronteira com o Chile:
M = ∅.

Conjunto universo: em inúmeras situações é importante estabelecer o conjunto U ao qual pertencem os elementos de todos os conjuntos considerados. Esse conjunto é chamado de conjunto universo. Assim:

- Quando se estuda as letras, o conjunto universo das letras é o alfabeto.
- Quando se estuda a população humana, o conjunto universo é constituído de todos os seres humanos.

Para descrever um conjunto A por meio de uma propriedade característica p de seus elementos, deve-se mencionar, de modo explícito ou não, o conjunto universo U no qual se está trabalhando.

A = {x ∈ R | x>2}, onde U = R → forma explícita.
A = {x | x > 2} → forma implícita.

5.2 Subconjuntos

Diz-se que B é um subconjunto de A se todos os elementos de B pertencem a A.

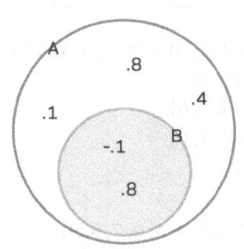

Deve-se notar que A = {-1, 0, 1, 4, 8} e B = {-1, 8}, ou seja, todos os elementos de B também são elementos do conjunto **A.**

- Os símbolos ⊂ (contido), ⊃ (contém), ⊄ (não está contido) e ⊅ (não contém) são utilizados para relacionar conjuntos.

  Nesse caso, diz-se que B está contido em A ou B é subconjunto de A (B ⊂ A). Pode-se dizer também que A contém B (A ⊃ B).

Observações:
- Se A ⊂ B e B ⊂ A , então A = B.
- Para todo conjunto A, tem-se A ⊂ A.
- Para todo conjunto A, tem-se ∅ ⊂ A, onde ∅ representa o conjunto vazio.
- Todo conjunto é subconjunto de si próprio (D ⊂ D).
- O conjunto vazio é subconjunto de qualquer conjunto (∅ ⊂ D).
- Se um conjunto A possui p elementos, então ele possui 2p subconjuntos.
- O conjunto formado por todos os subconjuntos de um conjunto A, é denominado conjunto das partes de A. Assim, se A = {4, 7}, o conjunto das partes de A, é dado por {∅, {4}, {7}, {4, 7}}.

5.3 Operações com conjuntos

União de conjuntos: a união de dois conjuntos quaisquer será representada por A ∪ B e terá os elementos que pertencem a A ou a B, ou seja, todos os elementos.

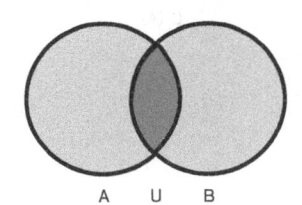

Interseção de conjuntos: a interseção de dois conjuntos quaisquer será representada por $A \cap B$. Os elementos que fazem parte do conjunto interseção são os elementos comuns aos dois conjuntos.

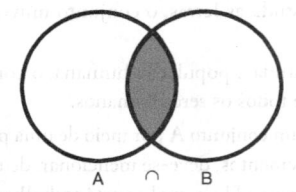

Conjuntos disjuntos: se dois conjuntos não possuem elementos em comum, diz-se que eles são disjuntos. Simbolicamente, escreve-se $A \cap B = \varnothing$. Nesse caso, a união dos conjuntos A e B é denominada união disjunta. O número de elementos $A \cap B$ nesse caso é igual a zero.

$$n(A \cap B) = 0$$

Seja $A = \{1, 2, 3, 4, 5\}$, $B = \{1, 5, 6, 3\}$, $C = \{2, 4, 7, 8, 9\}$ e $D = \{10, 20\}$. Tem-se:

$A \cup B = \{1, 2, 3, 4, 5, 6\}$

$B \cup A = \{1, 2, 3, 4, 5, 6\}$

$A \cap B = \{1, 3, 5\}$

$B \cap A = \{1, 3, 5\}$

$A \cup B \cup C = \{1, 2, 3, 4, 5, 6, 7, 8, 9\}$ e

$A \cap D = \varnothing$

É possível notar que A, B e C são todos disjuntos com D, mas A, B e C não são dois a dois disjuntos.

Diferença de conjuntos: a diferença de dois conjuntos quaisquer será representada por $A - B$ e terá os elementos que pertencem somente a A, mas não pertencem a B, ou seja, que são exclusivos de A.

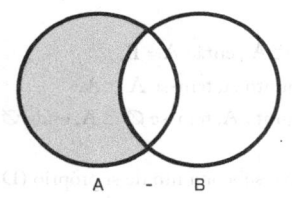

Complementar de um conjunto: se A está contido no conjunto universo U, o complementar de A é a diferença entre o conjunto universo e o conjunto A, será representado por $CU(A) = U - A$ e terá todos os elementos que pertencem ao conjunto universo, menos os que pertencem ao conjunto A.

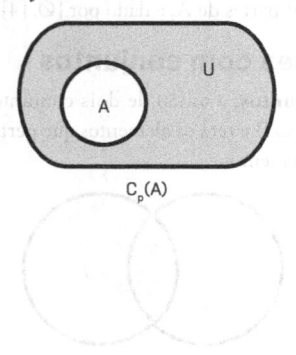

6 FUNÇÕES

6.1 Definições

A função é uma relação estabelecida entre dois conjuntos A e B, em que exista uma associação entre cada elemento de A com um único de B por meio de uma lei de formação.

Podemos dizer que a função é uma relação de dois valores, por exemplo: $f(x) = y$, sendo que x e y são valores, nos quais x é o domínio da função (a função está dependendo dele) e y é um valor que depende do valor de x, sendo a imagem da função.

As funções possuem um conjunto chamado domínio e outro, imagem da função, além do contradomínio. No plano cartesiano, que o eixo x representa o **domínio** da função, enquanto no eixo y apresentam-se os valores obtidos em função de x, constituindo a imagem da função (o eixo y seria o **contradomínio** da função).

Com os conjuntos A = {1, 4, 7} e B = {1, 4, 6, 7, 8, 9, 12} cria-se a função f: A → B definida por $f(x) = x + 5$, que também pode ser representada por y = x + 5. A representação, utilizando conjuntos, desta função é:

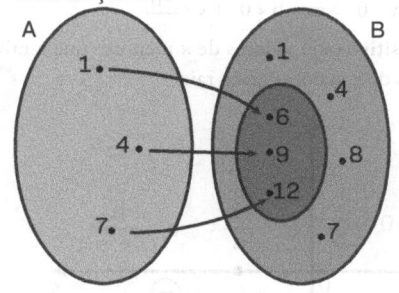

O conjunto A é o conjunto de saída e o B é o conjunto de chegada. Domínio é um sinônimo para conjunto de saída, ou seja, para esta função o domínio é o próprio conjunto A = {1, 4, 7}.

Como, em uma função, o conjunto de saída (domínio) deve ter todos os seus elementos relacionados, não precisa ter subdivisões para o domínio.

O domínio de uma função é chamado de campo de definição ou campo de existência da função, e é representado pela letra D.

O conjunto de chegada B, também possui um sinônimo, é chamado de contradomínio, representado por CD.

Note que é possível fazer uma subdivisão dentro do contradomínio e ter elementos do contradomínio que não são relacionados com algum elemento do domínio e outros que são. Por isso, deve-se levar em consideração esta subdivisão.

Este subconjunto é chamado de conjunto **imagem**, e é composto por todos os elementos em que as flechas de relacionamento chegam.

O conjunto imagem é representado por Im, e cada ponto que a flecha chega é chamado de imagem.

6.2 Plano cartesiano

Criado por René Descartes, o plano cartesiano consiste em dois eixos perpendiculares, sendo o horizontal chamado de eixo das abscissas e o vertical de eixo das ordenadas. O plano cartesiano foi desenvolvido por Descartes no intuito de localizar pontos em determinado espaço.

As disposições dos eixos no plano formam quatro quadrantes, mostrados na figura a seguir:

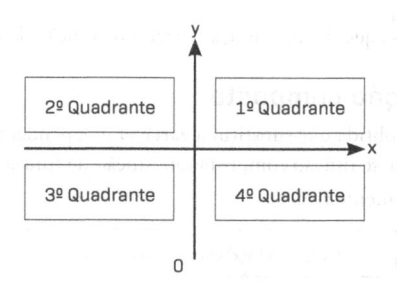

O encontro dos eixos é chamado de origem. Cada ponto do plano cartesiano é formado por um par ordenado (x, y), em que x: abscissa e y: ordenada.

6.2.1 Raízes

Em matemática, uma raiz ou zero da função consiste em determinar os pontos de interseção da função com o eixo das abscissas no plano cartesiano. A função f é um elemento no domínio de f tal que $f(x) = 0$.

Considere a função:
$f(x) = x^2 - 6x + 9$
3 é uma raiz de f, porque:
$f(3) = 3^2 - 6 \cdot 3 + 9 = 0$

6.3 Funções injetoras, sobrejetoras e bijetoras

Função injetora: é a função em que cada x encontra um único y, ou seja, os elementos distintos têm imagens distintas.

Função sobrejetora: a função em que o conjunto imagem é exatamente igual ao contradomínio (y).

Função bijetora: a função que for injetora e sobrejetora ao mesmo tempo.

6.4 Funções crescentes, decrescentes e constantes

Função crescente: à medida que x aumenta, as imagens vão aumentando.

Com $x_1 > x_2$ a função é crescente para $f(x_1) > f(x_2)$, isto é, aumentando valor de x, aumenta o valor de y.

Função decrescente: à medida que x aumenta, as imagens vão diminuindo (decrescente).

Com $x_1 > x_2$ a função é crescente para $f(x_1) < f(x_2)$, isto é, aumentando x, diminui o valor de y.

Função constante: em uma função constante qualquer que seja o elemento do domínio, eles sempre terão a mesma imagem, ao variar x encontra sempre o mesmo valor y.

6.5 Funções inversas e compostas

6.5.1 Função inversa

Dada uma função f: A → B, se f é bijetora, se define a função inversa f^{-1} como sendo a função de B em A, tal que $f^{-1}(y) = x$.

Determine a inversa da função definida por:
y = 2x + 3
Trocando as variáveis x e y:
x = 2y + 3

Colocando y em função de x:

$$2y = x - 3$$

$$y = \frac{x-3}{2}, \text{ que define a função inversa da função dada.}$$

6.5.2 Função composta

A função obtida que substitui a variável independente x por uma função, chama-se função composta (ou função de função).

Simbolicamente fica:

$$f_o g(x) = f(g(x)) \text{ ou } g_o f(x) = g(f(x))$$

Dadas as funções $f(x) = 2x + 3$ e $g(x) = 5x$, determine $g_o f(x)$ e $f_o g(x)$.

$g_o f(x) = g[f(x)] = g(2x + 3) = 5(2x + 3) = 10x + 15$

$f_o g(x) = f[g(x)] = f(5x) = 2(5x) + 3 = 10x + 3$

6.6 Função afim

Chama-se função polinomial do 1º grau, ou função afim, qualquer função f dada por uma lei da forma $f(x) = ax + b$, cujo a e b são números reais dados e $a \neq 0$.

Na função $f(x) = ax + b$, o número a é chamado de coeficiente de x e o número b é chamado termo constante.

6.6.1 Gráfico

O gráfico de uma função polinomial do 1º grau, $y = ax + b$, com $a \neq 0$, é uma reta oblíqua aos eixos x e y.

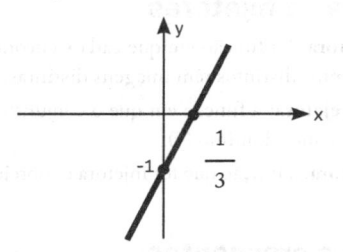

6.6.2 Zero e equação do 1º grau

Chama-se zero ou raiz da função polinomial do 1º grau $f(x) = ax + b$, $a \neq 0$, o número real x tal que $f(x) = 0$.

Assim: $f(x) = 0 \Rightarrow ax + b = 0 \Rightarrow x = \dfrac{-b}{a}$

6.6.3 Crescimento e decrescimento

A função do 1º grau $f(x) = ax + b$ é crescente, quando o coeficiente de x é positivo (a > 0).

A função do 1º grau $f(x) = ax + b$ é decrescente, quando o coeficiente de x é negativo (a < 0).

6.6.4 Sinal

Estudar o sinal de qualquer $y = f(x)$ é determinar o valor de x para os quais y é positivo, os valores de x para os quais y é zero e os valores de x para os quais y é negativo.

Considere uma função afim $y = f(x) = ax + b$, essa função se anula para a raiz $x = \dfrac{-b}{a}$.

Há dois casos possíveis:

a > 0 (a função é crescente)

$$y > 0 \Rightarrow ax + b > 0 \Rightarrow x > \frac{-b}{a}$$

$$y < 0 \Rightarrow ax + b < 0 \Rightarrow x < \frac{-b}{a}$$

Logo, y é positivo para valores de x maiores que a raiz; y é negativo para valores de x menores que a raiz.

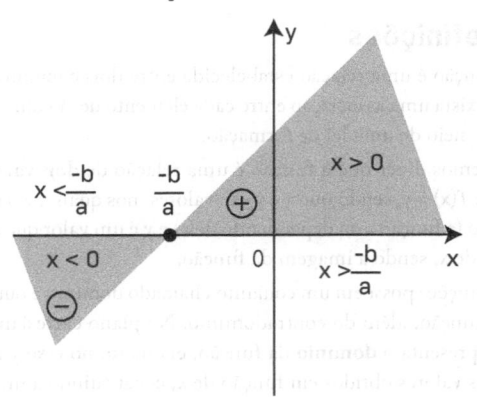

a < 0 (a função é decrescente)

$$y > 0 \Rightarrow ax + b > 0 \Rightarrow x < \frac{-b}{a}$$

$$y < 0 \Rightarrow ax + b < 0 \Rightarrow x < \frac{-b}{a}$$

Portanto, y é positivo para valores de x menores que a raiz; y é negativo para valores de x maiores que a raiz.

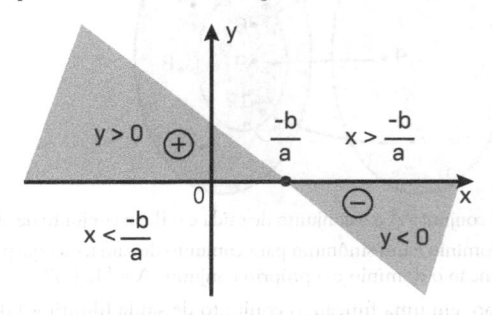

6.6.5 Equações e inequações do 1º grau

Equação

Uma equação do 1º grau na incógnita x é qualquer expressão do 1º grau que pode ser escrita em uma das seguintes formas:

$$ax + b = 0$$

Para resolver uma equação, basta achar o valor de x.

▷ **Sistema de equação**

Um sistema de equação de 1º grau com duas incógnitas é formado por duas equações de 1º grau com duas incógnitas diferentes em cada equação.

$$\begin{cases} x + y = 20 \\ 3x - 4y = 72 \end{cases}$$

Para encontrar o par ordenado desse sistema, é preciso utilizar dois métodos para a sua solução, são eles: substituição e adição.

▷ **Método da substituição**

Esse método consiste em escolher uma das duas equações, isolar uma das incógnitas e substituir na outra equação.

Dado o sistema $\begin{cases} x + y = 20 \\ 3x - 4y = 72 \end{cases}$ enumeramos as equações.

$$\begin{cases} x + y = 20 \quad \boxed{1} \\ 3x - 4y = 72 \quad \boxed{2} \end{cases}$$

Escolhemos a equação 1 e isolamos o x:

$x + y = 20$

$x = 20 - y$

Na equação 2, substituímos o valor de $x = 20 - y$.

$3x + 4y = 72$

$3(20 - y) + 4y = 72$

$60 - 3y + 4y = 72$

$-3y + 4y = 72 - 60$

$y = 12$

Para descobrir o valor de x, substituir y por 12 na equação:

$x = 20 - y$.

$x = 20 - y$

$x = 20 - 12$

$x = 8$

Portanto, a solução do sistema é S = (8, 12)

▷ **Método da adição**

Este método consiste em adicionar as duas equações de tal forma que a soma de uma das incógnitas seja zero. Para que isso aconteça, será preciso que multipliquemos as duas equações ou apenas uma equação por números inteiros para que a soma de uma das incógnitas seja zero.

Dado o sistema:

$$\begin{cases} x + y = 20 \\ 3x - 4y = 72 \end{cases}$$

Para adicionar as duas equações e a soma de uma das incógnitas de zero, teremos que multiplicar a primeira equação por –3.

$$\begin{cases} x + y = 20 \quad \boxed{(-3)} \\ 3x - 4y = 72 \end{cases}$$

Agora, o sistema fica assim:

$$\begin{cases} -3x - 3y = -60 \\ 3x + 4y = 72 \end{cases}$$

Adicionando as duas equações:

$-3x - 3y = -60$

$+3x + 4y = 72$

$y = 12$

Para descobrir o valor de x, escolher uma das duas equações e substituir o valor de y encontrado:

$x + y = 20$

$x + 12 = 20$

$x = 20 - 12$

$x = 8$

Portanto, a solução desse sistema é: S = (8, 12)

Inequação

Uma inequação do 1º grau na incógnita x é qualquer expressão do 1º grau que pode ser escrita em uma das seguintes formas:

$$\boxed{\begin{array}{l} ax + b > 0 \\ ax + b < 0 \\ ax + b \geq 0 \\ ax + b \leq 0 \end{array}}$$

Sendo **a**, **b** são números reais com a ≠ 0.

$$\begin{cases} -2x + 7 > 0 \\ x - 10 \leq 0 \\ 2x + 5 \leq 0 \\ 12 - x < 0 \end{cases}$$

▷ **Resolvendo uma inequação de 1º grau**

Uma maneira simples de resolver uma inequação do 1º grau é isolar a incógnita x em um dos membros da desigualdade.

Resolva a inequação $-2x + 7 > 0$:

$-2x > -7 \cdot (-1)$

$2x < 7$

$x < \dfrac{7}{2}$

Logo, a solução da inequação é $x < \dfrac{7}{2}$.

Resolva a inequação $2x - 6 < 0$:

$2x < 6$

$x < \dfrac{6}{2}$

$x < 3$

Portanto, a solução da inequação é x < 3.

Pode-se resolver qualquer inequação do 1º grau por meio do estudo do sinal de uma função do 1º grau, com o seguinte procedimento:

- Iguala-se a expressão ax + b a zero.
- Localiza-se a raiz no eixo x.
- Estuda-se o sinal conforme o caso.

$-2x + 7 > 0$

$-2x + 7 = 0$

$x = \dfrac{7}{2}$

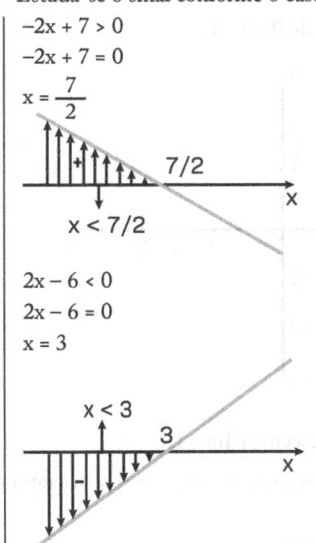

$x < 7/2$

$2x - 6 < 0$

$2x - 6 = 0$

$x = 3$

$x < 3$

6.7 Equação e função exponencial

Equação exponencial é toda equação na qual a incógnita aparece em expoente.

Para resolver equações exponenciais, devem-se realizar dois passos importantes:

- Redução dos dois membros da equação a potências de mesma base.
- Aplicação da propriedade:

$a^m = a^n \Rightarrow m = n$ ($a \neq 1$ e $a > 0$)

6.7.1 Função exponencial

Funções exponenciais são aquelas nas quais temos a variável aparecendo em expoente.

A função $f: IR \to IR_+$, definida por $f(x) = a^x$, com $a \in IR_+$ e $a \neq 1$, é chamada função exponencial de base a. O domínio dessa função é o conjunto IR (reais) e o contradomínio é IR_+ (reais positivos, maiores que zero).

6.7.2 Gráfico cartesiano da função exponencial

Há dois casos a considerar:

Quando a>1:

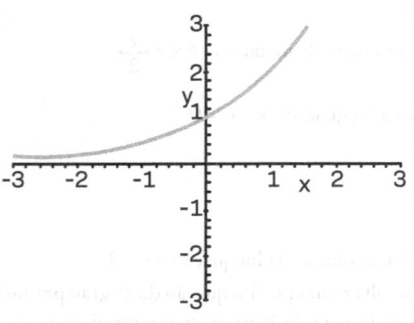

$f(x)$ é crescente e Im = IR_+

Para quaisquer x_1 e x_2 do domínio: $x_2 > x_1 \Rightarrow y_2 > y_1$ (as desigualdades têm mesmo sentido).

Quando 0 < a < 1:

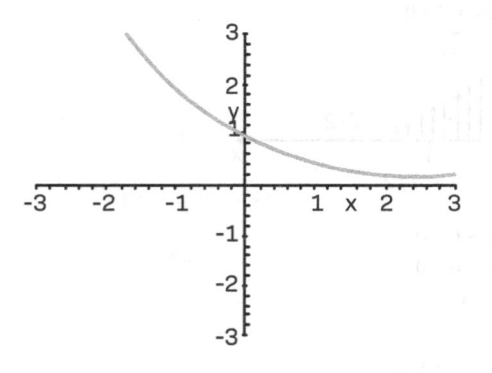

$f(x)$ é decrescente e Im = IR_+

Para quaisquer x_1 e x_2 do domínio: $x_2 > x_1 \Rightarrow y_2 < y_1$ (as desigualdades têm sentidos diferentes).

Nas duas situações, pode-se observar que:

- O gráfico nunca intercepta o eixo horizontal.
- A função não tem raízes; o gráfico corta o eixo vertical no ponto (0,1).
- Os valores de y são sempre positivos (potência de base positiva é positiva), portanto, o conjunto imagem é Im =IR_+.

6.7.3 Inequações exponenciais

Inequação exponencial é toda inequação na qual a incógnita aparece em expoente.

Para resolver inequações exponenciais, devem-se realizar dois passos:

- Redução dos dois membros da inequação a potências de mesma base.
- Aplicação da propriedade:

a > 1

$a^m > a^n \Rightarrow m > n$

(as desigualdades têm mesmo sentido)

0 < a < 1

$a^m > a^n \Rightarrow m < n$

(as desigualdades têm sentidos diferentes)

6.8 Equação e função logarítmica

6.8.1 Logaritmo

$$a^x = b \Leftrightarrow \log_a b = x$$

Sendo $b > 0$, $a > 0$ e $a \neq 1$

Na igualdade $x = \log_a b$ tem:

a = base do logaritmo

b = logaritmando ou antilogaritmo

x = logaritmo

Consequências da definição

Sendo $b > 0$, $a > 0$ e $a \neq 1$ e m um número real qualquer, em seguida, algumas consequências da definição de logaritmo:

$\log_a 1 = 0$

$\log_a a = 1$

$\log_a a^m = m$

$a^{\log_a b} = b$

$\log_a b = \log_a c \Leftrightarrow b = c$

Propriedades operatórias dos logaritmos

$\log_a (x \cdot y) = \log_a x + \log_a y$

$\log_a \left[\dfrac{x}{y}\right] = \log_a x - \log_a y$

$\log_a x^m = m \cdot \log_a x$

$\log_a \sqrt[n]{x^m} = \log_a x^{\frac{x}{7}} = \dfrac{m}{n} \cdot \log_a x$

Cologaritmo

$\text{colog}_a b = \log_a \dfrac{1}{b}$

$\text{colog}_a b = -\log_a b$

Mudança de base

$$\log_a x = \frac{\log_b x}{\log_b a}$$

6.8.2 Função logarítmica

A função $f\colon IR_+ \to IR$, definida por $f(x) = \log_a x$, com $a \neq 1$ e $a > 0$, é chamada função logarítmica de base a. O domínio dessa função é o conjunto IR_+ (reais positivos, maiores que zero) e o contradomínio é IR (reais).

Gráfico cartesiano da função logarítmica

Há dois casos a se considerar:

Quando a>1:

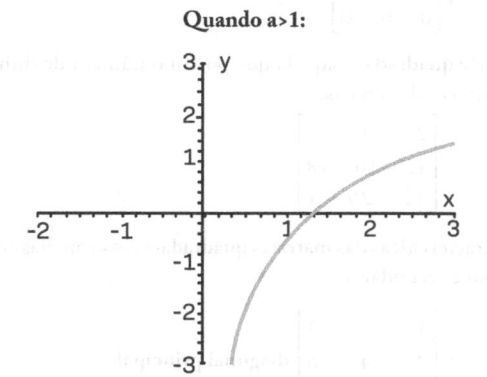

$f\,(x)$ é crescente e Im = IR

Para quaisquer x_1 e x_2 do domínio: $x_2 > x_1 \Rightarrow y_2 < y_1$ (as desigualdades têm mesmo sentido).

Quando 0<a<1:

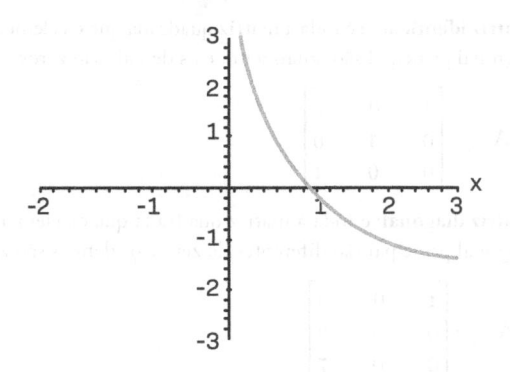

$f\,(x)$ é decrescente e Im = IR

Para quaisquer x_1 e x_2 do domínio: $x_1 > x_2 \Rightarrow y_1 < y_2$ (as desigualdades têm sentidos diferentes).

Nas duas situações, pode-se observar que:
- O gráfico nunca intercepta o eixo vertical.
- O gráfico corta o eixo horizontal no ponto (1, 0).
- A raiz da função é $x = 1$.
- Y assume todos os valores reais, portanto, o conjunto imagem é Im = IR.

6.8.3 Equações logarítmicas

Equações logarítmicas são toda equação que envolve logaritmos com a incógnita aparecendo no logaritmando, na base ou em ambos.

6.8.4 Inequações logarítmicas

Inequações logarítmicas são toda inequação que envolve logaritmos com a incógnita aparecendo no logaritmando, na base ou em ambos.

Para resolver inequações logarítmicas, devem-se realizar dois passos:
- Redução dos dois membros da inequação a logaritmos de mesma base.
- Aplicação da propriedade:

a > 1

$\log_a m > \log_a n \Rightarrow m > n > 0$

(as desigualdades têm mesmo sentido)

0 < a < 1

$\log_a m > \log_a n \Rightarrow 0 < m < n$

(as desigualdades têm sentidos diferentes)

7   MATRIZES

Matriz: é uma tabela que serve para organizar dados numéricos em linhas e colunas.

Nas matrizes, cada número é chamado de elemento da matriz, as filas horizontais são chamadas **linhas** e as filas verticais são chamadas **colunas**.

$$\begin{bmatrix} 1 & 4 & 7 \\ 13 & -1 & 18 \end{bmatrix} \longrightarrow \text{Linha}$$

$$\downarrow$$
$$\text{Coluna}$$

No exemplo, a matriz apresenta 2 linhas e 3 colunas. Dizemos que essa matriz é do tipo 2x3 (2 linhas e 3 colunas). Lê-se dois por três.

7.1 Representação de uma matriz

Uma matriz pode ser representada por parênteses ( ) ou colchetes [ ], com seus dados numéricos inseridos dentro desses símbolos matemáticos. Cada um desses dados, ocupam uma posição definida por uma linha e coluna.

A nomenclatura da matriz se dá por uma letra maiúscula. De modo geral, uma matriz A de m linhas e n colunas (m x n) pode ser representada da seguinte forma:

$$A = \begin{bmatrix} a_{11} & a_{12} & a_{13} & \dots & a_{1n} \\ a_{21} & a_{22} & a_{23} & \dots & a_{2n} \\ a_{31} & a_{32} & a_{33} & \dots & a_{3n} \\ \dots & \dots & \dots & & \dots \\ a_{m1} & a_{m2} & a_{m3} & & a_{mn} \end{bmatrix}_{m \times n} \text{com m, n} \in \mathbb{N}^*$$

Abreviadamente:

$$A_{m \times n} = [a_{ij}]_{m \times n}$$

Com: $i \in \{1, 2, 3, ..., m\}$ e $j \in \{1, 2, 3, ...,n\}$

No qual, a_{ij} é o elemento da i linha com a j coluna.

$$B_{3 \times 2} = \begin{pmatrix} 4 & 7 \\ 6 & 8 \\ 18 & 10 \end{pmatrix} \text{matriz de ordem 3 x 2}$$

$$C_{2 \times 2} = \begin{pmatrix} 2 & 13 \\ 18 & 28 \end{pmatrix} \text{matriz quadrada de ordem 2 x 2} \\ \text{ou somente 2}$$

7.2 Lei de formação de uma matriz

As matrizes possuem uma lei de formação que define seus elementos a partir da posição (linha e coluna) de cada um deles na matriz, e podemos assim representar:

$D = (d_{ij})_{3x3}$ em que $d_{ij} = 2i - j$

$$D = \begin{pmatrix} d_{11} = 2 \cdot (1) - 1 = 1 & d_{12} = 2 \cdot (1) - 2 = 0 & d_{13} = 2 \cdot (1) - 3 = -1 \\ d_{21} = 2 \cdot (2) - 1 = 3 & d_{22} = 2 \cdot (2) - 2 = 2 & d_{23} = 2 \cdot (2) - 3 = 1 \\ d_{31} = 2 \cdot (3) - 1 = 5 & d_{32} = 2 \cdot (3) - 2 = 4 & d_{33} = 2 \cdot (3) - 3 = 3 \end{pmatrix}$$

$$= \begin{pmatrix} 1 & 0 & -1 \\ 3 & 2 & 1 \\ 5 & 4 & 3 \end{pmatrix}$$

Logo: $D = \begin{pmatrix} 1 & 0 & -1 \\ 3 & 2 & 1 \\ 5 & 4 & 3 \end{pmatrix}$

7.3 Tipos de matrizes

Existem alguns tipos de matrizes mais comuns e usados nas questões de concursos são eles:

▷ **Matriz linha:** é aquela que possui somente uma linha.

$$A_{1 \times 3} = [4 \quad 7 \quad 10]$$

▷ **Matriz coluna:** é aquela que possui somente uma coluna.

$$B_{3 \times 1} = \begin{bmatrix} 6 \\ 13 \\ 22 \end{bmatrix}$$

▷ **Matriz nula:** é aquela que possui todos os elementos nulos ou zero.

$$C_{2 \times 3} = \begin{bmatrix} 0 & 0 & 0 \\ 0 & 0 & 0 \end{bmatrix}$$

▷ **Matriz quadrada:** é aquela que possui o número de linhas igual ao número de colunas.

$$D_{3 \times 3} = \begin{bmatrix} 2 & 4 & 7 \\ 13 & 10 & 18 \\ 32 & 29 & 1 \end{bmatrix}$$

- **Características das matrizes quadradas:** possuem diagonal principal e secundária.

$$A_{3 \times 3} = \begin{bmatrix} 1 & 2 & 3 \\ 2 & 4 & 6 \\ 3 & 6 & 9 \end{bmatrix} \text{diagonal principal}$$

$$A_{3 \times 3} = \begin{bmatrix} 1 & 2 & 3 \\ 2 & 4 & 6 \\ 3 & 6 & 9 \end{bmatrix} \text{diagonal secundária}$$

▷ **Matriz identidade:** é toda a matriz quadrada que os elementos da diagonal principal são iguais a um e os demais são zeros.

$$A_{3 \times 3} = \begin{bmatrix} 1 & 0 & 0 \\ 0 & 1 & 0 \\ 0 & 0 & 1 \end{bmatrix}$$

▷ **Matriz diagonal:** é toda a matriz quadrada que os elementos da diagonal principal são diferentes de zero e os demais são zeros.

$$A_{3 \times 3} = \begin{bmatrix} 1 & 0 & 0 \\ 0 & 4 & 0 \\ 0 & 0 & 7 \end{bmatrix}$$

▷ **Matriz triangular:** é aquela cujos elementos de um dos triângulos formados pela diagonal principal são zeros.

$$A_{3 \times 3} = \begin{bmatrix} 2 & 5 & 8 \\ 0 & 6 & 3 \\ 0 & 0 & 9 \end{bmatrix}$$

▷ **Matriz transposta (aᵗ):** é aquela em que ocorre a troca ordenada das linhas por colunas.

$$A = [a_{ij}]_{m \times n} = A^t = [a_{ij}^t]_{n \times m}$$

$$A_{2 \times 3} = \begin{bmatrix} 1 & 4 & 7 \\ 6 & 8 & 9 \end{bmatrix} \rightarrow A^t_{3 \times 2} = \begin{bmatrix} 1 & 6 \\ 4 & 8 \\ 7 & 9 \end{bmatrix}$$

Perceba que a linha 1 de A corresponde à coluna 1 de A^t e a coluna 2 de A corresponde à coluna 2 de A^t.

▷ **Matriz oposta:** é toda matriz obtida trocando o sinal de cada um dos elementos de uma matriz dada.

$$A_{2 \times 2} = \begin{bmatrix} 4 & -1 \\ -6 & 7 \end{bmatrix} \rightarrow -A_{2 \times 2} = \begin{bmatrix} -4 & 1 \\ 6 & -7 \end{bmatrix}$$

▷ **Matriz simétrica:** é toda matriz cuja matriz transposta é igual à própria matriz, ou seja, $A = A^t$.

$$\begin{matrix} A = \begin{bmatrix} 1 & 3 \\ 3 & 2 \end{bmatrix} \\ A_t = \begin{bmatrix} 1 & 3 \\ 3 & 2 \end{bmatrix} \end{matrix} \quad A = A^t$$

7.4 Operações com matrizes

Vamos estudar as principais operações com as matrizes. Atente-se para a multiplicação de duas matrizes.

▷ **Igualdade de matrizes:** duas matrizes são iguais quando possuem o mesmo número de linhas e colunas (mesma ordem) e os elementos correspondentes são iguais.

$$X = Y \rightarrow X_{2 \times 2} = \begin{bmatrix} 1 & 0 \\ 3 & 2 \end{bmatrix} e Y_{2 \times 2} = \begin{bmatrix} 1 & 0 \\ 3 & 2 \end{bmatrix}$$

▷ **Soma de matrizes:** só é possível somar matrizes de mesma ordem. Para fazer o cálculo, somar os elementos correspondentes.

$$S = X + Y \ (S = \text{matriz soma de X e Y})$$
$$X_{2 \times 3} = \begin{bmatrix} 6 & 8 & 9 \\ 10 & 13 & 4 \end{bmatrix} e Y_{2 \times 3} = \begin{bmatrix} 18 & 22 & 30 \\ 9 & 14 & 28 \end{bmatrix}$$
$$S = \begin{bmatrix} 6+18 & 8+22 & 9+30 \\ 10+9 & 13+14 & 4+28 \end{bmatrix}$$
$$S_{2 \times 3} = \begin{bmatrix} 24 & 30 & 39 \\ 19 & 27 & 32 \end{bmatrix}$$

▷ **Produto de uma constante por uma matriz:** multiplicar a constante por todos os elementos da matriz.

$$P = 2Y$$
$$Y_{2 \times 2} = \begin{bmatrix} 7 & 4 \\ 13 & 25 \end{bmatrix}$$
$$P = \begin{bmatrix} 2 \cdot 7 & 2 \cdot 4 \\ 2 \cdot 13 & 2 \cdot 25 \end{bmatrix}$$
$$P_{2 \times 2} = \begin{bmatrix} 14 & 8 \\ 26 & 50 \end{bmatrix}$$

7.5 Multiplicação de matrizes

Para multiplicar matrizes, devemos multiplicar linhas por colunas, ou seja, multiplica o 1º número da linha pelo 1º número da coluna, o 2º número da linha pelo 2º número da coluna e, assim sucessivamente, para todos os elementos das linhas e colunas.

Esse procedimento de cálculo só poderá ser feito se o número de colunas da 1ª matriz for igual ao número de linhas da 2ª matriz.

$$(A_{m \times n}) \cdot (B_{n \times p}) = C_{m \times p}$$

$$M = A_{2 \times 3} \cdot B_{3 \times 2}$$
$$A_{2 \times 3} = \begin{bmatrix} 1 & 2 & 4 \\ 5 & 7 & 6 \end{bmatrix} e B_{3 \times 2} = \begin{bmatrix} 2 & 3 \\ 8 & 1 \\ 4 & 9 \end{bmatrix}$$
$$M_{2 \times 3} = \begin{bmatrix} m_{11} & m_{12} \\ m_{21} & m_{22} \end{bmatrix}$$
$$M_{2 \times 2} = \begin{bmatrix} m_{11} = (1 \cdot 2 + 2 \cdot 8 + 4 \cdot 4) & m_{12} = (1 \cdot 3 + 2 \cdot 1 + 4 \cdot 9) \\ m_{21} = (5 \cdot 2 + 7 \cdot 8 + 6 \cdot 4) & m_{22} = (5 \cdot 3 + 7 \cdot 1 + 6 \cdot 9) \end{bmatrix}$$
$$M_{2 \times 2} = \begin{bmatrix} m_{11} = 34 & m_{12} = 41 \\ m_{21} = 90 & m_{22} = 76 \end{bmatrix}$$
$$M_{2 \times 2} = \begin{bmatrix} 34 & 41 \\ 90 & 76 \end{bmatrix}$$

7.5.1 Matriz inversa (a^{-1})

Se existe uma matriz B, quadrada de ordem n, tal que $A \cdot B = B \cdot A = I_n$, dizemos que a matriz B é a inversa de A. Costumamos indicar a matriz inversa por A^{-1}. Assim $B = A^{-1}$.

Logo: $A \cdot A^{-1} = A^{-1} \cdot A = I_n$

$$A \cdot A^{-1} = I_n$$
$$A_{2 \times 2} = \begin{bmatrix} 1 & -2 \\ 3 & 1 \end{bmatrix} e A^{-1}_{2 \times 2} = \begin{bmatrix} a & b \\ c & d \end{bmatrix}$$
$$\begin{bmatrix} 1 & -2 \\ 3 & 1 \end{bmatrix} \cdot \begin{bmatrix} a & b \\ c & d \end{bmatrix} = \begin{bmatrix} 1 & 0 \\ 0 & 1 \end{bmatrix}$$
$$\begin{bmatrix} 1a - 2c & 1b - 2d \\ 3a + 1c & 3b + 1d \end{bmatrix} = \begin{bmatrix} 1 & 0 \\ 0 & 1 \end{bmatrix}$$

$$\begin{cases} 1a - 2c = 1 \\ 1b - 2d = 0 \\ 3a + 1c = 0 \\ 3b + 1d = 1 \end{cases} \qquad I \begin{cases} 1a - 2c = 1 \\ 3a + 1c = 0 \end{cases} \\ II \begin{cases} 1b - 2d = 0 \\ 3b + 1d = 1 \end{cases}$$

Resolvendo o sistema I:

$$I \begin{cases} 1a - 2c = 1 \\ 3a + 1c = 0 \ (\cdot 2) \end{cases}$$
$$I \begin{cases} 1a - 2c = 1 \\ 6a + 2c = 0 \end{cases} + (\text{somando as equações})$$
$$7a = 1$$
$$a = \frac{1}{7}$$

Substituindo-se a em uma das duas equações, temos:

$$3\left(\frac{1}{7}\right) + 1c = 0$$

$$\frac{3}{7} + 1c = 0$$

$$c = \frac{-3}{7}$$

Resolvendo o sistema II:

$$\text{II} \begin{cases} 1b - 2d = 0 \ (\cdot -3) \\ 3b + 1d = 1 \end{cases}$$

$$\text{II} \begin{cases} -3 + 6d = 0 \\ 3b + 1d = 1 \end{cases} + \text{(somando as equações)}$$

$$7d = 1$$
$$d = \frac{1}{7}$$

Substituindo-se d em uma das duas equações, temos:

$$1b - 2\left(\frac{1}{7}\right) = 0$$

$$b - \frac{2}{7} = 0$$

$$b = \frac{2}{7}$$

$$a = \frac{1}{7}; \ b = \frac{2}{7}; \ c = \frac{-3}{7}; \ d = \frac{1}{7}$$

Logo:

$$A^{-1}_{2 \times 2} = \begin{bmatrix} \dfrac{1}{7} & \dfrac{2}{7} \\ \dfrac{-3}{7} & \dfrac{1}{7} \end{bmatrix}$$

8   DETERMINANTES

Determinante é um número real associado à matriz.

Só há determinante de matriz quadrada. Cada matriz apresenta um único determinante.

8.1 Cálculo dos determinantes

▷ **Determinante de uma matriz de ordem 1 ou de 1ª ordem:** se a matriz é de 1ª ordem, significa que ela tem apenas uma linha e uma coluna, portanto, só um elemento, que é o próprio determinante da matriz.

$A_{1 \times 1} = [13]$
Det A = 13
$B_{1 \times 1} = [-7]$
Det B = -7

▷ **Determinante de uma matriz de ordem 2 ou de 2ª ordem:** será calculado pela **subtração** do produto dos elementos da diagonal principal pelo produto dos elementos da diagonal secundária.

$A_{2 \times 2} = \begin{bmatrix} 2 & 4 \\ 3 & 7 \end{bmatrix}$
Det A = $(2 \cdot 7) - (4 \cdot 3)$
Det A = (14) − (12)
Det A = 2
$B_{2 \times 2} = \begin{bmatrix} 6 & -4 \\ 8 & 9 \end{bmatrix}$
Det B = $(6 \cdot 9) - (-1 \cdot 8)$
Det B = (54) − (−8)
Det B = 54 + 8
Det B = 62

▷ **Determinante de uma matriz de ordem 3 ou de 3ª ordem:** será calculado pela **Regra de Sarrus**, que consiste em:

1º passo: repetir as duas primeiras colunas ao lado da matriz.

2º passo: multiplicar os elementos da diagonal principal e das outras duas diagonais que seguem a mesma direção, e somá-los.

3º passo: multiplicar os elementos da diagonal secundária e das outras duas diagonais que seguem a mesma direção, e somá-los.

4º passo: o valor do determinante será dado pela subtração do resultado do 2º com o 3º passo.

$A_{3 \times 3} = \begin{bmatrix} 2 & 4 & 7 \\ 3 & 5 & 8 \\ 1 & 9 & 6 \end{bmatrix} \begin{matrix} 2 & 4 \\ 3 & 5 \\ 1 & 9 \end{matrix} \qquad A_{3 \times 3} = \begin{bmatrix} 2 & 4 & 7 \\ 3 & 5 & 8 \\ 1 & 9 & 6 \end{bmatrix} \begin{matrix} 2 & 4 \\ 3 & 5 \\ 1 & 9 \end{matrix}$

Det A = $(2 \cdot 5 \cdot 6 + 4 \cdot 8 \cdot 1 + 7 \cdot 3 \cdot 9) - (7 \cdot 5 \cdot 1 + 2 \cdot 8 \cdot 9 + 4 \cdot 3 \cdot 6)$
Det A = (60 + 32 + 189) − (35 + 144 + 72)
Det A = (281) − (251)
Det A = 30

Se estiver diante de uma matriz triangular ou matriz diagonal, o seu determinante será calculado pelo produto dos elementos da diagonal principal.

▷ **Matriz triangular**

$A_{3 \times 3} = \begin{bmatrix} 2 & 4 & 7 \\ 0 & 5 & 8 \\ 0 & 0 & 6 \end{bmatrix} \begin{matrix} 2 & 4 \\ 0 & 5 \\ 0 & 0 \end{matrix} \qquad A_{3 \times 3} = \begin{bmatrix} 2 & 4 & 7 \\ 0 & 5 & 8 \\ 0 & 0 & 6 \end{bmatrix} \begin{matrix} 2 & 4 \\ 0 & 5 \\ 0 & 0 \end{matrix}$

Det A = $(2 \cdot 5 \cdot 6 + 4 \cdot 8 \cdot 0 + 7 \cdot 0 \cdot 0) - (7 \cdot 5 \cdot 0 + 2 \cdot 8 \cdot 0 + 4 \cdot 0 \cdot 6)$
Det A = (60 + 0 + 0) − (0 + 0 + 0)
Det A = 60 (produto da diagonal principal = $2 \cdot 5 \cdot 6$)

▷ **Matriz diagonal**

$B_{3 \times 3} = \begin{bmatrix} 2 & 0 & 0 \\ 0 & 5 & 0 \\ 0 & 0 & 6 \end{bmatrix} \begin{matrix} 2 & 0 \\ 0 & 5 \\ 0 & 0 \end{matrix} \qquad B_{3 \times 3} = \begin{bmatrix} 2 & 0 & 0 \\ 0 & 5 & 0 \\ 0 & 0 & 6 \end{bmatrix} \begin{matrix} 2 & 0 \\ 0 & 5 \\ 0 & 0 \end{matrix}$

Det B = $(2 \cdot 5 \cdot 6 + 0 \cdot 0 \cdot 0 + 0 \cdot 0 \cdot 0) - (0 \cdot 5 \cdot 0 + 2 \cdot 0 \cdot 0 + 0 \cdot 0 \cdot 6)$
Det B = (60 + 0 + 0) − (0 + 0 + 0)
Det B = 60 (produto da diagonal principal = $2 \cdot 5 \cdot 6$)

▷ **Determinante de uma matriz de ordem superior a 3:** será calculado pela **Regra de Chió** ou pelo **Teorema de Laplace**.

- **Regra de Chió**

Escolha um elemento $a_{ij} = 1$.

Retire a linha (i) e a coluna (j) do elemento $a_{ij} = 1$, obtenha o menor complementar (D_{ij}) do referido elemento – uma nova matriz com uma ordem a menos.

Subtraia de cada elemento dessa nova matriz menor complementar (D_{ij}) o produto dos elementos que pertenciam a sua linha e coluna e que foram retirados, formando outra matriz.

Calcule o determinante dessa última matriz e multiplique por: (-1) i + j, sendo que i e j pertencem ao elemento $a_{ij} = 1$.

$A_{3 \times 3} = \begin{bmatrix} 2 & 4 & 7 \\ 3 & 5 & 8 \\ 1 & 9 & 6 \end{bmatrix}$ (I)

$Det. A_{3 \times 3} = \begin{bmatrix} 2 & 4 & 7 \\ 3 & 5 & 8 \\ 1 & 9 & 6 \end{bmatrix} = \begin{bmatrix} 4 & 7 \\ 5 & 8 \end{bmatrix}$ (II)

$Det. A_{3 \times 3} = \begin{bmatrix} 2 & 4 & 7 \\ 3 & 5 & 8 \\ 1 & 9 & 6 \end{bmatrix} = \begin{bmatrix} 4 - (2 \cdot 9) & 7 - (2 \cdot 6) \\ 5 - (3 \cdot 9) & 8 - (3 \cdot 6) \end{bmatrix}$ (III)

$Det. A_{3 \times 3} = (-1)^{3+1} \cdot \begin{bmatrix} -14 & -5 \\ -22 & -10 \end{bmatrix}$ (IV)

$Det. A_{3 \times 3} = (-1)^{3+1} \cdot (1) \cdot (140 - 110)$

Det. A = 30

- **Teorema de Laplace**

Primeiramente, precisamos saber o que é um cofator. O cofator de um elemento a_{ij} de uma matriz é: $A_{ij} = (-1)^{i+j} \cdot D_{ij}$.

No teorema, deve-se escolher uma linha ou coluna do determinante, calcular o cofator de cada elemento da fila e multiplicar cada

elemento pelo seu respectivo cofator, sendo a soma dos produtos o determinante da matriz.

Escolha uma linha ou coluna qualquer do determinante:

$$A_{3 \times 3} = \begin{bmatrix} 2 & 4 & 7 \\ 3 & 5 & 8 \\ 1 & 9 & 6 \end{bmatrix}$$

Calcule o cofator de cada elemento dessa fila:

$$a_{11} = A_{11} = (-1)^{1+1} \cdot \begin{bmatrix} 5 & 8 \\ 9 & 6 \end{bmatrix} = (1) \cdot (-42) = -42$$

$$a_{21} = A_{21} = (-1)^{2+1} \cdot \begin{bmatrix} 4 & 7 \\ 9 & 6 \end{bmatrix} = (1) \cdot (-39) = 39$$

$$a_{31} = A_{31} = (-1)^{3+1} \cdot \begin{bmatrix} 4 & 7 \\ 5 & 8 \end{bmatrix} = (1) \cdot (-3) = -3$$

Multiplique cada elemento da fila selecionada pelo seu respectivo cofator. O determinante da matriz será a soma desses produtos.

Det. $A_{3 \times 3} = a_{11} \cdot A_{11} + a_{21} \cdot A_{21} + a_{31} \cdot A_{31}$

Det. $A_{3 \times 3} = 2 \cdot (-42) + 3 \cdot 39 + 1 \cdot (-3)$

Det. $A_{3 \times 3} = (-84) + 117 + (-3)$

Det. $A_{3 \times 3} = 117 - 87$

Det A = 30

8.2 Propriedades dos determinantes

As propriedades dos determinantes servem para facilitar o cálculo do determinante, uma vez que, com elas, diminuímos nosso trabalho nas resoluções das questões de concursos.

▷ **Determinante de matriz transposta:** se A é uma matriz de ordem n e A^t sua transposta, então: Det. A^t = Det. A.

$$A_{2 \times 2} = \begin{bmatrix} 2 & 3 \\ 1 & 4 \end{bmatrix}$$

Det. A = $2 \cdot 4 - 3 \cdot 1$

Det. A = 8 − 3

Det. A = 5

$$A^t_{2 \times 2} = \begin{bmatrix} 2 & 1 \\ 3 & 4 \end{bmatrix}$$

Det. A^t = $2 \cdot 4 - 1 \cdot 3$

Det. A^t = 8 − 3

Det. A^t = 5

▷ **Determinante de uma matriz com fila nula:** se uma das filas (linha ou coluna) da matriz A for toda nula, então, Det. A = 0.

$$A_{2 \times 2} = \begin{bmatrix} 2 & 3 \\ 0 & 0 \end{bmatrix}$$

Det. A = $2 \cdot 0 - 3 \cdot 0$

Det. A = 0 - 0

Det. A = 0

▷ **Determinante de uma matriz cuja fila foi multiplicada por uma constante:** se multiplicarmos uma fila (linha ou coluna) qualquer da matriz A por um número k, o determinante da nova matriz será k vezes o determinante de A.

> Det. A' (k vezes uma fila de A) = k · Det. A

$$A_{2 \times 2} = \begin{bmatrix} 2 & 1 \\ 3 & 2 \end{bmatrix}$$

Det. A = $2 \cdot 2 = 1 \cdot 3$

Det. A = 4 − 3

Det. A = 1

$$A'_{2 \times 2} = \begin{bmatrix} 4 & 2 \\ 3 & 2 \end{bmatrix} \cdot 2 \ (k = 2)$$

Det. A' = $4 \cdot 2 - 2 \cdot 3$

Det. A' = 8 − 6

Det. A' = 2

Det. A' = k · Det. A

Det. A' = $2 \cdot 1$

Det. A' = 2

▷ **Determinante de uma matriz multiplicada por uma constante:** se multiplicarmos toda uma matriz A de ordem n por um número k, o determinante da nova matriz será o produto (multiplicação) de k^n pelo determinante de A.

> Det (k · A) = k^n · Det. A

$$A_{2 \times 2} = \begin{bmatrix} 2 & 1 \\ 4 & 3 \end{bmatrix}$$

Det. A = $2 \cdot 3 = 1 \cdot 4$

Det. A = 6 − 4

Det. A = 2

$$3 \cdot A_{2 \times 2} = \begin{bmatrix} 6 & 3 \\ 12 & 9 \end{bmatrix}$$

Det. 3A = $6 \cdot 9 - 3 \cdot 12$

Det. 3A = 54 − 36

Det. 3A = 18

Det (k · A) = kn · Det. A

Det (3 · A) = $3^2 \cdot 2$

Det (3 · A) = $9 \cdot 2$

Det (3 · A) = 18

▷ **Determinante de uma matriz com filas paralelas iguais:** se uma matriz A de ordem n ≥ 2 tem duas filas paralelas com os elementos respectivamente iguais, então: Det. A = 0.

$$A_{2 \times 2} = \begin{bmatrix} 2 & 3 \\ 2 & 3 \end{bmatrix}$$

Det. A = $2 \cdot 3 - 3 \cdot 2$

Det. A = 6 − 6

Det. A = 0

▷ **Determinante de uma matriz com filas paralelas proporcionais:** se uma matriz A de ordem n ≥ 2 tem duas filas paralelas com os elementos respectivamente proporcionais, então, Det. A = 0.

$$A_{2 \times 2} = \begin{bmatrix} 3 & 6 \\ 4 & 8 \end{bmatrix}$$

Det. A = $3 \cdot 8 - 6 \cdot 4$

Det. A = 24 − 24

Det. A = 0

▷ **Determinante de uma matriz com troca de filas paralelas:** se em uma matriz A de ordem n ≥ 2 trocarmos de posição duas filas paralelas, obteremos uma nova matriz B, tal que: **Det. A = - Det. B.**

$$A_{2 \times 2} = \begin{bmatrix} 5 & 4 \\ 2 & 3 \end{bmatrix}$$

Det. A = 5 · 3 − 2 · 4

Det. A = 15 − 8

Det. A = 7

$$B_{2 \times 2} = \begin{bmatrix} 4 & 5 \\ 3 & 2 \end{bmatrix}$$

Det. B = 4 · 2 − 5 · 3

Det. B = 8 − 15

Det. B = −7

Det. A = − Det. B

Det. A = − (−7)

Det. A = 7

▷ **Determinante do produto de matrizes:** se A e B são matrizes quadradas de ordem n, então: Det. (A · B) = Det. A · Det. B.

$$A_{2 \times 2} = \begin{bmatrix} 1 & 2 \\ 2 & 3 \end{bmatrix}$$

Det. A = 1 · 3 − 2 · 2

Det. A = 3 − 4

Det. A = −1

$$A_{2 \times 2} = \begin{bmatrix} 2 & 5 \\ 3 & 4 \end{bmatrix}$$

Det. B = 2 · 4 − 5 · 3

Det. B = 8 − 15

Det. B = −7

$$A \cdot B_{2 \times 2} = \begin{bmatrix} 8 & 13 \\ 13 & 22 \end{bmatrix}$$

Det. (A · B) = 8 · 22 − 13 · 13

Det. (A · B) = 176 − 169

Det. (A · B) = 7

Det. (A · B) = Det. A · Det. B

Det. (A · B) = (−1) · (−7)

Det. (A · B) = 7

▷ **Determinante de uma matriz triangular:** o determinante é igual ao produto dos elementos da diagonal principal.

▷ **Determinante de uma matriz inversa:** seja B a matriz inversa de A, então, a relação entre os determinantes de B e A é dado por:

$$Det(B) = \frac{1}{Det(A)}$$

$$A_{2 \times 2} = \begin{bmatrix} 1 & -2 \\ 3 & 1 \end{bmatrix}$$

Det. A = 1 · 1 − (−2 · 3)

Det. A = 1 + 6

Det. A = 7

$$B = A^{-1}_{2 \times 2} = \begin{bmatrix} \dfrac{1}{7} & \dfrac{2}{7} \\ -\dfrac{3}{7} & \dfrac{1}{7} \end{bmatrix}$$

Det. B = $\left(\dfrac{1}{7} \cdot \dfrac{1}{7}\right) - \left(\dfrac{2}{7} \cdot -\dfrac{3}{7}\right)$

Det. B = $\dfrac{1}{49} + \dfrac{6}{49}$

Det. B = $\dfrac{7}{49}$

Det. B = $\dfrac{1}{7}$

Det. B = $\dfrac{1}{Det(A)}$

Det. B = $\dfrac{1}{7}$

9 SISTEMAS LINEARES

Equação linear: é toda equação do 1º grau com uma ou mais incógnitas.

Sistema linear: é o conjunto de equações lineares.

Equação: $2x + 3y = 7$

Sistema: $\begin{cases} 2x + 3y = 7 \\ 4x - 5y = 3 \end{cases}$

Equação: $x + 2y + z = 8$

Sistema: $\begin{cases} x + y - z = 4 \\ 2x - y = z = 5 \\ x + 2y + z = 8 \end{cases}$

9.1 Representação de um sistema linear em forma de matriz

Todo sistema linear pode ser escrito na forma de uma matriz.

Esse conteúdo será importante mais adiante para a resolução dos sistemas.

$$\begin{cases} 2x + 3y = 7 \\ 4x - 5y = 3 \end{cases}$$

Forma de matriz

$$\begin{bmatrix} 2 \text{ (coeficiente de x)} & 3 \text{ (coeficiente de y)} \\ 4 \text{ (coeficiente de x)} & -5 \text{ (coeficiente de y)} \end{bmatrix} \cdot \begin{bmatrix} x \\ y \end{bmatrix} = \begin{bmatrix} 7 \\ 3 \end{bmatrix}$$

$\downarrow$
Termos independentes

Matriz incompleta

$$\begin{bmatrix} 2 & 3 \\ 4 & -5 \end{bmatrix}$$

Matriz de x

$$\begin{bmatrix} 7 & 3 \\ 3 & -5 \end{bmatrix}$$

Substituem-se os coeficientes de x pelos termos independentes.

Matriz de y

$$\begin{bmatrix} 2 & 7 \\ 4 & 3 \end{bmatrix}$$

Substituem-se os coeficientes de y pelos termos independentes.

9.2 Resolução de um sistema linear

Resolvem-se os sistemas pelo método dos determinantes, também conhecido como **Regra de Cramer.**

Fique ligado
A Regra de Cramer só é possível quando o número de variáveis for igual ao número de equações.

Na regra, o valor das variáveis será calculado dividindo o **determinante da matriz da variável** pelo **determinante da matriz incompleta**, do sistema.

Então:

O valor de x é dado por:

$$x = \frac{\text{determinante de matriz de x}}{\text{determinante da matriz incompleta}}$$

O valor de y é dado por:

$$y = \frac{\text{determinante de matriz de y}}{\text{determinante da matriz incompleta}}$$

O valor de z é dado por:

$$z = \frac{\text{determinante de matriz de z}}{\text{determinante da matriz incompleta}}$$

Se o determinante da matriz incompleta for diferente de zero (Det. In. ≠ 0), teremos sempre um sistema possível e determinado.

Se o determinante da matriz incompleta for igual a zero (Det. In. = 0), temos duas situações:

- 1ª: se os determinantes de todas as matrizes das variáveis também forem iguais a zero (Det. X = 0 e Det. Y = 0 e Det. Z = 0), teremos um sistema possível e indeterminado.
- 2ª: se o determinante de, pelo menos, uma das matrizes das variáveis for diferente de zero (Det. · ≠ 0 ou Det. Y ≠ 0 ou Det. Z ≠ 0), teremos um sistema impossível.

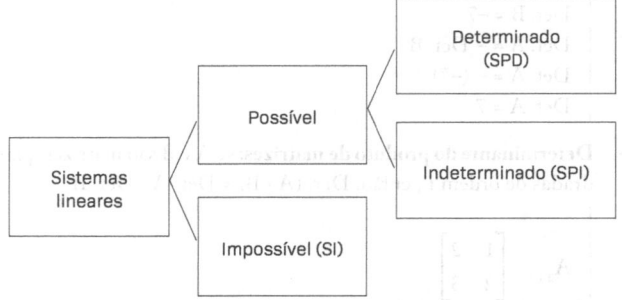

- **SPD:** sistema possível e determinado (quando Det. In. ≠ 0).
- **SPI:** sistema possível e indeterminado (quando Det. In. = 0, e Det. X = 0 e Det. Y = 0 e Det. Z = 0).
- **SI:** sistema impossível (quando Det. In. = 0, e Det. X ≠ 0 ou Det. Y ≠ 0 ou Det. Z ≠ 0).

$$\begin{cases} x + y - z = 4 \\ 2x - y + z = 5 \\ x + 2y + z = 8 \end{cases}$$

Matriz incompleta: $\begin{bmatrix} 1 & 1 & -1 \\ 2 & -1 & 1 \\ 1 & 2 & 1 \end{bmatrix}$ det. In. = -9

Matriz de X: $\begin{bmatrix} 4 & 1 & -1 \\ 5 & -1 & 1 \\ 8 & 2 & 1 \end{bmatrix}$ det. X = -27

Matriz de Y: $\begin{bmatrix} 1 & 4 & -1 \\ 2 & 5 & 1 \\ 1 & 8 & 1 \end{bmatrix}$ det. Y = -18

Matriz de Z: $\begin{bmatrix} 1 & 1 & 4 \\ 2 & -1 & 5 \\ 1 & 2 & 8 \end{bmatrix}$ det. Z = -9

Valor de x é: $x = \dfrac{-27}{-9} = 3$

Valor de y é: $y = \dfrac{-18}{-9} = 2$

Valor de z é: $z = \dfrac{-9}{-9} = 1$

Solução: x = 3, y = 2 e z = 1

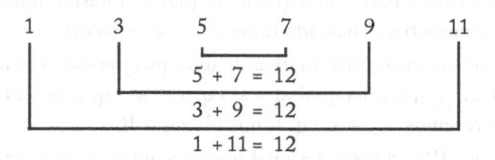

10 SEQUÊNCIAS NUMÉRICAS

Neste capítulo, conheceremos a formação de uma sequência e também do que trata a P.A. (Progressão Aritmética) e a P.G. (Progressão Geométrica).

10.1 Definições

Sequências: conjunto de elementos organizados de acordo com certo padrão, ou seguindo determinada regra. O conhecimento das sequências é fundamental para a compreensão das progressões.

Progressões: são sequências numéricas com algumas características exclusivas.

Cada elemento das sequências e/ou progressões são denominados termos.

Sequência dos números quadrados perfeitos: (1, 4, 9, 16, 25, 36, 49, 64, 81, 100...).

Sequência dos números primos: (2, 3, 5, 7, 11, 13, 17, 19, 23, 29, 31, 37, 41, 43, 47, 53...).

O que determina a formação na sequência dos números é: $a_n = n^2$.

10.2 Lei de formação de uma sequência

Para determinar uma sequência numérica é preciso uma lei de formação. A lei que define a sequência pode ser a mais variada possível.

> A sequência definida pela lei $a_n = n^2 + 1$, com $n \in N$, cujo a_n é o termo que ocupa a n-ésima posição na sequência é: 0, 2, 5, 10, 17, 26... Por esse motivo, a_n é chamado de termo geral da sequência.

10.3 Progressão aritmética (P.A.)

Progressão aritmética é uma sequência numérica em que cada termo, a partir do segundo, é igual ao anterior adicionado a um número fixo, chamado razão da progressão (r).

Quando r > 0, a progressão aritmética é crescente; quando r < 0, decrescente e quando r = 0, constante ou estacionária.

- (2, 5, 8, 11, ...), temos r = 3. Logo, a P.A. é crescente.
- (20, 18, 16, 14, ...), temos r = -2. Logo, a P.A. é decrescente.
- (5, 5, 5, 5, ...), temos r = 0. Logo, a P.A. é constante.

A representação matemática de uma progressão aritmética é: $(a_1, a_2, a_3, ...,a_n, a_{n+1},...)$ na qual:

$$\begin{cases} a_2 & = & a_1 & + & r \\ a_3 & = & a_2 & + & r \\ a_4 & = & a_3 & + & r \\ & & \vdots & & \end{cases}$$

Se a razão de uma P.A. é a quantidade que acrescentamos a cada termo para obter o seguinte, podemos dizer que ela é igual à diferença entre qualquer termo, a partir do segundo, e o anterior. Assim, de modo geral, temos:

$$r = a_2 - a_1 = a_3 - a_2 = ... = a_{n+1} - a_n$$

Para encontrar um termo específico, a quantidade de termos ou até mesmo a razão de uma P.A., dispomos de uma relação chamada termo geral de uma P.A.: $a_n = a_1 + (n-1)\, r$, onde:

- a_n é o termo geral.
- a_1 é o primeiro termo.
- n é o número de termos.
- r é a razão da P.A.

Propriedades:

P_1. Em toda P.A. finita, a soma de dois termos equidistantes dos extremos é igual à soma dos extremos.

$$1 \quad 3 \quad 5 \quad 7 \quad 9 \quad 11$$

$$5 + 7 = 12$$
$$3 + 9 = 12$$
$$1 + 11 = 12$$

Dois termos são equidistantes quando a distância entre um deles para o primeiro termo da P.A. é igual a distância do outro para o último termo da P.A.

P_2. Uma sequência de três termos é P.A. se o termo médio é igual à média aritmética entre os outros dois, isto é, (a, b, c) é P.A. $\Leftrightarrow b = \dfrac{a + c}{2}$

> Seja a P.A. (2, 4, 6), então, $4 = \dfrac{2 + 6}{2}$

P_3. Em uma P.A. com número ímpar de termos, o termo médio é a média aritmética entre os extremos.

> (3, 6, 9, 12, 15, 18, 21, 24, 27, 30, 33, 36, 39), $21 = \dfrac{3 + 39}{2}$

P_4. A soma S_n dos n primeiros termos da P.A. $(a_1, a_2, a_3,...a_n)$ é dada por:

$$S_n = \frac{(a_1 + a_n) \cdot n}{2}$$

Calcule a soma dos temos da P.A. (1, 4, 7, 10, 13, 16, 19, 22, 25).
$a_1 = 1; a_n = 25; n = 9$

$$S_n = \frac{(a_1 + a^n) \cdot n}{2}$$

$$S_n = \frac{(1 + 25) \cdot 9}{2}$$

$$S_n = \frac{(26) \cdot 9}{2}$$

$$S_n = \frac{234}{2}$$

$$S_n = 117$$

10.3.1 Interpolação aritmética

Interpolar significa inserir termos, ou seja, interpolação aritmética é a colocação de termos entre os extremos de uma P.A. Consiste basicamente em descobrir o valor da razão da P.A. e inserir esses termos.

Utiliza-se a fórmula do termo geral para a resolução das questões, em que **n** será igual a **k + 2**, cujo **k** é a quantidade de termos que se quer interpolar.

> Insira 5 termos em uma P.A. que começa com 3 e termina com 15.
>
> $a_1 = 3; a_n = 15; k = 5$ e
> $n = 5 + 2 = 7$
> $a_n = a_1 + (n - 1) \cdot r$
> $15 = 3 + (7 - 1) \cdot r$
> $15 = 3 + 6r$
> $6r = 15 - 3$
> $6r = 12$
> $r = \dfrac{12}{6}$
>
> $r = 2$
> Então, P.A.
> (3, 5, 7, 9, 11, 13, 15)

10.4 Progressão geométrica (P.G.)

Progressão geométrica é uma sequência de números não nulos em que cada termo, a partir do segundo, é igual ao anterior multiplicado por um número fixo, chamado razão da progressão (q).

A representação matemática de uma progressão geométrica é $(a_1, a_2, a_3, ..., a_{n-1}, a_n)$, na qual $a_2 = a_1 \cdot q$, $a_3 = a_2 \cdot q$, ... etc. De modo geral, escrevemos: $a_{n+1} = a_n \cdot q$, $\forall n \in \mathbb{N}^*$ e $q \in \mathbb{R}$.

Em uma P.G., a razão q é igual ao quociente entre qualquer termo, a partir do segundo, e o anterior.

$$(4, 8, 16, 32, 64)$$
$$q = \frac{8}{4} = \frac{16}{8} = \frac{32}{16} = \frac{64}{32} = 2$$
$$(6, -18, 54, -162)$$
$$q = \frac{186}{6} = \frac{54}{-18} = \frac{-162}{54} = -3$$

Assim, podemos escrever:

$$\frac{a_2}{a_1} = \frac{a_3}{a_2} = ... = \frac{a_{n+1}}{a_n} = q,$$ sendo q a razão da P.G.

Podemos classificar uma P.G. como:

Crescente:

Quando $a_1 > 0$ e $q > 1$

| $(2, 6, 18, 54, ...)$ é uma P.G. crescente com $a_1 = 2$ e $q = 3$

Quando $a_1 < 0$ e $0 < q < 1$

| $(-40, -20, -10, ...)$ é uma P.G. crescente com $a_1 = -40$ e $q = 1/2$

Decrescente:

Quando $a_1 > 0$ e $0 < q < 1$

| $(256, 64, 16, ...)$ é uma P.G. decrescente com $a_1 = 256$ e $q = 1/4$

Quando $a_1 < 0$ e $q > 1$

| $(-2, -10, -50, ...)$ é uma P.G. decrescente com $a_1 = -2$ e $q = 5$

Constante:

Quando $q = 1$

| $(3, 3, 3, 3, 3, ...)$ é uma P.G. constante com $a_1 = 3$ e $q = 1$

Alternada:

Quando $q < 0$

| $(2, -6, 18, -54)$ é uma P.G. alternada com $a_1 = 2$ e $q = -3$

A fórmula do termo geral de uma P.G. nos permite encontrar qualquer termo da progressão.

$$a_n = a_1 \cdot q^{n-1}$$

Propriedades:

P_1. Em toda P.G. finita, o produto de dois termos equidistantes dos extremos é igual ao produto dos extremos.

$$1 \quad 3 \quad 9 \quad 27 \quad 81 \quad 243$$
$$9 \cdot 27 = 243$$
$$3 \cdot 81 = 243$$
$$1 \cdot 243 = 243$$

Dois termos são equidistantes quando a distância de um deles para o primeiro termo P.G. é igual a distância do outro para o último termo da P.G.

P_2. Uma sequência de três termos, em que o primeiro é diferente de zero, é uma P.G., e sendo o quadrado do termo médio igual ao produto dos outros dois, isto é, $a \neq 0$.

| (a, b, c) é P.G. $\Leftrightarrow b^2 = ac$
| $(2, 4, 8) \Leftrightarrow 4^2 = 2 \cdot 8 = 16$

P_3. Em uma P.G. com número ímpar de termos, o quadrado do termo médio é igual ao produto dos extremos.

| $(2, 4, 8, 16, 32, 64, 128, 256, 512)$, temos que $32^2 = 2 \cdot 512 = 1.024$.

P_4. Soma dos n primeiros termos de uma P.G.: $S_n = \dfrac{a_1 (q^n - 1)}{q - 1}$

P_5. Soma dos termos de uma P.G. infinita:

$$\left| \begin{array}{l} S_\infty = \dfrac{a_1}{q - 1}, \text{ se } -1 < q < 1 \\ 1 - q \end{array} \right.$$

- $S_\infty = +\infty$, se $q > 1$ e $a_1 > 0$
- $S_\infty = -\infty$, se $q > 1$ e $a_1 < 0$

10.4.1 Interpolação geométrica

Interpolar significa inserir termos, ou seja, interpolação geométrica é a colocação de termos entre os extremos de uma P.G. Consiste basicamente em descobrir o valor da razão da P.G. e inserir esses termos.

Utiliza-se a fórmula do termo geral para a resolução das questões, em que **n** será igual a **p + 2**, cujo **p** é a quantidade de termos que se quer interpolar.

Insira 4 termos em uma P.G. que começa com 2 e termina com 2.048.

$a_1 = 2$; $a_n = 2.048$; $p = 4$ e $n = 4 + 2 = 6$
$a_n = a_1 \cdot q^{(n-1)}$
$2.048 = 2 \cdot q^{(6-1)}$
$2.048 = 2 \cdot q^5$
$q^5 = \dfrac{2.048}{2}$
$q^5 = 1.024 \ (1.024 = 4^5)$
$q^5 = 4^5$
$q = 4$
P.G. $(2, \mathbf{8}, \mathbf{32}, \mathbf{128}, \mathbf{512}, 2.048)$.

10.4.2 Produto dos termos de uma P.G.

Para o cálculo do produto dos termos de uma P.G., usar a seguinte fórmula:

$$P_n = \sqrt{(a_1 \cdot a_n)^n}$$

Qual o produto dos termos da P.G. $(5, 10, 20, 40, 80, 160)$?
$a_1 = 5$; $a_n = 160$; $n = 6$
$P_n = \sqrt{(a_1 \cdot a_n)^n}$
$P_n = \sqrt{(5 \cdot 160)^6}$
$P_n = (5 \cdot 160)^3$
$P_n = (800)^3$
$P_n = 512.000.000$

ATUALIDADES DO MERCADO FINANCEIRO

1 FINTECHS DE CRÉDITO E BANCOS DIGITAIS

O ingresso de novas instituições financeiras no Sistema Financeiro Nacional (SFN) tem o potencial de trazer uma contribuição positiva à economia. "Há a expectativa de que as fintechs de crédito e os bancos digitais aumentem a concorrência no sistema, por meio da expansão da oferta de produtos e serviços devido ao uso de recursos tecnológicos mais avançados e especializados. Adicionalmente, espera-se que elas estimulem as instituições tradicionais a aprimorarem seus processos de funcionamento e a se estabelecerem em novos nichos de negócio e segmentos de mercado."[1] Também é esperado que eventuais parcerias e compartilhamento de atividades e custos com as instituições tradicionais proporcionem ganhos à sociedade.

1.1 Fintechs de crédito

As Sociedades de Crédito Direto (SCDs) e as Sociedades de Empréstimo entre Pessoas (SEPs) compõem o primeiro tipo de licenciamento no SFN específico para os modelos de negócio com base em tecnologia inovadora e atuação exclusivamente digital. Antes da prerrogativa de integrarem o sistema financeiro por meio de autorização específica, muitas fintechs de crédito atuavam como correspondentes de instituições financeiras, mas com características diferenciadas em termos de tecnologia, experiência proporcionada ao cliente e relacionamento contratual com o parceiro.

"Atualmente, algumas fintechs ainda funcionam sob esse modelo de negócio, presumindo-se que o consideram mais vantajoso em termos de custos de funcionamento e gestão de riscos.

As normas para autorização e funcionamento das SCDs e SEPs apresentam diversas inovações em relação às demais instituições financeiras, dentre as quais destacam-se:

I. limite mínimo de R$ 1 milhão de capital social e patrimônio líquido, valor sensivelmente mais baixo do que o exigido das demais instituições autorizadas a funcionar pelo BCB;

II. possibilidade de participação direta de fundos de investimento no grupo de controle;

III. processo de autorização mais simples, com proposta de negócio no formato de Justificativa Fundamentada e dispensa de entrevista técnica e inspeção pré-operacional, sendo a autorização concedida simultaneamente para se constituir e entrar em funcionamento;

IV. opção pelo enquadramento no segmento S5 (enquadramento inicial de cada instituição em funcionamento, nos termos do artigo 10 da Resolução nº 4.553, de 30 de janeiro de 2017), que possui regime de regulação mais simplificado e menos oneroso dentre os cinco níveis admitidos às instituições financeiras."

1.2 Bancos digitais

O processo de digitalização dos serviços bancários surgiu da necessidade de desburocratização dos processos dos grandes bancos, o que resultou no aprimoramento da experiência do cliente, que teve acesso a mais segurança, transparência e agilidade em suas operações. Para lidar com esse movimento de digitalização bancária, os bancos têm buscado o desenvolvimento de capacidades organizacionais internas ou parcerias com empresas de tecnologia. "O fenômeno da digitalização bancária engloba, em menor ou maior grau, todas as instituições financeiras, incluindo os maiores conglomerados bancários, que já estão em processo de migração integral para o ambiente digital e têm estimulado a migração dos clientes para esse canal de atendimento."

Atualmente, não há regime de autorização e funcionamento específico para bancos digitais, que devem se enquadrar às normas aplicáveis aos demais bancos para fins de autorização. No entanto, segundo informações do Banco Central, algumas instituições financeiras vêm adotando modelos de negócio exclusivamente digitais, optando pela não abertura de agências ou postos de atendimento físicos. Normalmente, esses bancos oferecem abertura de conta simplificada, dispensa ou valor mais baixo de tarifas, maior transparência, melhor experiência do cliente e integração com outros serviços financeiros de natureza complementar ou até serviços não financeiros. Essa estratégia tem sido adotada tanto por grupos empresariais novos, adquirindo uma instituição financeira já autorizada ou entrando com o processo de autorização de uma nova instituição financeira, quanto por conglomerados financeiros já consolidados, que visam a uma maior inserção nesse nicho de mercado de negócio digital.

Os bancos digitais chegaram para disputar um lugar no mercado de serviços bancários, com forte apelo mercadológico com base em promessa de baixos custos de tarifas e serviços e acesso simplificado. Mas ainda encontram dificuldades para oferecer preços competitivos em determinados serviços, como o saque em terminais de autoatendimento, em razão do acesso diferenciado a estruturas de mercado controladas por outros bancos.

2 MOBILE BANK

Por meio Mobile banking refere-se à disposição e vantagem dos serviços da operação bancária e financeiros com a ajuda dos dispositivos móveis da telecomunicação. Mobile bank são ferramentas que disponibilizam alguns serviços tipicamente bancários por meio de dispositivos móveis, como um celular.

1, 2, 3   Disponível em: https://www.bcb.gov.br/conteudo/relatorioinflacao/EstudosEspeciais/EE089_Fintechs_de_credito_e_bancos_digitais.pdf. Acesso em: 22 jul. 2021.

3 OPEN BANKING

Open Banking (banco aberto), sistema bancário aberto ou partilhamento de dados bancários pessoais, é um termo da área de serviços financeiros, relativo a um conjunto de regras sobre o uso e compartilhamento de dados e informações financeiras entre instituições, que consiste em:

- uso de I.P.A.s (Interface de Programação de Aplicações) abertas, que permitem a outros desenvolvedores a criação de aplicações e serviços à volta de uma instituição financeira;
- mais opções de transparência financeira para os correntistas, de dados abertos a dados privativos (por exemplo, os correntistas poderão aprovar que instituições terceiras tenham acesso a seus dados bancários e, com isso, pode-se concentrar toda a gestão das finanças num único aplicativo, site ou plataforma);
- uso da técnica de código aberto para alcançar os objtivos supracitados;
- o banco aberto, como conceito, poderia ser considerado uma subespécie do conceito de inovação aberta. Ele está ligado a mudanças nas atitudes em relação à questão da propriedade de dados, tratada por regulamentos, como o Regulamento Geral sobre a Proteção de Dados (RGPD), e conceitos como o movimento Dados Abertos.

3.1 Implementação do Open Banking no Brasil

O Banco Central do Brasil (BCB) deu início ao processo de implementação do Open Banking no País com objetivo de aumentar a eficiência e a competição no Sistema Financeiro Nacional (SFN), mediante a promoção de ambiente de negócio mais inclusivo e competitivo, de modo a preservar sua segurança e a proteção dos consumidores, além de abrir espaço para a atuação de novas empresas do setor.

Publicado em abril de 2019, o Comunicado nº 33.455 estabelece as principais diretrizes que orientarão a proposta de regulamentação do modelo a ser adotado no Brasil.

Em linha com a recém-aprovada Lei de Proteção de Dados Pessoais, o Open Banking parte do princípio de que os dados bancários pertencem aos clientes e não às instituições financeiras. Assim, desde que autorizadas pelo correntista, as instituições financeiras compartilharão dados, produtos e serviços com outras instituições, por meio de abertura e integração de plataformas e infraestruturas de tecnologia, de forma segura, ágil e conveniente.

Os requisitos estabelecidos pelo Banco Central indicam que deverão ser compartilhadas, inicialmente, as seguintes informações e serviços:[1]

I - dados relativos aos produtos e serviços oferecidos pelas instituições participantes (localização de pontos de atendimento, características de produtos, termos e condições contratuais e custos financeiros, entre outros);

II - dados cadastrais dos clientes (nome, filiação, endereço, entre outros);

III - dados transacionais dos clientes (dados relativos a contas de depósito, a operações de crédito, a demais produtos e serviços contratados pelos clientes, entre outros); e

IV - serviços de pagamento (inicialização de pagamento, transferências de fundos, pagamentos de produtos e serviços, entre outros).

Como funciona?

Por meio do Open Banking, clientes bancários poderiam, visualizar em um único aplicativo o extrato consolidado de todas as suas contas bancárias e investimentos. Também será possível, pelo mesmo aplicativo, realizar uma transferência de recursos ou um pagamento, sem a necessidade de acessar diretamente o site ou aplicativo do banco.

3.2 Computação cognitiva no setor bancário

A computação cognitiva (CC) é a utilização da inteligência computacional (IC) para auxiliar na tomada de decisão humana, caracterizada por capacidades não-supervisionadas de aprendizado e interação em tempo real. Amparada na IA e no processamento de sinais, os sistemas de CC abrangem aprendizado de máquina (learning machine), inferência automatizada, processamento de linguagem natural e reconhecimento de fala, visão computacional (reconhecimento de objetos).

Características gerais

O termo diz respeito a hardware ou software inspirado no cérebro humano (um traço de computação natural característico da IC) para suporte à tomada de decisão realizada por humanos. Nesse sentido, a CC se aproxima especialmente da cognição humana, sendo modelada pelo comportamento humano a partir de estímulos potencialmente também utilizados por humanos (processamento de espectro audível e visível). As aplicações reúnem análise de dados com interfaces adaptativas de usuário (adaptive user interface, AUI) para especialização em audiências e contextos, e buscam afetividade e influência por projeto (design).

Algumas características de CCs

- **Adaptação:** aprendizado on-line com dados (de sensores) e modelos (objetivo, requisitos), potencialmente em tempo real.
- **Interatividade:** conforto e facilidade para o usuário. Podem interagir com sensores e outros dispositivos, serviços em nuvem e outras pessoas.
- **Iteratividade e persistência:** podem iterativamente realizar buscas perante interação com o usuário ou outro sistema.
- **Considera contexto:** identificam e extraem elementos contextuais, como significado, sintaxe, tempo, localização etc., potencialmente via dados ligados à web semância. Podem recorrer a múltiplas fontes de informação, incluindo estruturada (Resource Description Framework - RDF) e não estruturada (input visual/luz e auditivo/som, texto e hipertexto).

Fonte: IBM Research: Cognitive Computing.

---

[1] Disponível em: https://www.in.gov.br/en/web/dou/-/comunicado-n%C2%BA33.455-de-24-de-abril-de-2019-85378506. Acesso em: 22 jul. 2021.

4 NOVOS MODELOS DE NEGÓCIO

Com a transformação do mercado e digital, muitos modelos de negócios também mudaram. Podemos citar como responsáveis por essa demanda as quantidades massivas de poder computacional acessível, a proliferação de dispositivos conectados à internet, a Inteligência Artificial (IA), a Internet das Coisas (IoT) e a disponibilidade em compartilhar aplicativos.

Assim, é natural que exista uma transformação no mercado, bem como surjam novos modelos e oportunidades de negócio.

A seguir, apresentaremos alguns dos novos modelos de negócio que têm gerado diversas oportunidades para as empresas.

4.2.0.1 Modelo freemium

Essa modalidade de negócio visa oferecer um produto gratuito (free), mas cobrar para que determinados recursos sejam liberados. Isso é muito comum em jogos, que cobram para "liberar" certos personagens e avatares. No caso dos aplicativos de música como o Spotify, por exemplo, esse modelo permite que o usuário ouça músicas e tenha algumas configurações predeterminadas, mas quando ele adere ao pacote premium, o app permite que se faça download de músicas, crie playlists, entre outras funcionalidades que não estão disponíveis versão gratuita.

O objetivo do modelo freemium é conquistar o cliente com o produto em sua versão básica - uma espécie de amostra grátis - e fazê-lo comprar novos recursos ou fazer uma assinatura (mensal ou anual) do serviço oferecido.

4.2.0.2 Modelo on demand

O foco do modelo *on demand* está na personalização. O objetivo é oferecer meios para que os compradores montem seu próprio produto ou pacote de serviços, cabendo à empresa achar a solução adequada ao problema com um preço justo.

Como os produtos só são desenvolvidos após o pedido, um dos diferenciais desse modelo de negócios é a supressão ou diminuição do estoque, ou seja, menos riscos de encalhe e aumento de custos.

4.2.0.3 Modelo marketplace

No modelo marketplace, assim como ocorre com os tradicionais classificados, qualquer pessoa física ou jurídica pode publicar anúncios referentes a um produto ou serviço e, pela infraestrutura tecnológica e pelo uso da plataforma, pagar uma pequena taxa por transação ou para ampliar a visibilidade do anúncio.

4.2.0.4 Modelo de ecossistema

Esse é o modelo utilizado por duas das maiores empresas do mundo, Google e Apple. O que elas fazem é criar um vasto conjunto de produtos e serviços que, embora funcionem de forma independente, podem ser mais bem aproveitados quando utilizados em conjunto, como os aplicativos Gmail, Hangouts e Meets, do Google, ou icloud e Facetime, da Apple.

4.2.0.5 Impactos

O impacto dos novos modelos de negócios se deve, basicamente, a dois grandes fatores: novas formas de produção e nova cultura de consumo.

O modo de fazer negócios que perdurou por todo o século XX é embasado em uma lógica industrial. "Isso significa que as empresas precisam desenvolver produtos e vendê-los a um preço justo o suficiente para bancar seus custos e ainda gerar lucro. O problema é que esse tipo de modelo é muito pouco escalável: para uma montadora de veículos se tornar uma potência mundial, ela precisa de uma enorme quantidade de fábricas, insumos e funcionários, além de tudo mais que se espera de uma indústria tradicional e multinacional.

Várias fintechs, por sua vez, conseguem ampliar sua rede de clientes sem abrir uma única agência, uma vez que todos os serviços tradicionais de um banco (como liberação de crédito) podem ser feitos via aplicativo de celular.

5 SHADOW BANKING (SISTEMAS DE BANCOS-SOMBRA)

O shadow banking, ou "sistema de bancos-sombra", é um conjunto de operações e intermediários financeiros que fornecem crédito em todo o sistema financeiro global de forma "informal". Ou seja, são as atividades paralelas ao sistema bancário, em queinstituições ou agentes realizam financiamentos sem nenhuma regulação.

Entre os principais intermediários não-regulamentados que podem fazer parte do *shadow banking* estão:

- bancos de investimento;
- fundos de hedge;
- operações com derivativos e títulos securitizados;
- fundos do mercado monetário;
- companhias de seguros;
- fundos de capital privado;
- fundos de direitos creditórios;
- factorings e fomentadoras mercantis;
- empréstimos descentralizados (peer-to-peer lending).

6 CRIPTOMOEDAS

Criptomoeda é um tipo de dinheiro – como outras moedas com as quais convivemos cotidianamente – com a diferença de ser totalmente digital. Ela não é emitida por nenhum governo (como é o caso do real ou do dólar, por exemplo).

Ulrich (2014) faz uma analogia bem simples: "O que o e-mail fez com a informação, o Bitcoin fará com o dinheiro"[1]. Antes da internet, as pessoas dependiam dos Correios para enviar uma mensagem a quem estivesse em outro lugar. Era preciso um intermediário para entregá-la fisicamente – algo inimaginável para quem tem acesso a e-mail e outros serviços de mensageria.

Algo semelhante acontecerá com as moedas virtuais no futuro. "Com o Bitcoin", você pode transferir fundos de A para B em qualquer parte do mundo sem jamais precisar confiar em um terceiro para essa simples tarefa", explica Ulrich.

Embora o Bitcoin seja a moeda digital mais conhecida, o conceito de criptomoeda é anterior a ele. Segundo o site Bitcoin.org, as criptomoedas foram descritas pela primeira vez em 1998 por Wei Dai, que sugeriu usar a criptografia para controlar a emissão e as transações realizadas com um novo tipo de dinheiro. Isso dispensaria a necessidade da existência de uma autoridade central, como acontece com as moedas convencionais.

Para que servem?

As criptomoedas podem ser usadas com as mesmas finalidades do dinheiro físico em si. As três principais funções são:

I. servir como meio de troca, facilitando as transações comerciais;

II. reserva de valor, para a preservação do poder de compra no futuro;

III. e ainda como unidade de conta, quando os produtos são precificados e o cálculo econômico é realizado em função dela.

Na visão de Ulrich, "moedas como o Bitcoin ainda não adquiriram o status de unidade de conta, em função da grande volatilidade a que seus preços estão sujeitos por enquanto".

6.1 O que é mineração?

Para entender o que é mineração, é preciso saber que as moedas digitais representam um código complexo que não pode ser alterado. As transações realizadas com elas são protegidas por criptografia.

Como não há uma autoridade central que acompanhe tais transações, elas precisam ser registradas e validadas uma a uma por um grupo de pessoas, que usam seus computadores para gravá-las no chamado blockchain.

O blockchain é um enorme registro de transações. Segundo Ulrich (2014), trata-se de um "banco de dados público onde consta o histórico de todas as operações realizadas com cada unidade de Bitcoin". Cada nova transação – uma transferência entre duas pessoas, por exemplo – é verificada, para assegurar que os mesmos Bitcoins não tenham sido previamente usados por outra pessoa.

Quem registra as transações no blockchain são os chamados mineradores. Eles oferecem a capacidade de processamento dos seus computadores para realizar esses registros e conferir as operações feitas com as moedas; em troca, são remunerados com novas unidades delas. Bitcoins são criados conforme os milhares de computadores que formam essa rede conseguem resolver problemas matemáticos complexos que verificam a validade das transações incluídas no blockchain.

A mineração representa a criação de novas unidades de alguns tipos de moedas digitais. Se mais computadores passam a ser usados para aumentar a capacidade de processamento voltada à mineração,

os problemas matemáticos que precisam ser resolvidos se tornam mais difíceis. Isso acontece exatamente para limitar o processo de mineração.

"O Bitcoin foi projetado de modo a reproduzir a extração de ouro ou outro metal precioso da Terra: somente um número limitado e previamente conhecido de bitcoins poderá ser minerado", explica Ulrich (2014).

Como funciona a variação de preço?

Basicamente, o preço das moedas digitais varia segundo a lei da oferta e da demanda. Nas épocas em que as criptomoedas ganham mais atenção, é normal que elas sejam mais procuradas pelos investidores, o que amplia o volume de compras – e, consequentemente, os preços tendem a subir.

"Há somente um número limitado de Bitcoins em circulação e novos são criados em uma taxa previsível e decrescente, o que significa que a demanda deva seguir este nível para manter seu preço estável", explica o site Bitcoin.org.

Por ser um mercado ainda limitado, poucas operações com criptomoedas são capazes de causar impacto relevante nas cotações. Em um período de apenas três meses em 2017, por exemplo, o preço do Bitcoin saltou de cerca de US$ 4.370 para US$ 13.800. Pouco mais de um ano depois, já havia recuado novamente para US$ 3.500. Em 2020, o bitcoin foi um dos investimentos que mais se valorizaram , saltando de US$ 7.300 para US$ 29.433, uma alta de 303%. Já em 2021, ocorreu um acumulado de com apenas 0,59% e caiu abaixo de 30 mil dólares, mostrando preocupações aos investidores. As cotações, como se vê, podem ser bastante voláteis.

6.2 Principais criptomoedas

Existe uma variedade de outros tipos, com características distintas. Conheça as principais criptomoedas disponíveis no mercado.

Bitcoin

Bitcoin (BTC) é a mais conhecida das moedas digitais. É o primeiro sistema de pagamentos global totalmente descentralizado. Foi desenhado em 2008, em meio à crise financeira global iniciada no mercado norte-americano de hipotecas, com o objetivo de substituir o dinheiro de papel, além de eliminar a necessidade da presença de bancos para intermediar operações financeiras.

A primeira especificação do Bitcoin foi publicada em um artigo assinado por Satoshi Nakamoto, pseudônimo de um programador (ou grupo de programadores) até hoje não identificado. Ele desenvolveu a lógica de funcionamento do blockchain, sistema que possibilitou a existência do Bitcoin.

No artigo, Nakamoto estabeleceu que haverá no máximo 21 milhões de Bitcoins em circulação. Estima-se que a última moeda será minerada no ano de 2140.

Bitcoin Cash

O Bitcoin Cash (BCH) é uma nova versão do Bitcoin original, criada em agosto de 2017. Ela foi desenvolvida em uma tentativa de aperfeiçoar a primeira moeda, que conta com taxas consideradas elevadas e demanda muito tempo de processamento de cada operação.

"O BCH possui limite de tamanho de bloco de 8 MB, bem maior que o de 1 MB do Bitcoin original. Com isso, as confirmações das transações podem acontecer de maneira mais rápida e também com

---

1 ULRICH, F. Bitcoin: a moeda na era digital. São Paulo: LVM, 2014.

taxas mais baixas. Isso garante a ela uma escala ainda maior que a da sua predecessora."2

Quem tinha Bitcoins recebeu em suas carteiras a mesma quantidade de Bitcoin Cash quando esta foi criada. As regras de funcionamento são semelhantes às do ativo original, também com um limite de 21 milhões de moedas.

Ethereum

Existem algumas semelhanças, mas também diferenças, entre o Bitcoin e o Ethereum (ETH). A moeda digital original, na verdade, chamava-se Ether. Em 2016, no entanto, um hacker encontrou uma falha no sistema e, a partir dela, conseguiu roubar o equivalente a US$ 50 milhões em Ether. Diante de dúvidas sobre o que seria do futuro da moeda, a comunidade que a mantinha optou por criar uma nova rede.

O Ether original passou a ser chamado de Ethereum Classic, e a moeda que começou a circular na nova rede ganhou o nome de Ethereum. Com o apoio da comunidade, ela vale mais do que a sua primeira versão.

"Originalmente, o Ether não foi criado para ser uma moeda digital como o Bitcoin. A ideia era que se tornasse um ativo para recompensar os desenvolvedores pelo uso da plataforma Ethereum em seus projetos. Trata-se de uma plataforma descentralizada utilizada para executar "contratos inteligentes", que são operações realizadas automaticamente quando certas condições são cumpridas."3

O blockchain também é a base para a validação das transações com Ethereum, para garantir a segurança e ainda evitar fraudes. Assim como no caso do Bitcoin, a criação de novas moedas também se baseia no processo de mineração. Hoje, o Ethereum está entre as criptomoedas mais negociadas do mundo.

Tether

O Tether (USDT), lançado em 2014 por uma empresa de mesmo nome, é uma stablecoin (classe diferenciada dentre os tipos de moeda digital a qual tem como objetivo primário oferecer menor volatilidade de preços por ser atrelada a um, ou mais ativos de reserva), porque tem lastro em uma moeda física. A proposta dessa criptomoeda é manter paridade com o dólar americano. Ou seja, para cada Tether emitido é preciso haver um dólar equivalente em caixa.

Desde a sua criação, no entanto, especialistas questionam a paridade, já que a empresa não oferecia transparência sobre como fazia para segui-la. "Em 2019, foi anunciado que nem todo Tether está realmente lastreado em um dólar. Segundo a empresa, 100% deles são garantidos, mas não apenas por moeda tradicional, como também por equivalentes de caixa e outros ativos ou recebíveis de empréstimos feitos pela Tether a terceiros."4

A característica do Tether é ser uma moeda estável, que representa moedas físicas no mundo digital. Devido à menor volatilidade, ele se tornou uma boa opção para realizar transferências entre sistemas e com diferentes criptomoedas. Assim, investidores se protegem das variações de preço de outros ativos e evitam o risco de ter perdas significativas durante essas operações.

O Tether é predominantemente negociado na Bitfinex, uma grande bolsa de criptomoedas, que tem acionistas e executivos em comum com a Tether (a empresa controladora da moeda). Embora possua algumas vantagens em relação a outros ativos digitais, já esteve envolvido em grandes polêmicas.

Ripple

O Ripple (XRP) é um protocolo de pagamento distribuído criado em 2011, e a moeda desse sistema é a XRP. Uma característica da plataforma Ripple é suportar na sua rede outros tokens representando moedas tradicionais e até outros bens. A ideia é que o sistema permita realizar pagamentos seguros e instantâneos.

O Ripple foi criado em 2012. "Não se trata apenas de uma moeda, mas de um sistema em que qualquer moeda – incluindo a criptomoeda mais conhecida, o Bitcoin – possa ser negociada. Em certa medida, o funcionamento Ripple se assemelha em algum grau ao dos bancos, por aceitar vários ativos e facilitar a realização das transações."5

Justamente por isso, o Ripple vai na contramão do discurso sobre as moedas digitais em geral, que têm como ideal a não dependência do sistema financeiro tradicional para realizar operações. Outra característica diferente do sistema é que não há um processo de mineração, como no caso do Bitcoin e do Ethereum.

Litecoin

O Litecoin (LTC) foi criado em 2011 e tem muitas características semelhantes ao Bitcoin. A principal diferença está no processo de mineração, que busca reduzir o tempo necessário para confirmar transações feitas com a moeda. A intenção é de que seja mais fácil para qualquer pessoa participar do processo de criação de novos Litecoins.

Por conta do processamento mais rápido de transações, o LTC é considerado uma alternativa melhor para a realização de operações no dia a dia. O Bitcoin, por sua vez, funcionaria melhor como uma reserva de valor. O Litecoin foi projetado para produzir mais unidades, com um limite de 84 milhões de moedas, contra 21 milhões do Bitcoin.

2, 3, 4, 5   Disponível em: https://www.infomoney.com.br/guias/criptomoedas/. Acesso em: 22 jul. 2021.

7 MARKETPLACE

Marketplace é uma espécie de shopping center virtual. É considerado vantajoso para o consumidor, pois reúne diversas marcas e lojas em um só lugar, facilitando a procura pelo melhor produto e pelo melhor preço.

Nos últimos anos, grandes lojas – como Americanas, Shoptime, Mercado Livre e Magazine Luiza – abriram seus espaços virtuais para outros comerciantes, para que estes divulguem e vendam seus produtos, em troca de uma porcentagem sobre os seus lucros.

O site da loja "oficial" é a porta de entrada e, uma vez gerando confiança ao consumidor, ganha-se credibilidade no mercado. Com isso, subentende-se que todos os produtos nele comercializados são de confiança e qualidade. Dessa forma, o investimento em divulgação ou na abertura de uma e-commerce é menor, mas consegue gerar aumento nas vendas.

Fazer parte desse tipo de negócio, no entanto, pode ter suas desvantagens, uma vez que a marca e a loja terão menos relevância na venda, pois é o nome do site que terá mais evidência. Além disso, mostra uma dependência de uma marca maior. Se um marketplace decidir encerrar suas atividades, todas as marcas envolvidas perderão seu canal de venda. O aumento de taxas, porcentagens sobre vendas ou comissões também podem pesar. Se uma loja funciona somente por meio desse canal, ela será obrigada a se enquadrar nessa situação, como a variação e aumento de custos.

A
T
M
F

8 CORRESPONDENTE BANCÁRIO

Correspondente bancário é a empresa contratada por instituições financeiras e demais instituições autorizadas pelo Banco Central para a prestação de serviços de atendimento aos clientes e usuários dessas instituições. Trata-se de uma empresa não bancária (Pessoa Jurídica - PJ), que faz intermediações financeiras entre empresa e clientes, realizando operações em nome de um banco e que podem estar conveniadas a mais de uma companhia, facilitando serviços bancários, como créditos e pagamentos para a maior parte da população, levando as instituições a locais em que não há agência dos principais bancos, por exemplo. Os mais conhecidos são as lotéricas e os bancos postais (Correios).

Seus objetivos são:

- recebimentos e pagamentos de contas de qualquer natureza;
- recepção e encaminhamento de propostas de abertura de contas de depósitos à vista e a prazo;
- coleta de informações cadastrais e análise de crédito;
- serviços de cobranças;
- ordens de pagamento;
- solicitação de empréstimos pessoais, empresariais e financiamentos;
- solicitação de cartão de crédito e débito para trabalhadores e aposentados;
- realização de recebimentos, pagamentos e transferências eletrônicas visando à movimentação de contas de depósitos de titularidade de clientes mantidas pela instituição contratante;
- aplicação e resgate em fundo de investimento;
- realização de operações de câmbio de responsabilidade da instituição contratante.

O correspondente bancário facilita o acesso a inúmeras operações, mas segundo a lei, estão proibidas de:

- cobrar pagamento adiantado;
- impor tarifas sobre o serviço de intermediação prestado;
- liberar empréstimo sem ter parceria com um banco.

9 ARRANJOS DE PAGAMENTO

Um arranjo de pagamento é o conjunto de regras e procedimentos que disciplina a prestação de determinado serviço de pagamento ao público. Segundo o Banco Central do Brasil, "as regras do arranjo facilitam as transações financeiras que usam dinheiro eletrônico. Diferentemente da compra com dinheiro vivo entre duas pessoas que se conhecem, o arranjo conecta todas as pessoas que a ele aderem".[1]

Tais arranjos podem se referir, por exemplo, aos procedimentos utilizados por alguém para realizar compras com cartões de crédito, débito e pré-pago, em moeda nacional ou estrangeira. Os serviços de transferência e remessas de recursos também são arranjos de pagamentos.

As pessoas jurídicas não financeiras que executam os serviços de pagamento no arranjo são chamadas de instituições de pagamento e são responsáveis pelo relacionamento com os usuários finais do serviço. Instituições financeiras também podem operar com pagamentos.

Alguns tipos de arranjo de pagamentos não estão sujeitos à regulação do Banco Central, como os cartões *private label* – emitidos por grandes varejistas e que só podem ser usados no estabelecimento que o emitiu ou em redes conveniadas. Também não são sujeitos à supervisão do BC os arranjos para pagamento de serviços públicos (como provisão de água, energia elétrica e gás) ou carregamento de cartões pré-pagos de bilhete de transporte. Incluem-se nessa categoria, ainda, os cartões de vale-refeição e vale-alimentação.[2]

A legislação proíbe que instituições de pagamento prestem serviços privativos de instituições financeiras, como a concessão de empréstimos e financiamentos ou a disponibilização de conta bancária e de poupança.

1, 2   Disponível em: https://www.bcb.gov.br/nor/relcidfin/docs/art3_servicos_pagamento_eletronico_no_brasil.pdf. Acesso em: 22 jul. 2021.

10 PIX

Pix é o pagamento instantâneo brasileiro. Criado pelo Banco Central, esse meio de pagamento permite que os recursos sejam transferidos entre contas em poucos segundos, a qualquer hora ou dia. É prático, rápido e seguro. O Pix pode ser realizado a partir de uma conta corrente, conta poupança ou conta de pagamento pré-paga.

Além de aumentar a velocidade em que pagamentos ou transferências são feitos e recebidos, o Pix tem o potencial de:[1]

- alavancar a competitividade e a eficiência do mercado;
- baixar o custo, aumentar a segurança e aprimorar a experiência dos clientes;
- incentivar a eletronização do mercado de pagamentos de varejo;
- promover a inclusão financeira; e
- preencher uma série de lacunas existentes na cesta de instrumentos de pagamentos disponíveis atualmente à população.

10.1 Diferença entre Pix e outros meios de transferência e de pagamento

O Pix foi um método criado para ser um meio de pagamento bastante amplo. As formas de pagamento e as transferências bancárias mais conhecidas eram os TED, DOC, cartão, boleto etc. e agora poderá ser feito com o Pix, simplesmente com o uso do aparelho celular.

As transferências tradicionais no Brasil são entre contas da mesma instituição (transferência simples) ou entre contas de instituições diferentes (TED e DOC). O Pix é mais uma opção disponível à população que convive com os tipos tradicionais. "A diferença é que, com o Pix, não é necessário saber onde a outra pessoa tem conta. Você realiza a transferência a partir, por exemplo, de um telefone na sua lista de contatos, usando a Chave Pix. Outra diferença é que o Pix não tem limite de horário, nem de dia da semana e os recursos são disponibilizados ao recebedor em poucos segundos. O Pix funciona 24 horas, 7 dias por semana, entre quaisquer bancos, de banco para fintech, de fintech para instituição de pagamento, entre outros."[2]

As transações de pagamento por meio de boleto exigem a leitura de código de barras, enquanto o Pix pode fazer a leitura de um QR Code. A diferença é que, no Pix, a liquidação é em tempo real; o pagador e o recebedor são notificados a respeito da conclusão da transação e o pagamento pode ser feito em qualquer dia e horário.

As transações de pagamento utilizando cartão de débito exigem uso de maquininhas ou instrumento similar. Com Pix, as transações podem ser iniciadas por meio do telefone celular, sem a necessidade de qualquer outro instrumento.

---

1 Disponível em: https://www.gov.br/pt-br/noticias/financas-impostos-e-gestao-publica/2020/11/pix-e-lancado-oficialmente-e-esta-disponivel-para-todos-os-clientes-das-734-instituicoes-cadastradas. Acesso em: 22 jul. 2021.

2 Disponível em: https://www.bcb.gov.br/estabilidadefinanceira/pix. Acesso em: 22 jul. 2021.

11 BANCOS NA ERA DIGITAL

11.1 Internet Banking

Banco internético (do inglês Internet banking), e-banking, banco online, online banking, às vezes também banco virtual, banco eletrônico ou banco doméstico (do inglês home banking), são termos utilizados para caracterizar transações, pagamentos e outras operações financeiras e de dados pela Internet por meio de uma página segura de banco. Isto é bastante útil, especialmente para utilizar os serviços do banco fora do horário de atendimento ou de qualquer lugar onde haja acesso à Internet. Na maioria dos casos, um navegador como o Internet Explorer ou o Mozilla Firefox são utilizados e qualquer conexão à Internet é suficiente. Não é necessário nenhum software ou hardware adicional.

É o ambiente bancário na internet, praticamente todos os bancos possuem um site onde o correntista consegue realizar diversas transações bancárias sem depender da agência. O internet banking permite o uso da tecnologia para consulta de saldo, extrato, transferências, pagamentos, etc, já é possível fazer praticamente tudo pela internet. Devido ao crescimento dessa tecnologia muitos clientes nunca foram na agência bancária de relacionamento, hoje em dia.

O que é possível fazer no Internet Banking:
- Pagamentos (contas e boletos)
- Transferências entre contas da própria instituição
- Transferência via TED ou DOC para qualquer banco
- Licenciamento de veículos e pagamento de multas (depende do banco)
- Recarga de celular → Transferência Internacional
- Aplicação em investimentos
- Resgate de aplicações
- Consulta de saldo e extrato
- Solicitação de produtos e serviços financeiros (cartão de crédito, empréstimo, cheques, etc.)
- Entre várias outras transações

11.1.1 Dicas de Segurança para Utilizar o Internet Banking

Abaixo lista-se algumas dicas para que utilize o Internet Banking do seu banco com segurança:
- Confira sempre a URL (endereço) do site do Banco;
- Cadeado verde;
- Nunca digite mais de uma chave de segurança em uma única transação;
- Tenha um antivírus no computador sempre atualizado;
- Nunca clique em links de e-mails de pessoas que você não confia;
- A maioria dos bancos nunca enviam e-mails "clicáveis", isso é para a segurança do correntista;
- Cuido com programas executáveis enviados por e-mail – a maioria é vírus!!!!
- Banco nunca pede a atualização de chave de segurança por e-mail – esse procedimento não existe;
- Cuidado com falsos e-mails de bancos que ameaçam cancelar o seu acesso ao internet banking caso não seja feito uma ação – isso não existe
- Troque periodicamente a senha do seu internet banking;
- Se possível, tenha um e-mail utilizado exclusivamente para receber comunicados do banco;

- Para tornar o ambiente bancário na internet seguro a maioria dos bancos utilizam uma chave
- de segurança (token), que exige a validação através de um código único gerado aleatoriamente
- através de um dispositivo eletrônico ou por APP.
- Jamais forneça a sua senha a terceiros.

11.1.2 O que Faz um Banco ser 100% Digital?

Pode ter certeza que é muito mais que oferecer serviços por internet/mobile banking ou aplicativos. Talvez o fator mais importante para que um banco seja considerado digital é ter a capacidade de oferecer não apenas a solução digital, mas também a condição de absorver um número cada vez maior de clientes digitais trabalhando o seu back office de forma digital.

De acordo com uma pesquisa da FEBRABAN de tecnologia bancária, de 2014, um banco digital deve possuir um processo não presencial no momento da abertura de conta (com captura digital de documentos, informações e coleta de assinatura digital). Outro ponto importante é a instituição ser capaz de oferecer consultas e atendimento de maneira que o cliente não tenha que ir a agências físicas.

Para você, uma instituição que oferece estes itens pode ser considerada digital? Ser digital vai muito além de canais online e abertura de conta sem a necessidade de presença física do cliente.

11.1.3 O que Faz uma Instituição ser 100% Digital, ao Invés de Digitalizada?

- Relacionamento Personalizado

Uma instituição deve saber quais são os interesses e necessidades de cada cliente. Uma nova geração de consumidores – millennials, que nasceram na área digital – possui a necessidade de ser reconhecida por interesses específicos e peculiares, e não aceitam mais serem enxergados apenas como mais um número. São consumidores que querem opinar sobre produtos e serviços oferecidos.

- Soluções Preditivas

A nova geração espera que o banco observe problemas e oferte soluções, de maneira antecipada. A expectativa é de que a instituição financeira se torne o aliado do cliente na busca pela concretização de seus objetivos.

- Informação

Os novos consumidores são antenados, conectados, sempre em busca de novidades e querem que os bancos ajam da mesma maneira. Dicas, educação financeira online, informações sobre o cenário econômico e muito mais.

- Como Atender a Todas essas Expectativas?

Relacionamento é a palavra-chave. É necessário construir novas maneiras de se relacionar com o cliente, mapear e analisar necessidades e comportamento. Hoje é possível trabalhar com dados, extraindo informações importantes de diversos locais, como transações financeiras, interações nos canais digitais ou até mesmo através de atividades das redes sociais.

O grande segredo será cruzar e analisar estes dados equilibrando o interesse da instituição e do cliente. Assim, será possível criar experiências personalizadas, descobrir novos produtos e serviços, que possam ser oferecidos para um nicho especial ou até mesmo conhecer e informar de acordo com o problema ou necessidade individual.

A digitalização bancária já é uma realidade. Mesmo as instituições que efetivamente ainda não possuem processos automatizados o bastante para caracterizar esse conceito, esforçam-se para passar essa imagem do "novo banco". Para destacarem-se em um mercado cada vez mais competitivo, as instituições precisam estar alinhadas e preparadas para essa nova realidade digital.

Essa necessidade está atrelada ao cenário de clientes cada vez mais informados e conectados e de suas novas expectativas em relação aos serviços que consomem, não só financeiros, mas com influência inclusive das demais indústrias e de suas redes de relacionamento.

A digitalização bancária chega para atender esse consumidor moderno, que agora consegue transacionar com as instituições sem a necessidade de intermediários por meio de seu dispositivo – como desktop, notebook, celular, tablet –, facilitando o relacionamento e melhorando a comodidade do cliente.

Com a chegada das agências digitais, os bancos passam por uma quebra de paradigma no que diz respeito ao relacionamento com seus clientes. O foco deixa de ser a concorrência e as instituições direcionam seus esforços para aprofundar o entendimento de seus clientes, suas necessidades e expectativas. Assim, surge uma nova cultura digital, na qual é necessária não só uma adaptação de produtos e serviços, operações, modelos de negócio e organização, como uma ampliação de serviços para uma abordagem consultiva em relação ao cliente e colaborativa em relação ao mercado.

Já os clientes esperam ser "encantados" e passam a exigir experiências cada vez mais consistentes e incorporadas às necessidades de seu dia a dia, com alta qualidade e disponibilidade nos canais de relacionamento de sua preferência.

Cada vez mais deve-se necessitar menos das operações de retaguarda. O modo de pensar no momento da definição de produtos e processos deve levar isso em consideração. O conceito é que tudo deve ser resolvido de forma automatizada ou com o mínimo de interação manual.

O segmento bancário vem investindo em iniciativas para sua "transformação digital", no entanto, muitas delas ainda estão focadas no front-end, como canais, aplicativos e atendimento. Uma das dificuldades em adequarem-se ao novo conceito está vinculada à necessidade de ampliar as ações para suas operações e modelos de negócio de forma rápida, ágil e com menor custo, frente à dificuldade de integração com sua infraestrutura atual (legados). Outro desafio é a chegada de novos players como, por exemplo, as fintechs e as empresas de pagamentos. A associação com os sistemas de redes sociais e aplicativos colaborativos é mandatória.

O conceito de "jornada do cliente" passa a estar presente na forma de pensar dos responsáveis pelos atuais produtos bancários, substituindo o modelo de oferta desses produtos. Agora, é preciso identificar as necessidades do cliente de acordo com seu perfil e suas escolhas no momento em que está transacionando ou navegando na web. Após essa descoberta pode-se oferecer algo mais indicado para aquele cliente naquele instante.

O maior benefício da digitalização reside na transformação do relacionamento e na fidelização do cliente, além da redução de custos e maior eficiência operacional. Outra vantagem é a bancarização, ou seja, a ampliação de clientes considerando a população não bancarizada e já "conectada". A exposição desse viés de modernidade e mudança do modelo bancário tradicional visa atrair, também, a geração chamada "millennial", de jovens entre 18 e 34 anos.

Essa tendência já é fato no Brasil, e foi impulsionada pela questão dos não bancarizados e da pressão por eficiência e redução de custos. Os bancos, mesmo não estando 100% preparados, já se preocupam em passar a imagem de que são digitais. Por conta da importância e

urgência dessa transformação digital, as instituições financeiras têm conseguido prioridade interna em seu portfólio de projetos, por isso, existem muitas iniciativas e projetos em andamento no país. Entretanto, ainda há um longo caminho a ser percorrido para a completa digitalização.

Para tornar-se digital, é fundamental adotar uma estratégia clara e consistente que engloba a transformação do relacionamento com o cliente, das operações e dos modelos de negócio. Ainda há muito trabalho a fazer com relação ao amadurecimento de uma cultura verdadeiramente digital nas organizações, e o consequente investimento em construir uma visão clara, o engajamento de toda a organização, o roadmap de transformação e mecanismos para aferi-la. Pensar de forma digital é o grande desafio das áreas internas dos bancos, pois muitos processos internos precisam ser repensados e as questões de segurança devem ser priorizadas. Recentemente, o Banco Central criou uma norma que autoriza a abertura de contas sem a presença do cliente em agência, validando o que antes era uma tendência para uma realidade palpável. Sem dúvida foi um grande avanço, mas ainda há um enorme gap na adoção de uma cultura digital, associado à questão de segurança. A autorização de abertura de contas de forma não presencial pressupõe o desenvolvimento de mecanismos cada vez mais complexos e efetivos de segurança e garantia de informações.

Ademais, essa mensagem de segurança e cumprimento das obrigações legais também precisa chegar de forma clara ao consumidor, evitando desconforto e qualquer tipo de desconfiança. O Brasil caracteristicamente é um país com foco em inovação, empreendedorismo e adoção de tecnologias disruptivas e, consequentemente, aberto a mudanças. Este mindset passa a impressão de que já estamos prontos para adotá-la ou até mesmo que esta já é uma realidade, mas está claro que ainda há muito trabalho a fazer quanto à transformação nos bastidores. A digitalização carrega em si a ideia de "simplificação", e este sim é o grande desafio, um desafio e tanto. Além dos bancos, outros players do segmento financeiro também estão movimentando-se para participarem desse movimento de digitalização. Financeiras, empresas de meios de pagamento, acquirers, entre outros.

É um movimento sem volta e quem ficar de fora certamente terá muita dificuldade para sobreviver.

11.1.4 Inteligência Artificial

A inteligência artificial é a capacidade das máquinas pensarem como seres humanos. Sendo assim, inclui a prática de raciocinar e tomar decisões como nós. Por isso exige-se conhecimentos em big data, computação em nuvem e bons modelos de dados. De modo geral, esse processo envolve três bases:

- Modelos e dados bons;
- Grande quantidade de dados;
- Máquinas de alta capacidade.

Recomendações personalizadas, resultados de pesquisas interessantes a você, reconhecimento de imagens, reprodução de voz etc. são exemplos de usos no nosso dia-a-dia. Ou seja, você gosta da AI, só não sabia disso até agora.

Amazon, Google, Apple, Microsoft e várias outras empresas, grandes ou pequenas, utilizam inteligência artificial no seu cotidiano. A Amazon recomenda produtos para você assim como o Google seleciona por meio de algoritmos o que irá aparecer em suas pesquisas.

A Inteligência Artificial é a definição mais ampla neste manancial. Trata-se da tecnologia responsável pela criação de dispositivos que simulam a capacidade humana de pensar e tomar decisões.

Neste respeito, está capacitada para a resolução de problemas. Métodos, algoritmos e técnicas são utilizados para criar inteligência nas máquinas.

É verdade, não se trata de algo novo. Mas a Inteligência Artificial ganhou força em nossa fértil era da internet. Ela é composta por uma série de tecnologias, como:

- Processamento de Linguagem Natural
- Gestão do Conhecimento
- Visão Computacional
- Robótica

Em suma, são tecnologias que visam aproximar a máquina do homem, ensinando-as a agir de forma específica diante das mais variadas situações. Elas identificam as situações e respondem de acordo.

A inteligência das máquinas, portanto, nasce a partir do ensinamento dado a elas.

11.1.5 Inteligência Cognitiva

Inteligência cognitiva está bem perto da inteligência artificial, mas a diferença dos conceitos é que a inteligência cognitiva é a capacidade de aprimorar o aprendizado da máquina. Ou seja, se um sistema de inteligência artificial, por definição, consegue aprender, com a inteligência cognitiva ele aprende a aprender mais, tornando o processo muito mais eficaz.

A inteligência cognitiva se confunde muito com a computação cognitiva. Este é um assunto dentro da programação que lida diretamente com o uso de algoritmos para fazer tanto a inteligência artificial quanto a inteligência cognitiva funcionarem. Ou seja, computação cognitiva é o que dá vida a todos esses processos.

Um dos exemplos da inteligência cognitiva é o Watson, da IBM. Seu sistema tem várias utilidades, como atendimento ao cliente, análise de negócios, diagnósticos médicos e várias outras possibilidades.

- O que Podemos fazer com Inteligência Artificial e Inteligência Cognitiva?

Esses conceitos muitas vezes considerados extremamente futuristas estão em nosso presente. Seu computador tem AI, celular e a maior parte das plataformas que utilizamos cotidianamente. É difícil acreditar que esse mundo está ao nosso redor e, muitas vezes, pode ser até assustador – e empolgante ao mesmo tempo. Esse sentimento é compreensível a medida que desconhecemos o mundo, mas lidamos com essa tecnologia todos os dias.

11.2 Computação cognitiva no setor bancário

A computação cognitiva (CC) é a utilização da inteligência computacional (IC) para auxiliar na tomada de decisão humana, caracterizada por capacidades não supervisionadas de aprendizado e interação em tempo real. Calcada na IA e no processamento de sinais, os sistemas de CC abrangem aprendizado de máquina, inferência automatizada, processamento de linguagem natural, reconhecimento de fala, visão computacional (ex.: reconhecimento de objetos).

Características gerais

Há dissenso na definição de CC, seja na academia ou na indústria, mas, em geral, o termo se refere a hardware ou software inspirado no cérebro ou mente humana (um traço de computação natural característico da IC) para suporte à tomada de decisão realizada por humanos. Neste sentido, a CC se aproxima especialmente da cognição humana, sendo modelada pelo e modelando o comportamento humano através de estímulos potencialmente também utilizados por humanos (ex.:

processamento de espectro audível e visível). As aplicações reúnem análise de dados com interfaces adaptativas de usuário (adaptive user interface, AUI) para especialização em audiências e contextos e buscam afetividade e influência por projeto (design).

Algumas características de CCs

▷ Adaptação: aprendizado online com dados (ex.: de sensores) e modelos (objetivo, requisitos), potencialmente em tempo real.

▷ Interatividade: conforto e facilidade para o usuário. Podem interagir com sensores e outros dispositivos (veja IoT), serviços em nuvem e outras pessoas.

▷ Iteratividade e persistência: podem iterativamente realizar buscas perante interação com o usuário ou outro sistema.

▷ Considera contexto: potencialmente identificam e extraem elementos contextuais tais como significado, sintaxe, tempo, localização etc., potencialmente via dados ligados na web semântica. Podendo recorrer a múltiplas fontes de informação, incluindo estruturada (ex.: RDF) e não estruturada (ex.: input visual/luz e auditivo/som, texto e hipertexto).

Fonte - «IBM Research: Cognitive Computing»

11.3 Fintechs de crédito e bancos digitais

O ingresso de novas instituições financeiras no Sistema Financeiro Nacional (SFN) tem o potencial de trazer uma contribuição positiva à economia. Há a expectativa de que as fintechs de crédito e os bancos digitais aumentem a concorrência no sistema, por meio da expansão da oferta de produtos e serviços devido ao uso de recursos tecnológicos mais avançados e especializados. Adicionalmente, espera-se que elas estimulem as instituições tradicionais a aprimorarem seus processos de funcionamento e a se estabelecerem em novos nichos de negócio e segmentos de mercado. Também se espera que eventuais parcerias e compartilhamento de atividades e custos com as instituições tradicionais tragam ganhos à sociedade.

11.3.1 Fintechs de crédito

As SCDs e as SEPs compõem o primeiro tipo de licenciamento no SFN específico para os modelos de negócio baseados em tecnologia inovadora e atuação exclusivamente digital. Antes da prerrogativa de integrarem o sistema financeiro por meio de autorização específica, muitas fintechs de crédito atuavam como correspondentes de instituições financeiras, mas com características diferenciadas em termos de tecnologia, experiência proporcionada ao cliente e relacionamento contratual com o parceiro.

Atualmente, algumas fintechs ainda funcionam sob esse modelo de negócio, presumindo-se que o consideram mais vantajoso em termos de custos de funcionamento e gestão de riscos.

As normas para autorização e funcionamento das SCDs e SEPs apresentam diversas inovações em relação às demais instituições financeiras, dentre as quais destacam-se: (i) limite mínimo de R$1 milhão de capital social e patrimônio líquido, valor sensivelmente mais baixo do que o exigido das demais instituições autorizadas a funcionar pelo BCB; (ii) possibilidade de participação direta de fundos de investimento no grupo de controle; (iii) processo de autorização mais simples, com proposta de negócio no formato de Justificativa Fundamentada e dispensa de entrevista técnica e inspeção pré-operacional, sendo a autorização concedida simultaneamente para se constituir e entrar em funcionamento; (iv) opção pelo enquadramento no segmento S5, que possui regime de regulação mais simplificado e menos oneroso dentre os cinco níveis admitidos às instituições financeiras.

11.3.2 Bancos digitais

O processo de digitalização dos serviços bancários surgiu da necessidade de desburocratização dos processos dos grandes bancos, o que resultou no aprimoramento da experiência do cliente, que teve acesso a mais segurança, transparência e agilidade em suas operações. Para lidar com esse movimento de digitalização bancária, os bancos têm buscado o desenvolvimento de capacidades organizacionais internas ou parcerias com empresas de tecnologia. O fenômeno da digitalização bancária engloba, em menor ou maior grau, todas as instituições financeiras, incluindo os maiores conglomerados bancários, que já estão em processo de migração integral para o ambiente digital e têm estimulado a migração dos clientes para esse canal de atendimento.

Não existe, atualmente, regime de autorização e funcionamento específico para bancos digitais, que devem se enquadrar às normas aplicáveis aos demais bancos para fins de autorização. No entanto, algumas instituições financeiras vêm adotando modelos de negócio exclusivamente digitais, optando pela não abertura de agências ou postos de atendimento físicos. Usualmente, esses bancos oferecem abertura de conta simplificada, dispensa ou valor mais baixo de tarifas, maior transparência, melhor experiência do cliente e integração com outros serviços financeiros de natureza complementar ou até serviços não financeiros. Essa estratégia tem sido adotada tanto por grupos empresariais novos, adquirindo uma instituição financeira já autorizada ou entrando com o processo de autorização de uma nova instituição financeira, quanto por conglomerados financeiros já consolidados, que visam a uma maior inserção nesse nicho de mercado de negócio digital.

Os bancos digitais chegaram para disputar um lugar no mercado de serviços bancários, com forte apelo mercadológico baseado em promessa de baixos custos de tarifas e serviços e acesso simplificado. Mas ainda encontram dificuldades para oferecer preços competitivos em determinados serviços, como o saque em terminais de autoatendimento, em razão do acesso diferenciado a estruturas de mercado controladas por outros bancos.

Fonte: https://www.bcb.gov.br/conteudo/relatorioinflacao/EstudosEspeciais/ EE089_Fintechs_de_credito_e_bancos_digitais.pdf

CONHECIMENTOS BANCÁRIOS

1 SISTEMA FINANCEIRO NACIONAL

1.1 Conceitos

Uma das engrenagens mais importantes, se não a mais importante, para que o mundo seja do jeito que é, é o dinheiro. Ele compra: carros, casas, roupas, título e, segundo alguns, só não compra a felicidade. Sendo o dinheiro carregado com toda essa importância, cada país, cada estado e cidade, organiza-se de forma a ter seu próprio modo de ganhar dinheiro. Essa organização, aliás, é formada de um jeito em que a maior quantidade possível de dinheiro possa ser adquirida. Há muito tempo que o mundo funciona dessa maneira. Por isso, todos os países já conhecem muitos caminhos e atalhos para que sua organização seja elaborada para seu benefício.

Essa tal organização que busca o maior número possível de riquezas é definida por uma série de importantes órgãos do Estado. No Brasil, esse órgão formador da estratégia econômicas do país, é chamado de Sistema Financeiro Nacional. Tem, basicamente, a função de controlar todas as instituições que são ligadas às atividades econômicas dentro do país. Ainda, o referido sistema possui outras funções e diversos componentes que o integram.

Existem grupos dentro do conjunto do Sistema Financeiro Nacional. O mais importante, dentro desse sistema, é o Conselho Monetário Nacional. Esse conselho é essencial por tomar as decisões mais importantes, para a que o país funcione de forma eficiente e eficaz. O mais importante dentro do sistema é o Conselho Monetário Nacional, o qual é responsável por tomar as decisões mais importantes, a fim de que o país funcione com eficiência e eficácia.O Conselho tem o domínio sobre importantes integrantes, cada um exercendo a sua função. Dentre eles, o Banco Central do Brasil - Bacen, é o principal membro.

O Bacen é o responsável pela emissão de papel-moeda e moeda metálica, o dinheiro que circula no país. Ele exerce, junto ao Conselho Monetário Nacional, a fiscalização nas instituições financeiras do país. Além disso, possui atribuições como a realização de empréstimos e cobrança de créditos junto às instituições financeiras. O Banco Central é considerado o banco mais importante do Brasil, acima de todos os outros, uma espécie de "Banco dos Bancos".

O Sistema Financeiro Nacional, então, é a organização de várias entidades, de modo a manter a máquina do governo funcionando. Sua finalidade é o acompanhamento e coordenação das atividades financeiras no Brasil. O acompanhamento se dá na forma de fiscalização. Já a coordenação ocorre mediante a atuação dos funcionários do Bacen, no cenário financeiro.

Esse sistema já sofreu várias mudanças ao longo dos anos. Por exemplo, o Banco Central era denominado de Superintendência da Moeda e do Crédito. A mudança ocorreu por meio da Lei nº 4.595/64, conforme dispõe o art. 8°. As moedas do Brasil já mudaram várias vezes ao longo da história brasileira. A modificação de uma moeda nacional é, em qualquer circunstância, algo que causa muitas mudanças, mas no caso da modificação para a atual moeda (Real), essa transformação foi grandiosa.

Na época em que a inflação era o grande terror para economia brasileira, a mudança promovida pelo Plano Real, conseguiu frear a inflação e normalizar os preços do comércio interno. Resultando, assim, na valorização da moeda nacional, e a rápida recuperação da economia brasileira.

Quem manuseia dinheiro todos os dias, recebe seu salário e paga suas contas, não percebe o grande sistema que há por trás dessas operações. Na verdade, os salários são do valor que são, para que a atual quantidade de dinheiro circule no país, para que a economia brasileira seja como é, e o Sistema Financeiro Nacional toma decisões todos os dias, que são refletidas na nossa realidade.

O Sistema Financeiro Nacional é o conjunto de instituições, e órgãos que controlam, fiscalizam e e executam as ações para a circulação da moeda e de crédito dentro do país. Nesse sentido, a Constituição Federal de 1988, em seu art. 192, estabelece que: "O Sistema Financeiro Nacional, estruturado de forma a promover o desenvolvimento equilibrado do país e a servir aos interesses da coletividade, em todas as partes que o compõem, abrangendo as cooperativas de crédito, será regulado por leis complementares que disporão, inclusive, sobre a participação do capital estrangeiro nas instituições que o integram".

O Sistema Financeiro Nacional pode ser divido em duas partes: Subsistema de Supervisão e Subsistema Operativo. O primeiro se responsabiliza por estabelecer as regras que definem os parâmetros para transferência de recursos entre uma parte e outra, além de supervisionar o funcionamento das instituições que realizam a intermediação monetária. Já o o segundo é responsável pela execução das normas impostas pelo primeiro.

O subsistema de supervisão é formado por: Conselho Monetário Nacional, Conselho de Recursos do Sistema Financeiro Nacional, Banco Central do Brasil, Comissão de Valores Mobiliários, Conselho Nacional de Seguros Privados, Superintendência de Seguros Privados, Conselho Nacional da Previdência Complementar e Superintendência da Previdência Complementar. (Os grifados estão em nosso edital).

O outro subsistema, o operativo, é composto por: instituições financeiras bancárias, Sistema Brasileiro de Poupança e Empréstimo, Sistema de Pagamentos, Iinstituições financeiras não bancárias, Agentes Especiais, Sistema de Distribuição de TVM. Tratam-se de integrantes facilmente encontradas em nosso dia a dia. As instituições financeiras bancárias, por exemplo, representam as Caixas Econômicas, os Bancos Comerciais, as Cooperativas de Crédito e os Bancos Cooperativos. As instituições financeiras não bancárias são, por exemplo, Sociedades de Crédito ao Microempreendedor, Companhias Hipotecárias, e Bancos de Desenvolvimento.

As autoridades do Sistema Financeiro Nacional também podem ser divididas em dois grupos: Autoridades Monetárias e Autoridades de Apoio. As monetárias são responsáveis por normatizar e executar as operações de produção de moeda. O Banco Central do Brasil (BACEN) e o Conselho Monetário Nacional (CMN). Já as autoridades de apoio são instituições que auxiliam as autoridades monetárias na prática da política monetária. Um exemplo desse tipo de instituição é o Banco do Brasil. Outro tipo de autoridade de apoio são as instituições que têm poder de normatização em um setor específico. O principal exemplo é a Comissão de Valores Mobiliários.

As Instituições Financeiras, termo muito usado para definir algumas empresas, são definidas como as pessoas jurídicas, públicas ou privadas, que possuem a função principal ou secundária de guardar, intermediar ou aplicar os recursos financeiros (tanto dos próprios recursos como recursos de terceiros), que sejam em moeda de circulação nacional ou de fora do país e também a custódia de valor de propriedade de outras pessoas.

Pessoas físicas que façam atividades paralelas às características acima descritas também são consideradas instituições financeiras, sendo que essa atividade pode ser de maneira permanente ou não. No entanto, exercer essa atividade sem a prévia autorização devida do Estado pode ocasionar penalidades. Ainda, de acordo com o Decreto nº 10.029/2019. art. 1°, incisos I e II, o Banco Central do Brasil fica autorizado a reconhecer como de interesse do Governo brasileiro a instalação, no País, de novas agências de instituições financeiras domiciliadas no exterior, e o aumento do percentual de participação, no capital de instituições financeiras com sede no País, de pessoas físicas ou jurídicas residentes ou domiciliadas no exterior.

As decisões tomadas pelo Conselho Monetário Nacional têm total ligação com a condição econômica do país. Suas disposições são determinantes para o funcionamento do mercado financeiro. A chamada Bolsa de Valores (mercado onde são ações ou outros títulos financeiros) possui empresas, produtos e ações que variam de acordo com o que o CMN. Assim, considerando o alto valor financeiro investido nesse mercado, a Bolsa de Valores é um reflexo das decisões tomadas pelo Conselho e um indicador de como podem afetar a vida de todas as esferas da sociedade.

Sistema Financeiro Nacional

Órgãos Normativos	Entidades Supervisoras	Operadores	
Conselho Monetário Nacional - CMN	Banco Central do Brasil - BACEN	Instituições Financeiras Captadoras de Depósitos à Vista	Bolsa de Mercadorias e Futuros
Conselho Nacional de Previdência Complementar - CNPC	Superintendência de Seguros Privados - SUSEP	Resseguradores	Demais Instituições Financeiras
Conselho Nacional de Seguros Privados - CNSP	Superintendência Nacional de Seguro Complementar - PREVIC	Bancos de Câmbio	Bolsa de Valores
	Comissão de Valores Mobiliários - CVM	Sociedades de Capitalização	Sociedades Seguradoras
		Intermediários e Administradores de Recursos de Terceiros	Entidades Abertas de Previdência Complementar
			Fundos de Pensão

Fonte: sistema-financeiro-nacional.info

1.2 O Sistema Financeiro Nacional e a Legislação

A Constituição Federal de 1988, em seu art. 192, em atendimento ao interesse público, estabeleceu o Sistema Financeiro Nacional, a fim de organizar de forma eficiente a circulação de dinheiro e suas formas derivadas, e promover a segurança e o desenvolvimento do Brasil.

"Art. 192. O sistema financeiro nacional, estruturado de forma a promover o desenvolvimento equilibrado do País e a servir aos interesses da coletividade, em todas as partes que o compõem, abrangendo as cooperativas de crédito, será regulado por LEIS COMPLEMENTARES que disporão, inclusive, sobre a participação do capital estrangeiro nas instituições que o integram. (Redação dada pela Emenda Constitucional nº 40, de 2003)"

Criado pela Lei nº 4595/64, dispõe sobre a estrutura do sistema financeiro no Brasil, bem como as autoridades monetárias responsáveis pela sua execução, a fim de garantir a devida segurança e rigidez ao mercado.

Art. 1º O Sistema Financeiro Nacional, estruturado e regulado pela presente Lei, será constituído:

I. do Conselho Monetário Nacional;

II. do Banco Central do Brasil;

III. do Banco do Brasil S. A.;

IV. do Banco Nacional do Desenvolvimento Econômico e Social;

V. das demais instituições financeiras públicas e privadas;

1.3 Conselho Monetário Nacional (CMN)

É o **órgão NORMATIVO** máximo no SFN (Sistema Financeiro Nacional). É quem estabelece as **Normas** que serão seguidas pelas instituições financeiras.

Além disso, o CMN é responsável por formular as políticas da moeda e crédito no país, ou seja, é encarregado por coordenar as políticas econômicas e monetária do país.

1.3.1. Como funciona o CMN

Os membros do CMN reúnem-se uma vez por mês para deliberar sobre como adaptar o volume dos meios de pagamento às reais necessidades da economia; regular o valor interno e externo da moeda e o equilíbrio do balanço de pagamentos; orientar a aplicação dos recursos das instituições financeiras; propiciar o aperfeiçoamento das instituições e dos instrumentos financeiros; zelar pela liquidez e solvência das instituições financeiras; e coordenar as políticas monetária, creditícia, orçamentária e da dívida pública interna e externa.

Em casos extraordinários, pode acontecer mais de uma reunião por mês. As matérias aprovadas são regulamentadas por meio de Resoluções do CMN divulgadas no Diário Oficial da União (DOU) e no Busca de normas do Conselho e do Banco Central (BC).

A CMN ajuda isso acontecer, divulgando as regras gerais que todas as empresas e instituições que atuam no sistema financeiro devem seguir. É válido dizer que ele não intervém diretamente – delegando esse papel a outros órgãos -, mas é o grande divulgador de todas as regras do sistema financeiro.

Fazem parte do Conselho Monetário Nacional são:

- Ministro da Economia;
- Presidente do Bacen;
- Secretário especial da Fazenda.

1.3.2. Comissão Técnica da Moeda e do Crédito (Comoc)

Junto ao CMN funciona a Comoc, que atua como órgão de assessoramento técnico na formulação da política da moeda e do crédito do Brasil. A Comoc manifesta-se previamente sobre assuntos de competência do CMN.

Membros da Comoc:

- Presidente do Banco Central - coordenador;
- Presidente da Comissão de Valores Mobiliários;
- Secretário-Executivo do Ministério da Economia;
- Secretário de Política Econômica do Ministério da Economia;
- Secretário do Tesouro Nacional do Ministério da Economia;
- Diretores do Banco Central do Brasil*;

Segundo o regimento interno da Comoc, são "quatro diretores do Banco Central do Brasil, indicados pelo seu Presidente". Como esta indicação é alterada de acordo com a pauta das reuniões, todos os diretores do BC tornam-se membros potenciais da Comoc.

1.3.3. Objetivos do CMN

Trata-se da missão e o motivo de sua existência. O CMN possui nove objetivos e 39 atribuições, conforme estabelecido na Lei nº 4.595/64.

1.3.4. Organização

A Secretaria-Executiva da Comoc e do CMN é exercida pelo Banco Central. Compete à autoridade monetária organizar e assessorar as sessões deliberativas (preparar, dar suporte, elaborar as atas e manter o arquivo histórico, entre outras funções administrativas).

Fonte: Banco Central do Brasil

Dos Objetivos do CMN descartamos dois que são: *"Propiciar o aperfeiçoamento das instituições e dos instrumentos financeiros"* e *"Estabelecer, para fins da política monetária e cambial, as condições específicas para negociação de contratos derivativos (...)"*, pois estes não são cobrados com frequência em provas, até por não terem contexto ou conexão com assuntos dos editais. Assim, destaca-se sete objetivos e as atribuições. Mais à frente faremos *links* entre as atribuições e os objetivos do CMN, o que nos ajudará bastante a lembrar deles na hora da prova.

Fique ligado

Não é necessário decorar todos os Objetivos e Atribuições do CMN, basta aprender 7 dos 9 objetivos, pois são os que mais aparecem em provas. É aconselhável também adicionar uma "regrinha" dos verbos, de modo que veremos que tanto os objetivos, quanto as atribuições sempre serão iniciados com verbos que transmitam a ideia de PODER, MANDAR e AUTORIDADE.

Vejamos abaixo a sequência dos Objetivos do CMN

OBJETIVOS DO CMN
ORIENTAR
PROPICIAR
ZELAR
COORDENAR
ESTABELECER
ESTABELECER

Quando abordamos os verbos vinculados aos objetivos do CMN, percebemos que indicam PODER, MANDAR, AUTORIDADE. Logo, será mais fácil memorizar as competências do CMN, pois estas sempre serão iniciadas por um verbo que indica MANDAR. Então vejamos na íntegra os objetivos.

- **Orientar** a aplicação dos recursos das instituições financeiras públicas ou privadas, de forma a garantir condições favoráveis ao desenvolvimento equilibrado da economia nacional.
- É muito importante que o CMN oriente a forma como as instituições irão investir seus recursos, pois más decisões no mercado financeiro custam muito dinheiro e até a falência de várias instituições. É importante destacar que o Conselho Monetário orienta TODAS as instituições financeiras, sejam públicas ou privadas.
- **Propiciar** o aperfeiçoamento das instituições e dos instrumentos financeiros, de forma a tornar mais eficiente o sistema de pagamentos e mobilização de recursos.
- Zelar pela liquidez e solvência das instituições financeiras.
- **Coordenar** as políticas monetária, creditícia, orçamentária, fiscal e da dívida pública interna e externa.

É importante destacar que o CMN sempre será o responsável por formular estas políticas. Como se vê, o CMN não costuma fazer coisas, mas apenas MANDAR, então quando o CMN formula políticas, ele encaminha ao BACEN que as executa.

- **Estabelecer** a Meta de Inflação.

O CMN passa a ser o responsável por estabelecer um parâmetro para metas de inflação no Brasil. O Conselho, com base em estudos e avaliações da economia, estabelece uma meta para a inflação oficial, que deverá ser cumprida pelo BACEN dentro do ano indicado.

O centro da meta é um ideal, no qual o CMN entende que seria a meta ideal para o cenário econômico do País. Entretanto, engessar um número no mercado financeiro não é bom, principalmente um índice que avalia os preços do mercado, então o CMN admite uma pequena variação para mais ou para menos. Caso o índice de inflação, IPCA, inflação oficial, esteja dentro desta margem de variação, ou margem de tolerância, entende-se que o Banco Central cumpriu a Meta de inflação Estabelecida pelo CMN.

Por causa dos objetivos, o CMN recebeu da Lei nº 4595/64 várias atribuições, ou seja, são os instrumentos para cumprir seus objetivos, dos quais destacam-se os que mais são objetos de prova e que podem fazer conexões com os objetivos, para nos ajudar a memorizar mais, sem ter de utilizar, apenas, a regra dos verbos. Seguem abaixo os principais verbos ligados às atribuições:

PRINCIPAIS ATRIBUIÇÕES
AUTORIZAR
FIXAR DIRETRIZES
DISCIPLINAR
ESTABELECER LIMITES
DETERMINAR
REGULAMENTAR
OUTORGAR
ESTABELECER
REGULAR
EXPEDIR NORMAS
DISCIPLINAR
DELIMITAR

Conexões entre os Objetivos e Atribuições

CMN	Banco da Moeda do Brasil	Banco Central do Brasil
	Fabrica / Imprime o Papel-Moeda, e envia para o BACEN	Emite o Papel e faz a distribuição junto às Instituições Financeiras

Objetivo: zelar pela liquidez e solvência das instituições financeiras.

- **Atribuição:** delimitar, com periodicidade não inferior a dois anos o capital mínimo das instituições financeiras privadas, levando em conta sua natureza, bem como a localização de suas sedes e agências ou filiais.

Objetivo: orientar a aplicação dos recursos das instituições financeiras públicas ou privadas, de forma a garantir condições favoráveis ao desenvolvimento equilibrado da economia nacional.

- **Atribuição:** regular a constituição, o funcionamento e a fiscalização de todas as instituições financeiras que operam no País.

Objetivo: coordenar as políticas monetária, creditícia, orçamentária, fiscal e da dívida pública interna e externa.

- **Atribuição:** disciplinar o crédito e suas modalidades e as formas das operações creditícias.
- **Atribuição:** estabelecer limites para a remuneração das operações e serviços bancários ou financeiros.
- **Atribuição:** estabelecer limites para a remuneração das operações e serviços bancários ou financeiros.

Mercado Aberto – Compra e Venda de Títulos Públicos Federais	Redesconto ou Empréstimo de Liquidez	Recolhimento Compulsório
CMN – regulamenta BACEN - realiza	CMN – regulamenta BACEN - realiza	CMN – regulamenta BACEN – determina a taxa e recebe os valores

RECOLHIMENTO COMPULSÓRIO		
BACEN		**CMN**
Até 100% Sobre a Captação de Depósitos {a Vista (Conta Corrente	Até 60% Sobre as Captações em Títulos Contábeis e Financeiros (Resto)	Até 60% Sobre as Captações em Títulos Contábeis e Financeiros (Resto)

- Expedir normas gerais de estatística e contabilidade a serem apreciadas pelas instituições financeiras. (Cuidado com esta informação, pois quando uma banca deseja dificultar determinada questão, costuma citá-la).
- Disciplinar as atividades das bolsas de valores. (Define o que é uma Bolsa de Valores e o que ela faz).

1.4 Banco Central do Brasil (BACEN)

1.4.1.Funções do BACEN

O Banco Central do Brasil (BACEN) é autarquia federal (órgão da Administração Indireta) integrante do Sistema Financeiro Nacional, sendo vinculado ao Ministério da Fazenda do Brasil. Criado em 31 de dezembro de 1964 pela da Lei nº 4.595. O BACEN é o órgão normativo do Sistema Financeiro Nacional, executa as políticas definidas pelo Conselho Monetário Nacional, e tem funções tanto de fiscalização quanto de controle das instituições bancárias de execução de políticas do sistema financeiro. Seguem abaixo as principais funções do BACEN:

- **Fiscalizar** as instituições financeiras e aplicar as penalidades previstas.
- **Administrar** a dívida interna.
- **Controlar** e fiscalizar o crédito.
- **Autorizar** o funcionamento das instituições financeiras.
- **Garantir** o poder de compra da moeda brasileira.
- **Depositário** das reservas oficiais de ouro e moedas estrangeiras no país.

O BACEN, devido ao seu papel estratégico no Sistema Financeiro Nacional, tem algumas definições que podem ser abordadas em provas, e dentre as principais estão as que seguem abaixo:

- **Agente financeiro do governo** - o Banco Central é o responsável pela administração da dívida pública e depositário das reservas internacionais.
- **Autoridade Monetária** – órgão responsável pelo controle de fluxo e liquidez monetário.

- **Banco dos Bancos** – já que é o responsável pelas operações de redesconto e recolhimento compulsório.
- **Banco Emissor** – pois é responsável pela emissão de moda e controle do fluxo da mesma.
- **Gestor do Sistema Financeiro Nacional** – responsável pela fiscalização das instituições financeiras.

1.4.2.Diretoria Colegiada do BACEN - Composição

O Banco Central do Brasil (BACEN), tem seus membros indicados pelo Presidente da República, entre brasileiros de ilibada reputação e notória capacidade em assuntos econômico-financeiros, e os indicados devem ter sua nomeação aprovada pelo Senado Federal. Esta nomeação é de livre provimento, podendo ser livremente nomeados, segundo as regras estabelecidas, e exonerados.

A composição de sua Diretoria Colegiada é **de até 9 membros, sendo um deles o presidente do BACEN** (Hoje, novembro de 2016, o presidente do BACEN é o professor e economista israelo-brasileiro Ilan Goldfajn).

1.4.3.Diretoria Colegiada do BACEN – Reuniões

A Diretoria Colegiada deverá se reunir, ordinariamente, **uma vez por semana** e, extraordinariamente, na forma prevista no Regimento, presentes, no mínimo, o Presidente, ou seu substituto, e metade do número de Diretores. Lembrando que as decisões serão tomadas por maioria de votos, cabendo ao Presidente, ou a seu substituto, o voto de qualidade.

Emissão da moeda

É o instrumento pelo qual a autoridade monetária pode interferir diretamente no mercado monetário, aumentado ou diminuído a quantidade de moeda em circulação no mercado. Lembrando que essa ação se da tanto para moeda física (papel moeda ou moeda metálica), quanto para moeda escritural (criação de moeda pelos bancos).

O Bacen é responsável pelo controle, emissão e distribuição do dinheiro, enquanto a Casa da Moeda é responsável por imprimir as cédulas e cunhar moedas, conforme solicitação do Bacen.

O CMN é responsável pela formulação da política de moeda de crédito, tendo como objetivo, como falado anteriormente, manter a estabilidade da moeda nacional e o desenvolvimento econômico e social.

Reservas Compulsórias

Trata-se de um percentual sobre os depósitos a vista ou a prazo que é recolhido pelas instituições financeiras junto a autoridade monetária que no Brasil se trata do Banco Central do Brasil.

Essa ferramenta pode ser considerada restritiva, já que "congela" parte dos recursos que as instituições bancarias poderiam emprestar aos clientes e consequentemente criar moeda.

- A taxa do compulsório no Brasil é de 45% sobre os depósitos á vista.

Redesconto

Empréstimo de assistência à liquidez e é utilizado pelo Banco Central/autoridade monetária, para atender a eventuais problemas de liquidez enfrentados pelas instituições financeiras em caráter circunstancial e breve.

Somente algumas instituições utilizam esse instrumento, já que as taxas de juros do financiamento de redesconto são mais **altas que**

as de taxas de mercado. Ressalta-se que o redesconto é uma medida utilizada em casos mais graves, pois possui caráter punitivo.

A operação de redesconto é concedida a critério exclusivo do Banco Central do Brasil, por solicitação das instituições financeiras. Essa modalidade de operação possui suas próprias características, tais como prazo, taxas, dentre outras que são. definidas pela Resolução nº 2.949, de 4/4/2002.

Open Market

Esse instrumento pode ser chamado de operação de mercado aberto. Trata-se basicamente do controle instantâneo da liquidez bancária, ou seja, é um instrumento de política monetária de curto prazo. Para tal, o Banco Central se utiliza da compra e da venda de títulos públicos federais para "enxugar" ou refazer a liquidez do mercado.

1.4.4.Comitê de Política Monetária (COPOM) do BACEN - Definição

Segundo o BACEN: "O Comitê de Política Monetária (Copom) foi instituído em 20 de junho de 1996, com o objetivo de estabelecer as diretrizes da política monetária e de definir a taxa de juros. A criação do Comitê buscou proporcionar maior transparência e ritual adequado ao processo decisório, a exemplo do que já era adotado pelo Federal Open Market Committee (FOMC) do banco central dos Estados Unidos e pelo Central Bank Council, do banco central da Alemanha. Em junho de 1998, o Banco da Inglaterra também instituiu o seu Monetary Policy Committee (MPC), assim como o Banco Central Europeu, desde a criação da moeda única em janeiro de 1999. Atualmente, uma vasta gama de autoridades monetárias em todo o mundo adota prática semelhante, facilitando o processo decisório, a transparência e a comunicação com o público em geral".

O Comitê de Política Monetária (Copom) é o órgão do Banco Central, é composto pelo Presidente e por seus diretores, os quais definem, a cada 45 dias, a taxa básica de juros da economia – a Selic.

As reuniões normalmente ocorrem em dois dias seguidos e o calendário de reuniões de um determinado ano é divulgado até o mês de junho do ano anterior.

A reunião do Copom segue um processo que procura embasar da melhor forma possível a sua decisão. Os membros do Copom assistem as apresentações técnicas do corpo funcional do BC, que tratam da evolução e perspectivas das economias brasileira e mundial, das condições de liquidez e do comportamento dos mercados. Assim, o Comitê utiliza um amplo conjunto de informações para embasar sua decisão. Depois, a reunião é reservada para a discussão da decisão entre os membros. A decisão é tomada com base na avaliação do cenário macroeconômico e dos principais riscos a ele associados. Todos os membros do Copom presentes na reunião votam e seus votos são públicos. As decisões do Copom são tomadas que a inflação medida pelo IPCA com a meta definida pelo CMN.

A decisão do Copom é divulgada no mesmo dia da decisão por meio de comunicado na internet. As atas das reuniões do Copom são publicadas no prazo de até seis dias úteis após a data da realização das reuniões. Normalmente, as reuniões do Copom ocorrem em terças e quartas-feiras e a ata é divulgada na terça-feira da semana seguinte, às 8h.

Uma vez definida a taxa Selic, o Banco Central atua diariamente por meio de operações de mercado aberto – comprando e vendendo títulos públicos federais – para manter a taxa de juros próxima ao valor definido na reunião.

A taxa de juros Selic é a referência para os demais juros da economia. Trata-se da taxa média cobrada em negociações com títulos emitidos pelo Tesouro Nacional, registradas diariamente no Sistema Especial de Liquidação e de Custódia (Selic).

Para que a política monetária atinja seus objetivos de maneira eficiente, o Banco Central precisa se comunicar de forma clara e transparente. Além do comunicado e da ata da reunião, o Banco Central publica, a cada trimestre, o Relatório de Inflação, que analisa a evolução recente e as perspectivas da economia, com ênfase nas perspectivas para a inflação.

Fonte: https://www.bcb.gov.br/controleinflacao/copom.

Neste contexto, o COPOM tem como centro três elementos:

- **Processo Decisório** – Existem decisões programadas e não programadas, e as decisões programadas são aquelas recorrentes, que existe maior previsibilidade, podem ser planejadas e apresentam menores riscos, já as decisões não programadas são inéditas, tem menos previsibilidade, não podem ser planejadas e apresentam maiores riscos.

- **Transparência** – Além de tornar público seus relatórios e decisões, de acordo com o princípio constitucional da Publicidade, tal procedimento de ser realizado com tempo hábil para ampla divulgação e reação dos interessados.

- **Comunicação** – A comunicação pode ser formal ou informal, assim como pode ser realizada através de pronunciamento (verbal) ou de documentos e publicações em diário oficial (documental).

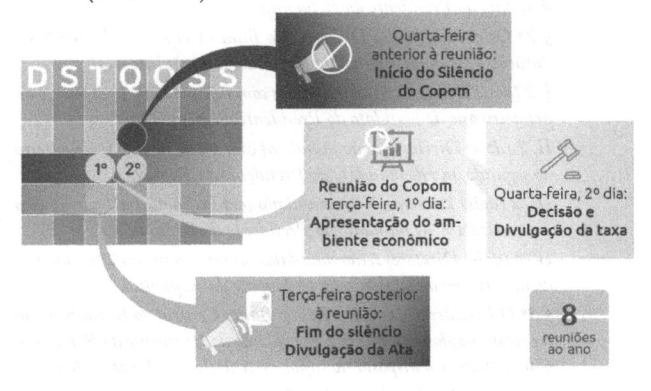

1.4.5.Taxa SELIC

A taxa SELIC (Sistema Especial de Liquidação e Custódia) é a taxa das taxas, a taxa básica que define todas as taxas aplicadas no sistema financeiro, como as taxas para financiamento de imóveis e outros bens.

A taxa de juros definida na reunião do COPOM é a taxa Selic, ou seja, taxa média dos financiamentos diários, com lastro em títulos federais, apurados pelo Sistema Especial de Liquidação e Custódia - SELIC, que passa a vigorar por todo o período entre as reuniões do Comitê.

O Copom reúne-se ordinariamente **oito vezes por ano** e, extraordinariamente, por convocação de seu Presidente, presentes, no mínimo, o Presidente, ou seu substituto, e metade do número de Diretores. As reuniões ordinárias são realizadas em duas sessões, discriminadas a seguir:

- a primeira sessão ocorrerá às terças-feiras, sendo reservada às apresentações técnicas de conjuntura econômica;
- a segunda sessão ocorrerá às quartas-feiras, destinando-se à decisão acerca das diretrizes de política monetária.

Fonte: https://www.bcb.gov.br/

LEI COMPLEMENTAR Nº 179, DE 24 DE FEVEREIRO DE 2021

Define os objetivos do Banco Central do Brasil e dispõe sobre sua autonomia e sobre a nomeação e a exoneração de seu Presidente e de seus Diretores; e altera artigo da Lei nº 4.595, de 31 de dezembro de 1964.

O PRESIDENTE DA REPÚBLICA

Faço saber que o Congresso Nacional decreta e eu sanciono a seguinte Lei Complementar:

Art. 1º *O Banco Central do Brasil tem por objetivo fundamental assegurar a estabilidade de preços.*

Parágrafo único. *Sem prejuízo de seu objetivo fundamental, o Banco Central do Brasil também tem por objetivos zelar pela estabilidade e pela eficiência do sistema financeiro, suavizar as flutuações do nível de atividade econômica e fomentar o pleno emprego.*

Art. 2º *As metas de política monetária serão estabelecidas pelo Conselho Monetário Nacional, competindo privativamente ao Banco Central do Brasil conduzir a política monetária necessária para cumprimento das metas estabelecidas.*

Art. 3º *A Diretoria Colegiada do Banco Central do Brasil terá 9 (nove) membros, sendo um deles o seu Presidente, todos nomeados pelo Presidente da República entre brasileiros idôneos, de reputação ilibada e de notória capacidade em assuntos econômico-financeiros ou com comprovados conhecimentos que os qualifiquem para a função.*

Art. 4º *O Presidente e os Diretores do Banco Central do Brasil serão indicados pelo Presidente da República e por ele nomeados, após aprovação de seus nomes pelo Senado Federal.*

§ 1º *O mandato do Presidente do Banco Central do Brasil terá duração de 4 (quatro) anos, com início no dia 1º de janeiro do terceiro ano de mandato do Presidente da República.*

§ 2º *Os mandatos dos Diretores do Banco Central do Brasil terão duração de 4 (quatro) anos, observando-se a seguinte escala:*

I. 2 (dois) Diretores terão mandatos com início no dia 1º de março do primeiro ano de mandato do Presidente da República;

II. 2 (dois) Diretores terão mandatos com início no dia 1º de janeiro do segundo ano de mandato do Presidente da República;

III. 2 (dois) Diretores terão mandatos com início no dia 1º de janeiro do terceiro ano de mandato do Presidente da República; e

IV. 2 (dois) Diretores terão mandatos com início no dia 1º de janeiro do quarto ano de mandato do Presidente da República.

§ 3º *O Presidente e os Diretores do Banco Central do Brasil poderão ser reconduzidos 1 (uma) vez, por decisão do Presidente da República, observando-se o disposto no caput deste artigo na hipótese de novas indicações para mandatos não consecutivos.*

§ 4º *O prazo de gestão do Presidente e de cada um dos Diretores do Banco Central do Brasil estender-se-á até a investidura do sucessor no cargo.*

Art. 5º *O Presidente e os Diretores do Banco Central do Brasil serão exonerados pelo Presidente da República:*

I. a pedido;

II. no caso de acometimento de enfermidade que incapacite o titular para o exercício do cargo;

III. quando sofrerem condenação, mediante decisão transitada em julgado ou proferida por órgão colegiado, pela prática de ato de improbidade administrativa ou de crime cuja pena acarrete, ainda que temporariamente, a proibição de acesso a cargos públicos;

IV. quando apresentarem comprovado e recorrente desempenho insuficiente para o alcance dos objetivos do Banco Central do Brasil.

§ 1º *Na hipótese de que trata o inciso IV do caput deste artigo, compete ao Conselho Monetário Nacional submeter ao Presidente da República a proposta de exoneração, cujo aperfeiçoamento ficará condicionado à prévia aprovação, por maioria absoluta, do Senado Federal.*

§ 2º *Ocorrendo vacância do cargo de Presidente ou de Diretor do Banco Central do Brasil, um substituto será indicado e nomeado para completar o mandato, observados os procedimentos estabelecidos no art. 3º e no caput do art. 4º desta Lei Complementar, devendo a posse ocorrer no prazo de 15 (quinze) dias, contado da aprovação do nome pelo Senado Federal.*

§ 3º *Na hipótese do § 2º deste artigo, o cargo de Presidente do Banco Central do Brasil será exercido interinamente pelo Diretor com mais tempo no exercício do cargo e, dentre os Diretores com o mesmo tempo de exercício, pelo mais idoso, até a nomeação de novo Presidente.*

Art. 6º *O Banco Central do Brasil é autarquia de natureza especial caracterizada pela ausência de vinculação a Ministério, de tutela ou de subordinação hierárquica, pela autonomia técnica, operacional, administrativa e financeira, pela investidura a termo de seus dirigentes e pela estabilidade durante seus mandatos, bem como pelas demais disposições constantes desta Lei Complementar ou de leis específicas destinadas à sua implementação.*

§ 1º *O Banco Central do Brasil corresponderá a órgão setorial nos sistemas da Administração Pública Federal, inclusive nos Sistemas de Planejamento e de Orçamento Federal, de Administração Financeira Federal, de Contabilidade Federal, de Pessoal Civil da Administração Pública Federal, de Controle Interno do Poder Executivo Federal, de Organização e Inovação Institucional do Governo Federal, de Administração dos Recursos de Tecnologia da Informação, de Gestão de Documentos de Arquivo e de Serviços Gerais.*

§ 2º *Quando necessário ao registro, ao acompanhamento e ao controle dos fatos ligados à sua gestão e à formalização, à execução e ao registro de seus atos e contratos de qualquer natureza, o Banco Central do Brasil poderá optar pela utilização de sistemas informatizados próprios, compatíveis com sua natureza especial, sem prejuízo da integração com os sistemas estruturantes da Administração Pública Federal.*

§ 3º *Os balanços do Banco Central do Brasil serão apurados anualmente e abrangerão o período de 1º de janeiro a 31 de dezembro, inclusive para fins de destinação ou cobertura de seus resultados e constituição de reservas.*

§ 4º *Os resultados do Banco Central do Brasil, consideradas todas as suas receitas e despesas, de qualquer natureza, serão apurados pelo regime de competência, devendo sua destinação ou cobertura observar o disposto na Lei nº 13.820, de 2 de maio de 2019.*

§ 5º *As demonstrações financeiras do Banco Central do Brasil serão elaboradas em conformidade com o padrão contábil aprovado na forma do inciso XXVII do caput do art. 4º da Lei nº 4.595, de 31 de dezembro de 1964, aplicando-se, subsidiariamente, as normas previstas na Lei nº 4.320, de 17 de março de 1964.*

Art. 7º *O art. 10 da Lei nº 4.595, de 31 de dezembro de 1964, passa a vigorar com as seguintes alterações:*

"Art. 10. ....

V - realizar operações de redesconto e empréstimo com instituições financeiras públicas e privadas, consoante remuneração, limites, prazos, garantias, formas de negociação e outras condições estabelecidos em regulamentação por ele editada;

...

XII - efetuar, como instrumento de política monetária, operações de compra e venda de títulos públicos federais, consoante remuneração, limites, prazos, formas de negociação e outras condições estabelecidos em regulamentação por ele editada, sem prejuízo do disposto no art. 39 da Lei Complementar nº 101, de 4 de maio de 2000;

XIV - aprovar seu regimento interno;

XV - efetuar, como instrumento de política cambial, operações de compra e venda de moeda estrangeira e operações com instrumentos derivativos no mercado interno, consoante remuneração, limites, prazos, formas de negociação e outras condições estabelecidos em regulamentação por ele editada.

....

§ 3º O Banco Central do Brasil informará previamente ao Conselho Monetário Nacional sobre o deferimento de operações na forma estabelecida no inciso V do caput deste artigo, sempre que identificar a possibilidade de impacto fiscal relevante." (NR)

Art. 8º Em até 90 (noventa) dias após a entrada em vigor desta Lei Complementar, deverão ser nomeados o Presidente e 8 (oito) Diretores do Banco Central do Brasil, cujos mandatos atenderão à seguinte escala, dispensando-se nova aprovação pelo Senado Federal para os indicados que, na ocasião, já estejam no exercício do cargo:

I - o Presidente e 2 (dois) Diretores terão mandatos até o dia 31 de dezembro de 2024;

II - 2 (dois) Diretores terão mandatos até o dia 31 de dezembro de 2023;

III - 2 (dois) Diretores terão mandatos até o dia 28 de fevereiro de 2023;

IV - 2 (dois) Diretores terão mandatos até o dia 31 de dezembro de 2021.

Parágrafo único. Será admitida 1 (uma) recondução para o Presidente e para os Diretores do Banco Central do Brasil que houverem sido nomeados na forma prevista neste artigo.

Art. 9º O cargo de Ministro de Estado Presidente do Banco Central do Brasil fica transformado no cargo de Natureza Especial de Presidente do Banco Central do Brasil.

Art. 10. É vedado ao Presidente e aos Diretores do Banco Central do Brasil:

I - (VETADO);

II - (VETADO);

III - participar do controle societário ou exercer qualquer atividade profissional direta ou indiretamente, com ou sem vínculo empregatício, junto a instituições do Sistema Financeiro Nacional, após o exercício do mandato, exoneração a pedido ou demissão justificada, por um período de 6 (seis) meses.

Parágrafo único. No período referido no inciso III do caput deste artigo, fica assegurado à ex-autoridade o recebimento da remuneração compensatória a ser paga pelo Banco Central do Brasil.

Art. 11. O Presidente do Banco Central do Brasil deverá apresentar, no Senado Federal, em arguição pública, no primeiro e no segundo semestres de cada ano, relatório de inflação e relatório de estabilidade financeira, explicando as decisões tomadas no semestre anterior.

Art. 12. O currículo dos indicados para ocupar o cargo de Presidente ou de Diretor do Banco Central do Brasil deverá ser disponibilizado para consulta pública e anexado no ato administrativo da referida indicação.

Art. 14. Esta Lei Complementar entra em vigor na data de sua publicação

C
B
A
N

2 MERCADO DE CAPITAIS

O mercado de capitais é um sistema de distribuição de valores mobiliários, que tem o propósito de proporcionar liquidez aos títulos de emissão de empresas e viabilizar seu processo de capitalização. É constituído pelas Bolsas de Valores, sociedades corretoras distribuidoras e outras instituições financeiras autorizadas.

Como visto anteriormente, quando se fala de autoridades monetárias, a principal supervisora e reguladora do mercado de valores mobiliários é a CVM.

A CVM é a principal autarquia responsável por garantir o adequado funcionamento do mercado de valores mobiliários. Logo, para que qualquer companhia possa operar neste mercado, esta dependerá de autorização prévia da CVM para realizar suas atividades.

2.1 Mercado de Valores Mobiliários

Em alguns casos, o mercado de crédito não é capaz de suprir as necessidades de financiamento dos agentes ou empresas. Isso pode ocorrer, por exemplo, quando um determinado agente, em geral uma empresa, deseja um volume de recursos muito superior ao que uma instituição poderia, sozinha, emprestar. Além disso, pode acontecer de os custos dos empréstimos no mercado de crédito, em virtude dos riscos assumidos pelas instituições nas operações, serem demasiadamente altos, de forma a inviabilizar os investimentos pretendidos. Surgiu, com isso, o que é conhecido como Mercado de Capitais, ou Mercado de Valores Mobiliários.

No Mercado de Valores Mobiliários, em geral, os investidores emprestam recursos diretamente aos agentes deficitários, como as empresas. Caracterizam-se por negócios de médio e longo prazo, no qual são negociados títulos chamados de Valores Mobiliários. Como exemplo, podemos citar as ações, que representam parcela do capital social de sociedades anônimas, e as debêntures, que representam títulos de dívida dessas mesmas sociedades.

Nesse mercado, as instituições financeiras atuam, basicamente, como prestadoras de serviços, assessorando as empresas no planejamento das emissões de valores mobiliários, ajudando na colocação deles para o público investidor, facilitando o processo de formação de preços e a liquidez, assim como criando condições adequadas para as negociações secundárias. Elas não assumem a obrigação pelo cumprimento das obrigações estabelecidas e formalizadas nesse mercado. Assim, a responsabilidade pelo pagamento dos juros e do principal de uma debênture, por exemplo, é da emissora, e não da instituição financeira que a tenha assessorado ou participado do processo de colocação dos títulos no mercado. São participantes desse mercado, como exemplo, os Bancos de Investimento, as Corretoras e Distribuidoras de Títulos e Valores Mobiliários, as entidades administradoras de mercado de bolsa e balcão, além de diversos outros prestadores de serviços.

No mercado de capitais, os principais títulos negociados são:

- Ações - ou de empréstimos tomados, via mercado, por empresas.
- Debêntures conversíveis em ações, bônus de subscrição.
- Commercial Papers ou Notas Promissórias Comerciais, que permitem a circulação de capital para custear o desenvolvimento econômico.

O mercado de capitais abrange, ainda, as negociações com direitos e recibos de subscrição de valores mobiliários, certificados de depósitos de ações e demais derivados autorizados à negociação pela CVM.

Estes títulos são nada mais nada menos que papéis que valem dinheiro, ou seja, constituem o meio de uma empresa ou companhia arrecadar dinheiro, na forma de aquisição de novos sócios ou credores.

Isto decorre do fato de que muitas vezes arrecadar dinheiro por meio da emissão de títulos é mais barato para a empresa que contratar empréstimos em instituições financeiras.

2.1.1.As Empresas ou Companhias

As Companhias são as empresas que são emissoras dos papéis negociados no mercado de capitais. Estas empresas têm um objetivo em comum, captar recursos em larga escala e de forma mais lucrativa.

Para que isto ocorra, as empresas devem solicitar a CVM autorização para emitir e comercializar seus papéis.

Estas empresas são chamadas Sociedades Anônimas ou, simplesmente, S/A. Ao adotarem este tipo de constituição, elas passam a ter uma quantidade de sócios maior do que teriam se fossem empresas de responsabilidade limitada – LTDA, por exemplo.

Estas S/As podem ser constituídas de forma Aberta ou Fechada. As S/A abertas admitem negociação dos seus títulos nos mercados abertos como Bolsa e Balcão Organizado; já as fechadas só podem ter seus papéis negociados restritamente entre pessoas da própria empresa ou próximas a empresa.

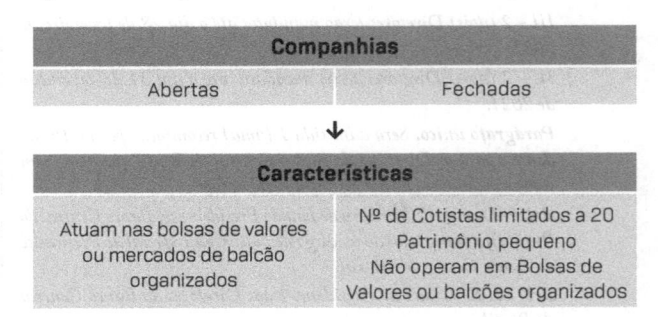

Companhias	
Abertas	Fechadas

↓

Características	
Atuam nas bolsas de valores ou mercados de balcão organizados	Nº de Cotistas limitado a 20 Patrimônio pequeno Não operam em Bolsas de Valores ou balcões organizados

As Negociações de Papéis

Para as Companhias Abertas, que admitem negociação de seus papéis no mercado público, há distribuição em dois tipos de mercados: O Primário e o Secundário.

Oferta pública de distribuição, primária ou secundária, é o processo de colocação, junto ao público, de certo número de títulos e valores mobiliários para venda. Envolve desde o levantamento das intenções do mercado em relação aos valores mobiliários ofertados até a efetiva colocação junto ao público, incluindo a divulgação de informações, o período de subscrição, entre outras etapas.

As ofertas podem ser primárias ou secundárias. Quando a empresa vende novos títulos e os recursos dessas vendas vão para o caixa da empresa, as ofertas são chamadas de primárias.

Por outro lado, quando não envolvem a emissão de novos títulos, caracterizando apenas a venda de ações já existentes - em geral dos sócios que querem "desinvestir" ou reduzir a sua participação no negócio - e os recursos vão para os vendedores e não para o caixa da empresa, a oferta é conhecida como secundária (block trade).

Além disso, quando a empresa está realizando a sua primeira oferta pública, ou seja, quando está abrindo o seu capital, a oferta recebe o nome de oferta pública inicial ou IPO (do termo em inglês, Inicial Public Offer).

Quando a empresa já tem o capital aberto e já realizou a sua primeira oferta, as emissões seguintes são conhecidas como ofertas subsequentes ou, no termo em inglês, follow on.

Mercado Primário	Mercado Secundário
IPO - Oferta Pública Inicial (títulos novos)	Negociação dos títulos já emitidos anteriormente
Sensibiliza o Caixa da Empresa Pode ter valor Nominal ou valor de Mercado	Não sensibiliza o caixa da Empresa Os papéis terão seu valor apenas pelo valor de Mercado.

A Lei nº 6.385/76, que disciplina o mercado de capitais, estabelece que nenhuma emissão pública de valores mobiliários poderá ser distribuída no mercado sem prévio registro na Comissão de Valores Mobiliários, apesar de lhe conceder a prerrogativa de dispensar o registro em determinados casos, e delega competência para a CVM disciplinar as emissões. Além disso, exemplifica algumas situações que caracterizam a oferta como pública, como, por exemplo: a utilização de listas ou boletins, folhetos, prospectos ou anúncios destinados ao público; a negociação feita em loja, escritório ou estabelecimento aberto ao público, entre outros.

Em regra, toda oferta pública deve ser registrada na CVM. Porém, o registro poderá ser dispensado, considerando as características específicas da oferta em questão, como, por exemplo, a oferta pública de valores mobiliários de emissão de empresas de pequeno porte e de microempresas, assim definidas em lei, que são dispensadas automaticamente do registro para ofertas de até R$ 2.400.000,00 (Dois milhões e quatrocentos mil reais) em cada período de 12 meses, desde que observadas as condições estabelecidas nos parágrafos 4º ao 8º, do Art. 5º, da instrução CVM 400/03.

As ofertas públicas devem ser realizadas por intermédio de instituições integrantes do sistema de distribuição de valores mobiliários, como os bancos de investimento, corretoras ou distribuidoras. Essas instituições poderão se organizar em consórcios, com o fim específico de distribuir os valores mobiliários no mercado e/ou garantir a subscrição da emissão, sempre sob a organização de uma instituição líder, que assume responsabilidades específicas. Para participar de uma oferta pública, o investidor precisa ser cadastrado em uma dessas instituições.

Estas instituições integrantes do Sistema de Distribuição de Valores Mobiliários são os chamados "agentes subscritores" ou agentes underwhiters.

Estes agentes realizam a subscrição dos títulos, ou seja, "assinam embaixo" atestando a procedência dos papéis, por isso o nome Underwriting.

Este evento pode ser dividido em 3 tipos:

Underwriting Firme: a modalidade de lançamento no qual a instituição financeira, ou consórcio de instituições subscreve a emissão total, encarregando-se, por sua conta e risco, de colocá-la no mercado junto aos investidores individuais (público) e institucionais. Neste tipo de operação, no caso de um eventual fracasso, a empresa já recebeu integralmente o valor correspondente às ações emitidas. O risco é inteiramente do underwriter (intermediário financeiro que executa uma operação de Underwriting).

O fato de uma emissão ser colocada por meio de Underwriting Firme oferece uma garantia adicional ao investidor, porque, se as instituições financeiras do consórcio estão dispostas a assumir o risco da operação, é porque confiam no êxito do lançamento, uma vez que não há interesse de sua parte em imobilizar recursos por muito tempo.

Underwriting Best Efforces (Melhores Esforços): é a modalidade de lançamento de ações, no qual a instituição financeira assume apenas o compromisso de fazer o melhor esforço para colocar o máximo de uma emissão junto à sua clientela, nas melhores condições possíveis e num determinado período de tempo. As dificuldades de colocação das ações irão se refletir diretamente na empresa emissora. Neste caso, o investidor deve proceder a uma avaliação mais cuidadosa, tanto das perspectivas da empresa quanto das instituições financeiras encarregadas do lançamento.

Residual ou Stand-By Underwriting: nessa forma de subscrição pública, a instituição financeira não se responsabiliza, no momento do lançamento, pela integralização total das ações emitidas. Há um comprometimento, entre a instituição e a empresa emitente, de negociar as novas ações junto ao mercado durante certo tempo. Quando este for finalizado, poderá ocorrer a subscrição total, por parte da instituição, ou a devolução à sociedade emitente, das ações que não foram absorvidas pelos investidores individuais e institucionais.

Aspectos Operacionais do Underwriting

A decisão de emitir ações pela oferta pública, tanto para abertura como para aumento do capital, pressupõe que a sociedade ofereça certas condições de atratividade econômica, bem como supõe um estudo da conjuntura econômica global a fim de evitar que não obtenha êxito por falta de senso de oportunidade. É preciso que se avaliem, pelo menos, os seguintes aspectos: existência de um clima de confiança nos resultados da economia, estudo setorial, estabilidade política, inflação controlada, mercado secundário e motivações para oferta dos novos títulos.

2.2 Mercados de Atuação das Companhias

No mercado organizado de valores mobiliários, tem-se a criação de mecanismos, sistemas e regulamentos que propiciam a existência de um ambiente seguro, para que os investidores negociem seus recursos e movimentem a economia do País.

No Brasil, existem dois tipos de mercados organizados: as Bolsas de Valores e os Balcões Organizados de negociação.

As Bolsas de Valores

- Ambiente onde se negociam os papéis das S/A abertas.
- Podem ser sociedades civis, SEM fins lucrativos; ou S/A, COM fins lucrativos.
- Operam via pregão eletrônico, não havendo mais o pregão viva voz, que era chamado presencial. Agora as transações são feitas por telefone, por meio dos escritórios das instituições financeiras autorizadas.
- Registram, supervisionam e divulgam as execuções dos negócios e as suas liquidações.

Em resumo, as Bolsas de Valores correspondem a um ambiente que pode ser físico ou eletrônico, onde são realizadas negociações entre investidores e companhias e investidores com outros investidores. Entretanto, pelo fato de as empresas que operam na bolsa serem grandes demais, e muitas delas terem tradição de anos, algumas empresas que estão começando têm dificuldade para conseguirem ser tão atrativas quanto as empresas maiores. Pensando nisso, a CVM autorizou a criação de mercados de balcão, que são, também, ambientes virtuais onde empresas menores podem negociar seus títulos com mais facilidade.

O Mercado de Balcão pode ser Organizado ou Não Organizado

Organizado	Não Organizado
Utiliza Exclusivamente o Sistema Eletrônico de Negociação	Não exite Sistema Padrão
Supervisiona a Liquidação dos papéis	Não existe padrão na supervisão dos papéis

Em resumo, o mercado de balcão organizado tem normas e é bastante confiável, já o não organizado é caótico.

Tradicionalmente, o mercado de balcão é um mercado de títulos sem local físico definido para a realização das transações que são feitas por telefone entre as instituições financeiras. O mercado de balcão é chamado de organizado quando se estrutura como um sistema de negociação de títulos e valores mobiliários, podendo estar organizado como um sistema eletrônico de negociação por terminais, que interliga as instituições credenciadas em todo o Brasil, processando suas ordens de compra e venda e fechando os negócios eletronicamente.

O mercado de balcão organizado é um ambiente administrado por instituições autorreguladoras, que propiciam sistemas informatizados e regras para a negociação de títulos e valores mobiliários. Estas instituições são autorizadas a funcionar pela CVM e por ela são supervisionadas.

Atualmente, a maior administradora de balcão organizado do país é a Cetip.

A Cetip é a integradora do mercado financeiro. É uma companhia de capital aberto que oferece serviços de registro, central depositária, negociação e liquidação de ativos e títulos. Por meio de soluções de tecnologia e infraestrutura, proporciona liquidez, segurança e transparência para as operações financeiras, contribuindo para o desenvolvimento sustentável do mercado e da sociedade brasileira. A empresa é, também, a maior depositária de títulos privados de renda fixa da América Latina e a maior câmara de ativos privados do país, além de realizar a custódia de títulos públicos estaduais e municipais.

A atual administradora do mercado de balcão organizado que opera na Bolsa de valores no Brasil é a SOMA (Sociedade Operadora do Mercado de Ativos S/A).

Como o nome já diz, a SOMA é uma SA de capital FECHADO, controlada pela BM&F Bovespa.

A SOMA é a instituição autorreguladora, autorizada pela CVM, para administrar o mercado de balcão que acontece dentro da própria bolsa. Isso mesmo, dentro da própria bolsa existe um mercado de balcão organizado.

Dentre as atribuições da SOMA, estão: autorizar as CTVM, DTVM e Bancos de Investimentos, a atuarem como intermediadores, executando e liquidando as ordens.

Reguladora/Fiscal →	CVM Autoriza ↓
ADM Merc. Balcão →	SOMA Autoriza Bold Italic ↓
Intermediadores →	CTVM DTVM Bancos de Investimento

Quais os títulos negociados no mercado de balcão organizado?

O mercado de balcão organizado pode admitir à negociação somente as ações de companhias abertas com registro para negociação em mercado de balcão organizado. As debêntures de emissão de companhias abertas podem ser negociadas simultaneamente em Bolsa de Valores e mercado de balcão organizado desde que cumpram os requisitos de ambos os mercados.

Como visto anteriormente, antes de ter seus títulos negociados no mercado primário, a companhia deve requerer o registro de companhia aberta junto à CVM, bem como especificar onde seus títulos serão negociados no mercado secundário: se em Bolsa de Valores ou mercado de balcão organizado.

Essa decisão é muito importante, pois uma vez concedido o registro para negociação em mercado de balcão organizado, este só pode ser alterado com um pedido de mudança de registro junto à CVM.

A companhia aberta é responsável por divulgar para a entidade administradora do mercado de balcão organizado todas as informações financeiras e atos ou fatos relevantes sobre suas operações. A entidade administradora do mercado de balcão organizado, por sua vez, irá disseminar essas informações por meio de seus sistemas eletrônicos ou impressos para todo o público.

No mercado de balcão organizado, a companhia aberta pode requerer a listagem de seus títulos, por meio de seu intermediário financeiro, ou este poderá requerer a listagem independentemente da vontade da companhia. Por exemplo, se o intermediário possuir uma grande quantidade de ações de uma determinada companhia, ele poderá requerer a listagem dela e negociar esses ativos no mercado de balcão organizado. Neste caso, a entidade administradora do mercado de balcão organizado irá disseminar as informações que a companhia aberta tiver encaminhado à CVM.

Além de ações e debêntures, no mercado de balcão organizado são negociados diversos outros títulos, tais como:

- bônus de subscrição;
- índices representativos de carteira de ações;
- opções de compra e venda de valores mobiliários;
- direitos de subscrição;
- recibos de subscrição;
- quotas de fundos fechados de investimento, incluindo os fundos imobiliários e os fundos de investimento em direitos creditórios;
- certificados de investimento audiovisual;
- certificados de recebíveis imobiliários.

2.2.1.Sistemática do Mercado Organizado

1ª Etapa	2ª Etapa	3º Etapa
A empresa decide ternar-se Companhia, se S/A aberta ou S/A fechada	Busca autorização junto à CVM para entrar nos mercados de atuação	A empresa decide em qual mercado de atuação deseja estar
Se S/A Aberta	CVM autoriza ou não	Bolsa de Valores
		Mercado de balcão organizado

Vale destacar que a companhia pode trocar de mercado, mas como se trata de uma grande burocracia que envolve recomprar todos os papéis em circulação em um mercado para poder migrar para o outro, a CVM editou a IN CVM 400 que dita as regras para a mudança de mercado de atuação.

Qual a diferença entre uma Bolsa de Valores e as entidades que administram o mercado de balcão organizado?

As Bolsas de Valores também são responsáveis por administrar o mercado secundário de ações, debêntures e outros títulos e valores mobiliários. Na verdade, ainda que não haja nenhum limite de quantidade ou tamanho de ativos para uma companhia abrir o capital, e listar seus valores para negociação em Bolsas de Valores, em geral, as empresas listadas em Bolsas de Valores são companhias de grande porte.

Isto prejudica a "visibilidade" de empresas de menor porte e, de certa forma, a própria liquidez dos ativos emitidos por essas companhias. Por isso, em muitos países, há segmentos especiais e/ou mercados segregados especializados para a negociação de ações e outros títulos emitidos por empresas de menor porte.

Ao mesmo tempo, no Brasil, no mercado de balcão organizado é admitido um conjunto mais amplo de intermediários do que em Bolsas de Valores, o que pode aumentar o grau de exposição de companhias de médio porte ou novas empresas ao mercado.

Assim, o objetivo da regulamentação do mercado de balcão organizado é ampliar o acesso ao mercado para novas companhias, criando um segmento voltado à negociação de valores emitidos por empresas que não teriam, em Bolsas de Valores, o mesmo grau de exposição e visibilidade.

Para os investidores, a principal diferença entre as operações realizadas em Bolsas de Valores e aquelas realizadas no mercado de balcão organizado é que neste último não existe um fundo de garantia que respalde suas operações. O fundo de garantia é mantido pelas bolsas com a finalidade exclusiva de assegurar aos investidores o ressarcimento de prejuízos decorrentes de execução infiel de ordens por parte de uma corretora membro, entrega de valores mobiliários ilegítimos ao investidor, decretação de liquidação extrajudicial da corretora de valores, entre outras.

Uma segunda diferença se refere aos procedimentos especiais que as Bolsas de Valores devem adotar no caso de variação significativa de preços ou no caso de uma oferta representando uma quantidade significativa de ações. Nesses casos, as Bolsas de Valores devem interromper a negociação do ativo.

Para as companhias, a regra para se tornar uma companhia aberta é a mesma, independentemente de esta buscar uma listagem em Bolsa de Valores ou no mercado de balcão organizado.

2.3 Mercado de Ações

Dentro do mercado de capitais está o mercado mais procurado e utilizado, que é o mercado de ações. Neste mercado são comercializados os papéis mais conhecidos no mundo dos negócios e que tornam o seu possuidor um sócio da companhia emitente.

O mercado de ações consiste na negociação, em mercado primário ou secundário, das ações geradas por empresas que desejam captar dinheiro de uma forma mais barata.

Ação é a menor parcela do capital social das companhias ou sociedades anônimas. É, portanto, um título patrimonial e, como tal, concede aos seus titulares, os acionistas, todos os direitos e deveres de um sócio, no limite das ações possuídas.

Uma ação é um valor mobiliário, expressamente previsto no inciso I, do artigo 2º, da Lei nº 6385/76. No entanto, apesar de todas as companhias ou sociedades anônimas terem o seu capital dividido em ações, somente as ações emitidas por companhias registradas na CVM, chamadas companhias abertas, podem ser negociadas publicamente no mercado de valores mobiliários.

Atualmente, as ações são predominantemente escriturais, mantidas em contas de depósito, em nome dos titulares, sem emissão de certificado, em instituição contratada pela companhia para a prestação desse serviço, em que a propriedade é comprovada pelo "Extrato de Posição Acionária". As ações devem ser sempre nominativas, não mais sendo permitidas a emissão e a negociação de ações ao portador ou endossáveis.

2.3.1. As Ações

Espécies

As ações podem ser de diferentes espécies, conforme os direitos que concedem a seus acionistas. O Estatuto Social das Companhias, que é o conjunto de regras que devem ser cumpridas pelos administradores e acionistas, define as características de cada espécie de ações, que podem ser:

Ação Ordinária (sigla ON – Ordinária Nominativa)

Sua principal característica é conferir ao seu titular direito a voto nas Assembleias de acionistas.

Ação Preferencial (sigla PN – Preferencial Nominativa)

Normalmente, o Estatuto retira dessa espécie de ação o direito de voto. Em contrapartida, concede outras vantagens, tais como prioridade na distribuição de dividendos ou no reembolso de capital, podendo, ainda, possuir prioridades específicas, se admitidas à negociação no mercado.

As ações preferenciais podem ser divididas em classes, tais como, classe "A", "B" etc. Os direitos de cada classe constam do Estatuto Social.

As ações preferenciais têm o direito de receber dividendos ao menos 10% a mais que as ordinárias.

Vale observar que as ações preferenciais, em regra, não possuem direito a voto, ou quando o têm, ele é restrito. Isso porque existem 2 casos em que as ações preferenciais adquirem direito a voto temporário:

- Quando a empresa passar mais de três anos sem distribuir lucros.
- Quando houve votação para eleição dos membros do conselho administrativo da companhia.

Ordinárias	Preferenciais	Fruição ou Gozo
VOTO 51% CONTROLADOR	LUCRO Pelo menos 10% maior que as ordinárias. Se a empresa passar mais de 3 anos sem dar lucro, estas ações adquirem o direito ao VOTO.	EX- AÇÕES Ações que foram compradas de volta pelo emitente, mas que o titular recebeu um novo título representativo do valor, que é negociável e endossável.

Características das Ações

Quanto ao Valor:

Nominais: o valor da ação vai descrito na escritura de emissão no momento do lançamento.

Não nominais: o valor da ação será ditado pelo mercado, mas não pode ser inferior ao valor dado na emissão das ações (esta manobra é mais arriscada, mas também pode dar maior retorno).

Quanto à Forma:

Nominativas: há o registro do nome do proprietário no cartório de registro de valores mobiliários. Há a emissão física do certificado. Nominativas Escriturais: não há a emissão física do certificado, apenas o registro no Livro de Registros de Acionistas, e as ações são representadas por um saldo em conta.

Obs.: ações ao portador não são mais permitidas no Brasil desde 1999, pois eram alvo de muita lavagem de dinheiro.

Fique ligado

Termo que pode aparecer na prova:
Blue Chips -> Ações de primeira linha, de grandes empresas. Têm muita segurança e tradição. São ações usadas como referência para índices econômicos. Termo que pode aparecer na prova: Blue Chips -> Ações de primeira linha, de grandes empresas. Têm muita segurança e tradição. São ações usadas como referência para índices econômicos.

Quanto à remuneração das ações::

Elas podem ser remuneradas de quatro formas:

Dividendos

Chamamos de dividendo a parcela do lucro líquido que, após a aprovação da Assembleia Geral Ordinária, será alocada aos acionistas da companhia. O montante dos dividendos deverá ser dividido entre as ações existentes, para sabermos quanto será devido aos acionistas por cada ação por eles detida.

Para garantir a efetividade do direito do acionista ao recebimento de dividendos, a Lei das S.A. prevê o sistema do dividendo obrigatório, de acordo com o qual as companhias são obrigadas a, havendo lucro, destinar parte dele aos acionistas, a título de dividendo. Porém, a Lei das S.A. confere às companhias liberdade para estabelecer, em seus estatutos sociais, o percentual do lucro líquido do exercício que deverá ser distribuído anualmente aos acionistas, desde que o faça com "precisão e minúcia" e não sujeite a determinação do seu valor ao exclusivo arbítrio de seus administradores e acionistas controladores. Caso o estatuto seja omisso, os acionistas terão direito a recebimento do dividendo obrigatório equivalente a 50% (cinquenta por cento) do lucro líquido ajustado nos termos do artigo 202 da Lei das S.A.

Ganhos de Capital

Ocorrem quando um investidor compra uma ação por um preço baixo, e vende a mesma ação por um preço mais alto, ou seja, realiza um ganho.

Bônus de Subscrição

Quando alguém adquire ações, passa a ser titular de uma fração do capital social de uma companhia. Todavia, quando o capital é aumentado e novas ações são emitidas, as ações até então detidas por tal acionista passam a representar uma fração menor do capital, ainda que o valor em moeda seja o mesmo.

Para evitar que ocorra essa diminuição na participação percentual detida pelo acionista no capital da companhia, a lei assegura a todos os acionistas, como um direito essencial, a preferência na subscrição das novas ações que vierem a ser emitidas em um aumento de capital (art. 109, inciso IV, da Lei das S.A.), na proporção de sua participação no capital, anteriormente ao aumento proposto.

Da mesma forma, os acionistas também terão direito de preferência nos casos de emissão de títulos conversíveis em ações, tais como debêntures conversíveis e bônus de subscrição.

Neste período, o acionista deverá manifestar sua intenção de subscrever as novas ações emitidas no âmbito do aumento de capital ou dos títulos conversíveis em ações, conforme o caso. Caso não o faça, o direito de preferência caducará.

Alternativamente, caso não deseje participar do aumento, o acionista pode ceder seu direito de preferência (art. 171, § 6º, da Lei das S.A.). Da mesma forma que as ações, o direito de subscrevê-las pode ser livremente negociado, inclusive em Bolsa de Valores.

Bonificação

Ao longo das atividades, a Companhia poderá destinar parte dos lucros sociais para a constituição de uma conta de "Reservas" (termo contábil). Caso a companhia queira, em exercício social posterior, distribuir aos acionistas o valor acumulado na conta de Reservas, poderá fazê-lo na forma de Bonificação, podendo efetuar o pagamento em espécie ou com a distribuição de novas ações. É importante destacar que, atualmente, as empresas não mais distribuem bonificação na forma de dinheiro, pois preferem fidelizar ainda mais os sócios dando-lhes mais ações.

Ações Preferenciais e distribuição de dividendos

A Lei das S.A. permite que uma sociedade emita ações preferenciais, que podem ter seu direito de voto suprimido ou restrito, por disposição do estatuto social da companhia. Em contrapartida, tais ações deverão receber uma vantagem econômica em relação às ações ordinárias. A lei permite, ainda, que as companhias abertas tenham várias classes de ações preferenciais, que conferirão a seus titulares vantagens diferentes entre si.

Neste caso, os titulares de tais ações poderão comparecer às Assembleias Gerais da companhia, bem como opinar sobre as matérias objetos de deliberação, mas não poderão votar.

As vantagens econômicas a serem conferidas às ações preferenciais em troca dos direitos políticos suprimidos, conforme dispõe a Lei, poderão consistir em prioridade de distribuição de dividendo, fixo ou mínimo, prioridade no reembolso do capital, com prêmio ou sem ele, ou a cumulação destas vantagens (Art. 17, *caput* e incisos I a III, da Lei das S.A.).

Dividendos fixos são aqueles cujo valor encontra-se devidamente quantificado no estatuto, seja em montante certo em moeda corrente, seja em percentual certo do capital, do valor nominal da ação ou, ainda, do valor do patrimônio líquido da ação. Nesta hipótese, tem o acionista direito apenas a tal valor, ou seja, uma vez atingido o montante determinado no estatuto, as ações preferenciais com direito ao dividendo fixo não participam dos lucros remanescentes, que serão distribuídos entre ações ordinárias e preferenciais de outras classes, se houver.

Dividendo mínimo é aquele também previamente quantificado no estatuto, seja com base em montante certo em moeda corrente, seja em percentual certo do capital, do valor nominal da ação ou, ainda, do valor do patrimônio líquido da ação. Porém, ao contrário das ações com dividendo fixo, as que fazem jus ao dividendo mínimo participam dos lucros remanescentes, depois de assegurado às ordinárias dividendo igual ao mínimo. Assim, após a distribuição do dividendo mínimo às ações preferenciais, às ações ordinárias caberá igual valor. O remanescente do lucro distribuído será partilhado entre ambas as espécies de ações, em igualdade de condições.

O dividendo fixo ou mínimo assegurado às ações preferenciais pode ser cumulativo ou não. Em sendo cumulativo, no caso de a companhia não ter obtido lucros durante o exercício em montante suficiente para pagar integralmente o valor dos dividendos fixos ou mínimos, o valor faltante será acumulado para os exercícios posteriores. Esta prerrogativa depende de expressa previsão estatutária.

No caso das companhias abertas, que tenham ações negociadas no mercado, as ações preferenciais deverão conferir aos seus titulares ao menos uma das vantagens a seguir (art. 17, §1º, da Lei nº 6.404/64, Lei das S.A.):

I. Direito a participar de uma parcela correspondente a, no mínimo, 25% do lucro líquido do exercício, sendo que, desse montante, lhes será garantido um dividendo prioritário de pelo menos 3% do valor do patrimônio líquido da ação e, ainda, o direito de participar de eventual saldo desses lucros distribuídos, em igualdade de condições com as ordinárias, depois de a estas assegurado dividendo igual ao mínimo prioritário;

II. Direito de receber dividendos pelo menos 10% maiores que os pagos às ações ordinárias; ou

III. Direito de serem incluídas na oferta pública em decorrência de eventual alienação de controle.

Fique ligado! Com relação aos direitos dos acionistas, temos algumas situações que as provas costumam visar e que são importantes.

Quando a empresa realiza sobra no caixa, ou seja, lucro, ela pode comprar ações de acionistas minoritários, pois assim, concentrará mais o valor das ações. Este evento denomina-se amortização de ações. O personagem que mais ganha nessa história é o Controlador, pois como ele detém 51% das ações, seu poder ficará maior, pois o número de acionistas ou de ações diminui, aumentando seu percentual. A CVM, vendo esse aumento de poder do controlador, baixou uma Instrução Normativa nº 10, que, em outras palavras, dispõe que a: A recompra de ações, uma vez feita, finda por aumentar o poder do controlador da empresa, entretanto estas ações que foram recompradas devem: Permanecer em tesouraria por, no máximo, 90 dias e depois devem ser ou revendidas ou canceladas.

Ou seja, a CVM está limitando este aumento de poder do controlador, para evitar que os acionistas minoritários percam sua participação na administração da empresa.

Quando se fala em mudança de controlador, ou seja, o acionista majoritário, que detém 51% das ações, a CVM também edita norma que regula essa troca, para evitar prejuízos aos acionistas minoritários. É a IN CVM 400 – que diz:

Para a troca do controlador, o novo controlador deve garantir que caso queira fechar o capital da S/A, deverá comprar as ações dos minoritários por ao menos 80% do valor pago pelas ações do controlador anterior. Fazendo isso a CVM garante que, os acionistas minoritários não terão prejuízos, pois o novo controlador poderia comprar as ações a um preço bem mais baixo do que pagou pelas do controlador anterior. Ressaltando ainda que para que isso ocorra deve haver uma concordância MÍNIMA entre os acionistas Gerais. A este princípio chamamos de TAG ALONG.

Existem ainda manobras que o mercado de capitais faz gerando impacto sobre o valor das ações no mercado e sua capacidade de comercialização.

Desdobramento ou *Split*

É uma estratégia utilizada pelas empresas com o principal objetivo de melhorar a liquidez de suas ações. Acontece quando as cotações estão muito elevadas, o que dificulta a entrada de novos investidores no mercado.

Imaginemos que uma ação é cotada ao valor de R$150, com lote padrão de 100 ações. Para comprar um lote dessas ações, o investidor teria que desembolsar R$15.000, que é uma quantia considerável para a maior parte dos investidores pessoa física.

Desdobrando suas ações na razão de 1 para 3, cada ação dessa empresa seria multiplicada por 3. Assim, quem possuísse 100 ações, passaria a possuir 300 ações. O valor da cotação seria dividido por 3, ou seja, passaria de R$150 para R$50.

Na prática, o desdobramento de ações não altera de forma alguma o valor do investimento ou o valor da empresa, é apenas uma operação de multiplicação de ações e divisão dos preços para aumentar a liquidez das ações.

Agora, depois do desdobramento, o investidor que quisesse adquirir um lote de ações da empresa gastaria apenas R$5000. Convém notar que o investidor que possuía 100 ações cotadas a R$150, com um valor total de R$15.000, ainda possuía os mesmos R$15.000, mas agora distribuídos em 300 ações cotadas a R$50.

Com as ações mais baratas, mais investidores se interessam em comprá-las. Isso pode fazer com que as cotações subam no curto prazo, devido à maior entrada de investidores no mercado, porém, não há como prever se isso irá ou não acontecer. A companhia também pode utilizar os desdobramentos como parte de sua estratégia de governança corporativa, para mostrar Fique ligado e facilitar a entrada de novos acionistas minoritários.

Os desdobramentos podem acontecer em qualquer razão, mas as mais comuns são de 1 para 2, 1 para 3 e 1 para 4 ações.

Grupamento ou Inplit

Exatamente o oposto do desdobramento, o grupamento serve para melhorar a liquidez e os preços das ações quando estas estão cotadas a preços muito baixos no mercado.

Imaginemos uma empresa com ações cotadas na bolsa a R$10, com lote padrão de 100 ações. A empresa julga, baseada em seu histórico e seu posicionamento estratégico, que suas ações estão cotadas por um valor muito baixo no mercado, e aprova em Assembleia Geral, que fará um grupamento na razão de 5 para 1. Ou seja, cada cinco ações passarão a ser apenas uma ação e os preços serão multiplicados por 5.

Antes do grupamento, o investidor que possuísse 100 ações cotadas a R$10 teria o valor total de R$1000. Após o grupamento, o mesmo investidor passaria a ter 20 ações (100/5) cotadas a R$50, ou seja, continuaria possuindo os mesmos R$1000 investidos. O grupamento, assim como o desdobramento, não altera em absolutamente nada o valor do investimento.

Um dos objetivos do grupamento de ações é tentar diminuir a volatilidade dos ativos. R$1,00 de variação em um ativo cotado a R$10,00, significa 10% de variação. Já em um ativo cotado a R$50,00, representa apenas 2%. É importante ressaltar que nada garante se isso irá ou não acontecer.

Outro objetivo do grupamento pode estar atrelado ao planejamento estratégico da companhia e às suas práticas de governança corporativa. As cotações de suas ações podem estar intimamente ligadas à percepção de valor da empresa por parte dos investidores.

Desdobramento ou Split	Grupamento ou Inplit
Manobra feita para tornar as ações mais baratas e atrativas para novos investidores. Diminui o valor das ações, mas mantém o valor aplicado pelo investidor. Aumenta a quantidade de ações. Não altera o capital do investidor. Aumenta a liquidez das ações, pois ficam mais baratas e fáceis de serem comercializadas.	Manobra feita para tornar as ações mais caras e, aparentemente, elevar seu valor. Aumenta o valor das ações, mas mantém o valor aplicado do investidor. Diminui a quantidade de ações. Não altera o capital do investidor.

2.4 Mercado à Vista de Ações

O Mercado à Vista de Ações é onde ocorrem negociações deste papel de forma imediata, ou seja, é onde se pode comprar e vender uma ação no mesmo dia, o comprador realiza o pagamento e o vendedor entrega as ações objeto da transação em D+3 (três dias), ou seja, no terceiro dia útil após a realização do negócio. Nesse mercado, os preços são formados em pregão em negociações realizadas no sistema eletrônico de negociação chamado Mega Bolsa.

No Mercado à Vista, temos:

- Operações imediatas ou de curto prazo.
- Operacionalização na Bolsa de Valores.
- Sistema eletrônico de negociação.
- Câmara de liquidação de ações – antiga CBLC.
- After Market – vantagem para quem não consegue operar no horário normal de funcionamento da Bolsa.

Hoje o mercado à vista de ações é coordenado pela BM&F Bovespa.

Dentro do Mercado à Vista, tem-se a compra e venda de ações quase que instantaneamente, é onde ocorrem as negociações diárias do mercado de capitais.

Durante o dia há o pregão, que atualmente é eletrônico, que nada mais é do que a Bolsa de Valores coordenando a compra e venda dessas ações.

Após seu fechamento, que ocorre às 17h00min, não se pode mais realizar nenhuma transação no ambiente.

Entretanto, como várias pessoas têm suas atividades diárias voltadas a outros serviços, ficavam de fora da comercialização no Mercado à Vista de Ações. Sabendo disso, a Bolsa de Valores institui o After Market.

O After Market é uma abertura para que essas pessoas, que não puderam negociar no mercado no horário normal, possam realizar transações durante um espaço de tempo determinado.

- De 17h30min às 17h45min há a pré-abertura deste mercado, em que só podem ser canceladas operações feitas no horário normal.
- Das 17h45min até as 19h00min podem ser feitas transações no mercado, mas somente com papéis que já foram comercializados no dia, então não se podem lançar títulos novos no After Market.
- Existe ainda um limite máximo e mínimo para as operações. (2% para mais ou para menos, além de limite de valor)
- Este recurso só é disponível no Mercado à Vista de Ações.
- Nele são executadas ordens simples tais como:
  - Compra e venda: executar ou cancelar uma compra ou venda e dar ordem a mercado.

As ordens que podem ser dadas são as seguintes:

A Mercado: quando especifica a quantidade e características do que vai ser comprado ou vendido (executar na hora).

Limitada: executar a preço igual ou melhor do que o especificado.

Administrada: a mesma a mercado, mas neste caso fica a critério da intermediadora decidir o melhor momento.

ON-STOP: define o nível de preço a partir do qual a ordem deve ser executada.

Casada: ordem de venda de um e compra do outro (ambas executadas ao mesmo tempo).

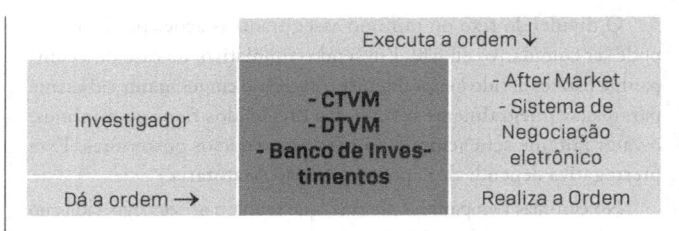

	Executa a ordem ↓	
Investigador	- CTVM - DTVM - Banco de Investimentos	- After Market - Sistema de Negociação eletrônico
Dá a ordem →		Realiza a Ordem

Importante!

- As ordens diurnas que estiverem pendentes no sistema sujeitam-se aos limites de negociação do After Market.
- O sistema rejeita ordens de compra superiores ao limite e ordens de venda a preço inferior ao limite.
- Variação permitida: 2% para mais ou para menos, além de ter um limite de operações de R$ 100 mil por investidor (já somado o que ele fez no pregão normal).
  - Os negócios feitos devem ser divulgados em D + 1.
- A liquidação física das compras e vendas de ações deve ser até D+2. Ocorre quando o vendedor entrega as ações a Câmara de liquidação de ações.
- A liquidação financeira das ações compradas ou vendidas é em D + 3. Ocorre quando é feito o débito na conta do comprador, e ao mesmo tempo é entregue a ação fisicamente ao comprador.

2.5 Debêntures (Lei nº 6.404/76 - Art. 64)

2.5.1.O que são Debêntures?

São valores mobiliários representativos de dívida de médio e longo prazo, que asseguram a seus detentores (debenturistas) direito de crédito contra a companhia emissora. Essa companhia emissora pode ser uma S/A aberta ou fechada, mas somente as abertas podem negociar suas debêntures no mercado das bolsas ou balcão, pois nas fechadas, as debêntures nem precisam de registro na CVM, pois é algo fechado, restrito. Convém lembrar que para operar na Bolsa ou no Mercado de Balcão as coisas precisam ser Públicas, vir a público, então uma empresa fechada não tem vontade de vir a público, somente as abertas.

Até este ponto do estudo, foi possível perceber que existem duas pessoas nesse processo de debêntures:

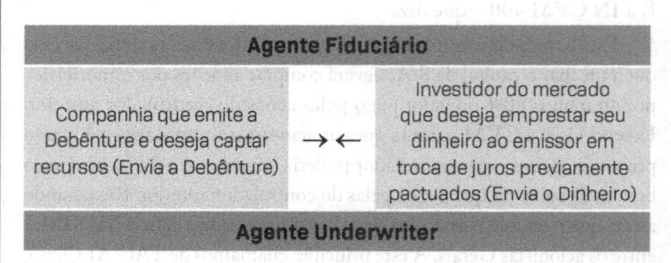

Agente Fiduciário		
Companhia que emite a Debênture e deseja captar recursos (Envia a Debênture)	→ ←	Investidor do mercado que deseja emprestar seu dinheiro ao emissor em troca de juros previamente pactuados (Envia o Dinheiro)
Agente Underwriter		

Para essa debênture ter validade, ela precisa de alguns requisitos legais, pois acima de tudo é um contrato e, como tal, precisar de algumas especificações, são elas:

- Deve constar o nome DEBÊNTURE com a indicação da espécie e suas garantias.
- Nº de emissão, série e ordem.
- Data da emissão.
- Vencimento (determinado ou indeterminado – perpétua, e se poderá ou não ter seu prazo de vencimento antecipado).
- O índice usado para corrigir o valor da debênture será CDI, IPCA, IGP-M.

- Quantidade de debêntures que irão ser emitidas (limitado ao capital PROPRIO da empresa).
- Valor nominal da debênture (ou valor de face).
- As condições para conversão ou permuta e seus respectivos prazos.

Se a debênture tiver garantias ou não, elas poderão ser classificadas em:

Real: a mais valiosa, pois a garantia existe fisicamente (hipoteca, penhor, caução, bens DETRERMINADOS).

Flutuante: não existe um bem específico, a garantia é uma parte do patrimônio da empresa (até 70% do valor do capital social).

Quirografária: nenhuma garantia ou privilégio (a garantia em caso de falência será o que sobrar, e se sobrar alguma coisa).

Subordinada: em caso de falência, oferece preferência, apenas, sobre o crédito dos acionistas.

Agora já se sabe o que é preciso para fazer uma debênture, quem pode emitir e quais as garantias que podem ser usadas, ou não.

E como se materializa, ou seja, como se transforma essa debênture em algo que possa ser visto?

Existem duas formas:

Nominativas	Nominaticas Escriturais
Título Físico, Registrado em CETIP. Emite o certificado	Informaçõe Eletrônica, CETIP registra e custodia. Não emite certificado
Registro no Livro de Registro de Debêntures Nominativas	Registro no Livro de Registro de Debêntures Normativas

Fique ligado: a Escritura da Debênture é obrigatória, mas a emissão do certificado é facultativa.

Não é comum o debenturista solicitar o certificado da debênture, mas se este solicitar, a empresa DEVE emiti-lo.

As Debêntures só podem ser emitidas por instituições que NÃO captam depósito do público, ou seja, depósito à vista, a prazo e poupança.

Fique ligado
As debêntures podem ser emitidas para fora do país, com garantia real de bens situados no Brasil. Já os Commercial Papers não podem! Só podem ser emitidos para dentro do Brasil.

Quanto ao prazo das debêntures (que deve constar na escritura da emissão):

Determinado: prazo fixado na emissão da debênture.

Indeterminado: ou perpétuo, que, em regra, não tem prazo de vencimento; mas esse prazo pode ser decretado pelo agente fiduciário quando:

- ocorrer inadimplência no pagamento dos juros ou dissolução do emitente, a empresa.

Antecipado: antes do resgate (deve contar na escritura o prazo para resgate e a possibilidade de isso ocorrer).

Antes do vencimento: quando ocorrer um colapso no mercado ou se o agente fiduciário perceber que o DEBENTURISTA corre algum risco.

Agente Fiduciário

A Lei nº 6.404/76 estabelece que a escritura de emissão, por instrumento público ou particular, de debêntures distribuídas ou admitidas à negociação no mercado, terá obrigatoriamente a intervenção de agente fiduciário dos debenturistas.

O agente fiduciário é quem representa a comunhão dos debenturistas perante a companhia emissora, com deveres específicos de defender os direitos e interesses dos debenturistas, entre outros citados na lei.

Para tanto, possui poderes próprios também atribuídos pela Lei para, na hipótese de inadimplência da companhia emissora, declarar, observadas as condições da escritura de emissão, antecipadamente vencidas as debêntures e cobrar o seu principal e acessórios, executar garantias reais ou, se não existirem, requerer a falência da companhia, entre outros.

Este personagem viabiliza a operação de compra das debêntures, por parte do DEBENTURISTA, e a venda, por parte da empresa emissora, ou seja, ele intermedeia a situação.

Mas, acima de tudo, o Agente fiduciário deve proteger o DEBENTURISTA, ou seja, ele REPRESENTA o debenturista, para isso, em caso de colapso do mercado ou para:

- proteção do debenturista;
- executar garantias reais da emissora;
- requerer falência da emissora.

O agente fiduciário pode requerer estas situações citadas para GARANTIR AO DEBENTURISTA O RECEBIMENTO DOS CRÉDITOS.

São Agentes Fiduciários os Bancos Múltiplos, Bancos de Investimento, CTVM e DTVM.

Quanto aos tipos ou classes de debêntures:

Simples: um simples direito de crédito contra a emissora, ou empresa.

Conversíveis: podem ser trocadas por ações da empresa emitente das debêntures. (Existe prazo máximo para que o debenturista decida se irá querer converter em ações ou não e, neste prazo, a empresa não pode mudar nada nos seus papéis).

Permutáveis ou não conversíveis: é uma opção que o debenturista tem de trocar as debêntures por ações de outras companhias, depois de haver passado um prazo mínimo.

Quanto à remuneração:

- Juros (fixos ou variáveis)

Fique ligado! As Soc. de Arrendamento Mercantil e as Companhias Hipotecárias só podem remunerar a juros pela TBF – Taxa Básica Financeira.

- Participação nos Lucros

Prêmio de Reembolso: não pode ser atrelado, indexado a TR, TBF ou TJLP.

As debêntures podem ser medidas por alta qualidade (baixa taxa de retorno) e por baixa qualidade (alta taxa de retorno.).

É só lembrar: quanto mais risco, mais dinheiro; quanto menos risco, menos dinheiro.

As ofertas das debêntures:

Pública	Privada
Público em geral há registro na CVM	Grupo restrito de investidores
Assembleia Geral ou Conselho Administrativo decidem, Agente Fidunciário	Não há registro na CVM

Os mercados das debêntures:

Primário	Seguncário
Emissão pela 1ª vez	Debêntures já existentes, compra e venda por invetidores.
INflui no caixa da empresa	Balcão Organizado (Sistema Nacional de Debêntures - Administrado pela CETIP S/A)

2.6 *Commercial Papers*

São títulos, papéis que valem dinheiro. Consistem em uma aplicação. Parecem muito com as debêntures e com as notas promissórias que conhecemos nos títulos de crédito (a famosa "amarelinha").

São títulos de curto prazo, que têm prazo mínimo de 30 dias e máximo de 360 dias, emitidos por instituições não financeiras, ou seja, as instituições financeiras estão fora, pois podem captar recursos de outras maneiras.

Então, o Commercial Paper serve para captar recursos no mercado interno, pois é uma promessa de pagamento no qual incidem juros a favor do investidor.

3 MERCADO DE CÂMBIO

3.1 O Que é Câmbio?

Câmbio é a operação de troca de moeda de um país pela moeda de outro país. Por exemplo, quando um turista brasileiro vai viajar para o exterior e precisa de moeda estrangeira, o agente autorizado pelo Banco Central a operar no mercado de câmbio recebe do turista brasileiro a moeda nacional e lhe entrega (vende) a moeda estrangeira. Já quando um turista estrangeiro quer converter moeda estrangeira em reais, o agente autorizado a operar no mercado de câmbio compra a moeda estrangeira do turista estrangeiro, entregando-lhe os reais correspondentes.

(Fonte: BACEN)

No Brasil, o mercado de câmbio é o ambiente no qual se realizam as operações de câmbio entre os agentes autorizados pelo Banco Central e entre estes e seus clientes, diretamente ou por meio de seus correspondentes.

O mercado de câmbio é regulamentado e fiscalizado pelo Banco Central, e compreende: as operações de compra e de venda de moeda estrangeira, as operações em moeda nacional entre residentes, domiciliados ou com sede no País e residentes, domiciliados ou com sede no exterior e as operações com ouro-instrumento cambial, realizadas por intermédio das instituições autorizadas a operar no mercado de câmbio pelo Banco Central, diretamente ou por meio de seus correspondentes.

Incluem-se no mercado de câmbio brasileiro as operações relativas aos recebimentos, pagamentos e transferências do/para o exterior mediante a utilização de cartões de uso internacional, bem como as operações referentes às transferências financeiras postais internacionais, inclusive vales postais e reembolsos postais internacionais.

À margem da lei, funciona um segmento denominado mercado paralelo. São ilegais os negócios realizados no mercado paralelo, bem como a posse de moeda estrangeira oriunda de atividades ilícitas.

3.2 Quem Opera no Mercado de Câmbio?

Bancos Múltiplos, Comerciais, de Investimentos, de Desenvolvimento, CEF, SCFI, CTVM, DTVM, Agências de Fomento e Corretoras de Câmbio.

Os que operam livremente são os Bancos e a CEF, exceto os Bancos de Desenvolvimento.

Algumas instituições operam com restrições, ou seja, não podem fazer qualquer operação, somente as especificadas pelo BACEN. São elas:

- bancos de desenvolvimento;
- sociedades de crédito, financiamento e investimento;
- agências de fomento.

Tirando essas três, as demais podem operar com todas as operações do mercado de câmbio, embora algumas tenham restrições de VALOR, mas não de operações.

As sociedades corretoras de títulos e valores mobiliários, sociedades distribuidoras de títulos e valores mobiliários e sociedades corretoras de câmbio têm algumas restrições quanto ao VALOR das operações:

- operações de câmbio com clientes para liquidação pronta de até US$ 100 mil ou o seu equivalente em outras moedas;
- operações no mercado interbancário, arbitragens no País e, por meio de banco autorizado a operar no mercado de câmbio, arbitragem com o exterior.

Fique ligado! Além desses agentes, o Banco Central também concedia autorização para agências de turismo e meios de hospedagem de turismo para operarem no mercado de câmbio. Atualmente, não se concede mais autorização para esses agentes, permanecendo ainda apenas aquelas agências de turismo cujos proprietários pediram ao Banco Central autorização para constituir instituição autorizada a operar em câmbio. Enquanto o Banco Central está analisando tais pedidos, as agências de turismo ainda autorizadas podem continuar a realizar operações de compra e venda de moeda estrangeira em espécie, cheques e cheques de viagem, relativamente a viagens internacionais.

Os meios de hospedagem não podem mais operar câmbio "de jeito nenhum"!

As agências de turismo que pediram autorização ao BACEN continuam até ele decidir se elas ficam efetivamente ou não.

Entretanto, as Instituições Financeiras podem contratar correspondentes para operar câmbio por elas. Nesse caso, teríamos um "plano B" para as agências de Turismo, que tiverem seus pedidos negados pelo BACEN, pois se elas se filiarem a uma Instituição Financeira, não mais precisarão de autorização do BACEN.

As operações realizadas pelos correspondentes são de total responsabilidade da instituição contratante, devendo esta estabelecer as regras e condutas que os correspondentes deverão seguir.

- execução ativa ou passiva de ordem de pagamento relativa à transferência unilateral (ex.: manutenção de residentes, transferência de patrimônio, prêmios em eventos culturais e esportivos) do/para o exterior, limitada ao valor equivalente a US$ 3 mil dólares dos Estados Unidos, por operação;
- compra e venda de moeda estrangeira em espécie, cheque ou cheque de viagem, bem como carga de moeda estrangeira em cartão pré-pago, limitada ao valor equivalente a US$ 3 mil dólares dos Estados Unidos, por operação; e
- recepção e encaminhamento de propostas de operações de câmbio.

A Empresa de Correios e Telégrafos do Brasil (ECT) também é autorizada pelo Banco Central a realizar operações com vales postais internacionais, emissivos e receptivos, destinadas a atender a compromissos diversos, tais como: manutenção de pessoas físicas, contribuições previdenciárias, aposentadorias e pensões, aquisição de medicamentos para uso particular, pagamento de aluguel de veículos, multas, doações. Por meio dos vales postais internacionais, a ECT também pode dar curso a recebimentos ou pagamentos conduzidos sob a sistemática de câmbio simplificado de exportação ou de importação, observado o limite de US$50 mil, ou seu equivalente em outras moedas, por operação.

Resumo dos Limites

- CTVM, DTVM e Corretoras de Câmbio = 100 mil dólares por operação.
- Empresa de Correios e Telégrafos = 50 mil dólares por operação.
- Correspondentes Bancários e Agências de Turismo ainda em operação = 3 mil dólares por operação.

Fique ligado

As instituições são obrigadas a informar o VET – Valor Efetivo Total nas operações.

Isso se deve ao fato de que nas operações de câmbio há custos embutidos como:

- Tarifa de Conversão das moedas;
- IOF – Imposto sobre Operações Financeiras.

Vale destacar que o IOF é um imposto que incide sobre quase todas as operações financeiras.

Resolução 3568/2008 BACEN:

Art. 8º. As pessoas Físicas e Jurídicas podem comprar e vender moeda estrangeira ou realizar transferências internacionais em reais, de qualquer natureza, SEM LIMITAÇÃO de valor, sendo contraparte na operação agente autorizado a operar no mercado de câmbio, observada a legalidade da transação, tendo como base a fundamentação econômica e as responsabilidades definidas na respectiva documentação.

"Então, qualquer pessoa física ou jurídica pode comprar e vender moeda estrangeira?

Sim, desde que a outra parte na operação de câmbio seja agente autorizado pelo Banco Central a operar no mercado de câmbio (ou seu correspondente para tais operações) e que seja observada a regulamentação em vigor, incluindo a necessidade de identificação em todas as operações. É dispensado o respaldo documental das operações de valor até o equivalente a US$ 3 mil, preservando-se, no entanto, a necessidade de identificação do cliente."

(Fonte: BACEN. Disponível em: <http://www.bcb.gov.br/?MERCCAMFAQ>. Acesso em: maio de 2016.)

3.3 Banda Cambial no Brasil

Uma banda cambial é a forma como um país define suas taxas de câmbio, quer sejam fixas ou livres, ou até mesmo flutuantes.

Até 2005 existiam duas bandas cambiais, a livre e a flutuante.

A livre vinha dos empréstimos e envio de dinheiro do Brasil para fora, e de fora para dentro do Brasil.

Entretanto, operar com duas bandas cambiais era muito burocrático, pois cada uma tinha suas especifícações. Então, em 2005, ficou instituída no Brasil a banda cambial que foi resultante da junção da Livre e da Flutuante.

Mas, como o Governo intervém, INDIRETAMENTE, no mercado, comprando e vendendo moeda, essa flutuação leva o nome de Flutuação Suja!

3.4 Operações no Mercado de Câmbio

As operações mais comuns são:

- Compra e Venda de moeda estrangeira.
- Arbitragem (operação em que há a compra de moeda estrangeira com outra moeda estrangeira).
- Exportação e Importação.

As operações são as supracitadas, mas como se efetivam as trocas de moedas?

Essas trocas podem ser:

- Manuais: em espécie, "dinheiro vivo".
- Sacadas: quando não existe o dinheiro vivo, mas sim papéis que valem dinheiro.

Quando falamos de câmbio, pensamos também nas taxas cambiais, ou seja, quais as taxas que dizem quanto uma moeda vale, em relação à outra moeda.

As mais comuns são:

- Taxa Repasse ou Cobertura: feita entre os Bancos e o BACEN.
- Dólar Pronto: para as operações com entrega em até 48 horas, ou D+2.

- PTAX: média das compras e vendas de moedas estrangeiras entre as Instituições Financeiras dentro do País. (Sempre em dólar Americano). Esta é a taxa de câmbio que é divulgada diariamente pelo Banco Central e serve de referência para várias operações no mercado cambial.

3.5 Forma de Materializar as Operações de Câmbio

3.5.1.Contrato de Câmbio

Contrato de câmbio é o documento que formaliza a operação de compra ou de venda de moeda estrangeira. Nele são estabelecidas as características e as condições sob as quais se realiza a operação de câmbio. Dele constam informações relativas à moeda estrangeira que um cliente está comprando ou vendendo, à taxa contratada, ao valor correspondente em moeda nacional e aos nomes do comprador e do vendedor. Os contratos de câmbio devem ser registrados no Sistema Câmbio pelo agente autorizado a operar no mercado de câmbio.

Nas operações de compra ou de venda de moeda estrangeira de até US$ 3 mil, ou seu equivalente em outras moedas estrangeiras, não é obrigatória a formalização do contrato de câmbio, mas o agente do mercado de câmbio deve identificar seu cliente e registrar a operação no Sistema Câmbio.

> **Fique ligado**
>
> Até US$ 3 mil, não é necessário o contrato de câmbio; mas o registro da operação é obrigatório!

O contrato de câmbio deve conter alguns requisitos legais para ter validade, os quais devem ser registrados no SISBACEN:

- qual a moeda em questão;
- a taxa cobrada;
- o valor correspondente em moeda nacional;
- nome do comprador e do vendedor.

Existem 10 tipos de contratos de câmbio, mas os mais comuns em prova são:

ACC – Adiantamento sobre Contrato de Câmbio

O ACC é um dos mais conhecidos e utilizados mecanismos de financiamento à exportação. Trata-se de financiamento na fase de produção ou pré-embarque. Para realizar um ACC, o exportador deve procurar um banco comercial autorizado a operar em câmbio.

Tendo limite de crédito com o banco, o exportador celebra com este um contrato de câmbio no valor correspondente às exportações que deseja financiar. É isso mesmo, o contrato de câmbio é celebrado antes mesmo de o exportador receber do importador o pagamento de sua venda.

Então, o exportador pede ao banco o adiantamento do valor em reais, correspondente ao contrato de câmbio. Assim, além de obter um financiamento competitivo para a produção da mercadoria a ser exportada, o exportador também fixa a taxa de câmbio da sua operação.

O ACC pode ser realizado também em algumas exportações de serviços.

O ACC pode ser realizado até 360 dias antes do embarque da mercadoria. A liquidação da operação se dá com o recebimento do pagamento efetuado pelo importador, acompanhado do pagamento dos juros devidos pelo exportador, ou pode ser feita com encadeamento com um financiamento pós-embarque.

ACE – Adiantamento sobre Cambiais Entregues

O ACE – Adiantamento sobre cambiais entregues é um mecanismo similar ao ACC, mas contratado na fase de comercialização ou pós-embarque.

Após o embarque dos bens, o exportador entrega os documentos da exportação e as cambiais (saques) da operação ao banco e celebra um contrato de câmbio para liquidação futura.

Então, o exportador pede ao banco o adiantamento do valor em reais correspondente ao contrato de câmbio. Assim, além de obter um financiamento competitivo para conceder prazo de pagamento ao importador, o exportador também fixa a taxa de câmbio da sua operação.

O ACE pode ser contratado com prazo de até 390 dias após o embarque da mercadoria. A liquidação da operação se dá com o recebimento do pagamento efetuado pelo importador, acompanhado do pagamento dos juros devidos pelo exportador.

ACC Adiantamento sob Contrato de Câmbio	ACE Adiantamento sob Contrato de Exportação
Pré-Embarque Financia a mercadoria a ser exportada. Deve ser contratado até 360 dias antes do embarque da mercadoria.	Pós-Embarque Antecipa os recursos a serem recebidos do Comprador. Deve ser feito até 390 dias posteriores ao Embarque da mercadoria
O pagamento é feito quando no embarque da mercadoria ou no ingresso do dinheiro pago pelo importador.	O pagamento da operação deverá ser feito quando o importador enviar os recursos.

Em ambos, os limites de financiamento são de até 100% do valor das mercadorias, e não incide IOF sobre essas operações por se tratar de um incentivo social á exportação no Brasil.

3.6 SISCOMEX - Sistema de Comércio Exterior

Sistema que é utilizado em conjunto pela SECEX (Secretaria de Comércio Exterior), Secretaria da Receita Federal e pelo BACEN, para fiscalizar a entrada e saída de recursos do Brasil para o exterior e vice-versa. Operações de Exportação e Importação devem ser registradas no Siscomex. Este sistema trouxe vários benefícios aos processos de exportação e importação:

- Harmonização de conceitos e uniformização de códigos dos processos.
- Ampliação de pontos de atendimento.
- Eliminação de coexistências de controles e sistemas paralelos de coleta de dados.
- Diminuição, simplificação e padronização de documentos.
- Agilidade nos processos e diminuição dos custos administrativos.

O SISCOMEX é um sistema e, como tal, precisa que as pessoas se cadastrem nele para operar. Os cadastros no SISCOMEX são 4:

1. Habilitação ordinária: destinada à pessoa jurídica que atue habitualmente no comércio exterior. Nesta modalidade, a empresa está sujeita ao acompanhamento da Receita Federal com base na análise prévia da sua capacidade econômica e financeira.

Obs.: a habilitação ordinária é a modalidade mais completa de habilitação, permitindo aos operadores realizar qualquer tipo de operação. Quando o volume de suas operações for incompatível com a capacidade econômica e financeira evidenciada, a empresa estará sujeita a procedimento especial de fiscalização.

2. Habilitação simplificada destinada para as pessoas físicas, as empresas públicas ou sociedades de economia mista, as entidades sem fins lucrativos.

3. Habilitação especial destinada aos órgãos da Administração Pública direta, autarquia e fundação pública, órgão público autônomo, e organismos internacionais.

4. Habilitação restrita para pessoa física ou jurídica que tenha operado anteriormente no comércio exterior, exclusivamente para realização de consulta ou retificação de declaração.

Operações de Remessas

As remessas são operações de envio de recursos para o exterior, por meio de ordens de pagamento (cheque, ordem por conta, fax, internet, cartões de crédito).

São formas de enviar dinheiro para fora por intermédio de instituições.

Existem remessas do Exterior para o Brasil e vice-versa, e elas podem ser:

Em Espécie: Pode ser por Instituição Financeira ou pelo ECT.

Também há remessas via cartão de crédito, que seguem a mesma lógica da em espécie; entretanto, o pagamento é feito no cartão de crédito.

3.7 Posição de Câmbio

A posição de câmbio é representada pelo saldo das operações de câmbio (compra e venda de moeda estrangeira, de títulos e documentos que as representem e de ouro-instrumento cambial) prontas ou para liquidação futura, realizadas pelas instituições autorizadas pelo Banco Central do Brasil a operar no mercado de câmbio.

3.7.1. Posição de Câmbio Comprada

A posição de câmbio comprada é o saldo em moeda estrangeira registrado em nome de uma instituição autorizada que tenha efetuado compras, prontas ou para liquidação futura, de moeda estrangeira, de títulos e documentos que as representem e de ouro-instrumento cambial, em valores superiores às vendas.

3.7.2. Posição de Câmbio Vendida

A posição de câmbio vendida é o saldo em moeda estrangeira registrado em nome de uma instituição autorizada que tenha efetuado vendas, prontas ou para liquidação futura, de moeda estrangeira, de títulos e documentos que as representem e de ouro-instrumento cambial, em valores superiores às compras.

4 POLÍTICAS ECONÔMICAS

Dentro do contexto de nossa matéria, surgirá, inevitavelmente, a necessidade de abordagem das políticas adotadas pelo governo para buscar o bem-estar da população. Como agente de peso no sistema financeiro brasileiro, o Governo tem por objetivo estruturar políticas para alcançar a macroeconomia brasileira, ou seja, criar mecanismos para defender os interesses econômicos dos brasileiros.

É comum ver, em noticiários informações de que o governo aumentou ou diminuiu a taxa de juros. Essas informações estão ligadas, intrinsecamente, às políticas coordenadas pelo governo para estabilizar a economia e o processo inflacionário.

As políticas traçadas pelo governo têm um objetivo simples, aumentar ou reduzir a quantidade de dinheiro que circula no país, a fim de controlar a inflação.

Diante desse objetivo, o governo vale-se de manobras que corroborem com o controle econômico, como: aumentar ou diminuir taxas de juros e impostos e estimular ou desestimular a liberação de crédito pelas instituições financeiras.

4.1 Inflação (ou Processo Inflacionário)

A inflação é um fenômeno econômico que ocorre devido a vários fatores. Dentre eles, há um bastante conhecido: a "lei da oferta e da procura". A lei é bem simples do ponto de vista histórico, mas do ponto de vista econômico pode afetar diversos setores, alterando as suas variáveis.

O que faz um indivíduo gastar mais dinheiro? Obviamente ter mais dinheiro. Correto? Então, caso possua mais dinheiro, a tendência natural é gastar mais. Com isso, as empresas, os produtores e os prestadores de serviços ao perceberem que os consumidores estão gastando mais, elevarão seus preços, pois sabem que o público pode pagar mais pelo mesmo produto, uma vez que há excesso de demanda por aquele produto.

Da mesma forma, caso haja a produção em grande escala de determinado produto resultando em sobra, o seu preço tende a cair, uma vez que há excesso de oferta.

Em resumo, a lei da oferta e da procura declara que quando houver uma alta vazão de um produto, o seu preço deve subir; bem como quando a oferta for alta, os preços deverão cair. Dois exemplos podem demonstrar isso. O primeiro apresenta a seguinte hipótese: se houver um teatro com 2 mil lugares (uma oferta fixa), o preço dos espetáculos dependerá de quantas pessoas desejarem os ingressos. Assim, se uma peça muito popular está sendo encenada, e 10 mil pessoas querem assisti-la, o teatro poderá comportar somente 2 mil pessoas, ou seja, aqueles que estiverem dispostos a pagar mais caro pelo ingresso. Nesse sentido, observa-se que quando a procura é muito mais alta que a oferta, os preços poderão subir terrivelmente. O segundo exemplo é mais elaborado. Trata-se da hipótese de que um indivíduo viva em uma ilha onde todos amam doces. Porém, há um suprimento limitado de doces na ilha, fazendo com que as pessoas troquem doces por outros itens, assim, o preço é razoavelmente estável. Com o tempo, o sujeito passa a economizar até 25 quilos de doces, podendo trocar até por um carro novo. Depois, em um certo dia, um navio se colide com algumas pedras perto da ilha e a carga de doces é perdida na costa, fazendo com que 30 toneladas do bem fique às margens da praia. Diante dessa situação, qualquer pessoa que queira um doce, pode caminhar até a praia e pegar uma parte da carga. Com isso, os 25 quilos de doces daquele indivíduo se desvaloriza e passa a valer menos.

(Fonte: Ed. Grabianowski)

Esta simples lei é um dos fatores que mais afetam a inflação, a qual:

"Aumento generalizado e persistente dos preços dos produtos de uma cesta de consumo".

Em outras palavras, para que exista a inflação, deve haver um aumento de preços, mas este essa alta não pode ser pontual, mas sim generalizada. Mesmo alguns produtos não aumentando do preço, se a maioria do mesmo segmento aumentar já é suficiente. Mas este aumento deve ser persistente, ou seja, deve ser contínuo.

Importante salientar que a análise dos índices inflacionários não é realizada de forma isolada, mas sim de acordo com a alta de preços de um grupo de produtos e serviços. Nesse sentido, para o próximo exemplo, usaremos o termo "cesta de produtos".

Dessa forma, imaginemos que estamos em um supermercado. Nesta compra, teremos vários produtos em nosso carrinho como: água, arroz, feijão, carne, milho, trigo, frutas, verduras, legumes etc.

Quando terminarmos a compra e formos ao caixa, a conta terá totalizado R$ 500,00 no primeiro mês.

No segundo mês, ao repetir os mesmos produtos, a conta totalizou R$ 620,00, no terceiro, R$ 750,00, e no quarto, R$ 800,00. Nota-se que os preços estão subindo de forma exponencial.

Quando o preço de algo sobe, o dinheiro perde valor, uma vez que para comprar o mesmo produto. A isso damos o nome de INFLAÇÃO.

O contrário do processo inflacionário a DEFLAÇÃO. A Deflação ocorre quando os preços dos produtos começam a cair de forma generalizada e persistente, gerando desconforto econômico para os produtores que podem chegar a desistir de produzir algo em virtude do baixo preço de venda.

Ambos os fenômenos têm consequências desastrosas no bem-estar econômico, pois a inflação gera desvalorização do poder de compra e a deflação pode gerar desemprego em massa. Além de tudo, ambas ainda podem culminar na temida Recessão, a estagnação completa ou quase total da economia de um país.

Tanto a inflação como a deflação são fenômenos que podem ser calculados e quantificados. Para isso, o governo mantém o IBGE (Instituto Brasileiro de Geografia e Estatística) para apurar e divulgar o valor da Inflação Oficial chamada IPCA (Índice de Preços ao Consumidor Amplo). O IPCA é a inflação calculada do dia primeiro ao dia 30 de cada mês, considerando como cesta de serviços a de famílias com renda até 40 salários mínimos, ou seja, quem ganha até quarenta salários mínimos entra no cálculo da inflação oficial.

A fim de manter o bem-estar econômico, o Governo busca estabilizar a inflação, uma vez que ela, reduz o poder de compra. Para padronizar os parâmetros da inflação o governo brasileiro instituiu o Regime de Metas para Inflação.

Neste regime, a meta de inflação é constituída por um Centro de meta, que seria o valor ideal entendido pelo governo como uma inflação saudável.

Este centro tem uma margem de tolerância para mais e para menos, pois como em qualquer nota, tem-se os arredondamentos.

Estas e outras medidas adotadas pelo governo buscam estabilizar a economia do país, melhorando o poder de compra e o bem-estar econômico. Para utilizar estas ferramentas, o governo se utiliza de políticas econômicas, as quais podem ser definidas como um conjunto de medidas que buscam harmonizar o poder de compra da moeda nacional, gerando o equilíbrio econômico do país. As políticas relacionadas à economia são estabelecidas pelo Governo Federal, tendo como agentes de suporte o Conselho Monetário Nacional, como normatizador, e o Banco Central, como executor. As ações destes agentes resultam em apenas duas situações para o cenário econômico, podendo ser de expansão ou restrição.

As políticas adotadas pelo governo para regular a oferta de dinheiro e, consequentemente, a inflação são cinco, veja:

- Política Fiscal (Arrecadações menos despesas do fluxo do orçamento do governo).
- Política Cambial (Controle indireto das taxas de câmbio e da balança de pagamentos).
- Política Creditícia (Influência nas taxas de juros do mercado, por meio da taxa SELIC).
- Política de Rendas (Controle do salário mínimo nacional e dos preços dos produtos em geral).
- Política Monetária (Controle do volume de meio circulante disponível no país e controle do poder multiplicador do dinheiro escritural).

4.1.1. Inflação 2021

O mercado subiu de 5,97% para 6,11% a estimativa para a inflação de 2021.

A meta para a inflação é de 3,75% neste ano, com intervalo de tolerância de 1,5 ponto percentual, para mais e para menos (de 2,25% para 5,25%). O Boletim Focus indica que o IPCA ficará acima do teto da meta.

Previsões do Mercado para a Economia

		4 Semanas antes	Na semana anterior	Em 9.jul.2021	na semana
PIB %	2021	4,85	5,18	5,26	↑
	2022	2,20	2,10	2,09	↓
Inflação %	2021	5,82	6,07	6,11	↑
	2022	3,78	3,77	3,75	↓
Selic %	2021	6,25	6,50	6,63	↑
	2022	6,50	6,75	7,00	↑
Dólar %	2021	5,18	5,04	5,05	↑
	2022	5,20	5,20	5,20	=

Fonte: Boletim Focus do Banco Central

Para 2022, o mercado reduziu de 3,77% para 3,75% a estimativa para o índice de preços.

O mercado também subiu de 5,18% para 5,26% a estimativa de crescimento econômico deste ano. Para o PIB (Produto Interno Bruto) de 2022, a projeção saiu de 2,10% para de 2,09%.

As perspectivas dos analistas para a taxa básica de juros, a Selic, subiram de 6,5% para 6,63% em 2021. O mercado projeta numa alta para 7% no próximo ano.

Os operadores estimam que o dólar encerre 2021 a R$ 5,05, ligeira alta ante a projeção anterior de R$ 5,04.

Fonte: Banco Central e Poder 360.

4.2 Políticas Restritivas ou Políticas Expansionistas

As políticas restritivas são resultado de ações que, de alguma forma, reduzem o volume de dinheiro circulando na economia e, consequentemente, os gastos das pessoas. Isso desacelera a economia e o crescimento. E qual o porquê de o governo fazer isso?

A resposta é simples: esta estratégia serve para controlar a inflação, pois quando há muito dinheiro circulando no mercado os preços dos bens e serviços sobem e, para conter esta subida, o governo restringe o consumo e os gastos para que a inflação diminua.

As políticas expansionistas são resultado de ações do governo que estimulam os gastos e o consumo, ou seja, em cenário de baixo crescimento o governo incentiva as pessoas a gastarem e as instituições financeiras a emprestarem. Isso gera um volume maior de recursos na economia, para que o mercado não entre em recessão. Portanto, este resultado faria com que gastássemos mais e, logo, ficaríamos mais endividados e investiríamos mais. Diante desse cenário, compraríamos mais coisas, alimentando o crescimento acelerado da inflação! Isso já ocorreu entre os anos de 2008 a 2013, refletindo na atual crise inflacionária devido ao crescimento excessivo do consumo.

Resumindo, as políticas econômicas resultam em duas situações:

- Expansionistas: quando estimulam os gastos, empréstimos e endividamentos para aumentar o volume de recursos circulando no país.
- Restritivas: quando desestimulam, restringem os gastos, empréstimos e endividamentos para reduzir o volume de recursos circulando no país.

A partir desse contexto, trataremos a seguir sobre as políticas econômicas.

4.3 Política Fiscal

A política fiscal é um o conjunto de medidas que o Governo utiliza para arrecadar receitas e realizar despesas, cumprindo três funções: a estabilização macroeconômica, a redistribuição da renda e a alocação de recursos. A função estabilizadora consiste na promoção do crescimento econômico sustentado, com baixo desemprego e estabilidade de preços. A função redistributiva visa assegurar a distribuição equitativa da renda. Por fim, a função alocativa consiste no fornecimento eficiente de bens e serviços públicos, compensando as falhas de mercado.

Os resultados da política fiscal podem ser avaliados sob diferentes ângulos, que podem focar na mensuração da qualidade do gasto público, bem como identificar os impactos da política fiscal no bem-estar dos cidadãos. Para tanto, o Governo se utiliza de estratégias, como elevar ou reduzir impostos, pois, além de sensibilizar os cofres públicos, busca aumentar ou reduzir o volume de recursos no mercado quando for necessário.

A política fiscal possui dois objetivos: primeiro, ser uma fonte de receitas ou de gastos para o governo, na medida em que reduz seus impostos para estimular ou desestimular o consumo. Segundo, quando o governo usa a emissão de títulos públicos, emitidos pela Secretaria do Tesouro Nacional, para comercializá-los e arrecadar dinheiro para cobrir seus gastos e cumprir suas metas de arrecadação.

Sim, o governo tem metas de arrecadação, que muitas vezes precisam de uma "forcinha", por meio da comercialização de títulos públicos federais no mercado financeiro. Isso porque a Constituição Federal, no artigo 164, veda o ao Banco Central de financiar o tesouro com recursos próprios, devendo apenas auxiliar o governo comercializando os títulos emitidos pela Secretaria do Tesouro.

Dessa forma, o governo consegue não só arrecadar recursos, também enxuga ou irriga o mercado financeiro, pois quando o Banco Central vende títulos públicos federais retira dinheiro de circulação e entrega os títulos aos investidores. Já quando o Banco Central compra os títulos de volta, há a devolução dos recursos ao sistema financeiro, diminuindo a dívida pública do governo. Mas como assim?

Simples. O governo vive em uma "queda de braços" constante, precisando arrecadar mais do que ganha, mas não pode deixar de gastar, pois precisa estimular a economia. Então, a saída é arrecadar impostos e quando esses não forem suficientes, o governo se endivida. Isso mesmo! Quando o governo emite títulos públicos federais, ele se endivida, pois os títulos públicos são acompanhados de uma remuneração, uma taxa de juros, que recebeu o nome do sistema que administra e registra essas operações de compra e venda. Este sistema se chama SELIC (Sistema Especial de Liquidação e Custódia) e, a partir dele, deu-se o nome à taxa de juros dos títulos. Logo, ela é intitulada de "taxa SELIC".

Esta taxa de juros é mais conhecida por "juro da dívida pública", isso porque o governo deve considerá-lo como despesa e endividamento. Logo, a emissão destes títulos, bem como o aumento da taxa SELIC, devem ser cautelosos para evitar excessos de endividamento, acarretando dificuldades em fechar o caixa no fim do ano.

Este fechamento de caixa pode resultar em duas situações: uma chamamos de superávit e a outra chamamos de déficit.

Diante disso, tem-se o resultado fiscal primário, o qual se caracteriza pela diferença entre as receitas primárias e as despesas primárias durante um determinado período. O resultado fiscal nominal, ou resultado secundário, por sua vez, é o resultado primário acrescido do pagamento líquido de juros. Assim, compreende-se que o Governo obtém superávit fiscal quando as receitas excedem as despesas em dado período; por outro lado, há déficit quando as receitas são menores do que as despesas.

No Brasil, a política fiscal é conduzida com alto grau de responsabilidade fiscal. O uso equilibrado dos recursos públicos visa à redução gradual da dívida líquida como percentual do PIB, de forma a contribuir com a estabilidade, o crescimento e o desenvolvimento econômico do país. Mais especificamente, a política fiscal busca a criação de empregos, o aumento dos investimentos públicos e a ampliação da rede de seguridade social, com ênfase na redução da pobreza e da desigualdade.

4.4 Política Cambial

É o conjunto de ações governamentais diretamente relacionadas ao comportamento do mercado de câmbio, inclusive no que se refere à estabilidade relativa das taxas de câmbio e do equilíbrio no balanço de pagamentos.

A política cambial busca estabilizar a balança de pagamentos, tentando manter em equilíbrio os seus componentes, sendo eles: a conta corrente, que registra as entradas e saídas devidas ao comércio de bens e serviços, bem como pagamentos de transferências; e a conta capital e financeira. Também são componentes dessa conta os capitais compensatórios: empréstimos oferecidos pelo FMI e contas atrasadas (débitos vencidos no exterior).

Dentro desta balança de pagamentos há uma outra balança chamada Balança Comercial, que busca estabilizar o volume de importações e exportações dentro do Brasil. Esta política visa equilibrar o volume de moedas estrangeiras dentro do Brasil para que seus valores não pesem tanto na apuração da inflação, uma vez que as moedas estrangeiras estão muito presentes no cotidiano, tal como o dólar.

Como o governo não pode interferir no câmbio brasileiro de forma direta, tendo em vista que o câmbio brasileiro é flutuante, o governo busca estimular exportações e desestimular importações quando o volume de moeda estrangeira estiver menor dentro do Brasil. Da mesma forma, caso o volume de moeda estrangeira dentro do Brasil aumente muito e desvalorize a moeda nacional, o governo deve buscar estimular importações para reestabelecer o equilíbrio.

Por que o governo estimularia a valorização de uma moeda estrangeira no Brasil?

A resposta é simples: ao estimular a valorização de uma moeda estrangeira, atraímos investidores, além de tornar o cenário mais benéfico para os exportadores, que são os que produzem riquezas e empregos dentro do Brasil. Desta forma, ao se utilizar da política cambial, o governo busca estabilizar a balança de pagamentos e estimular ou desestimular exportações e importações.

4.5 Política Creditícia

A política creditícia é um conjunto de normas ou critérios que cada instituição financeira utiliza para financiar ou emprestar recursos a seus clientes, mas sob a supervisão do Governo, que controla os estímulos a concessão de crédito. Cada instituição deve desenvolver uma política de crédito coordenada, a fim de encontrar o equilíbrio entre as necessidades de vendas e, concomitantemente, sustentar uma carteira a receber de alta qualidade.

Esta política sofre constante influência do poder governamental, pois o governo se utiliza da taxa básica de referência, a taxa SELIC, para conduzir as taxas de juros das instituições financeiras para cima ou para baixo.

É simples. Se o governo eleva suas taxas de juros, é sinal de que os bancos em geral seguirão seu raciocínio e elevarão suas taxas também, gerando uma obstrução a contratação de crédito pelos clientes tomadores ou gastadores. Já se o governo tende a diminuir a taxa SELIC, os bancos em geral tendem a seguir esta diminuição, recebendo estímulos a contratação de crédito para os tomadores ou gastadores.

4.6 Política de Rendas

A política de rendas consiste na interferência do governo nos preços e salários praticados pelo mercado. No intuito de atender a interesses sociais, o governo tem a capacidade de interferir nas forças do mercado e impedir o seu livre funcionamento. É o que ocorre quando o governo realiza um tabelamento de preços com o objetivo de controlar a inflação. Ressaltamos que, atualmente, o Governo brasileiro interfere tabelando o valor do salário mínimo. Entretanto, quanto aos preços dos diversos produtos no País, não há interferência direta do governo.

4.7 Política Monetária

Caracteriza-se pela atuação de autoridades monetárias sobre a quantidade de moeda em circulação, de crédito e das taxas de juros, a fim de controlar a liquidez global do sistema econômico.

Esta é a mais importante política econômica traçada pelo governo, pois suas manobras surtem efeitos mais eficazes na economia.

A política monetária influencia diretamente a quantidade de dinheiro circulando no país e, consequentemente, a quantidade de dinheiro no bolso do cidadão.

Existem dois principais tipos de políticas monetárias a serem adotados pelo governo; a política restritiva, ou contracionista, e a política expansionista.

A política monetária expansiva consiste em aumentar a oferta de moeda, reduzindo, a taxa de juros básica e estimulando os investimentos. Essa política é adotada em épocas de recessão, ou seja, momentos em que a economia está parada e ninguém consome, produzindo uma estagnação completa do setor produtivo. Com essa medida, o governo espera estimular o consumo e gerar mais empregos.

Ao contrário da expansiva, a política monetária contracionista consiste em reduzir a oferta de moeda, aumentando, a taxa de juros e reduzindo os investimentos. Essa modalidade da política monetária é aplicada quando a economia está sofrendo alta inflação. Objetiva-se, nesse sentido, reduzir a procura por dinheiro e o consumo, causando, consequentemente, uma diminuição no nível de preços dos produtos.

Esta política monetária é rigorosamente elaborada pelas autoridades monetárias brasileiras, utilizando os seguintes instrumentos:

4.7.1. Mercado Aberto

Também conhecidas como Open Market as operações com títulos públicos constituem mais um dos instrumentos disponíveis da Política Monetária. Este instrumento, considerado um dos mais eficazes, consegue equilibrar a oferta de moeda e regular a taxa de juros em curto prazo.

A compra e venda dos títulos públicos, emitidos pela Secretaria do Tesouro Nacional, é feita pelo Banco Central por meio de Leilões Formais e Informais. De acordo com a necessidade de expandir ou reter a circulação de moedas do mercado, as autoridades monetárias competentes podem resgatar ou vender esses títulos.

Se houver a necessidade de diminuir a taxa de juros e aumentar a circulação de moedas, o Banco Central comprará ou resgatará os títulos públicos que estejam em circulação.

Por outro lado, se houver a necessidade de aumentar a taxa de juros e diminuir a circulação de moedas, o Banco Central venderá (oferta) os títulos disponíveis.

Portanto, os títulos públicos são considerados ativos de renda fixa, tornando-se uma boa opção de investimento para a sociedade.

Outra finalidade dos títulos públicos é a de captar recursos para o financiamento da dívida pública, bem como financiar atividades do Governo Federal, como, por exemplo, Educação, Saúde e Infraestrutura.

Os leilões dos títulos públicos são de responsabilidade do BACEN, que credencia Instituições Financeiras chamadas de Dealers ou líderes de mercado, para que façam efetivamente o leilão dos títulos. Nesse caso, tem-se o Leilão Informal ou Go Around, pois nem todas as instituições são classificadas como Dealers.

Os leilões formais são aqueles em que TODAS as instituições financeiras, credenciadas pelo BACEN, podem participar do leilão de títulos, mas sempre sob o comando desse órgão.

Além dessas estratégias para o Governo participar do mercado de capitais, existe o tesouro direto, que é uma forma que o Governo encontrou para aproximar pessoas físicas e jurídicas em geral, ou não financeiras, da compra de títulos públicos. O tesouro direto é um sistema controlado pelo BACEN para que a pessoa física ou jurídica comum possa comprar títulos do Governo sem tanta burocracia, podendo adquirir sem a necessidade de ir presencialmente a uma instituição financeira.

4.7.2. Redesconto ou Empréstimo de Liquidez

Outro instrumento de controle monetário é o redesconto bancário, no qual o Banco Central concede "empréstimos" às instituições financeiras com taxas mais altas daquelas praticadas no mercado.

Os chamados empréstimos de assistência à liquidez são utilizados pelos bancos somente quando houver uma insuficiência de caixa (fluxo de caixa), ou seja, quando a demanda de recursos depositados não conseguir suprir as suas necessidades.

Quando a intenção do Banco Central for a de injetar dinheiro no mercado, ele baixará a taxa de juros para estimular os bancos a pegarem empréstimos. Os bancos, por sua vez, terão mais disponibilidade de crédito para oferecer ao mercado e, consequentemente, a economia aquecerá.

Quando o Banco Central tem a necessidade de retirar dinheiro do mercado, as taxas de juros concedidas para estes empréstimos serão altas, desestimulando os bancos a emprestarem. Desta forma, os bancos que precisarem cumprir com as suas necessidades imediatas passarão a enxugar as linhas de crédito, disponibilizando menos crédito ao mercado; com isso, a economia desacelerará.

Vale ressaltar que o Banco Central é proibido, pela Constituição Brasileira, de emprestar dinheiro a qualquer outra instituição que não seja uma instituição financeira.

As operações de Redesconto do Banco Central podem ser:

I – intradia: destinadas a atender às necessidades de liquidez das instituições financeiras ao longo do dia. É o chamado Redesconto a juros zero;

II - de um dia útil: destinadas a satisfazer necessidades de liquidez decorrentes de descasamento de curtíssimo prazo no fluxo de caixa de instituição financeira;

III - de até quinze dias úteis: podendo ser recontratadas desde que o prazo total não ultrapasse quarenta e cinco dias úteis, destinadas a satisfazer necessidades de liquidez provocadas pelo descasamento de curto prazo no fluxo de caixa de instituição financeira e que não caracterizem desequilíbrio estrutural; e

IV - de até noventa dias corridos: podendo ser recontratadas desde que o prazo total não ultrapasse cento e oitenta dias corridos, destinadas a viabilizar o ajuste patrimonial de instituição financeira com desequilíbrio estrutural.

Entende-se por operação intradia a compra com compromisso de revenda, de forma que a compra e a correspondente revenda ocorram no próprio dia entre a instituição financeira tomadora e o Banco Central.

Todas as operações feitas pelo BACEN são compromissadas, ou seja, a parte que contratar o BACEN assume compromissos com ele, podendo desfazer as operações que o BACEN solicitar.

Sobre a compra com compromisso de revenda, vale fazer algumas observações as quais são muito abordadas em provas e serão expostas a seguir.

Fique ligado

Informação muito importante:
As operações intradia de um dia útil e aceitam como garantia exclusiva os títulos públicos federais; as demais podem ter como garantia qualquer título aceito como garantia pelo BACEN.

Podem ser objeto de Redesconto do Banco Central, na modalidade de compra com compromisso de revenda desde que não haja restrição na negociação, os seguintes ativos de titularidade da instituição financeira:

I - títulos públicos federais registrados no Sistema Especial de Liquidação e de Custódia - SELIC, que integrem a posição de custódia própria da instituição financeira; e

II - outros títulos e valores mobiliários, créditos e direitos creditórios, preferencialmente com garantia real, e outros ativos.

4.7.3. Recolhimento Compulsório

O recolhimento compulsório é um dos instrumentos de Política Monetária utilizado pelo Governo para aquecer a economia. É um depósito obrigatório feito pelos bancos junto ao Banco Central.

Parte de todos os depósitos que são efetuados à vista, ou seja, os depósitos em contas correntes, tanto de livre movimentação como de não livre movimentação pelo cliente, pela população junto aos bancos, vai para o Banco Central. O Conselho Monetário Nacional e/ou o Banco Central fixam a taxa de recolhimento. Esta taxa é variável de acordo com os interesses do Governo em acelerar ou não a economia.

Isso porque ao reduzir o nível do recolhimento, sobram mais recursos nas mãos dos bancos para serem emprestados aos clientes, e, com isso, geram maior volume de recursos no mercado. Já quando os níveis do recolhimento aumentam, as instituições financeiras reduzem o volume de recursos, liberando menos crédito e, consequentemente, reduzindo o volume de recursos no mercado.

O recolhimento compulsório tem por finalidade aumentar ou diminuir a circulação de moeda no país. Quando o governo precisa diminuir a circulação de moedas no país, o Banco Central aumenta a taxa do compulsório, pois desta forma as instituições financeiras terão menos crédito disponível para população, portanto, a economia acaba encolhendo.

O inverso ocorre quando o Governo precisa aumentar a circulação de moedas no país. A taxa do compulsório diminui e, com isso, as instituições financeiras fazem um depósito menor junto ao Banco Central. Desta maneira, os bancos comerciais ficam com mais moeda disponível e, consequentemente, aumentam suas linhas de crédito. Com mais dinheiro em circulação, há o aumento de consumo e a economia tende a crescer.

As instituições financeiras podem fazer transferências voluntárias, porém, o depósito compulsório é obrigatório, isso porque os valores que são recolhidos ao Banco Central são remunerados por ele para que a instituição financeira (IF) não tenha prejuízos com os recursos parados junto ao BACEN. Para as IFs é vantajoso, se estiverem com sobra de recursos no fim do dia.

Além disso, o recolhimento compulsório pode variar em função das seguintes situações:

"1) regiões geoeconômicas;

2) prioridades de aplicações, ou seja, a necessidade do Governo;

3) natureza das instituições financeiras.

Os valores dos recolhimentos compulsórios são estabelecidos pelo CMN ou pelo BACEN da seguinte forma:

Determinar Compulsório sobre Depósito à Vista	Até 100%	Só BACEN determina e recolhe
Determinar Compulsório sobre Demais Títulos Contábeis e Financeiros	Até 60%	CMN determina OU BACEN determina e recolhe

4.8 Mercado Monetário

O Mercado Monetário é uma das subdivisões do Mercado Financeiro. O Mercado Monetário – ou mercado de moeda – é onde ocorrem as captações de recursos à vista, no curtíssimo e no curto prazo. Nesse mercado, atuam principalmente os intermediadores financeiros, negociando títulos e criando um parâmetro médio para taxas de juros do mercado. O Mercado Monetário é constituído pelas instituições do mercado financeiro que possuem excedentes monetários e que estejam interessadas em emprestar seus recursos em troca de uma taxa de juros.

Também é composto por aqueles agentes econômicos com escassez de recursos, que precisam de dinheiro emprestado para manter seu giro financeiro em ordem. É nesse ponto que se definem os prazos. Em geral, as negociações com títulos e outros ativos no mercado monetário não ultrapassam os 12 meses. Por isso, figuram nesse mercado, na grande maioria dos casos, os Certificados de Depósito Interbancário e as operações de empréstimo de curto prazo feitas com títulos públicos – operações compromissadas. Liquidez, mas não a financeira!

O Mercado Monetário é marcado também pelo controle da liquidez exercida pelo Banco Central. Neste caso, a liquidez diz respeito ao volume de papel moeda em circulação, ou seja, ao volume de dinheiro que está transitando livremente na economia.

Por exemplo: um grande fluxo de recursos pode trazer um custo menor para o dinheiro (taxas de juros baixas), porém um consumo muito forte (o que gera forte inflação no curto e no médio prazo, desequilibrando nossa economia). Portanto, o Mercado Monetário é o grande responsável pela formação das taxas de juros – a Taxa SELIC e o CDI, sendo também controlado pelo COPOM por meio de sua política monetária bem estabelecida.

4.8.1. Formação das Taxas de Juros

Para estabelecer uma taxa de juros, os bancos seguem o mesmo raciocínio de um vendedor de qualquer produto ou serviço. Para estabelecer esta taxa, o banco busca saber a quantidade de demanda pelo produto financeiro, bem como os custos para vendê-lo e a sua margem de lucro.

Para construir esta taxa, os bancos devem considerar os seguintes aspectos:

- Custo da captação do dinheiro (valor que irá ser pago ao cliente que deposita os recursos no banco).
- Custos administrativos do banco como: salários, impostos, água, luz, telefone, despesas judiciais etc.
- Custos com recolhimento compulsório, pois os valores que ficam retidos no Banco Central, mesmo sendo remunerados, não têm o mesmo ganho que teriam se estivessem sendo emprestados aos clientes.
- Inadimplência do produto, uma vez que quanto maior for a inadimplência, maior será o risco de prejuízo, e este prejuízo é repassado aos clientes com aumentos de taxas e tarifas.
- Margem de Lucro desejada.

Quando os bancos avaliam as taxas de juros cobradas, levam em consideração uma equação matemática simples: Receita de Crédito – Custo da Captação.

Esta equação mostra o lucro bruto da liberação dos créditos, uma vez que apenas deduziu o custo da captação, e como visto anteriormente, este não é o único custo que o banco possui.

O resultado desta equação chama-se SPREAD. Este termo significa a diferença entre a receita das taxas de juros que o banco recebe, e as despesas que o banco tem para captar os recursos que serão emprestados.

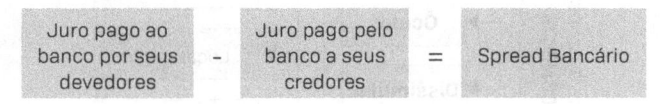

Taxa de Juros do Mercado x Taxa SELIC

A taxa de juros chamada SELIC, cuja qual será citadas várias vezes neste material, é a taxa que remunera os títulos públicos e serve como balizadora das taxas de juros cobradas pelos bancos. Ou seja, se a taxa de juros SELIC subir, as taxas de juros dos bancos sobem também, e vice-versa.

Para formar as taxas de juros, os bancos devem considerar os seguintes aspectos:

- Custos Administrativos (salários, inadimplência, indenizações etc.).
- Custo da Captação (pago aos poupadores).
- Tendência da Taxa SELIC (determinada pelo governo).

Diante disso, há a formação da taxa de juros de uma instituição financeira, a qual será cobrada em muitas operações de crédito.

Posteriormente, será abordado como o governo determina a taxa SELIC e como ela influencia de forma abrangente na formação das taxas de juros. .

5 LEI Nº 9.613/1998 – CRIMES DE LAVAGEM DE BENS

A lavagem de dinheiro consiste em um processo em que se opera a transformação de recursos obtidos de forma ilícita em recursos com aparência de origem lícita, para futura utilização.

O termo "lavagem de dinheiro" foi utilizado pela primeira vez nos Estados Unidos, em 1982, em um caso no qual se requeria a perda de dinheiro derivado de tráfico de entorpecentes. Esse termo se originou com a máfia, que se utiliza de lavanderias automáticas para investir seu dinheiro e assim encobrir o caráter ilícito de sua origem.

Em 1988, o Brasil se tornou signatário da Convenção de Viena, sendo esta a Convenção das Nações Unidas Contra o Tráfico Ilícito de Entorpecentes e Substâncias Psicotrópicas, sendo ratificada pelo Decreto nº 154/1991, no qual se prestava o compromisso de adotar uma postura repressiva ao que se refere à lavagem de dinheiro derivada do tráfico, somente em 1998 foi que surgiu a Lei nº 9.613/1998, um diploma normativo específico ao combate à lavagem de dinheiro no âmbito nacional.

Outro marco importante foi a aprovação na Convenção das Nações Unidas contra a Delinquência Organizada Transnacional, o conceito de "grupo criminoso", já que grande parte dos recursos lavados, digamos assim, eram derivados de ações de organizações criminosas. O conceito de organização criminosa é mais bem definido nos termos do art. 1º, § 1º, da Lei nº 12.580/2013. A Lei nº 12.694/1994, por sua vez, apresentou o conceito de ORCRIM a fim de atender à Convenção de Palermo, contudo, com a Lei nº 12.850/2013, o entendimento da doutrina majoritária é de que esta legislação revogou tacitamente àquela.

Art. 1º, Lei nº 12.850/2013 [...]

§ 1º Considera-se organização criminosa a associação de 4 (quatro) ou mais pessoas estruturalmente ordenada e caracterizada pela divisão de tarefas, ainda que informalmente, com objetivo de obter, direta ou indiretamente, vantagem de qualquer natureza, mediante a prática de infrações penais cujas penas máximas sejam superiores a 4 (quatro) anos, ou que sejam de caráter transnacional.

Para que de forma efetiva se consiga encobrir a origem ilícita dos lucros, a lavagem se realiza por meio de um processo dinâmico. Segundo o Grupo de Ação Financeira sobre Lavagem de Dinheiro, o modelo ideal de lavagem de capital se desenvolverá em três etapas independentes:

Contudo, embora esse seja o modelo tido como ideal, não é exigido a ocorrência das três fases para que o crime de lavagem se consuma.

5.1 Crimes de "lavagem" ou ocultação de bens, direitos e valores

Art. 1º Ocultar ou dissimular a natureza, origem, localização, disposição, movimentação ou propriedade de bens, direitos ou valores provenientes, direta ou indiretamente, de infração penal. [...]

Pena – Reclusão, de 3 (três) a 10 (dez) anos, e multa.

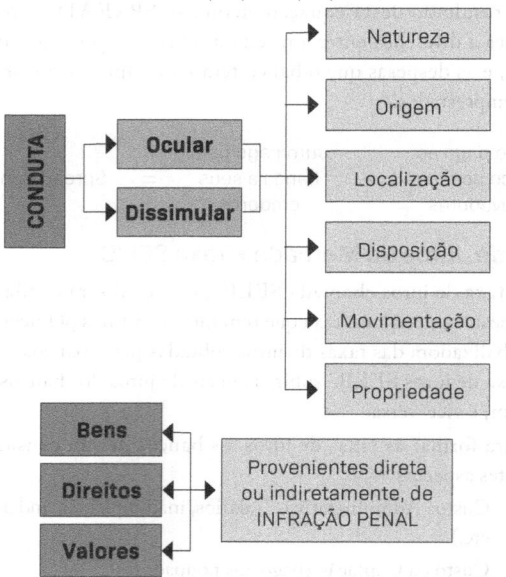

Este tipo penal tem como conduta a ocultação , que seria o mesmo que encobrir ou esconder, e a dissimulação, que seria o mesmo que disfarçar ou camuflar,, no caso, as informações de bens, direitos ou valores que decorram de infração penal. Assim, o agente que participa da lavagem de dinheiro tinha conhecimento do delito cometido anteriormente, de modo que responderá por ambos os crimes, ou seja, terá o afastamento do princípio da consunção, no qual o agente responderá pela infração penal cometida anteriormente e também pelo crime de lavagem de capitais, na modalidade de concurso material de crimes, pois além das suas condutas serem praticadas em momentos diversos, elas também são diferentes.

Por se tratar de um crime formal não é necessário que os bens, direitos ou valores sejam introduzidos efetivamente dentro do sistema econômico ou financeiro, sendo necessário apenas a sua ocultação ou dissimulação.

§ 1º Incorre na mesma pena quem, para ocultar ou dissimular a utilização de bens, direitos ou valores provenientes de infração penal:

I – os converte em ativos lícitos;

II – os adquire, recebe, troca, negocia, dá ou recebe em garantia, guarda, tem em depósito, movimenta ou transfere;

III – importa ou exporta bens com valores não correspondentes aos verdadeiros.

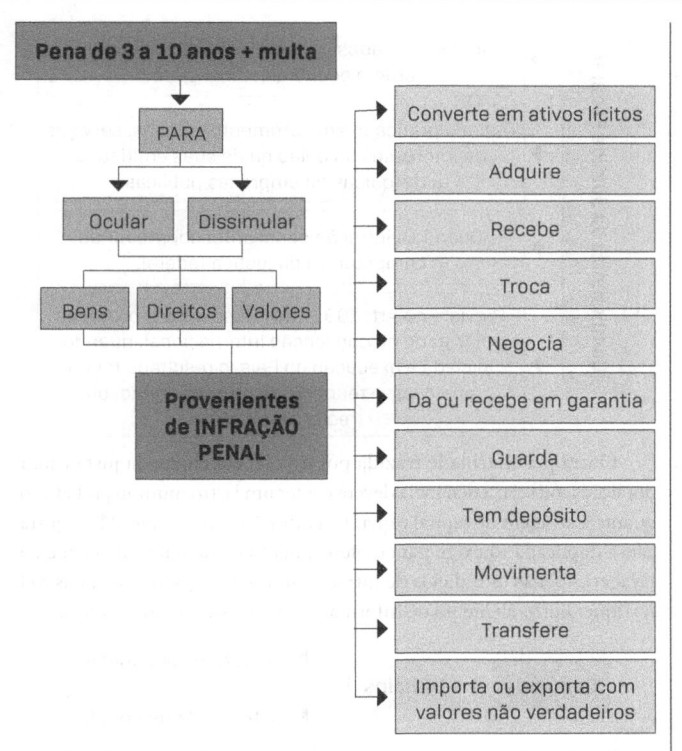

No § 1º, o que se pune é a **conduta que antecede a ocultação ou dissimulação**. É um **crime formal** que se consuma com a prática de um dos atos previstos, independentemente de o agente conseguir ocultar ou dissimular.

> *§ 2º Incorre, ainda, na mesma pena quem:*
>
> *I – utiliza, na atividade econômica ou financeira, bens, direitos ou valores provenientes de infração penal;*
>
> *II – participa de grupo, associação ou escritório tendo conhecimento de que sua atividade principal ou secundária é dirigida à prática de crimes previstos nesta Lei.*

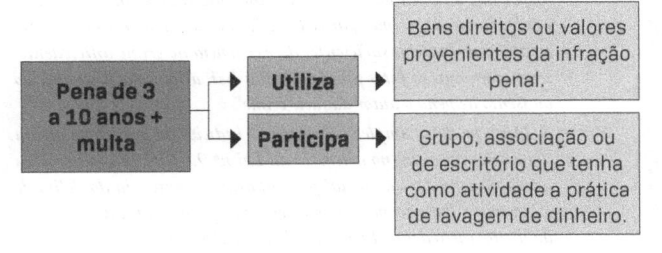

No § 2º, pune-se a conduta posterior à dissimulação ou ocultação, a primeira infração, contida no inciso I, está relacionada à utilização dos bens, direitos ou valores em atividade econômica ou financeira, tendo ciência de que são provenientes de infração penal. Já a infração contida no inciso II pune aquele que participa do grupo, associação ou escritório que tenha ciência que de alguma forma desenvolve atividade relacionada à lavagem de dinheiro.

É admitida a modalidade tentada de todos os crimes de lavagem, mesmo que, muitas vezes, seja difícil a configuração conforme estabelece o § 3º.

Vale registrar que conforme prevê o § 4º, a pena dos crimes de lavagem será aumentada de 1/3 a 2/3, se os crimes forem cometidos de forma reiterada ou por intermédio de organização criminosa.

De outro lado, o § 5º prevê a colaboração premiada, podendo a pena ser reduzida de 1/3 a 2/3 e ser cumprida em regime aberto ou semiaberto, sendo facultado ao juiz deixar de aplicá-la ou substituí-la, a qualquer tempo, por pena restritiva de direitos, se o autor, coautor ou partícipe colaborar espontaneamente com as autoridades, prestando esclarecimentos que conduzam à apuração das infrações penais, à identificação dos autores, coautores e partícipes, ou à localização dos bens, direitos ou valores objeto do crime.

É necessária a efetiva colaboração para que o agente efetivamente se beneficie na aplicação da pena – quanto maior é o grau de colaboração, maior é o benefício concedido.

Por fim, um acréscimo da Lei nº 13.964/2019 dispôs a possibilidade da utilização da ação controlada e da infiltração de agentes para apuração do crime de lavagem de capital, conforme prevê o § 6º.

Disposições processuais especiais

> *Art. 2º O processo e julgamento dos crimes previstos nesta Lei:*
>
> *I – obedecem às disposições relativas ao procedimento comum dos crimes punidos com reclusão, da competência do juiz singular;*
>
> *II – independem do processo e julgamento das infrações penais antecedentes, ainda que praticados em outro país, cabendo ao juiz competente para os crimes previstos nesta Lei a decisão sobre a unidade de processo e julgamento;*
>
> *III – são da competência da Justiça Federal:*
>
> *a) quando praticados contra o sistema financeiro e a ordem econômico-financeira, ou em detrimento de bens, serviços ou interesses da União, ou de suas entidades autárquicas ou empresas públicas;*
>
> *b) quando a infração penal antecedente for de competência da Justiça Federal.*
>
> *§ 1º A denúncia será instruída com indícios suficientes da existência da infração penal antecedente, sendo puníveis os fatos previstos nesta Lei, ainda que desconhecido ou isento de pena o autor, ou extinta a punibilidade da infração penal antecedente.*
>
> *§ 2º No processo por crime previsto nesta Lei, não se aplica o disposto no art. 366 do Decreto-lei nº 3.689, de 3 de outubro de 1941 (Código de Processo Penal), devendo o acusado que não comparecer nem constituir advogado ser citado por edital, prosseguindo o feito até o julgamento, com a nomeação de defensor dativo.*

O crime de lavagem de capitais será submetido ao procedimento comum ordinário, e ao contrário do que determina o inciso I, o procedimento não tem relação com os crimes punidos com reclusão, mas, sim, por ser uma infração penal com sanção máxima de 4 anos (3 a 10 anos e multa).

O inciso II ressalta a **autonomia no processo do crime de lavagem**, ou seja, o processo de lavagem de capitais independe do processamento da infração antecedente. Um processo não precisa obrigatoriamente do outro para seguir, contudo, o STJ entende que para decidir se há ou não essa necessidade de unificação dos feitos deverá ser analisado o caso concreto.

A Lei nº 12.683/2012, que alterou alguns aspectos da Lei nº 9.613/1998 (Lavagem de Dinheiro), objetivando torná-la mais eficiente em relação à persecução penal dos respectivos crimes, não modificou o tema sobre a competência. Segundo o teor do art. 2º, inciso III da lei: são da competência da Justiça Federal:

> *a) Quando praticados contra o sistema financeiro e a ordem econômico-financeira, ou em detrimento de bens, serviços ou interesses da União, ou de suas entidades autárquicas ou empresas públicas;*
>
> *b) Quando o crime antecedente for de competência da Justiça Federal;*

A conclusão que ressalta do dispositivo é no sentido de que, pela regra, a competência para processar e julgar os crimes de lavagem de dinheiro é da Justiça Estadual (regra), sendo os casos da Justiça Federal (exceções), apenas os expressamente referidos no dispositivo com enumeração e referência taxativas.

Em alguns casos, o ideal será reunir as ações penais, a fim de se evitar decisões contraditórias, reconhecendo a existência de conexão instrumental ou probatória, na medida em que cada prova do crime

antecedente possa influir como prova no crime de lavagem de capitais. Em conformidade com o que determina o art. 76, inciso III do Código de Processo Penal (CPP), tudo dependerá do caso concreto.

Art. 76 A competência será determinada pela conexão: [...]
III – quando a prova de uma infração ou de qualquer de suas circunstâncias elementares influir na prova de outra infração.

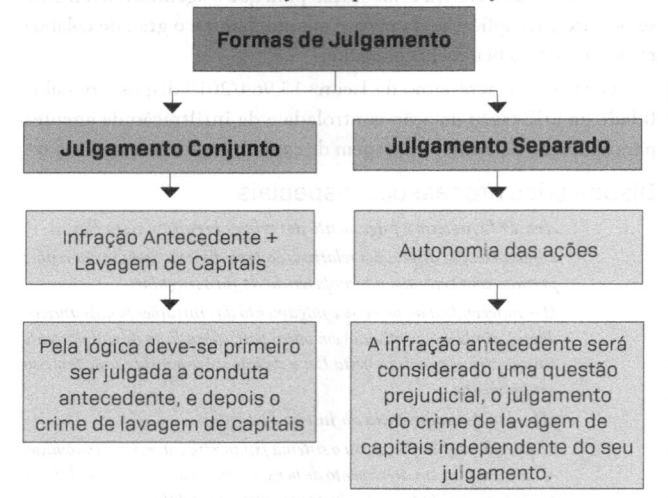

No julgamento separado, existe a possibilidade de que o crime de lavagem seja julgado antes mesmo da infração antecedente e que as decisões sejam contraditórias. Por exemplo: o agente é condenado pelo crime de lavagem de capitais, entretanto, é absolvido no crime antecedente. Nesse caso, por ser a infração antecedente um requisito para a prática do crime de lavagem, o condenado deverá ajuizar uma revisão criminal ou impetrar habeas corpus, com a finalidade de destrancar o processo de lavagem de capitais e demostrar a atipicidade da conduta.

Quando transitado em julgado a sentença absolutória pelo crime antecedente, este impede o processo e o julgamento pelo crime de lavagem quando:

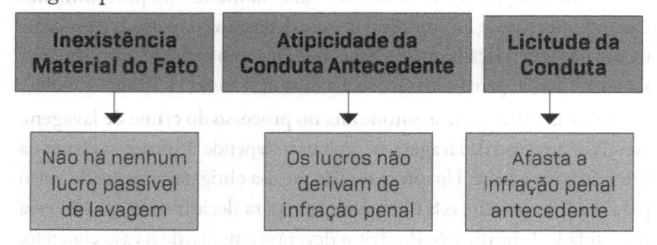

Se sujeita, ainda, à legislação brasileira o crime de lavagem de capitais praticado no estrangeiro. É uma hipótese de extraterritorialidade condicionada a infrações, que, mediante tratado ou convenção, será reprimida pelo Brasil.

Art. 7º, CP Ficam sujeitos à lei brasileira, embora cometidos no estrangeiro:
[...]
II – os crimes:
a) que, por tratado ou convenção, o Brasil se obrigou a reprimir;
b) praticados por brasileiro;
c) praticados em aeronaves ou embarcações brasileiras, mercantes ou de propriedade privada, quando em território estrangeiro e aí não sejam julgados.

Outra informação importante sobre processo e julgamento é que, em regra, os crimes de lavagem de capitais serão de competência da Justiça Estadual. Entretanto, há casos excepcionais em que o processo e o julgamento serão de competência da Justiça Federal:

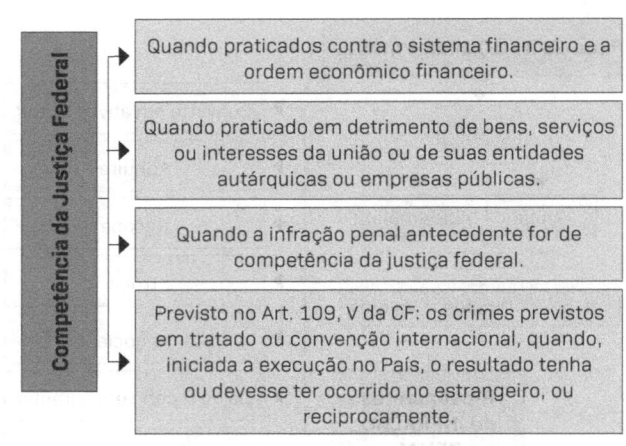

Outra peculiaridade trazida por esta lei é a chamada justa causa duplicada, ou seja, a denúncia deverá conter um lastro mínimo probatório quanto à lavagem de capital e quanto à infração antecedente. Mas a justa causa duplicada só exige para o oferecimento da denúncia do crime de lavagem apenas os indícios de infração antecedente, sendo dispensável qualquer outro elemento de informação, até mesmo sobre a autoria.

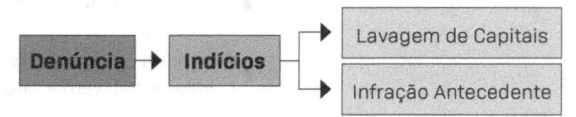

Não há necessidade de que a infração antecedente seja detalhada; somente é necessário um mínimo de evidência de sua ocorrência e sua descrição resumida. Nesse sentido, é importante observar a jurisprudência do Superior Tribunal de Justiça:

1. Da leitura do artigo 1º da Lei nº 9.613/1998, depreende-se que para que o delito de lavagem de capitais reste configurado, é necessário que o dinheiro, bens ou valores ocultados ou dissimulados sejam provenientes de algum dos ilícitos nele arrolados, ou seja, no tipo penal há expressa vinculação entre a lavagem de dinheiro a determinados crimes a ela anteriores.

2. Contudo, o artigo 2º, inciso II e § 1º., do mesmo diploma legal, dispõe que a apuração do delito em comento independe do "processo e julgamento dos crimes antecedentes", devendo a denúncia ser "instruída com indícios suficientes da existência do crime antecedente, sendo puníveis os fatos previstos nesta Lei, ainda que desconhecido ou isento de pena o autor daquele crime".

3. Desse modo, a simples existência de indícios da prática de algum dos crimes previstos no artigo 1º da Lei nº 9.613/1998 já autoriza a instauração de ação penal para apurar a ocorrência do delito de lavagem de dinheiro, não sendo necessária a prévia punição dos autores do ilícito antecedente. Doutrina. Precedentes.

4. No caso dos autos, na mesma denúncia imputou-se ao paciente e demais corréus tanto a prática dos delitos antecedentes à lavagem de capitais, quanto ela própria.

5. Contudo, o paciente teve extinta a sua punibilidade no que se refere aos crimes anteriores à lavagem, ante a prescrição da pretensão punitiva estatal, circunstância que, segundo os impetrantes, impediria o Ministério Público de provar que ele teria auferido recursos provenientes de atividades ilícitas.

6. Ocorre que os crimes contra o sistema financeiro nacional a partir dos quais teriam sido obtidos os bens, valores e direitos cuja origem e propriedade teria sido ocultada e dissimulada, não foram atribuídos apenas ao paciente, mas também aos demais sócios da offshore supostamente utilizada para a abertura e movimentação de diversas contas correntes no exterior.

7. Dessa forma, ainda que o órgão ministerial jamais possa provar que o paciente cometeu os delitos dispostos nos artigos 4º, 16, 21 e 22 da Lei nº 7.492/1986, o certo é que há indícios de que tais ilícitos teriam sido praticados pelos demais corréus, circunstância que evidencia a legalidade da manutenção da ação penal contra ele deflagrada para apurar o cometimento do crime de lavagem de capitais.

8. Aliás, se a própria Lei nº 9.613/1998 permite a punição dos fatos nela previstos ainda que desconhecido ou isento de pena o autor do crime antecedente, é evidente que a extinção da punibilidade pela prescrição de um dos coautores dos delitos acessórios ao de lavagem não tem o condão de inviabilizar a persecução penal no tocante a este último ilícito penal.

9. É dispensável a participação do acusado da lavagem de dinheiro nos crimes a ela antecedentes, sendo suficiente que ele tenha conhecimento da ilicitude dos valores, bens ou direitos cuja origem, localização, disposição, movimentação ou propriedade tenha sido ocultada ou dissimulada. Precedentes.

10. Havendo indícios da prática de crimes contra o sistema financeiro nacional pelos corréus na ação penal em apreço, a partir dos quais teriam sido obtidos valores e bens cuja origem e propriedade teria sido ocultada e dissimulada pelo ora paciente, impossível reconhecer-se a atipicidade do delito de lavagem de dinheiro que lhe foi imputado e, por conseguinte, inviável o trancamento da ação penal contra ele deflagrada.

11. Ordem denegada." (STJ, 5ª T., HC 207.936, rel. Min. Jorge Mussi, j. 27-03-2012, DJe 12-04-2012)

Outro ponto de destaque é que não se aplica a esta lei a regra trazida pelo art. 366 do CPP:

Art. 366, CPP *Se o acusado, citado por edital, não comparecer, nem constituir advogado, ficarão suspensos o processo e o curso do prazo prescricional, podendo o juiz determinar a produção antecipada das provas consideradas urgentes e, se for o caso, decretar prisão preventiva, nos termos do disposto no art. 312.*

O legislador, nas exposições dos motivos, fundamentou a não aplicação deste artigo como sendo um meio de não favorecer os criminosos que podem vir a se beneficiar com a suspensão do processo:

O projeto veda expressamente a suspensão do processo em caso do não comparecimento do réu citado por edital, como prevê o art. 366 do Código de Processo Penal com a redação dada pela Lei nº 9.271, de 17 de abril de 1996 (art. 2º, § 2º). Trata-se de medida de Política Criminal diante da incompatibilidade material existente entre os objetivos desse novo diploma e a macrocriminalidade representada pela lavagem de dinheiro ou ocultação de bens, direitos e valores oriundos de crimes de especial gravidade. A suspensão do processo constituiria um prêmio para os delinquentes astutos e afortunados e um obstáculo à descoberta de uma grande variedade de ilícitos que se desenvolvem em parceria com a lavagem ou a ocultação.

Art. 4º *O juiz, de ofício, a requerimento do Ministério Público ou mediante representação do delegado de polícia, ouvido o Ministério Público em 24 (vinte e quatro) horas, havendo indícios suficientes de infração penal, poderá decretar medidas assecuratórias de bens, direitos ou valores do investigado ou acusado, ou existentes em nome de interpostas pessoas, que sejam instrumento, produto ou proveito dos crimes previstos nesta Lei ou das infrações penais antecedentes.*

§ 1º Proceder-se-á à alienação antecipada para preservação do valor dos bens sempre que estiverem sujeitos a qualquer grau de deterioração ou depreciação, ou quando houver dificuldade para sua manutenção.

§ 2º O juiz determinará a liberação total ou parcial dos bens, direitos e valores quando comprovada a licitude de sua origem, mantendo-se a constrição dos bens, direitos e valores necessários e suficientes à reparação dos danos e ao pagamento de prestações pecuniárias, multas e custas decorrentes da infração penal.

§ 3º Nenhum pedido de liberação será conhecido sem o comparecimento pessoal do acusado ou de interposta pessoa a que se refere o caput deste artigo, podendo o juiz determinar a prática de atos necessários à conservação de bens, direitos ou valores, sem prejuízo do disposto no § 1º.

§ 4º Poderão ser decretadas medidas assecuratórias sobre bens, direitos ou valores para reparação do dano decorrente da infração penal antecedente ou da prevista nesta Lei ou para pagamento de prestação pecuniária, multa e custas.

As **medidas assecuratórias** são determinações cautelares com a finalidade de garantir a responsabilização penal. Dentre os meios de repressão cabíveis em certas infrações penais está a recuperação de ativos ilícitos, que, sem deixar de lado as penas aplicáveis ao caso, vale-se de medidas cautelares que atingem diretamente o patrimônio.

Nos crimes de lavagem de capitais, temos as seguintes medidas cautelares de natureza patrimonial:

Produto indireto da lavagem de capitais	Sequestro	Produto direto da infração antecedente
Patrimônio lícito ou acusado	**Medidas Assecuratórias**	Aresto previsto à especialização e registro de hipoteca legal e aresto subsidiário de bens móveis
Produto indireto da ingração antecedente	Produto direito da lavagem de capitais	Especialização e registro de hipoteca legal

Embora a apreensão não seja entendida como medida assecuratória, esta também funciona como um importante instrumento para a repressão ao crime de lavagem de capitais.

Sempre que esses bens estiverem se deteriorando ou sua manutenção for difícil, poderá ser procedido sua alienação, com a finalidade de preservar seu valor. Além disso, o juiz pode determinar a liberação, do todo ou parte dos bens, direitos ou valores, quando o agente comprovar a origem lícita, contudo, manterá sob proteção o que seja necessário e suficiente para reparação dos danos e aos pagamentos dos demais valores decorrentes da infração penal. E a liberação só será feita mediante apresentação pessoal do acusado ou da pessoa interposta, contudo, pode o juiz estabelecer medidas que vise a garantir a preservação e conservação dos bens a serem devolvidos.

Art. 4º-A A alienação antecipada para preservação de valor de bens sob constrição será decretada pelo juiz, de ofício, a requerimento do Ministério Público ou por solicitação da parte interessada, mediante petição autônoma, que será autuada em apartado e cujos autos terão tramitação em separado em relação ao processo principal.

§ 1º O requerimento de alienação deverá conter a relação de todos os demais bens, com a descrição e a especificação de cada um deles, e informações sobre quem os detém e local onde se encontram.

§ 2º O juiz determinará a avaliação dos bens, nos autos apartados, e intimará o Ministério Público.

§ 3º Feita a avaliação e dirimidas eventuais divergências sobre o respectivo laudo, o juiz, por sentença, homologará o valor atribuído aos bens e determinará sejam alienados em leilão ou pregão, preferencialmente eletrônico, por valor não inferior a 75% (setenta e cinco por cento) da avaliação.

§ 4º Realizado o leilão, a quantia apurada será depositada em conta judicial remunerada, adotando-se a seguinte disciplina:

I – nos processos de competência da Justiça Federal e da Justiça do Distrito Federal:

a) os depósitos serão efetuados na Caixa Econômica Federal ou em instituição financeira pública, mediante documento adequado para essa finalidade;

b) os depósitos serão repassados pela Caixa Econômica Federal ou por outra instituição financeira pública para a Conta Única do Tesouro Nacional, independentemente de qualquer formalidade, no prazo de 24 (vinte e quatro) horas; e

c) os valores devolvidos pela Caixa Econômica Federal ou por instituição financeira pública serão debitados à Conta Única do Tesouro Nacional, em subconta de restituição;

II – nos processos de competência da Justiça dos Estados:

a) os depósitos serão efetuados em instituição financeira designada em lei, preferencialmente pública, de cada Estado ou, na sua ausência, em instituição financeira pública da União;

b) os depósitos serão repassados para a conta única de cada Estado, na forma da respectiva legislação.

§ 5º Mediante ordem da autoridade judicial, o valor do depósito, após o trânsito em julgado da sentença proferida na ação penal, será: (Incluído pela Lei nº 12.683, de 2012)

I – em caso de sentença condenatória, nos processos de competência da Justiça Federal e da Justiça do Distrito Federal, incorporado definitivamente ao patrimônio da União, e, nos processos de competência da Justiça Estadual, incorporado ao patrimônio do Estado respectivo;

II – em caso de sentença absolutória extintiva de punibilidade, colocado à disposição do réu pela instituição financeira, acrescido da remuneração da conta judicial.

§ 6º A instituição financeira depositária manterá controle dos valores depositados ou devolvidos.

§ 7º Serão deduzidos da quantia apurada no leilão todos os tributos e multas incidentes sobre o bem alienado, sem prejuízo de iniciativas que, no âmbito da competência de cada ente da Federação, venham a desonerar bens sob constrição judicial daqueles ônus.

§ 8º Feito o depósito a que se refere o § 4º deste artigo, os autos da alienação serão apensados aos do processo principal.

§ 9º Terão apenas efeito devolutivo os recursos interpostos contra as decisões proferidas no curso do procedimento previsto neste artigo.

§ 10 Sobrevindo o trânsito em julgado de sentença penal condenatória, o juiz decretará, em favor, conforme o caso, da União ou do Estado:

I – a perda dos valores depositados na conta remunerada e da fiança;

II – a perda dos bens não alienados antecipadamente e daqueles aos quais não foi dada destinação prévia; e

III – a perda dos bens não reclamados no prazo de 90 (noventa) dias após o trânsito em julgado da sentença condenatória, ressalvado o direito de lesado ou terceiro de boa-fé.

§ 11 Os bens a que se referem os incisos II e III do § 10 deste artigo serão adjudicados ou levados a leilão, depositando-se o saldo na conta única do respectivo ente.

§ 12 O juiz determinará ao registro público competente que emita documento de habilitação à circulação e utilização dos bens colocados sob o uso e custódia das entidades a que se refere o caput deste artigo.

§ 13 Os recursos decorrentes da alienação antecipada de bens, direitos e valores oriundos do crime de tráfico ilícito de drogas e que tenham sido objeto de dissimulação e ocultação nos termos desta Lei permanecem submetidos à disciplina definida em lei específica.

A alienação antecipada é a venda prévia dos bens, direitos ou valores constritos em decorrência da medida assecuratória patrimonial. Essa alienação ocorre quando há risco de perda do seu valor econômico com o passar do tempo.

O art. 144-A do Código de Processo Penal autoriza a alienação antecipada em todo curso do processo:

Art. 144-A, CPP O juiz determinará a alienação antecipada para preservação do valor dos bens sempre que estiverem sujeitos a qualquer grau de deterioração ou depreciação, ou quando houver dificuldade para sua manutenção.

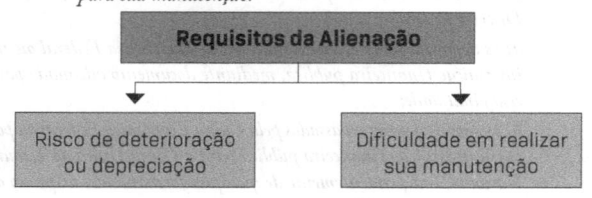

A alienação acontecerá quando necessária para a preservação dos bens constritos, de modo que a venda só ocorrerá do momento da constrição até o trânsito em julgado da sentença penal condenatória. A lei é omissa quanto ao momento em que a alienação deva ser realizada, entretanto, a doutrina entende que, sendo essa uma situação excepcional, ela não se dará antes da fase judicial, ou seja, quando ainda não há motivos relevantes para o oferecimento da peça acusatória.

A alienação se dará por determinação judicial, de ofício pelo Juiz, ou mediante requerimento do MP ou da parte interessada, por meio de uma petição autônoma. Essa petição será autuada em apartado, sendo que a tramitação dos autos será feita separadamente do processo principal.

Normalmente, o acusado é o titular dos bens sob constrição e, por isso, pode ser que ele mesmo tenha interesse em sua alienação com receio da sua depreciação em virtude do tempo. Será possível, ainda, que um terceiro seja o titular do bem constrito e requeira por motivos que lhe sejam favoráveis a alienação.

Art. 4º-B A ordem de prisão de pessoas ou as medidas assecuratórias de bens, direitos ou valores poderão ser suspensas pelo juiz, ouvido o Ministério Público, quando a sua execução imediata puder comprometer as investigações.

Nesse dispositivo, temos a chamada "ação controlada", que é uma técnica especial de investigação que tem por finalidade retardar a intervenção do mecanismo estatal.

Essa ação também está prevista nas leis de drogas e das organizações criminosas, e o que diferencia a Lei de Lavagem de Capitais das outras duas leis é que esta foi omissa quanto ao adiamento da prisão em flagrante. E, com isso, trazendo uma divisão doutrinária, uma parte entende que a prisão em flagrante continua sendo obrigatória no crime de lavagem de capitais, seguindo a regra geral; contudo, a outra parte da doutrina entende que, ainda que em caso de flagrante, o retardamento será possível.

Art. 5º Quando as circunstâncias o aconselharem, o juiz, ouvido o Ministério Público, nomeará pessoa física ou jurídica qualificada para a administração dos bens, direitos ou valores sujeitos a medidas assecuratórias, mediante termo de compromisso.

Art. 6º A pessoa responsável pela administração dos bens:

I – fará jus a uma remuneração, fixada pelo juiz, que será satisfeita com o produto dos bens objeto da administração;

II – prestará, por determinação judicial, informações periódicas da situação dos bens sob sua administração, bem como explicações e detalhamentos sobre investimentos e reinvestimentos realizados.

Parágrafo único. Os atos relativos à administração dos bens sujeitos a medidas assecuratórias serão levados ao conhecimento do Ministério Público, que requererá o que entender cabível.

Estamos diante das regras acerca da administração dos bens diretos ou valores constritos.

A administração não retira a propriedade dos bens do acusado; retira apenas a gestão dos bens que será transferida a uma pessoa responsável, com o intuito de maximizar os frutos e rendimentos que decorram deles.

O administrador receberá um valor como forma de ser remunerado pelo seu trabalho de cuidar, o valor será fixado pelo juiz. O pagamento será feito por meio dos frutos dos bens que estão sob seu cuidado.

O administrador terá, ainda, como seu dever, a prestação de informações periódicas do estado dos bens sob seu cuidado, devendo explicar e detalhar cada investimento e reinvestimentos realizado, tudo isso para que se garanta proteção aos bens constritos.

Outra regra é que todos os atos que envolvam os bens que estão sujeitos a medidas assecuratórias, ou seja, medidas que visam garantir sua proteção e conservação, deverão ser comunicados ao MP, que requererá o que ele entender que seja cabível ao caso concreto.

Efeitos da condenação

Art. 7º São efeitos da condenação, além dos previstos no Código Penal:

I – a perda, em favor da União. e dos Estados, nos casos de competência da Justiça Estadual –, de todos os bens, direitos e valores relacionados, direta ou indiretamente, à prática dos crimes previstos nesta Lei, inclusive aqueles utilizados para prestar a fiança, ressalvado o direito do lesado ou de terceiro de boa-fé;

II – a interdição do exercício de cargo ou função pública de qualquer natureza e de diretor, de membro de conselho de administração ou de gerência das pessoas jurídicas referidas no art. 9º, pelo dobro do tempo da pena privativa de liberdade aplicada.

§ 1º A União e os Estados, no âmbito de suas competências, regulamentarão a forma de destinação dos bens, direitos e valores cuja perda houver sido declarada, assegurada, quanto aos processos de competência da Justiça Federal, a sua utilização pelos órgãos federais encarregados da prevenção, do combate, da ação penal e do julgamento dos crimes previstos nesta Lei, e, quanto aos processos de competência da Justiça Estadual, a preferência dos órgãos locais com idêntica função.

§ 2º Os instrumentos do crime sem valor econômico cuja perda em favor da União ou do Estado for decretada serão inutilizados ou doados a museu criminal ou a entidade pública, se houver interesse na sua conservação.

Note que o caput do art. 7º já menciona a aplicabilidade subsidiária do Código Penal, expandindo os efeitos da condenação do acusado no crime de lavagem de capitais.

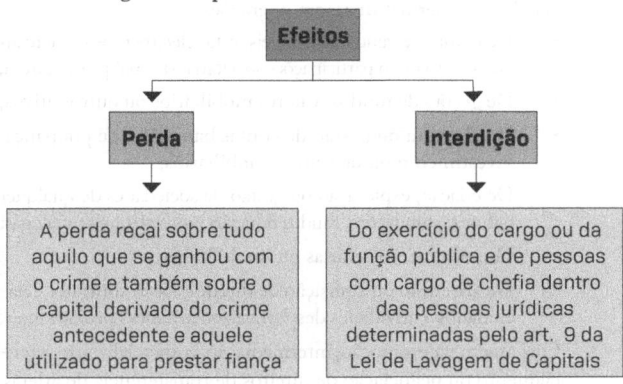

Efeitos

Perda — A perda recai sobre tudo aquilo que se ganhou com o crime e também sobre o capital derivado do crime antecedente e aquele utilizado para prestar fiança

Interdição — Do exercício do cargo ou da função pública e de pessoas com cargo de chefia dentro das pessoas jurídicas determinadas pelo art. 9 da Lei de Lavagem de Capitais

Vale ressaltar uma diferença entre a Lei de Lavagem de Capitais e o Código de Processo Penal. O CPP prevê a perda total do valor da fiança se o acusado for condenado e não se apresentar para cumprir a pena imposta, nos termos do art. 344, e a perda da metade do valor dado em fiança no caso de seu quebramento, nos moldes do art. 343.

Já a Lei de Lavagem de Capitais prevê a perda do valor da fiança como um efeito da condenação, independentemente da quebra da medida imposta.

Bens, direitos ou valores oriundos de crimes praticados no estrangeiro

Art. 8º O juiz determinará, na hipótese de existência de tratado ou convenção internacional e por solicitação de autoridade estrangeira competente, medidas assecuratórias sobre bens, direitos ou valores oriundos de crimes descritos no art. 1º praticados no estrangeiro.

§ 1º Aplica-se o disposto neste artigo, independentemente de tratado ou convenção internacional, quando o governo do país da autoridade solicitante prometer reciprocidade ao Brasil.

§ 2º Na falta de tratado ou convenção, os bens, direitos ou valores privados sujeitos a medidas assecuratórias por solicitação de autoridade estrangeira competente ou os recursos provenientes da sua alienação serão repartidos entre o Estado requerente e o Brasil, na proporção de metade, ressalvado o direito do lesado ou de terceiro de boa-fé.

Estamos diante da colaboração internacional, em que o magistrado poderá colaborar com a autoridade estrangeira competente determinando as medidas assecuratórias. Nesse caso, impõe-se carta rogatória, que deverá ser cumprida pela Seção Judiciária na Justiça Federal onde estiver localizado o bem, depois de concedido o exequatur.

O exequatur é uma autorização dada por um Estado para que o cônsul de outro Estado seja aceito e venha a ser autorizado a exercer as atividades inerentes às suas funções.

Note que essa colaboração não depende de tratado ou convenção; basta que o governo do país da autoridade que solicita a ajuda preste um compromisso de reciprocidade com o Brasil. Seria uma espécie de acordo entre os países.

Por fim, não havendo nenhum diploma internacional legal, os bens, direitos ou valores constritos ou o que se obtêm com sua alienação será dividido em metade para o Brasil e metade para o país solicitante, respeitando o direito do lesado ou do terceiro de boa-fé.

Pessoas sujeitas ao mecanismo de controle

Art. 9º Sujeitam-se às obrigações referidas nos arts. 10 e 11 as pessoas físicas e jurídicas que tenham, em caráter permanente ou eventual, como atividade principal ou acessória, cumulativamente ou não:

I – a captação, intermediação e aplicação de recursos financeiros de terceiros, em moeda nacional ou estrangeira;

II – a compra e venda de moeda estrangeira ou ouro como ativo financeiro ou instrumento cambial;

III – a custódia, emissão, distribuição, liquidação, negociação, intermediação ou administração de títulos ou valores mobiliários.

Parágrafo único. Sujeitam-se às mesmas obrigações:

I – as bolsas de valores, as bolsas de mercadorias ou futuros e os sistemas de negociação do mercado de balcão organizado;

II – as seguradoras, as corretoras de seguros e as entidades de previdência complementar ou de capitalização;

III – as administradoras de cartões de credenciamento ou cartões de crédito, bem como as administradoras de consórcios para aquisição de bens ou serviços;

IV – as administradoras ou empresas que se utilizem de cartão ou qualquer outro meio eletrônico, magnético ou equivalente, que permita a transferência de fundos;

V – as empresas de arrendamento mercantil (leasing) e, as empresas de fomento comercial (factoring) e as Empresas Simples de Crédito (ESC);

VI – as sociedades que, mediante sorteio, método assemelhado, exploração de loterias, inclusive de apostas de quota fixa, ou outras sistemáticas de captação de apostas com pagamento de prêmios, realizem distribuição de dinheiro, de bens móveis, de bens imóveis e de outras mercadorias ou serviços, bem como concedam descontos na sua aquisição ou contratação; (Redação dada pela Lei nº 14.183, de 2021)

VII – as filiais ou representações de entes estrangeiros que exerçam no Brasil qualquer das atividades listadas neste artigo, ainda que de forma eventual;

VIII – as demais entidades cujo funcionamento dependa de autorização de órgão regulador dos mercados financeiro, de câmbio, de capitais e de seguros;

IX – as pessoas físicas ou jurídicas, nacionais ou estrangeiras, que operem no Brasil como agentes, dirigentes, procuradoras, comissionárias ou por qualquer forma representem interesses de ente estrangeiro que exerça qualquer das atividades referidas neste artigo;

X – as pessoas físicas ou jurídicas que exerçam atividades de promoção imobiliária ou compra e venda de imóveis;

XI – as pessoas físicas ou jurídicas que comercializem joias, pedras e metais preciosos, objetos de arte e antiguidades.

XII – as pessoas físicas ou jurídicas que comercializem bens de luxo ou de alto valor, intermedeiem a sua comercialização ou exerçam atividades que envolvam grande volume de recursos em espécie;

XIII – as juntas comerciais e os registros públicos;

XIV – as pessoas físicas ou jurídicas que prestem, mesmo que eventualmente, serviços de assessoria, consultoria, contadoria, auditoria, aconselhamento ou assistência, de qualquer natureza, em operações:

a) de compra e venda de imóveis, estabelecimentos comerciais ou industriais ou participações societárias de qualquer natureza;

b) de gestão de fundos, valores mobiliários ou outros ativos;

c) de abertura ou gestão de contas bancárias, de poupança, investimento ou de valores mobiliários;

d) de criação, exploração ou gestão de sociedades de qualquer natureza, fundações, fundos fiduciários ou estruturas análogas;

e) financeiras, societárias ou imobiliárias; e

f) de alienação ou aquisição de direitos sobre contratos relacionados a atividades desportivas ou artísticas profissionais;

XV – pessoas físicas ou jurídicas que atuem na promoção, intermediação, comercialização, agenciamento ou negociação de direitos de transferência de atletas, artistas ou feiras, exposições ou eventos similares;

XVI – as empresas de transporte e guarda de valores;

XVII – as pessoas físicas ou jurídicas que comercializem bens de alto valor de origem rural ou animal ou intermedeiem a sua comercialização; e

XVIII – as dependências no exterior das entidades mencionadas neste artigo, por meio de sua matriz no Brasil, relativamente a residentes no País.

O art. 9º trouxe o rol de pessoas que se sujeitam às obrigações de identificação dos clientes e manutenção de registros e de comunicação de operações financeiras, ainda que pessoas físicas ou jurídicas.

As pessoas jurídicas mencionadas podem ser:

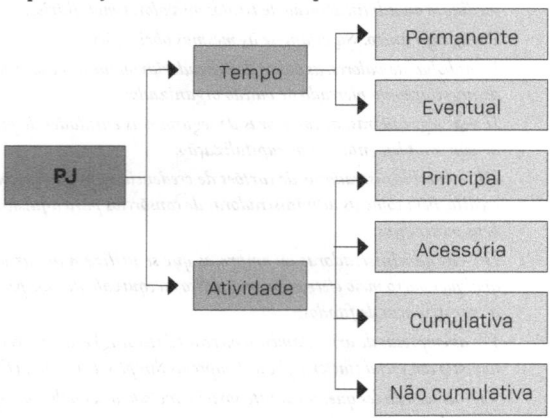

▷ Captação, intermediação e aplicação: de recursos financeiros de terceiros, em moeda nacional ou estrangeira.

▷ Compra e venda de moeda estrangeira ou ouro: como ativo financeiro ou instrumento cambial.

▷ Custódia, emissão, distribuição, liquidação, negociação, intermediação ou administração: de títulos ou valores mobiliários.

▷ Bolsas: de valores, de mercadorias ou futuros.

▷ Sistemas de negociação: do mercado de balcão organizado.

▷ Seguradoras e corretoras: de seguros.

▷ Entidades: de previdência complementar ou de capitalização.

▷ Administradoras: de cartões de credenciamento ou cartões de crédito, consórcios para aquisição de bens ou serviços.

▷ Administradoras ou empresas: que se utilizem de cartão ou qualquer outro meio eletrônico, magnético ou equivalente, que permita a transferência de fundos.

▷ Empresas: de arrendamento mercantil (leasing) e as de fomento comercial (factoring) e as Empresas Simples de Crédito (ESC).

▷ Sociedades: que efetuem distribuição de dinheiro ou quaisquer bens móveis, imóveis, mercadorias, serviços, ou, ainda, concedam descontos na sua aquisição, mediante sorteio ou método assemelhado.

▷ Filiais ou representações: de entes estrangeiros que exerçam no Brasil qualquer das atividades listadas neste artigo, ainda que de forma eventual.

▷ Demais entidades: cujo funcionamento dependa de autorização de órgão regulador do mercado financeiro, de câmbio, de capitais e de seguros.

▷ Pessoas físicas ou jurídicas, nacionais ou estrangeiras: que operem no Brasil como agentes, dirigentes, procuradoras, comissionárias ou por qualquer forma representem interesses de ente estrangeiro que exerça qualquer das atividades referidas neste artigo.

▷ Pessoas físicas ou jurídicas:

• Que exerçam atividades de promoção imobiliária ou compra e venda de imóveis.

• Que comercializem joias, pedras e metais preciosos, objetos de arte e antiguidades.

• Que comercializem bens de luxo ou de alto valor, intermedeiem a sua comercialização ou exerçam atividades que envolvam grande volume de recursos em espécie.

Juntas comerciais e registros públicos:

▷ Pessoas físicas ou jurídicas:

• Que prestem, mesmo que eventualmente, serviços de assessoria, consultoria, contadoria, auditoria, aconselhamento ou assistência, de qualquer natureza, em operações.

• De compra e venda de imóveis, estabelecimentos comerciais ou industriais ou participações societárias de qualquer natureza;

• De gestão de fundos, valores mobiliários ou outros ativos;

• De abertura ou gestão de contas bancárias, de poupança, investimento ou de valores mobiliários;

• De criação, exploração ou gestão de sociedades de qualquer natureza, fundações, fundos fiduciários ou estruturas análogas;

• Financeiras, societárias ou imobiliárias; e

• De alienação ou aquisição de direitos sobre contratos relacionados a atividades desportivas ou artísticas profissionais.

• Que atuem na promoção, intermediação, comercialização, agenciamento ou negociação de direitos de transferência de atletas, artistas ou feiras, exposições ou eventos similares.

▷ Empresas: de transporte e guarda de valores.

▷ Pessoas físicas ou jurídicas: que comercializem bens de alto valor de origem rural ou animal ou intermedeiem a sua comercialização.

▷ Dependências no exterior das entidades mencionadas neste artigo: por meio de sua matriz no Brasil, relativamente a residentes no País.

Identificação dos clientes e manutenção de registros

Art. 10 As pessoas referidas no art. 9º:

I – identificarão seus clientes e manterão cadastro atualizado, nos termos de instruções emanadas das autoridades competentes;

II – manterão registro de toda transação em moeda nacional ou estrangeira, títulos e valores mobiliários, títulos de crédito, metais, ou qualquer ativo passível de ser convertido em dinheiro, que ultrapassar limite fixado pela autoridade competente e nos termos de instruções por esta expedidas;

III – deverão adotar políticas, procedimentos e controles internos, compatíveis com seu porte e volume de operações, que lhes permitam atender ao disposto neste artigo e no art. 11, na forma disciplinada pelos órgãos competentes;

IV – deverão cadastrar-se e manter seu cadastro atualizado no órgão regulador ou fiscalizador e, na falta deste, no Conselho de Controle de Atividades Financeiras (Coaf), na forma e condições por eles estabelecidas;

V – deverão atender às requisições formuladas pelo Coaf na periodicidade, forma e condições por ele estabelecidas, cabendo-lhe preservar, nos termos da lei, o sigilo das informações prestadas.

§ 1º Na hipótese de o cliente constituir-se em pessoa jurídica, a identificação referida no inciso I deste artigo deverá abranger as pessoas físicas autorizadas a representá-la, bem como seus proprietários.

§ 2º Os cadastros e registros referidos nos incisos I e II deste artigo deverão ser conservados durante o período mínimo de cinco anos a partir do encerramento da conta ou da conclusão da transação, prazo este que poderá ser ampliado pela autoridade competente.

§ 3º O registro referido no inciso II deste artigo será efetuado também quando a pessoa física ou jurídica, seus entes ligados, houver realizado, em um mesmo mês-calendário, operações com uma mesma pessoa, conglomerado ou grupo que, em seu conjunto, ultrapassem o limite fixado pela autoridade competente.

Art. 10-A O Banco Central manterá registro centralizado formando o cadastro geral de correntistas e clientes de instituições financeiras, bem como de seus procuradores.

No art. 9º foi estabelecido um rol de pessoas físicas e jurídicas que tem como obrigação cumprir o determinado no art. 10. Para visualizarmos melhor, vamos esquematizar essas obrigações:

▷ Identificarão seus clientes e manterão cadastro atualizado, nos termos de instruções emanadas das autoridades competentes;

▷ Manterão registro de toda transação em moeda nacional ou estrangeira, títulos e valores mobiliários, títulos de crédito, metais ou qualquer ativo passível de ser convertido em dinheiro, que ultrapassar limite fixado pela autoridade competente e nos termos de instruções por esta expedidas;

▷ Deverão adotar políticas, procedimentos e controles internos, compatíveis com seu porte e volume de operações, que lhes permitam atender ao disposto neste artigo e no art. 11, na forma disciplinada pelos órgãos competentes;

▷ Deverão cadastrar-se e manter seu cadastro atualizado no órgão regulador ou fiscalizador e, na falta deste, no Conselho de Controle de Atividades Financeiras (Coaf), na forma e nas condições por eles estabelecidas;

▷ Deverão atender às requisições formuladas pelo Coaf na periodicidade, forma e condições por ele estabelecidas, cabendo-lhe preservar, nos termos da lei, o sigilo das informações prestadas.

No que diz respeito à identificação dos clientes, quando estes forem pessoas jurídicas, deverão ser identificadas todas as pessoas físicas autorizadas a representá-la, bem como identificados seus proprietários.

O cadastro atualizado de clientes e o de registro de transações financeiras, deverão ser conservados pelo prazo mínimo de 5 anos, contados do encerramento da conta ou da conclusão da sua transação, sendo que este prazo poderá ser aumentado por requerimento da autoridade competente.

Cadastro atualizado e registro de transações → Prazo MÍNIMO de conservação → 5 anos → Pode ser ampliado pela autoridade competente

Vejamos, ainda, que o registro das transações será realizado quando a pessoa, física ou jurídica, ou seus entes ligados tiverem realizado, dentro do mesmo período, operações com uma mesma pessoa, grupo ou conglomerado, que ao serem somados ultrapassem os limites fixados pela autoridade competente.

O registro centralizado, que formará o cadastro geral de correntistas e clientes, bem como dos seus procuradores será feito pelo Banco Central.

Comunicação de operações financeiras

Art. 11 As pessoas referidas no art. 9º:

I – dispensarão especial atenção às operações que, nos termos de instruções emanadas das autoridades competentes, possam constituir-se em sérios indícios dos crimes previstos nesta Lei, ou com eles relacionar-se;

II – deverão comunicar ao Coaf, abstendo-se de dar ciência de tal ato a qualquer pessoa, inclusive àquela à qual se refira a informação, no prazo de 24 (vinte e quatro) horas, a proposta ou realização:

a) de todas as transações referidas no inciso II do art. 10, acompanhadas da identificação de que trata o inciso I do mencionado artigo; e

b) das operações referidas no inciso I;

III – deverão comunicar ao órgão regulador ou fiscalizador da sua atividade ou, na sua falta, ao Coaf, na periodicidade, forma e condições por eles estabelecidas, a não ocorrência de propostas, transações ou operações passíveis de serem comunicadas nos termos do inciso II.

§ 1º As autoridades competentes, nas instruções referidas no inciso I deste artigo, elaborarão relação de operações que, por suas características, no que se refere às partes envolvidas, valores, forma de realização, instrumentos utilizados, ou pela falta de fundamento econômico ou legal, possam configurar a hipótese nele prevista.

§ 2º As comunicações de boa-fé, feitas na forma prevista neste artigo, não acarretarão responsabilidade civil ou administrativa.

§ 3º O Coaf disponibilizará as comunicações recebidas com base no inciso II do caput aos respectivos órgãos responsáveis pela regulação ou fiscalização das pessoas a que se refere o art. 9º.

Art. 11-A As transferências internacionais e os saques em espécie deverão ser previamente comunicados à instituição financeira, nos termos, limites, prazos e condições fixados pelo Banco Central do Brasil.

Assim como o art. 10, este artigo visa estabelecer obrigações às pessoas contidas no art. 9º. De forma a simplificar o estudo, vamos esquematizar essas obrigações:

▷ Dispensarão especial atenção às operações que, nos termos de instruções emanadas das autoridades competentes, possam constituir-se em sérios indícios dos crimes previstos nesta lei ou com eles relacionar-se;

▷ Deverão comunicar ao Coaf, abstendo-se de dar ciência de tal ato a qualquer pessoa, inclusive àquela à qual se refira a informação, no prazo de 24 horas, a proposta ou realização:

• de todas as transações referidas no inciso II do art. 10, acompanhadas da identificação de que trata o inciso I do mesmo artigo; e

• das operações referidas no inciso I.

▷ Deverão comunicar ao órgão regulador ou fiscalizador da sua atividade ou, na sua falta, ao Coaf, na periodicidade, forma e condições por eles estabelecidas, a não ocorrência de propostas, transações ou operações passíveis de serem comunicadas nos termos do inciso II.

As autoridades competentes, dentro das obrigações impostas no inciso I, deverão elaborar uma relação de operações que, por meio de suas peculiaridades, possam configurar crime.

Quando a comunicação ocorrer de boa-fé e nos moldes do art. 11, não haverá o que se falar em responsabilidade civil ou administrativa.

O Coaf disponibilizará as comunicações por ele recebidas, conforme determina o inciso II, aos órgãos responsáveis pela regulação ou fiscalização das pessoas determinadas no art. 9º.

Para finalizar, havendo transferências internacionais ou saques em espécies, deverão estes ser previamente comunicados à instituição financeira, em conformidade com as regras fixadas pelo Banco Central.

Responsabilidade administrativa

Art. 12 *Às pessoas referidas no art. 9º, bem como aos administradores das pessoas jurídicas, que deixem de cumprir as obrigações previstas nos arts. 10 e 11 serão aplicadas, cumulativamente ou não, pelas autoridades competentes, as seguintes sanções:*

I – advertência;

II – multa pecuniária variável não superior:

a) ao dobro do valor da operação;

b) ao dobro do lucro real obtido ou que presumivelmente seria obtido pela realização da operação; ou

c) ao valor de R$ 20.000.000,00.

III – inabilitação temporária, pelo prazo de até dez anos, para o exercício do cargo de administrador das pessoas jurídicas referidas no art. 9º;

IV – cassação ou suspensão da autorização para o exercício de atividade, operação ou funcionamento.

§ 1º A pena de advertência será aplicada por irregularidade no cumprimento das instruções referidas nos incisos I e II do art. 10.

§ 2º A multa será aplicada sempre que as pessoas referidas no art. 9o, por culpa ou dolo:

I – deixarem de sanar as irregularidades objeto de advertência, no prazo assinalado pela autoridade competente;

II – não cumprirem o disposto nos incisos I a IV do art. 10;

III – deixarem de atender, no prazo estabelecido, a requisição formulada nos termos do inciso V do art. 10;

IV – descumprirem a vedação ou deixarem de fazer a comunicação a que se refere o art. 11.

§ 3º A inabilitação temporária será aplicada quando forem verificadas infrações graves quanto ao cumprimento das obrigações constantes desta Lei ou quando ocorrer reincidência específica, devidamente caracterizada em transgressões anteriormente punidas com multa.

§ 4º A cassação da autorização será aplicada nos casos de reincidência específica de infrações anteriormente punidas com a pena prevista no inciso III do caput deste artigo.

Art. 13 *(Revogado)*

As sanções se aplicam quanto às pessoas jurídicas taxadas no art. 9º, bem como aos administradores dessas pessoas, que não cumprirem com as obrigações de identificação dos clientes e manutenção de registros e de comunicação de operações financeiras.

As sanções podem ser aplicadas tanto de forma cumulativa, ou seja, pode ser aplicada mais de uma sanção, bem como pode ser aplicada de forma isolada, ou seja, apenas uma.

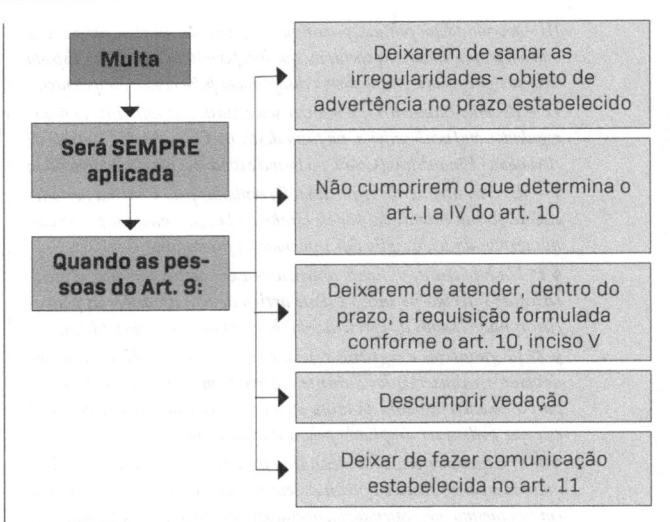

Conselho de Controle de Atividades Financeiras

Art. 14 *É criado, no âmbito do Ministério da Fazenda, o Conselho de Controle de Atividades Financeiras - Coaf, com a finalidade de disciplinar, aplicar penas administrativas, receber, examinar e identificar as ocorrências suspeitas de atividades ilícitas previstas nesta Lei, sem prejuízo da competência de outros órgãos e entidades.*

§ 1º As instruções referidas no art. 10 destinadas às pessoas mencionadas no art. 9º, para as quais não exista órgão próprio fiscalizador ou regulador, serão expedidas pelo Coaf, competindo-lhe, para esses casos, a definição das pessoas abrangidas e a aplicação das sanções enumeradas no art. 12.

§ 2º O Coaf deverá, ainda, coordenar e propor mecanismos de cooperação e de troca de informações que viabilizem ações rápidas e eficientes no combate à ocultação ou dissimulação de bens, direitos e valores.

§ 3º O Coaf poderá requerer aos órgãos da Administração Pública as informações cadastrais bancárias e financeiras de pessoas envolvidas em atividades suspeitas.

Art. 15 *O Coaf comunicará às autoridades competentes para a instauração dos procedimentos cabíveis, quando concluir pela existência de crimes previstos nesta Lei, de fundados indícios de sua prática, ou de qualquer outro ilícito.*

O Conselho de Controle de Atividades Financeiras (Coaf) é o órgão de inteligência financeira do Governo Federal que atua, principalmente, na prevenção e no combate ao crime de lavagem de capitais. Esse órgão foi criado no âmbito do Ministério da Fazenda e da Segurança Pública e tem como atribuições a produção de inteligência financeira e a promoção de meios protetivos aos setores econômicos contra a lavagem de capitais e o financiamento do terrorismo.

Art. 5º, *Lei nº 13.974/2020 A organização e o funcionamento do Coaf, incluídas a sua estrutura e as competências e as atribuições no âmbito da Presidência, do Plenário e do Quadro Técnico, serão definidos em seu Regimento Interno, aprovado pela Diretoria Colegiada do Banco Central do Brasil.*

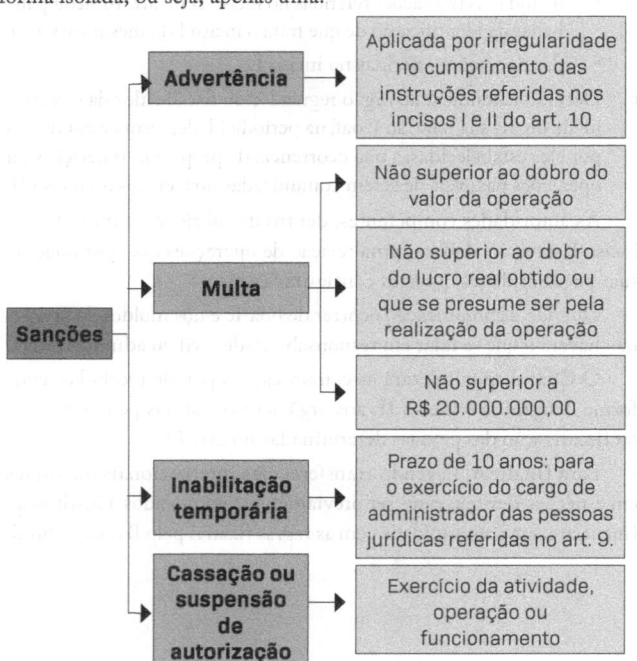

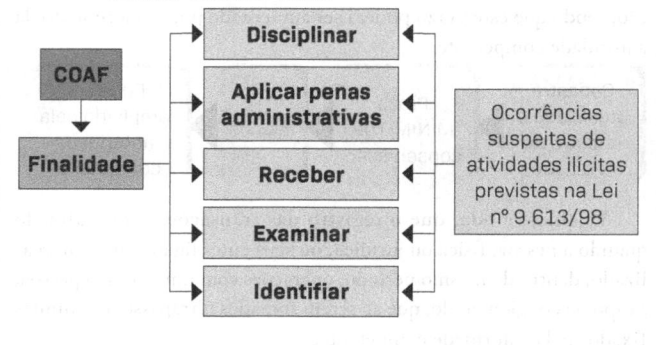

Nos casos mencionados no art. 10, quando a pessoa, física ou jurídica, não tiver órgão próprio de fiscalização ou regulamentação, será o Coaf competente para a realização de atos e, ainda, para a consequente aplicação de sanções, caso necessário.

Outra atribuição do Coaf é a coordenação e a proposição de meios que auxiliem na troca de informações e cooperação no que for necessário, com o intuito de promover ações rápidas e eficientes ao combate dos crimes de ocultação ou dissimulação de bens, direitos e valores.

Será, ainda, permitido ao Coaf o requerimento aos órgãos da Administração Pública, seja ela direita ou indireta, as informações sobre cadastros bancários e financeiros de todas as pessoas que tenham envolvimento com as atividades consideradas suspeitas.

Se verificada a existência dos crimes aqui mencionados ou, ainda, indícios de sua prática ou de qualquer outro crime, caberá a esse órgão a comunicação às autoridades competentes para que se instaurem os procedimentos cabíveis.

O Coaf é tratado atualmente também como Unidade de Inteligência Financeira (UIF), sendo responsável por receber, examinar e identificar quaisquer ocorrências suspeitas de atividades ilícitas no âmbito financeiro.

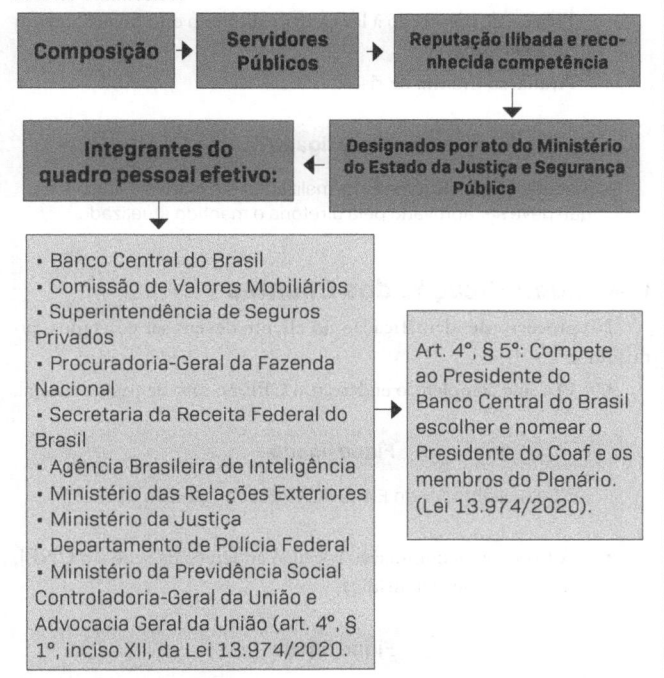

Disposições gerais

Art. 17-A *Aplicam-se, subsidiariamente, as disposições do Decreto-lei nº 3.689, de 3 de outubro de 1941 (Código de Processo Penal), no que não forem incompatíveis com esta Lei.*

Por força do princípio da subsidiariedade, nos casos em que a Lei nº 9.613/1998 for omissa e havendo compatibilidade entre essa lei e o Código de Processo Penal, este poderá ser aplicado de forma subsidiária.

Art. 17-B *A autoridade policial e o Ministério Público terão acesso, exclusivamente, aos dados cadastrais do investigado que informam qualificação pessoal, filiação e endereço, independentemente de autorização judicial, mantidos pela Justiça Eleitoral, pelas empresas telefônicas, pelas instituições financeiras, pelos provedores de internet e pelas administradoras de cartão de crédito.*

De forma exclusiva, ou seja, limitada, tanto o MP quanto a autoridade policial, sem ordem judicial, terão acesso a dados cadastrais das pessoas investigadas, desde que esses dados fornecidos tenham relação apenas sobre qualificação pessoal, filiação e seu endereço. Esses dados devem ser aqueles mantidos pela Justiça Eleitoral, empresas de telefonia, instituições financeiras, provedores de internet e ainda pelas administradoras de cartão de crédito.

Art. 17-C *Os encaminhamentos das instituições financeiras e tributárias em resposta às ordens judiciais de quebra ou transferência de sigilo deverão ser, sempre que determinado, em meio informático, e apresentados em arquivos que possibilitem a migração de informações para os autos do processo sem redigitação.*

Nos casos de as instituições financeiras e tributárias precisarem responder a ordens judiciais, dá-se preferência para que estas sejam feitas por meio informático, ou seja, arquivos eletrônicos, que possam ser transferidos para os autos do processo, sem a necessidade que seja ele redigitado, buscando a celeridade processual.

Art. 17-D *Em caso de indiciamento de servidor público, este será afastado, sem prejuízo de remuneração e demais direitos previstos em lei, até que o juiz competente autorize, em decisão fundamentada, o seu retorno.*

O servidor público que for indiciado pela prática de um dos crimes aqui mencionados será afastado de seu cargo até que o juízo competente autorize seu retorno. Durante esse período, o servidor continuará a receber sua remuneração, bem como não sofrerá prejuízos aos demais direitos a ele atribuídos por lei.

Art. 17-E *A Secretaria da Receita Federal do Brasil conservará os dados fiscais dos contribuintes pelo prazo mínimo de 5 (cinco) anos, contado a partir do início do exercício seguinte ao da declaração de renda respectiva ou ao do pagamento do tributo.*

Como dissemos anteriormente, pelo menos por 5 anos, contados do início do exercício seguinte ao da declaração do imposto de renda ou, ainda, do pagamento da tributação, a Secretaria da Receita Federal deverá conservar os dados fiscais dos contribuintes.

6 CIRCULAR Nº 3.978/20

A presente circular lista procedimentos de "Compliance", sou seja, de controles internos para que se previna o crime de LAVAGEM DE DINHEIRO, de maneira geral temos que a circular:

*Dispõe sobre a **política, os procedimentos e os controles internos** a serem adotados pelas instituições autorizadas a funcionar pelo Banco Central do Brasil **visando à prevenção da utilização do sistema financeiro para a prática dos crimes de "lavagem"** ou ocultação de bens, direitos e valores.*

Fique ligado

LEMBRE-SE – Todas as instituições autorizadas a funcionar pelo Banco Central tem que adotar esta circular.

Trata-se de uma circular extensa, com muito detalhamento técnico. Meu o objetivo vai ser extrair deste documento o que eu mais acredito que possa ser cobrado em prova! Então, vamos lá!

6.1 Política de Prevenção

A política de prevenção ao crime de lavagem de dinheiro deve ser adequada ao perfil:

- Dos clientes, da instituição e dos funcionários, parceiros e prestadores.
- Das operações, transações, produtos e serviços.

Esta política deve contemplar:

- **Diretrizes** para Definir Responsabilidades, Procedimentos, Avaliação Interna do Risco, Promoção da Cultura Organizacional, Seleção Correta de Funcionários etc.
- Diretrizes para Implementar Procedimentos de Coleta, Verificação, Registro, Monitoramento, Comunicação ao COAF, entre outras.

Fique ligado

IMPORTANTE – É necessário o comprometimento da ALTA ADMINISTRAÇÃO com a efetividade e a melhoria contínua da política. Fique ligado - Admite-se a adoção de política de prevenção à lavagem de dinheiro e ao financiamento do terrorismo ÚNICA por conglomerado prudencial e por sistema cooperativo de crédito.

Esta política deve ser:

- Documentada, aprovada pelo Conselho ou Diretoria e Mantida Atualizada
- Divulgada aos envolvidos em linguagem clara.

6.2 Governança da Política de Prevenção à Lavagem de Dinheiro

- As instituições devem dispor de estrutura de governança visando a assegurar o cumprimento da política.

Fique ligado

Governança tem a ver com BOAS PRÁTICAS ADMINISTRATIVAS

- As instituições devem indicar formalmente ao Banco Central do Brasil **diretor responsável.**

Fique ligado

IMPORTANTE – Este diretor PODE desempenhar outras funções na instituição, contato que não gere conflito de interesses.

6.3 Avaliação Interna de Risco

Sem segredos, a avaliação interna deve:

- Considerar o Perfil das Operações e das Pessoas Envolvidas
- Ser Documentada e Aprovada
- Categorias de Risco devem ser definidas para maior possibilidade de Mitigação

Fique ligado

IMPORTANTE - A avaliação interna de risco pode ser realizada de forma centralizada em instituição do conglomerado prudencial e do sistema cooperativo de crédito.

6.4 Procedimentos Destinados a Conhecer os Clientes

Os procedimentos para conhecer o perfil de seus clientes devem ser compatíveis com:

- Perfil de risco do cliente, sendo maior a prevenção em perfis de maior risco.
- Política de prevenção à lavagem de dinheiro e ao financiamento do terrorismo.
- Avaliação interna de risco.

Fique ligado

Os procedimentos devem ser formalizados em manual específico, que deve ser aprovado pela diretoria e mantido atualizado.

6.4.1. Identificação dos Clientes

No processo de identificação do cliente devem ser coletados, no mínimo:

- O nome completo, o endereço, o CPF, no caso de pessoa natural.

Fique ligado

Se o cliente for do EXTERIOR, desobriga-se o CPF

- A firma ou denominação social, o endereço da sede e o CNPJ, no caso de pessoa jurídica.

Fique ligado

Se a empresa for com sede no exterior, desobriga-se o CNPJ

6.4.2. Qualificação dos Clientes

As instituições devem adotar procedimentos que permitam qualificar seus clientes de forma compatível com o perfil de risco do cliente e com a natureza da relação de negócio, avaliando:

- Capacidade Financeira do Cliente
- Perfil de Risco

Fique ligado

A qualificação do cliente deve ser reavaliada e sempre atualizada.

6.4.3. Pontos de Fique ligado na Qualificação

Os procedimentos de qualificação devem incluir a verificação da condição do cliente como:

- **PESSOA POLÍTICAMENTE EXPOSTA** (Detentores de Mandato, Ocupantes de Cargos de Natureza Especial, tais como Ministros, Altas Autoridades Públicas)
- **FAMÍLAR** – Parentes até o **segundo grau**
- **ESTREITO COLABORADOR** - Pessoa conhecida por ter qualquer tipo de estreita relação com pessoa exposta politicamente.

> **Fique ligado**
>
> Para estes clientes devem ser adotados procedimentos de qualificação compatíveis com sua condição.

6.4.4. Classificação dos Clientes

As instituições devem classificar seus clientes:

- Nas categorias de risco definidas na avaliação interna de risco
- Usando como Base as informações obtidas nos procedimentos de qualificação

> **Fique ligado**
>
> Esta classificação deve ser revista sempre que houver alterações no perfil do cliente.
> IMPORTANTE – É VEDADO às instituições iniciar relação de negócios SEM QUE os procedimentos de identificação e de qualificação do cliente ESTEJAM CONCLUÍDOS
> IMPORTANTE - Admite-se, por um PERÍODO MÁXIMO DE 30 DIAS, o início da relação de negócios em caso de insuficiência de informações relativas à qualificação do cliente, desde que não haja prejuízo aos procedimentos de monitoramento e seleção.

6.4.5. Identificação e da Qualificação do Beneficiário Final

Os procedimentos de qualificação do cliente Pessoa Jurídica devem incluir a análise da cadeia de participação societária até a identificação da pessoa natural caracterizada como **seu beneficiário final.**

> **Fique ligado**
>
> É também considerado beneficiário final o representante, inclusive o procurador e o preposto, que exerça o comando sobre as atividades da pessoa jurídica.
> Este procedimento NÃO é Necessário em relação as pessoas jurídicas constituídas sob a forma de companhia aberta ou entidade sem fins lucrativos e as cooperativas.

6.4.6. Qualificação como Pessoa Exposta Politicamente

Consideram-se pessoas expostas politicamente, entre outros:

- Detentores de mandatos eletivos dos Poderes Executivo e Legislativo;
- Altas Autoridades da Administração Indireta e Direta;
- Membros do Conselho Nacional de Justiça, do Supremo Tribunal Federal, dos Tribunais Superiores, dos Tribunais Regionais Federais, dos Tribunais Regionais do Trabalho, dos Tribunais Regionais Eleitorais, do Conselho Superior da Justiça do Trabalho e do Conselho da Justiça Federal

- Membros do Conselho Nacional do Ministério Público, Procuradores Gerais
- Presidentes e os tesoureiros nacionais, ou equivalentes, de partidos políticos;
- Secretários de Estado e do Distrito Federal, e os Secretários Municipais.

São também consideradas expostas politicamente as pessoas que, NO EXTERIOR, sejam:

- Chefes de estado ou de governo;
- Políticos de escalões superiores;
- Ocupantes de cargos governamentais de escalões superiores;
- Oficiais-generais e membros de escalões superiores do Poder Judiciário;
- Executivos de escalões superiores de empresas públicas; ou
- Dirigentes de partidos políticos.

6.5 Registro de Operações

6.5.1. Disposições Gerais

As instituições devem manter registros de todas as operações realizadas, produtos e serviços contratados, inclusive saques, depósitos, aportes, pagamentos, recebimentos e transferências de recursos.

> **Fique ligado**
>
> Estes registros devem compor o tipo da operação, valor, data, registro cadastral entre outros.

6.5.2. Registro de Operações Envolvendo Pessoa do Exterior

No caso de operações envolvendo pessoa natural residente no exterior, as instituições devem incluir no registro as seguintes informações:

- Nome;
- Tipo e número do documento de viagem e respectivo país emissor; e
- Organismo internacional de que seja representante

No caso de ser pessoa jurídica, é necessário:

- Nome da empresa; e
- Número de identificação ou de registro da empresa no respectivo país de origem.

6.5.3. Registro de Operações de Pagamento, de Recebimento e de Transferência de Recursos

No caso de operações relativas a pagamentos, recebimentos e transferências de recursos, por meio de qualquer instrumento, as instituições devem incluir:

- Identificação da origem
- Identificação do destino dos recursos.

Para fins deste cumprimento, devem ser incluídas no registro das operações:

- Nome e número de inscrição no CPF ou no CNPJ do remetente ou sacado;
- Nome e número de inscrição no CPF ou no CNPJ do recebedor ou beneficiário;
- Códigos de identificação, no sistema de liquidação de pagamentos ou de transferência de fundos
- Números das dependências e das contas envolvidas na operação.

6.5.4. Registro das Operações em Espécie

- No caso de operações com utilização de recursos em espécie de **valor individual superior a R$ 2.000,00**, as instituições devem incluir no registro, **o nome e o respectivo número de inscrição no CPF do portador dos recursos.**
- No caso de operações de depósito ou aporte em espécie de **valor individual igual ou superior a R$ 50.000,00**, as instituições devem incluir no registro, o NOME, CPF, CNPJ do PROPRIETÁRIO e PORTADOR DOS RECURSOS, e a ORIGEM dos Recursos.

> **Fique ligado**
>
> Na hipótese de recusa do cliente ou do portador dos recursos em prestar a informação, a instituição deve registrar o fato e utilizar essa informação nos procedimentos de monitoramento.

- No caso de operações de SAQUE, de valor individual igual ou superior a R$ 50.000,00, as instituições devem incluir no registro, o NOME, CPF, CNPJ, **FINALIDADE DO SAQUE** e NÚMERO DE PROTOCOLO.

> **Fique ligado**
>
> Saques de grande valor podem indicar operações suspeitas, daí a necessidade de registro das operações.

Os saques de grande valor também não possuem a obrigatoriedade de estarem disponíveis de imediato nos bancos, dessa forma deve haver SOLICITAÇÃO DE PROVISIONAMENTO. com, no mínimo, **3 DIAS ÚTEIS DE ANTECEDÊNCIA**, das operações de valor igual ou superior a R$ 50.000,00.

> **Fique ligado**
>
> Para operações deste valor o cliente deve solicitar com antecedência de 3 DIAS ÚTEIS.

As instituições devem:

- Possibilitar a solicitação de provisionamento por meio do sítio eletrônico e das agências ou Postos de Atendimento;
- Emitir protocolo de atendimento ao cliente ou ao sacador não cliente
- Registrar, no ato da solicitação de provisionamento, todas as informações necessárias.

> **Fique ligado**
>
> É vedado postergar saques em espécie de contas de depósitos à vista de valor igual ou inferior a R$5.000,00, admitida a postergação para o expediente seguinte de saques de valor superior ao estabelecido.

6.6 Monitoramento, da Seleção e da Análise de Operações e Situações Suspeitas

As instituições implementar procedimentos de monitoramento, seleção e análise de operações e situações com o objetivo de identificar e dispensar especial Fique ligado às suspeitas de lavagem de dinheiro e de financiamento do terrorismo.

> **Fique ligado**
>
> Operações suspeitas dependem de maior Fique ligado.

Os procedimentos devem:

- Ser compatíveis com a política de prevenção à lavagem de dinheiro e ao financiamento do terrorismo
- Ser definidos com base na avaliação interna de risco
- Considerar a condição de pessoa exposta politicamente
- Estar descritos em manual específico, aprovado pela diretoria da instituição.

6.6.1. Monitoramento e da Seleção de Operações e Situações Suspeitas

As instituições devem implementar procedimentos em operações que possam indicar suspeitas, especialmente:

- Operações ATÍPICAS, que envolvam valor suspeito ou forma de operacionalização suspeita (tais como depósitos e saques fracionados)
- Operações de depósito ou saque em espécie, que apresentem indícios de ocultação ou dissimulação.
- Operações com pessoas expostas politicamente de nacionalidade brasileira e estrangeira
- Os clientes e as operações em relação aos quais não seja possível identificar o beneficiário final
- Operações oriundas ou destinadas a países ou territórios com deficiências estratégicas na implementação das recomendações do Grupo de Ação Financeira (Gafi)

> **Fique ligado**
>
> O período para a execução dos procedimentos de monitoramento e de seleção das operações e situações suspeitas não pode exceder o prazo de 45 DIAS, contados a partir da data de ocorrência da operação ou da situação.

Todas as instituições:

- Devem assegurar que os sistemas utilizados no monitoramento e na seleção de operações e situações suspeitas contenham informações detalhadas das operações.
- As instituições devem manter documentação detalhada

> **Fique ligado**
>
> Os procedimentos de monitoramento e seleção podem ser realizados de forma CENTRALIZADA em instituição do conglomerado prudencial e do sistema cooperativo de crédito.

6.6.2. Procedimentos de Análise de Operações e Situações Suspeitas

- As instituições devem implementar procedimentos de análise das operações e situações selecionadas por meio dos procedimentos de monitoramento e seleção.

> **Fique ligado**
>
> O PRAZO PARA ESSA ANÁLISE é de 45 DIAS contado da Operação

- É vedada a contratação de terceiros para a realização da análise

6.7 Procedimentos de Comunicação ao COAF

As instituições devem comunicar ao Coaf as operações ou situações suspeitas de lavagem de dinheiro e de financiamento do terrorismo, de forma:

- Fundamentada
- Registrada em dossiê
- Decididas no Prazo de 45 Dias da Operação.

6.7.1. Comunicação de Operações em Espécie

As instituições devem comunicar ao Coaf:

- Operações de depósito ou saque de valor igual ou superior a R$ 50.000,00
- Operações relativas a pagamentos, recebimentos e transferências de recursos, por meio de qualquer instrumento, , de valor igual ou superior a R$ 50.000,00
- Solicitação de provisionamento de saques em espécie de valor igual ou superior a R$ 50.000,00.

As comunicações devem especificar, quando for o caso, se a pessoa objeto da comunicação:

- É pessoa exposta politicamente ou representante, familiar ou estreito colaborador dessa pessoa;
- É pessoa que, reconhecidamente, praticou ou tenha intentado praticar atos terroristas ou deles participado ou facilitado o seu cometimento; e
- É pessoa que possui ou controla, direta ou indiretamente, recursos na instituição.

6.8 Procedimentos Destinados a Conhecer Funcionários, Parceiros e Prestadores de Serviços Terceirizados

- As instituições devem implementar procedimentos destinados a conhecer seus funcionários, parceiros e prestadores de serviços terceirizados, incluindo procedimentos de identificação e qualificação.

As instituições, na celebração de contratos com terceiros não sujeitos a autorização para funcionar do Banco Central do Brasil, participantes de arranjo de pagamento do qual a instituição também participe, devem:

- Obter informações sobre o terceiro que permitam compreender a natureza de sua atividade e a sua reputação;
- Verificar se o terceiro foi objeto de investigação ou de ação de autoridade supervisora relacionada com lavagem de dinheiro ou com financiamento do terrorismo;
- Certificar que o terceiro tem licença do instituidor do arranjo para operar, quando for o caso;
- Conhecer os controles adotados pelo terceiro relativos à prevenção à lavagem de dinheiro e ao financiamento do terrorismo

6.9 Disposições Finais

- Percebe-se que toda a circular é repetitiva, os procedimentos devem ser controlados sempre para EVITAR as ocorrências a qual a circular se destina a prevenir.
- Devem ser adotadas medidas de AVALIAÇÃO da Efetividade dos controles previstos nesta circular

C
B
A
N

7 CIRCULAR Nº 4.001/20

Esta é uma circular "chata" pois trata-se de uma LISTA de operações e situações que podem configurar indícios de ocorrência dos crimes de "lavagem" ou ocultação de bens, direitos e valores.

Por ser uma lista, entenda a "alma" da circular, sendo:

- **ENTENDER QUAIS OPERAÇÕES PODEM SER CONSIDERADAS SUSPEITAS**
- **A "RELAÇÃO" APRESENTADA NA CIRCULAR É EXEMPLIFICATIVA**

7.1 Situações Relacionadas com Operações em Espécie com a Utilização de Contas de Depósitos ou Pagamento

- Depósitos ATÍPICOS em relação à atividade econômica do cliente ou INCOMPATÍVEIS com a sua capacidade financeira.
- Movimentações em espécie por clientes que normalmente NÃO DEPOSITAM EM ESPÉCIE.
- FRAGMENTAÇÃO de depósitos, saques em espécie, que possam BURLAR o valor total da operação.
- Depósitos ou aportes em espécie em contas de clientes que exerçam atividade comercial relacionada com negociação de BENS DE LUXO ou ALTO VALOR
- Depósitos com cédulas EM MAL ESTADO DE CONSERVAÇÃO.
- Depósitos, para troca de GRANDES QUANTIDADES DE CÉDULAS DE PEQUENO VALOR.
- Depósitos em espécie relevantes em CONTAS DE SERVIDORES PÚBLICOS ou PESSOAS POLÍTICAMENTE EXPOSTAS.

7.2 Situações Relacionadas com Operações em Espécie e Cartões Pré-pagos em Moeda Estrangeira

Aqui são situações extremamente similares as em MOEDA NACIONAL, sendo:

- Depósitos ATÍPICOS em relação à atividade econômica do cliente ou INCOMPATÍVEIS com a sua capacidade financeira.
- Movimentações em espécie por clientes que normalmente NÃO DEPOSITAM EM ESPÉCIE.
- FRAGMENTAÇÃO de depósitos, saques em espécie, que possam BURLAR o valor total da operação.
- Negociações de moeda estrangeira, realizadas por DIFERENTES PESSOAS, não relacionadas entre si, que informem os mesmos dados de origem/destino.
- Negociações envolvendo taxas de câmbio com variação significativa em relação às praticadas pelo mercado;
- Utilização de diversas fontes de recursos para carga e recarga de cartões pré-pagos.
- Depósitos com cédulas EM MAL ESTADO DE CONSERVAÇÃO.
- Depósitos, para troca de GRANDES QUANTIDADES DE CÉDULAS DE PEQUENO VALOR.

7.3 Situações Relacionadas com a Identificação e Qualificação de Clientes:

Aqui são situações relativas ao FORNECIMENTO de dados pelos clientes para sua identificação e qualificação, como:

- Resistência ao fornecimento de informações necessárias para o início de relacionamento ou para a atualização cadastral;
- Oferecimento de informação falsa ou de difícil verificação
- Abertura, movimentação de contas ou realização de operações por detentor de procuração ou de qualquer outro tipo de mandato;
- Cadastramento de várias contas em uma mesma data, ou em curto período, com depósitos de valores idênticos ou aproximados.
- Operações em que não seja possível identificar o beneficiário final,
- INCOMPATIBILIDADE da atividade econômica ou faturamento informados com o padrão apresentado por clientes com o mesmo perfil;

7.4 Situações Relacionadas com Operações de Investimento no País

- Operações ou conjunto de operações de compra ou de venda de ativos financeiros a preços INCOMPATÍVEIS com os praticados no mercado
- Operações ATÍPICAS que resultem em elevados ganhos para os agentes intermediários, em desproporção com a natureza dos serviços efetivamente prestados
- Investimentos significativos em produtos de BAIXA rentabilidade e liquidez;
- Resgates de investimentos no curtíssimo prazo

7.5 Situações Relacionadas com Operações de Crédito no País

Operações de crédito relaciona-se a EMPRÉSTIMO TOMADOS, em geral, sendo atípicas:

- Operações de crédito no País liquidadas com recursos aparentemente incompatíveis com a situação financeira do cliente;
- Operação de crédito no País SEGUIDA DE REMESSA de recursos ao exterior que demonstrem ATIPICIDADE.
- Operações de crédito no País, **simultâneas ou consecutivas, liquidadas** antecipadamente ou em prazo muito curto;
- Concessão de garantias de operações de crédito no País por terceiros NÃO RELACIONADOS ao tomador;

7.6 Situações Relacionadas com a Movimentação de Recursos Oriundos de Contratos com o Setor Público

- MOVIMENTAÇÕES ATÍPICAS relacionadas a a patrocínio, propaganda, marketing, consultorias, assessorias e capacitação;
- Movimentações atípicas de recursos por organizações sem fins lucrativos;
- Movimentações atípicas de recursos por pessoa natural ou jurídica relacionadas a licitações.

7.7 Situações Relacionadas com Atividades Internacionais:

- Operações com pessoas que não apliquem ou apliquem insuficientemente as recomendações do Grupo de Ação contra a Lavagem de Dinheiro e o Financiamento do Terrorismo (Gafi).

- Operações **complexas e com custos mais elevados** que visem a dificultar o rastreamento dos recursos.
- Pagamentos de importação e recebimentos de exportação, antecipados ou não, por empresa sem tradição ou cuja capacidade financeira seja INCOMPATÍVEL
- Transferências unilaterais ATÍPICAS
- Exportações ou importações APARENTEMENTE FICTÍCIAS ou com indícios de superfaturamento ou subfaturamento
- Pagamentos de FRETE ou de outros serviços que apresentem indícios de atipicidade ou de incompatibilidade.
- Transações em uma **mesma data**, ou em **curto período, de valores idênticos ou aproximados**
- Transferências relacionadas a investimentos NÃO CONVENCIONAIS

7.8 Situações Relacionadas com Funcionários, Parceiros e Prestadores de Serviços Terceirizados

Aqui são situações relacionados aos OPERADORES, sendo funcionários, parceiros, prestadores etc., sendo elas:

- Alteração inusitada nos padrões de vida e de comportamento do empregado, do parceiro ou de prestador de serviços terceirizados, sem causa aparente;
- Qualquer negócio realizado de modo diverso ao procedimento formal da instituição por funcionário
- Fornecimento de auxílio ou informações, remunerados ou não, a cliente em prejuízo do programa de prevenção à lavagem de dinheiro.

7.9 Situações Relacionadas a Campanhas Eleitorais:

- Recebimento de doações, em contas (eleitorais ou não) de candidatos ou partidos políticos, de valores que desrespeitem as vedações ou extrapolem os limites definidos na legislação em vigor
- Uso incompatível com as exigências regulatórias do FUNDO ELEITORAL
- Transferências, a partir das contas de candidatos, para pessoas naturais ou jurídicas cuja atividade não guarde aparente relação com contas de campanha.

7.10 Situações Relacionadas a BNDU e outros Ativos

BNDU é a sigla para BENS NÃO DE USO PRÓPRIO, ou seja, um ativo que é adquirido apenas para venda, sendo exemplos de situações atípicas:

- Negociação para pessoas naturais ou jurídicas SEM CAPACIDADE financeira;
- Negociação mediante pagamento em espécie;
- Negociação por preço significativamente superior ao de avaliação;
- Negociação de outro ativo não financeiro em benefício de terceiros.

7.11 Situações Relacionadas com Operações Realizadas em Municípios Localizados em Regiões de Risco

- Operação atípica em municípios localizados em regiões de fronteira;
- Operação atípica em municípios localizados em regiões de extração mineral;
- Operação atípica em municípios localizados em outras regiões de risco.

8 CONSIDERAÇÕES FINAIS

Como explicado, tratam-se de EXEMPLOS que podem indicar lavagem de dinheiro ou financiamento ao terrorismo. A lista se repete em INÚMEROS fatores, entenda a LÓGICA da situação.

9 DEFESA DO CONSUMIDOR EM JUÍZO

9.1 LGPD e CDC

A LGPD – Lei Geral de Proteção de Dados, veio com tudo em 2020, e gerou impacto no direito do consumidor, ficando em evidencia em transações tecnológicas, via internet.

A diferença não foi enorme, uma vez que o CDC abriu portas para a Lei Geral de Proteção de Dados, conscientizando e protegendo o direito dos consumidores inclusive online.

Você já utilizou o *google* para uma pesquisa e recebeu diversas propagandas após em suas redes sociais?

Bom, a exposição que as redes sociais e a internet proporcionam para as empresas é enorme, sendo um recurso valioso a estes, que identificam seu interesse e lhe redirecionam propagandas com o tema.

Podemos ver que a propaganda on-line não mais age como um *outdoor*, que abrange apenas a quem atinge. A propaganda on-line é seletiva, ela aparece por meio de demonstrações de interesse no tema.

E a privacidade do consumidor onde fica?

Essa resposta a LGPD trouxe unindo-se ao CDC, garantindo ao consumidor o direito a necessidade de consentimento para utilização de seus dados. O famoso " Li e concordo com os termos".

Vejamos o art. 43 do CDC e o art. 7º da LGPD:

Art. 7º, LGPD O tratamento de dados pessoais somente poderá ser realizado nas seguintes hipóteses:

I – mediante o fornecimento de consentimento pelo titular;

II – para o cumprimento de obrigação legal ou regulatória pelo controlador;

III – pela administração pública, para o tratamento e uso compartilhado de dados necessários à execução de políticas públicas previstas em leis e regulamentos ou respaldadas em contratos, convênios ou instrumentos congêneres, observadas as disposições do Capítulo IV desta Lei;

IV – para a realização de estudos por órgão de pesquisa, garantida, sempre que possível, a anonimização dos dados pessoais;

V – quando necessário para a execução de contrato ou de procedimentos preliminares relacionados a contrato do qual seja parte o titular, a pedido do titular dos dados;

VI – para o exercício regular de direitos em processo judicial, administrativo ou arbitral, esse último nos termos da

VII – para a proteção da vida ou da incolumidade física do titular ou de terceiro;

VIII – para a tutela da saúde, exclusivamente, em procedimento realizado por profissionais de saúde, serviços de saúde ou autoridade sanitária;

IX – quando necessário para atender aos interesses legítimos do controlador ou de terceiro, exceto no caso de prevalecerem direitos e liberdades fundamentais do titular que exijam a proteção dos dados pessoais; ou

X – para a proteção do crédito, inclusive quanto ao disposto na legislação pertinente.

§ 3º O tratamento de dados pessoais cujo acesso é público deve considerar a finalidade, a boa-fé e o interesse público que justificaram sua disponibilização.

§ 4º É dispensada a exigência do consentimento previsto no caput deste artigo para os dados tornados manifestamente públicos pelo titular, resguardados os direitos do titular e os princípios previstos nesta Lei.

§ 5º O controlador que obteve o consentimento referido no inciso I do caput deste artigo que necessitar comunicar ou compartilhar dados pessoais com outros controladores deverá obter consentimento específico do titular para esse fim, ressalvadas as hipóteses de dispensa do consentimento previstas nesta Lei.

§ 6º A eventual dispensa da exigência do consentimento não desobriga os agentes de tratamento das demais obrigações previstas nesta Lei, especialmente da observância dos princípios gerais e da garantia dos direitos do titular.

§ 7º O tratamento posterior dos dados pessoais a que se referem os §§ 3º e 4º deste artigo poderá ser realizado para novas finalidades, desde que observados os propósitos legítimos e específicos para o novo tratamento e a preservação dos direitos do titular, assim como os fundamentos e os princípios previstos nesta Lei.

Art. 43, CDC O consumidor, sem prejuízo do disposto no art. 86, terá acesso às informações existentes em cadastros, fichas, registros e dados pessoais e de consumo arquivados sobre ele, bem como sobre as suas respectivas fontes.

§ 1º Os cadastros e dados de consumidores devem ser objetivos, claros, verdadeiros e em linguagem de fácil compreensão, não podendo conter informações negativas referentes a período superior a cinco anos.

§ 2º A abertura de cadastro, ficha, registro e dados pessoais e de consumo deverá ser comunicada por escrito ao consumidor, quando não solicitada por ele.

§ 3º O consumidor, sempre que encontrar inexatidão nos seus dados e cadastros, poderá exigir sua imediata correção, devendo o arquivista, no prazo de cinco dias úteis, comunicar a alteração aos eventuais destinatários das informações incorretas.

§ 4º Os bancos de dados e cadastros relativos a consumidores, os serviços de proteção ao crédito e congêneres são considerados entidades de caráter público.

§ 5º Consumada a prescrição relativa à cobrança de débitos do consumidor, não serão fornecidas, pelos respectivos Sistemas de Proteção ao Crédito, quaisquer informações que possam impedir ou dificultar novo acesso ao crédito junto aos fornecedores.

§ 6º Todas as informações de que trata o caput deste artigo devem ser disponibilizadas em formatos acessíveis, inclusive para a pessoa com deficiência, mediante solicitação do consumidor.

Vemos que o CDC já instituía a necessidade de clara informação sobre o produto ou serviço, mais uma vez a LGPD veio trazendo seu art. 18, vejamos:

Art. 18 O titular dos dados pessoais tem direito a obter do controlador, em relação aos dados do titular por ele tratados, a qualquer momento e mediante requisição:

I – confirmação da existência de tratamento;

II – acesso aos dados;

III – correção de dados incompletos, inexatos ou desatualizados;

IV – anonimização, bloqueio ou eliminação de dados desnecessários, excessivos ou tratados em desconformidade com o disposto nesta Lei;

V – portabilidade dos dados a outro fornecedor de serviço ou produto, mediante requisição expressa, de acordo com a regulamentação da autoridade nacional, observados os segredos comercial e industrial;

VI – eliminação dos dados pessoais tratados com o consentimento do titular, exceto nas hipóteses previstas no art. 16 desta Lei;

VII – informação das entidades públicas e privadas com as quais o controlador realizou uso compartilhado de dados;

VIII – informação sobre a possibilidade de não fornecer consentimento e sobre as consequências da negativa;

IX – revogação do consentimento, nos termos do § 5º do art. 8º desta Lei.

§ 1º O titular dos dados pessoais tem o direito de peticionar em relação aos seus dados contra o controlador perante a autoridade nacional.

§ 2º O titular pode opor-se a tratamento realizado com fundamento em uma das hipóteses de dispensa de consentimento, em caso de descumprimento ao disposto nesta Lei.

§ 3º Os direitos previstos neste artigo serão exercidos mediante requerimento expresso do titular ou de representante legalmente constituído, a agente de tratamento.

§ 4º Em caso de impossibilidade de adoção imediata da providência de que trata o § 3º deste artigo, o controlador enviará ao titular resposta em que poderá:

I – comunicar que não é agente de tratamento dos dados e indicar, sempre que possível, o agente; ou

II – indicar as razões de fato ou de direito que impedem a adoção imediata da providência.

§ 5º O requerimento referido no § 3º deste artigo será atendido sem custos para o titular, nos prazos e nos termos previstos em regulamento.

§ 6º O responsável deverá informar, de maneira imediata, aos agentes de tratamento com os quais tenha realizado uso compartilhado de dados a correção, a eliminação, a anonimização ou o bloqueio dos dados, para que repitam idêntico procedimento, exceto nos casos em que esta comunicação seja comprovadamente impossível ou implique esforço desproporcional.

§ 7º A portabilidade dos dados pessoais a que se refere o inciso V do caput deste artigo não inclui dados que já tenham sido anonimizados pelo controlador.

§ 8º O direito a que se refere o § 1º deste artigo também poderá ser exercido perante os organismos de defesa do consumidor.

Ainda seu art. 6º estabelece a primazia da necessidade da boa-fé e fácil acesso aos consumidores, vejamos:

Art. 6º *As atividades de tratamento de dados pessoais deverão observar a boa-fé e os seguintes princípios:*

I – finalidade: realização do tratamento para propósitos legítimos, específicos, explícitos e informados ao titular, sem possibilidade de tratamento posterior de forma incompatível com essas finalidades;

II – adequação: compatibilidade do tratamento com as finalidades informadas ao titular, de acordo com o contexto do tratamento;

III – necessidade: limitação do tratamento ao mínimo necessário para a realização de suas finalidades, com abrangência dos dados pertinentes, proporcionais e não excessivos em relação às finalidades do tratamento de dados;

IV – livre acesso: garantia, aos titulares, de consulta facilitada e gratuita sobre a forma e a duração do tratamento, bem como sobre a integralidade de seus dados pessoais;

V – qualidade dos dados: garantia, aos titulares, de exatidão, clareza, relevância e atualização dos dados, de acordo com a necessidade e para o cumprimento da finalidade de seu tratamento;

VI – transparência: garantia, aos titulares, de informações claras, precisas e facilmente acessíveis sobre a realização do tratamento e os respectivos agentes de tratamento, observados os segredos comercial e industrial;

VII – segurança: utilização de medidas técnicas e administrativas aptas a proteger os dados pessoais de acessos não autorizados e de situações acidentais ou ilícitas de destruição, perda, alteração, comunicação ou difusão;

VIII – prevenção: adoção de medidas para prevenir a ocorrência de danos em virtude do tratamento de dados pessoais;

IX – não discriminação: impossibilidade de realização do tratamento para fins discriminatórios ilícitos ou abusivos;

X – responsabilização e prestação de contas: demonstração, pelo agente, da adoção de medidas eficazes e capazes de comprovar a observância e o cumprimento das normas de proteção de dados pessoais e, inclusive, da eficácia dessas medidas.

E qual seria a importância desses pontos?

Ora, se o consumidor é a parte vulnerável, é importante darmos a ele as ferramentas necessárias para se igualar minimamente ao fornecedor ou prestador de serviço.

9.1.1.Segurança da informação

Quando falamos em Segurança da informação vem à mente uma pessoa de terno com uma pasta "protegendo" a informação, essa pessoa é a LGPD com o CDC ao seu lado.

Vivemos em um momento em que diversas informações "vazam" na internet, temos ameaças cibernéticas, assim a necessidade de proteger a segurança do consumidor on-line se fez presente

Assim a LGPD trouxe mecanismos de defesa parecidos com o CDC, sendo a invenção do ônus.

9.1.2.Garantia individual da informação

Ainda em paralelo com o CDC a LGPD trouxe garantias individuais como:

▷ A informação é um direito básico do consumidor;

▷ É um dever dos fornecedores;

▷ É um princípio;

▷ Responsabiliza os fornecedores;

▷ Obriga o cumprimento da oferta;

▷ É um dever do estado e dos seus órgãos;

▷ É proibida, caso seja ilícita;

▷ Se for omitida, tipifica crime;

▷ Inverte o ônus da prova contra o fornecedor.

9.1.3.Consentimento na obtenção de dados

Outro tópico de suma importância que a LGPD trouxe, foi a necessidade de autorização para tratar ou usar dados dos consumidores, sendo a necessária à coleta dessa autorização da empresa

No entanto, mesmo após conceder a autorização o consumidor tem pleno direito a restringir seus dados ou corrigir, como já visto inclusive no CDC.

Bom, como podemos ver o CDC e a LGPD andam juntos e reforçam a segurança do consumidor com seus dados pessoais, implementando normas jurídicas de garantem a excelência na prevenção de fraudes ou crimes contra o consumidor.

C B A N

MATEMÁTICA FINANCEIRA

1 PORCENTAGEM E REGIMES DE CAPITALIZAÇÃO

1.1 Porcentagem

A expressão por cento vem do latim per centum, que significa por cento.

Toda a razão que tem para consequente o número 100 denomina--se **razão centesimal**. Alguns exemplos:

$$\frac{2}{100}, \frac{15}{100}, \frac{25}{100}$$

Podemos representar uma razão centesimal de outras formas:

2/100 = 0,02 = 2% (lê-se "dois por cento")

15/100 = 0,15 = 15% (lê-se "quinze por cento")

25/100 = 0,25 = 25% (lê-se "vinte e cinco por cento")

As expressões 2%, 15% e 25% são chamadas **taxas centesimais** ou **taxas percentuais**.

Porcentagem é o valor obtido ao aplicarmos uma taxa percentual a um determinado valor.

| Ex.:

Calcular 10% de 300.

$$\frac{25}{100} \cdot 200 = \frac{5000}{100} = 50$$

Calcular 25% de 200.

$$\frac{10}{100} \cdot 300 = \frac{3000}{100} = 30$$

Obs.: a Matemática Financeira está dividida em dois grandes "blocos", os quais chamamos de Regime de Juros Simples e Regime de Juros Compostos.

1.2 Juros Simples

No regime de juros simples, os juros são calculados a cada período, sempre tomando como base de cálculo o capital inicial empregado, não incidindo, portanto, juros sobre os juros acumulados em períodos anteriores, ou seja, não existindo a capitalização dos juros. Apenas o principal é que rende juros.

Fórmulas:

$$M = C + J$$

$$J = C \cdot i \cdot t$$

$$M = C (1 + i \cdot t)$$

Legenda:

M: Montante

C: Capital

J: Juros

i: taxa

t: tempo

Para tornar mais claro o conceito de juros simples, vejamos o seguinte exemplo:

Ex.: No tempo "0" (data focal) foi aplicado um capital de R\$ 100,00, no regime dos juros simples, em uma determinada instituição financeira. Hipoteticamente a rentabilidade oferecida foi de 10% a.m. Vejamos, no esquema do fluxo de caixa a seguir, a evolução deste capital:

i = 10% a.m.

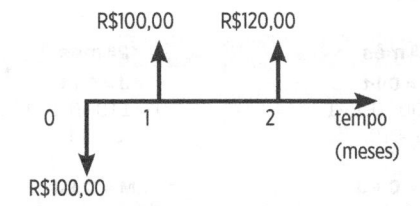

1º mês	2º mês
J = C·i·t	**J = C·i·t**
J = 100 · 0,1 · 1	J = 100 · 0,1 · 1
J = 10	J = 10
M = C + J	**M = C + J**
M = 100 + 10	M = 110 + 10
M = 110	M = 120

Convém observar que os Juros produzidos em cada período correspondem sempre a um valor constante, porque a taxa de juros simples incide sempre sobre o Capital inicial (R\$ 100,00).

> **Fique ligado**
>
> Nas questões de juros, as taxas de juros e os tempos devem estar expressos pela mesma unidade.

1.3 Juros Compostos

No regime de capitalização composta, os juros relativos a cada período são calculados tomando--se como base o saldo do período imediatamente anterior. Este saldo, por sua vez, já é resultante da incorporação de juros determinados com base no intervalo de tempo a que se refere o período de capitalização, formando um novo montante sobre o qual, então, os juros serão calculados e assim por diante.

Fórmulas:

$$M = C + J$$

$$M = C (1 + i)^t$$

Legenda:

M: Montante

C: Capital

J: Juros

i: taxa

t: tempo

Para tornar mais claro o conceito de juros compostos, vejamos o seguinte exemplo:

Ex.: No tempo "0" (data focal) foi aplicado um capital de R\$ 100,00, no regime dos juros compostos, em uma determinada instituição financeira. Hipoteticamente a rentabilidade oferecida foi de 10% a.m. Vejamos, no esquema do fluxo de caixa a seguir, a evolução deste capital:

i = 10% a.m.

M F I N

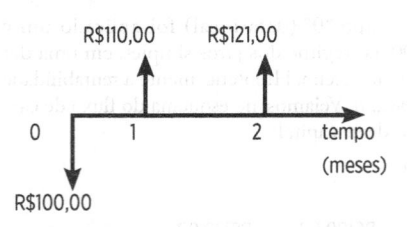

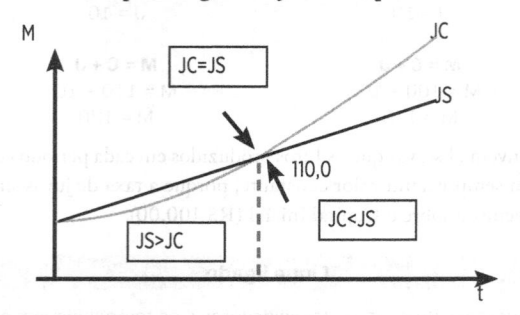

Dados:
C = R$ 5000,00
t = 2 meses e 15 dias
i = 3% a.m.
M = ?

Cálculo pela convenção linear:

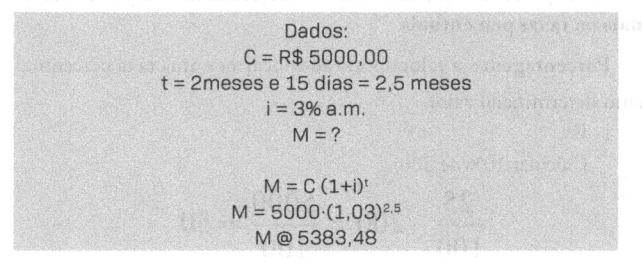

1º Passo:	2º Passo:
Dados: C = R$ 5000,00 t = 2meses i = 3% a.m. M = ?	Dados: C = R$ 5304,5 t = 15 dias = 1/2 mês i = 3% a.m. M = ?
$M = C(1+i)^t$ $M = 5000 \cdot (1,03)^2$ M = 5304,5	$M = C(1+i \cdot t)$ $M = 5304,5 \cdot (1+0,03 \cdot 1/2)$ M @ 5384,07

Cálculo pela convenção exponencial

Dados:
C = R$ 5000,00
t = 2meses e 15 dias = 2,5 meses
i = 3% a.m.
M = ?

$M = C(1+i)^t$
$M = 5000 \cdot (1,03)^{2,5}$
M @ 5383,48

Comparação entre regime de juros simples e regime de juros compostos

Ao analisar o gráfico acima, podemos concluir:

- Sempre que o prazo da operação for **menor** do que a unidade de tempo da taxa (pagamento quinzenal com taxa de juros mensal), o valor dos juros calculado por **juros simples** resultará em um valor **maior**; e

- Quando o prazo for **maior** do que a unidade de tempo da taxa, os juros calculados pelo regime de **juros compostos** resultarão em um valor **maior**.

Conclusão

Se t = 1, então JC = JS
Se t < 1, então JC < JS
Se t >1, então JC > JS

Observação: Juro exato e juro comercial

Juro exato: é calculado pelo número de dias entre duas datas do calendário.

Juro comercial: consideram-se todos os meses com 30 dias, e o ano, com 360 dias.

1.4 Convenção Linear e Convenção Exponencial

Convenção linear: o capital é aplicado a juros compostos incidindo no período inteiro da capitalização e, a seguir, a juros simples na parte fracionária.

Convenção exponencial: o capital é aplicado a juros compostos todo o período.

Ex.: Um capital de R$ 5.000,00 é aplicado em 2 meses e 15 dias, a uma taxa de 3% a.m. Usando a convenção linear e exponencial, calcule os montantes:

2 TAXAS DE JUROS

O juro nada mais é do que um coeficiente denominado taxa. Temos duas taxas que são habitualmente utilizadas, a Taxa Unitária e a Taxa Percentual.

Observe o quadro comparativo a seguir:

Taxa percentual	Taxa Unitária
20% a.a.	0,20
5% a.a.	0,05
19% a.a.	0,19

Vejamos agora os tipos de taxas:

2.1 Taxas Proporcionais

Produzem os mesmos juros quando aplicadas no mesmo prazo a juros simples.

> Ex.: 6 % ao semestre
> Taxa proporcional mensal: 6% ÷ 6 = 1 %
> Taxa proporcional anual: 6% . 2 = 12 %

2.2 Taxa Efetiva

É expressa na unidade de tempo que é capitalizada. Representa a verdadeira taxa cobrada.

> Ex.: 2% ao mês com capitalização mensal.

> Obs.: podemos abreviar as taxas efetivas, omitindo a sua capitalização.

> Ex.: 2% ao mês com capitalização mensal = 2% ao mês.

2.3 Taxa Nominal

É expressa em uma unidade de tempo diferente do prazo em que é capitalizada.

> Ex.: 12% ao ano capitalizado trimestralmente

2.3.1 Conversão da taxa nominal em taxa efetiva

A conversão da taxa nominal em taxa efetiva é feita ajustando-se o valor da taxa nominal proporcionalmente ao período da capitalização.

Exs.:

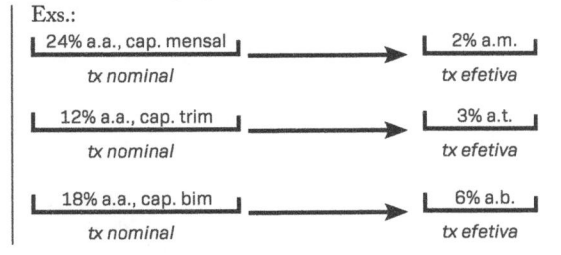

2.4 Taxas Equivalentes

São aquelas que, aplicadas ao mesmo principal durante o mesmo prazo, no regime de JUROS COMPOSTOS, produzem os mesmos montantes.

> Obs.: No regime de juros simples, taxas proporcionais serão sempre equivalentes.

> Fórmulas:
> $i_k = (1 + i)^t - 1$
> $i = \sqrt[t]{i_k + 1} - 1$

Legenda:

ik: taxa do período maior

i: taxa do período menor

t: quantidade de períodos

Observações:

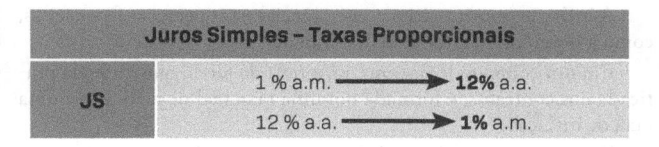

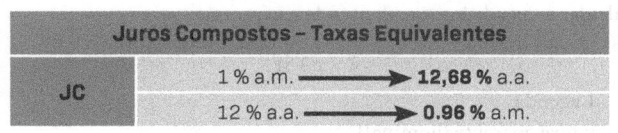

Ex.: Qual a taxa anual de juros compostos equivalente à taxa composta de 20% a.s?

ik = ? % a.a.

i = 20 % a.s.

t = 2

ik = (1 + i)t - 1

ik = (1 + 0,2)2 − 1

ik = 1,44 − 1

ik = 0,44

ik = 44% a.a.

No sistema de juros compostos, é costume indicar uma taxa para um período com capitalização em período distinto. Convencionou-se, então, que, quando o período mencionado na taxa não corresponde ao período de capitalização, prevalece este último, devendo-se tomar a taxa proporcional correspondente como taxa efetiva e considerar a taxa dada como nominal.

2.5 Taxa Média (im)

Suponhamos os capitais C1; C2; C3; ... ; Cn aplicados, respectivamente, às taxas i1; i2; i3; ... ; in pelos prazos t1; t2; t3; ... ; tn. Denominamos de taxa média a média aritmética ponderada das taxas das aplicações, tendo como fatores de ponderação os capitais e os prazos.

$$i_m = \frac{C_1 . i_1 . t_1 + c_2 . i_2 . t_2 + ...C_n . i_n . t_n}{C_1 . t_1 + C_2 . t_2 + C_n . t_n}$$

2.6 Prazo Médio (tm)

Para calcular o prazo médio, observam-se os quatro casos a seguir:

1º Caso: Capitais e taxas iguais.

Nesse caso, o prazo médio é calculado pela média aritmética dos prazos dados.

2º Caso: Capitais diferentes e taxas iguais.

Nesse caso, o prazo médio é calculado pela média aritmética ponderada dos prazos pelos capitais.

3º Caso: Capitais iguais e taxas diferentes.

Nesse caso, o prazo médio é calculado da mesma forma que do caso anterior.

4º Caso: Capitais e taxas diferentes.

Nesse caso, o prazo médio é calculado pela soma dos produtos dos capitais pelo tempo de aplicação e pela sua respectiva taxa dividida pela soma dos produtos do capital por essa referida taxa de aplicação.

2.7 Saldo Médio (Sm)

Suponhamos que temos os saldos S1; S2; S3 durante os prazos t1; t2; t3.

O saldo médio é dado por:

$$S_m = \frac{S_1 t_1 + S_2 t_2 + S_3 t_3}{t_1 + t_2 + t_3}$$

2.8 Taxa Real e Aparente

A inflação provoca sérias consequências nas operações financeiras, como a ilusão monetária de rentabilidade.

Em um contexto inflacionário, a taxa de juros, que é aquela praticada nos contratos, é formada por uma taxa real de juros e por uma taxa de inflação.

Para termos o ganho real de uma operação financeira, devemos calcular a taxa de juros real, usando a expressão:

$$i > r + if$$

Legenda:

i: taxa aparente (nominal)

r: taxa real

if: taxa de inflação

Taxa real: é a taxa efetiva depois de expurgarmos os efeitos da taxa inflacionária.

Taxa aparente: é a taxa em que não foram eliminados os efeitos inflacionários.

Fique ligado
i > r + if
A taxa aparente será sempre maior que a soma da taxa real com a taxa inflacionária. Sem inflação, a taxa real e a taxa aparente serão iguais.

Ex.: Certo capital foi aplicado por um ano à taxa de juros de 6,59% a.a. Se, no mesmo período, a inflação foi de 4,5%, qual a taxa real de juros ao ano dessa aplicação?

Dados:

i = 6,59%

if = 4,5%

r = ?

(1+i) = (1+r) . (1+if)

(1+0,0659) = (1+r) . (1+0,045)

1,0659 = (1+r) . (1,045)

1,0659 / 1,045 = 1+r

1,02 = 1+r

1,02 − 1 = r

r = 0,02 = 2%

Portanto, a taxa real de juros foi de 2%.

Ex.: Em um investimento é desejado um rendimento real de 12%. Sabe-se que a inflação projetada para o período é de 6%. Qual deve ser a taxa aparente desse investimento?

Dados:

i = ? %

if = 6%

r = 12%

(1+i) = (1+r) . (1+if)

(1+i) = (1+0,12) . (1+0,06)

(1+i) = (1,12) . (1,06)

(1+i) = 1,1872

i = 1,1872 − 1

i = 0,1872

i = 18,72%

3 DESCONTOS

3.1 Desconto Simples

Conceitualmente, **desconto** é o abatimento que se faz em um título ou uma dívida quando eles são pagos antes do seu vencimento.

Os títulos de crédito mais conhecidos são: **Duplicatas, Letras de Câmbio e Nota Promissória.**

Portanto, Desconto é a diferença entre o Valor Nominal (Bruto) e o Valor Atual (Líquido) de um título de crédito que será resgatado antes do seu vencimento.

$$D = N - A$$

Legenda:

D: Desconto

N: Valor Nominal (Bruto)

A: Valor Atual (Líquido)

3.1.1 Tipos de Descontos

3.1.1.1 Desconto comercial, bancário ou "por fora"

Incide sobre o valor **nominal** de um título de crédito.

$$D_c = n \cdot i \cdot t$$

3.1.1.2 Desconto racional ou "por dentro"

Incide sobre o valor **atual** de um título de crédito.

$$D_r = A \cdot i \cdot t$$

Obs.: também denominado de desconto verdadeiro.

Legenda:

Dc: Desconto Comercial

Dr: Desconto Racional

A: Valor Atual

N: Valor Nominal

i: taxa de juro

t: prazo (tempo)

Fique ligado

O Desconto Comercial é sempre maior que o Desconto Racional.

Ex.: Um título, cujo valor de face é R$ 7.000,00, foi descontado 60 dias antes de seu vencimento, por meio de uma operação de desconto bancário simples, à taxa de desconto de 10% ao mês. Qual o valor atual do título?

Dados:

Valor Nominal (N) = R$ 7.000,00

Tempo (t) = 60 dias = 2 meses

Taxa (i) = 10% a.m.

Valor Atual (A) = ?

Desconto (D) = ?

$$D = N \cdot i \cdot t$$

D = 7000 · 0,1 · 2

D = 1400

Logo, como D = N – A

A = N – D

A = 7000 – 1400

A = 5600

Portanto, o Valor Atual (A) é de R$ 5.600,00.

3.2 Desconto Composto

O conceito de desconto no regime composto é o mesmo do estabelecido no regime simples, ou seja, o desconto compreende uma dedução do valor nominal de um título quando este é pago antecipadamente.

$$D = N - A$$

Legenda:

D: Desconto

N: Valor Nominal (Bruto)

A: Valor Atual (Líquido)

3.2.1 Tipos de Descontos

3.2.1.1 Desconto comercial, bancário ou "por fora"

Caracteriza-se pela incidência sucessiva da taxa de desconto sobre o valor nominal do título.

$$A = N (1 - i)^t$$

3.2.1.2 Desconto racional ou "por dentro"

É aquele estabelecido segundo as conhecidas relações do regime de juros compostos.

$$A = \frac{N}{(1 + i)^t}$$

Ex.: Considere um título cujo valor nominal seja de R$ 10.000,00. Calcule o desconto racional composto a ser concedido de um título resgatado 2 meses antes da data de vencimento, a uma taxa de desconto de 10% a.m.

Dados:

Valor Nominal (N) = R$ 10.000,00

Tempo (t) = 2 meses

Taxa (i) = 10% a.m

Desconto Racional Composto (Dr) = ?

$A = N / (1+i)^t$

$A = 10.000 / (1+0,1)^2$

$A = 10.000 / (1,1)^2$

A = 10.000 / 1,21

A = 8264,46

Logo, como D = N – A

D = 10.000 – 8264,46

D = 1735,54

Quadro resumo das relações entre a taxa de juro e a taxa do desconto comercial

Desconto Simples
Relações entre a taxa de juros e a taxa do desconto comercial
$i = \dfrac{i_c}{(1 - i_c \cdot t)}$

Desconto Simples
Taxa de juro efetiva
$i_f = \dfrac{D_c}{A \cdot t}$

Desconto Composto	
Equivalência entre as taxas dos Dc e Dr	
$i_r = \dfrac{i_c}{1 - i_c}$	$i_c = 1 - \dfrac{1}{1 + i_r}$

Legenda:

D: Desconto

A: Valor Atual

N: Valor Nominal

Dc: Desconto comercial

Dr: Desconto racional

i: taxa de juros

if: taxa de juros efetiva

ic: taxa do desconto comercial

ir: taxa do desconto racional

t: tempo

4   EQUIVALÊNCIA DE CAPITAIS

4.1 Fluxo de Caixa

Ao analisarmos um investimento, precisamos identificar a quantidade de valores investidos e o retorno que tivemos deste investimento. Tudo isso ocorre em diferentes datas. A essas entradas e saídas de valores damos o nome de fluxo de caixa. Podemos fazer a representação do fluxo de caixa de duas maneiras: gráfico ou tabela.

Gráfico: permite uma rápida visualização:

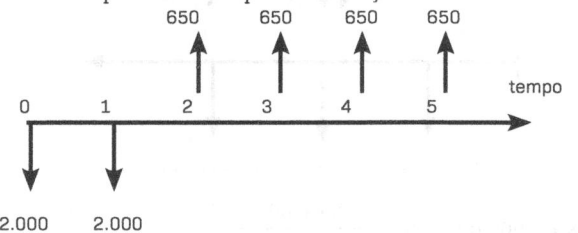

A linha horizontal representa o tempo. As setas para baixo são os valores investidos, ou seja, as saídas. As setas para cima são os retornos do investimento ou as entradas.

Tabela 1:

Mês	Operação	Valor
0	Aplicação	R$ -2.000,00
1	Aplicação	R$ -2.000,00
2	Resgate	R$ 650,00
3	Resgate	R$ 650,00
4	Resgate	R$ 650,00
5	Resgate	R$ 650,00
6	Resgate	R$ 650,00

Valores negativos: são as saídas.

Valores positivos: são as entradas.

Tabela 2:

Período	Valores (R$)
0	20.000,00
1	(4.000,00)
2	30.000,00
2	(2.000,00)
3	(800,00)

Obs.: os valores colocados entre parênteses representam as saídas no fluxo de caixa.

Representação da situação da tabela anterior:

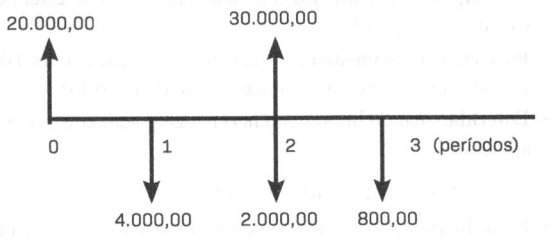

Data focal: a data para onde serão "transportados" os valores de entrada e saída de capital, com o objetivo de uma avaliação, é chamada de data focal. É também conhecida como data de avaliação ou data de referência.

Vejamos um exemplo para esclarecer este "transporte" dos valores:

| Ex.: Uma loja possui dois títulos, com as seguintes características:

1º Título: valor nominal de R$ 1.100,00, que vencerá daqui a 1 ano, a uma taxa de juros simples de 10% a.a.

2º Título: valor nominal de R$ 1.200,00, que vencerá em 2 anos, a uma taxa de juros simples de 10% a.a.

Vamos mostrar que existe uma equivalência desses títulos na data focal zero.

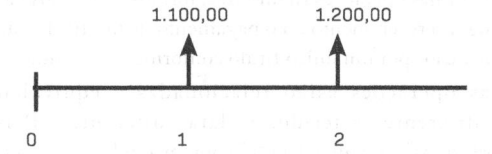

Vejamos, agora, o "transporte" destes títulos para a data focal zero.

1º Título:

Montante (M): R$ 1.100,00

Capital (C): ?

Prazo (t) = 1

Taxa (i) = 10% a.a.

Logo, teremos:

M = C (1+i.t)

1100 = C (1+0,1.1)

1100 = C (1,1)

1100/1,1 = C

C = 1.000,00

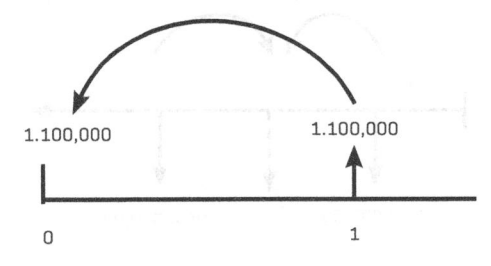

2º Título:

Montante (M): R$ 1.200,00

Capital (C): ?

Prazo (t) = 2

Taxa (i) = 10% a.a.

Logo, teremos:

M = C (1+i.t)

1200 = C (1+0,1.2)

1200 = C (1,2)

1200/1,2 = C

C = 1.000,00

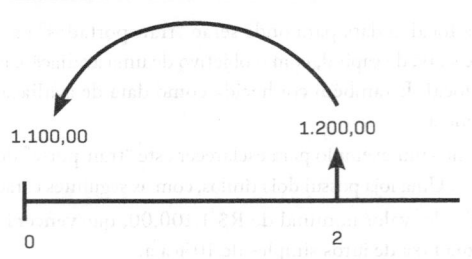

Conclusão: na data focal zero, os dois títulos descontados à mesma taxa são equivalentes.

4.2 Equivalência Financeira (ou de Capitais)

Em algumas operações financeiras, torna-se necessário antecipar ou prorrogar o recebimento ou o pagamento de um título, ou mesmo substituir vários por um único título conforme a necessidade.

Essas operações estão relacionadas à equivalência de valores diferentes referidos a datas diferentes. Porém, ao "transportarmos" para uma data "n" comum a todos, estaremos trabalhando com a equivalência de capitais.

A data "n", para onde são transportados os valores de entrada e saída, é chamada de data focal.

4.2.1 Equivalência de Capitais a Juros Simples

- Para avançar um valor para o futuro multiplicamos por $(1+ i.t)$.
- Para retroceder um valor para o presente dividimos por $(1+ i.t)$.

  Ex.: um comerciante tem os seguintes compromissos a pagar:
  R$ 3.000,00 daqui a 4 meses; e
  R$ 4.600,00 daqui a 9 meses.

O comerciante propõe trocar esses débitos por um pagamento igual, para daqui a 6 meses. Considerando a taxa de juros simples de 5% a.m. e a data focal no 6º mês, calcular o valor do pagamento.

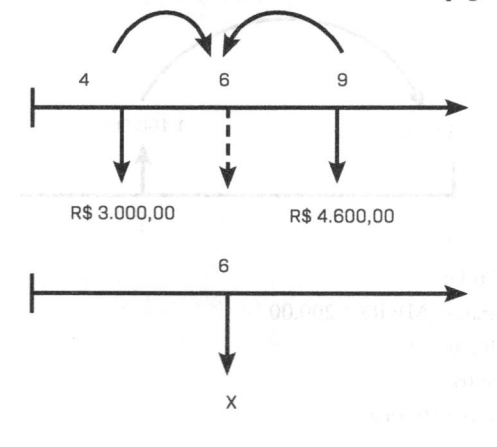

$X = 3000.(1+i.t) + \dfrac{4600}{(1 - i \cdot t)}$

$X = 3000.(1+0,05.2) + \dfrac{4600}{(1 + 0,05 \cdot 3)}$

$X = 3000.(1,1) + \dfrac{4600}{(1,15)}$

$X = 3300 + 4000$

$X = 7300$

4.2.2 Equivalência de capitais a juros compostos

- Para avançar um valor para o futuro multiplicamos por $(1+ i)t$.
- Para retroceder um valor para o presente dividimos por $(1+ i)t$.

  Ex.: Uma dívida é composta de duas parcelas de R$ 2.000,00 cada, com vencimentos daqui a 1 e 4 meses. Desejando-se substituir essas parcelas por um pagamento único daqui a 3 meses, se a taxa de juros é 2% ao mês, o valor desse pagamento único é:

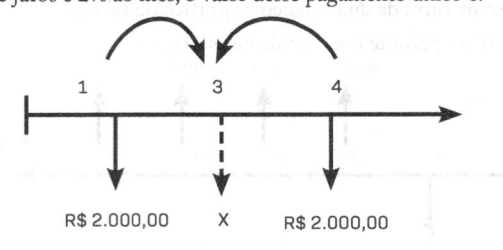

$X = 2.000,00\ (1+i)t + \dfrac{2.000,00}{(1 + i)^t}$

$X = 2.000,00\ (1+0,02)2 + \dfrac{2.000,00}{(1 + 0,02)^1}$

$X = 2.080,80 + 1.960,78$

$X = 4.041,58$

4.3 Série Uniforme de Pagamentos

Pretendendo constituir um capital, deposita-se periodicamente certo valor em um banco. É o que denominamos capitalização. Por outro lado, pagando periodicamente certo valor, podemos também resgatar uma dívida. É o que denominamos de amortização.

Depósitos ⟶ Capitalização

Pagamentos ⟶ Amortização

4.3.1 Classificação das Séries Uniformes

4.3.1.1 Quanto ao prazo (número de prestações)

- **Temporária ou Finita:** quando ocorrem em um determinado período de tempo.
- **Infinita ou Perpetuidade:** quando os pagamentos ou recebimentos duram infinitamente.

4.3.1.2 Quanto ao valor dos recebimentos ou pagamentos

- **Constante ou uniforme:** com todos os pagamentos ou recebimentos com valores iguais.
- **Variável ou não uniforme:** quando os pagamentos ou recebimentos não são de valores iguais.

4.3.1.3 Quanto à forma

- **Antecipadas:** pagamentos efetuados no início de cada período (no ato do negócio).
- **Postecipadas ou imediatas:** pagamentos efetuados no final de cada período (um período após a negociação do negócio).
- **Diferida:** quando houver carência para o pagamento da primeira anuidade.

4.3.1.4 Quanto à periodicidade

- **Periódica:** quando todos os intervalos entre os pagamentos ou recebimentos são iguais.

- **Não periódica:** quando os intervalos não são iguais entre as parcelas.

  - **Série uniforme de pagamentos antecipados:**

$$V = P \cdot \frac{(1 + i)^t - 1}{(1 + i)^{t-1} \cdot 1}$$

- **Série uniforme de pagamentos postecipados ou imediatos:**

$$V = P \cdot \frac{(1 + i)^t - 1}{(1 + i)^{t-1} \cdot i}$$

- **Série uniforme de pagamentos diferidos:**

$$V = P \cdot \frac{(1 + i)^t - 1}{(1 + i)^{t+m} \cdot i}$$

Legenda:

V: Valor Financiado

P: Prestação ou Parcela

i: taxa

t: prazo

m: carência

Ex.: Uma pessoa faz uma compra financiada em 12 prestações mensais e iguais de R$ 210,00. Obtenha o valor financiado, a uma taxa de juros compostos de 4% ao mês, considerando que o financiamento equivale a uma anuidade e que a primeira prestação vence um mês depois de efetuada a compra.

Considere que $(1,04)^{12} = 1,6$

Dados:

Prestação (P): R$ 210,00

Prazo (t): 12 meses

Taxa (i): 4% a.m.

Valor Financiado (F): ?

$$V = 210 \cdot \frac{(1 + 0,04)^{12} - 1}{(1 + 0,04)^{12} \cdot 0,04}$$

$$V = 210 \cdot \frac{(1,04)^{12} - 1}{(1,04)^{12} \cdot 0,04}$$

$$V = 210 \cdot \frac{1,6 - 1}{1,06 \cdot 0,04}$$

$$V = 210 \cdot \frac{0,6}{0,064}$$

V = 210 . 9,375

V = 1.968,75

Portanto, o Valor Financiado (F) é de R$ 1.968,75.

4.4 Capitalização

O montante de uma renda unitária e temporária é a soma dos montantes de cada termo, constituído durante o tempo decorrido do seu vencimento ao vencimento do último termo. Portanto, tanto para as séries antecipadas como para as séries postecipadas ou diferidas, vale a seguinte relação:

$$M = P \cdot \frac{(1 + i)^t - 1}{i}$$

Legenda:

M: Montante

P: Prestação ou Parcela

i: taxa

t: prazo

Ex.: Um investidor deposita R$ 12.000,00 no início de cada ano em um banco que remunera os depósitos de seus clientes a uma taxa de juros compostos de 10% ao ano. Quando ele realizar o quarto depósito, qual é o valor da soma dos montantes referentes aos depósitos realizados?

Dados:

Valor da Parcela (P) = R$ 12.000,00

Taxa de juros (i) = 10% a.a.

Prazo (t) = 4 anos

Montante (M) = ?

M = P . [(1+i)t - 1]/ . i

M = 12.000 [(1+0,1)4 − 1] / 0,1

M = 12.000 [(1,1)4 − 1] / 0,1

M = 12.000 [1,4641 − 1] / 0,1

M = 12.000 [0,4641] / 0,1

M = 12.000 / . i 4,641

M = 55.692

Portanto, após o quarto depósito, o valor da soma dos Montantes será de R$ 55.692,00.

Fique ligado

Quando <u>depositamos</u>, periodicamente, certa quantia em um banco é o que chamamos de <u>capitalização</u>. Por outro lado, quando <u>pagamos</u>, periodicamente, certa quantia em um banco é o que chamamos de <u>Amortização</u>.

4.5 Análise de Investimentos - Valor Presente Líquido e Taxa Interna de Retorno

Dentre os métodos conhecidos em Matemática Financeira para a avaliação de alternativas de investimento, discutiremos dois métodos: o método do Valor Presente Líquido (VPL) e o método da Taxa Interna de Retorno (TIR).

4.5.1 Valor Presente Líquido (vpl)

É obtido pela diferença entre o valor presente dos benefícios (ou pagamentos) previstos de caixa, e o valor presente do fluxo de caixa inicial (valor do investimento, do empréstimo ou do financiamento); também conhecido como valor atual líquido (VAL) ou método do valor atual.

Fórmula Algébrica do VPL

$$VLP = -P \cdot \frac{R^1}{(1 + i)^1} + \frac{R^2}{(1 + i)^2} + \cdots + \frac{R_n}{(1 + i)^n}$$

Em que:

R: representa o valor de entrada (ou saída) de caixa previsto para todo intervalo de tempo;

P: fluxo de caixa verificado no momento zero (momento inicial), podendo ser um investimento, empréstimo ou financiamento;

n: período de tempo; e

i: taxa de juros (real)

Método do VPL	
VPL > 0	Investimento Viável
VPL = 0	Indiferente
VPL < 0	Investimento Inviável

Obs.: Quando se busca decidir entre duas ou mais alternativas de investimento, deve-se dar preferência àquela que apresenta o maior VPL.

Ex.: Uma empresa pretende investir R$ 600.000,00 para ampliação do seu parque industrial. Com o aumento da capacidade de produção, o fluxo de caixa anual será de R$ 200.000,00 por ano durante 3 anos, a uma taxa real anual de 2,7%. Esse projeto será viável ou não?

$$VLP = - P \frac{R^1}{(1 + i)^1} + \frac{R^2}{(1 + i)^2} + \cdots + \frac{R_n}{(1 + i)^n}$$

$$VLP = - 600.000 + \frac{200.000}{(1 + 0,027)^1} + \frac{200.000}{(1 + 0,027)^2} + \frac{200.000}{(1 + 0,027)^3}$$

VPL = R$ 31.012,36

VPL > 0, logo o projeto é viável.

4.5.2 Taxa Interna de Retorno (tir)

É a taxa necessária para igualar o valor de um investimento (valor presente) com os seus respectivos retornos futuros ou saldos de caixa. Isto é, a TIR de um fluxo de caixa da operação é a taxa real de juros da operação financeira. Ao ser usada para a análise de investimentos, significa a taxa de retorno de um projeto.

$$VLP = - P \frac{R^1}{(1 + i)^1} + \frac{R^2}{(1 + i)^2} + \cdots + \frac{R_n}{(1 + i)^n}$$

Se VPL = 0, então i será a Taxa Interna de Retorno (TIR).

5 PLANOS OU SISTEMAS DE AMORTIZAÇÃO DE EMPRÉSTIMOS E FINANCIAMENTOS

Representamos, com a seguinte fórmula, a Amortização (A) e o Juro (J) que estão compondo a Prestação (P).

$$P = A + J$$

▷ **Os principais sistemas de amortização são:** Sistema de Amortização Constante (SAC), Sistema Francês (PRICE) e o Sistema Americano de Amortização (SAA).

Existem alguns termos que são usados no meio econômico/financeiro em relação à amortização, que devem ser conhecidos. São eles:

Credor ou mutuante: é a pessoa que mutua, ou seja, que cede o empréstimo.

Devedor ou mutuário: é aquele que recebe alguma coisa por empréstimo.

IOF: Imposto sobre Operações Financeiras.

Período de carência: corresponde ao período compreendido entre o prazo de utilização e o pagamento da primeira amortização.

Prazo de amortização: é o intervalo de tempo durante o qual são pagas as amortizações.

Parcelas de amortização: correspondem às parcelas de devolução do principal.

Prestação: é a soma da amortização, acrescida de juros e encargos.

5.1 Sistema de Amortização Constante (Sac)

No SAC, a parcela da amortização em cada prestação é constante e os juros serão calculados sobre o saldo devedor.

Ex.: Uma instituição faz um empréstimo de R$ 3.000,00 para ser quitado pelo SAC em 5 prestações mensais, à taxa de 1% a.m. Construa o quadro de amortização.

Período (n)	Prestação (P)	Juros (J)	Amortização (A)	Saldo Devedor (SD)
0	-	-	-	3.000,00
1	630,00	30,00	600,00	2.400,00
2	624,00	24,00	600,00	1.800,00
3	618,00	18,00	600,00	1.200,00
4	612,00	12,00	600,00	600,00
5	606,00	6,00	600,00	-

Fique ligado
SAC:
> As Prestações são decrescentes.
> A Amortização é constante.
> Os Juros diminuem a cada período (P.A).

Fórmulas:

$$A = \frac{S_D}{n}$$

$$A = 3000/5 = 600$$

$$J1 = SD \cdot i$$

$$J1 = 3000 \cdot 0,01 = 30$$

Outras expressões de cálculo do SAC:

$$J = i \cdot M \left[\frac{1 - (t - 1)}{n} \right]$$

$$S_D = M \left[1 - \frac{t}{n} \right]$$

Legenda:
J: Juros
M: Montante
SD: Saldo Devedor
P: Prestação
n: parcela
t: a qual parcela está se referindo
i: taxa
A: Amortização

5.2 Sistema de Amortização Francês (Price)

No Sistema de Amortização Francês, as prestações são iguais e periódicas, de modo que, ao efetuar o último pagamento, a dívida estará quitada.

Ex.: Uma pessoa jurídica realiza uma dívida no valor de R$ 6.000,00, que deverá ser amortizada pelo método francês, com 5 prestações mensais, à taxa de 2% a.m. Montar a tabela Price.

Período (n)	Prestação (P)	Juros (J)	Amortização (A)	Saldo Devedor (SD)
0	-	-	-	6.000,00
1	1.272,95	120,00	1.152,95	4.847,05
2	1.272,95	96,94	1.176,01	3.671,04
3	1.272,95	73,42	1.199,53	2.471,51
4	1.272,95	49,43	1.223,52	1.247,99
5	1.272,95	24,96	1.247,99	-

Fique ligado
PRICE:
- As Prestações são constantes.
- Os Juros diminuem a cada período.

Fórmulas:

$$P = M \cdot \frac{(1+i)^n - i}{(1+i)^n - 1}$$

$$P = 6000 \cdot \frac{(1+0{,}02)^5 \cdot 0{,}02}{(1+0{,}02)^5 - 1} = 1272{,}95$$

$$J_1 = S_D \cdot i$$

$$J1 = 6000 \cdot 0{,}02 = 120$$

Outras expressões de cálculo do PRICE:

$$A = M \cdot \frac{(1+i)^{t-1} \cdot i}{(1+i)^n - 1}$$

$$S_D = M \cdot \frac{(1+i)^n - (1+i)^t}{(1+i)^n - 1}$$

Legenda:

J: Juros

M: Montante

SD: Saldo Devedor

P: Prestação

n: parcela

t: a qual parcela está se referindo

i: taxa

A: Amortização

5.2.1 Sistema Americano de Amortização (saa)

Neste sistema de amortização, o principal é restituído por meio de uma parcela única ao fim da operação. Os juros podem ser pagos periodicamente (mais comum) ou capitalizados e pagos juntamente com o principal no fim do prazo.

O devedor pode constituir um fundo de amortização do empréstimo (Sinking Fund), no qual deposita periodicamente as quotas de amortização. Essas quotas, por sua vez, devem render juros, de tal modo que, na data de pagamento do principal, o saldo desse fundo de amortização seja igual ao capital a pagar, liquidando, dessa maneira, totalmente o empréstimo.

Se a taxa de aplicação do Sinking Fund for menor que a taxa à qual o financiamento foi contratado (i), o dispêndio total feito pelo devedor em cada período será maior que a prestação calculada no Sistema Price. Isto é, o custo financeiro do Sistema de Amortização Americano será maior que o custo financeiro do Sistema Price.

> Ex.: Um financiamento de R$ 1.000,00 é solicitado pelo Sistema Americano de Amortização à taxa de 18% a.m. para retorno em 4 meses. Admitindo a taxa de captação de poupança igual a 15% a.m. no período do financiamento, elaborar planilhas de desembolso nas condições de se considerar: - Sistema Americano sem formação de Fundo de Amortização; e - Sistema Americano com formação de Fundo de Amortização.

a) Sistema Americano sem formação de Fundo de Amortização.

$$J1 = SD \cdot i$$

$$J1 = 1000{,}00 \cdot 0{,}18 = 180{,}00$$

Período (n)	Prestação (P)	Juros (J)	Amortização (A)	Saldo Devedor (S_D)
0	-	-	-	1.000,00
1	180,00	180,00	-	1.000,00
2	180,00	180,00	-	1.000,00
3	180,00	180,00	-	1.000,00
4	1.180,00	180,00	1.000,00	0,00

b) Sistema Americano com formação de Fundo de Amortização.

1º Passo: Cálculo do Fundo de Amortização (Capitalização).

$$P = M \cdot \frac{i}{(1+i)^t - 1}$$

Legenda:

M: Montante

P: Prestação ou Parcela

i: taxa

t: prazo

$$P = 1000 \cdot \frac{0{,}15}{(1{,}15)^4 - 1} = 200{,}26$$

2º Passo: Cálculo do Saldo Devedor.

$$M = P \cdot \frac{(1+i)^t - 1}{i}$$

Legenda:

M: Montante

P: Prestação ou Parcela

i: taxa

t: prazo

Saldo Devedor (SD) após o pagamento da 1ª Parcela:

$$SD_t = M - P \cdot \frac{(1+i)^t - 1}{i}$$

Legenda:

M: Montante

P: Prestação ou Parcela

i : taxa

t: prazo considerado

SD: Saldo Devedor

$$SD_1 = 1000 - 200{,}26 \; \frac{(1{,}15)^1 - 1}{0{,}15}$$

$$SD_1 = 1000 - 200{,}26 = 799{,}74$$

$$SD_2 = 1000 - 200{,}26 \; \frac{(1{,}15)^2 - 1}{0{,}15}$$

$$SD_2 = 1000 - 430{,}56 = 569{,}44$$

$$SD_3 = 1000 - 200,26 \; \frac{(1,15)^3 - 1}{0,15}$$

$$SD_3 = 1000 - 695,41 = 304,59$$

$$SD_4 = 1000 - 200,26 \; \frac{(1,15)^3 - 1}{0,15}$$

$$SD_4 = 1000 - 1000 = 0$$

Período (n)	Prestação (P)	Juros (J)	Amortização (A)	Saldo Devedor (S_D)
0	-	-	-	1.000,00
1	380,26	180,00	200,26	799,74
2	380,26	180,00	200,26	569,44
3	380,26	180,00	200,26	304,59
4	380,26	180,00	200,26	0,00

M F I N

CONHECIMENTO DE INFORMÁTICA

1 WINDOWS 10

O Microsoft Windows 10 é um sistema operacional lançado em 29 de julho de 2015. Essa versão trouxe inúmeras novidades, principalmente por conta da sua portabilidade para celulares e tablets.

1.1 Requisitos mínimos

Para instalar o Windows 10, o computador deve ter no mínimo 1 GB de memória RAM para computadores com processador 32 bits de 1 GHz, e 2 GB de RAM para processadores de 32 bits de 1 GHz. Todavia, recomenda-se pelo menos 4 GB.

A versão 32 bits do Windows necessita, inicialmente, de 16 GB de espaço livre em disco, enquanto o Windows 64 bits utiliza 20 GB. A resolução mínima recomendada para o monitor é de 1.024 × 768.

1.2 Diferenças em relação à versão anterior

O Windows 10 nasceu com a promessa de ser o último Windows lançado pela Microsoft, o que não significa que não será atualizado. A proposta da fabricante é não lançar mais versões, a fim de tornar as atualizações mais constantes, sem a necessidade de aguardar para atualizar junto com uma versão numerada. Em de outubro de 2021, o Windows 11 foi lançado e conta com um visual mais limpo e minimalista, incluindo ícones remodelados, janelas translúcidas, nova iconografia e um Menu Iniciar centralizado.

O objetivo do projeto do novo Windows foi baseado na interoperabilidade entre os diversos dispositivos como tablets, smartphones e computadores, de modo que a integração seja transparente, sem que o usuário precise, a cada momento, indicar o que deseja sincronizar.

A Charms Bar, presente no Windows 8 e 8.1, foi removida, e a tela inicial foi fundida ao botão (menu) Iniciar. Algumas outras novidades apresentadas pela Microsoft são:

▷ Xbox Live e novo Xbox app proporcionam novas experiências de jogo no Windows 10. No Xbox, é possível que jogadores e desenvolvedores acessem à rede de jogos do Xbox Live, tanto nos computadores quanto no Xbox One. Os jogadores podem capturar, editar e compartilhar seus melhores.

▷ Momentos no jogo com o Game DVR e disputar novos jogos com os amigos nos dispositivos, conectando a outros usuários do mundo todo. Os jogadores também podem disputar jogos no seu computador, transmitidos por stream diretamente do console Xbox One para o tablet ou computador Windows 10, dentro de casa.

▷ Sequential mode: em dispositivos 2 em 1, o Windows 10 alterna facilmente entre teclado, mouse, toque e tablet. À medida que detecta a transição, muda convenientemente para o novo modo.

▷ Novos apps universais: o Windows 10 oferece novos aplicativos de experiência, consistentes na sequência de dispositivos, para fotos, vídeos, música, mapas, pessoas e mensagens, correspondência e calendário. Esses apps integrados têm design atualizado e uniformidade de app para app e de dispositivo para dispositivo. O conteúdo é armazenado e sincronizado por meio do OneDrive, e isso permite iniciar uma tarefa em um dispositivo e continuá-la em outro.

1.2.1 Área de Trabalho

A barra de tarefas apresenta como novidade a busca integrada.

1.2.2 Cortana

Esse recurso opera junto ao campo de pesquisa localizado na barra de tarefas do Windows. É uma ferramenta de execução de comandos por voz, porém, ainda não conta com versão para o português do Brasil.

1.2.3 Continue de onde parou

Esse recurso permite uma troca entre computador, tablet e celular sem que o usuário tenha de salvar os arquivos e os enviar para os aparelhos; o próprio Windows se encarrega da sincronização.

Ao abrir um arquivo em um computador e editá-lo, basta abri-lo em outro dispositivo, de modo que as alterações já estarão acessíveis (a velocidade e disponibilidade dependem da conexão à internet).

1.2.4 Desbloqueio imediato de usuário

Trata-se de um recurso disponível que permite ao usuário que possua webcam usar uma forma de reconhecimento facial para *logar* no sistema, sem a necessidade de digitar senha.

1.2.5 Múltiplas áreas de trabalho

Uma das novidades do Windows 10 é a possibilidade de manipular "múltiplas Áreas de Trabalho", uma característica que já estava há tempos presente no Linux e no MacOS. Ao usar o atalho Windows + Tab, é possível criar uma Área de Trabalho e arrastar as janelas desejadas para ela.

1.2.6 Iniciar

Com essa opção em exibição, ao arrastar o mouse ligeiramente para baixo, são listados os programas abertos pela tela inicial. Programas abertos dentro do desktop não aparecem na lista, conforme ilustrado a seguir.

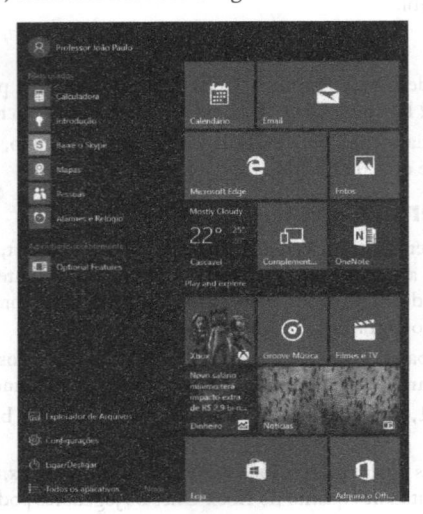

1.2.7 Aplicativos

Os aplicativos podem ser listados clicando-se no botão presente na parte inferior do botão Iniciar, mais à esquerda.

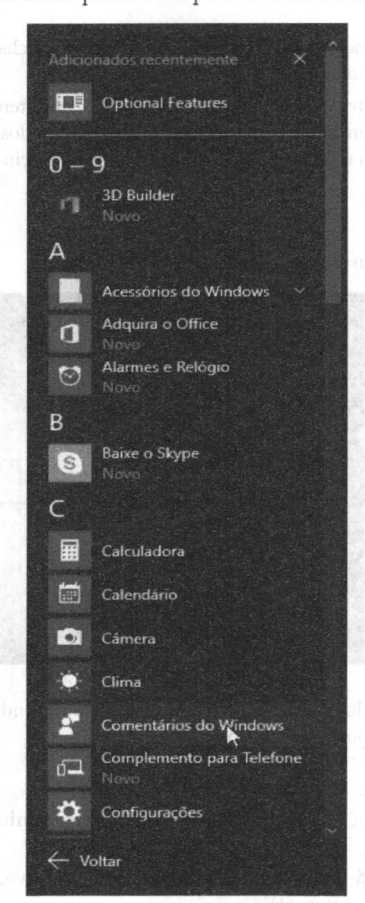

1.2.8 Acessórios

O Windows 10 reorganizou seus acessórios ao remover algumas aplicações para outro grupo (sistema do Windows).

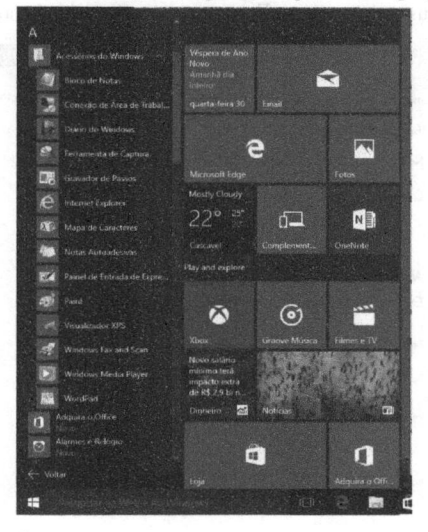

Os aplicativos listados como acessórios são, efetivamente:

- Bloco de notas;
- Conexão de área de trabalho remota;
- Diário do Windows;
- Ferramenta de captura;
- Gravador de passos;
- internet Explorer;
- Mapa de caracteres;
- Notas autoadesivas;
- Painel de entrada de expressões matemática;
- Paint;
- Visualizador XPS;
- Windows Fax and Scan;
- Windows Media Player;
- WordPad.

1.2.9 Bloco de notas

O bloco de notas é um editor de texto simples, e apenas texto, ou seja, não aceita imagens ou formatações muito avançadas e são possíveis apenas algumas formatações de fonte: tipo/nome da fonte, estilo de fonte (negrito, itálico) e tamanho da fonte. A imagem a seguir ilustra a janela do programa.

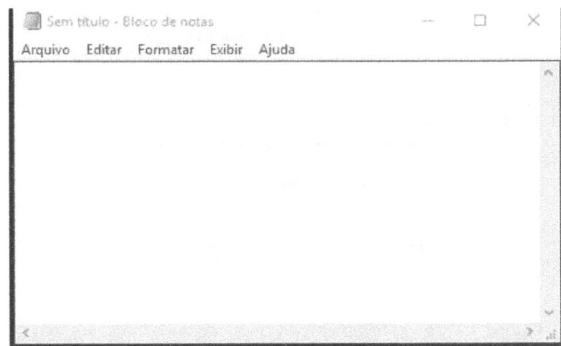

A cor da fonte não é uma opção de formatação presente. A janela a seguir ilustra as opções.

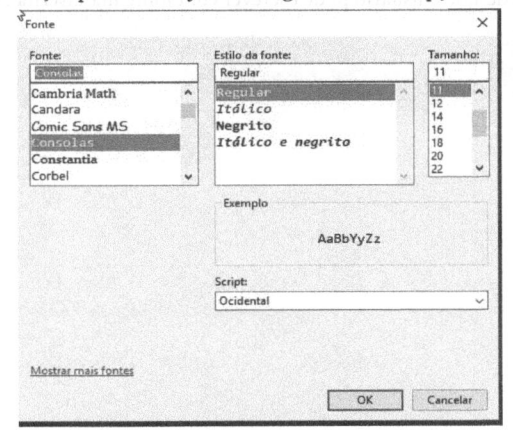

1.2.10 Conexão de área de trabalho remota

A conexão remota do Windows não fica ativa por padrão, por questões de segurança. Para habilitar a conexão, é necessário abrir a janela de configuração das Propriedades do Sistema, ilustrada a seguir. Essa opção é acessível pela janela Sistema do Windows.

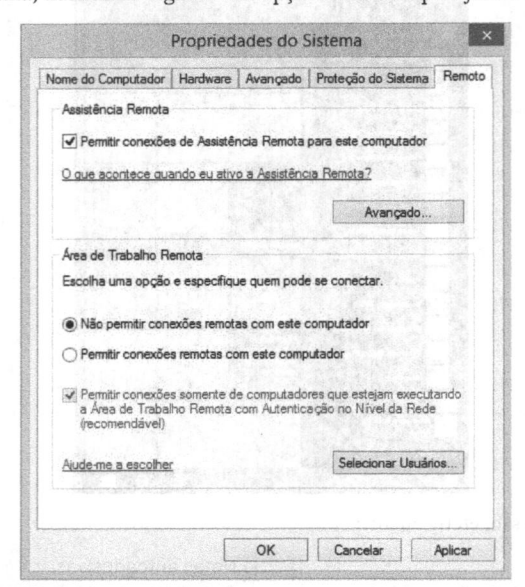

A conexão pode ser limitada à rede por restrição de autenticação em nível de rede, ou pela internet, usando contas de e-mail da Microsoft. A figura a seguir ilustra a janela da Conexão de Área de Trabalho Remota.

1.2.11 Diário do Windows

A ferramenta Diário do Windows é uma novidade no Windows 8. Ela permite que o usuário realize anotações como em um caderno. Os recursos de formatação são limitados, de modo que o usuário pode escrever com fonte manuscrita ou por meio de caixas de texto.

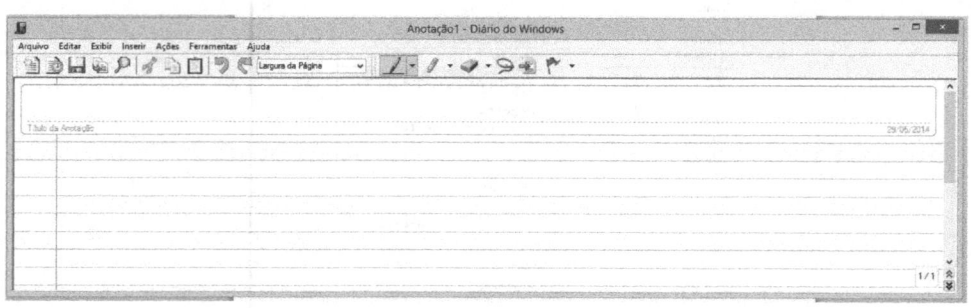

1.2.12 Ferramenta de captura

A ferramenta de captura, presente desde o Windows 7, permite o print de partes da tela do computador. Para tanto, basta selecionar a parte desejada usando o aplicativo.

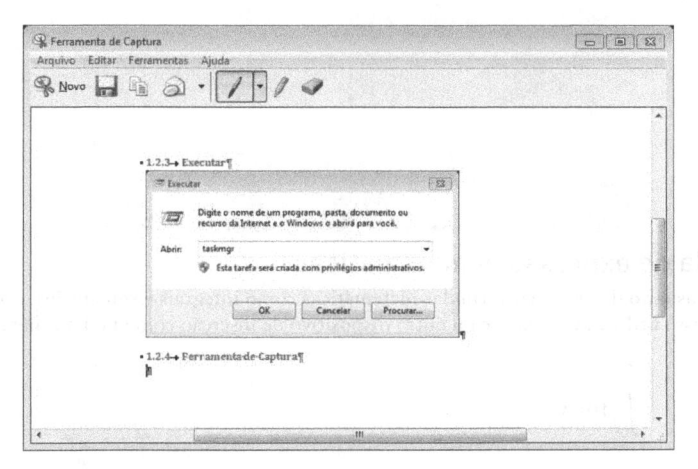

1.2.13 Gravador de passos

É um recurso vindo desde o Windows 8, muito útil para atendentes de suporte que precisam apresentar o passo a passo das ações que um usuário precisa executar para obter o resultado esperado. A figura a seguir ilustra a ferramenta com um passo gravado para exemplificação.

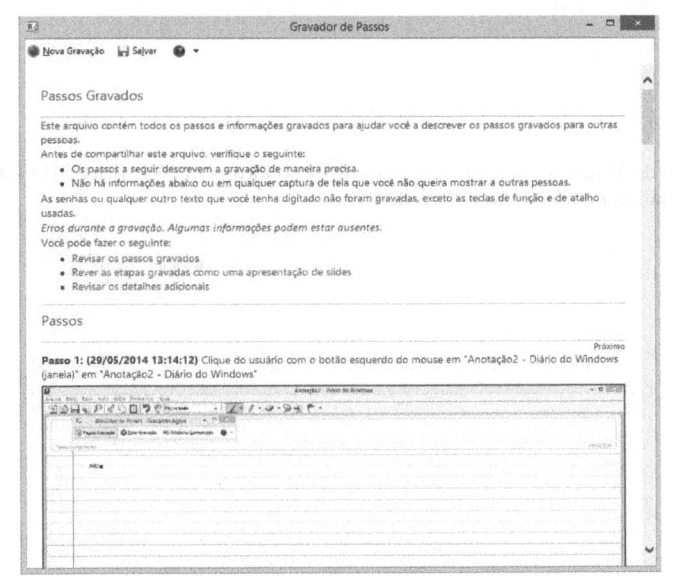

1.2.14 Mapa de caracteres

Frequentemente, faz-se necessário utilizar alguns símbolos diferenciados. Esses símbolos são chamados de caracteres especiais e esse recurso consegue listar os caracteres não presentes no teclado para cada fonte instalada no computador e copiá-los para a área de transferência do Windows.

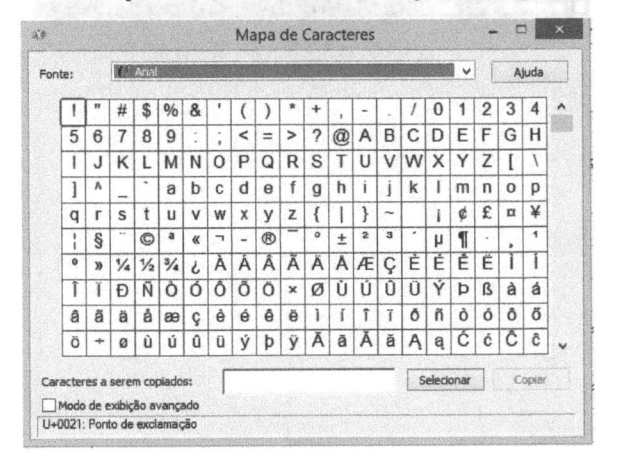

1.2.15 Notas autoadesivas

Por padrão, as notas autoadesivas são visíveis na Área de Trabalho, elas se parecem com post-its.

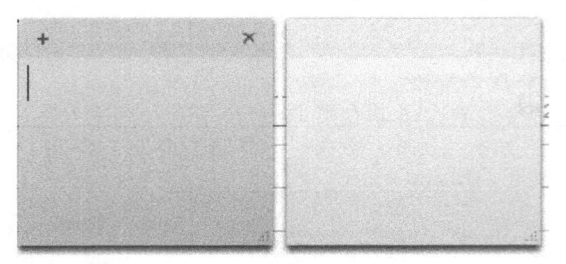

1.2.16 Painel de entrada de expressões matemáticas

Essa ferramenta possibilita o usuário de desenhar fórmulas matemáticas como integrais e somatórios, e ainda colar o resultado produzido em documentos. É possível fazer isso utilizando o mouse ou outro dispositivo de inserção como tablet canetas e mesas digitalizadoras.

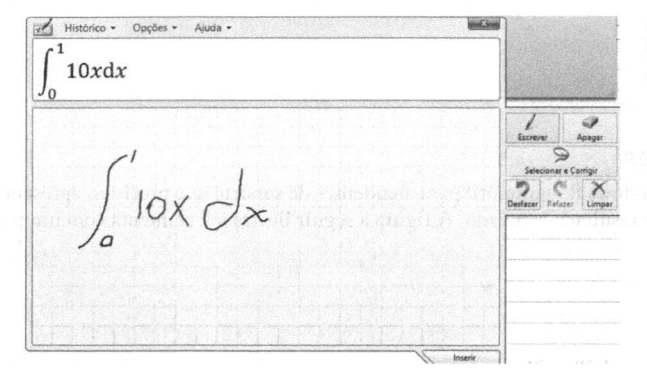

1.2.17 Paint

O tradicional editor de desenho do Windows, que salva seus arquivos no formato PNG, JPEG, JPG, GIF, TIFF e BMP (Bitmap), não sofreu mudanças em comparação com a versão presente no Windows 7.

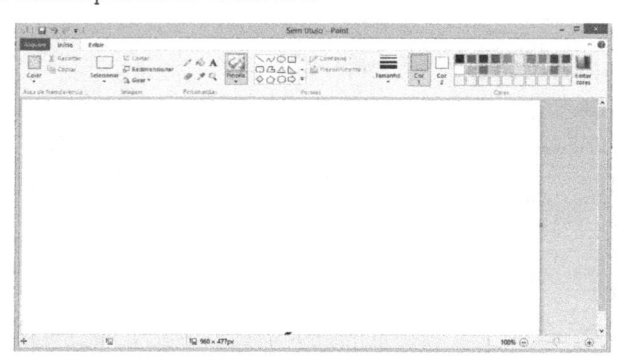

1.2.18 WordPad

É um editor de texto que faz parte do Windows, ao contrário do MS Word, com mais recursos que o Bloco de Notas.

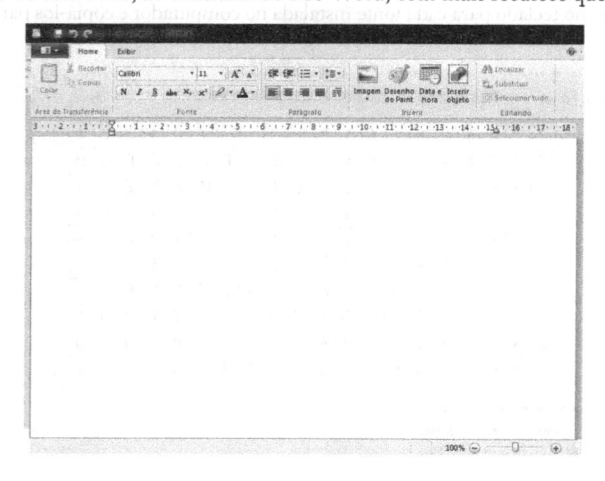

1.2.19 Facilidade de acesso

Anteriormente conhecida como ferramentas de acessibilidade, são recursos que têm por finalidade auxiliar pessoas com dificuldades para utilizar os métodos tradicionais de interação com o computador.

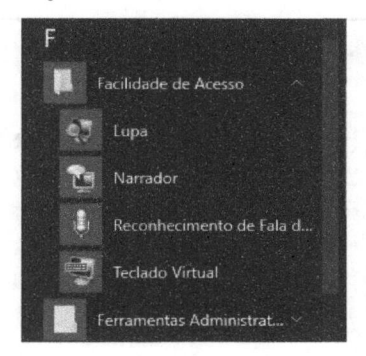

Lupa

Ao utilizar a lupa, pode-se ampliar a tela ao redor do ponteiro do mouse, como também é possível usar metade da tela do computador exibindo a imagem ampliada da área próxima ao cursor.

Narrador

O narrador é uma forma de leitor de tela que lê o texto das áreas selecionadas com o mouse.

Teclado virtual

O teclado virtual é um software que permite entrada de texto em programas de computador de maneira alternativa ao teclado convencional.

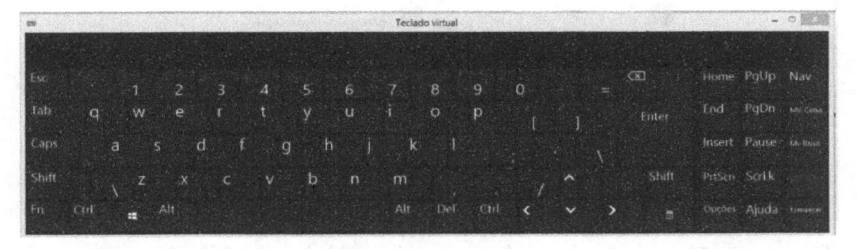

Fique ligado
É preciso ter muito cuidado para não confundir o teclado virtual do Windows com o teclado virtual usado nas páginas de internet Banking.

1.2.20 Calculadora

A calculadora do Windows 10 deixa de ser associada aos acessórios. Outra grande mudança é o fato de que sua janela pode ser redimensionada, bem como perde um modo de exibição, sendo eles: padrão, científica e programador. Apresenta inúmeras opções de conversões de medidas, conforme ilustrado respectivamente ilustradas a seguir.

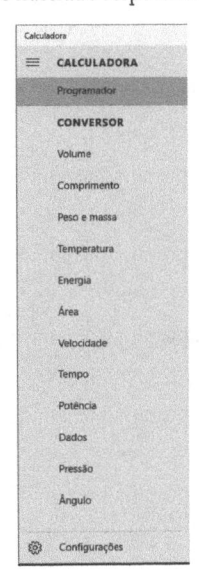
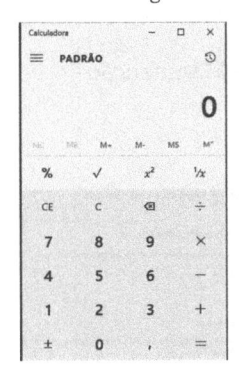
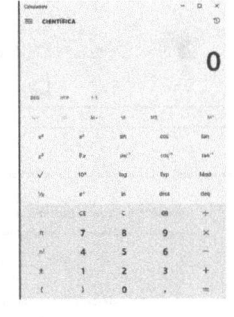
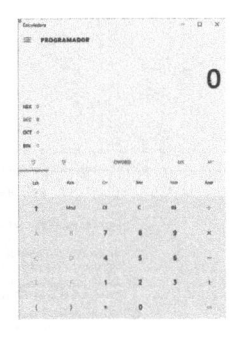

1.2.21 Painel de Controle

É o local onde se encontram as configurações do sistema operacional Windows e pode ser visualizado em dois modos: ícones ou categorias. As imagens a seguir representam, respectivamente, o modo ícones e o modo categorias.

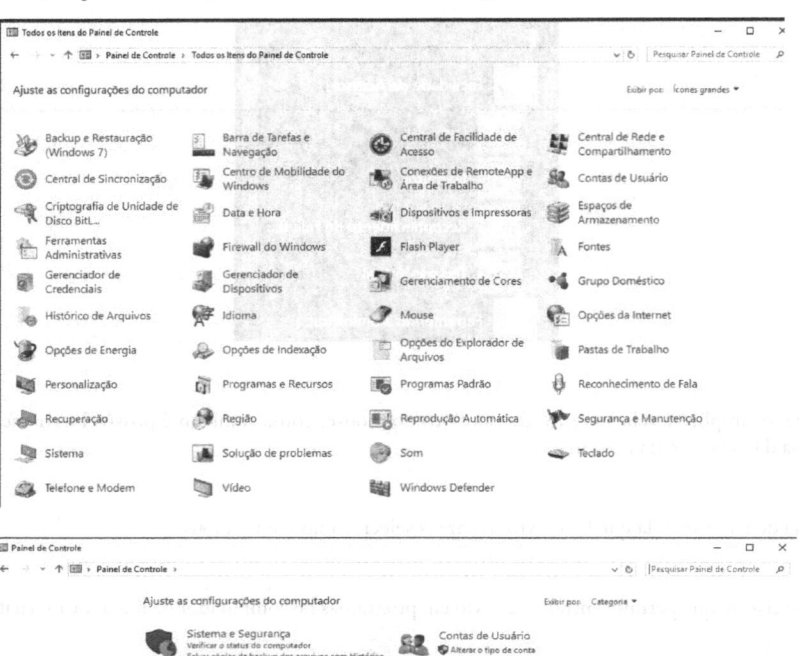

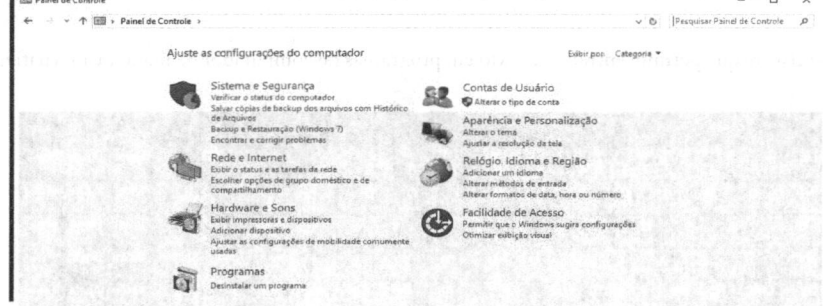

No modo categorias, as ferramentas são agrupadas de acordo com sua similaridade, como "Sistema e segurança", o que envolve o "Histórico de arquivos" e a opção "Corrigir problemas".

A opção para remover um programa possui uma categoria exclusiva chamada "Programas".

Na categoria "Relógio, idioma e região", temos acesso às opções de configuração do idioma padrão do sistema. Por consequência, é possível também o acesso às unidades métricas e monetárias, bem como alterar o layout do teclado ou botões do mouse.

Algumas das configurações também podem ser realizadas pela janela de configurações acessível pelo botão Iniciar.

1.2.22 Segurança e manutenção

Nessa seção, é possível verificar o nível de segurança do computador em relação ao sistema ou à possibilidade de invasão.

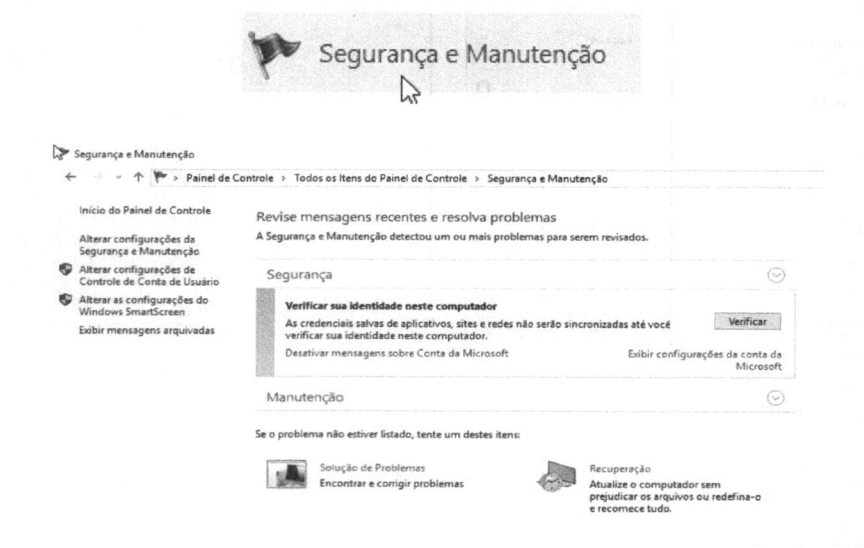

1.2.23 Windows Defender

No Windows 10, o Windows Defender passou a ser antivírus, além de ser antispyware.

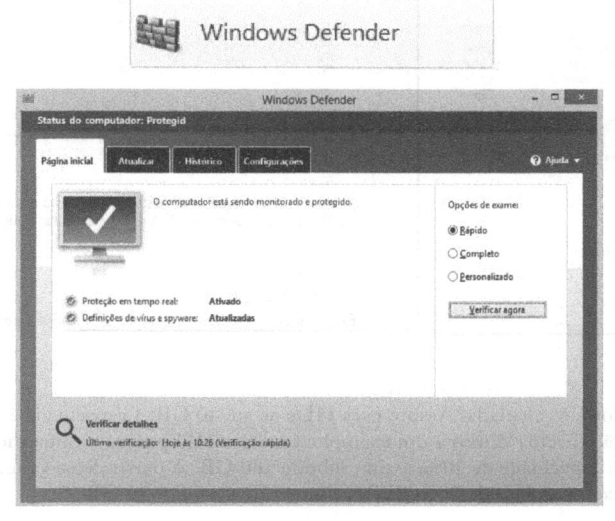

1.3 Estrutura de diretórios

Uma estrutura de diretórios é como o sistema operacional, em que organiza os arquivos, separando-os de acordo com sua finalidade.

O termo diretório é um sinônimo para pasta, que se diferencia apenas por ser utilizado, em geral, quando se cita alguma pasta "raiz" de um dispositivo de armazenamento ou partição.

Quando citamos o termo "raiz", estamos fazendo uma alusão a uma estrutura que se parece com uma árvore, que parte de uma raiz e cria vários galhos, que são as pastas, e as folhas, que são os arquivos. Dessa maneira, observamos que o **diretório raiz do Windows** é o diretório **C:** ou **C:**, enquanto o **diretório Raiz do Linux** é o **/**.

1.4 Ferramentas administrativas

Compreende ferramentas como agendador de tarefas, limpeza de disco, monitoramento de desempenho, entre muitos outros, que auxiliam na manutenção e no bom funcionamento da máquina.

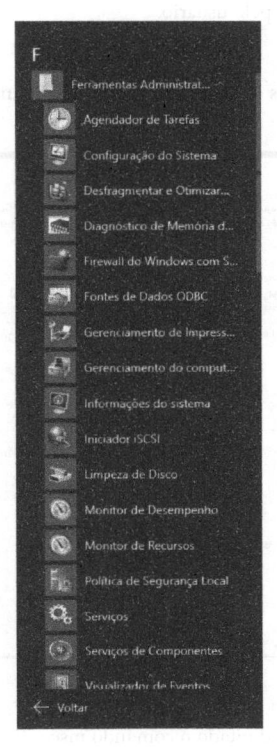

Limpeza de disco

Apaga os arquivos temporários, por exemplo, arquivos da Lixeira, da pasta "Temporários da internet" e, no caso do Windows, a partir da versão Vista, as miniaturas.

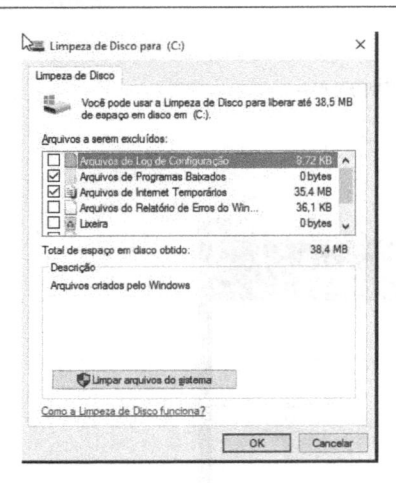
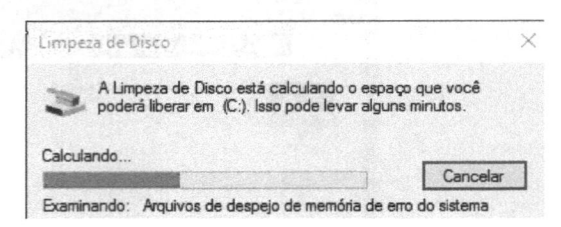

Lixeira

A capacidade da Lixeira do Windows é calculada. Assim, para HDs de até 40 GB, a capacidade é de 10%. Todavia, para discos rígidos maiores que 40 GB, o cálculo não é tão direto. Vamos a um exemplo: caso um HD possua o tamanho de 200 GB, é necessário descontar 40 GB, pois até 40 GB a lixeira possui capacidade de 10%; assim, sobram 160 GB. A partir desse valor, deve-se calcular mais 5%, ou seja, 8 GB. Com isso, a capacidade total da lixeira do HD de 200 GB fica com 4 GB + 8 GB = 12 GB.

Fique ligado
É importante, ainda, destacar que a capacidade da lixeira é calculada para cada unidade de armazenamento. Desse modo, se um HD físico de 500 GB estiver particionado, é necessário calcular separadamente a capacidade da lixeira para cada unidade.

A Lixeira é um local, e não uma pasta. Ela lista os arquivos que foram excluídos, porém nem todos aqueles que foram excluídos vão para a Lixeira. Vejamos a lista de situações em que um arquivo não será movido para a lixeira:

▷ Arquivos maiores do que a capacidade da Lixeira;

▷ Arquivos que estão compartilhados na rede;

▷ Arquivos de unidades removíveis;

▷ Arquivos que foram removidos de forma permanente pelo usuário.

Desfragmentar e otimizar unidades

É responsabilidade do Desfragmentador organizar os dados dentro do HD de maneira contínua/contígua para que o acesso às informações em disco seja realizado mais rapidamente.

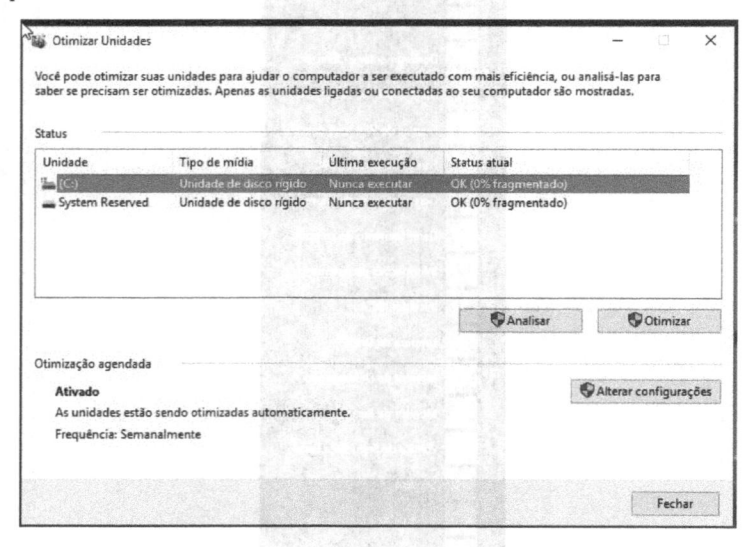

Configuração do sistema

A Configuração do Sistema é também acessível ao ser digitado o comando msconfig na janela "Executar". Essa ação permite configurar quais serviços serão carregados com o Sistema. No entanto, para fazer essa configuração, deve-se proceder ao acesso pelo "Gerenciador de tarefas".

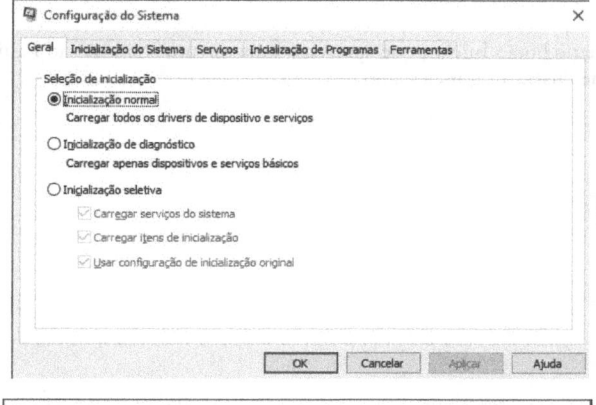

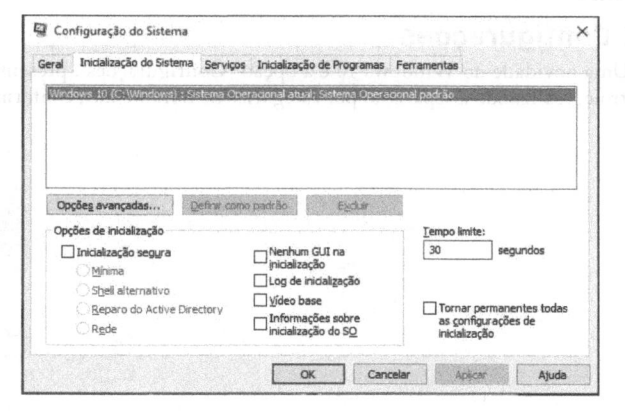

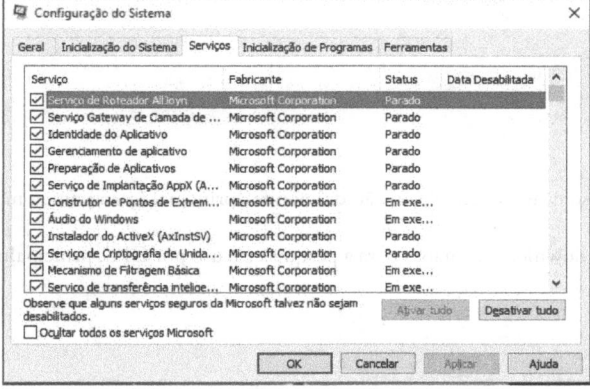

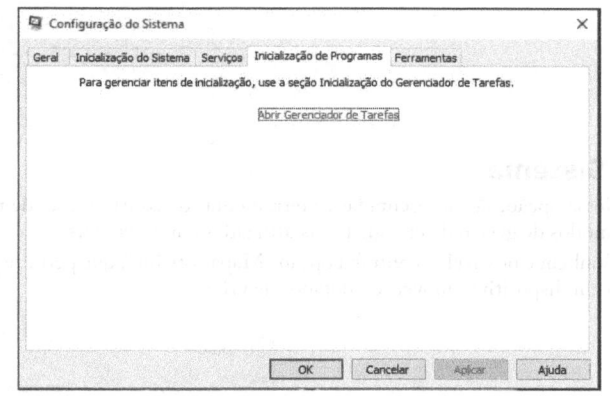

Monitor de recursos

Permite monitorar os recursos do computador e qual o uso que está sendo realizado.

ScanDisk

O ScankDisk é o responsável por verificar o HD em busca de falhas de disco. Muitas vezes, ele consegue corrigi-las.

1.5 Configurações

Uma novidade do Windows 10 é a opção "Configurações", presente no botão Iniciar, que apresenta uma estrutura similar ao Painel de Controle, realizando a separação por categorias de ferramentas, conforme ilustra a figura a seguir.

1.6 Sistema

Nessa opção, são apresentadas as ferramentas de configuração de resolução de tela, definição de monitor principal (caso possua mais de um), modos de gestão de energia (mais utilizados em notebooks).

Também é possível encontrar a opção "Mapas offline", que permite o download de mapas para a pesquisa e o uso por GPS, principalmente usado em dispositivos móveis ou dotados de GPS.

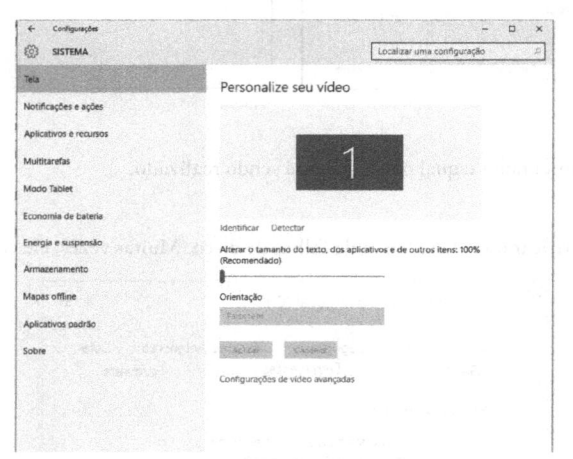

1.7 Dispositivos

Esse recurso lista os dispositivos que foram instalados em algum momento no sistema, como as impressoras.

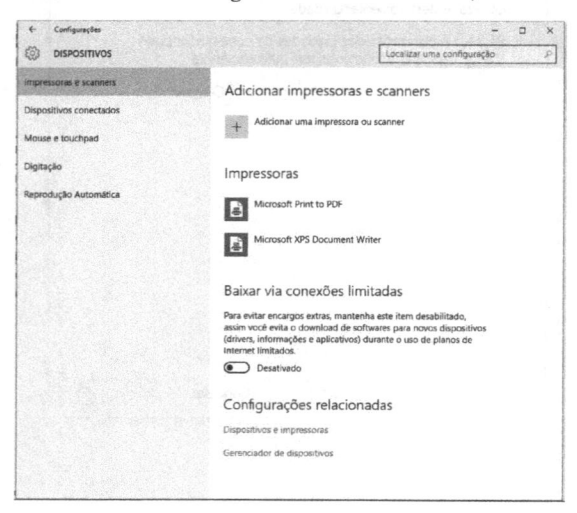

1.8 Rede e internet

Esse recurso serve para configurar rapidamente o proxy de uma rede, ou ativar/desativar a rede wi-fi, incluindo a opção para configurar uma rede VPN.

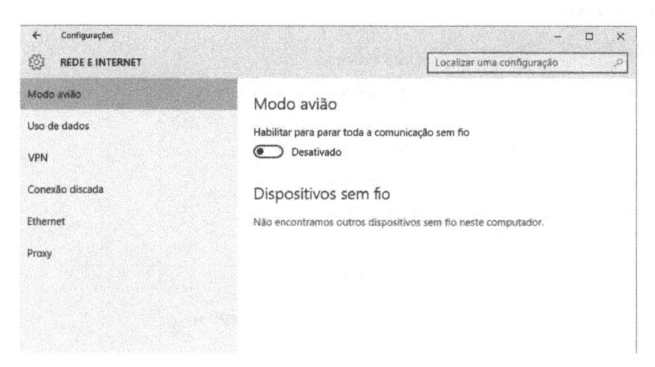

1.9 Personalização

Para personalizar os temas de cores da Área de Trabalho do Windows e os papéis de parede, a opção de personalização pode ser acessada pelas Configurações. Também é possível clicar com o botão direito do mouse sobre uma área vazia da Área de Trabalho e selecionar a opção "Personalizar".

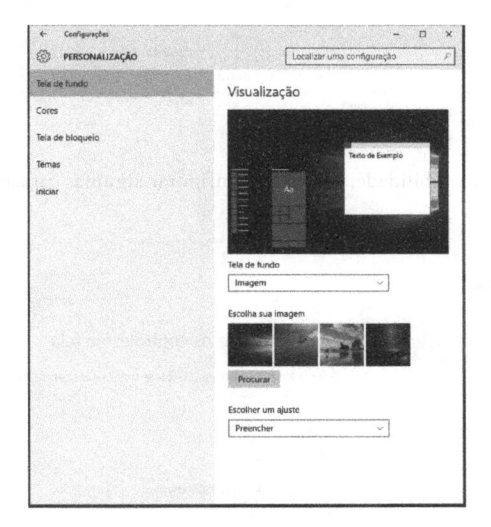

1.9.1 Contas

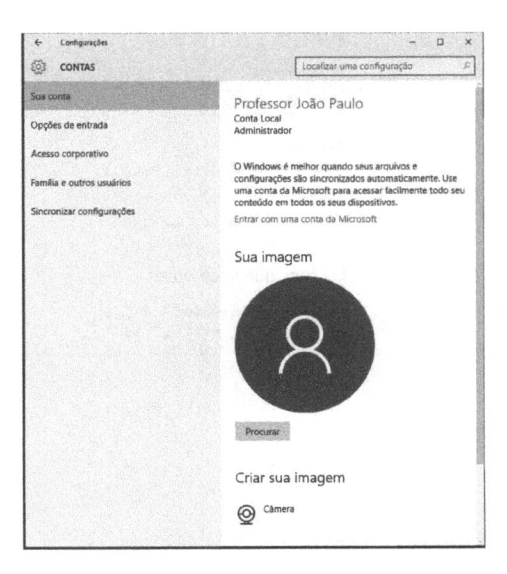

1.9.2 Hora e idioma

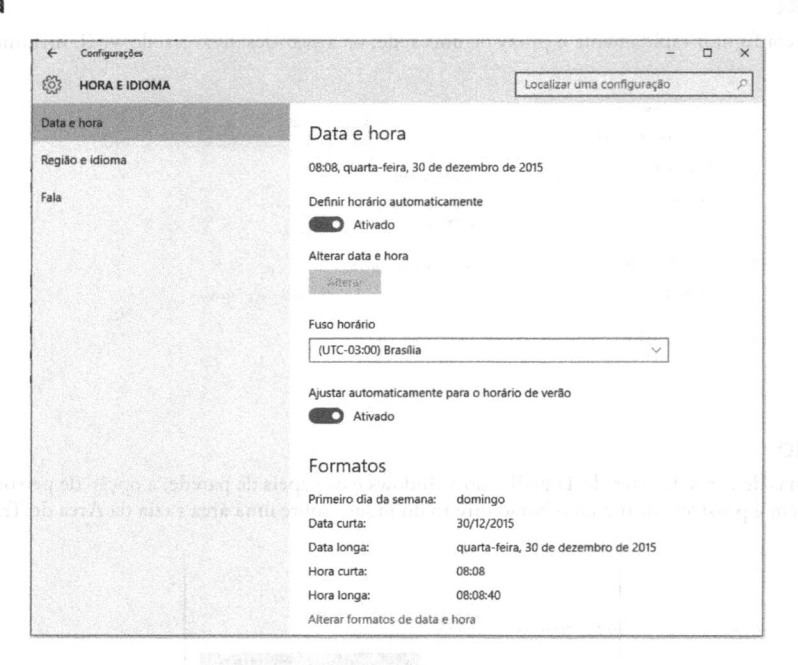

1.10 Facilidade de acesso

Além de contar com as ferramentas para acessibilidade, é possível configurar algumas características com alto contraste para melhorar o acesso ao uso do computador.

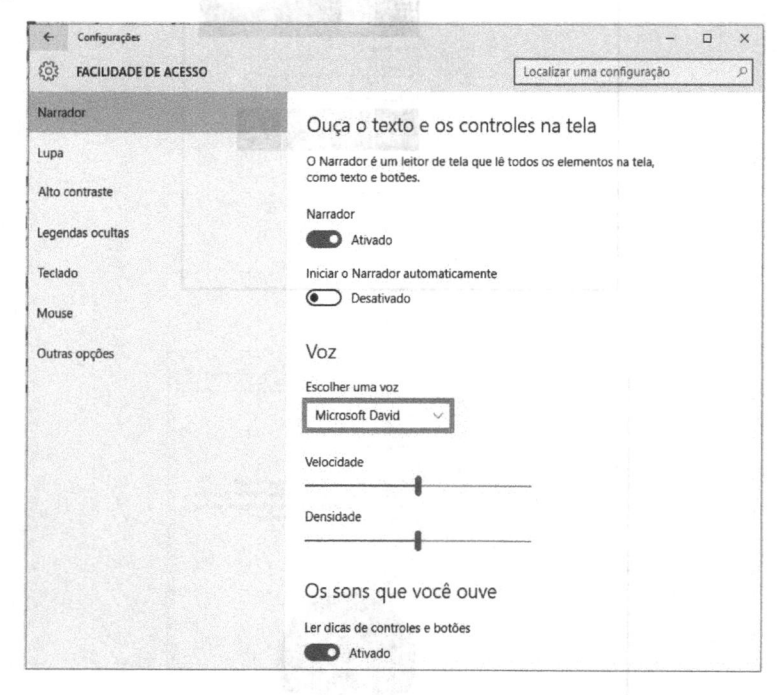

1.10.1 Privacidade

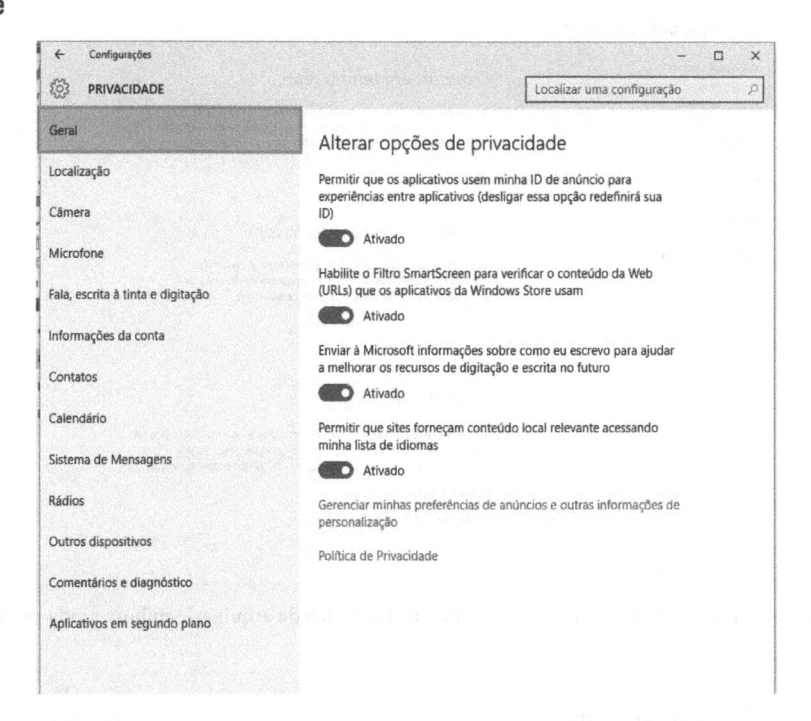

1.11 Atualização e segurança

Essa opção talvez seja uma das principais opções da janela de Configurações, pois, como necessidade mínima para a segurança, o sistema operacional deve estar sempre atualizado, assim como precisa possuir um programa antivírus que também esteja atualizado.

Vale lembrar que a realização periódica de backups também é considerada como um procedimento de segurança.

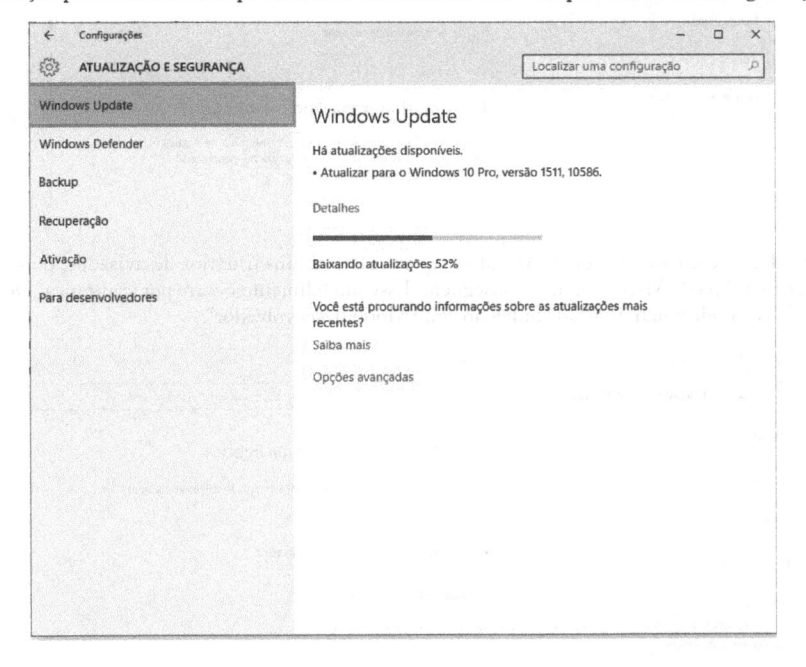

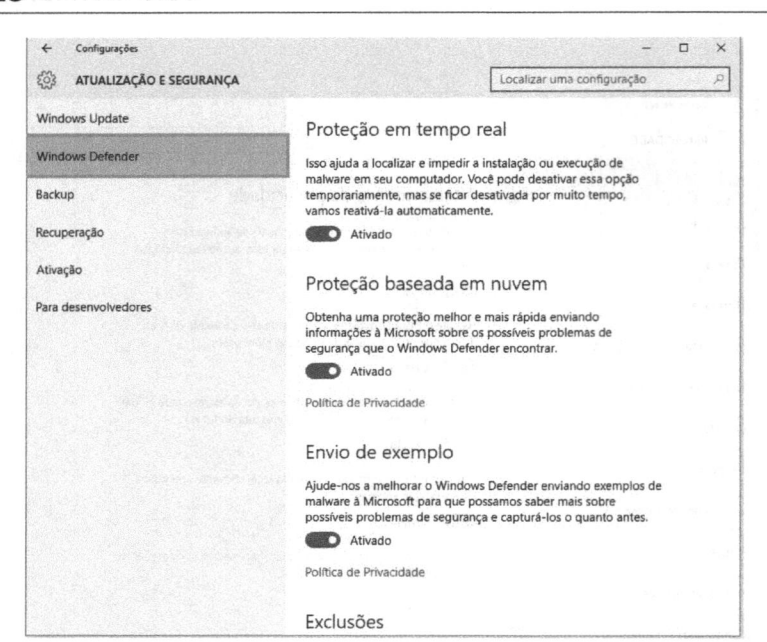

O Windows 10 realiza o backup dos arquivos usando a ferramenta "Histórico de arquivos", embora ainda permita realizar backups como no Windows 7.

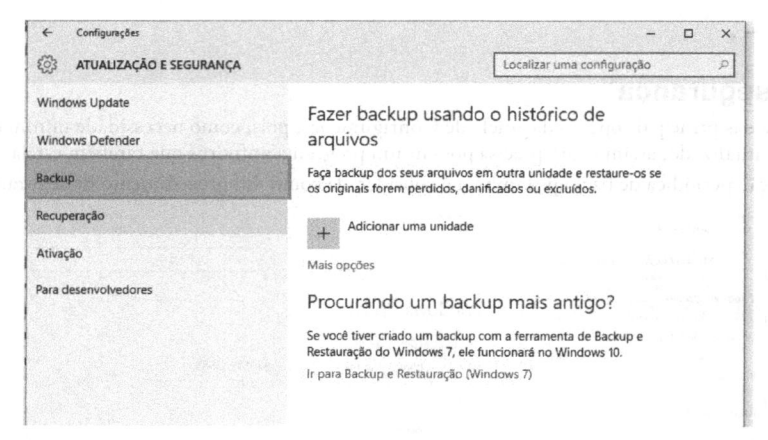

A opção "Para desenvolvedores" é uma novidade do Windows que assusta alguns usuários desavisados, pois, ao tentarem instalar algum aplicativo que não seja originário da loja da Microsoft, não conseguem. Esse impedimento ocorre por segurança. De qualquer forma, para poder instalar aplicativos "externos", basta selecionar a opção "Sideload" ou "Modo desenvolvedor".

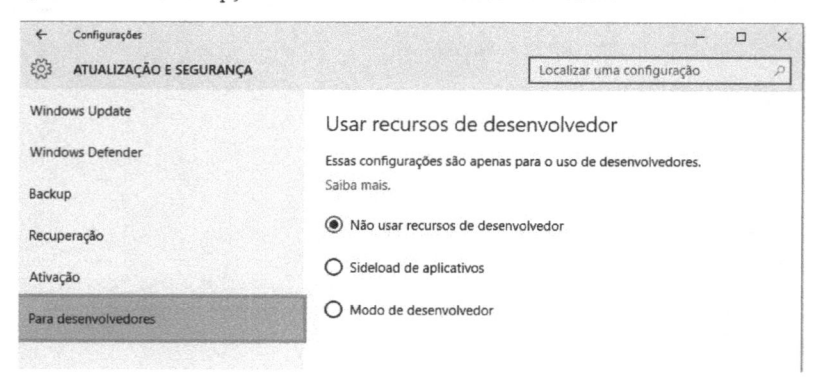

1.12 Backup no Windows 10

Um backup consiste em uma cópia de segurança dos arquivos, que deve ser feita periodicamente, preferencialmente em uma unidade de armazenamento separada do computador.

Apesar do nome cópia de segurança, um backup não impede que os dados sejam acessados por outros usuários. Ele é apenas uma salvaguarda dos dados para amenizar os danos de uma perda.

Nos Windows 8 e 10, o backup é gerenciado pelo "Histórico de arquivos", conforme a imagem a seguir.

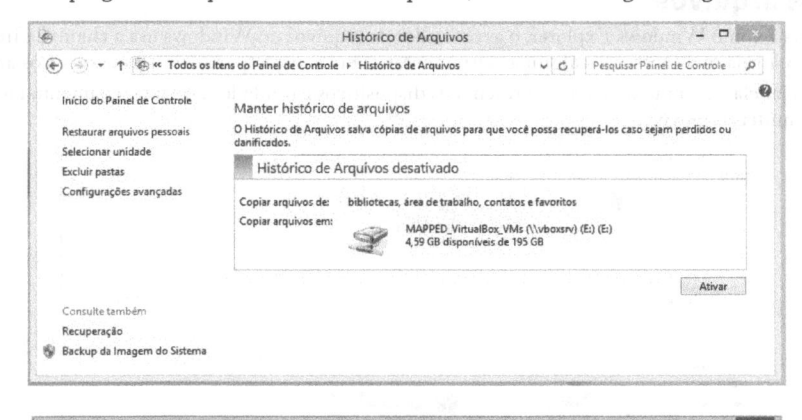

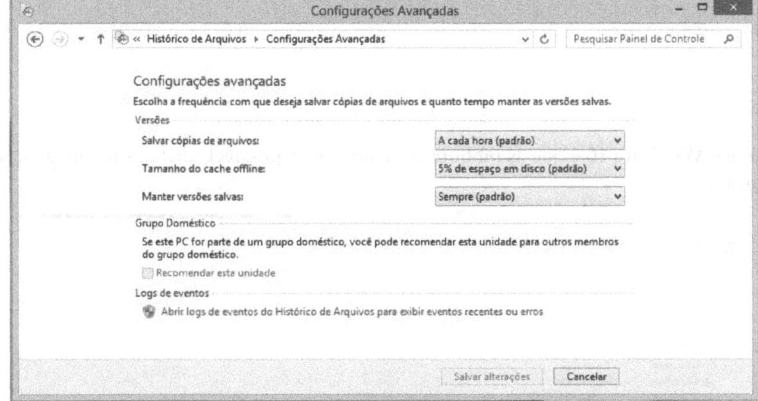

1.12.1 Backup da imagem do sistema

O Backup do Windows oferece a capacidade de criar uma imagem do sistema, que é uma imagem exata de uma unidade. Uma imagem do sistema inclui o Windows e as configurações do sistema, os programas e os arquivos. É possível usar esse recurso para restaurar o conteúdo do computador, caso o disco rígido ou o computador pararem de funcionar. Quando se restaura o computador a partir de uma imagem do sistema, trata-se de uma restauração completa; não é possível escolher itens individuais para a restauração, e todos os atuais programas, as configurações do sistema e os arquivos serão substituídos. Embora esse tipo de backup inclua arquivos pessoais, é recomendável fazer backup dos arquivos regularmente, usando o Backup do Windows, a fim de que seja possível restaurar arquivos e pastas individuais conforme a necessidade. Quando for configurado um backup de arquivos agendado, o usuário poderá escolher se deseja incluir uma imagem do sistema. Essa imagem do sistema inclui apenas as unidades necessárias à execução do Windows. É possível criar manualmente uma imagem do sistema, caso o usuário queira incluir unidades de dados adicionais.

1.12.2 Disco de restauração

O disco de restauração armazena os dados mais importantes do sistema operacional Windows, em geral, o que é essencial para seu funcionamento. Esse disco pode ser utilizado quando o sistema vier a apresentar problemas, por vezes decorrentes de atualizações.

1.12.3 Tipos de backup

▷ **Completo/Normal:** também chamado backup total, é aquele em que todos os dados são salvos em única cópia de segurança. Ele é indicado para ser feito com menor frequência, pois é o mais demorado para ser processado, como também para ser recuperado. Contudo, localizar um arquivo fica mais fácil, pois se tem apenas uma cópia dos dados.

▷ **Diferencial:** esse procedimento de backup grava os dados alterados desde o último backup completo. Assim, no próximo backup diferencial, somente serão salvos os dados modificados desde a última vez em que foi realizado o completo. No entanto, esse backup é mais lento de ser processado do que o backup incremental, porém é mais rápido de ser restaurado, pois é necessário apenas restaurar o último backup completo e o último diferencial.

▷ **Incremental:** nesse tipo de backup, são salvos apenas os dados que foram alterados após a última cópia de segurança realizada. Este procedimento é mais rápido de ser processado, porém leva mais tempo para ser restaurado, pois envolve restaurar todos os backups anteriores. Os arquivos gerados são menores do que os gerados pelo backup diferencial.

▷ **Diário:** um backup diário copia todos os arquivos selecionados que foram modificados no dia de execução do backup diário. Os arquivos não são marcados como aqueles passaram por backup (o atributo de arquivo não é desmarcado).

▷ **De cópia:** um backup de cópia copia todos os arquivos selecionados, mas não os marca como arquivos que passaram por backup (ou seja, o atributo de arquivo não é desmarcado). A cópia é útil caso o usuário queira fazer backup de arquivos entre os backups normal e incremental, pois ela não afeta essas outras operações.

1.13 Explorador de arquivos

Conhecido até o Windows 7 como Windows Explorer, o gerenciador de arquivos do Windows usa a chamada Interface Ribbon (por faixas) no Windows 8 e 10. Com isso, torna mais acessíveis algumas ferramentas como a opção para exibir as pastas e os arquivos ocultos.

A figura a seguir ilustra a janela "Computador", que apresenta os dispositivos e unidades de armazenamento locais como HDs e Drives de mídias ópticas, bem como as mídias removíveis.

Um detalhe interessante sobre o Windows 10 é que as bibliotecas, conforme é possível verificar na imagem, não estão visíveis por padrão; o usuário precisa ativar sua exibição.

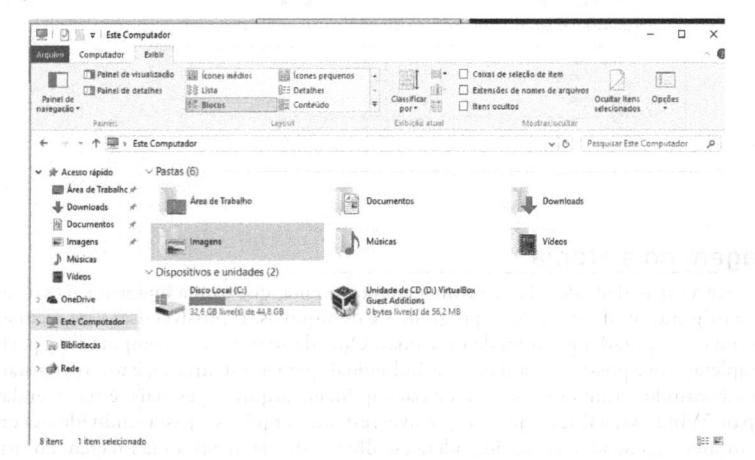

Ao selecionar arquivos ou pastas de determinados tipos, como imagens, algumas guias são exibidas como ilustra a série de figuras a seguir.

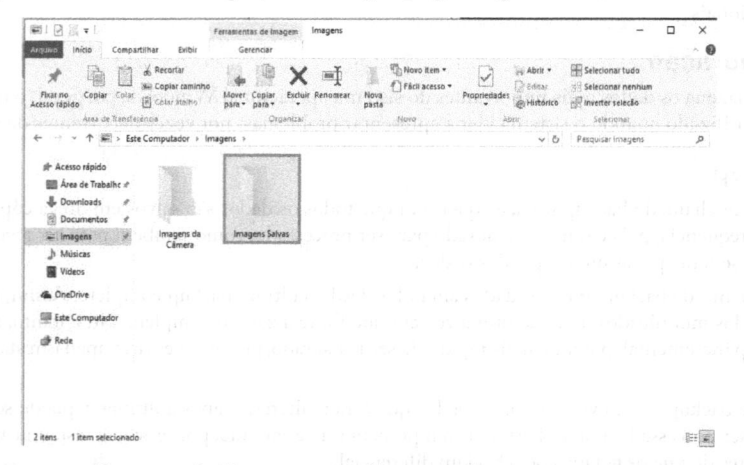

É possível notar que há opções específicas para facilitar o compartilhamento dos arquivos e pastas.

2   MICROSOFT WORD 365

O Microsoft 365 é uma assinatura que possui os recursos mais colaborativos e atualizados em uma experiência integrada e perfeita, como os do Office que possui o Word, o PowerPoint e o Excel. Possui ainda armazenamento *on-line* extra e recursos conectados à nuvem que permitem editar arquivos em tempo real entre várias pessoas, além de sempre ter correções e atualizações de segurança mais recentes e suporte técnico contínuo, sem nenhum custo extra. É possível pagar a assinatura mensalmente ou anualmente, e o plano Microsoft 365 *Family* permite compartilhar a assinatura com até seis pessoas da família e usar seus aplicativos em vários PCs, Macs, tablets e telefones.

2.1 Extensões

Até a versão 2003, os documentos eram salvos no formato ".doc". A partir da versão 2007, os documentos são salvos na versão ".docx". O padrão do Word 2019 continua com a extensão .docx "DOCX", mas podemos salvar arquivos nos formatos .odt (Writer), PDF,.doc, .rtf, entre outros.

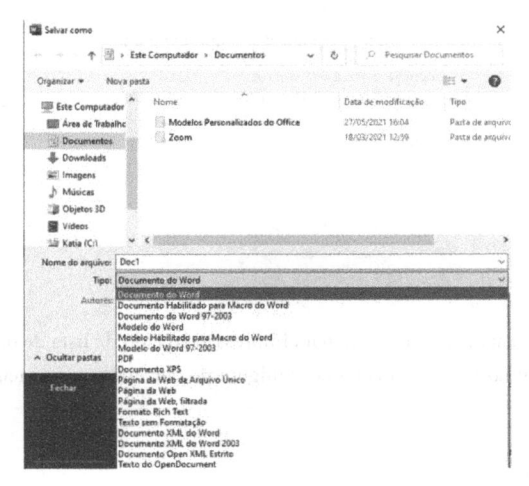

O Office 2019 é, também, vendido como uma compra única, o que significa tem um custo único e inicial para obter os aplicativos do Office para um computador. Compras únicas estão disponíveis para PCs e Macs. No entanto, não há opções de *upgrade*, o que significa que, caso seja necessário fazer um upgrade para a próxima versão principal, precisará comprá-la pelo preço integral.

Preste atenção a esses detalhes como extensão de arquivos, pois eles caem com frequência em provas de concurso.

Você poderá salvar os arquivos em uma versão anterior do Microsoft Office selecionando na lista "Salvar como", na caixa de diálogo. Por exemplo, é possível salvar o documento do Word 2013 (.docx) como um documento 97-2003 (.doc).

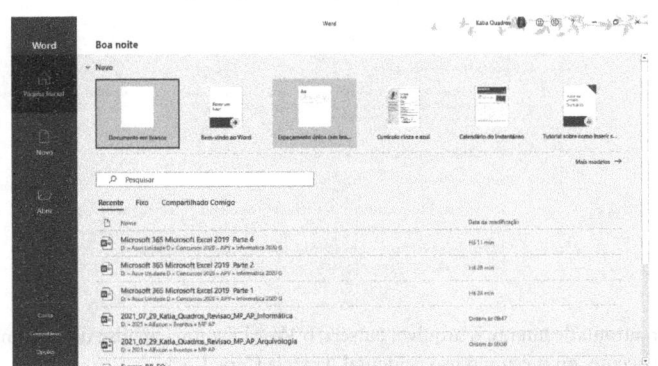

▷ **Barra de título:** em um novo documento, ela apresenta como título "Documento1". Quando o documento for salvo, ele apresentará o nome do documento nesta mesma barra.

▷ **Barra de acesso rápido:** é personalizável e contém um conjunto de comandos independentes da guia exibida no momento na "Faixa de opções".

▷ **Menu arquivo:** possui comandos básicos, que incluem – embora não estejam limitados a – Abrir, Salvar e Imprimir.

Note as entradas da coluna da esquerda, que, na prática, funciona como um painel. Elas prestam os clássicos serviços auxiliares de um menu "Arquivo" convencional, ou seja, Salvar, Salvar como, Abrir e Fechar o arquivo de trabalho.

Outras conhecidas como Novo: cria um arquivo e permite escolher entre centenas de modelos (*templates*) oferecidos.

▷ **Imprimir:** refere-se à impressão do documento.

Ao clicar em Imprimir, abrirá um menu dropdown, que mostra a impressora selecionada no momento. Um clique na lista suspensa mostrará outras impressoras disponíveis.

É possível imprimir tudo ou parte de um documento. As opções para escolher qual parte imprimir podem ser encontradas na guia "Imprimir", no modo de exibição do Microsoft Office *Backstage*. Em "Configurações", clique em Imprimir "Todas as páginas" para ver essas opções.

Quando há a necessidade de imprimir páginas alternadas no Word, é preciso digitar no formulário o intervalo desejado, como ˜Páginas: 3-6;8˜, em que "-"(aspas) significam "até" e ";" ou "e".

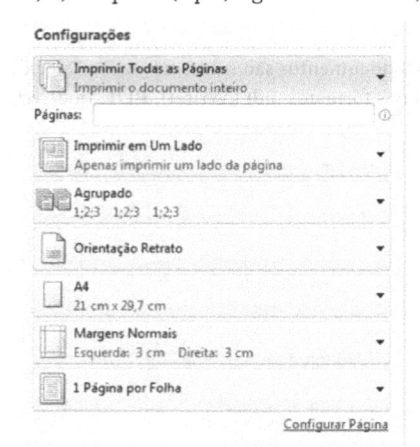
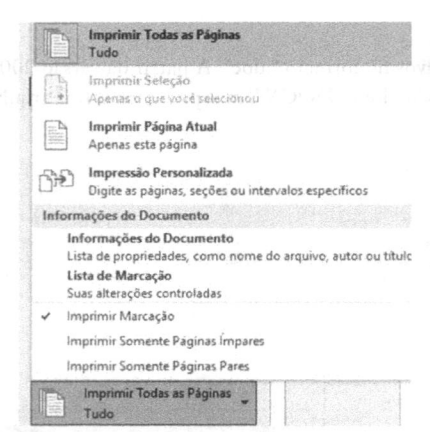
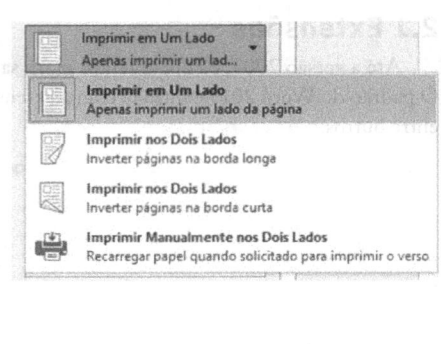

Ainda na opção "Imprimir", é possível visualizar como será feita impressão ao lado da lista de opções.

▷ **Arquivo/Opções:** esse comando traz muitas funcionalidades de configuração que estavam no menu Ferramentas do Word 2003.

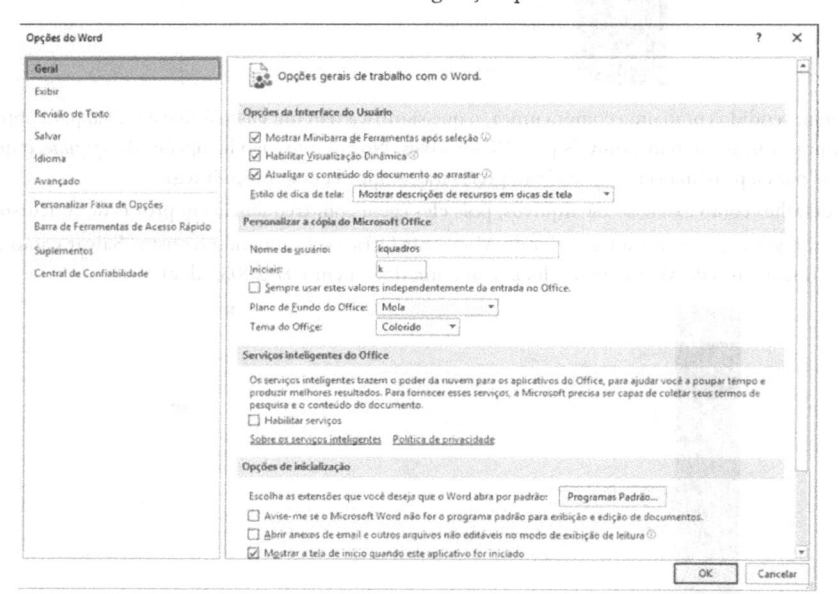

▷ **Autocorreção:** é possível corrigir automaticamente o arquivo, ou seja, o Word faz uma análise do documento e consegue resolver problemas como palavras duplicadas ou sem acento, ou mesmo o uso acidental da tecla Caps Lock.

A diferença trazida na versão 2013 é poder abrir documentos PDF e editá-los. Basta clicar em "Abrir" e escolher o arquivo. A seguinte mensagem é exibida pelo word:

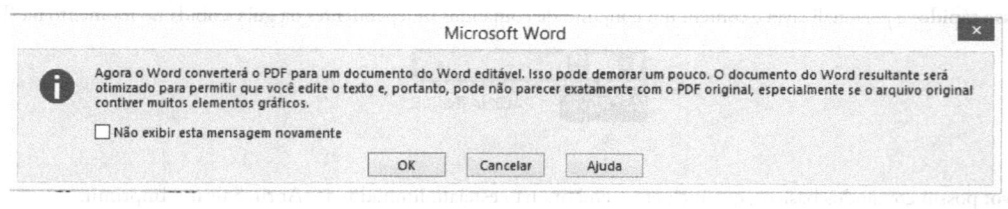

▷ **Abas ou guias:** todos os comandos e funcionalidades do Word 2013 estão dispostos em Guias. As Guias são divididas por Grupos de ferramentas. Alguns grupos possuem um pequeno botão na sua direita inferior que dão acesso a janelas de diálogo.

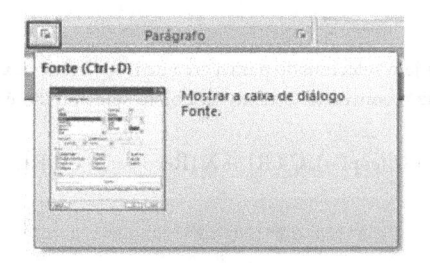

▷ **Guias contextuais:** essas guias são exibidas na Faixa de Opções somente quando relevantes para a tarefa atual, como formatar uma tabela ou uma imagem.

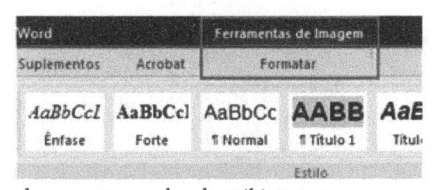

▷ **Barra de status:** contém informações sobre o documento, modos de exibição e zoom.

2.2 Selecionando texto

Selecionando pelo mouse: ao posicionar o mouse mais à esquerda do texto, o cursor, em forma de flecha branca, aponta para a direita:

▷ Ao dar um clique, ele seleciona toda a linha.

▷ Ao dar um duplo clique, ele seleciona todo o parágrafo.

▷ Ao dar um triplo cliquem, ele seleciona todo o texto.

Com o cursor no meio de uma palavra:

▷ Ao dar um clique, o cursor se posiciona onde foi clicado.

▷ Ao dar um duplo clique, ele seleciona toda a palavra.

▷ Ao dar um triplo clique ele seleciona todo o parágrafo.

É possível também clicar, manter o mouse pressionado e arrastá-lo até onde desejamos selecionar. Ou, ainda, clicar onde começa a seleção, pressionar a tecla SHIFT e clicar onde termina a seleção.

▷ Selecionar palavras alternadas: selecione a primeira palavra, pressione CTRL e vá selecionando as partes do texto que deseja modificar.

Pressionando ALT, selecionamos o texto em bloco:

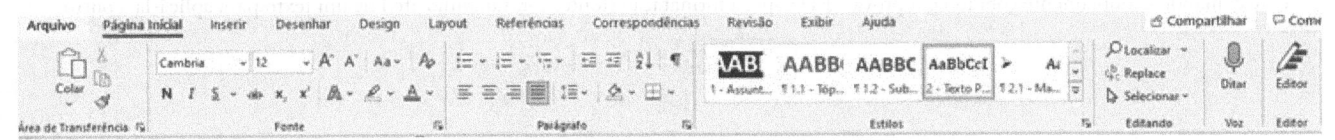

2.3 Guia página inicial

Preste muita atenção nesta guia: é uma das mais cobradas em Word.

2.3.1 Grupo área de transferência

2.3.2 Copiar, Recortar e Colar

Copiar e Recortar enviam um texto ou um objeto selecionado para a área de transferência. Copiar permite que o texto ou objeto selecionado fique no local de origem também, e Recortar faz o contrário: o texto ou objeto selecionado é retirado do local de origem. Colar busca o que está na área de transferência.

Podem-se utilizar as teclas de atalho CTRL + C (copiar), CTRL + X (Recortar) e CTRL + V (Colar), ou o primeiro grupo na Guia Página Inicial.

2.3.3 Opções de colagem

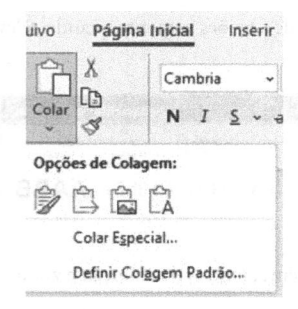

▷ **Manter formatação original**: preserva a aparência do texto original.

▷ **Mesclar formatação**: altera a formatação para que ela corresponda ao texto ao redor.

▷ **Imagem:** cola imagem.

▷ **Manter somente texto**: remove toda a formatação original do texto. Se você usar a opção Manter Somente Texto para colar conteúdo que inclui imagens e uma tabela, as imagens serão omitidas do conteúdo colado, e a tabela será convertida em uma série de parágrafos.

2.3.4 Colar especial

▷ **CTRL + ALT + V:** cola um texto ou objeto, que esteja na área de transferência, sem formatação, no formato RTF ou no formato HTML.

2.3.5 Área de Transferência

▷ **CTRL + CC – Importante:** abre o painel de tarefa Área de Transferência. Você pode armazenar até 24 itens na área de transferência.

Para abrir o painel, clique no botão ou use o atalho CTRL + CC, que deve estar configurado em Opções da Área de Transferência.

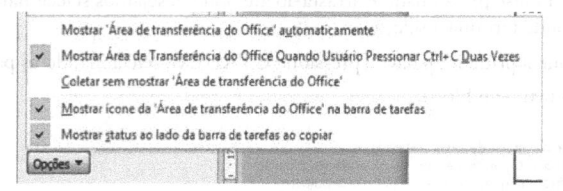

A Área de Transferência é uma área de armazenamento temporário de informações onde o que foi copiado ou movido de um lugar fica armazenado temporariamente. É possível selecionar o texto ou os elementos gráficos e, em seguida, usar os comandos Recortar ou Copiar para mover a seleção para a Área de Transferência, onde ela será armazenada até que o comando Colar seja acionado para inseri-la em algum outro lugar.

Quando são acionados o "Cortar" (CTRL + X) ou o "Copiar" (CTRL + C) de um elemento, este é conservado temporariamente na área de transferência.

2.3.6 Pincel de formatação

Este comando é amplamente cobrado em provas. Ele copia a formatação (fonte, cor, tamanho etc.) de um texto para aplicá-la a outro.

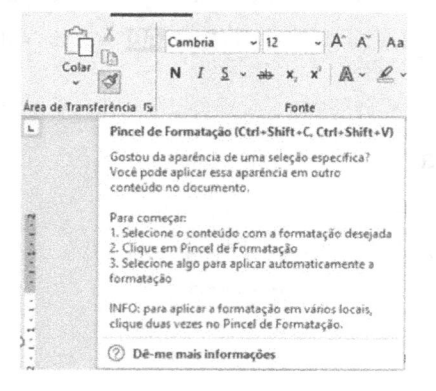

2.3.7 Fonte

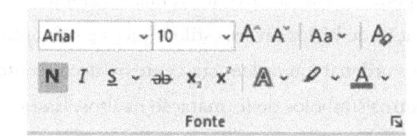

Para usar esse recurso, é possível usar os seguintes atalhos:

▷ **Abrir caixa de diálogo:** CTRL + D ou CTRL + SHIFT + P
▷ **Tipo e tamanho da fonte:** aumentar (CTRL + >) e Diminuir (CTRL + <)

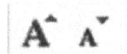

2.3.8 Maiúsculas e minúsculas

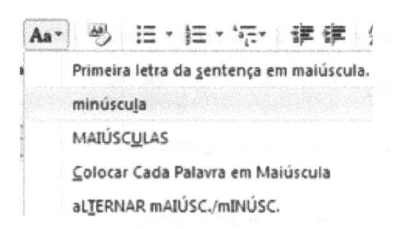

Para usar esse recurso, é possível usar os seguintes atalhos:

▷ **Abrir caixa de diálogo:** CTRL + SHIFT + A.

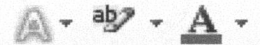

2.3.9 Cor da fonte

Ao pressionar o atalho CTRL + D, ou atalho CTRL + SHIFT + P ou ainda clicar no botão (Iniciador de caixa de diálogo) na parte inferior da guia, no grupo Fonte, a janela de diálogo FONTE é aberta.

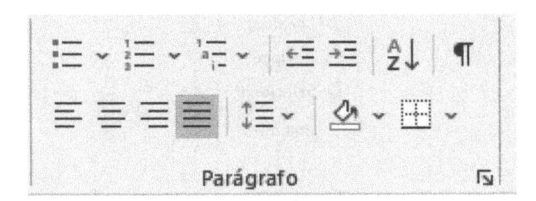

2.3.10 Parágrafo

- ▷ **Marcadores**: ativa ou desativa marcadores (bullets points)
- ▷ **Numeração**: ativa ou desativa numeração, que pode ser com algarismos romanos, arábicos ou mesmo com letras maiúsculas e minúsculas.
- ▷ **Lista de vários níveis**: ativa ou desativa numeração de vários níveis, estilo tópicos e subtópicos.
- ▷ **Classificar:** abre caixa de diálogo onde podemos ordenar em ordem crescente ou decrescente os parágrafos do texto.
- ▷ **Mostrar tudo**: mostra marcas de parágrafo e outros símbolos de formatação ocultos. Esses símbolos não são imprimíveis.

2.3.11 Botões de alinhamento

É possível usar os seguintes recursos:

- **Alinhamento à esquerda:** CTRL + Q
- **Alinhamento centralizado:** CTRL + E
- **Alinhamento à direita:** CTRL + G
- **Alinhamento justificado:** CTRL + J
- **Botão sombreamento:** para colorir plano de fundo.
- **Botão bordas:** para inserir ou retirar bordas.

Na aba Quebra de linha e de página, temos o controle de linhas órfãs e viúvas.

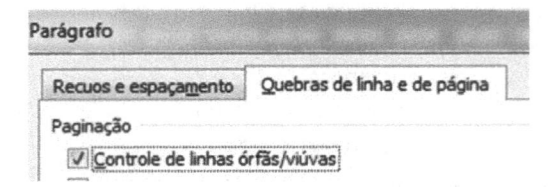

- ▷ **Linhas órfãs:** são as primeiras linhas dos parágrafos que têm as linhas subsequentes passadas para outra página.
- ▷ **Linhas viúvas:** são as linhas que ficam sozinhas em outra página, com o restante do parágrafo na página anterior.

2.3.12 Estilos

É possível fazer a maioria das alterações no texto pelo grupo Fonte, mas é trabalhoso. Uma maneira de fazer todas as alterações com um único comando é por meio dos estilos. Estilos é um conjunto de formatações predefinido, onde é possível fazer várias formatações em um texto com apenas um clique no botão do estilo escolhido.

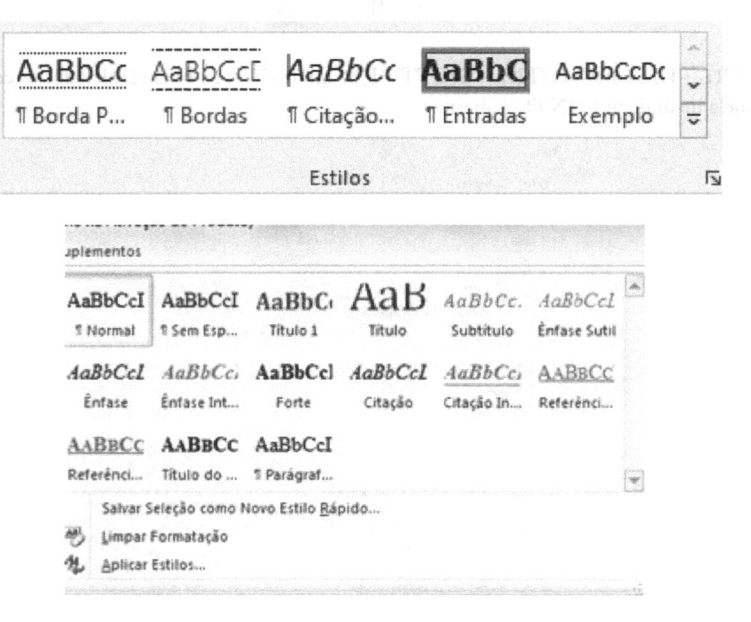

2.3.13 Editando

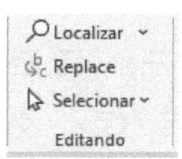

▷ **Localizar:** abre o painel de navegação para que se digite um texto para ser procurado no Word.

▷ **Localização avançada:** abre caixa de diálogo com opções avançadas para procurar um texto.

▷ **Ir Para:** permite ir para determinada página, tabela, gráfico, entre outros.

▷ **Substituir:** usado para substituir palavras em um texto. Você pode substituir uma palavra ou todas em uma única operação.

▷ **Selecionar:** seleciona textos ou objetos no documento.

2.4 Inserir

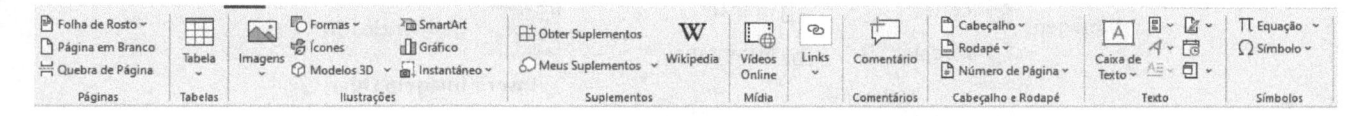

2.4.1 Páginas

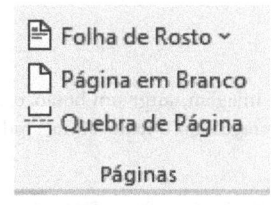

▷ **Folha de rosto:** insere uma folha de rosto já formatada ao documento.

▷ **Página em branco**: insere uma página em branco onde está o cursor.

▷ **Quebra de página:** insere uma quebra de página levando o texto para outra página.

2.4.2 Tabelas

Com o botão "Tabela", temos as funções Inserir Tabela, Desenhar Tabela, Converter Texto em Tabela, Inserir Planilha do Excel e Tabelas Rápidas. Quando o cursor é colocado dentro da tabela ou seleciona alguma área, aparece a guia de ferramentas de tabela, juntamente com o grupo Design e Layout.

Na guia Design é onde terão as opções para tratar as cores de sombreamento, bordas, linhas de cabeçalho da tabela. Na guia Layout, é possível trabalhar com inúmeras funcionalidades, como o botão Selecionar:

Ainda nesse grupo, há o botão "Exibir linhas de grade" e "Propriedades". Clicando em Propriedades, abrir, uma caixa de diálogo para configurar alinhamento, disposição do texto, especificar a altura da linha, largura da coluna ou célula será disposta na tela.

No grupo "Linhas e colunas", temos as opões de excluir células, colunas, linhas ou tabela, inserir linhas acima e abaixo e colunas esquerda e à direita.

No grupo Mesclar estão os botões para Mesclar células, Dividir células e Dividir Tabela.

Há, ainda alguns outros recursos presentes. São eles:

▷ **Tamanho da célula:** especifica a altura da linha e a largura da coluna. Há também os botões "Distribuir linhas" e "Distribuir colunas", que faz com que todas as linhas e colunas com as mesmas medidas.

▷ **Alinhamento:** alinhar parte superior à esquerda, alinhar parte superior no centro, alinhar parte superior à direita, centralizar à esquerda, centralizar, centralizar à direita, alinhar parte Inferior à esquerda, alinhar parte Inferior no centro, alinhar parte Inferior à direita. Depois, temos o botão de Direção do Texto e Margens da célula.

▷ **Classificar:** coloca o texto selecionado em ordem alfabética ou classifica dados numéricos.

▷ **Converter em texto:** muito importante para as provas. Possibilita converter uma tabela em um texto. É possível também converter texto em tabela, mas, para isso, é preciso clicar na Guia Inserir, no botão Tabela/Converter Texto em Tabela.

▷ **Movimentação na tabela:** movimente-se na tabela por meio das teclas setas, TAB, ou clicando com o mouse. A tecla ENTER não passará o cursor para outra célula da tabela, mas deixará a linha mais larga, logo, não é utilizada para a movimentação. **Contudo, preste atenção:** caso a

tabela esteja no início de um documento, sem linha nenhuma anterior a ela (em branco ou não), posicionando o cursor na primeira célula da tabela e teclando ENTER, o Word criará uma linha em branco antes da tabela, movendo-a para baixo.

Dica: ao pressionar a tecla TAB, se o cursor estiver na última célula da tabela, será adicionada uma nova linha na tabela.

2.4.3 Ilustrações

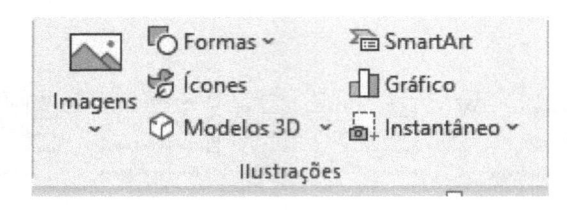
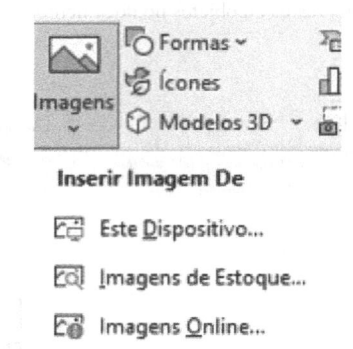

▷ **Opções de layout de uma imagem:** ao selecionar uma imagem, surge um botão, e, ao clicar nele, abre um menu com opções de Layout, no qual é possível escolher a maneira como seu objeto interage com o texto. Abre, ainda, lista com opção de formas para inserir no documento. Veja exemplos:

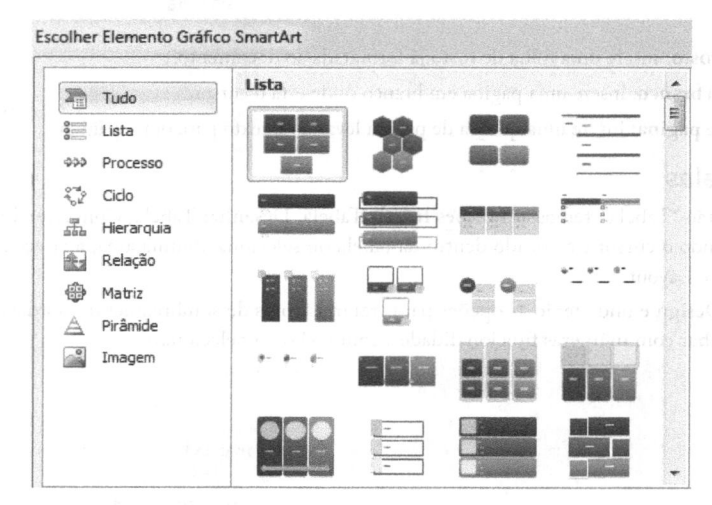

Abre caixa de diálogo para escolher um elemento gráfico como Fluxogramas, Organogramas, entre outros. Veja os tipos na imagem abaixo:

▷ **Instantâneo:** funciona como um *print screen* e possibilita selecionar a imagem que você quer colar em seu documento.

▷ **Gráfico:** botão para inserir gráfico com o auxílio do Excel.

2.4.4 Suplementos

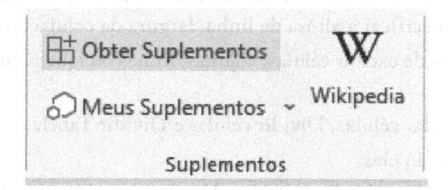

▷ **Obter suplementos:** é possível adicionar ou comprar aplicativos, como um dicionário, por exemplo. Para começar a usar um novo aplicativo, clique em Meus Suplementos.

2.4.5 Mídia

▷ **Vídeo online:** é possível adicionar vídeos on-line também. Para isso, acesse o grupo Média. Insira vídeos on-line para assistir diretamente no Word sem ter que sair do documento.

2.4.6 Links

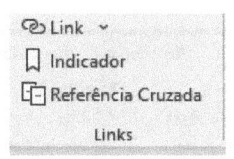

▷ Hiperlink: permite criar *links* para o mesmo documento ou outros documentos ou sites da internet.

▷ **Indicador:** cria um nome para um ponto específico do documento.

▷ **Referência cruzada:** permite criar *links* para redirecionar para uma figura ou tabela, por exemplo.

2.4.7 Cabeçalho e rodapé

Na Guia Contextual, podemos trabalhar com o Cabeçalho e Rodapé. Podemos inserir Número de Páginas, Data e Hora, Imagens, assim como inserir cabeçalhos e/ou rodapés diferentes em páginas pares e ímpares ou somente na primeira página.

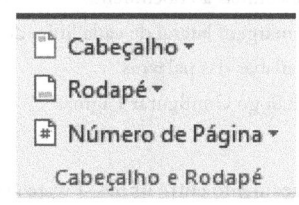

▷ **Navegação**: permite alternar entre Cabeçalho e Rodapé.

▷ **Fechar:** temos apenas o botão para sair do modo de edição do Cabeçalho e Rodapé.

2.4.8 Texto

▷ **Caixa e texto:** insere uma caixa de texto pré-formatada no documento.

▷ **Explorar partes rápidas:** insere trechos de conteúdo reutilizáveis, como data ou uma assinatura.

▷ **WordArt:** insere um texto decorativo no documento.

▷ **Capitular:** cria uma letra maiúscula, grande, no início do parágrafo.

▷ **Adicionar uma linha de assinatura:** insere uma linha de assinatura para identificar quem vai assinar.

▷ **Data e hora:** inserir Data e hora atual no documento.

▷ **Objeto:** para aplicar um objeto ou texto inserido de outro arquivo no seu documento

2.4.9 Grupo símbolos

▷ **Equação:** permite inserir equações matemáticas ou desenvolver suas próprias equações usando uma biblioteca de símbolos matemáticos.

▷ **Símbolo:** utilizado para inserir símbolos que não constam no teclado, como símbolos de copyright, símbolo de marca registrada e outros.

2.5 Guia Design

▷ **Temas:** botões para alterar o design geral do documento inteiro, incluindo cores, fontes e efeitos.

2.6 Guia Layout

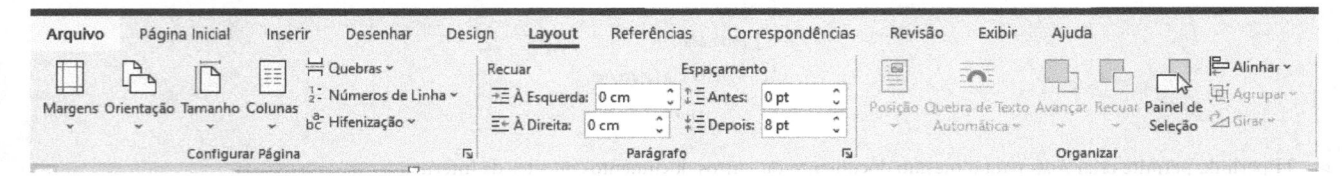

Botões para definir margens, orientação do papel (retrato ou paisagem) e tamanho do papel.

Em Margens personalizadas (acessível ao clicar no botão Margens), há uma caixa de diálogo

"Configurar Página, igual a velha conhecida do Office 2003, lembra? Lá temos configurações como margens, orientação do papel, layout entre outras.

▷ **Colunas:** para formatar o documento em colunas, com ou sem linha entre elas.

▷ **Quebras:** para adicionar páginas, seção ou quebras de colunas ao documento.

▷ **Número de linha:** para adicionar número de linhas à margem lateral de cada linha do documento.

▷ **Hifenização:** permite o word quebrar linhas entre as sílabas das palavras.

▷ **Configuração de página:** esse botão abre a caixa de diálogo Configurar Página.

2.6.1 Grupo Parágrafo

Permite configurações de Recuo do parágrafo e espaçamento entre linhas. Preste atenção aos botões dessas funcionalidades.

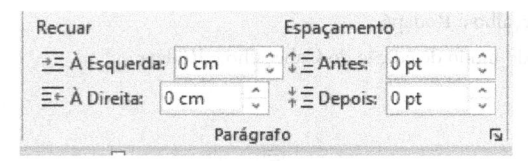

▷ **Parágrafo:** abre a caixa de diálogo parágrafo.

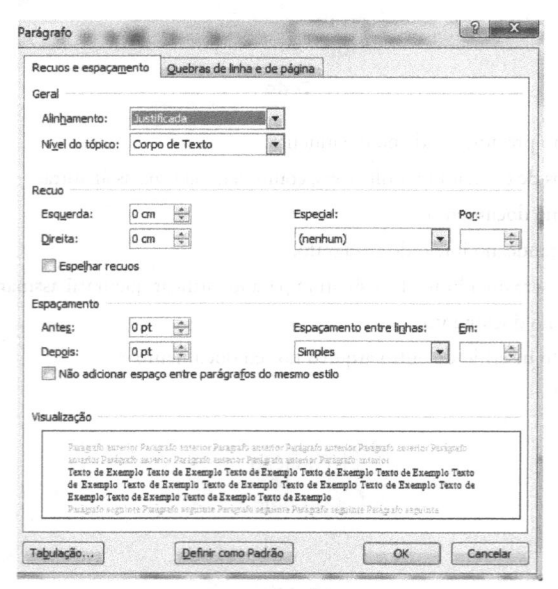

2.6.2 Organizar

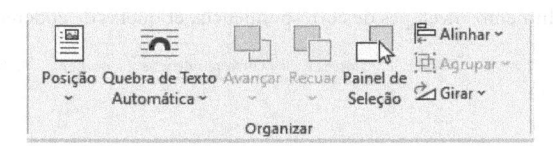

▷ **Posição:** configura o alinhamento da imagem no documento.

▷ **Quebra de texto automática:** altera a disposição do texto ao redor do objeto selecionado.

▷ **Avançar:** trará o objeto selecionado para a frente para que menos objetos fiquem à frente dele.

▷ **Recuar:** enviará o objeto selecionado para trás para que ele fique oculto atrás dos objetos à frente dele.

▷ **Painel de seleção:** mostra Painel de Seleção.

▷ **Alinhar:** alinhará o objeto selecionado em relação às margens.

▷ **Agrupar:** para agrupar objetos de forma que sejam tratados como um único.

▷ **Girar:** girar ou inverter o objeto selecionado.

2.7 Guia Referências

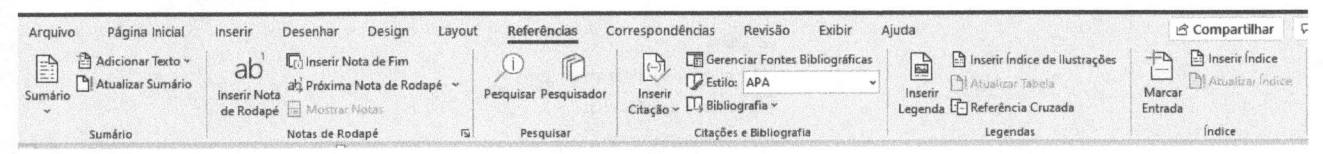

▷ **Sumário:** permite criar e editar um sumário para o documento ativo. Para isso acesse a guia Referências/Grupo Sumário/ Botão Sumário e escolha o tipo de sumário desejado.

▷ **Inserir nota de rodapé:** adiciona uma nota de rodapé. Para isso cursor após a palavra ou texto que deseje acrescentar na Nota de rodapé.

▷ **Inserir nota de fim:** adiciona uma nota de fim ao documento.

▷ **Próxima nota de rodapé:** útil para navegar até a próxima nota de rodapé do documento.

▷ **Mostrar notas:** mostra as notas inseridas no documento.

2.7.1 Citações e bibliografia

Uma bibliografia é uma lista de fontes, normalmente colocada no final de um documento, que você consultou ou citou na criação do documento. No Microsoft Word 2019, é possível gerar uma bibliografia automaticamente com base nas informações sobre a fonte fornecidas para o documento.

Toda vez que é criada é uma nova fonte (referência), as informações sobre são salvas no seu computador, para que você possa localizar e usar qualquer fonte que criou.

2.7.2 Legendas

Utilizado para inserir e gerenciar legendas de imagens.

2.7.3 Índice

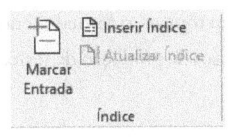

Perceba que Guia Referências oferece funcionalidades referentes a edição de um livro ou produção de uma monografia ou um TCC. Basta dar uma olhada: sumário, citações, bibliografias.

A Guia Página Inicial é utilizada principalmente para a formatação do documento, a Guia Inserir para inserir elementos e assim por diante.

2.8 Guia Correspondências

Essa guia permite a criação de preenchimento envelopes de correspondência, etiquetas de endereçamento e de mala direta.

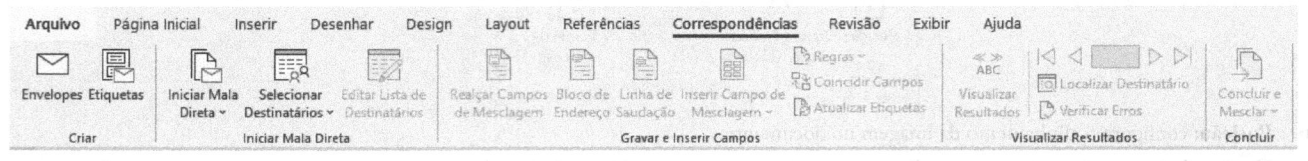

2.9 Revisão

Esta aba é destinada à revisão textual, por exemplo, verificação de ortografia, substituição por sinônimos, ajuste de idioma, tradução, entre outros.

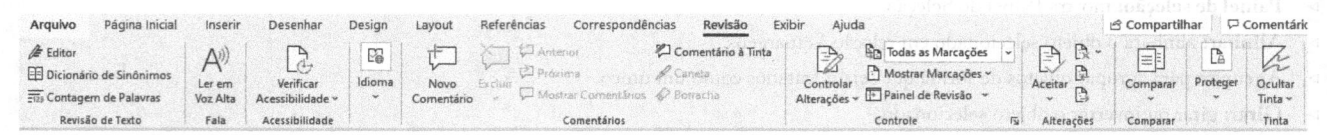

2.9.1 Revisão de texto

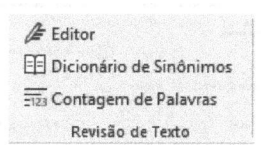

▷ **Editor/Ortografia e gramática:** inicia a correção ortográfica e gramatical do documento.

▷ **Dicionário de sinônimos:** sugere outras palavras com significado semelhante ao da palavra selecionada

▷ **Contagem de palavras:** para saber o número de palavras, caracteres, parágrafos e linhas no documento.

2.9.2 Idioma

Você pode traduzir texto escrito em outro idioma, como frases ou parágrafos e palavras individuais (com o Minitradutor), ou pode traduzir o arquivo inteiro.

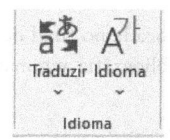

Se esta for a primeira utilização dos serviços de tradução, é preciso clicar em OK para instalar os dicionários bilíngues e habilitar o serviço de tradução no painel Pesquisa. Também é possível ver quais dicionários bilíngues e serviços de tradução automática foram habilitados, basta clicar no link Opções de tradução no painel Pesquisa.

2.10 Exibir

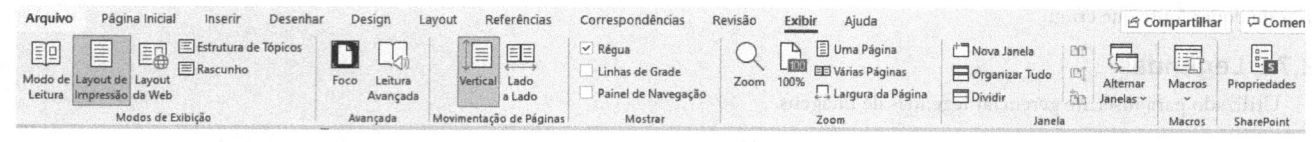

▷ **Modo de Leitura:** oculta as barras do documento, facilitando a leitura em tela.

▷ **Layout de impressão:** formato atual do documento - como ficará na folha impressa-. Esse modo de exibição é útil para editar cabeçalhos e rodapés, para ajustar margens e para trabalhar com colunas e objetos de desenho.

▷ **Layout da web: aproxima** o documento de uma visualização na internet. Esse formato existe, pois muitos usuários postam textos produzidos no Word em sites e blogs.

▷ **Estrutura de tópicos:** permite visualizar seu documento em tópicos, o formato terá melhor compreensão quando trabalharmos com marcadores.

▷ **Rascunho:** é o formato bruto, permite aplicar diversos recursos de produção de texto, porém não visualiza como impressão nem outro tipo de meio.

2.10.1 Janela

▷ **Nova janela:** abre o documento em uma nova janela.

▷ **Organizar tudo:** organiza as janelas abertas.

▷ **Dividir:** divide a janela de modo que fica com dupla barra de rolagem, dupla régua. Ideal para trabalhar com cabeçalhos de textos.

2.11 Barra de Status

A barra de status, que é uma área horizontal na parte inferior da janela do documento no Microsoft Word, fornece informações sobre o estado atual do que está sendo exibido na janela e quaisquer outras informações contextuais.

▷ **Número da página:** mostra o número da página atual e o número de páginas no documento.

▷ **Palavras:** mostra o número de palavras do documento e quando um texto for selecionado, mostra também o número de palavras que estão selecionadas.

Esta opção, mostra o status da verificação de ortografia e gramática. Quando o Word faz a verificação de erros, uma caneta animada aparece sobre o livro. Se nenhum erro for encontrado, será exibida uma marca de seleção. Se um erro for encontrado, será exibido um "X". Para corrigir o erro, clique duas vezes nesse ícone.

2.12 Visualização do Documento

É possível alterar a forma de visualização do documento. No rodapé, a direta da tela tem o controle de Zoom. Anterior a este controle de zoom temos os botões de forma de visualização de seu documento, que podem também ser acessados pela Aba Exibição, conforme já estudamos.

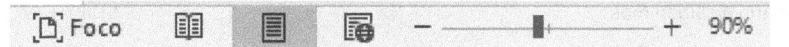

2.13 Atalhos

Arquivo	
Recurso	**Teclas de atalho**
Novo documento	CTRL + O
Abrir	CTRL + A
Salvar	CTRL + B
Salvar como	F12
Imprimir	CTRL + P
Visualizar impressão	CTRL + F2
Fechar	CTRL + W ou CTRL + F4
Sair	ALT + F4
Desfazer	CTRL + Z

Parágrafo	
Recurso	**Teclas de atalho**
Alinhar à esquerda	CTRL + Q
Centralizar	CTRL + E
Alinhar à direita	CTRL + G
Justificar	CTRL + J
Espaçamento parágrafo 1	CTRL + 1
Espaçamento parágrafo 1,5	CTRL + 5
Espaçamento parágrafo 1,5	CTRL + 2

Fonte	
Recurso	**Teclas de atalho**
Fonte	CTRL + D ou CTRL + SHIFT + P
Aumentar fonte	CTRL + SHIFT + >
Diminuir fonte	CTRL + SHIFT + <
Negrito	CTRL + N
Itálico	CTRL + I

MICROSOFT WORD 365

Sublinhado	CTRL + S
Duplo sublinhado	CTRL + SHIFT + D
Maiúscula e minúscula	SHIFT + F3
Todas maiúsculas	CTRL + SHIFT + A
Realce	CTRL + ALT + H
Sobrescrito	CTRL + SHIFT + +
Subscrito	CTRL + =

Outros	
Recurso	**Teclas de atalho**
Ajuda	F1
Quebra de página	CTRL + Enter
Dicionário de sinônimos	SHIFT + F7
Verificação ortográfica	F7
Hipelink	CTRL + K

Edição	
Recurso	**Teclas de atalho**
Localizar	CTRL + L
Ir para	ALT + CTRL + G ou ALT + CTRL + F5

Geral	
Recurso	**Teclas de atalho**
Substituir	CTRL + U
Selecionar tudo	CTRL + T

3 MICROSOFT EXCEL 365

O Microsoft 365 é uma assinatura que inclui os recursos mais colaborativos e atualizados em uma experiência integrada e perfeita, pois inclui os aplicativos robustos de trabalho do Office, como Word, PowerPoint e Excel. Com ele, também é possível também obter armazenamento on-line extra e recursos conectados à nuvem que permitem colaborar com arquivos em tempo real.

O objetivo da assinatura é disponibilizar os recursos, correções e atualizações de segurança mais recentes, além de suporte técnico contínuo, sem nenhum custo extra. É possível optar por pagar a assinatura mensal ou anual, e o plano Microsoft 365 Family permite compartilhar a assinatura com até seis pessoas e usar os aplicativos em vários PCs, Macs, tablets e telefones.

Há também a possibilidade de adquirir o Office 2019 como uma compra única, o que significa pagar um custo único e inicial para obter os aplicativos do Office para um computador. Compras únicas estão disponíveis para PCs e Macs. No entanto, não há opções de upgrade

Segundo a Microsoft, o Excel: é um programa de planilhas do sistema Microsoft Office. Pode ser usado para criar e formatar pastas de trabalho (um conjunto de planilhas), para analisar dados e tomar decisões de negócios mais bem informadas. Especificamente, o Excel é muito utilizado para acompanhar dados, criar modelos de análise de dados, criar fórmulas para fazer cálculos desses dados, organizar dinamicamente de várias maneiras e apresentá-los em diversos tipos de gráficos profissionais.

3.1 Características do Excel

▷ **Planilha eletrônica:** sistema composto de 1.048.576 linhas e 16.384 colunas.

▷ **Pastas de trabalho abertas:** limitado pela memória disponível e pelos recursos do sistema (o padrão é 1 planilha).

▷ **Intervalo de zoom:** 10%a 400% por cento.

▷ **Extensão**: .xlsx

▷ **Trabalhando com pastas de trabalho:** cada pasta de trabalho do MS-Excel **consiste em um documento com uma ou mais planilhas**, ou seja, uma pasta no sentido literal, contendo diversos documentos.

3.2 Interface

A interface do Excel segue o padrão dos aplicativos Office, com ABAS, botão Office, controle de Zoom na direita etc. O que muda são alguns grupos e botões exclusivos do Excel e as guias de planilha no rodapé.

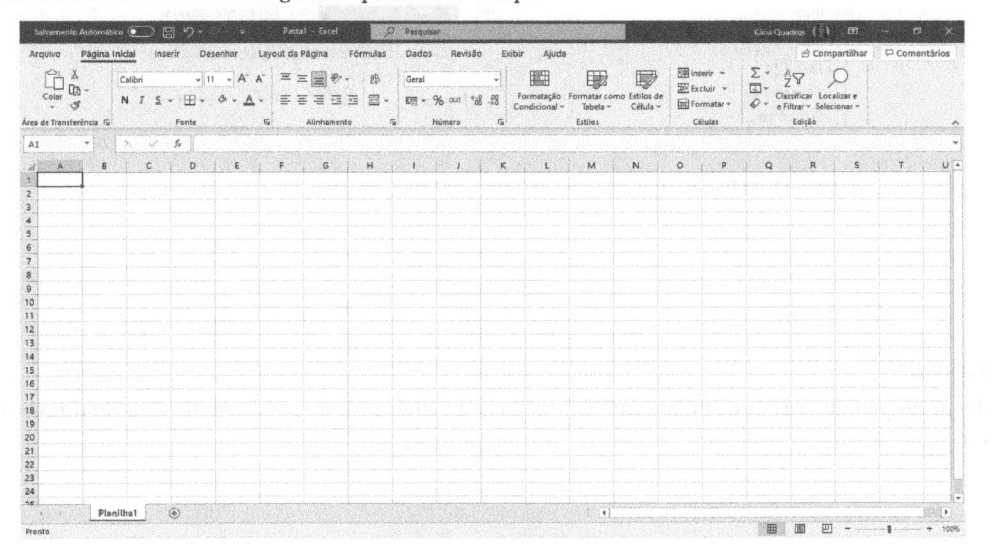

As linhas são identificadas por números e as colunas por letras. Desse modo, a junção de uma coluna e uma linha tem como resultado uma célula.

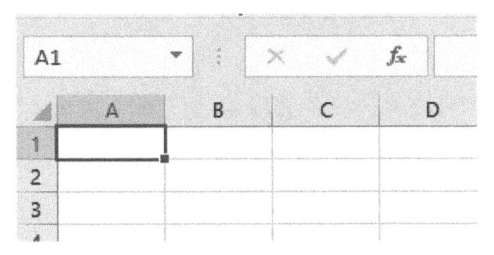

Na imagem mostrada, temos a célula A1 selecionada e podemos perceber uma caixa logo acima com o endereço da célula. Esta é a Caixa de Nome.

Ao lado temos a Barra de Fórmulas com os botões cancelar, inserir e inserir função.

3.3 Seleção de células

Se caso seja necessário selecionar mais de uma célula, basta manter pressionado o mouse e arrastar selecionando as células em sequência. Também, para selecionar células em sequência, clique na primeira célula, selecionando-a e em seguida pressione a tecla SHIFT e clique na última célula da sequência desejada.

Se precisar selecionar células alternadamente, clique sobre a primeira célula a ser selecionada, pressione CTRL e vá clicando nas que você quer selecionar. É possível também selecionar usando a combinação das setas do teclado com a tecla SHIFT.

3.4 Página Inicial

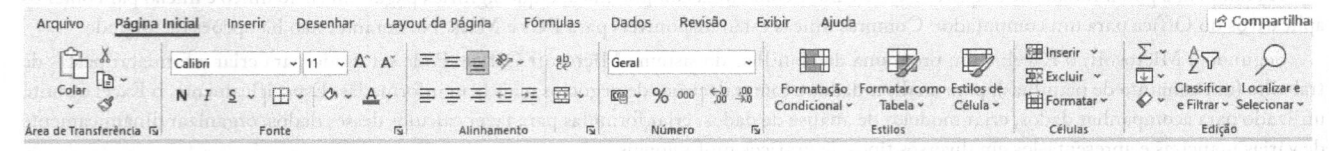

Nessa guia, temos recursos para a formatação das células. Nela é possível encontrar o grupo Fonte, que permite alterar a fonte a ser utilizada, o tamanho, aplicar negrito, itálico e sublinhado, linhas de grade, cor de preenchimento e cor de fonte. Ao clicar na faixa "Fonte", será mostrada a janela, conforme a imagem a seguir:

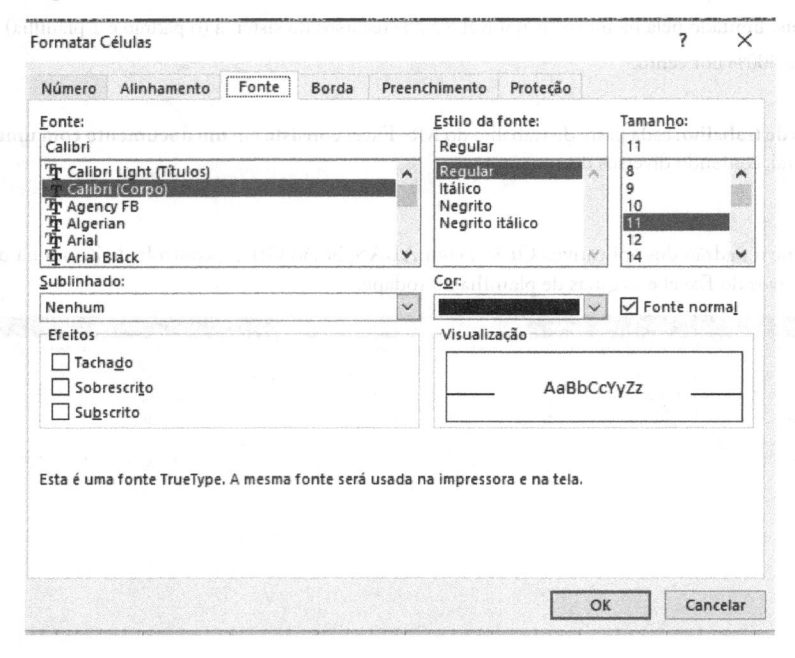

3.4.1 Alinhamento

O grupo Alinhamento permite definir o alinhamento do conteúdo da célula na horizontal e vertical, quebrar texto automaticamente, mesclar e centralizar.

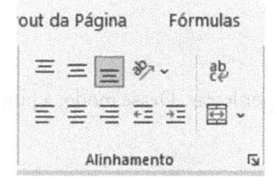

▷ **Botão Orientação:** permite girar o texto.

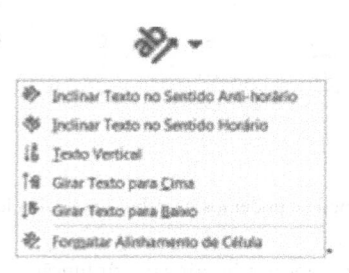

▷ **Mesclar e Centralizar:** torna duas ou mais células selecionadas em uma, centralizando o conteúdo da célula.

▷ **Mesclar através:** mescla somente em linha.

▷ **Mesclar célula:** apenas mescla sem centralizar.

▷ **Desfazer mesclagem de células:** desfaz a mesclagem das células.

3.4.2 Número

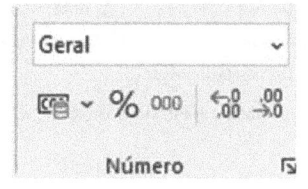

O grupo Número permite que se formatem os números de suas células. Ele dividido em categorias e dentro de cada categoria, possui exemplos de utilização e algumas personalizações, por exemplo, na categoria Moeda em que é possível definir o símbolo a ser usado e o número de casas decimais.

Formato de número de contabilização: Para formatar como moeda. Ex: R$ 40,00.

000 Separador de Milhares: Para formatar com duas casas decimais.

Aumentar e Diminuir casas decimais.

3.5 Formatação condicional

3.5.1 Página Inicial

Com essa funcionalidade podemos criar regras para evidenciar textos ou valores através de formatação de fonte ou preenchimento/sombreamento da célula, por exemplo. Podemos selecionar uma planilha inteira e definir uma regra, por exemplo, que números negativos ficarão automaticamente com fonte na cor vermelho e efeito negrito.

Tudo o que for digitado nestas células com valor negativo, ficarão na cor vermelho e efeito negrito.

3.6 Validação de dados – Guia dados

Use a validação de dados para restringir o tipo de dados ou os valores que os usuários inserem em células.

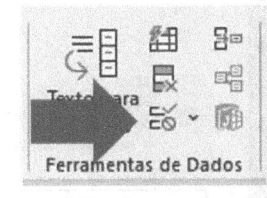

3.6.1 Texto para Colunas – Guia Dados

Pegue o texto em uma ou mais células e divida-o em várias células usando o Assistente para Converter Texto em Colunas.

3.6.2 Remover Duplicatas – Guia Dados

Quando você usa o recurso Remover Duplicatas, os dados duplicados são permanentemente excluídos.

3.6.3 Obter Dados – Guia Dados

O principal benefício da conexão com dados externos é que você pode analisar periodicamente esses dados no Microsoft Office Excel sem copiar repetidamente os dados, que é uma operação que pode ser demorada e propensa a erros. Depois de se conectar a dados externos, você também pode atualizar automaticamente (ou atualizar) sua Excel de trabalho da fonte de dados original sempre que a fonte de dados for atualizada com novas informações.

3.6.4 Atingir Meta – Guia Dados

Se você conhece o resultado que deseja obter de uma fórmula, mas não tem certeza sobre o valor de entrada necessário para chegar a esse resultado, use o recurso Atingir Meta.

Por exemplo, suponha que você precise pedir algum dinheiro emprestado. Você sabe quanto dinheiro quer, quanto tempo deseja usar para pagar o empréstimo e quanto pode pagar a cada mês. Você pode usar o recurso Atingir Meta para determinar qual taxa de juros você precisará garantir para atingir seu objetivo de empréstimo.

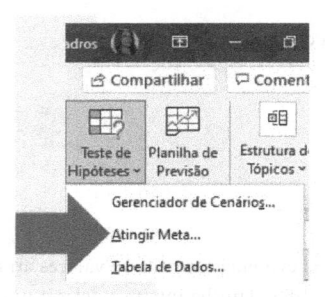

3.6.5 Impressão – Guia Arquivo

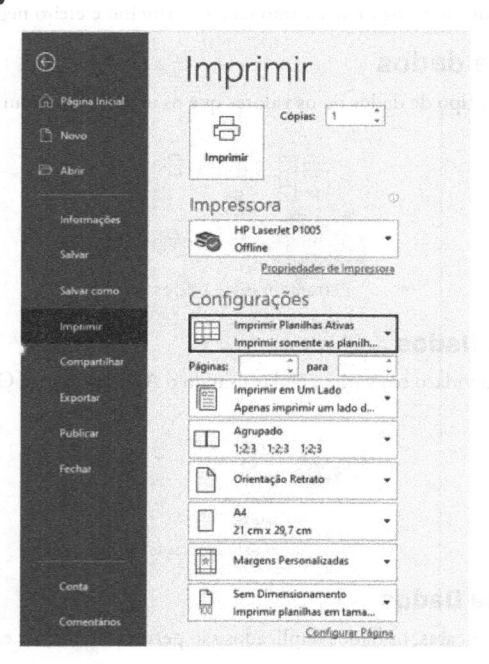

3.6.6 Classificar - Guia Página Inicial e Guia Dados

Permite classificar dados em ordem crescente ou decrescente. Pode ser com texto (alfabeticamente) ou números.

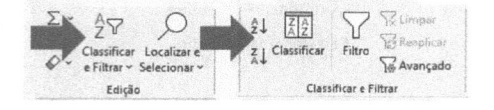

3.6.7 Filtrar – Guia Página Inicial e Guia dados

Organiza os dados para que seja mais fácil analisá-los. Por exemplo: Se tenho uma planilha com Homens e Mulheres, posso filtrar para que apareçam apenas as Mulheres. Perceba que as informações referentes aos Homens não são excluídas, apenas ficam ocultas, facilitando analisar apenas as informações referentes às mulheres.

Também posso filtrar por valores, pedindo para ocultar valores inferiores a R$ 1.000,00, por exemplo.

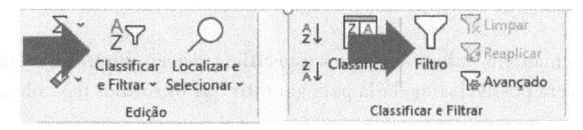

3.6.8 Tabela Dinâmica

Uma Tabela Dinâmica é uma ferramenta poderosa para calcular, resumir e analisar os dados que lhe permitem ver comparações, padrões e tendências nos dados.

Criar uma tabela dinâmica

▷ Selecione as células a partir das quais você deseja criar uma Tabela Dinâmica.

▷ Observação: seus dados não devem ter linhas ou colunas vazias. Deve haver apenas uma única linha de título.

▷ Selecione Inserir > Tabela Dinâmica.

▷ Em Escolha os dados que você deseja analisar, selecione Selecionar uma tabela ou intervalo.

▷ Em Tabela/Intervalo, verifique o intervalo de células.

▷ Em Escolha onde deseja que o relatório da Tabela Dinâmica seja posicionado, selecione Nova Planilha para posicionar a Tabela Dinâmica em uma nova planilha, ou escolha Planilha Existente e selecione o local em que deseja exibir a Tabela Dinâmica.

▷ Selecione OK.

3.6.9 Rastrear Precedentes e Dependentes - Guia Fórmulas

▷ **Células precedentes**: células que são referidas por uma fórmula em outra célula. Por exemplo, se a célula D10 contiver a fórmula =B5, a célula B5 será um precedente para a célula D10.

▷ **Células dependentes**: essas células contêm fórmulas que se referem a outras células. Por exemplo, se a célula D10 contiver a fórmula =B5, a célula D10 é dependente da célula B5.

3.6.10 Guia Fórmula

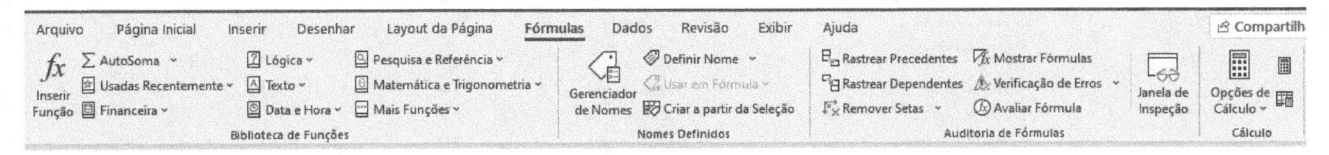

3.6.11 Transpor

Se tiver uma planilha com dados em colunas que você precisa girar para reorganizar em linhas, use o recurso Transpor. Com ele, você pode alternar rapidamente dados de colunas para linhas ou vice-versa.

Por exemplo, se seus dados se parecem com isso, com Regiões de Vendas nos títulos de coluna e Trimestres no lado esquerdo:

Vendas por região	Europa	Ásia	América do Norte
1º trim.	21.704.714	8.774.099	12.094.215
2º trim.	17.987.034	12.214.447	10.873.099
3º trim.	19.485.029	14.356.879	15.689.543
4º trim.	22.567.894	15.763.492	17.456.723

O recurso Transpor reorganizará a tabela de forma que os Trimestres sejam exibidos nos títulos de coluna e as Regiões de Vendas possam ser vistas à esquerda, assim:

Vendas por região	1º trim.	2º trim.	3º trim.	4º trim.
Europa	21.704.714	17.987.034	19.485.029	22.567.894
Ásia	8.774.099	12.214.447	14.356.879	15.763.492
América do Norte	12.094.215	10.873.099	15.689.543	17.456.723

3.6.12 Congelar Painéis

Quando você congela painéis, o Excel mantém linhas ou colunas específicas visíveis durante a rolagem na planilha. Por exemplo, se a primeira linha da planilha contiver rótulos, será possível congelá-la para garantir que os rótulos das colunas permaneçam visíveis enquanto você rola para baixo na planilha.

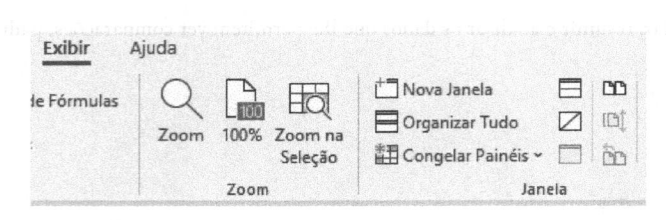

3.6.13 Dividir

▷ **Dividir**: Ao dividir divide painéis, o Excel cria duas ou quatro áreas separadas da planilha que podem ser roladas individualmente, enquanto as linhas e colunas da área não rolada permanecem visíveis.

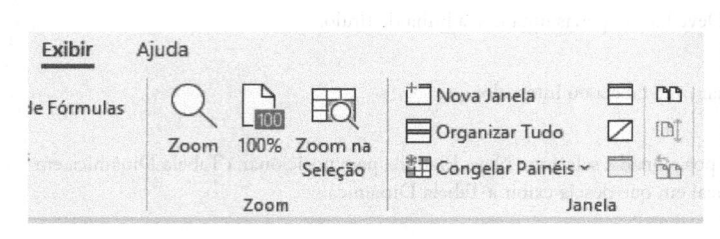

3.6.14 Utilização de fórmulas

A planilha do Excel reconhece um cálculo ou fórmula quando se inicializa a célula com o sinal de igual (=). E, além do sinal de = uma fórmula também pode ser precedida por: + (mais) ou - (menos).

Assim, é possível, por exemplo, somar em uma célula C3, o valor de uma célula A3 mais o valor de uma célula B3, como também, pode-se multiplicar, dividir, subtrair ou inserir outras fórmulas.

3.6.15 Operadores

OPERADOR ARITMÉTICO	SIGNIFICADO	EXEMPLO
+ (sinal de mais)	Adição	3+3
– (sinal de menos)	Subtração	3–1
	Negação	–1
* (asterisco)	Multiplicação	3*3
/ (sinal de divisão)	Divisão	3/3
% (sinal de porcentagem)	Porcentagem	20%
^ (acento circunflexo)	Exponenciação	3^2

OPERADOR DE COMPARAÇÃO	SIGNIFICADO	EXEMPLO
= (sinal de igual)	Igual a	A1=B1
> (sinal de maior que)	Maior que	A1>B1
< (sinal de menor que)	Menor que	A1<B1
>= (sinal de maior ou igual a)	Maior ou igual a	A1>B1
<= (sinal de menor ou igual a)	Menor ou igual a	A1<B1
<> (sinal de diferente de)	Diferente de	A1<>B1

OPERADOR DE TEXTO	SIGNIFICADO	EXEMPLO
& (E comercial)	Conecta, ou concatena, dois valores para produzir um valor de texto contínuo	("North"&"wind")

É importante ressaltar que o Excel trabalha com os parênteses, quando se pretende fazer vários cálculos em uma mesma célula, a fim de priorizar aqueles que devem ser realizados primeiramente.

1ª prioridade - % e ^
2ª prioridade - * e /
3ª prioridade - + e -

O valor médio do intervalo B1:B10 na planilha denominada Marketing na mesma pasta de trabalho.

Nome da planilha | Referência à célula ou ao intervalo de células na planilha

=MÉDIA(Marketing!B1:B10)

Separa a referência de planilha da referência de célula

PARA SE REFERIR A	USE
A célula na coluna A e linha 10	A10
O intervalo de células na coluna A e linhas 10 a 20	A10:A20
O intervalo de células na linha 15 e colunas B até E	B15:E15
Todas as células na linha 5	5:5
Todas as células nas linhas 5 a 10	5:10
Todas as células na coluna H	H:H
Todas as células nas colunas H a J	H:J
O intervalo de células nas colunas A a E e linhas 10 a 20	A10:E20

Observe que o nome da planilha e um ponto de exclamação (!) precedem a referência de intervalo.

3.7 Funções

Funções são fórmulas predefinidas que efetuam cálculos usando valores específicos, denominados argumentos, em uma determinada ordem ou estrutura. As funções podem ser usadas para executar cálculos simples ou complexos.

3.7.1 SOMA

=SOMA(arg1;arg2;...;arg30)
=soma(a1:a5)
=soma(a1:a5;5)
=soma(a3;5;c1:c20)

B6			fx	=SOMA(B3:B5)	
	A	B	C	D	E
1					
2	**Turma**	**Meninos**	**Meninas**	**Total**	
3	2504B	16	17		
4	7001A	14	20		
5	3602A	21	19		
6	**Total**	**51**			
7					

Fique ligado
Essa função soma dois ou mais números. É importante notar que a referência: (dois pontos) significa "ATÉ" e a referência ; (ponto e vírgula) significa "E". É possível usar os dois sinais numa mesma função.

3.7.2 MÉDIA

=MÉDIA(arg1;arg2;...;arg30)
=média(a1:a5)
=média(a1:a5;6)
=média(a3;2;c1:c10)

	A	B	C	D	E
				B6	▼	fx	=MÉDIA(B3:B5)

	A	B	C	D	E
1					
2	Turma	Meninos	Meninas	Total	
3	2504B	16	17		
4	7001A	14	20		
5	3602A	21	19		
6	Total	17			
7					

Fique ligado

A função MÉDIA soma os argumentos e divide pelo número de argumentos somados.
Por exemplo: MÉDIA(a1:a5)
A média, nesse exemplo, será a soma de a1, a2, a3, a4 e a5 dividido por 5.

3.7.3 MÁXIMO

Mostra o maior valor no intervalo.

=MÁXIMO(arg1;arg2;...arg30)
=máximo(c1:c10)
=máximo(c1:c10;3)

	A	B	C	D	E
				B6	▼	fx	=MÁXIMO(B3:B5)

	A	B	C	D	E
1					
2	Turma	Meninos	Meninas	Total	
3	2504B	16	17		
4	7001A	14	20		
5	3602A	21	19		
6	Total	21			
7					

3.7.4 MÍNIMO

Mostra o menor valor no intervalo.

=MÍNIMO(arg1;arg2;...arg30)
=mínimo(c1:c10)
=mínimo(c1:c10;3)

	A	B	C	D	E
				B6	▼	fx	=MÍNIMO(B3:B5)

	A	B	C	D	E
1					
2	Turma	Meninos	Meninas	Total	
3	2504B	16	17		
4	7001A	14	20		
5	3602A	21	19		
6	Total	14			
7					

3.7.5 MAIOR

Você pode usar esta função para selecionar um valor de acordo com a sua posição relativa. Por exemplo, você pode usar MAIOR para obter o primeiro, o segundo e o terceiro resultado e assim por diante.

Neste caso, o EXCEL deve mostrar o terceiro maior valor encontrado no intervalo A1:C3. O número 3 após o ";" é que indica essa posição.

=MAIOR(a1:c3;3)

C5		▼	𝑓ₓ	=MAIOR(A1:C3;3)	
	A	B	C	D	E
1	2	3	5		
2	4	7	1		
3	6	8	0		
4					
5			6		
6					

3.7.6 MENOR

Você pode usar esta função para selecionar um valor de acordo com a sua posição relativa. Por exemplo, você pode usar MENOR para obter o primeiro, segundo e terceiro resultados para obter o primeiro, o segundo e o terceiro resultado e assim por diante.

| =MENOR(a1:c3;3)

Neste caso quero que o EXCEL mostre o terceiro menor valor encontrado no intervalo A1:C3.

C5		▼	𝑓ₓ	=MENOR(A1:C3;3)	
	A	B	C	D	E
1	2	3	5		
2	4	7	1		
3	6	8	0		
4					
5			2		
6					

3.7.7 CONT.SE

Realiza a contagem de todas as células de um intervalo que satisfazem uma determinada condição.

| =CONT.SE(intervalo;condição)
| =cont.se(c3:c8;">=2")
| =cont.se(c3:c8;a2)

	𝑓ₓ	=CONT.SE(C3:C8;C4)	
C	D	E	F
	5		
	5		
	25		
	2		

Perceba que no exemplo queremos que o Excel conte o número de células que contenham o valor referido em C4 (condição), ou seja, o valor 5. As células que o Excel deve procurar e contar esse valor são as células C3 até C8 (intervalo). Nesse caso temos o resultado 2.

▼		𝑓ₓ	=CONT.NÚM(C3:C8)	
C	D	E	F	
5				
5				
25				
casa				
dia		4		
20/mar				

3.7.8 CONT.NÚM

Conta quantas células contêm números.

| =CONT.NÚM(intervalo)

3.7.9 CONT.VALORES

Conta o número de células que não estão vazias em um intervalo.

| =CONT.VALORES(intervalo)

	f_x	=CONT.VALORES(C3:C8)	
C	D	E	F
5			
5,3333			
casa			
dia		5	
20/mar			

3.7.10 CONCATENAR

A função **CONCATENAR** agrupa cadeias de texto. Os itens agrupados podem ser texto, números, referências de células ou uma combinação desses itens. Por exemplo, se sua planilha contiver o nome de uma pessoa na célula A1 e o sobrenome da pessoa na célula B1, você poderá combinar os dois valores em outra célula usando a seguinte fórmula:

=CONCATENAR(A1;" ";B1)

O segundo argumento neste exemplo (" ") é um caractere de espaço. É preciso especificar quaisquer espaços ou pontuação que você deseja que sejam exibidos nos resultados como um argumento entre aspas.

Você também pode usar o caractere **&** para concatenar:

=CONCATENAR(A2&B2&" -"&C2&"anos")

ou

=A2&" "&B2&" - "&C2&" "&"anos"

ou ainda

=CONCATENAR(A2&" ";B2;"-"&C2&"anos")

Todas as formas estão corretas.

No exemplo abaixo, o examinador pediu que na célula C4 aparecesse o nome que está em A2, mais o sobrenome que está em B2 e a idade que está em C3, com devidos espaços e a palavra anos.

Os espaços e a palavra anos estão entre aspas, pois não são conteúdo de nenhuma célula e são textos. Textos devem ficar entre aspas nas fórmulas do Excel.

C4		f_x	=A2&" "&B2&" - "&C2&" "&"anos"		
A	B	C	D	E	F
1					
2 antonio	sutir	43			
3					
4 &		antonio sutir - 43 anos			

Podemos usar a função **CONCATENAR**:

C4		f_x	=CONCATENAR(A2;" ";B2;" - "; C2;" anos")			
A	B	C	D	E	F	G
1						
2 antonio	sutir	43				
3						
4 Concatenar e ;		antonio sutir - 43 anos				
5						

Podemos usar a função **CONCATENAR** e o operador de texto &:

C4			f_x	=CONCATENAR(A2&" "&B2&" - "&C2&" anos")		
	A	**B**	**C**	**D**	**E**	**F**	**G**
1							
2	antonio	sutir	43				
3							
4	& e concatenar		antonio sutir - 43 anos				

Podemos usar a função **CONCATENAR,** o operador de texto & e;.

C4			f_x	=CONCATENAR(A2&" ";B2;" - "&C2&" anos")		
	A	**B**	**C**	**D**	**E**	**F**	**G**
1							
2	antonio	sutir	43				
3							
4	&, Concatenar e ;		antonio sutir - 43 anos				
5							

3.7.11 E

TODOS os argumentos devem ser verdadeiros.

=E(E2>=7;F2>=75)

Então, temos a função E e as condições separadas por ";".

=E(E2>=7;F2>=75)

	C	**D**	**E**	**F**
			Nota	Freq
75			7	75
70			8	70
80			5	80
50			5	50
			VERDADEIRO	
			FALSO	
			FALSO	
			FALSO	

3.7.12 OU

Apenas um dos argumentos precisa ser verdadeiro.

=OU(E2>=7;F2>=75)

Então, temos a função OU e as condições separadas por ";".

=OU(E2>=7;F2>=75)

	C	**D**	**E**	**F**	**G**
			Nota	Freq	
75			7	75	
70			8	70	
30			5	80	
50			5	50	
			VERDADEIRO		
			VERDADEIRO		
			VERDADEIRO		
			FALSO		

3.7.13 SOMASE

| =SOMASE(intervalo;condição)
| =SOMASE(c1:c10;">5")

Nesse caso, o Excel realizará a soma apenas das células no intervalo C1 até C10 que contenham valores maiores que 5. Outros números são ignorados. Realiza a soma de todos os valores de um intervalo que satisfazem uma determinada condição.

A função SOMASE pode assumir a seguinte sintaxe:

| SOMASE(intervalo, critérios, [intervalo_soma])

Uma planilha do Microsoft Excel apresenta os valores a seguir.

	A	B
1	23	5
2	12	8
3	32	7
4	17	9
5	11	3

Assinale a alternativa que apresenta, corretamente, o resultado gerado pela fórmula =SOMASE(A1:A5; ">15";B1:B5).

a) 0

b) 21

c) 32

d) 72

e) 95

Veja o resultado diretamente em uma planilha do Excel:

Agora vamos entender este resultado!

| =SOMASE(A1:A5; ">15";B1:B5)

A função Somase, neste caso em que tenho o intervalo da soma definido, irá fazer com que o Excel selecione o intervalo indicado: A1:A5, obedeça a condição que é: >15, mas some os valores que constam nas células correspondentes: B1:B5.

Então o Excel irá somar os valores 5, 7 e 9, pois esses valores estão no intervalo B1:B5 e correspondem aos valores 23, 32 e 17 que estão no intervalo A1:A5 e que obedecem a condição: ser >5.

3.7.14 MÉDIASE

=MÉDIASE(B2:B5;"<23000")

Retorna a média (média aritmética) de todas as células em um intervalo que satisfazem um determinado critério.

3.7.15 SE

Retorna valores diferentes dependendo do resultado de uma expressão.

É usada para testar condições, ou seja, se a condição especificada equivaler à verdadeira e a outra se equivaler à falsa.

=SE(teste_lógico;valor_se_verdadeiro;valor_se_falso)

No exemplo a seguir temos um boletim escolar, em que o aluno que tiver nota igual ou maior a 7,0 será aprovado, senão será reprovado.

	G7		f_x	=SE(F7>=7;"Aprovado";"Reprovado")		
	F	G	H	I	J	K	L
1	le médi					
2						
3						
4						
5						
6	Média	Situação				
7	8,0	Aprovado				
8	7,0	Aprovado				
9	3,8	Reprovado				
10	8,5	Aprovado				
11	7,5	Aprovado				
12	7,8	Aprovado				
13	8,8	Aprovado				

Vamos entender:

=SE -> aqui tenho a função

A função SE é uma pergunta com duas possíveis respostas: SIM ou NÃO:

F7>=7 -> Aqui tenho a pergunta: F7 é igual ou maior a 7?

Ao verificar a célula F7, ela contém a média 8,0. Logo, 8,0 é maior que 7, então, a resposta da pergunta anterior é SIM. Ao responder SIM à pergunta (condição), o Excel mostra a resposta especificada na função que está logo após o ";", neste caso a palavra "Aprovado". Ao responder NÃO à pergunta, o Excel mostra a segunda resposta especificada na função, após o ";", neste caso a palavra "Reprovado".

3.8 Aninhar uma função dentro de outra função

As funções aninhadas usam uma função como um dos argumentos de outra função.

A fórmula a seguir soma um conjunto de números (G2:G5) somente se a média de outro conjunto de números (F2:F5) for maior que 50. Caso contrário, ela retorna 0. Analise também a planilha.

	G9	
	F	G
1	5	5
2	2	2
3	2	2
4	2	2
5	2	2
6		

=SE(MÉDIA(F2:F5)>50;SOMA(G2:G5);0)

As funções MÉDIA e SOMA são aninhadas na função SE.

Como resolver essa função? **Por partes!**

Primeiro devemos lembrar que a função Se é uma pergunta que pode ter apenas dois tipos de resposta: Ou SIM, ou NÃO. E que a pergunta está antes do primeiro ";". Caso a resposta seja SIM o EXCEL retornará o que estiver entre os dois ";". Caso a resposta seja NÃO o EXCEL retornará o que estiver após o segundo ";".

Vamos em busca da pergunta:

=SE(MÉDIA(F2:F5)>50;SOMA(G2:G5);0)

A pergunta é: MÉDIA(F2:F5)>50

Na planilha fornecida devemos observar os valores e calcular a Média:

Média(F2:F5) => (2 + 2 + 2 + 2)/4 = 2

A média é 2.

A pergunta é: 2>50?

A resposta é NÃO.

Então o EXCEL retornará o que está após o segundo ";" que é 0 (zero).

3.8.1 SE Aninhado

A função SE nos permite definir apenas 2 valores de retorno, porém muitas vezes precisamos de 3, 4 ou mais valores de retorno. Nestes casos utilizamos a função SE Aninhado.

	A	B	C	D	E	F	G	H	I
		Revisão de Texto		Idioma			Comentários		
C3			f_x	=SE(B3=0;A3*A10;SE(B3=1;A3*A11;SE(B3>=2;0)))					
1	**Salario**	**Faltas**	**Gratificação**	**Total**					
2									
3	1280	0	128	1408					
4									
5									
6									
7									
8									
9	Gratificação	Faltas							
10	10%	0							
11	5%	1							
12	0%	2 ou mais							
13									
14									
15									

Nesse exemplo temos uma empresa e sua folha de pagamentos. A empresa oferece gratificação aos funcionários que não faltam ou faltam apenas uma vez.

Dessa forma a pergunta que faço para começar a desenvolver a função é: Se o funcionário não faltar quanto ele recebe de gratificação? Basta olhar na célula A10 onde tenho o valor da gratificação que é de 10% sobre o salário. Então veja:

- Se o funcionário não faltar recebe salário acrescido de 10% de gratificação.
- Se o funcionário faltar apenas 1 vez ele recebe salário acrescido de 5% de gratificação.
- Se o funcionário faltar 2 ou mais vezes, recebe apenas o salário.

Agora é colocar essas regras na função. Perceber que o número de faltas está na célula B3, o salário na A3 e as regras para Gratificação nas células A9:B12. Certo?

Feito isso, vamos à função:

=SE(B3=0;A3*A10;SE(B3=1;A3*A11;SE(B3>=2;0)))

Ou seja: SE(B3 {número de faltas} =0;A3 {Salário}) *A10 {Valor da Gratificação}) ;SE {Senão, caso não atenda a condição anterior}(B3 {número de faltas} =1;A3 {Salário}) *A11{Valor da Gratificação});SE(B3 {número de faltas}) >=2;0 {Não recebe nada de gratificação}))))

Obs.: O texto em vermelho entre chaves refere-se a comentários sobre dados da função. Não fazem parte da função.

Ainda podemos escrever a função dessa forma:

=SE(B3=0;A3*A10;SE(B3=1;A3*A11;0))

Nesse caso, não desenvolvemos o último SE. Colocamos um ";" que se comporta como um SENÃO. Ou seja, se não forem satisfeitas as condições dos SEs anteriores o Excel fará o que houver após este último ";".

3.8.2 SES

A função SES verifica se uma ou mais condições são satisfeitas e retorna um valor que corresponde à primeira condição VERDADEIRO. A função SES pode ser usada como substituta de várias instruções SE aninhadas, além de ser muito mais fácil de ser lida quando condições múltiplas são usadas.

=SES(F2=1;D2;F2=2;D3;F2=3;D4;F2=4;D5;F2=5;D6;F2=6;D7;F2=7;D8)

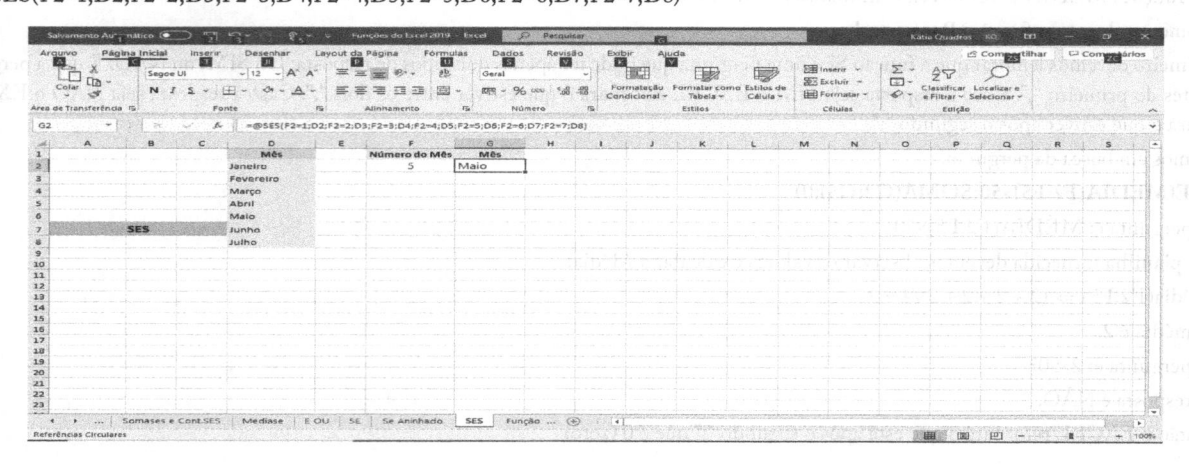

3.8.3 PROCV

Use a função PROCV, uma das funções de pesquisa e referência, quando precisar localizar algo em linhas de uma tabela ou de um intervalo. Por exemplo, para pesquisar o preço de uma peça automotiva pelo número da peça.

=PROCV(Valor que você deseja pesquisar, intervalo no qual você deseja pesquisar o valor, o número da coluna no intervalo contendo o valor de retorno, Correspondência Exata ou Correspondência Aproximada – indicado como 0/FALSO ou 1/VERDADEIRO).

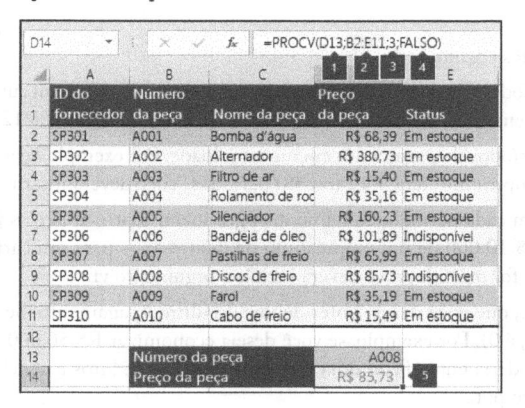

▷ D13 é o valor_procurado ou o valor que você deseja pesquisar.

▷ B2 a E11 (realçados em amarelo na tabela) é a matriz_tabela ou o intervalo onde o valor de pesquisa está localizado.

▷ 3 é o núm_índice_coluna ou o número de coluna na matriz_tabela que contém o valor de retorno. Neste exemplo, a terceira coluna da matriz de tabela é Preço da Peça, portanto, o resultado da fórmula será um valor da coluna Preço da Peça.

▷ FALSO é o intervalo_pesquisa, portanto, o valor de retorno será uma correspondência exata.

▷ O resultado da fórmula PROCV é 85,73, o preço dos Rotores de freio.

Há quatro informações que serão necessárias para criar a sintaxe da função PROCV:

▷ O valor que você deseja pesquisar, também chamado valor de pesquisa.

▷ O intervalo onde o valor de pesquisa está localizado. Lembre-se de que o valor de pesquisa deve estar sempre na primeira coluna no intervalo para que a função PROCV funcione corretamente. Por exemplo, se o valor de pesquisa estiver na célula C2, o intervalo deve começar com C.

▷ O número da coluna no intervalo que contém o valor de retorno. Por exemplo, se você especificar B2:D11 como o intervalo, deverá contar B como a primeira coluna, C como a segunda e assim por diante.

▷ Se preferir, você pode especificar VERDADEIRO se quiser uma correspondência aproximada ou FALSO se quiser que uma correspondência exata do valor de retorno. Se você não especificar nada, o valor padrão será sempre VERDADEIRO ou correspondência aproximada.

3.8.4 VF

=VF(taxa,nper,pgto,[vp],[tipo])

Retorna o valor futuro de um investimento de acordo com os pagamentos periódicos e constantes e com uma taxa de juros constante.

| =VF(2%;10;38,96)

A sintaxe da função VF tem os seguintes argumentos:

▷ **Taxa**: obrigatório. A taxa de juros por período.

▷ **Nper**: obrigatório. O número total de períodos de pagamento em uma anuidade.

▷ **Pgto**: obrigatório. O pagamento feito a cada período; não pode mudar durante a vigência da anuidade. Geralmente, pgto contém o capital e os juros e nenhuma outra tarifa ou taxas. Se pgto for omitido, você deverá incluir o argumento vp.

▷ **Vp**: opcional. O valor presente ou a soma total correspondente ao valor presente de uma série de pagamentos futuros. Se vp for omitido, será considerado 0 (zero) e a inclusão do argumento pgto será obrigatória.

▷ **Tipo**: opcional. O número 0 ou 1 e indica as datas de vencimento dos pagamentos. Se tipo for omitido, será considerado 0.

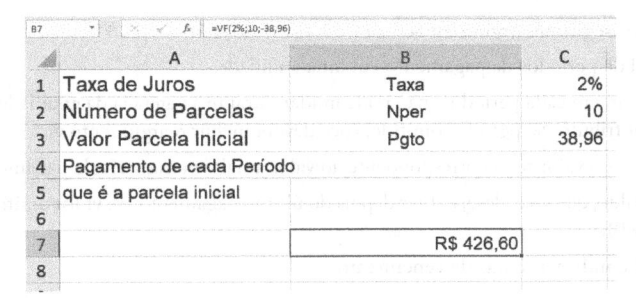

3.8.5 VP

=VP(taxa, nper, pgto, [vf], [tipo])

Retorna o valor presente de um investimento. O valor presente é o valor total correspondente ao valor atual de uma série de pagamentos futuros. Por exemplo, quando você toma uma quantia de dinheiro emprestada, a quantia do empréstimo é o valor presente para o concessor do empréstimo.

=VP(2%;10;38,96)

A sintaxe da função VP tem os seguintes argumentos:

▷ **Taxa**: necessário. A taxa de juros por período. Por exemplo, se você tiver um empréstimo para um automóvel com taxa de juros de 10% ano e fizer pagamentos mensais, sua taxa de juros mensal será de 10%/12 ou 0,83%. Você deverá inserir 10%/12 ou 0,83%, ou 0,0083, na fórmula como taxa.

▷ **Nper**: necessário. O número total de períodos de pagamento em uma anuidade. Por exemplo, se você fizer um empréstimo de carro de quatro anos e fizer pagamentos mensais, seu empréstimo terá 4*12 (ou 48) períodos. Você deverá inserir 48 na fórmula para nper.

▷ **Pgto**: necessário. O pagamento feito em cada período. Geralmente, pgto inclui o principal e os juros e nenhuma outra taxa ou tributo. Por exemplo, os pagamentos mensais de R$ 10.000 de um empréstimo de quatro anos para um carro serão de R$ 263,33. Você deverá inserir -263,33 na fórmula como pgto. Se pgto for omitido, você deverá incluir o argumento vf.

▷ **Vf**: opcional. O valor futuro, ou o saldo, que você deseja obter depois do último pagamento. Se vf for omitido, será considerado 0 (o valor futuro de um empréstimo, por exemplo, é 0). Por exemplo, se você deseja economizar R$ 50.000 para pagar um projeto em 18 anos, então o valor futuro será de R$ 50.000. Você poderia então fazer uma estimativa na taxa de juros e concluir quanto economizaria por mês. Se vf for omitido, você deverá incluir o argumento pgto.

▷ **Tipo**: opcional. O número 0 ou 1 e indica as datas de vencimento.

	A	B	C
1	Taxa de Juros	Taxa	2%
2	Número de Parcelas	Nper	10
3	Valor Parcela Inicial	Pgto	38,96
4	Pagamento de cada Período		
5	que é a parcela inicial		
6			
7			R$ 426,60
8			

B7 =VF(2%;10; 38,96)

3.8.6 NPER

=NPER(taxa;pgto;vp;vf;tipo)

Retorna o número de períodos para investimento de acordo com pagamentos constantes e periódicos e uma taxa de juros constante.

=NPER(2%;10;350)

A sintaxe da função NPER tem os seguintes argumentos:

▷ **Taxa:** é a taxa de juros por período.

▷ **Pgto:** é o pagamento feito em cada período; não pode mudar durante a vigência da anuidade. Geralmente, pgto contém o capital e os juros, mas nenhuma outra tarifa ou taxas.

▷ **Vp:** é o valor presente ou atual de uma série de pagamentos futuros.

▷ **Vf:** é o valor futuro, ou o saldo, que você deseja obter depois do último pagamento. Se vf for omitido, será considerado 0 (o valor futuro de um empréstimo, por exemplo, é 0).

▷ **Tipo:** é o número 0 ou 1 e indica as datas de vencimento.

3.8.7 Taxa

=TAXA(nper, pgto, vp, [vf], [tipo], [estimativa])

Retorna a taxa de juros por período de uma anuidade.

=TAXA(10;-38,96;426,65)

A sintaxe da função TAXA tem os seguintes argumentos:

▷ **Nper**: obrigatório. O número total de períodos de pagamento em uma anuidade.

▷ **Pgto**: obrigatório. O pagamento feito em cada período e não pode mudar durante a vigência da anuidade. Geralmente, pgto inclui o principal e os juros e nenhuma outra taxa ou tributo. Se pgto for omitido, você deverá incluir o argumento vf.

▷ **Vp: obrigatório.** O valor presente — o valor total correspondente ao valor atual de uma série de pagamentos futuros.

▷ **Vf**: opcional. O valor futuro, ou o saldo, que você deseja obter depois do último pagamento. Se vf for omitido, será considerado 0 (o valor futuro de um empréstimo, por exemplo, é 0).

Tipo: opcional. O número 0 ou 1 e indica as datas de vencimento.

3.8.8 PGTO

=PGTO(taxa, nper, vp, [fv], [tipo])

Retorna o pagamento periódico de uma anuidade de acordo com pagamentos constantes e com uma taxa de juros constante.

=PGTO(2%;36;350)

A sintaxe da função PGTO tem os seguintes argumentos:

▷ **Taxa:** obrigatório. A taxa de juros para o empréstimo.

▷ **Nper:** obrigatório. O número total de pagamentos pelo empréstimo.

▷ **Vp:** obrigatório. O valor presente, ou a quantia total agora equivalente a uma série de pagamentos futuros; também conhecido como principal.

▷ **Vf:** opcional. O valor futuro, ou o saldo, que você deseja obter após o último pagamento. Se vf for omitido, será considerado 0 (zero), ou seja, o valor futuro de um empréstimo é 0.

▷ **Tipo:** opcional. O número 0 (zero) ou 1 e indica o vencimento dos pagamentos.

3.8.9 ABS

=ABS(núm)

Retorna o valor absoluto de um número.

=ABS(-4)

3.8.10 AGORA

Retorna a data e hora.

=AGORA()

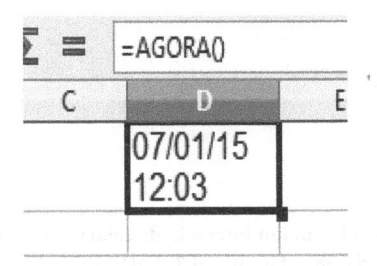

HOJE

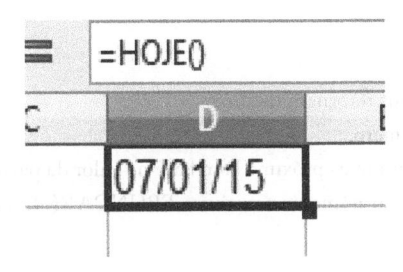

Retorna a data atual.

=HOJE()

3.8.11 DIA DA SEMANA

Fornece o dia da semana a que uma data corresponde. O Excel nos dará como resultado um número que equivale a um dia da semana. Por padrão o n.1 corresponde ao domingo.

=DIA.DA.SEMANA(data ou célula que contém a data)

=DIA.DA.SEMANA("10/11/1975")

=DIA.DA.SEMANA(B6)

3.8.12 DIAS360

Com esta função teremos o número de dias que há entre uma data inicial e uma data final.

=DIAS360(datainicial;datafinal)

=DIAS360("10/11/1975";"10/12/1975")

=DIAS360(A1;A2)

3.8.13 MULT

A função MULT multiplica todos os números especificados como argumentos e retorna o produto. Por exemplo, se as células A1 e A2 contiverem números, você poderá usar a fórmula =MULT(A1;A2) para multiplicar esses dois números juntos. A mesma operação também pode ser realizada usando o operador matemático de multiplicação (*); por exemplo, =A1 * A2.

A função MULT é útil quando você precisa multiplicar várias células ao mesmo tempo. Por exemplo, a fórmula =MULT(A1:A3;C1:C3) equivale a =A1 * A2 * A3 * C1 * C2 * C3.

3.8.14 MOD

Retorna o resto de uma divisão.

Sintaxe: (Valor a ser dividido; divisor)

Exemplo:

=MOD(10;3)

O resultado retornado pelo Excel será 1.

3.8.15 ESCOLHER

Use núm_índice para retornar um valor da lista de argumentos de valor. Use ESCOLHER para selecionar um valor entre 254 valores que se baseie no número de índice.

=ESCOLHER(3;A1;A2;A3;A4;A5;A6;A7)

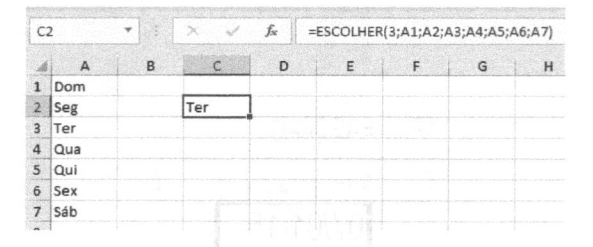

3.8.16 CORRESP

A função CORRESP procura um item especificado em um intervalo de células e retorna à posição relativa desse item no intervalo. Por exemplo, se o intervalo A1:A3 contiver os valores 5, 25 e 38, a fórmula =CORRESP(25,A1:A3,0) retornará o número 2, porque 25 é o segundo item no intervalo.

=CORRESP(25;A1:A3)

3.8.17 TRUNCAR E INT

TRUNCAR e INT são semelhantes pois ambos retornam inteiros.

TRUNCAR remove a parte fracionária do número.

INT arredonda números para baixo até o inteiro mais próximo com base no valor da parte fracionária do número.

INT e TRUNCAR são diferentes apenas ao usar números negativos: TRUNCAR(-4.3) retorna -4, mas INT(-4.3) retorna -5 pois -5 é o número mais baixo.

3.8.18 ARRED

A função ARRED arredonda um número para um número especificado de dígitos. Por exemplo, se a célula A1 contiver 23,7825 e você quiser arredondar esse valor para duas casas decimais, poderá usar a seguinte fórmula:

=ARRED(A1;2)

O resultado dessa função é 23,78

3.8.19 PRI.MAIUSCULA

Coloca em maiúscula a primeira letra e todas as outras letras que seguem um caractere que não seja uma letra em uma cadeia de texto. Converte todas as outras letras da cadeia de texto em letras minúsculas.

PRI.MAIÚSCULA(texto)

3.8.20 MAIÚSCULA

Converte o texto em maiúsculas.

MAIÚSCULA(texto)

3.9 Recursos automatizados do Excel

3.9.1 Autopreenchimento

Este recurso é utilizado para digitar sequências de texto ou números.

Perceba na imagem abaixo que há uma célula qualquer selecionada e que em seu canto direito inferior existe um pequeno quadradinho. É nele que vamos clicar e manter pressionado o mouse para utilizar este recurso. Esta é a alça de preenchimento.

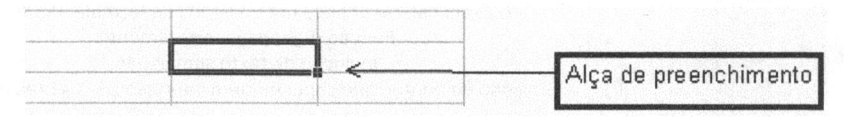

Como exemplo, digite na célula A1 a palavra **Janeiro**. Posicione a seta do mouse sobre a Alça de Preenchimento. Ela irá se transformar em uma cruz. Clique com o botão esquerdo do mouse e arraste a cruz até a célula E1. Ao chegar na coluna E, libere o botão do mouse. O Autopreenchimento reconhece letras maiúsculas e minúsculas, datas, dias de semana, sequências como Mês 1 etc.

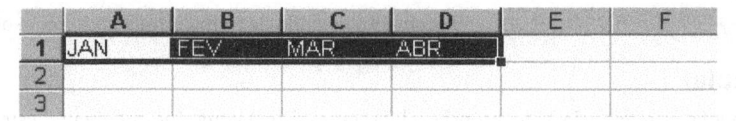

3.10 Endereço absoluto e endereço relativo

Um recurso presente em qualquer planilha é o endereçamento ou referenciamento relativo. Dá-se o nome de referenciamento relativo ao fato de que quando se atribui, por exemplo, "=A2 + 1", na célula "a5" e se copia a fórmula para a célula "A6", esta irá referenciar o valor "=A3 + 1" (observe o incremento na fórmula). O mesmo pode ser feito através da Alça de Preenchimento, que copia a fórmula, mas a incrementa conforme você arrasta no sentido Linha ou Coluna.

Nem sempre este é o comportamento desejável. Veja o exemplo:

	A	B	C
	B9	fx	=(A9*B3)+A9
1			
2	Plano	Taxa Juros	
3	12 meses	36%	
4	24 meses	74,40%	
5			
6			
7			
8	Valor do Financiamento	Plano 12 meses	Plano 24 meses
9	1000	1360	
10	2000		
11	3000		
12	4000		
13			
14			

Na imagem, temos uma planilha do Excel com dados de uma empresa que empresta dinheiro, ou seja, trabalha com financiamento.

Se a pessoa emprestar qualquer valor dentre os oferecidos poderá pagar em 12 parcelas sob o juro de 36% ou em 24 parcelas sob o juro de 74,40%.

Então, trabalhamos nessa empresa, criamos a planilha com os dados especificados e que um cliente empresta R$ 1.000,00, então calculamos os juros conforme as especificações: =(A9*B3) + A9. Até aqui tudo certo!

Digamos que um segundo cliente empreste R$ 2.000,00 e para sermos mais rápidos e eficientes, apenas copiamos a fórmula da célula B9 para a B10, ou a arrastamos pela alça de preenchimento. Nesse caso, teremos um erro! Pois ao fazermos isso a função será incrementada e ficará assim: =(A10*B4) + A10, cobrando juros de 74,40% em vez de 36%.

Para lidar com esta situação precisamos fixar, ancorar a fórmula inserindo um $ em frente a especificação de Linha e/ou Coluna que desejamos fixar, que não queremos que seja alterada: =(A9*$B$3) + A9.

Dessa forma, quando copiarmos a função para outras células, a célula B3 não irá incrementar.

Em um endereço, quando se fixa a coluna e a linha simultaneamente, estamos perante um endereço absoluto.

| Se a célula A3 tiver a fórmula =$A$1*A2, ao copiar a fórmula para as células B3 e C3 terão respectivamente as fórmulas:

=$A$1*B2 e =$A$1*C2.

3.11 Erros do Excel

	Significado
#DIV/0!	A função ou fórmula está efetuando uma divisão por zero.
#N/DN	Não existe valor disponível.
#NOME?	O Excel não reconhece um dos itens da fórmula. Pode ser: Função digitada incorretamente. Inclusão do texto sem aspas. Omissão de pontos que especifiquem intervalos de valores e outros.
#NULO	Interseção de valores que não se referenciam.
#NUM!	Algum número da fórmula está incorreto.
#REF!	Referência inválida na fórmula.
#VALOR!	Argumento inserido de forma errada na fórmula ou função.

3.11.1 Referência circular

Quando uma fórmula volta a fazer referência à sua própria célula, tanto direta como indiretamente, este processo chama-se referência circular. Ou seja: Você não pode digitar a função =soma(A1:A3) na célula A1, pois ela faz parte da função.

4   MICROSOFT POWERPOINT 365

O PowerPoint 365 é um aplicativo visual e gráfico, usado principalmente para criar apresentações. Com ele, você pode criar, visualizar e mostrar apresentações de slides que combinam texto, formas, imagens, gráficos, animações, tabelas e vídeos.

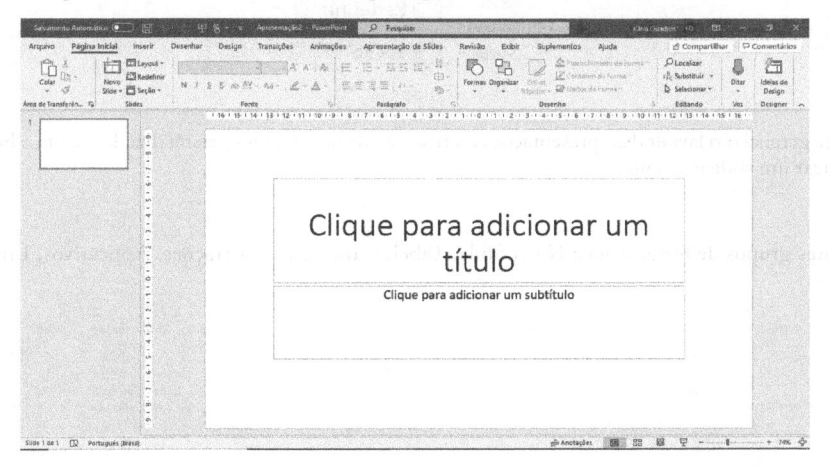

A parte principal do PowerPoint é a janela localizada à direita do aplicativo, em que é exibido o primeiro slide como padrão, perceba que este slide apresenta uma estrutura para inserção de conteúdo por meio de textos, imagens etc.

Principais extensões de arquivos:

▷ .pptx – extensão padrão.

▷ .ppsx – extensão de apresentação de slides.

▷ .potx – extensão modelo de arquivo.

▷ .odp – salva, abre, edita arquivos do LibreOffice Impress.

4.1 Arquivo

A Guia ou Menu Arquivo contém funcionalidades como Salvar, Salvar Como, Abrir, Fechar e que se comportam da mesma maneira conforme estudamos no Editor de Textos Microsoft Word 2019.

4.2 Imprimir

Na opção Imprimir, vamos trabalhar com Slides ao invés de páginas. Vamos escolher entre Imprimir Todos os Slides, Imprimir Seleção, Imprimir Slide Atual ou Imprimir um Intervalo Personalizado de Slides.

Em Folhetos, você poderá escolher o número de Slides em cada página.

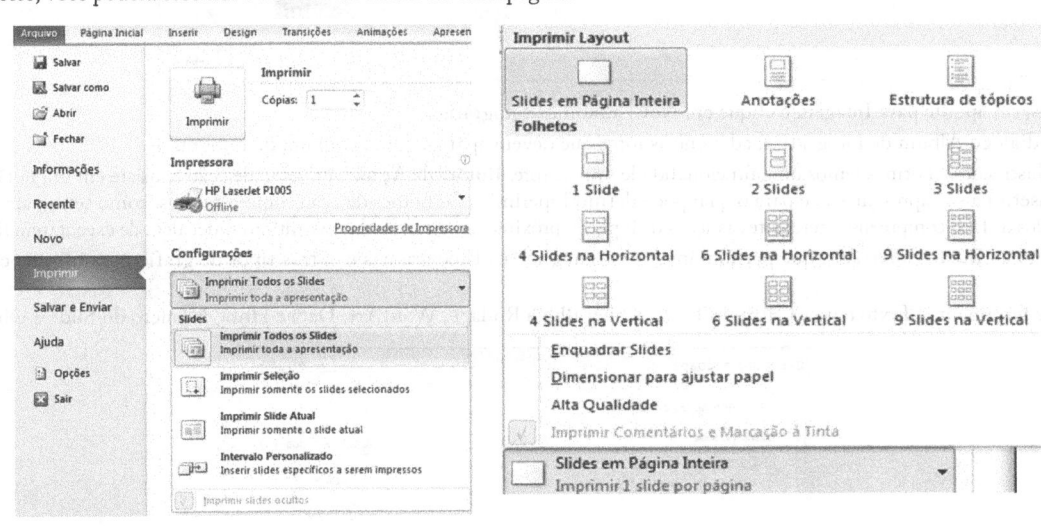

4.3 Página Inicial

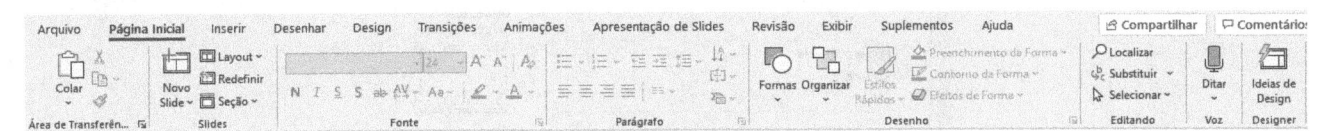

Na Guia Inicial, temos os seguintes grupos de ferramentas: Área de Transferência, Slides, Fonte, Parágrafo, Desenho e Edição.

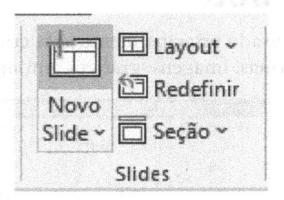

O Grupo **Slides** permite gerenciar o layout das apresentações e a inserção de novos slides personalizados. Com o botão Novo Slide, podemos inserir Novo Slide ou duplicar um slide existente.

4.4 Inserir

Aqui, temos os seguintes grupos de ferramentas: Novo Slide, Tabelas, Imagens, Ilustrações, Aplicativos, Links, Comentários, Texto, Símbolos e Mídia.

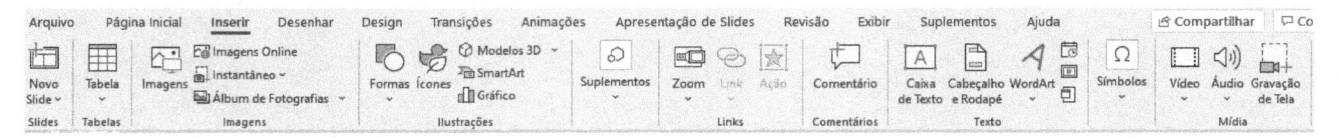

4.4.1 Álbum de Fotografias

No Grupo Imagens, temos Álbum de Fotografias. O Microsoft PowerPoint cria uma apresentação quando você usa o recurso Álbum de Fotografias. Qualquer apresentação que esteja aberta no momento no PowerPoint não será afetada por essa tarefa.

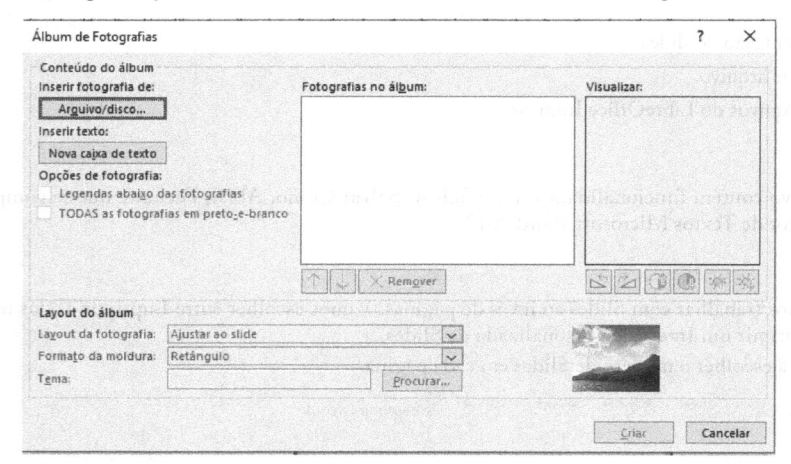

No menu Inserir, aponte para Imagem e clique em Novo álbum de fotografias.

Na caixa de diálogo Álbum de fotografias, adicione as fotos que devem aparecer no seu álbum de fotografias.

No Grupo Ilustrações / Formas temos uma funcionalidade importante: **Botões de Ação.** Um botão de ação consiste em um botão já existente que você pode inserir na sua apresentação e para o qual pode definir hiperlinks. Os botões de ação contêm formas, como setas para direita e para esquerda e símbolos de fácil compreensão referentes às ações de ir para o próximo, anterior, primeiro e último slide, além de executarem filmes ou sons.

Preste atenção ao Botão SmartArt, que permite inserir organogramas, fluxogramas e outros tipos de gráficos, conforme estudamos no Word 2019.

No grupo de ferramentas Texto temos Caixa de Texto, Cabeçalho e Rodapé, WordArt, Data e Hora, Número do Slide e Objetos.

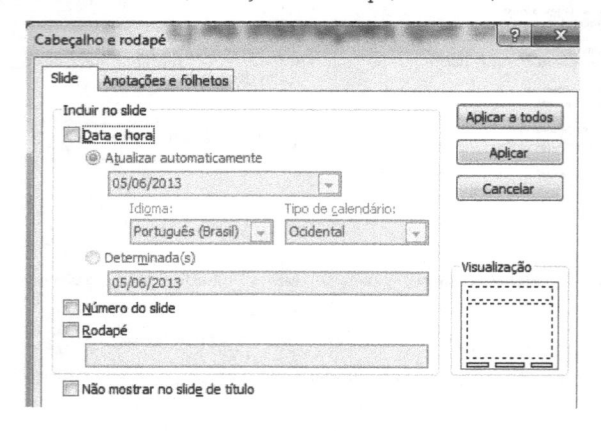

4.5 Transições

Nesta guia, configuramos o efeito durante a transição de um slide para o outro.

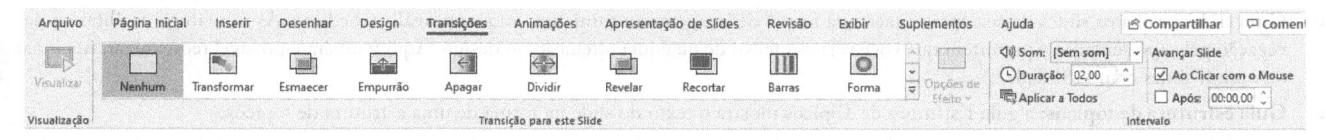

4.6 Animações

Na guia Animações, você irá escolher animações para textos e objetos das apresentações em slides.

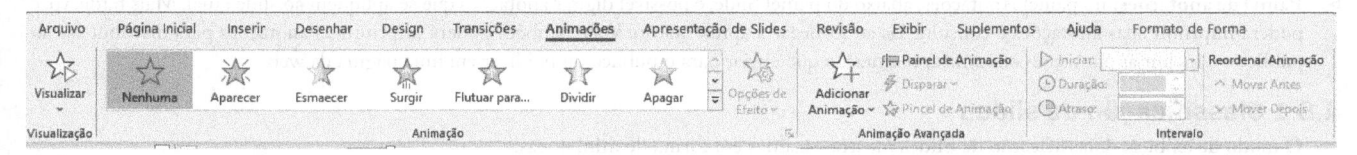

No grupo Animação, você seleciona a animação desejada para se aplicar ao texto ou objeto, bastando, para isso, selecionar o texto ou objeto desejado, escolher a animação e aplicar as configurações de intervalo, por exemplo, o tempo de duração do efeito animado.

No grupo Animação Avançada, temos o botão Adicionar Animação, Painel de Animação, Disparar e Pincel de Animação que copia a animação de um objeto para outro.

No grupo Intervalo, você irá configurar a Duração e Atraso das animações.

4.7 Apresentação de slides

Esta guia contém os seguintes grupos de ferramentas: Iniciar Apresentação de Slides, Configurar e Monitores.

No grupo **Iniciar Apresentação de Slides, você poderá iniciar sua apresentação através do Botão do Começo, ou do Botão do Slide Atual.**

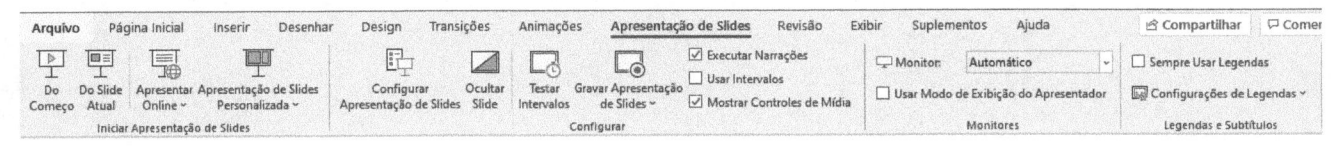

4.8 Guia Exibir

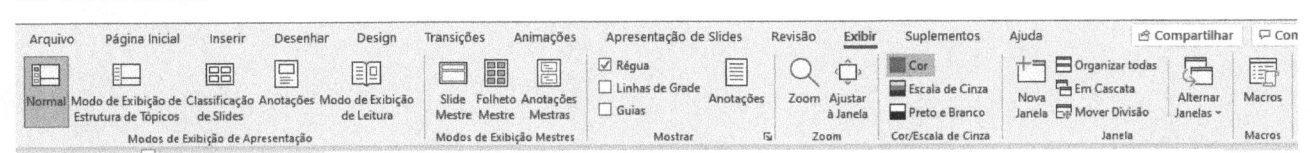

▷ **Modo de exibição normal:** é o principal modo de exibição de edição, no qual você pode escrever e criar sua apresentação. O modo de exibição Normal tem quatro áreas de trabalho:

Área do Modo de Exibição Normal:

▷ **Guia slides:** exiba os slides da sua apresentação na forma de imagens em miniatura enquanto realiza a edição. As miniaturas facilitam a navegação pela apresentação e permitem que você veja os efeitos de qualquer alteração no design. Aqui também é possível reorganizar, adicionar ou excluir slides com facilidade.

▷ **Guia estrutura de tópicos:** a guia Estrutura de Tópicos mostra o texto do slide na forma de uma estrutura de tópicos.

▷ **Painel de slides:** na seção superior direita da janela do PowerPoint, o Painel de Slide exibe uma imagem ampla do slide atual. Com o slide nesse modo de exibição, é possível adicionar texto e inserir imagens, tabelas, elementos gráficos SmartArt, gráficos, objetos de desenho, caixas de texto, filmes, sons, hiperlinks e animações.

▷ **Painel de anotações:** no painel Anotações, abaixo do painel Slide, é possível digitar anotações que se apliquem ao slide atual. Mais tarde, você poderá imprimir suas anotações e consultá-las ao fornecer a apresentação. Você também poderá imprimir as anotações para distribuí-las ao público ou incluir as anotações em uma apresentação que enviar para o público ou publicar em uma página da web.

4.8.1 Classificação de slides

O modo de exibição Classificação de Slides mostra os slides em forma de miniaturas.

▷ **Anotações:** é possível digitar anotações que se apliquem ao slide atual.

▷ **Modos de exibição mestres:** tem a função de alterar o design e layout dos slides por meio dos próprios slides, folhetos ou anotações. Esta guia possui as funções Slide Mestre, Folheto Mestre, Anotações Mestras e podem ser utilizadas separadamente. Um slide mestre é o slide principal em uma hierarquia de slides que armazena informações sobre o tema e os layouts dos slides de uma apresentação, incluindo o plano de fundo, a cor, as fontes, os efeitos, os tamanhos dos espaços reservados e o posicionamento. Como os slides mestres afetam a aparência de toda a apresentação, ao criar e editar um slide mestre ou os layouts correspondentes, você trabalha no modo de exibição Slide Mestre.

▷ **Usar vários slides mestres (cada um com um tema diferente) em uma apresentação:** para que a sua apresentação contenha dois ou mais estilos ou temas diferentes (como planos de fundo, cores, fontes e efeitos), você precisa inserir um slide mestre para cada tema.

▷ **Prática recomendada para criar e trabalhar com slides mestres:** o ideal é criar um slide mestre antes de começar a criar slides individuais, e não depois. Quando você cria o slide mestre primeiro, todos os slides adicionados à apresentação são baseados nesse slide mestre e nos layouts associados. Quando começar a fazer alterações, faça-as no slide mestre.

5 PACOTE BROFFICE – LIBREOFFICE

Como o pacote Microsoft Office não possui uma versão para ser instalado em computadores com o sistema operacional Linux, os órgãos públicos que trabalham com este sistema operacional utilizam majoritariamente um pacote criado para atender as mesmas necessidades, mas que pode ser instalado tanto em computadores com Windows, quanto naqueles com Linux.

Inicialmente, foi criado o pacote OpenOffice, que possui apenas versão em inglês. Porém, como ele é um pacote baseado na licença de livre distribuição, foi desenvolvida uma versão traduzida para o português, denominada BrOffice. Mais recentemente, outra distribuição deste pacote, agora com o nome LibreOffice, começou a ser utilizada nas organizações.

A estrutura dos programas do pacote BrOffice/LibreOffice funciona por meio de menus, como as antigas versões do pacote Microsoft Office, e trabalha com um conjunto de extensões de arquivos distinto em cada aplicativo.

O conjunto de extensões de arquivos utilizado nos aplicativos dos Pacotes BrOffice e LibreOffice é denominado ODP (Formato de Documento Aberto).

LibreOffice			
Aplicativo	Descrição	Padrão	Modelo
Writer	Editor de textos	.ODT	.OTT
Calc	Planilha de cálculos	.ODS	.OTS
Impress	Editor de apresentações	.ODP	.OTP
Base	Banco de dados	.ODB	

6 BROFFICE WRITER

6.1 Formatos de arquivos

Quando se fala nos editores do BrOffice (Libre Office), devemos conhecer seus formatos de arquivos padrões, ou seja, o formato com o qual será salvo um arquivo ao acionar a opção **Salvar Como**.

A suíte de aplicativos, como um todo, possui um formato genérico ODF (Open Document File – Formato de Documento Aberto). Assim, é possível no editor de texto, salvar neste formato, bem como no Calc e Impress. No entanto, o formato específico do Writer é o ODT (Open Document Text). As provas costumam relacionar os formatos com as versões dos editores. Então, vale lembrar que o Word 2003 não consegue trabalhar com esse formato de arquivo. Mas, pelo Writer, é possível salvar um documento de modo que ele possa ser aberto pelo Word 2003, ou seja, é possível salvar nos formatos DOC e DOCX. Em relação ao Word 2007 e 2010, por padrão, esses programas conseguem abrir e salvar arquivos no formato ODT.

6.2 Formatação de texto

A principal finalidade do Writer é editar textos. Portanto, suas principais ferramentas são para a formatação de documentos.

Barra de ferramentas de formatação

6.3 Barra de Menus

A seguir, é ilustrada a Barra de Menus e, por meio dela, temos acesso a quase todas as funcionalidades do programa. Observe que cada menu possui uma letra sublinhada. Por exemplo, o menu Arquivo possui a letra A sublinhada, essa letra sublinhada é a letra que pode ser utilizada após pressionar a tecla Alt, com o intuito de abrir o devido menu. Não é uma combinação necessariamente simultânea. Ela pode ser sequencial, ou seja, teclar Alt soltar e então pressionar a letra.

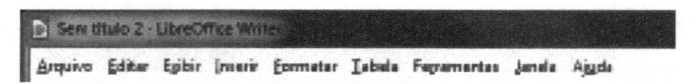

6.4 Menu Formatar

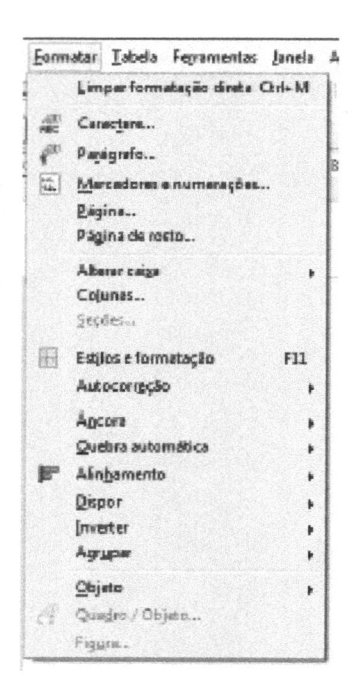

6.4.1 Botão direito do mouse

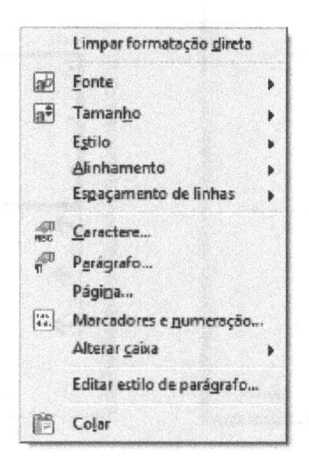

6.4.2 Caractere

Ao acionar esta opção, será aberta a janela ilustrada a seguir, por meio da qual podemos formatar as propriedades de fonte, como tipo/nome, estilo e tamanho e, pela aba Efeitos de Fonte, alterar a cor da fonte.

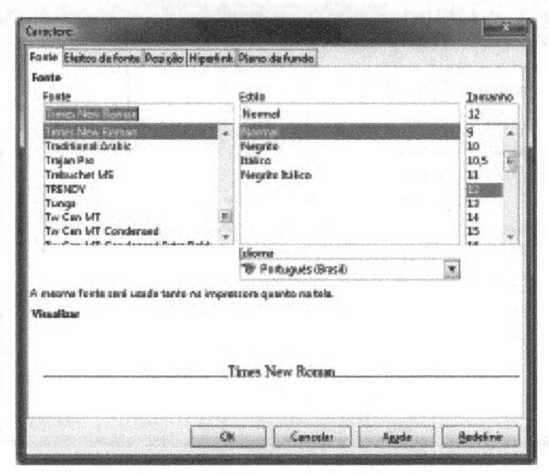

6.4.3 Parágrafo

As propriedades de Parágrafo englobam opções como recuos, espaçamento e alinhamentos, conforme ilustrado nas figuras na sequência:

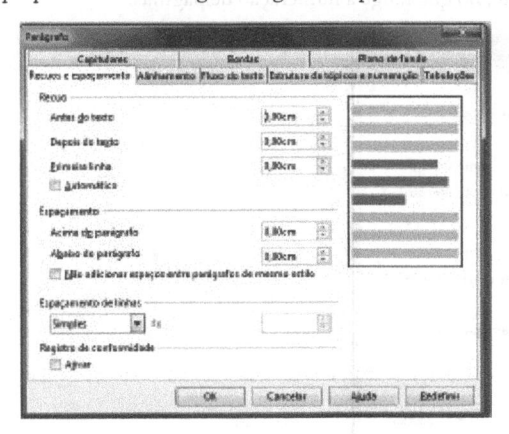
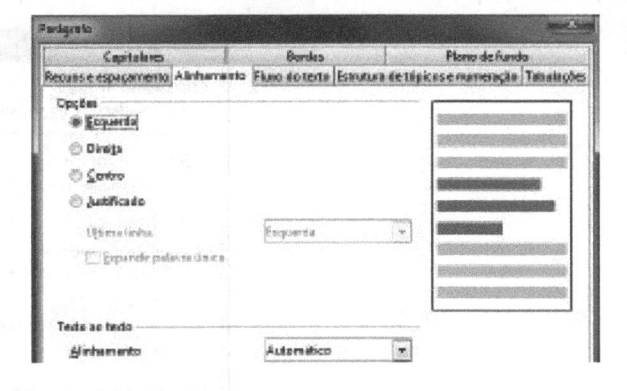

6.4.4 Marcadores e numeração

Fique atento à identificação de uso deste recurso, pois, pelo menu Formatar, elas estão descritas em conjunto. Porém, na barra de Ferramentas padrão elas são apresentadas em dois botões separados.

Ao acionar a opção pelo menu Formatar, a janela aberta apresenta os Marcadores em uma guia e a numeração em outra, conforme ilustram as duas figuras da sequência:

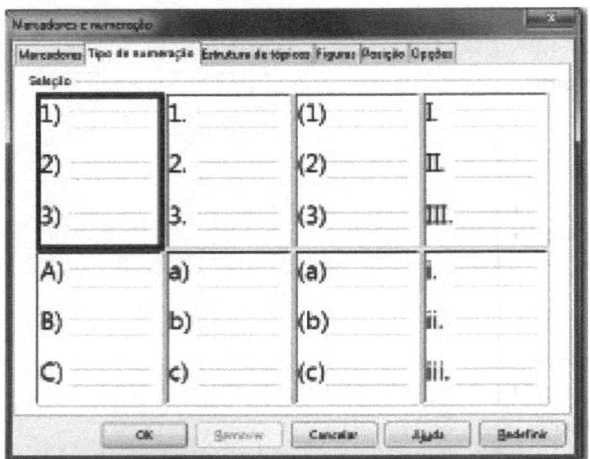 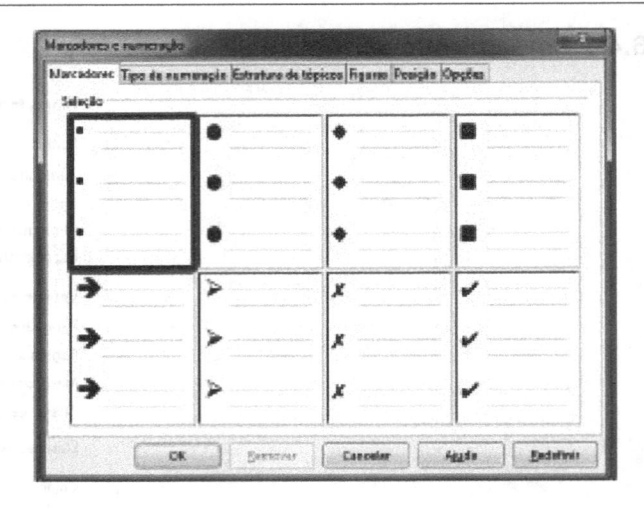

6.4.5 Página

Nesta opção, encontramos os recursos equivalentes aos encontrados na opção Configurar Página do Word, como dimensões das margens, dimensões de cabeçalho e rodapé, tamanho do papel e orientação da página. A imagem a seguir ilustra parte dessa janela:

6.4.6 Página de rosto

Por meio deste recurso, é possível inserir páginas em uma seção separada, para que, de uma forma mais simples, sejam trabalhadas com cabeçalhos e rodapés diferentes em um mesmo documento, mais especificamente, no que tange à numeração de páginas.

6.4.7 Alterar caixa

Equivalente à opção Maiúsculas e Minúsculas do Word, essa opção permite alterar a forma do caractere de texto. É importante conhecer as cinco opções desse recurso, conforme ilustrado a seguir:

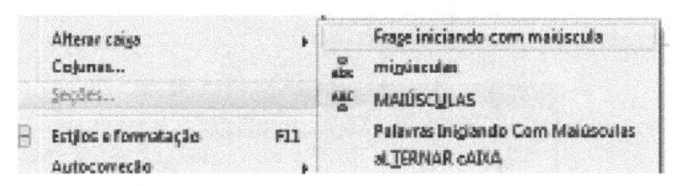

6.4.8 Estilos de formatação (F11)

Por essa opção, podemos definir estilos de formatação para o texto selecionado, como título 1, título 2, título 3, entre outros, para que a edição do documento seja mais prática, além de favorecer a padronização.

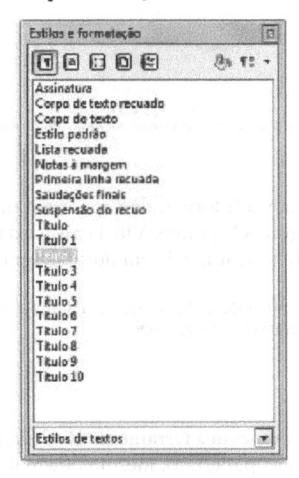

6.4.9 Ferramentas de formatação

Caractere

O campo descrito por Times New Roman define a grafia com que o texto será escrito, a exemplo: Arial, Times New Roman, Vivaldi. Esse campo também é conhecido como Tipo/Nome da Fonte.

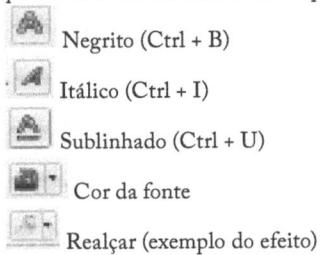

Negrito (Ctrl + B)

Itálico (Ctrl + I)

Sublinhado (Ctrl + U)

Cor da fonte

Realçar (exemplo do efeito)

Parágrafo

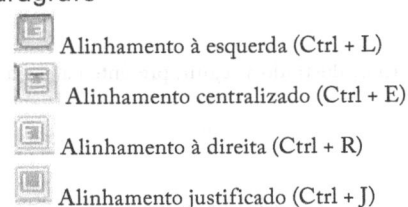

Alinhamento à esquerda (Ctrl + L)

Alinhamento centralizado (Ctrl + E)

Alinhamento à direita (Ctrl + R)

Alinhamento justificado (Ctrl + J)

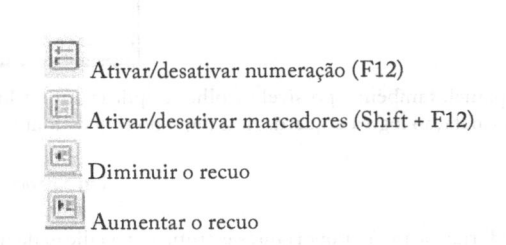

Ativar/desativar numeração (F12)

Ativar/desativar marcadores (Shift + F12)

Diminuir o recuo

Aumentar o recuo

Tabulações

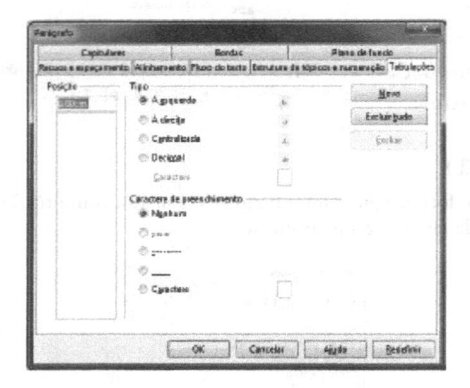

Caracteres não imprimíveis (Ctrl + F10)

Exibe as marcas de edição, que, como o próprio nome já informa, não aparecem na impressão. Essas marcações são úteis para um maior controle do documento em edição, como ilustrado a seguir. Os pontos à meia altura da linha representam um espaço e o mesmo símbolo do botão indica o final de um parágrafo. Assim, no exemplo a seguir, existem dois parágrafos.

Cor do plano de fundo

Atenção para não confundir a cor do fundo do parágrafo com a ferramenta Realçar, pois a função Realçar aplica uma cor ao fundo do texto selecionado, enquanto a opção do Plano de Fundo aplica ao parágrafo, mesmo que tenha sido selecionada apenas uma palavra.

Estilos e formatação (F11)

Por meio deste botão ou pela tecla de atalho, é exibido o painel de estilos que oferece diversos estilos para a formatação do texto, por exemplo: Título 1, título 2, título 3, entre outros. A imagem a seguir ilustra o painel:

Além desse painel, também é possível escolher e aplicar um estilo por meio do Campo Estilos, ilustrado a seguir, presente na barra de ferramentas de formatação logo à esquerda do campo do tipo da fonte.

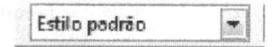

Os estilos de formatação são importantes estruturas na edição de um texto, principalmente se for necessário trabalhar com sumário, pois para utilizar o recurso de sumário, de forma que ele seja automático, é necessário utilizar os estilos de título.

6.4.10 Pincel de estilo

A ferramenta de Pincel de Estilo serve para copiar apenas a formatação. Ela não copia textos, apenas as suas características, como cor da fonte, tamanho, tipo de fonte entre outras, com o intuito de aplicar em outro trecho de texto.

O funcionamento da ferramenta parte de uma seleção prévia do trecho de texto que possui a formatação desejada, clicar no botão pincel de estilo, na sequência selecionar o trecho de texto ao qual se deseja aplicar as mesmas formatações, como que pintando a formatação. Ao terminar a seleção o texto selecionado já estará formatado tal qual o selecionado inicialmente, e o mouse volta ao normal para a edição.

6.4.11 Ferramentas

Exportar diretamente como PDF

O BrOffice como um todo possui este recurso que permite gerar um arquivo PDF a partir do documento em edição. A janela aberta por este botão é muito similar à janela de Salvar Como, em que se deve apontar o local onde o arquivo será salvo e com qual nome se deseja salvá-lo.

Imprimir arquivo diretamente

Este é um recurso diferente da impressão habitual pelo atalho Ctrl + P. Essa ferramenta de impressão direta manda o arquivo diretamente para a impressora que estiver definida, pelo painel de controle, como padrão, usando as propriedades padrão de impressão.

Visualizar página

Este é simplesmente o recurso de visualizar o que será impresso, útil para ter uma maior noção de como ficarão distribuídas as informações no papel.

Ortografia e gramática (F7)

Essa ferramenta exibe uma janela, ilustrada a seguir, por meio da qual é possível corrigir as palavras "erradas" no texto. Erradas porque na verdade, são indicadas as palavras não conhecidas pelo dicionário do programa. Uma vez que ela esteja correta, é possível acrescentá-la ao dicionário.

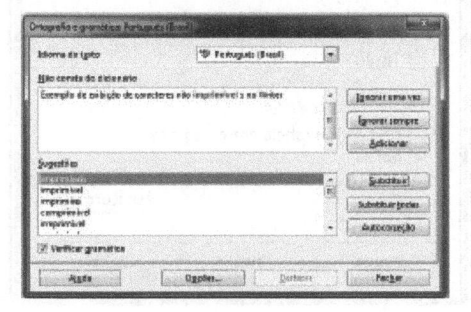

Autoverificação ortográfica

A Autoverificação é uma ferramenta presente apenas no BrOffice, cuja finalidade é apenas habilitar ou desabilitar a exibição do sublinhado vermelho das palavras desconhecidas.

Navegador (F5)

O Navegador tem aparecido nas provas apenas a título de conhecimento de seu nome, associado ao símbolo e atalho. Essa ferramenta é um recurso para navegar no texto, a partir das suas estruturas, como títulos, tabelas, figuras e outros itens que podem ser visualizados na figura a seguir:

Exemplo de exibição de caracteres não imprimíveis no Writer.

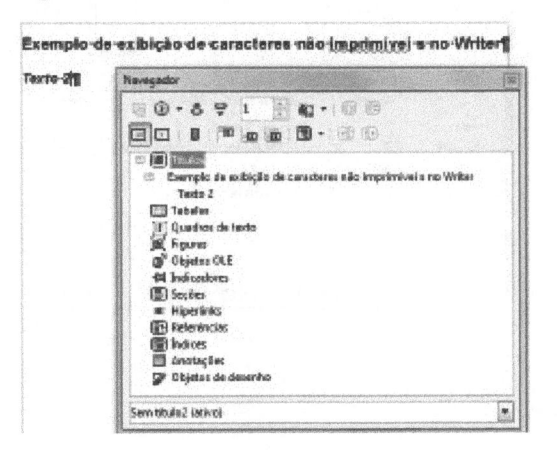

Galeria

O recurso Galeria tem peso similar ao Navegador nas provas. Acionar essa ferramenta resulta na exibição do painel ilustrado a seguir, por meio do qual é possível inserir, em meio ao documento, estruturas de navegação Web, como botões, sons e outros itens.

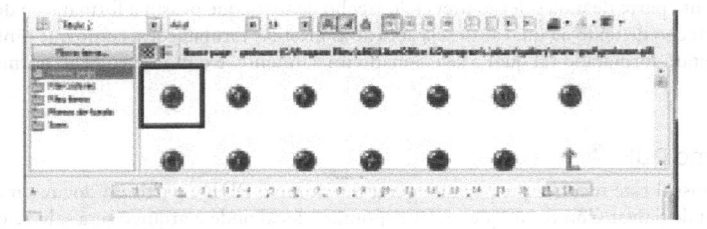

Tabela (Ctrl + F12)

O botão Tabela pode ser usado de duas maneiras. Clicando no desenho da tabela, é aberta a janela ilustrada a seguir. Caso seja clicado na flecha, é exibido um reticulado, pelo qual é possível selecionar a quantidade de células que se deseja criar em uma tabela.

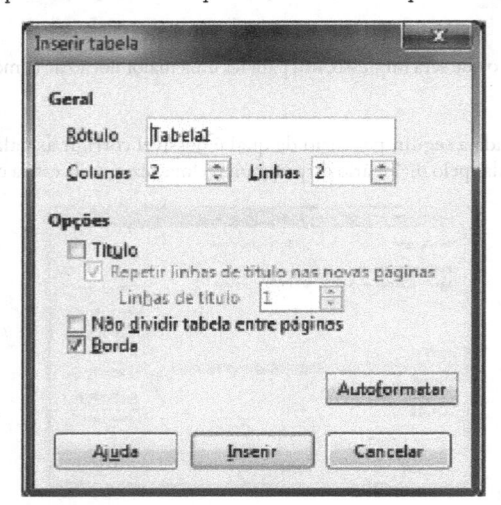

6.4.12 Aba página

A aba Página é a principal da janela de formatação de página. A figura a seguir ilustra essa aba. Observe que as margens estão definidas por padrão em 2 cm, e que o tamanho do papel padrão é o A4. Também é possível determinar a orientação da página. Vale lembrar que, em um mesmo documento, é possível intercalar páginas com orientações diferentes. Para isso, devem ser utilizadas seções.

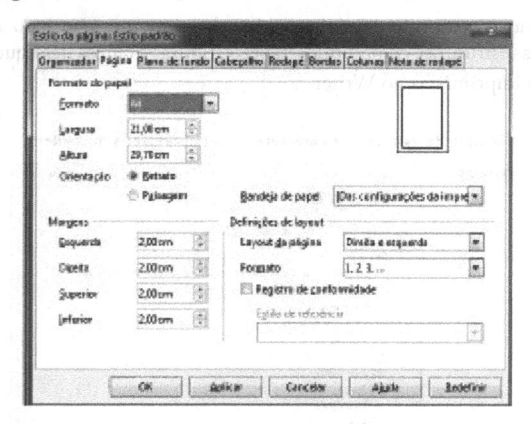

6.5 Menu Arquivo

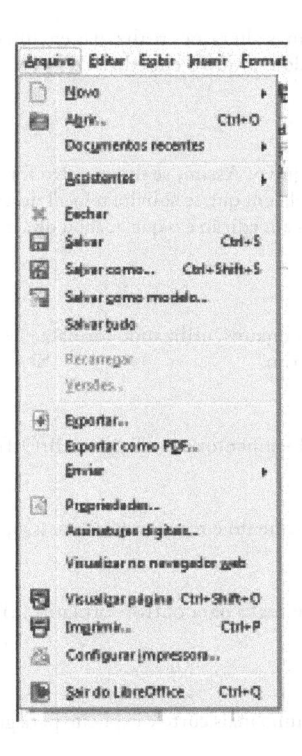

6.5.1 Novo

Dentre as opções do menu Arquivo, damos destaque para a opção Novo. Ela aponta a característica do BrOffice de ser uma suíte de aplicativos integrada, pois, mesmo estando no Writer, é possível criar uma planilha do Calc. No entanto, ao escolher na opção Novo, uma planilha será criada no Calc. Porém, ao realizar o acesso por meio deste caminho, o Calc é carregado mais rapidamente do que se o BrOffice estivesse fechado.

Para criar um Novo Documento em Branco podemos também utilizar a opção do atalho Ctrl + N.

6.5.2 Abrir (Ctrl + O)

Permite abrir um arquivo existente em uma unidade de armazenamento, navegando entre os arquivos e pastas.

Documentos recentes

Exibe a lista com os últimos documentos abertos, como também aqueles salvos, no Writer, com o intuito de fornecer um acesso mais rápido a eles.

6.5.3 Assistentes

Conforme ilustrado a seguir, existem vários assistentes no BrOffice. Eles são nada mais do que procedimentos realizados em etapas, a fim de auxiliar na criação ou estruturação de informações.

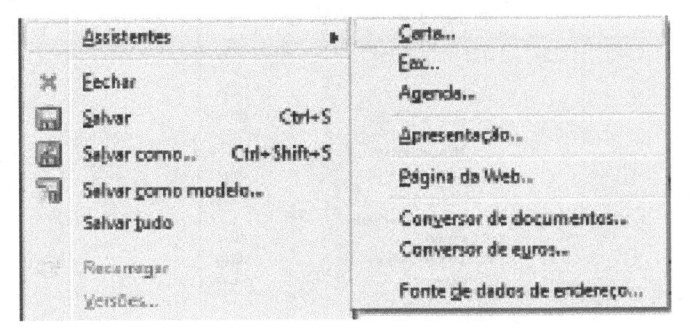

6.5.4 Fechar

A opção Fechar serve para fechar apenas o documento em edição, mantendo o programa aberto. Tem como teclas de atalho Ctrl + W ou Ctrl + F4.

6.5.5 Salvar

A opção Salvar apenas se preocupa em salvar as últimas alterações realizadas em um documento em edição. Seu atalho é Ctrl + S no Writer. Mas essa opção possui uma situação de exceção, quando o arquivo em edição é novo, ou seja, que nunca tenha sido salvo. Essa opção salvar corresponde à opção Salvar Como.

6.5.6 Salvar como

Esse recurso tem como princípio gerar um novo arquivo. Assim, se um arquivo for aberto e sejam realizadas várias alterações, sem salvar, e utilizar o comando Salvar Como, será aberta uma janela em que se solicita o local desejado e o nome do arquivo. Também é possível alterar o tipo de documento, após salvá-lo. O documento que fica em edição é o que acabou de ser salvo. O arquivo aberto inicialmente é apenas fechado, sem nenhuma alteração.

6.5.7 Salvar como modelo

Podemos criar um documento-base para outros documentos, utilizando formatações específicas. Assim, essa opção é a utilizada para salvar este arquivo, de modo que possa ser utilizado para esse fim.

6.5.8 Salvar tudo

Essa ferramenta aplica o comando salvar todos os documentos em edição no BrOffice, até mesmo os que estiverem em edição no Calc.

6.5.9 Recarregar

Ao acionar essa opção, a última versão salva do documento é restaurada. Com isso, as alterações não salvas serão perdidas.

6.5.10 Exportar

É possível pelo BrOffice exportar o documento de texto para outros formatos utilizados por outros programas como: XML, HTML, HTM ou mesmo o PDF.

6.5.11 Exportar como PDF

A opção Exportar como PDF é basicamente um caminho mais curto e explícito para gerar um arquivo PDF, a partir do documento em edição.

6.5.12 Assinaturas digitais

Assim como o Microsoft Office no BrOffice, é possível assinar um documento digitalmente. Claro que, para utilizar a funcionalidade por completo, é necessário possuir um certificado digital. Contudo, mesmo não possuindo um, é possível utilizar esse recurso para assinar um documento. Porém, apenas será garantida a integridade do mesmo e apenas no próprio computador do usuário.

6.5.13 Visualizar no navegador web

Já que podemos criar páginas da Internet, é interessante que, no mínimo, possamos visualizar como ela ficaria no navegador. Diante disso, ao acionar essa ferramenta, será aberto o navegador de Internet (Browser) padrão exibindo como página o documento em edição.

6.5.14 Sair

Em comparação com a opção Fechar, a opção Sair fecha o programa inteiro, podendo utilizar, para isso, os atalhos Alt + F4 ou Ctrl + Q.

6.6 Menu Editar

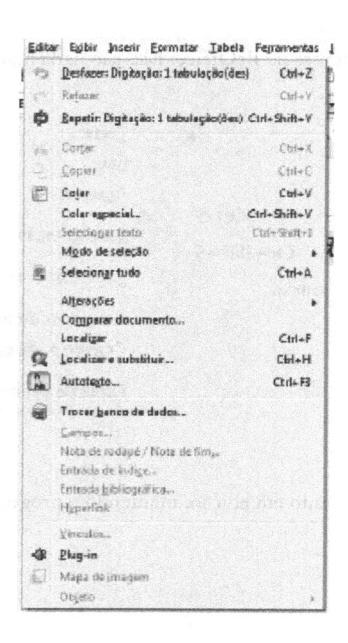

Do menu Editar anteriormente ilustrado, podemos destacar duas opções principais:

6.6.1 Colar especial

Esse recurso permite colar um determinado dado de acordo com a necessidade de formatação, ou seja, é possível manter a formatação igual à do local de onde foi copiado ou não utilizar formatação.

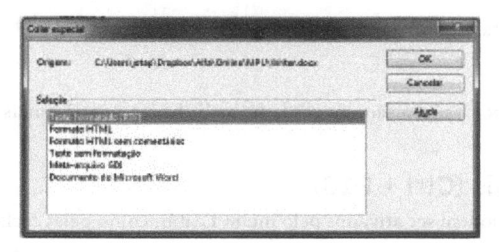

6.6.2 Selecionar tudo

A opção Selecionar Tudo tem como observação a sua tecla de atalho CTRL + A, que é a mesma utilizada para selecionar todos os arquivos e pastas de um diretório por meio dos gerenciadores de arquivos.

6.7 Menu Exibir

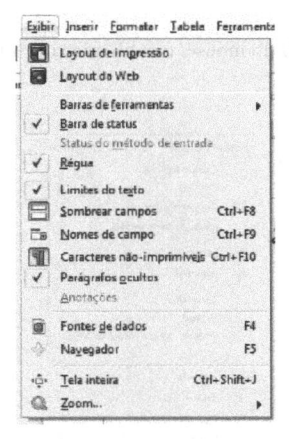

Do menu Exibir devemos conhecer os modos de exibição, bem como alguns itens importantes, listados a seguir. Mas, de modo geral, podemos pensar que as opções que normalmente encontramos nesse menu são coisas que não vemos e gostaríamos de ver, ou que estamos vendo, mas não desejamos mais ver.

6.7.1 Modos de exibição

São dois os Modos de Exibição: Layout de Impressão (Padrão) e Layout da Web. Contudo, poderíamos até considerar, dependendo da situação, a opção Tela Inteira como um modo de exibição.

6.7.2 Barra de ferramentas

A principal Barra de Ferramentas questionada nas provas é a barra de Desenho, que existe também no Writer e Calc, mas que é exibida por padrão apenas no Impress. A figura a seguir ilustra as barras disponíveis:

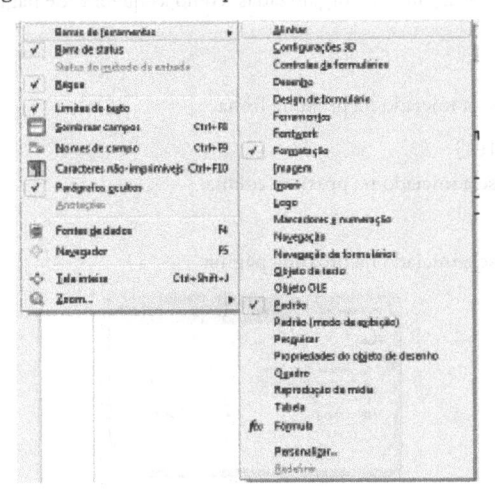

6.7.3 Barra de status

Essa é a barra que aparece por padrão nos editores. Ela fica localizada no fim da janela, ou seja, é a última barra dentro do programa. Nela encontramos informações como número da página atual e total de páginas do documento, idioma em uso e a ferramenta de zoom à direita.

6.7.4 Régua

Para ocultar a régua, basta desabilitar essa opção.

6.7.5 Limites de texto

Os Limites de Texto que são exibidos por padrão são, na verdade, as linhas que indicam as margens da página, ou seja, a área útil do documento.

6.7.6 Caracteres não imprimíveis (Ctrl + F10)

Os caracteres não imprimíveis também podem ser ativados pelo menu Exibir, como pelas teclas de atalho.

6.7.7 Navegador (F5)

O Navegador, anteriormente citado, também é encontrado no menu Exibir.

6.7.8 Tela inteira (Ctrl + Shift + J)

Modo de exibição que oculta as barras e ferramentas, objetivando a leitura do documento.

6.7.9 Zoom

Também podemos alterar o zoom utilizando o scroll do mouse, combinado com a tecla Ctrl.

6.7.10 Menu Inserir

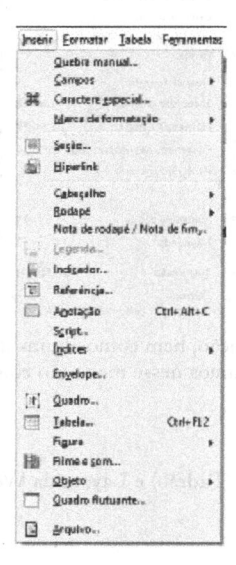

6.7.11 Quebra manual

Este recurso permite utilizar estruturas que sejam auto-organizadas, como as quebras de página. Existem três quebras de texto possíveis, além das quebras de seção.

Quebra de linha (Shift + Enter)

Faz com que o conteúdo, após a quebra, seja iniciado na próxima linha.

Quebra de coluna (Ctrl + Shift + Enter)

Faz com que o conteúdo, após a quebra, seja iniciado na próxima coluna.

Quebra de página (Ctrl + Enter)

Faz com que o conteúdo, após a quebra, seja iniciado na próxima página.

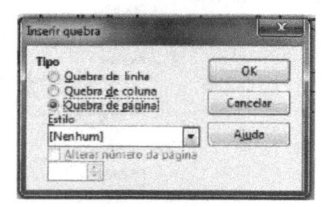

6.7.12 Campos

Os Campos são estruturas de dados que utilizam propriedades do arquivo como nome do autor, título, dentre outras como Data e Hora do sistema.

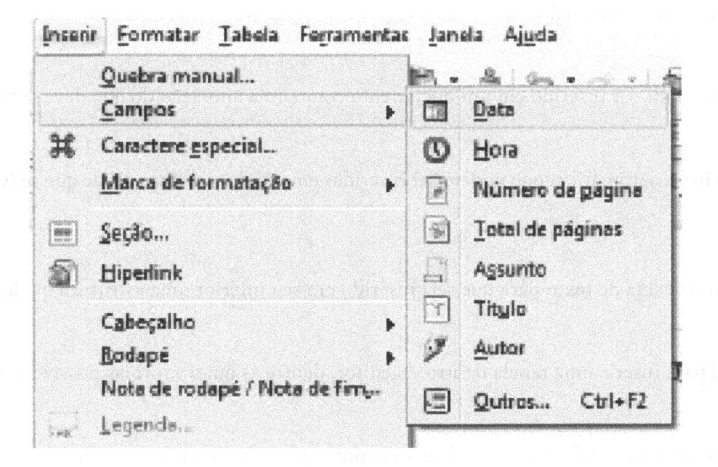

6.7.13 Caractere especial

A opção Caractere Especial pode ser utilizada para inserir símbolos como este ➤ entre inúmeros outros possíveis.

6.7.14 Seção

Uma Seção é o recurso-base para poder, em um mesmo documento, trabalhar com páginas com cabeçalhos e rodapés distintos, ou mesmo configurações de páginas distintas, como intercalar páginas em retrato e paisagem.

6.7.15 Cabeçalho / Rodapé

As estruturas de cabeçalhos e rodapés têm por princípio poupar trabalho durante a edição, de modo que o que for inserido nestas estruturas se repete nas demais páginas, não necessariamente do documento como um todo, mas em todas as páginas da mesma Seção.

6.7.16 Hiperlink

Um link nada mais é do que um caminho, um atalho para algum lugar. Esse lugar pode ser uma página na Internet, ou computador, como um arquivo que esteja na Internet ou mesmo no computador local. Também é possível fazer com que um link aponte para algum ponto do mesmo documento, criando uma espécie de navegação. Contudo, para realizar esse procedimento, deve-se antes inserir Indicadores. A imagem a seguir ilustra a janela de inserir hiperlink:

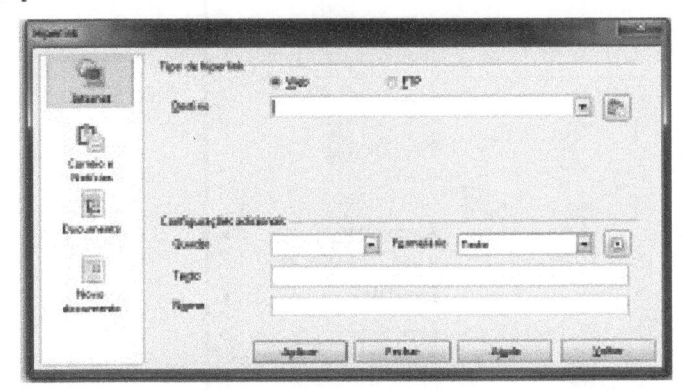

6.7.17 Nota de rodapé/nota de fim

Notas de Rodapé e Notas de Fim são observações que, por vezes, utilizamos para explicar algo que fugiria ao contexto de uma frase1. A identificação ao lado da palavra/frase serve para que, no rodapé da mesma página ou ao final do documento, o leitor busque a devida explicação para a observação.

6.7.18 Legenda

Uma Legenda é um recurso que poderia ser utilizado neste documento para identificar as figuras e referenciá-las em meio ao texto, mas como a estrutura de apresentação do conteúdo é linear e procura ser direta, não utilizamos esse recurso.

6.7.19 Indicador

Um Indicador é um ponto de referência para ser apontado por um hiperlink.

---

1 As notas de rodapé, assim como as notas de fim, têm a finalidade de trazer informações adicionais, que fogem ao contexto abordado no texto.

227

6.7.20 Referência

Uma Referência é uma citação pela qual utilizamos a ideia de informar algo do tipo, "conforme Figura 1". Em vez de escrever a palavra Figura 1, estaria utilizando uma referência a ela, para que caso seja inserida uma nova figura antes da 1 no documento, os locais em que havia sido citado como figura 1 sejam refatorados para 2.

6.7.21 Anotação

É o recurso de comentário que pode ser inserido em um documento como uma anotação do que deve ser feito.

6.7.22 Índices

Os Índices são os sumários e listas automáticas que podem ser inseridas em um documento, desde que se tenha utilizado os estilos de título e o recurso de legenda.

6.7.23 Quadro

Um quadro, basicamente, é uma caixa de texto para que seja inserido em seu interior uma estrutura qualquer.

6.7.24 Tabela

É mais um caminho possível para inserir uma tabela dentro do editor, dentre as quatro formas possíveis, como o atalho Ctrl + F12.

6.7.25 Figura

O recurso Figura permite inserir imagens de diferentes formatos (png, gif, jpg) em um documento.

6.7.26 Filme e som

É possível inserir uma música ou um vídeo em meio a um documento de texto.

6.7.27 Objeto

Destaque para a opção Objeto OLE (*Object Linked Embeded*) pela qual podemos inserir uma Planilha do Calc dentro de um documento de texto e ainda utilizá-la com suas características de planilha.

6.8 Menu Tabela

O menu Tabela apresenta as opções próprias de trabalho com uma tabela, como inicialmente inserir uma tabela no documento em edição. Várias opções aparecem desabilitadas, isso ocorre porque uma tabela não foi selecionada.

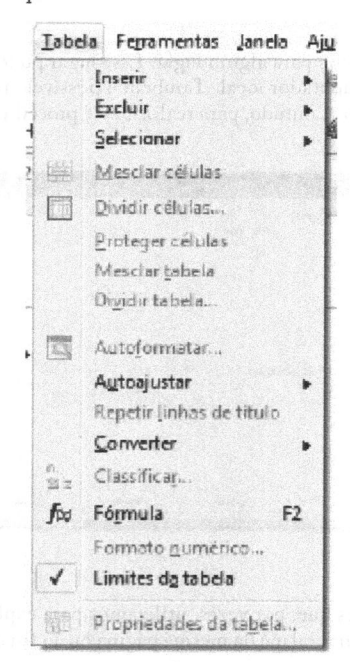

Outro caminho para se inserir uma tabela, além do menu Inserir e do atalho, dá-se por meio do menu Tabela opção Inserir e somente depois a opção Tabela.

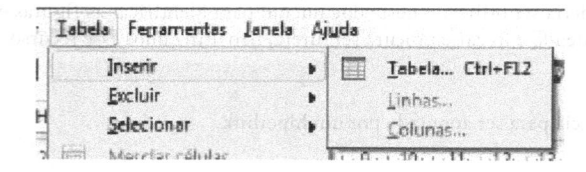

6.8.1 Mesclar células

Essa ferramenta só fica habilitada quando duas ou mais células de uma tabela estão selecionadas. Ao acioná-las, as células se tornam uma, ou seja, são mescladas.

6.8.2 Dividir células

Atente-se para esse recurso, pois somente em uma tabela é possível dividir células, ou seja, esse recurso não existe para planilhas.

6.8.3 Proteger células

É um recurso que pode ser utilizado para bloquear as alterações em uma determinada célula e em uma tabela.

6.8.4 Dividir tabela

Assim como é possível dividir uma célula, também podemos dividir uma tabela em duas ou mais, mas apenas tabelas.

6.8.5 Repetir linhas de título

Quando se trabalha com tabelas muito extensas, que se distribuem em várias páginas, é difícil manter a relação do que se tem em cada coluna e linha. Para não ter que copiar manualmente os títulos, podemos utilizar o recurso repetir linhas de título.

6.8.6 Converter

É possível converter tanto um texto em tabela como uma tabela em texto, utilizando, para isso, alguns critérios como espaços entre palavras ou tabulações, entre outros.

6.9 Menu Ferramentas

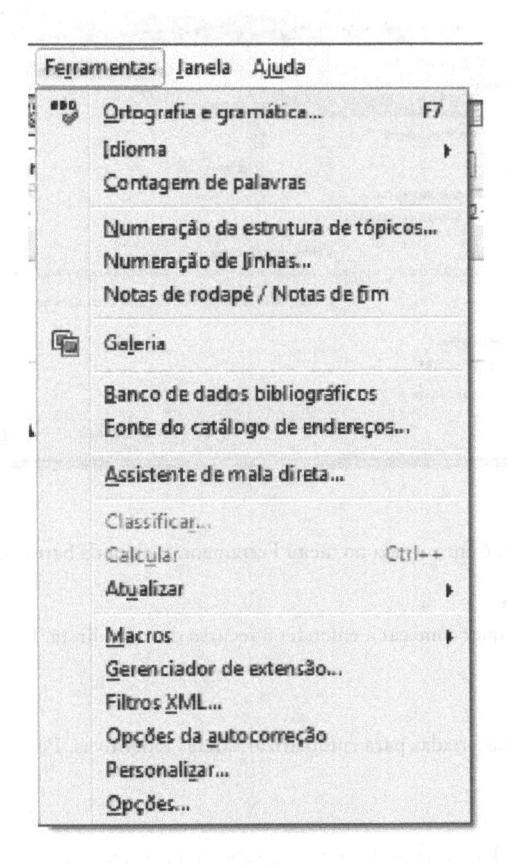

6.9.1 Ortografia e gramática (F7)

Abre uma janela para verificar o documento em busca de palavras desconhecidas ao dicionário do programa.

6.9.2 Idioma

No BrOffice Writer, podemos definir o idioma que está sendo trabalhado no texto selecionado, como no parágrafo e até para o documento de modo geral.

6.9.3 Contagem de palavras

O Writer também possui recurso de contabilização de total de palavras que compõem o texto.

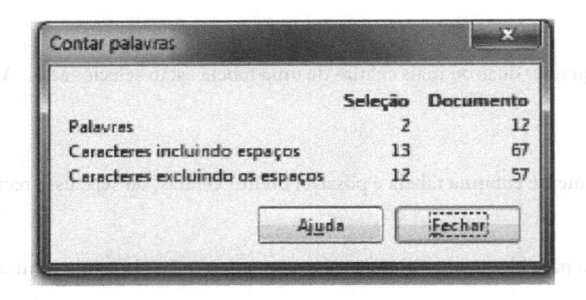

6.9.4 Numeração de linhas

Este recurso é bastante utilizado nas provas de Língua Portuguesa, em que ao lado das linhas, nos textos apresentados, aparece uma numeração, que não necessita ser exibida em todas as linhas. Atenção às questões que o comparam com o recurso Numeração, usado para numerar parágrafos.

Uma forma de identificar a diferença é pela presença dos indicadores de fim de parágrafo, visíveis quando a ferramenta "caracteres não imprimíveis" está ativa.

6.9.5 Notas de rodapé/notas de fim

Já vimos esse nome no menu Inserir. No entanto, são ferramentas distintas, mas relacionadas, pois esse recurso do menu Ferramentas abre a janela de configuração das notas, conforme ilustrado a seguir:

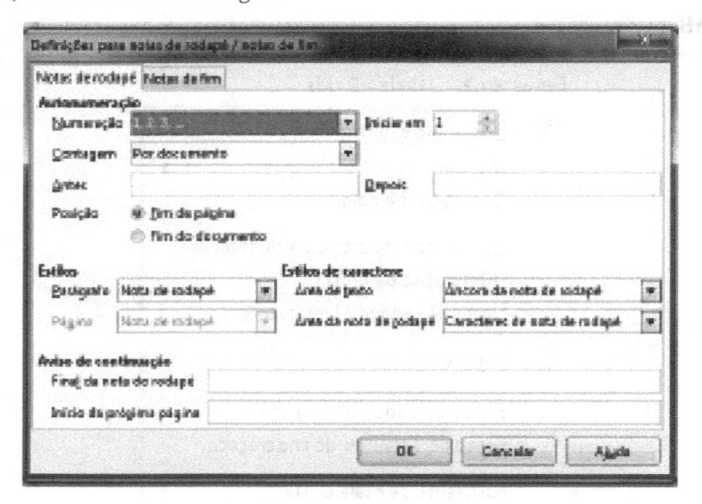

6.9.6 Galeria

A ferramenta que exibe a galeria também é encontrada no menu Ferramentas, além da barra de ferramentas padrão.

6.9.7 Assistente de mala direta

Uma ferramenta interessante para quem quer começar a entender o recurso de mala direta. Por meio dela, é possível criar uma mala direta passo a passo.

6.9.8 Macros

De uma forma geral, as Macros são regras criadas para automatizar tarefas repetitivas. Por meio dessa ferramenta é possível executar as macros existentes.

6.9.9 Opções de autocorreção

O recurso de Autocorreção é o responsável por corrigir palavras logo após a sua inserção, como colocar acento na palavra, caso digitada sem.

6.9.10 Opções

Esse recurso concentra as opções do programa como dados do usuário e recursos.

7 BROFFICE CALC

O BrOffice Calc é um editor de planilhas eletrônicas pelo qual pode-se estruturar um controle de livro-caixa ou estoque, dentre inúmeras outras estruturas para atender a necessidades básicas de um escritório, por exemplo, que deseja controlar suas atividades. A figura a seguir ilustra a janela principal desse programa.

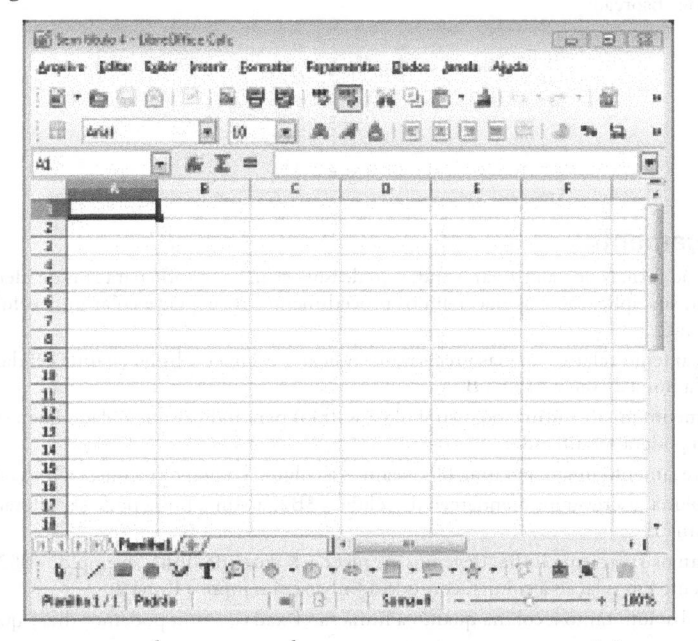

Para utilizar adequadamente esse programa, devemos entender as suas estruturas, com as quais iremos operar, como o formato de arquivo gerado.

Por padrão, um arquivo salvo no Calc é salvo no formato ODS (Open Document Spreadsheet), no entanto é possível por meio deste editor também salvar nos formatos padrões do Microsoft Office Excel: xls (97-2003) e xlsx (2007 e 2010).

Vale lembrar que o formato ODF é o formato genérico do BrOffice, conhecido como Open Document Format, ou seja, Formato de Documento Aberto. Fique atento, pois o PDF (Formato de Documento Portátil) também e possível de ser gerado pelo Calc, porém por meio da opção Exportar como PDF.

7.1 Planilha

Uma planilha nada mais é do que um reticulado de linhas e colunas, as quais são preenchidas com dados e fórmulas com o intuito de se obter algum resultado ou estruturar alguma informação.

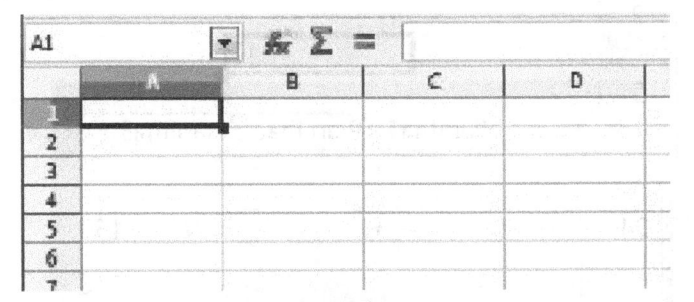

Por padrão, as linhas são identificadas por números enquanto as colunas são identificadas por letras, conforme ilustrado na figura acima. Vale lembrar que, uma vez que existe um padrão, que existe também outra forma de se trabalhar, neste caso, é possível utilizar números para as colunas, mas é necessário alterar as opções do programa.

Uma planilha já possui um total de 1.048.576 linhas por 1024 colunas, contudo, como o alfabeto vai apenas até a letra Z, a próxima coluna é dada pela combinação AA, seguida por AB até chegar a AZ, seguida por BA, BB e assim por diante até completar as 1024 colunas, sendo a última representada pela combinação AMJ.

O mais importante a ser observado sobre essa característica é que esses valores são fixos, ou seja, uma planilha sempre terá essa estrutura, mas quando usado o recurso inserir Linhas ou Colunas, ocorre um deslocamento de conteúdo para baixo, no caso de linhas, e para a direita, no caso de colunas.

7.2 Célula

Uma célula é a menor unidade estrutural de um editor de planilhas, elas são dadas pelo encontro de uma coluna com uma linha. Assim são identificadas pelos títulos das colunas e das linhas que são exibidas.

A célula A1 é a primeira célula de uma planilha, ou seja, é a célula que se encontra na coluna A e na linha 1.

7.2.1 Células de absorção

Dentre as características das células podemos citar as de Absorção, também conhecidas como células de resultado. Basicamente são aquelas que apresentam o resultado de algum cálculo.

Os indicadores de Células de Absorção são símbolos usados para identificar para o programa quais células devem ser calculadas. No Calc, são três os indicadores de células de absorção:

=	=5+5	10
+	+5+5	10
-	-5+5	0

7.2.2 Modos de endereçamento

Os modos de endereçamento são formas de identificar o endereço de uma célula, contudo para fins de identificação os três modos de endereçamento não possuem diferença, sua aplicação é apenas para os procedimentos de copiar e colar uma célula cujo conteúdo é uma fórmula, por vezes citado pelo clicar e arrastar.

Relativo: no modo de endereçamento relativo apenas precisamos indicar a coluna e a linha de uma célula. Como o exemplo: B2, ou seja, a célula que se encontra na junção da linha 2 com a coluna B.

Misto: no modo de endereçamento misto é utilizado o símbolo $ (cifrão) para indicar que o dado que estiver imediatamente à sua direita será sempre o mesmo, ou seja, não poderá ser alterado.

Existem duas formas de endereçamento misto, em uma bloqueamos a coluna, enquanto na outra a linha é que é bloqueada.

Quando desejamos travar a coluna, escrevemos o endereço da célula, =$B2, assim a linha pode ser alterada quando houver deslocamento, porém, a coluna será sempre a coluna B.

Por outro lado, quando desejamos fixar uma linha, devemos escrever o $ antes da linha, exemplo, =B$2, dessa forma, a coluna pode ser alterada quando houver deslocamento em relação à coluna, contudo a linha será sempre a linha 2.

Absoluto: no endereçamento absoluto tanto a coluna quanto a linha são fixadas, assim podemos dizer que a célula será sempre a mesma.

Endereço da planilha

<nome da Planilha>.<endereço da célula>

=Planilha1.B4+Planilha2.B4

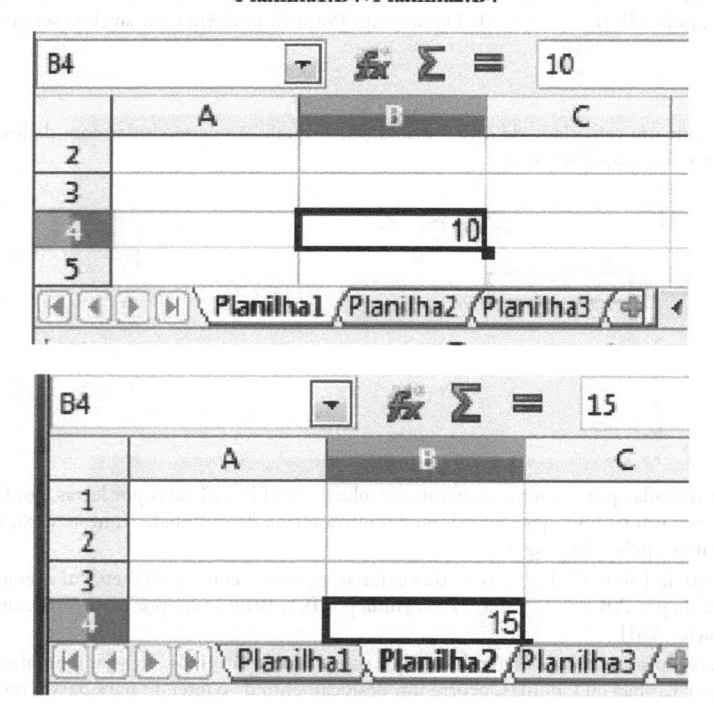

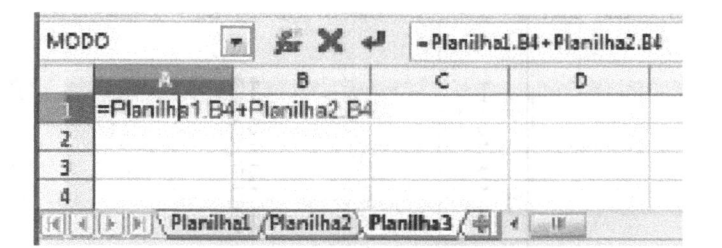

7.3 Operadores

No BrOffice Calc existem quatro tipos de operadores básicos: aritméticos, texto, referência e comparação, cada qual com suas peculiaridades.

7.3.1 Operadores aritméticos

Sobre Operadores Aritméticos, assim como sobre Células de Absorção, a maioria das perguntas é direta, mas as questões são colocadas na matemática destes operadores, ou seja, as regras de prioridade de operadores devem ser observadas para que não seja realizado um cálculo errado.

Operador	Símbolo	Exemplo de uso	Resultado
Adição	+	=5+5	10
Subtração	-	=5-5	0
Multiplicação	*	=5*5	25
Divisão	/	=5/5	1
Potenciação	^	=5^2	25
Percentagem	%	=200*10%	20

7.3.2 Operador de texto

Os editores também contam com um operador que permite atuar com texto. O operador de concatenação **&** tem a função de reunir o conteúdo das células na célula resultado. Atenção, nesse caso a ordem dos operadores altera o resultado.

A figura a seguir ilustra as células com operações de concatenação.

	A	B	C	D
1	3		4 =B1&A1	=C1+8
2	ab	cd	=A2&B2	
3	=A1&A2&A4	=CONCATENAR(A1;A2;A4)		
4	=A2&A1			
5				

A figura a seguir mostra os resultados obtidos pelas fórmulas inseridas, atente aos resultados e perceba que a ordem dos fatores muda o resultado. Também observe que, por ter sido utilizado um operador de texto, o resultado por padrão fica alinhado à esquerda.

	A	B	C	D
1	3	4	43	51
2	ab	cd	abcd	
3	3abab3	3abab3		
4	ab3			
5				

7.3.3 Referência

Os operadores de referência são aqueles utilizados para definir o intervalo de dados que uma função deve utilizar.

; ~	E	União
:	Até	Intervalo
!		Interseção

Considere o seguinte conjunto de dados em uma planilha em edição no Calc:

	A
1	10
2	20
3	30
4	40
5	50
6	
7	
8	

=SOMA(A1 : A4)

A função é lida como Soma de A1 até A4, ou seja, todas as células que estão no intervalo de A1 até A4 inclusive. No caso de exemplo o resultado = 100.

De forma equivalente pode-se escrever a função como se segue:

=SOMA(A1 ; A2 ; A3 ; A4)

A qual se lê Soma de A1 e A2 e A3 e A4, assim é possível especificar células aleatórias de uma planilha para realizar um cálculo.

=SOMA(A1 ; A4)

Neste caso fique atento pois, a leitura é Soma de A4 e A1, ou seja, apenas estão sendo somadas as células A1 com A4 as demais não entram no conjunto especificado. Assim, o resultado seria 50.

=SOMA(A1 : A4 ! A3 : A5)

Já nesta última situação apresentada, deseja-se somar apenas as células que são comuns ao intervalo de A1 até A4 com A3 até A5, que no caso são as células A3 e A4, assim a soma destas células resulta em 70.

7.4 Elemento fixador

O $ (cifrão) é um símbolo usado para travar alguma informação, via de regra o que estiver vinculado à direita.

As questões normalmente descrevem uma planilha e citam que uma determinada fórmula foi inserida em uma célula. Na sequência, a célula é selecionada, copiada e colada em outra célula, ou mesmo clicado pela alça de preenchimento e arrastado para outra célula.

No caso a seguir, foi inserida na célula C1 a fórmula =A1+$A2+A$2, após foi arrastada pela alça de preenchimento desta célula para a célula C2, assim a fórmula presente em C2 será:

1º de C1 para C2 foi acrescido apenas uma linha, sem alterar a coluna, assim as letras não são alteradas, mas existem modos de endereçamento misto, em que aparece $2 significa que a linha será sempre a linha 2, não podendo modificá-la.

	A	B	C	D
1	10	100	=A1+$A2+A$2	
2	50	200	=A2+$A3+A$2	
3	=$A$1+A1			
4		=$A$1+B2		
5				=B5+$A6+B$2
6				

	A	B	C	D
1	10	100	110	
2	50	200	120	
3	20			
4		210		
5				200
6				

C1	→	C2
Origem		Destino

	Destino		Origem	Deslocamento
Linha	2	-	1	1
Coluna	C3ª	-	C3ª	0

	C1	→		D5
	Origem			Destino

	Destino		Origem	Deslocamento
Linha	5	-	1	4
Coluna	D4ª	-	C3ª	1

A3	→	B4
Origem		Destino

	Destino		Origem	Deslocamento
Linha	4	-	3	1
Coluna	B2ª	-	A1ª	1

	→	
Origem		Destino

	Destino		Origem	Deslocamento
Linha	-			
Coluna	-			

7.5 Alça de preenchimento

A Alça de Preenchimento é um dos recursos que mais possui possibilidades de uso e por consequência respostas diferentes.

Observe que, quando uma ou mais células estão selecionadas, sempre no canto direito inferior é ilustrado um quadrado um pouco mais destacado, essa é a alça de preenchimento.

Ela possui esse nome porque é utilizada para facilitar o preenchimento de dados que obedeçam a uma regra ou padrão.

Quando uma única célula está selecionada e o seu conteúdo é um valor numérico. Ao clicar sobre a alça de preenchimento e arrastar seja na horizontal ou vertical, em qualquer sentido, exceto diagonal, será preenchido com uma Progressão Aritmética (PA) de razão 1, caso seja arrastado para esquerda ou para cima a razão é -1. A figura a seguir ilustra o comportamento.

Já na situação em que existem duas células adjacentes selecionadas contendo valores numéricos diferentes entre si, ao se arrastar pela alça de preenchimento as células serão preenchidas com uma PA cuja razão é a diferença entre os dois valores selecionados. A figura a seguir ilustra esse comportamento. Podemos observar que o valor que irá ser exibido na célula B6 será o número 30, com isso a célula B4 receberá o valor 20, enquanto a B5 receberá 25, conforme vemos na figura da direita.

Quando o conteúdo de uma única célula selecionada for um texto esse, será copiado para as demais células. Mas se o conteúdo, mesmo sendo um texto, fizer parte de uma série conhecida pelo programa às células serão preenchidas com o próximo valor da série. Por exemplo, se **Janeiro** for o conteúdo inserido na célula, então, ao arrastar pela alça de preenchimento para a direita ou para baixo a célula adjacente será preenchida com **Fevereiro**, por outro lado se for arrastado para cima ou para a esquerda a célula adjacente será preenchida com **Dezembro**. O mesmo vale para as sequências Jan, Seg e Segunda-feira.

Atenção: A, B, C não são conhecidos como série nos programas, mas o usuário pode criá-las.

Já na situação em que haja duas células que contenham textos diferentes selecionadas, ao arrastar será preenchido com o padrão encontrado.

Quando o conteúdo da célula for uma fórmula ao arrastar pela alça de preenchimento o resultado é o mesmo, ou seja, deverá ser calculada a nova fórmula de acordo com o deslocamento.

7.6 Funções

As funções são estruturas prontas criadas para que o usuário não se preocupe em como elas funcionam, mas apenas com que informações devem descrever para obter o resultado. Contudo, para as provas de concurso precisamos saber como elas funcionam.

A figura acima ilustra a barra de fórmulas e funções do Calc, por meio dela podemos inserir as funções, além de poder digitá-las diretamente. Essa barra também tem importante informação, pois é nela que é exibido o real conteúdo de uma célula, ou seja, se o que foi inserido foi uma fórmula ou um dado (valor) direto.

Caso ainda não conheça muito bem as funções é possível contar com o assistente de funções, que pode ser acessado pelo ícone f_x presente nessa mesma barra. À direita dele encontra-se o botão SOMA, que pode ser usado para inserir a função =SOMA( ) já o sinal de igual presente na sequência é o mesmo que digitar o símbolo na célula selecionada a fim de inserir uma fórmula ou função, tanto que seu nome é Função.

7.6.1 Principais funções

=SOMA( ) =MÉDIA( ) =MED( )

=MÁXIMO( ) =MAIOR(;) =MÍNIMO( )

=MENOR(;) =MODO( )

=média(a1:a5)

Calcula-se a Média de A1 até A5. O cálculo da média é a soma de um conjunto de valores dividido pelo total de valores **somados**, assim para o caso apresentado na figura acima o resultado da média de A1 até A5 é 20/4 totalizando 5, ou seja, as células vazias são ignoradas. Caso a célula A3 possua o valor 0, o resultado seria 4, pois 0 (zero) é número.

=média(a1;a2;a3;a4;a5)

Nesta segunda forma, apenas se mudou os operadores de referência, mas o resultado será o mesmo, pois o conjunto de dados é o mesmo.

=média(b1:b5)

O conjunto apresentado também resulta em 5.

=soma(b1:b5)/5

Muito comum de ser usado nas provas as estruturas de funções combinadas com expressões aritméticas como somar o conjunto de B1 até B5 e na sequência dividir o resultado por 5. Atente-se, pois para o caso em questão a expressão acima calcula a média, porém não se pode dizer o mesmo para a frase, **a função =SOMA(B1:B5)/5 calcula a média dos valores de B1 até B5 qualquer que seja o valor nas células**, pois se alguma célula estiver vazia não será dividido por 5 o total somado, a fim de calcular a média.

=b1+b2+b3+b4+b5/5

Cuidado com a expressão acima, porque ela não calcula a média, mas é bastante usada nas provas para induzir o candidato ao erro, lembre-se que os cálculos devem ser realizados respeitando as precedências de operadores. Assim, a expressão para calcular a média seria **=(B1+B2+B3+B4+B5)/5** usando os parênteses para mudar a precedência indicando que o que está entre eles é que deve ser calculado por primeiro.

=med(b1:b5)

Atenção a essa função, pois as provas induzem o candidato a pensar que se trata da função que calcula a média, contudo o que ela calcula é a **Mediana**, que é o elemento central de um conjunto de elementos. Porém, outra questão recorrente pode ser apresentada: ocorre quando o conjunto de dados é similar ao apresentado, ou seja, com números repetidos e fora de ordem, devemos lembrar que a mediada leva em consideração os valores em ordem e que estes se repetem. Desse modo, na mediana de B1 até B5 devemos observar os valores (3, 3, 5, 7, 7), com base nesse conjunto tem-se que a mediana é 5, pois é o elemento central.

=med(a1:a5)

Contudo, quando o conjunto possui uma quantidade par de elementos, a mediana é a média dos elementos centrais. Dado do conjunto (3, 3, 7, 7) a mediana é a média de 3 e 7, ou seja, 5.

=máximo(b1:b5)

Essa função retorna o valor mais alto do conjunto de dados especificado.

=maior(b1:b5;3)

Em comparação com a função Máximo, é comum aparecer a função Maior que permite identificar o enésimo termo de um conjunto.

No exemplo anterior podemos ler como o terceiro maior número do intervalo de B1 a B5.

Neste caso, como se deseja o maior valor o conjunto, deve ser considerado em ordem decrescente (7, 7, 5, 3, 3), assim o terceiro maior número é 5.

=mínimo(b1:b5)

Enquanto o máximo traz como resposta o valor mais alto, o mínimo retorna o mais baixo.

Para o exemplo acima a resposta é 3.

=menor(b1:b5;1)

A função Menor exibe o enésimo menor número de um conjunto, desta forma, no exemplo dado, pede-se o primeiro menor número do intervalo de B1 a B5 (3, 3, 5, 7, 7), na função menor o conjunto de dados deve ser considerado em ordem crescente, assim o primeiro menor é 3, o mesmo que o mínimo de B1 até B5.

=modo(a1:a5)

Esta função retorna o valor que aparece com maior frequência no conjunto especificado. No caso do exemplo, a resposta é 3.

=modo(b1:b5)

Observe que o resultado será sempre o valor mais baixo que mais se repete, mesmo que outro valor apareça com a mesma frequência, como no segundo exemplo a resposta também é 3.

7.6.2 Outras funções comuns

	A	B	C	D	E
1	3	7	10	A	
2	7	3	20	B	
3		7	30	A	
4	3	3	40	A	
5	7	5	10	B	
6					

=se(; ;)

A função SE é também conhecida como condicional, por meio dela é possível definir ações a serem executadas diante de determinadas situações (condições).

Sua sintaxe é composta por três campos sendo que no primeiro é colocado um teste lógico, após o ponto e vírgula temos o campo que contém a ação a ser executada, caso o teste lógico seja verdadeiro e na sequência. No último campo, contém a ação caso o teste lógico seja falso.

=cont.Núm( )

Esta função exibe o total de células de um intervalo que possui como conteúdo um valor numérico.

=cont.Se(;)

Enquanto a função CONT.SE retorna a quantidade de células que atendem ao critério estabelecido no segundo campo.

=somase(; ;)

Já a função SOMASE, permite somar apenas o conteúdo das células de interesse ao montante.

Assim se aplicada a função **=SOMASE(D1:D5;"=A";C1:C5)** a resposta será o montante da soma das células da coluna C que estiverem na mesma linha das células da coluna D que possuírem a letra A como conteúdo. Assim a resposta é 80.

> Exs.:
> **=SE(C1>=10; "maior ou igual"; "Menor")**

Se o valor contido na célula C1 for maior ou igual a 10, então será escrito na célula o texto expresso no segundo campo da função. Por ser um texto, a ação desejada ele obrigatoriamente deve ser expresso entre aspas, contudo as aspas não serão exibidas na resposta.

Mas se o valor da célula C1 for menor do que então será escrito como resposta o texto **Menor**.

=cont.Núm(a1:a5)

Como a célula A3 está vazia, a resposta desta função é 4, pois existem apenas 4 células cujo conteúdo é um número.

=cont.Se(d1:d5; "=a")

Ao se aplicar a função acima, ela irá contar quantas células possuem o texto A, neste caso a resposta é 3.

7.7 Formatos de células

Ao clicar com o botão direito do mouse sobre uma ou mais células selecionadas é aberto o menu suspenso, ilustrado a seguir. Neste momento nos interessa a opção Formatar Células que, ao ser acionada, abre a janela de formatação de células.

7.7.1 Guia números

A figura a seguir ilustra a janela Formatar Células exibindo as opções da aba Números, as principais abas são as guias Número e Alinhamento.

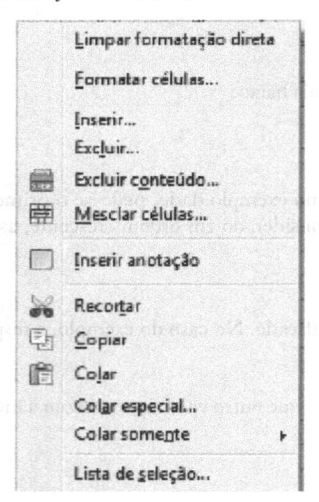 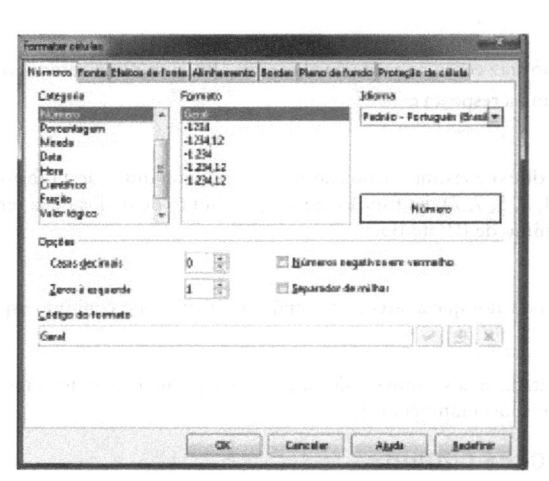

Na figura a seguir estão listados os formatos de células e exibidas as células formatadas.

	A	B
1	Número	5,70
2	Porcentagem	500,00%
3	Moeda	R$ 50,00
4	Data	09/04/13
5	Hora	23:20:00
6	Científico	5,00E+000
7	Fração	3/4
8	Valor Lógico	VERDADEIRO
9	Texto	teste
10		

Os formatos Moeda e Percentagem também podem ser definidos pelas opções da barra de Ferramentas de Formatação. A figura a seguir ilustra parte desta barra com as opções citadas.

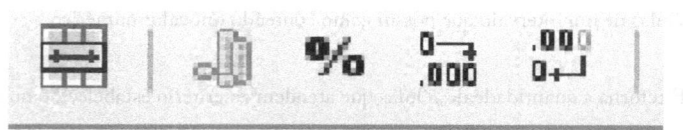

7.7.2 Guia alinhamento

Por meio desta guia, podemos formatar o alinhamento vertical e/ou horizontal de uma célula bem como a orientação do texto, ou seja, sua direção aplicando um grau de inclinação.

Também encontramos a opção Quebra Automática de texto que permite distribuir o conteúdo de uma célula em várias linhas de texto dentro da mesma célula. A figura a seguir ilustra estas opções.

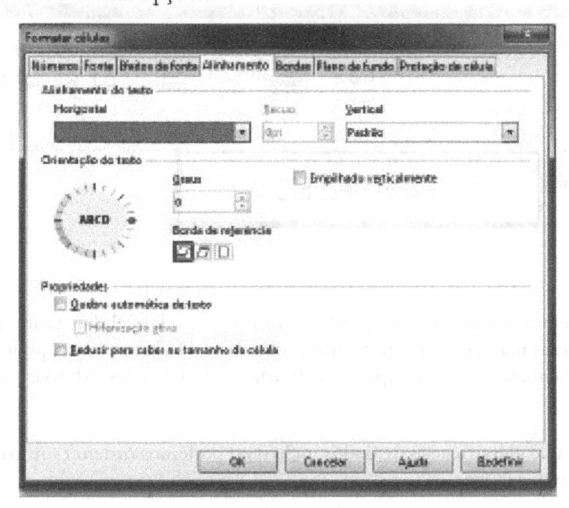

7.7.3 Outras ferramentas

Mesclar e centralizar

A opção Mesclar e Centralizar do Calc centraliza tanto na horizontal como na vertical. Porém, é possível exibir apenas o conteúdo da célula superior esquerda, como também se pode mover o conteúdo das células selecionadas que serão ocultas para a célula superior esquerda.

A sequência de imagens a seguir ilustra a operação de mesclar em que se opta por exibir apenas a célula superior esquerda, observe que as demais células são apenas ocultas, assim seus valores são mantidos e podem ser referenciados.

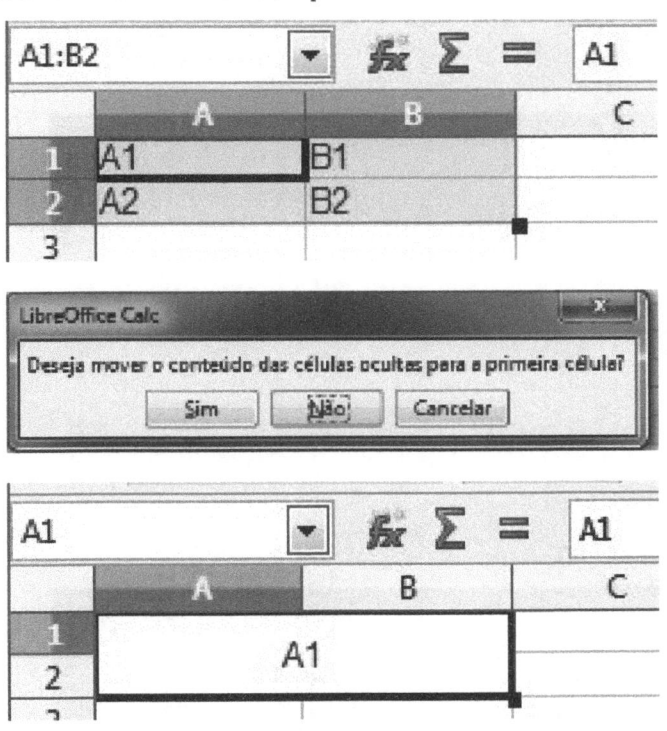

Nessa próxima sequência foi optado por mover o conteúdo para a célula superior esquerda, atente que a ordem dos dados é a mesma de leitura (esquerda para a direita e de cima para baixo).

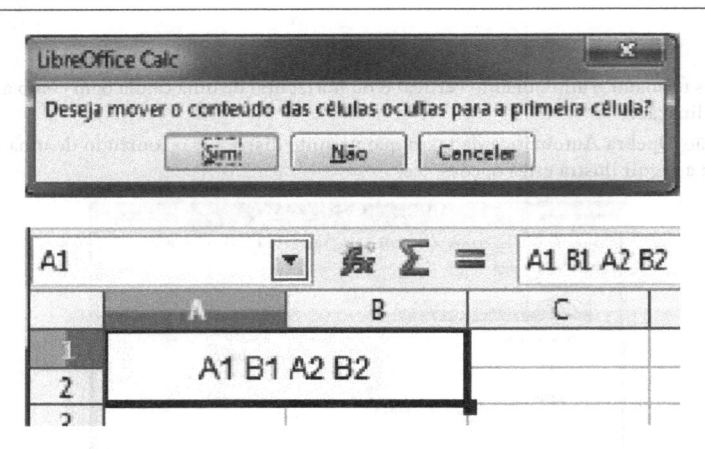

Bordas

Por padrão, em uma planilha, o que vemos são as linhas de grade e não as bordas das células, tanto que se realizarmos a impressão nenhuma divisão aparece. As bordas devem ser aplicadas manualmente de acordo com a necessidade, para isso, pode-se usar o botão Bordas presente na barra de ferramentas de formatação que, ao ser acionado, exibe as opções de bordas, como: bordas externas, internas, esquerda, direita, dentre outras.

Classificar

Outra opção que podemos destacar é a de classificação de dados, pela qual podemos ordenar um conjunto de dados selecionados em ordem crescente ou mesmo decrescente, por meio dos ícones.

8   BROFFICE IMPRESS

É também conhecido como editor de slides. Fique atento com as palavras expressas em português como eslaide, que aparenta ser errada, pelo fato de não ser empregada com frequência, comumente usada para induzir o candidato ao erro.

8.1 Janela do programa

Devemos, primeiramente, conhecer algumas funções da Janela do Editor para melhor entender seus recursos.

A primeira barra ao topo, onde encontramos os botões Fechar, Maximizar/Restaurar e Minimizar é a chamada Barra de Título, pois expressa o nome do arquivo e o programa no qual está sendo trabalhado.

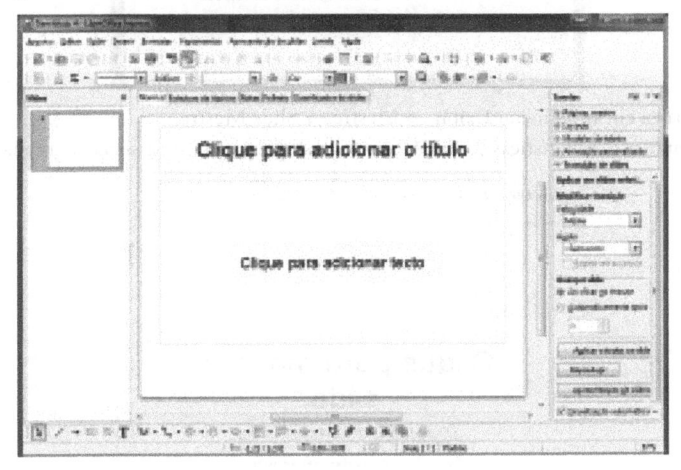

A barra logo abaixo é a Barra de Menu, onde se encontram as ferramentas do programa. Observe, à direita do menu Ferramentas, a existência de um menu diferente dos encontrados no Writer e Calc, o menu Apresentação de Slides. Nele, são encontradas as opções específicas das operações com slides como Cronometrar, Transição e Apresentação de Slides.

Na sequência, são exibidas as duas barras de ferramentas (Padrão e de Formatação). Fique atento às divisões da janela. Na lateral esquerda, está o painel Slides, nele são exibidas as miniaturas dos slides a fim de navegação na apresentação, bem como de organização. Uma vez que, para deslocar o slide, basta clicar e arrastá-lo para o local desejado.

A última é a barra de Status, por meio dela podemos visualizar em qual slide estamos, além de poder alterar o zoom do slide em edição.

Acima da barra de Status está a barra de Desenhos, ilustrada a seguir. Essa barra é comum aos demais editores (Calc e Writer). Porém, ela só aparece por padrão no Impress. Para ocultá-la ou exibi-la, basta selecionar a barra no menu Exibir → Barras de Ferramentas → Desenho.

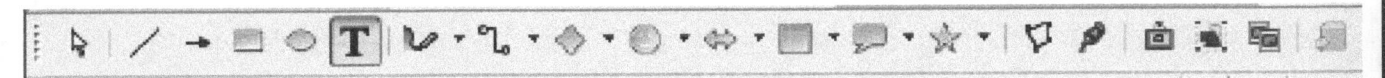

A área central da tela é onde fica o slide em edição, também conhecida como palco, quem sabe uma associação ao espaço onde o artista expõe a sua obra.

Já à direita, é exibido o Painel de Tarefas. Essa estrutura oferece diversas opções, conforme ilustrado a seguir:

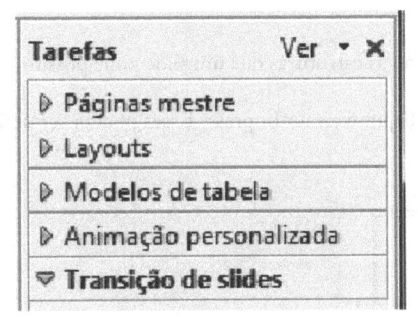

Acima do slide em edição, podem-se encontrar cinco opções, elas são modos de exibição que podem ser alternados.

8.2 Mestre

Um mestre é aquele que deve ser seguido, ou seja, uma estrutura base para a criação de um conjunto de slides. Por meio dele podemos criar um modelo no qual se definem estilos de título, parágrafo, tópicos, planos de fundo e os campos de data/hora, rodapé e número do slide, conforme pode ser visualizado na imagem a seguir:

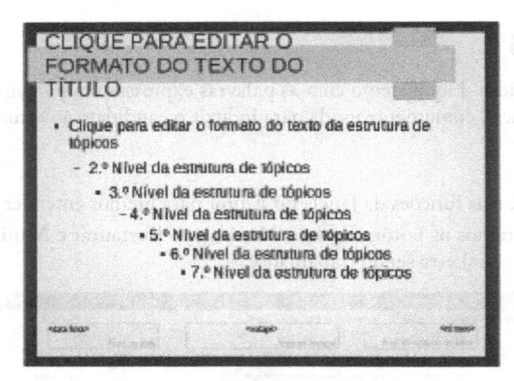

Para acionar o modo exibido, basta clicar no menu Exibir → Mestre → Slide Mestre.

A Nota Mestre serve para formatar as características das anotações (notas) que podem ser associadas a cada slide, conforme ilustrado a seguir.

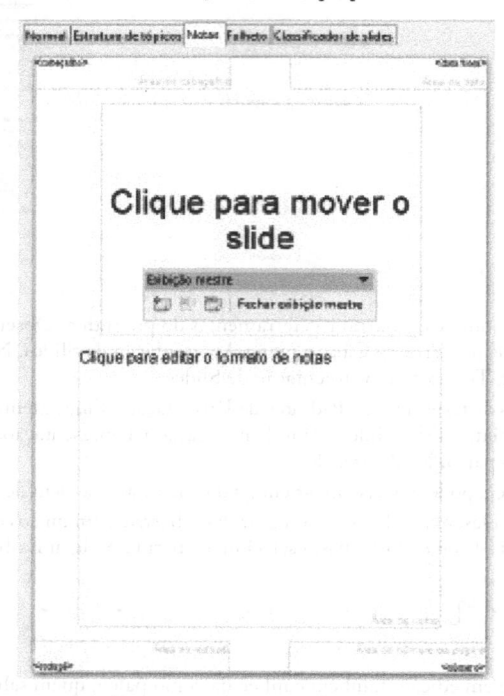

Já o item Elementos do Slide Mestre, serve para indicar quais elementos devem aparecer nos slides ou notas.

No painel de Tarefas, a opção Páginas Mestre apresenta alguns modelos de Slides Mestres que podem ser utilizados pelo usuário.

8.3 Layouts

Também podendo ser citado como Leiaute, são as estruturas que um slide pode possuir, como slides de título, título e subtítulo, slide em branco entre outros.

A figura a seguir ilustra os diversos layouts disponíveis no Impress. Esses podem ser definidos a qualquer momento da edição, inclusive após o slide já ter sido inserido.

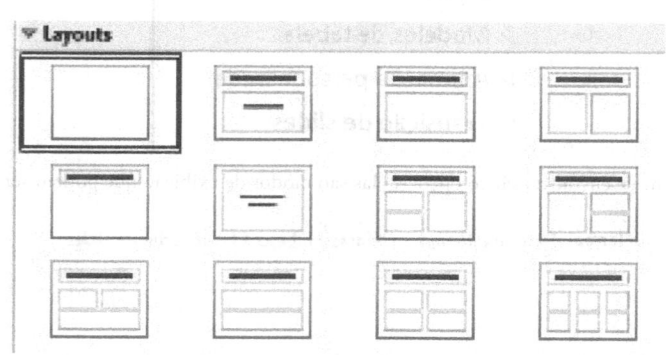

Por meio do botão Inserir Slide ⊞▾, presente na barra de ferramentas padrão, é possível escolher no momento da inserção o layout do slide. Após este já ter sido inserido, basta selecioná-lo no painel de slides, à esquerda, e escolher o novo layout desejado pelo botão de Layout do Slide ⊞▾ ou pelo painel de Tarefas.

8.4 Formatos de arquivos

O Formato de Arquivo salvo por padrão no BrOffice (LibreOffice) Impress é o ODP (Open Document Presentation). Contudo, é possível salvar uma apresentação no formato ptt do PowerPoint (2003) ou pttx do PowerPoint 2007 e 2010.

Existe também um formato de arquivo pps (2003) e ppsx (2007 e 2010). Ele é um formato de autoplay, ou seja, ao ser acionado o arquivo com esse formato ele automaticamente é exibido no modo de exibição de slides.

8.5 Modos de exibição

Os Modos de Exibição refletem em diferentes estruturas e não apenas formas de visualizar os slides. No Impress, existem cinco modos de exibição principais, mas pode-se acrescentar também o modo de Apresentação de Slides como sendo um modo de exibição.

Para alternar entre os modos de exibição, pode-se escolher o modo desejado pelo Menu Exibir ou pelas opções presentes no topo do palco de edição.

8.5.1 Normal

Este é o modo de exibição padrão para a edição dos slides, conforme ilustrado a seguir. Com esse modo, é possível alterar os textos do slide, bem como suas formatações de texto, layout e plano de fundo.

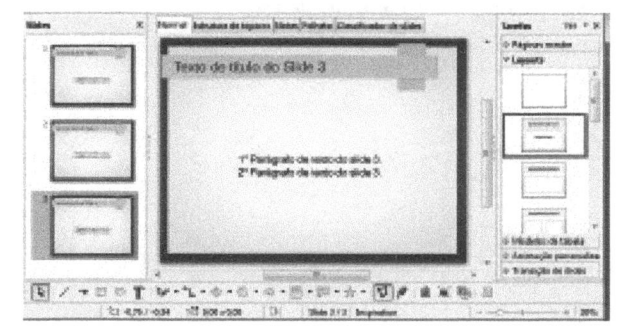

8.5.2 Estrutura de tópicos

Já no modo de Estruturas de Tópicos, as características de formatação do slide não são exibidas, mas apenas o conteúdo do slide. Cada slide é indicado, bem como cada parágrafo de conteúdo, conforme ilustrado a seguir. Propriedades como o tamanho e o tipo da fonte, bem como negrito, sublinhado e itálico são aparentes neste modo de exibição, ao contrário da cor da fonte.

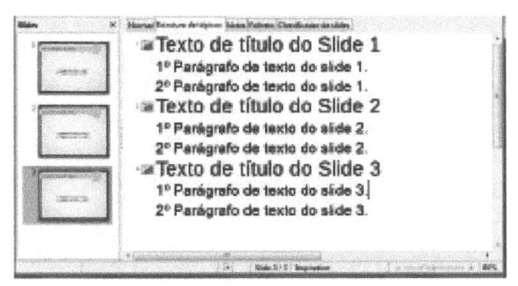

Notas

Este modo de exibição serve para que se possa inserir as anotações sobre um slide, muitas vezes usadas para descrever o assunto, ou conteúdo do slide, ou seja, são os tópicos a serem seguidos e apontados. Assim, as notas servem como um lembrete.

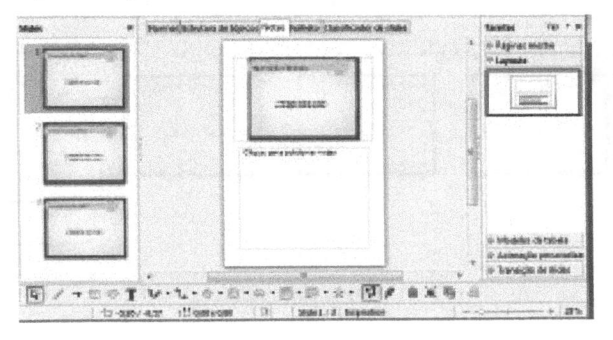

8.5.3 Folhetos

O modo de exibição de Folhetos, ilustrado a seguir, tem por objetivo as estruturas de cabeçalho e rodapé do modo de impressão de folhetos, ou seja, aquele em que são impressos vários slides por página.

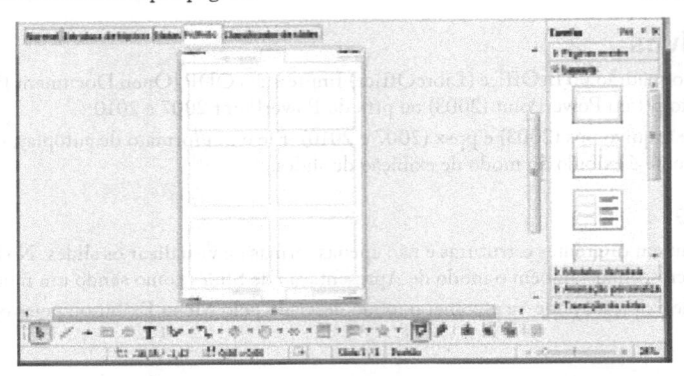

Também é possível dimensionar como ficaram os slides. Além do conteúdo do cabeçalho e rodapé, é possível inserir dados como data, hora e números de páginas. A figura a seguir ilustra com maior precisão os detalhes deste modo de exibição:

8.5.4 Classificador de slides

O modo Classificador de Slides serve para organizar a sequência dos slides na apresentação, oferecendo uma interface onde são exibidas as miniaturas das telas para que, ao clicar e arrastar os slides, seja possível movê-los para às posições desejadas. Na imagem a seguir, pode-se observar sua disposição:

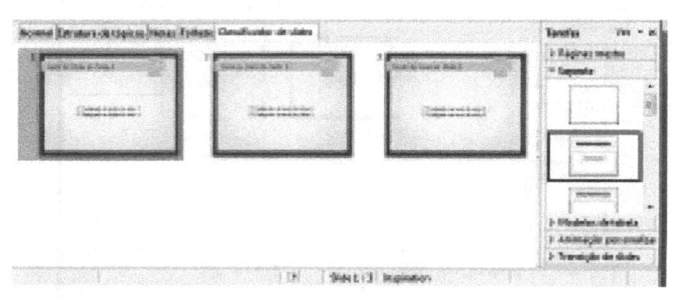

244

8.6 Inserir slide

Para inserir um slide em uma apresentação, podemos contar com o recurso Inserir Slide, que pode ser acionado a partir de três locais, dentro do editor de apresentação Impress: Menu Inserir, Botão direito do mouse e Barra de Ferramentas.

Além de poder inserir um novo slide pelo Menu Inserir, é possível duplicá-lo, ou seja, criar uma cópia do(s) slide(s) selecionado(s), conforme ilustrado a seguir.

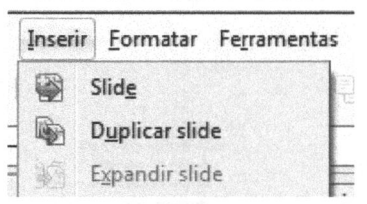

Com o clique do botão direito do mouse sobre um slide, é exibida a lista suspensa ilustrada a seguir, que possui tanto a opção de inserir novo slide, como duplicar o slide selecionado.

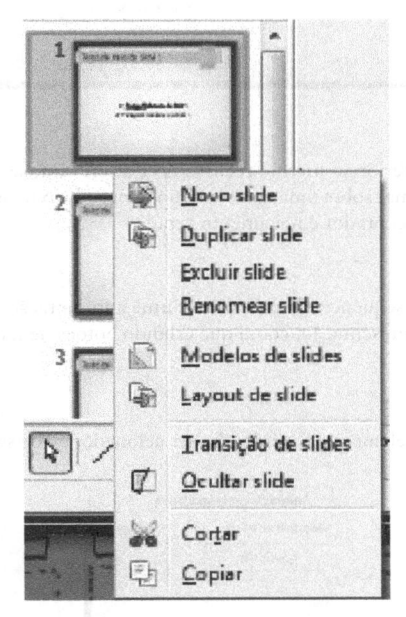

Caso o clique com o botão direito seja feito no espaço vazio, entre os slides é exibida apenas a opção Novo Slide, conforme ilustrado a seguir.

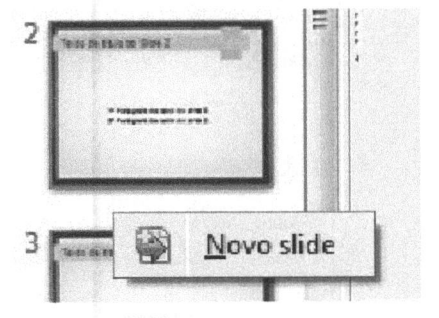

Já na barra de Ferramentas padrão, encontramos o ícone 🖼 ⏷ que permite a inserção de um slide. Caso seja clicado na seta à sua direita, é possível ainda escolher o layout do slide que está sendo inserido.

8.7 Menu Apresentação de slides

Neste menu é que se encontram as opções específicas de uma edição de apresentação de slides, como os efeitos de animação e transição de slides. Assim, se a prova citar alguma opção solicitando o menu em que ela é apresentada, se a opção tiver relação à apresentação de slides, então provavelmente estará no menu Apresentação de Slides.

Dentre os itens deste menu, podem-se destacar:

8.7.1 Apresentação de Slides

É a opção que permite exibir a apresentação de slides em tela cheia, de forma a poder visualizá-la. Também é possível encontrar essa opção no Menu Exibir, assim como acioná-la por meio da tecla de atalho F5 que, no caso do Impress, sempre inicia a partir do slide selecionado.

8.7.2 Configuração da apresentação de slides

Por meio desta opção é possível configurar características da exibição da apresentação como tempo de transição de slides automática e a possibilidade padrão de trocar de slide a cada clique do mouse ou com tecla do teclado. A figura a seguir ilustra a janela de configurações de apresentação:

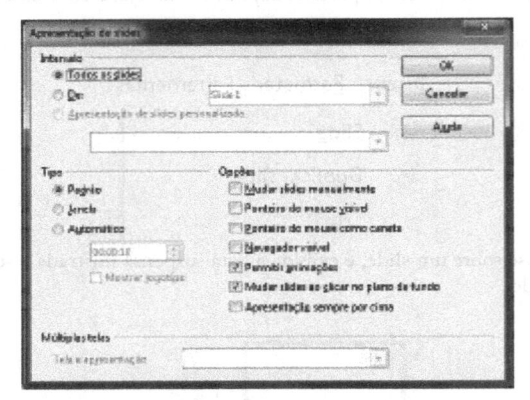

8.7.3 Cronometrar

A opção Cronometrar do Impress é muito inferior ao mesmo recurso no PowerPoint, se comparados. Em teoria, essa ferramenta deveria permitir marcar o tempo que seria gasto para explanar sobre uma apresentação. Contudo, o tempo é marcado por slide e exibido apenas enquanto este está sendo exibido, após, no próximo slide, o contador é novamente zerado.

8.7.4 Interação

Por meio deste recurso é possível modificar a sequência de exibição de uma apresentação, atribuindo a elementos do slide, como figuras e textos, ações como ir para determinado slide da apresentação, como que criando botões de navegação. Para isso, no entanto, faz-se necessário que algum elemento esteja selecionado.

8.7.5 Animação personalizada

Esse recurso permite atribuir um efeito a um elemento no slide. Ao ser acionado, exibe suas opções no Painel de Tarefas à direita da tela, conforme ilustrado a seguir.

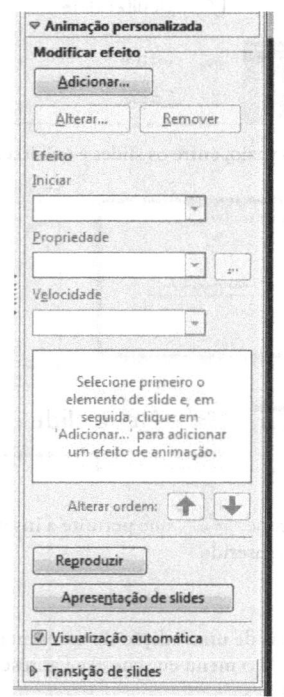

Para adicionar um efeito, é necessário selecionar algum elemento do slide, como texto ou figura e, na janela que se abre ao clicar em Adicionar (ilustrada a seguir), selecionar o efeito desejado, de acordo com categorias pré-definidas na forma de guias da janela, conforme ilustrado:

8.7.6 Transição de slides

Já a opção de Transição de Slides serve para aplicar um efeito a ser executado durante a troca de slide para outro. Permite, ainda, definir tempos específicos para cada slide em uma exibição automática.

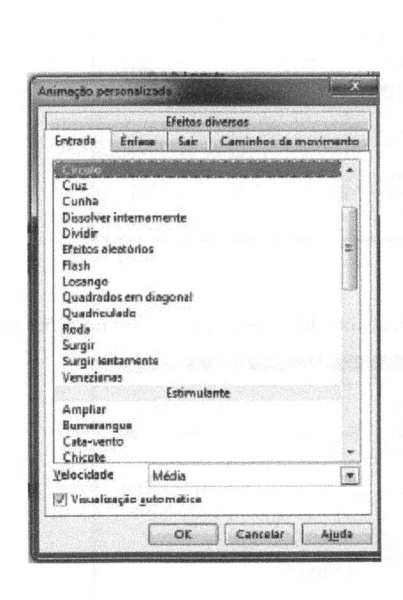
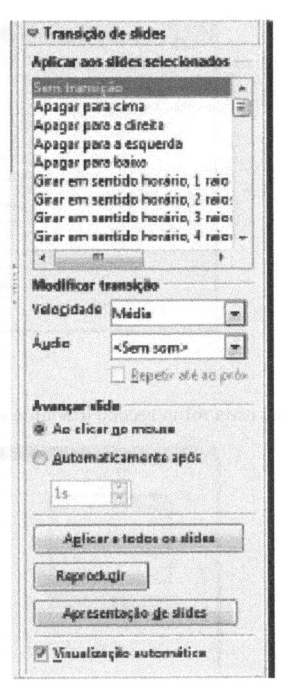

8.8 Impressão

É possível também imprimir a apresentação de slides de acordo com a necessidade, como imprimir um slide em cada página, como ilustrado na sequência, no modo **Slide**.

8.8.1 Slide

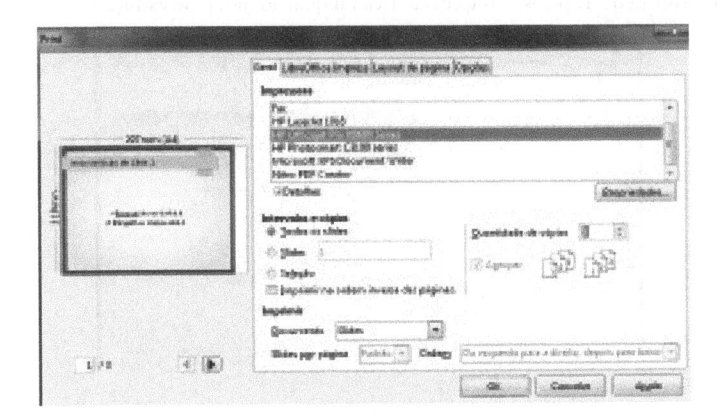

8.8.2 Folhetos

Caso necessário, para imprimir mais de um slide por página, pode-se escolher a opção Folheto, no campo Documento:

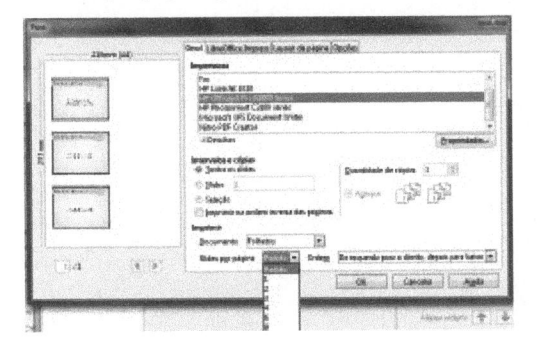

É importante observar que a janela anterior está com o número de três Slides por página, notando-se, assim, na pré-visualização à esquerda, que os slides ficam um abaixo do outro, nesta opção de impressão, enquanto nas demais quantias os slides são distribuídos como representado a seguir, no modo de impressão de quatro slides por página:

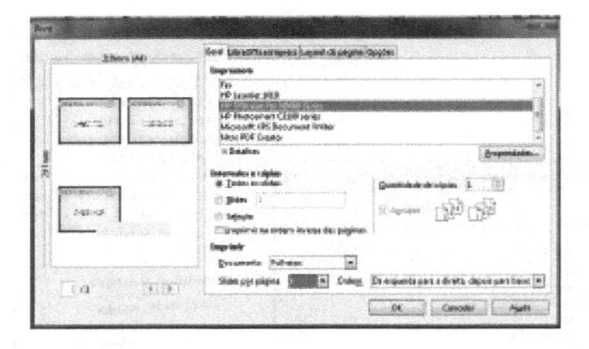

8.8.3 Notas

No modo de impressão de Notas, cada folha recebe um slide e, abaixo dele, são impressas as anotações referentes a ele.

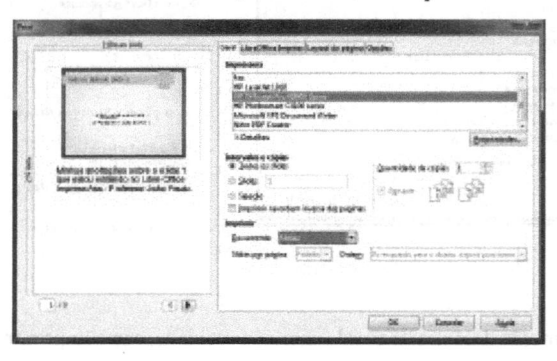

8.8.4 Estrutura de Tópicos

Já na forma de impressão de Estrutura de Tópicos, a impressão fica tal qual ao modo de exibição.

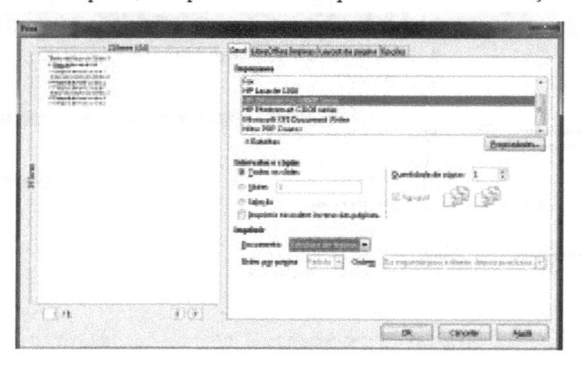

9 SEGURANÇA DA INFORMAÇÃO

A Segurança da Informação é um ponto crucial para muitas bancas examinadoras de concurso público e, também, de interesse da instituição que irá receber os aprovados. Afinal, ao ser aprovado, o candidato fará parte do quadro de funcionários de uma instituição pública que possui uma intranet e sistemas sobre os quais há necessidade de manter uma boa política de segurança.

Segundo o Comitê Gestor de internet no Brasil (CGI), para um sistema ser classificado como seguro, ele deve atentar a três requisitos básicos: confidencialidade, integridade e disponibilidade.

Faz-se necessário que sejam atendidos alguns requisitos mínimos para uma segurança do microcomputador, que dependem tanto de recursos tecnológicos como de bom senso e discernimento por parte dos usuários.

Para manter um computador com o mínimo de segurança deve-se:

▷ Manter o **sistema operacional sempre atualizado**, pois a maioria dos malwares exploram as vulnerabilidades do SO.

▷ Possuir um sistema **antivírus** e manter tanto o aplicativo quanto as assinaturas de vírus[1] atualizadas.

▷ Manter o Firewall sempre ativo.

▷ Para se proteger contra os spywares também é indicada a instalação de um antispyware. Atualmente, a maioria dos antivírus já possui esse recurso integrado a eles.

9.1 Princípios básicos da segurança da informação

Os Princípios Básicos de Segurança em Tecnologia da Informação (TI) incluem os processos que devem ser garantidos para manter um sistema de informações seguro. Podemos destacar quatro conceitos como principais:

- D • Disponibilidade
- I • Integridade
- C • Confidencialidade
- A • Autenticidade

9.1.1 Disponibilidade

Deve garantir que os serviços ou recursos que forem necessários para uma tarefa, principalmente relacionados ao próprio processo de segurança, estejam sempre disponíveis. Um bom exemplo é na situação de entrega da declaração de imposto de renda, em que o serviço deve suportar a alta demanda que possa surgir sem afetar o usuário.

Podemos estreitar esse princípio sobre a garantia de que as chaves públicas do processo de Certificação Digital (estes conceitos são abordados na seção sobre Certificados Digitais) estejam sempre disponíveis para quem precisar delas.

9.1.2 Integridade

A Integridade garante a **não alteração** de uma informação/dado tanto no armazenamento quanto durante a troca dessas informações por algum meio. Com o princípio da integridade, verificamos se, durante o tráfego de uma informação, ela não foi alterada por alguém ou mesmo por falhas do processo de transmissão. No armazenamento ela garante que o dado não foi corrompido.

O processo que protege a integridade consiste na geração de um código de cerca de 20 caracteres, o **código HASH**, também conhecido como **resumo** de um dado; um exemplo é o MD5. O processo é realizado em uma via única, em que, a partir de um dado, gera-se o resumo dele. Porém, a partir do resumo, não é possível gerar o dado novamente.

Para verificar se houve alteração em um arquivo, deve-se comparar dois códigos HASH: um gerado por quem disponibiliza o dado e outro por quem o recebe. Se uma vírgula for alterada, os códigos gerados ficam completamente diferentes e é possível que dois dados diferentes gerem o mesmo HASH, mas é uma possibilidade ínfima.

9.1.3 Confidencialidade

O princípio da Confidencialidade é a garantia de que há sigilo sobre uma informação, de forma que o processo deve garantir que um dado não seja acessado por pessoas diferentes daquelas às quais ele se destina.

Para garantir a confidencialidade, utilizamos processo de criptografia de informações.

9.1.4 Autenticidade

A Autenticidade garante o autor de uma informação, ou seja, por meio dela podemos confirmar se uma mensagem é de autoria de quem diz.

Assim como a confidencialidade, a autenticidade é garantida por meio de criptografia.

---

1 Assinatura de vírus: é uma sequência de caracteres que identifica a presença do vírus em um arquivo.

9.2 Criptografia

A criptografia é a arte ou ciência de escrever em códigos, quer dizer, transformar um texto em algo ilegível de forma que possa ser armazenado ou enviado por um canal de comunicação. Assim, se alguém interceptá-lo, não conseguirá entender o que está escrito e o destinatário, ao receber a informação, deve fazer o processo inverso: decifrar o dado, para que consiga lê-lo.

Há dois principais métodos de criptografia: a de chave simétrica e a de chaves assimétricas.

9.2.1 Criptografia de chave simétrica

Uma chave de criptografia é uma informação a partir da qual seja possível transcrever uma mensagem criptografada.

A de chave simétrica é também conhecida como criptografia de chave única, em que a mesma chave é usada tanto para codificar uma mensagem quanto para decifrá-la. Um bom exemplo desse modelo é a criptografia maçônica.

A informação apresentada está criptografada. Para decifrar o que ela diz, precisamos da chave de criptografia que, na simétrica, é a mesma usada para gerar a mensagem. A seguir, temos a chave que abre a mensagem.

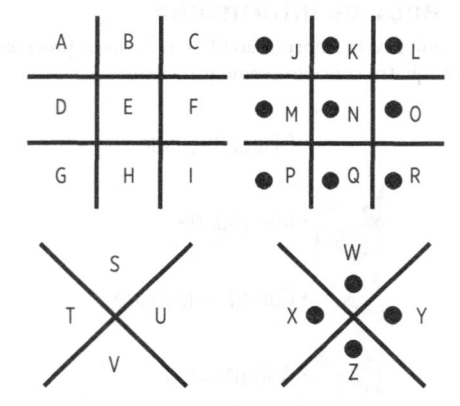

Ao substituirmos os símbolos pelas letras correspondentes, obtemos a palavra ALFA.

9.2.2 Criptografia de chaves assimétricas

Na criptografia de chaves assimétricas, em vez de uma chave como na simétrica, são usadas duas chaves que são diferentes entre si. Elas são chamadas de **Chave Pública** e a outra de **Chave Privada,** por conta da característica de cada uma.

A Chave Pública é uma informação (código) que fica disponível em um servidor de Chaves Públicas na internet, para quem precisar dela, enquanto a Chave Privada é um código que somente o dono deve conhecer.

O par de Chaves é único e correspondente, ou seja, uma mensagem/dado cifrada pela chave pública de um usuário só pode ser aberta pela chave privada do mesmo usuário. E o inverso também, uma mensagem cifrada com a chave privada de um usuário só pode ser descriptografada pela chave pública dele próprio.

9.2.3 Certificado digital

Um certificado digital é um documento eletrônico assinado digitalmente e cumpre o papel de associar um usuário a uma chave pública, pode ser comparado ao CPF ou CNPJ para empresas.

Ele também apresenta junto com a chave pública algumas informações essenciais como:

▷ Nome do dono da chave pública;

▷ Prazo de validade do certificado, que varia de 1 a 3 anos dependendo da classe contratada;

▷ Um número de série, critério de correspondência para identificar o usuário;

▷ E, juntamente, o certificado possui a assinatura da entidade de certificação, para comprovar sua validade.

Para adquirir um certificado digital, o usuário ou entidade deve procurar uma Autoridade Certificadora (AC), é a responsável por criar o par de Chaves de um usuário, ou uma Autoridade de Registro (AR), que é um intermediário entre o usuário e uma AC. Cabe a AR a responsabilidade de verificar os dados do usuário e encaminhar o pedido do certificado para a AC, entretanto, o usuário também pode se dirigir direto à AC. A Caixa Econômica Federal é a única instituição financeira que é uma AC.

9.2.4 Assinatura digital

Uma Assinatura Digital é um procedimento similar a uma assinatura de um documento impresso. Quando assinamos um contrato, normalmente ele possui mais de uma página, rubricamos[2] todas elas exceto a última, pois a assinatura precisa ser completa. A rubrica não prova que o documento foi lido, mas sim para que aquela folha não seja substituída. Além disso, é preciso recorrer a um cartório para reconhecer e certificar a assinatura na última página.

Esse procedimento realizado no papel, juntamente com as garantias, foi adaptado para o mundo digital, afinal, papel ocupa espaço.

---

2   Rubrica: assinatura abreviada.

Quando falamos sobre a rubrica garantir a não alteração de um documento, citamos o princípio da Integridade. Portando, uma Assinatura Digital deve garantir também esse princípio, enquanto a certificação de quem assinou é o princípio da Autenticidade, que também deve ser garantido pela Assinatura Digital. Ou seja, garante os princípios da Autenticidade e da Integridade.

9.3 Ataques

Nem todos os ataques são realizados por malwares, atualmente existem duas práticas muito comuns utilizadas pelos criminosos cibernéticos para obter dados do usuário e realizar invasões.

9.3.1 Phishing

Phishing é uma expressão derivada do termo "pescar" em inglês, pois o que esse tipo de ataque faz é induzir o usuário a informar seus dados pessoais por meio de páginas da internet ou e-mails falsos.

Podemos identificar a página do tipo Phishing pelo endereço do site na barra de endereços do navegador, porque a página de phishing possui um endereço parecido, mas ligeiramente diferente do que o endereço desejado. Por exemplo, você certamente já deve ter visto ou ouvido falar de alguém que teve sua conta do Facebook[3] hackeada[4]; esse ataque procede a partir de um recado que o usuário recebe em sua conta.

Imagine o seguinte cenário: um usuário está navegando no site www.facebook.com.br, conectado em sua conta e clica no recado que normalmente traz um anúncio chamativo como "veja as fotos/vídeos do fim de semana passado", "cara, olha o que vc aprontou no fds", entre outros tantos. Quando clicado, uma nova aba ou janela é carregada no navegador, apenas como uma distração para o usuário, pois, enquanto ele fica vendo a nova aba carregar, a anterior muda, ligeiramente, para um endereço do gênero www.facebooks.com.br ou www.facebooki.com.br e mostra uma página idêntica à página de login de usuário do Facebook.

Sem perceber, ao clicar no recado, acabou saindo de sua conta e redigita seu usuário e senha novamente e é redirecionado novamente para sua conta, porém, o usuário em nenhum momento havia saído. A página de login que lhe foi mostrada era uma página falsa que capturou suas informações de login; cerca de dois dias depois o perfil invadido começa a enviar propagandas para os amigos e o mesmo recado etc., até o usuário não conseguir mais entrar na conta.

9.3.2 Pharming

O Pharming é uma evolução do Phishing, uma forma de deixar este mais difícil de ser identificado. O Pharming, na maioria das questões, é cobrado com relação aos seus sinônimos: DNS Poisoning, Cache Poisoning, sequestro de DNS, sequestro de Cache, Envenenamento de DNS e Envenenamento de Cache.

9.3.3 Negação de serviço (DoS e DDoS)

Um ataque de negação de serviço se dá quando um servidor ou serviço recebe mais solicitações do que é capaz de suprir.

▷ **DoS** (Denial of Service) é um ataque individual, geralmente com o intuito de tornar um serviço inoperante para o usuário.

▷ **DDoS** (Distributed Denial of Service) é um ataque realizado em massa. Utiliza-se de vários computadores contaminados com um malware que dispara solicitações de acesso a determinados serviços ou sites, derrubando o serviço. Muitas vezes, enquanto o servidor tenta suprir a demanda, ele se torna vulnerável a inserções de códigos maliciosos. Um grupo intitulado Anonymous realizou vários ataques de DDoS em sites de governos em protesto às suas ações, por exemplo, em retaliação à censura do WikiLeaks[5]e do The Pirate Bay.[6]

I
N
F
O

---

3 Facebook: mídia social, definida erroneamente como rede social, assim como as demais.
4 Hackear: termo utilizado como sinônimo para invasão ou roubo.
5 WikiLeaks: portal com postagens de fontes anônimas com documentos, fotos e informações confidenciais, vazadas de governos ou empresas, sobre assuntos sensíveis.
6 The Pirate Bay: um dos maiores portais de compartilhamento, *peer to peer*.

10 REDES DE COMPUTADORES

Dois computadores conectados entre si já caracterizam uma rede. Contudo, ela normalmente é composta por diversificados dispositivos como: celulares, smartphones, tablets, computadores, servidores, impressoras, roteadores, switches, hubs, modens etc. e, devido à essa grande variedade de dispositivos, o nome genérico HOST é atribuído aos dispositivos conectados na rede.

Todo host possui um endereço que o identifica na rede, que é o endereço IP. Mas também cada peça possui um número único de fábrica que o identifica, o MAC Address.

10.1 Paradigma de comunicação

Paradigma é um padrão a ser seguido e, no caso das redes, é o modelo Cliente/Servidor. Nesse modelo, o usuário é o cliente que envia uma solicitação ao servidor; ao receber a solicitação, o servidor a analisa e, se é de sua competência, provê a informação/dado.

10.2 Dispositivos de rede

Os dispositivos de rede são citados até mesmo em provas cujo conteúdo programático não cita a matéria de hardware. E na maioria das vezes em que aparecem questões sobre o assunto, se questiona em relação à finalidade de cada dispositivo na rede, portanto, nesta seção são descritos alguns dos principais dispositivos de rede:

Modem	Modulador/demulador | Responsável por converter o sinal analógico da linha telefônica em um sinal digital para o computador e vice-versa.
Hub	Conecta vários dispositivos em rede, mas não oferece muita segurança, pois envia as informações para todos na rede.
Switch	É um dispositivo que permite interligar vários dispositivos de forma mais inteligente que o Hub, pois no switch os dados são direcionados aos destinos corretos.
Roteador	Um roteador já trabalha no nível de rede; em um mesmo roteador podemos definir várias redes diferentes. Ele também cria uma rota para os dados.
Access Point	Um Ponto de Acesso opera de forma similar a um Switch, só que em redes sem fio.
Backbone	É a estrutura principal dentro de uma rede, na internet é a espinha dorsal que a suporta, ou seja, as principais ligações internacionais.

10.3 Topologia de rede

Topologia diz respeito à estrutura de organização dos dispositivos em uma rede.

10.3.1 Barramento

Na Topologia de Barramento, todos os dispositivos estão conectados no mesmo canal de comunicação, o que torna o tráfego de dados mais lento e, se o barramento se rompe, pode isolar parte da rede.

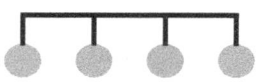

10.3.2 Anel

A estrutura em Anel conecta um dispositivo no outro; para que todos os computadores estejam conectados, é necessário que estejam ligados. Se o anel for simples, ou seja, de única via de dados, um computador desligado já é suficiente para tornar a rede inoperante para algum outro computador; o problema pode ser resolvido em partes, utilizando o anel duplo, trafegando dados em duas direções da rede, porém, se dois pontos forem desconectados, pode-se chegar à situação de duas redes isoladas.

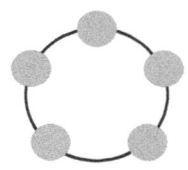

10.3.3 Estrela

Uma rede organizada em forma de estrela possui um nó centralizador. Esse modelo é um dos mais utilizados, pois um nó pode estar desconectado sem interferir no resto da rede, porém, o centro é o ponto crítico.

10.3.4 Estrela estendida

A Estrela Estendida é utilizada em situações como em uma universidade multicampi, em que um nó central é a conexão principal, a partir da qual se conecta com a internet, enquanto os outros *campi* possuem centrais secundárias como conexão entre seus computadores. A estrutura entre o nó principal e as centrais secundárias é o que chamamos de Backbone dessa rede.

10.3.5 Malha

A conexão em malha é o modelo da internet, em que encontramos vários nós principais, mas também várias ligações entre diversos nós.

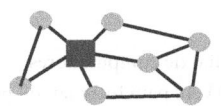

10.3.6 Pilhas de protocolos

Também colocadas pelas bancas examinadoras como modelos, as pilhas de protocolos definem um conjunto de protocolos e em quais camadas de rede devem operar.

Neste tópico temos dois tipos de questões que podem ser associadas na prova. Questões que fazem relação com os tipos de redes e questões que tratam da finalidade dos principais protocolos utilizados em uma navegação na internet.

As pilhas de protocolos são:

O modelo TCP/IP é o **padrão utilizado nas redes**. Mas, em redes privadas, mesmo o TCP/IP sendo padrão, pode ser implantado o modelo OSI.

Como o modelo TCP/IP é o padrão na seção seguinte são destacados os principais protocolos de navegação.

10.3.7 Principais protocolos

Um protocolo é uma regra de comunicação em redes, portanto, a transferência de arquivos, mesmo entre computadores de uma mesma rede, utiliza um protocolo como forma de padronizar o entendimento entre os dois.

HTTP

HTTP (Hyper Text Transport Protocol): é o protocolo de transferência de hipertexto. É o mais utilizado pelo usuário em uma navegação pela internet. Hipertexto consiste em um arquivo no formato HTML (HyperText Markup Language) - Linguagem de Marcação de Hipertexto.

HTML: é um arquivo que pode ser gerado por qualquer editor de texto, pois, quando é aberto no Bloco de Notas ou Wordpad, ele apresenta apenas informações de texto. No entanto, quando é aberto pelo navegador, este interpreta o código em HTML e monta o conteúdo Multimídia na página. Entende-se por conteúdo multimídia: textos, áudio, vídeos e imagens.

HTTPS

HTTPS (Hyper Text Transport Protocol Secure), também conhecido como HTTP Seguro, é um protocolo que tem como diferença entre o HTTP apenas a segurança que oferece, pois, assim como o HTTP, serve para visualizar o conteúdo multimídia.

O que se questiona em relação a sua segurança é como ela é feita. O protocolo HTTPS utiliza o processo de Criptografia para manter sigilo sobre os dados transferidos entre o usuário e o servidor, para isso, são utilizados os protocolos TLS ou SSL.

Um detalhe muito importante é o de saber identificar se a navegação está sendo realizada por meio do protocolo HTTP ou pelo protocolo HTTPS. A forma mais confiável é observar a barra de endereços do navegador:

Firefox 10.02

IE 9

Google Chrome

Logo no início da barra, observamos a indicação do protocolo HTTPS, que, sempre que estiver em uso, deverá aparecer. Porém, deve-se ter muita atenção, pois, quando é utilizado o HTTP, alguns navegadores atuais têm omitido a informação no começo da barra de endereços.

Outra informação que nos ajuda a verificar se o acesso é por meio de uma conexão segura é o símbolo do cadeado fechado.

FTP

FTP (File Transport Protocol) é o protocolo de transferência de arquivos utilizado quando um usuário realiza download ou upload de um arquivo na rede.

O protocolo FTP tem como diferencial o fato de operar sobre duas portas: uma para tráfego dos dados e outra para autenticação e controle.

10.4 Firewall

O firewall pode ser software, hardware ou ambos. Ele é o responsável por **monitorar as portas da rede/computador**, permitindo ou negando a passagem dos dados na rede, seja na entrada ou saída.

É o monitor que fica na porta olhando para uma lista na qual contém as regras que um dado tem de cumprir para passar por ela. Essa lista são os protocolos, por exemplo, o Firewall monitorando a porta 80, relativa ao protocolo HTTP, o qual só trabalha com conteúdo multimídia. Então, se um arquivo .EXE tentar passar pela porta 80, ele deve ser barrado; essa é a função do Firewall.

10.5 Tipos de redes

Podemos classificar as redes de acordo com sua finalidade; neste tópico expõe-se a diferença entre as redes: internet × intranet × extranet.

10.5.1 Internet

É a rede das redes, também conhecida como rede mundial de computadores.

Muitas provas citam o sinônimo WWW (World Wide Web) para internet, ou por vezes apenas web. Ela é definida como uma **rede pública** a qual todos com computador e servidor de acesso podem conectar-se.

10.5.2 Intranet

É uma rede empresarial, também chamada de rede corporativa. Tem como principal característica ser uma **rede privada**, portanto, possui controle de acesso, o qual é restrito somente a pessoas autorizadas.

Uma intranet geralmente é constituída com o intuito de compartilhar recursos entre os funcionários de uma empresa, de maneira que pessoas externas não tenham acesso a eles. Os recursos compartilhados podem ser: impressoras, arquivos, sistemas, entre outros.

10.5.3 Extranet

É quando parte de uma intranet é disponibilizada por meio da internet. Também dizemos que extranet é quando duas empresas com suas distintas intranets possuem um sistema comum que acessam apenas parte de cada uma das intranets.

10.5.4 VPN

VPN é uma forma de criar uma intranet entre localizações geograficamente distantes, com um custo mais baixo do que ligar cabos entre os pontos. Para isso, emprega-se o processo de criptografia nos dados antes de enviá-los por meio da internet e, quando o dado chega na outra sede, passa pelo processo de descriptografia. Dessa maneira, quem está navegando na internet não tem acesso às informações da empresa, que continuam restritas; esse processo também é chamado tunelamento.

10.6 Padrões de infraestrutura

São padrões que definem como deve ser organizada e quais critérios precisam ser seguidos para montar uma estrutura de rede de acordo com os padrões estabelecidos pelo Instituto de Engenheiros Eletricistas e Eletrônicos (IEEE).

O padrão Ethernet define as regras para uma infraestrutura cabeada, como tipos de cabos que devem ser utilizados, distância máxima, tipos e quantidade de dispositivos, entre outras. Já o padrão 802.11 define as regras para uma estrutura wi-fi, ou seja, para a rede sem fio.

10.7 Correio eletrônico

O serviço de e-mail é outro ponto bastante cobrado nos concursos públicos. Em essência, o que se pede é se o concursando sabe sobre as diferentes formas de se trabalhar com ele.

O e-mail é uma forma de comunicação assíncrona, ou seja, no momento do envio apenas o emissor precisa estar conectado.

10.7.1 Formas de acesso

Podemos ler e escrever e-mail utilizando duas formas diferentes. O webmail ganhou mais espaço no mercado e se tornou majoritário no ramo de e-mails, mas muitas empresas utilizam ainda os clientes de e-mail.

Webmail

O webmail é uma interface de acesso para o e-mail via Browser (navegador de internet), ou seja, uma forma de visualizar o e-mail via uma página de web. Diante disso, é possível destacar que usamos os protocolos HTTP ou HTTPS para visualizar páginas da internet. Dessa forma, ao acessar sites de e-mail como Gmail, Hotmail, Yahoo! e Outlook, fazemos uso desses protocolos, sendo o HTTPS o mais usado atualmente pelos grandes serviços de e-mail, pois confere ao usuário maior segurança no acesso.

Dizemos que o webmail é uma forma de ler e escrever e-mails, dificilmente citado como forma de enviar e receber, uma vez que quem realmente envia é o servidor e não o computador do usuário.

Quando um e-mail é enviado, ele parte diretamente do servidor no qual o remetente possui conta para o servidor do serviço de e-mail do destinatário.

Cliente de e-mail

Um cliente de e-mail é um programa específico para enviar e receber mensagens de e-mail e que é, necessariamente, instalado no computador do usuário. Como exemplo temos: o Microsoft Outlook, o Mozilla Thunderbird, o Outlook Express, e o Windows Live Mail.

Os programas clientes de e-mail usam protocolos específicos para envio e recebimento das mensagens de e-mail.

Protocolos utilizados pelos clientes de e-mail

Para o envio, um cliente de e-mail utiliza o protocolo SMTP (Simple Mail Transport Protocol – Protocolo de transporte de mensagens simples). Como todo protocolo, o SMTP também opera sobre uma porta específica, que pode ser citada como sendo a porta 25, correspondente ao padrão, mas atualmente ela foi bloqueada para uso dos usuários, vindo a ser substituída pela 587.

Com isso, em questões de Certo e Errado, apenas a 587 é a correta, quando abordado sobre o usuário, pois entre servidores a 25 ainda é utilizada. Já nas questões de múltipla escolha, vale o princípio da menos errada, ou seja, se não tiver a 587, a 25 responde à questão.

Mesmo que a mensagem de e-mail possua arquivos anexos a ela, envia-se por SMTP; assim o protocolo FTP não é utilizado.

Já para o recebimento, o usuário pode optar em utilizar o protocolo POP ou o protocolo IMAP, contudo, deve ser observada a diferença entre os dois, pois essa diferença é ponto para muitas questões.

O protocolo POP tem por característica baixar as mensagens de e-mail para o computador do usuário, mas por padrão, ao baixá-las, elas são apagadas do servidor. Portanto, as mensagens que um usuário está lendo estão, necessariamente, em seu computador.

Por outro lado, se o usuário desejar, ele pode configurar o protocolo de forma que sejam mantidas cópias das mensagens no servidor, no entanto, a que o usuário está lendo, efetivamente, está em seu computador. Sobre essa característica são citadas questões relacionando à configuração a uma espécie de backup das mensagens de e-mail.

Atualmente o protocolo POP encontra-se na versão 3; dessa forma ele pode aparecer nos textos de questão como POP3, não afetando a compreensão dela. Uma vez que o usuário necessita conectar na internet apenas para baixar as mensagens, é possível que ele se desconecte da internet e mesmo assim leia seus e-mails. E, uma vez configurado o SMTP, também é possível redigir as respostas off-line, sendo necessário, no entanto, conectar-se novamente para que as mensagens possam ser enviadas.

Ao invés de utilizar o POP, o usuário pode optar em fazer uso do protocolo IMAP, que é para acesso a mensagens de e-mail, as quais, por sua vez, residem no servidor de e-mails. Portanto, se faz necessário estar conectado à internet para poder ler o e-mail por meio do protocolo IMAP.

Spam

Spam é uma prática que tem como finalidade divulgar propagandas por e-mail, ou mesmo utilizar-se de e-mails que chamem a atenção do usuário e o incentivem a encaminhar para inúmeros outros contatos, para que, com isso, levantem uma lista de contatos que pode ser vendida na internet ou mesmo utilizada para encaminhar mais propagandas.

Geralmente um spammer utiliza-se de e-mail com temas como: filantropia, hoax (boatos), lendas urbanas, ou mesmo assuntos polêmicos.

10.8 URL (Uniform Resource Locator)

É um endereço que identifica um site, um serviço, ou mesmo um endereço de e-mail. A seguir, temos um exemplo de URL; observe que podemos dividi-la em várias partes.

10.8.1 Domínio

É o nome registrado de um site para que possa ser acessado por meio da internet. Assim como a URL, um domínio também pode ser dividido em três partes.

site.com.br

O .br indica que esse site está registrado no conjunto de domínios do Brasil, que é administrado e regulamentado pelo Registro.Br, componente do Comitê Gestor de internet no Brasil (CGI).

O Registro.Br define várias normas em relação à criação de um domínio, como o tamanho máximo de 26 caracteres, a limitação para apenas letras e números e recentemente a opção de criar domínios com letras acentuadas e o caractere ç.

Também compete ao Registro.Br a normatização da segunda parte do domínio, representado na figura pelo **.com**. Essa informação diz respeito ao ramo de atividade a que se destina o domínio, mas não nos garante qual a real finalidade do site. A última parte, por fim, é o próprio nome do site que se deseja registrar.

10.8.2 Protocolo IP

Cada equipamento na rede ganha o nome genérico de Host, o qual deve possuir um endereço para que seja localizado na rede. Esse é o endereço IP.

O protocolo IP é o responsável por trabalhar com essa informação, para tanto, um endereço IP possui versões: IPv4 e IPv6.

Um IP também é um endereço, portanto, pode ser inserido diretamente na barra de endereços de um navegador.

O IPv4 é composto por até quatro grupos de três dígitos que atingem valor máximo de 255 cada grupo, suportando, no máximo, cerca de 4 bilhões (4.294.967.296) de endereços.

O IPv6 é uma proposta que está gradativamente substituindo o IPv4, justamente pela pouca quantidade de endereço que ele oferece. O IPv6 é organizado em 8 grupos de 4 dígitos hexadecimais, suportando cerca de $3,4 \times 1038$, aproximadamente 3,6 undecilhões de endereços IP.

| 0123:4567:89AB:CDEF:1011:1314:5B6C:88CC

10.8.3 DNS (Domain Name System)

O Domain Name System (em português, Sistema de Nomes de Domínios) é o responsável por traduzir (resolver por meio de consultas aos servidores Raiz da internet) um domínio para o endereço IP do servidor que hospeda (armazena) o site desejado. Esse processo ocorre em questão de segundos e obedece a uma estrutura hierárquica.

10.9 Navegadores

Navegadores são programas que permitem acesso às páginas da internet, são muitas vezes citados em provas pelo termo em inglês Browser. Como exemplo, temos: internet Explorer, Mozilla Firefox e Google Chrome. Também são cobrados os conceitos dos tipos de dados de navegação que estão relacionados aos navegadores.

I
N
F
O

10.9.1 Cache

É um armazenamento temporário. No caso dos navegadores, trata-se de uma pasta onde são armazenados os conteúdos multimídias como imagens, vídeos, áudio e inclusive textos, para que, no segundo momento em que o mesmo conteúdo for acessado, ele possa ser mostrado ao usuário mais rapidamente.

10.9.2 Cookies

São pequenas informações que alguns sites armazenam no computador do usuário. Exemplos de informações armazenadas nos cookies: senhas, obviamente que são armazenadas criptografadas; também são muito utilizados em sites de compras, para armazenar o carrinho de compras.

10.9.3 Dados de formulários

Quando preenchemos um formulário, os navegadores oferecem opção para armazenar os dados digitados em cada campo, assim, quando necessário preencher o mesmo formulário ou ainda outro formulário com campos de mesmo nome, o navegador sugere os dados já usados a fim de autocompletar o preenchimento do campo.

10.10 Conceitos relacionados à internet

Nesta seção são apresentados alguns conceitos, tecnologias e ferramentas relacionadas à internet que são cobrados nas provas dos concursos.

10.10.1 Motores de busca

Os Motores de Busca são normalmente conhecidos por buscadores. Dentre os principais estão Google, Bing (MSN) e Yahoo!.

É importante observar que, nos navegadores atuais, os motores de busca são integrados, com isso podemos definir qual se deseja utilizar, por exemplo: o Google Chrome e o Mozilla Firefox utilizam como motor de busca padrão o Google, já o internet Explorer utiliza o Bing. Essa informação é relevante, pois é possível nesses navegadores digitar os termos buscados diretamente na barra de endereços, ao invés de acessar previamente o site do motor de busca.

Busca avançada

Os motores de busca oferecem alguns recursos para otimizar a busca, como operadores lógicos, também conhecidos como operadores booleanos[1]. Dentre eles podemos destacar a negação (-). Ao realizar uma busca na qual se deseja encontrar resultados que sejam relacionados a determinado assunto, porém os termos usados são comuns a outro, podemos utilizar o sinal de menos precedendo o termo do assunto irrelevante, como o exemplo de uma questão que já caiu em prova: realizar a busca por leite e cão, contudo, se for inserido apenas estes termos na busca, muitos resultados serão relacionados a gatos e leite. Para que as páginas que contenham a palavra gato não sejam exibidas na lista de páginas encontradas, basta digitar o sinal de menos (-) antes da palavra gato (sem espaço entre o sinal e a palavra), assim a pesquisa a ser inserida no buscador fica **Cão Leite -Gato**.

Também é possível realizar a busca por uma frase exata, assim, somente serão listados os sites que contenham exatamente a mesma expressão. Para isso, basta digitar a frase desejada entre aspas duplas.

▷ Busca por/em domínio específico: para buscar sites que possuam determinado termo em seu nome de domínio, basta inserir o texto site: seguido da palavra desejada, lembrando que não deve haver espaço entre site: e o termo desejado. De forma similar, também pode-se utilizar **inurl: termo** para buscar sites que possuam o termo na URL.

Quando o domínio já é conhecido, é possível realizar a busca por determinado termo apenas nas páginas do domínio. Para tanto, deve-se digitar **site:Dominiodosite termo.**

▷ **Calculadora**: é possível, ainda, utilizar o Google como uma calculadora, bastando digitar a expressão algébrica que se deseja resolver como 2 + 2 e, como resultado da "pesquisa", é apresentado o resultado da operação.

▷ **Operador**: quando não se sabe exatamente qual é a palavra para completar uma expressão, pode-se completar a lacuna com um asterisco, assim o motor de busca irá entender que naquele espaço pode ser qualquer palavra.

▷ **Busca por tipo de arquivo:** podemos refinar as buscas a resultados que consistam apenas em determinado formato de arquivo. Para tanto, podemos utilizar o operador filetype: assim, para buscar determinado tema, mas que seja em PDF, por exemplo, pode-se digitar **filetype: pdf tema.**

Tipos de busca

Os principais motores de busca permitem realizar as buscas de forma orientada a conteúdos gerais da web, como refinar a busca para exibir apenas imagens, vídeos ou mapas relacionados aos termos digitados.

10.10.2 Chat

Um chat é normalmente citado como um bate-papo em tempo real; é a forma de comunicação em que ambos os interlocutores estão conectados (on-line) simultaneamente. Muitos chats operam com salas de bate-papo. Um chat pode ser em um site específico como o chat do UOL. Conversas pelo MSN ou Facebook podem ser consideradas como chat, desde que ambos os interlocutores estejam conectados.

10.10.3 Fórum

Também conhecidos como Listas de Discussão, os fóruns funcionam como debates sobre determinados assuntos. Em um fórum não é necessário que os envolvidos estejam conectados para receberem os comentários, pois estes ficam disponíveis para acesso futuro pelo usuário ou mesmo por pessoas que não estejam cadastradas no fórum, contudo, existem muitos fóruns fechados, nos quais só se entra por convite ou mediante aquisição. A maioria deles vincula o e-mail dos envolvidos a uma discussão, alertando-os assim, caso um novo comentário seja acrescentado.

10.10.4 Moodle

O Moodle é uma ferramenta fortemente utilizada pelo setor público, e privado, para dar suporte ao Ensino a Distância (EAD).

---

1 Em referência à lógica de Boole, ou seja, a lógica que você estuda para o concurso.

11 BANCO DE DADOS

Um banco de dados é uma coleção de dados inter-relacionados, representando informações sobre um domínio específico, ou seja, sempre que for possível agrupar informações que se relacionam e tratam de um mesmo assunto, pode-se dizer que há um banco de dados.

É possível exemplificar situações clássicas como: uma lista telefônica, um catálogo de CDs ou um sistema de controle de RH de uma empresa. Porém, possui algumas características comuns:

▷ É projetado, construído e povoado com dados para algum objetivo específico;

▷ Pode ser gerado e mantido manualmente ou informatizado.

11.1 Sistema Gerenciador de Banco de Dados (SGBD)

Uma vez que estabelecemos que um banco de dados é tão somente um conjunto de arquivos que contém os dados referentes a um sistema qualquer, podemos nos fazer as seguintes perguntas:

▷ Mas como esses dados são administrados?

▷ Como definimos a estrutura de cada registro?

▷ Como definir regras de acesso aos dados?

Todas as tarefas acima, e ainda outras, são realizadas por meio do uso de um conjunto de softwares conhecidos por Sistema Gerenciador de Banco de Dados.

11.1.1 Definição de um SGBD

Coleção de programas que possibilita a definição, construção e manutenção de um banco de dados:

▷ **Definir**: especificar os tipos de dados, estruturas e restrições para os dados do banco.

▷ **Construir**: armazenar os dados em um meio de armazenamento controlado pelo SGBD.

▷ **Manipular**: funções para consultas e atualizações nos dados armazenados.

Muitas outras funções são disponibilizadas pelos SGBDs atuais, como ferramentas para backup e restauração, extração e importação de dados, gerenciamento de transações e acesso concorrente, geração de relatórios, análise de dados etc.

Há vários produtos disponíveis no mercado. Cada um deles com suas próprias características e disponibilizando diferentes funcionalidades, dependendo da versão escolhida. Nos últimos anos, praticamente todas as empresas disponibilizam alguma versão sem necessidade de pagamento de licença dos seus SGBDs. Algumas dessas versões possuem limitações em relação às versões pagas; outros produtos somente existem em versões livres. Os mais conhecidos no mercado são ORACLE, IBM DB2, MS-SQL Server, MYSQL, PostGreSQl, FireBird, DB4 e SYBASE.

11.2 Arquitetura de sistema de banco de dados

Os SGBD possuem algumas características operacionais elementares, listadas a seguir:

▷ **Controle de redundâncias**: a redundância consiste no armazenamento de uma mesma informação em locais diferentes, provocando inconsistências. Em um banco de dados, as informações só se encontram armazenadas em um único local, não existindo duplicação descontrolada dos dados. Quando existem replicações dos dados, estas são decorrentes do processo de armazenagem típica do ambiente Cliente-Servidor, totalmente sob controle do banco de dados.

▷ **Compartilhamento dos dados**: o SGBD deve incluir software de controle de concorrência ao acesso dos dados, garantindo em qualquer tipo de situação a escrita/leitura de dados sem erros.

▷ **Controle de acesso**: o SGDB deve dispor de recursos que possibilitem selecionar a autoridade de cada usuário. Assim, um usuário poderá realizar qualquer tipo de acesso, outros poderão ler alguns dados e atualizar outros, e outros ainda poderão somente acessar um conjunto restrito de dados para escrita e leitura.

▷ **Interfaceamento**: um banco de dados deverá disponibilizar formas de acesso gráfico, em linguagem natural, em SQL ou ainda via menus de acesso, não sendo uma "caixa-preta" somente sendo passível de ser acessada por aplicações.

▷ **Esquematização**: um banco de dados deverá fornecer mecanismos que possibilitem a compreensão do relacionamento existente entre as tabelas e de sua eventual manutenção.

▷ **Controle de integridade**: um banco de dados deverá impedir que aplicações ou acessos pelas interfaces possam comprometer a integridade dos dados.

▷ **Backups**: o SGBD deverá apresentar facilidade para recuperar falhas de hardware e software, por meio da existência de arquivos de "pré-imagem" ou de outros recursos automáticos, exigindo minimamente a intervenção de pessoal técnico.

Para garantir que essas características sejam satisfeitas, os sistemas de banco de dados são implementados em diferentes camadas. Cada uma representa um nível de abstração e possui diferentes responsabilidades.

11.2.1 Modelagem de dados

▷ **Modelo conceitual**: a modelagem conceitual baseia-se no mais alto nível e deve ser usada para envolver o cliente, pois o foco aqui é discutir os aspectos do negócio do cliente, e não da tecnologia. Os exemplos de modelagem de dados vistos pelo modelo conceitual são mais fáceis de compreender, já que não há limitações ou aplicação de tecnologia específica. O diagrama de dados que deve ser construído aqui é o Diagrama de Entidade e Relacionamento, no qual deverão ser identificadas todas as entidades e os relacionamentos entre elas. Este diagrama é a chave para a compreensão do modelo conceitual de dados.

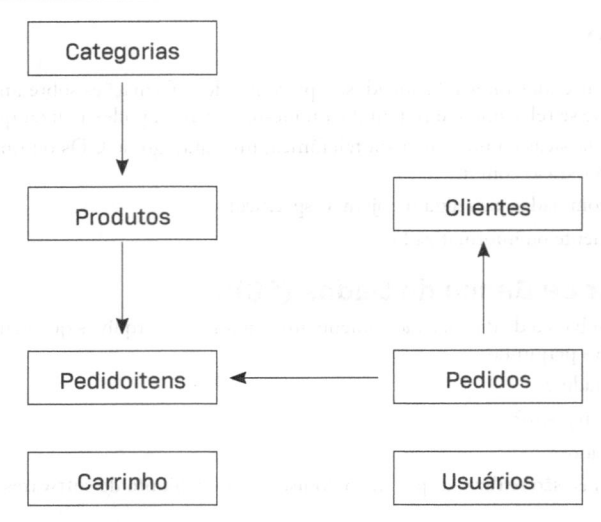

▷ **Modelo lógico**: o modelo lógico já considera algumas limitações e implementa recursos, como adequação de padrão e nomenclatura; define as chaves primárias e estrangeiras, normalização, integridade referencial, entre outras. O modelo lógico deve considerar os exemplos de modelagem de dados criados no modelo conceitual.

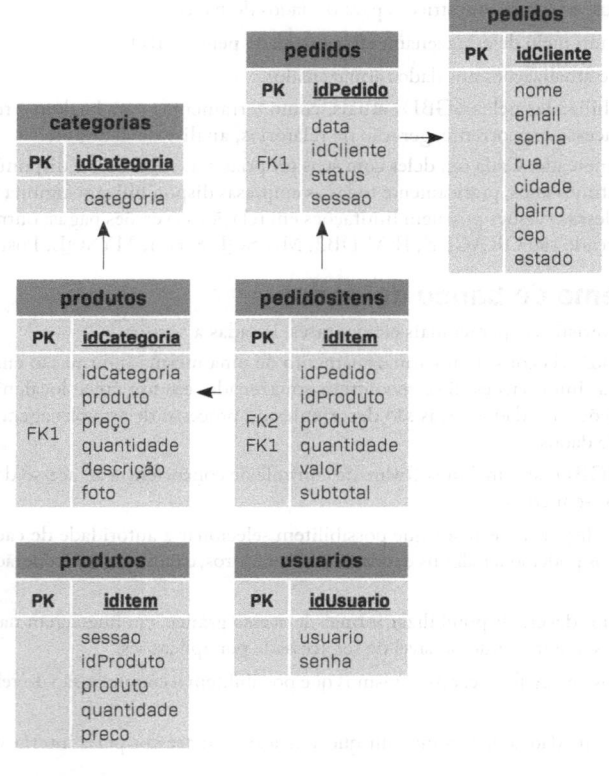

11.3 Conceito de chave no modelo relacional

▷ **Chave Primária (Primary Key):** em uma tabela, existe uma coluna ou conjunto de colunas concatenados, cujo valor é único na tabela, ou seja, nunca se repete aquele valor em nenhuma outra linha da tabela, e que identifica uma e somente uma única linha da tabela. Então, dizemos que esta coluna ou conjunto de colunas formam a chave primária da tabela.

▷ **Chave Estrangeira (Foreign Key):** quando dizemos que duas tabelas estão relacionadas por intermédio de atributos (colunas) comuns, devemos observar que esta coluna é a chave primária em uma das tabelas. Na outra tabela, este atributo irá caracterizar o que chamamos de "chave estrangeira", propiciando, assim, uma ligação lógica (relacionamento) entre as tabelas.

▷ **Chave Candidata:** uma tabela relacional pode assumir alternativas de identificador único, ou seja, várias colunas ou concatenações delas podem ter essa propriedade. Esses identificadores são candidatos à chave primária. Como somente um poderá ser o escolhido (uma tabela só pode ter uma chave primária – que pode ser composta pela concatenação de mais de uma coluna), o restante passa a ser considerado como chave alternativa (secundária).

▷ **Chave Secundária (Secundary Key):** serve para definir uma "segunda chave primária", por meio da criação de índices únicos de pesquisa. As chaves secundárias mantêm a integridade das tabelas que possuem mais de uma chave candidata.

11.4 Normalização de dados

Normalização é o processo de modelar o banco de dados, projetando a forma como as informações serão armazenadas, a fim de eliminar, ou pelo menos minimizar, a redundância no banco. Tal procedimento é feito a partir da identificação de uma anomalia em uma relação, decompondo-as em relações mais bem estruturadas.

Normalmente, precisamos remover uma ou mais colunas da tabela, dependendo da anomalia identificada, e criar uma segunda tabela, obviamente com suas próprias chaves primárias, e relacionarmos a primeira com a segunda para assim tentarmos evitar a redundância de informações.

O processo de normalização compreende o uso de um conjunto de regras, chamado de "formas normais". Ao analisarmos o banco de dados e verificarmos que ele respeita as regras da primeira forma normal, então podemos dizer que o banco está na "primeira forma normal". Caso o banco respeite as primeiras três regras, então ele está na "terceira forma normal". Mesmo existindo mais conjuntos de regras para outros níveis de normalização, a terceira forma normal é considerada o nível mínimo necessário para grande parte das aplicações.

11.5 Formas normais

▷ **Primeira forma normal:** uma relação está na primeira forma normal quando todos os atributos contêm apenas um valor correspondente, singular, e não existem grupos de atributos repetidos — ou seja, não se admitem repetições ou campos que tenham mais que um valor.

O procedimento inicial é identificar a chave primária da tabela. Em seguida, é preciso reconhecer o grupo repetido e removê-lo da entidade e, então, é possível criar uma tabela com a chave primária da tabela anterior e o grupo repetitivo.

Código	Nome	Endereço	Telefone
1001	Roberto Cardoso	Rua Cravos, 1945	1169180107 11919751227
1002	Paulo Barros	Avenida dos Ipês, 316	1191810826 1145511624

Analisando o exemplo, podemos observar dois problemas: temos uma pessoa com dois números de telefone e um endereço com diferentes valores, a rua e o bairro. A fim de normalizar, teremos que colocar cada informação em uma coluna diferente e criar uma tabela, relacionando a pessoa a seus números de contato.

Código	Nome	Endereço	Bairro
1001	Roberto Cardoso	Rua Cravos, 1945 – Bairro Floral	Floral
1002	Paulo Barros	Avenida dos Ipês, 316 – Jardim das Cores	Jardim das Cores

Dessa forma, como mostrado na tabela anterior, temos uma tabela na primeira forma normal, evitando repetições e campos com múltiplos valores, conforme observamos na tabela a seguir:

Código	Telefone
1001	1169180107
1001	11919751227
1002	1191810826
1002	1145511624

▷ **Segunda forma normal:** diz-se que uma tabela está na segunda forma normal se ela atende a todos os requisitos da primeira forma normal e se os registros na tabela, que não são chaves, dependam da chave primária em sua totalidade, e não apenas de parte dela. A segunda forma normal trabalha com essas irregularidades e previne que haja redundância no banco de dados.

Para isso, é preciso localizar os valores que dependem parcialmente da chave primária e criar tabelas separadas para conjuntos de valores que se aplicam a vários registros e relacionar estas tabelas com uma chave estrangeira.

cd_locacao	cd_filme	título_filme	devolucao	cd_cliente
1010	201	The Matrix	2011-10-12	743
1011	302	O Grito	2011-12-10	549
1012	201	The Matriz	2011-12-30	362

É possível observar que a tabela acima apresenta uma coluna responsável por armazenar o título do filme, onde este foi alugado e esta associa-se a um número de locação. Porém, ele também está associado a um código, tornando-o então um valor que não é totalmente dependente da chave primária da tabela.

cd_filme	titulo_filme
201	The Matrix
302	O Grito

Se, em algum momento, tivermos que alterar o título de um filme, teríamos que procurar e alterar os valores em cada dupla (linha) da tabela. Isso demandaria trabalho e tempo desnecessários. Porém, ao criarmos uma tabela e as vincularmos com o recurso da chave estrangeira, tornamos o banco mais organizado e ágil para as futuras consultas e manutenções que podem vir a ser necessárias.

cd_locacao	cd_filme	devolucao	cd_cliente
1010	201	2011-10-12	743
1011	302	2011-12-10	549
1012	201	2011-12-30	362

▷ **Terceira forma normal:** se analisarmos uma tupla e não encontrarmos um atributo não chave dependente de outro atributo não chave, podemos dizer que a entidade em questão está na terceira forma normal - contanto que esta não vá de encontro às especificações da primeira e da segunda forma normal.

Como procedimento principal para configurar uma entidade que atenda às regras da terceira forma normal, identificamos os campos que não dependem da chave primária e dependem de outro campo não chave. Depois, separamo-los para criar outra tabela distinta, se necessário.

placa	modelo	qnt_kmetro	cod_fab	nome_fab
qwe1234	Modelo 1	867	3004	fabricante 1
asd456	Modelo 2	928	3005	fabricante 2

No exemplo acima, temos uma entidade que lista os carros cadastrados, bem como o modelo, a quantidade de quilômetros rodados, o código do fabricante e o nome do fabricante. Observamos que "nome_fab" se dá em função de "cod_fab". Para adequarmos esta tabela de acordo com os padrões da terceira forma normal, devemos remover a coluna do nome do fabricante.

placa	modelo	qnt_kmetro	cod_fab
qwe1234	Modelo 1	867	3004
asd456	Modelo 2	928	3005

A coluna que removemos deve ser colocada em uma nova tabela, relacionando corretamente o nome do fabricante com o seu código. A seguir, podemos observar como ficaria esta nova entidade.

cod_fab	nome_fab
3004	fabricante 1
3005	fabricante 2

11.6 Banco de dados SQL

É a linguagem padrão para a manipulação de bancos de dados relacionais. Por corresponder a um padrão aceito pela indústria, é suportada por todos os SGBDs relacionais – o que inclui produtos como Oracle, Microsoft SQL Server, MySQL, PostgreSQL, SQLite e IBM DB2.

Embora seja uma linguagem muito poderosa, o escopo da SQL é claro e direto, oferecendo instruções para a recuperação e manipulação de dados em tabelas, controle de transações, definição de objetos e controle de acesso. A tabela a seguir apresenta as principais instruções SQL e suas respectivas funções.

INTRODUÇÃO	FUNÇÃO
SELECT	Recuperação de dados.
INSERT UPDATE DELETE	Manipulação de dados.
CREATE ALTER DROP RENAME TRUNCATE	Definição de objetos.
COMMIT ROLLBACK SAVEPOINT	Controle de transações.
GRANT REVONE	Controle de acesso.

A SQL possui a limitação de ser uma linguagem declarativa. Isto significa que não é possível criar um programa inteiro em SQL, pois a linguagem não possui comandos para tomada de decisão (ex.: IF-ELSE) e nem para execução de laços (ex.: WHILE e FOR).

11.7 Classificação das declarações SQL

Existem cinco categorias da SQL, que são comumente usadas em todos os bancos de dados.

▷ **Data Definition Language (DDL) – Linguagem de Definição de Dados:** usada para a estrutura ou o esquema do banco de dados.
  - A declaração CREATE cria objetos.
  - A declaração ALTER altera a estrutura dos objetos no banco de dados.

- A declaração DROP apaga os objetos do banco de dados.
▷ **Data Control Language (DCL) – Linguagem de Controle de Dados:** usada para controlar o acesso aos dados e garantir a segurança. A seguir, constam algumas declarações importantes:
  - **GRANT**: usada para atribuir privilégios de acesso aos objetos do banco para um usuário.
  - **REVOKE**: usada para retirar privilégios de acesso usando a declaração GRANT.
  - **DENY**: usada para proibir determinados usuários de desempenhar certas tarefas.
▷ **Data Manipulation Language (DML):** usada para gerenciar os dados no esquema de objetos. A seguir, constam algumas importantes declarações:
  - **INSERT**: para inserir dados na tabela.
  - **UPDATE**: para modificar um dado já existente na tabela.
  - **DELETE**: para deletar o que foi gravado na tabela.
  - **SELECT**: para selecionar o que está gravado na tabela.
▷ **Data Transaction Language (DTL):** utilizado pelos desenvolvedores em transações. Os principais comandos são:
  - **COMMIT**: finaliza a transação tornando as alterações permanentes.
  - **ROLLBACK [TO SAVEPOINT nome]**.
  - **ROLLBACK**: finaliza a transação descartando as alterações pendentes. Com a opção TO SAVEPOINT descarta as alterações subsequentes ao savepoint escolhido.
  - **SAVEPOINT**: marca um ponto de gravação dentro da transação atual.
▷ **Data Query Language (DQL):** o mais importante dentre estes, pois as consultas são realizadas a todo instante. O comando que é utilizado pelo DQL é o:
  - **SELECT**: para selecionar o que está gravado na tabela.

11.8 Principais instruções em SQL

▷ **SELECT**: esta instrução seleciona registros e campos específicos de uma tabela. A sintaxe geral da instrução SELECT é a seguinte:
SELECT <Campos> FROM <Tabelas> WHERE <Critérios>
Vamos dar um exemplo e selecionar apenas um produto da tabela Animais, mostrando todos os campos da tabela:
SELECT * FROM Produtos WHERE CódigoDoProduto=1234
Sobre a instrução, temos que:

▷ **SELECT Campos**: instrução SQL que seleciona para apresentar os campos determinados. O sinal de * (asterisco) indica que todos os campos da entidade (tabela) serão mostrados. Se for necessário especificar os nomes dos campos a serem mostrados, eles devem ser separados por, (vírgula).

▷ **FROM Tabelas**: indica de que tabelas os campos serão selecionados, para informar mais de uma tabela, separe seus nomes por, (vírgula).

▷ **WHERE Critérios**: indica a condição que deverá ser respeitada (avaliada) para a seleção dos registros da tabela.

▷ **INSERT**: permite inserir dados nas tabelas do BD. A Sintaxe geral é assim: INSERT INTO <Tabela (campo1, campo2, campo3)> VALUES <(valor1, valor2, valor3)>
Por exemplo, caso o usuário insira um novo Produto de código 1235, Nome Impressora HP 380sx, preço 120,80 ele pode fazer o seguinte:
INSERT INTO Produtos (CodigoDoProduto, NomedoProduto, PreçoUnitário) VALUES (1235, "Impressora HP 380sx", 120,80).
A instrução INSERT INTO não retorna uma listagem de registros, como a instrução SELECT, mas modifica os dados de uma tabela, inserindo um registro novo no fim da tabela.

▷ **UPDATE**: a Instrução UPDATE da linguagem SQL permite que o usuário altere os valores contidos em um ou vários registros específicos da tabela. Esta instrução se escreve assim:
UPDATE <Tabela> SET <Campo=Valor> WHERE <Critérios> .
Vamos dar um exemplo: se todos os produtos cujos códigos sejam maiores que 1000, receberem um reajuste de 15% no seu valor, pode-se fazer o seguinte:
UPDATE Produtos SET PreçoUnitário=PreçoUnitário*1,15 WHERE CódigoDoProduto>1000

▷ **DELETE**: como o nome já mostra, esta instrução exclui um ou mais registros de acordo com um critério. A sintaxe desta instrução é:
DELETE * FROM <Tabela> WHERE <Critérios>
Um exemplo disso: ao excluir o Produto 1234 da tabela Produtos do Banco de Dados, tem a seguinte sintaxe:
DELETE * FROM Produtos WHERE CódigoDoProduto=1234
Lembre-se: a instrução DELETE não apaga apenas um campo do registro (como, apagar apenas os nomes dos produtos). Esta instrução exclui o registro inteiro da tabela.

11.9 Funções

▷ **MAX(exp):** máximo da expressão.
▷ **MIN(exp):** mínimo da expressão.
▷ **AVG(n):** valor médio de n ignorando valores nulos.
▷ **SUM(n):** soma os valores de n ignorando valores nulos.
▷ **COUNT(*):** conta todas as linhas selecionadas, incluindo as repetidas e que contenham valores nulos.

11.10 Hive

O projeto Apache Hive é uma solução de data warehousing de software livre construída pela Equipe de Infraestrutura de Dados do Facebook no ambiente Hadoop. O principal objetivo do projeto é levar conceitos de bancos de dados relacionais (por exemplo, tabelas, colunas, partições) e um subconjunto de SQL ao mundo desestruturado do Hadoop, ao mesmo tempo em que mantém a extensibilidade e a flexibilidade desfrutada no Hadoop. Assim, ele oferece suporte a todos os principais tipos primitivos (por exemplo, números inteiros, flutuações, sequências) e tipos complexos (por exemplo, mapas, listas, estruturas). O Hive oferece suporte às consultas expressas em HiveQL (Hive Query Language), uma linguagem declarativa similar à SQL e, portanto, pode ser entendido facilmente por qualquer pessoa familiarizada com a SQL. Essas consultas são compiladas automaticamente nas tarefas do MapReduce que são executadas usando Hadoop. Além disso, a HiveQL permite que os usuários realizem o plug in de scripts customizados de MapReduce nas consultas.

A HiveQL oferece suporte às instruções de Linguagem de Definição de Dados (DDL), que podem ser usadas para criar, eliminar e alterar as tabelas de um banco de dados. Ela permite que os usuários carreguem dados de fontes externas e insiram os resultados das consultas em tabelas do Hive por meio do carregamento e inserção de instruções de Linguagem de Manipulação de Dados (DML), respectivamente.

No entanto, atualmente a HiveQL não oferece suporte à atualização e exclusão de linhas das tabelas existentes (em particular, as instruções INSERT, UPDATE e DELETE INTO), o que permite o uso de mecanismos bastante simples para lidar com operações simultâneas de leitura e gravação sem precisar implementar protocolos de bloqueio complexos. O componente de metaloja é o catálogo do sistema Hive, que armazena metadados sobre a tabela subjacente. Esses metadados são especificados durante a criação da tabela e são reutilizados sempre que é feita referência à tabela na HiveQL. A metaloja distingue o Hive como uma solução tradicional de warehousing em comparação aos sistemas similares de processamento de dados que são construídos em arquiteturas similares ao MapReduce, como a Pig Latin.

A seguir, constam exemplos das instruções de HiveQL que descrevem as operações para criar uma tabela, carregar dados e consultar o conteúdo das tabelas.

CREATE TABLE employee (empID INT, name STRING, salary BIGINT)

ROW FORMAT DELIMITED

FIELDS TERMINATED BY '\t'

STORED AS TEXTFILE;

LOAD DATA INPATH "employee_data" INTO TABLE employee;

SELECT * FROM employee WHERE salary > 100000 SORT BY salary DESC;

O Hive também oferece suporte à manipulação de dados por meio de funções criadas pelos usuários.

INSERT OVERWRITE TABLE employee

SELECT

TRANSFORM (empID, name, salary, address, department)

USING 'python employee_mapper.py'

AS (empID, name, salary, city)

FROM employee_data;

Em geral, o Hive é uma ótima interface para qualquer pessoa envolvida no mundo de bancos de dados relacionais, embora os detalhes da implementação subjacente não sejam completamente ocultos. Ainda, é preciso se preocupar com algumas diferenças em termos da melhor maneira para especificar as junções para o melhor desempenho e alguns recursos ausentes de linguagem. O Hive oferece a capacidade de fazer plug in de códigos customizados para situações que não se ajustam à SQL, bem como muitas ferramentas para manipular as entradas e saídas. Ele sofre algumas limitações, como a falta de suporte às instruções UPDATE ou DELETE,INSERT em linhas únicas, e tipos de dados de data ou horário, já que elas são tratadas como sequências.

11.11 Árvore binária

Até o momento, estudamos a organização dos dados de uma maneira linear, em que a propriedade básica é a relação sequencial mantida entre seus elementos.

Agora, vamos tratar de outra forma de organizar os dados, chamada genericamente de "não linear". Essa forma permite que outros tipos de relação entre dados possam ser representados, como, hierarquia e composição. Um dos exemplos mais significativos de estruturas não lineares é a árvore.

Em uma árvore binária, encontramos alguns nomes específicos para classificar algumas características e informações. Veremos algumas das principais delas:

▷ **Nó**: é um dado armazenado em uma árvore binária, é de um tipo específico ao qual a árvore está preparada para armazenar, uma árvore é um container para N nós semelhantes em sua estrutura.

▷ **Raiz**: é o primeiro item de uma árvore binária, ele começa uma estrutura que se repete da seguinte forma: cada item tem 0, 1 ou 2 itens relacionados a eles, dessa forma a raiz é denominada pai e os itens relacionados são os seus filhos. Cada filho pode ter outros filhos, até o final da árvore.

▷ **Subárvores**: são partes da árvore principal que usam como raiz qualquer nó que não seja a raiz inicial e criam outras árvores menores; são árvores sempre menores que a árvore principal e que têm as mesmas características estruturais dessa árvore. Dessa forma, é fácil entender que uma árvore binária é a soma de todos os nós da subárvore com a raiz sendo o seu filho esquerdo e a subárvore com a raiz sendo o seu filho direito.

▷ **Folha**: é um nó que não possui filhos.

▷ **Altura de um nó**: a quantidade de pais que é necessária para se chegar até a raiz é a altura desse nó. Por exemplo, se tivermos uma árvore com uma configuração dessa forma: A tem B e C como filhos, B tem X e Y como filhos, teríamos o seguinte: A tem altura 0, B e C, 1 e X e Y, com altura 2.

▷ **Grau de um nó**: é semelhante à altura, mas sendo que é a contagem inversa. Ao invés de a quantidade de pais até a raiz, a contagem se baseia pela quantidade de filhos até a folha mais longe. No exemplo acima, teríamos: A com grau 2, B e C com grau 1 e X e Y com grau 0.

Uma árvore binária é uma estrutura de dados de árvore binária baseada em nós, em que todos os nós da subárvore esquerda possuem um valor numérico inferior ao nó raiz e todos os nós da subárvore direita possuem um valor superior ao nó raiz.

Percorrer uma árvore visitando cada nó uma única vez gera uma sequência linear de nós, e então passa a ter sentido falar em sucessor e predecessor de um nó segundo um determinado percurso. Há três maneiras recursivas de percorrer árvores binárias.

11.11.1 Travessia em pré-ordem

01. Se árvore vazia, fim;

02. Visitar o nó raiz;

03. Percorrer em pré-ordem a subárvore esquerda;

04. Percorrer em pré-ordem a subárvore direita.

11.11.2 Travessia em in-ordem

01. Se árvore vazia, fim;

02. Percorrer em in-ordem a subárvore esquerda;

03. Visitar o nó raiz;

04. Percorrer em in-ordem a subárvore direita.

11.11.3 Travessia em pós-ordem

01. Se árvore vazia, fim;

02. Percorrer em pós-ordem a subárvore esquerda;

03. Percorrer em pós-ordem a subárvore direita;

04. Visitar o nó raiz.

11.12 Algoritmos de aprendizado supervisionados e não supervisionados

O uso aprendizagem de máquina abrange desde jogos passando pela detecção de fraudes até a análise estatísticas da bolsa de valores. É utilizada para construir sistemas como Netflix e Spotify, que recomendam músicas e/ou vídeos aos usuários com base no seu histórico de acesso, seus favoritos e outros dados, ou sistemas que encontram todos os artigos de notícias similares em um determinado dia.

Usando algoritmos que aprendem interativamente a partir de dados, o aprendizado de máquinas permite que os computadores encontrem insights ocultos sem serem explicitamente programados para procurar algo específico.

O aspecto interativo do aprendizado de máquinas é importante porque, conforme os modelos são expostos a novos dados, eles são capazes de se adaptar de forma independente. Eles aprendem com os cálculos anteriores para produzir decisões e resultados confiáveis e reproduzíveis.

Aqui, estão alguns exemplos amplamente divulgados de aplicações do machine learning com os quais você pode já estar familiarizado:

▷ Os carros autônomos do Google que dirigem sozinhos? A essência do aprendizado de máquina.

▷ Ofertas de recomendações on-line como as da Amazon e Netflix? Aplicações de aprendizado de máquina na vida cotidiana.

▷ Saber o que os clientes estão dizendo sobre você no Twitter? Aprendizado de máquina combinado com a criação de regra linguística.

▷ Detecção de fraudes? Um dos usos mais óbvios e importantes em nosso mundo atual.

Dois dos métodos de aprendizado de máquina mais adotados são o aprendizado supervisionado e o aprendizado não supervisionado. A maior parte do aprendizado de máquina – cerca de 70% – é de aprendizado supervisionado. O aprendizado não supervisionado é responsável por 10 a 20%. O aprendizado semissupervisionado e por reforço são duas outras tecnologias que são por vezes utilizadas.

▷ **Aprendizagem Supervisionada (Supervised Learning):** é o termo usado sempre que o programa é "treinado" sobre um conjunto predefinido de dados. Baseado no treinamento com os dados predefinidos, o programa pode tomar decisões precisas quando recebe novos dados. Exemplo: pode-se usar um conjunto de dados de recursos humanos para treinamento da Machine Learning, que tenha tweets marcados como positivos, negativos e neutros e assim treinar um classificador de análise de sentimento. Problemas de aprendizagem supervisionados são classificados em problemas de "regressão" e "classificação". Em um problema de regressão, estamos tentando prever os resultados em uma saída contínua, o que significa que estamos a tentando mapear variáveis de entrada para alguma função contínua. Em um problema de classificação, estamos tentando prever os resultados em uma saída discreta. Em outras palavras, estamos tentando mapear variáveis de entrada em categorias distintas.

▷ **Classificação (Classification):** a classificação é uma subcategoria de aprendizagem supervisionada. Classificação é o processo de tomar algum tipo de entrada e atribuir um rótulo a ela. Sistemas de classificação são usados geralmente quando as previsões são de natureza distinta, ou seja, um simples "sim ou não". Exemplo: dada uma imagem de homem/mulher, temos de prever sua idade com base em dados da imagem.

▷ **Regressão (Regression):** outra subcategoria de aprendizagem supervisionada usada quando o valor que está sendo previsto difere de um "sim ou não" e que siga um espectro contínuo. Sistemas de regressão poderiam ser usados, por exemplo, para responder às perguntas: "Quanto custa?" ou "Quantos existem?". Exemplo: se tivermos um tumor cancerígeno, temos de prever se ele é benigno ou maligno por meio do seu tamanho e idade do paciente.

▷ **Aprendizagem Não Supervisionada (Unsupervised Learning):** termo usado quando um programa pode automaticamente encontrar padrões e relações em um conjunto de dados. Exemplo: análise de um conjunto de dados de e-mails e agrupamento automático de e-mails relacionados ao tema, sem que o programa possua qualquer conhecimento prévio sobre os dados.

Com aprendizagem não supervisionada não há feedback com base nos resultados da previsão, ou seja, não há professor para a corrigir.

▷ **Clustering** é o processo de agrupar itens, com base em similaridades entre os itens de um grupo. Pode ser utilizado para a compressão de dados, data mining, reconhecimento de padrões e aprendizado de máquina (campo da inteligência artificial dedicado ao desenvolvimento de algoritmos e técnicas que permitam ao computador aprender, isto é, que permitam ao computador aperfeiçoar seu desempenho em alguma tarefa).

Exemplos de aplicações incluem agrupamento de consumidores em segmentos de mercado, classificação de unidades manufaturadas por seus padrões de falhas, identificar pontos sujeitos a crimes e identificar regiões com características geográficas similares. Uma vez que os agrupamentos (cluster) são definidos, o próximo passo deve ser construir um modelo preditivo.

11.13 Busca sequencial e busca binária sobre Arrays

Quando trabalhamos com listas, existem ocasiões em que necessitamos ordená-las para facilitar uma busca de um de seus elementos. Esta ordenação dos valores de uma lista pode ser tanto em ordem crescente como decrescente, mas sem esse tipo de ordenação a pesquisa em uma lista seria muito difícil e demorada.

Basicamente, teríamos que posicionar o "ponteiro" no topo da lista e ir comparando cada um dos elementos com o valor procurado. Para uma lista pequena, esse "método" não é assim algo tão complexo e talvez seja o mais utilizado. Mas para matrizes um pouco maiores, esse método consome muito tempo de processamento, tempo este de que muitas vezes o sistema não dispõe. Nesses casos, o melhor é ordenar a matriz para somente então começar as pesquisas. As modalidades de buscas descritas acima são chamadas de sequencial e binária, respectivamente.

11.14 Busca sequencial

Compara o elemento desejado com cada item na Array ou lista, até encontrar um item cujo valor seja igual ao valor do elemento desejado.

Lista = [Márcio, Dayana, Thales, Eduarda, Dexter, Emanoella, Rafael, Kellen]

Márcio	Dayana	Thales	Eduarda	Dexter	Emanoella	Rafael	Kellen
0	1	2	3	4	5	6	7

Algoritmo de busca sequencial em um Array Lista, com 8 posições (0 até N-1), sendo Dexter o elemento procurado for (i=0; i<8; i + +) {
if (Lista[i]=="Dexter"){ return(i); /*elemento encontrado*/
    }
}
return("Não consta na lista"); /*elemento não encontrado*/

11.15 Busca binária

Estando o Array ou a lista ordenados, podemos tirar vantagens dessa ordenação usando a busca binária. Neste caso, o elemento procurado é comparado ao elemento do meio do arranjo e:

▷ Se igual, busca bem-sucedida;

▷ Se menor, busca-se na metade inferior do Array;

▷ Se maior, busca-se na metade superior do Array.

Compara o elemento desejado com cada item na Array ou lista, até encontrar um item cujo valor é igual ao valor do elemento desejado.

Lista = [Dayana, Dexter, Eduarda, Emanoella, Kellen, Márcio, Rafael, Thales]

Lista[4] = "Dexter" (Falso, Dexter é menor)

Dayana	Dexter	Eduarda	Emanoella	Kellen	Márcio	Rafael	Thales
0	1	2	3	4	5	6	7

Procura na metade inferior do Array

Lista[2] = "Dexter" (Verdadeiro, busca bem-sucedida)

Dayana	Dexter	Eduarda	Emanoella
0	1	2	3

11.16 Ordenação

Em Ciência da Computação, usamos um algoritmo de ordenação para colocarmos os elementos de uma dada sequência em uma certa ordem. Em outras palavras, efetua-se a ordenação completa ou parcial. O objetivo da ordenação é facilitar a recuperação dos dados de uma lista.

Neste material, vamos tratar de alguns dos principais métodos de ordenação:

▷ Bolha;

▷ Seleção;

▷ Inserção.

11.16.1 Ordenação bolha (bubble sort)

Bubble sort é o algoritmo mais simples, mas o menos eficiente. Neste algoritmo, cada elemento da posição i será comparado com o elemento da posição i + 1, ou seja, um elemento da posição 2 será comparado com o elemento da posição 3. Se o elemento da posição 2 for maior que o da posição 3, eles trocam de lugar, e assim sucessivamente. Por causa dessa forma de execução, o vetor terá que ser percorrido quantas vezes forem necessárias, tornando o algoritmo ineficiente para listas muito grandes.

1ª Passagem do Bubble Sort

Funcionamento do Buble Sort:

▷ É verificado se o 3 é maior que 5; por essa condição ser falsa, não há troca.

▷ É verificado se o 5 é maior que 1; por essa condição ser verdadeira, há uma troca.

▷ É verificado se o 5 é maior que 2; por essa condição ser verdadeira, há uma troca.

▷ É verificado se o 5 é maior que 4; por essa condição ser verdadeira, há uma troca.

▷ O método retorna ao início do vetor realizando os mesmos processos de comparações, isso é feito até que o vetor esteja ordenado.

11.16.2 Ordenação por seleção (selection sort)

Esse algoritmo é baseado em se passar sempre o menor valor do vetor para a primeira posição (ou o maior dependendo da ordem requerida), depois o segundo menor valor para a segunda posição, e assim sucessivamente, até os últimos dois elementos.

Nesse algoritmo de ordenação, é escolhido um número a partir do primeiro. Este número escolhido é comparado com os números a partir da sua direita. Quando encontrado um número menor, o número escolhido ocupa a posição do menor número encontrado. Este número encontrado será o próximo número escolhido. Caso não for encontrado nenhum número menor que este escolhido, ele é colocado na posição do primeiro número escolhido, e o próximo número à sua direita vai ser o escolhido para fazer as comparações. É repetido esse processo até que a lista esteja ordenada.

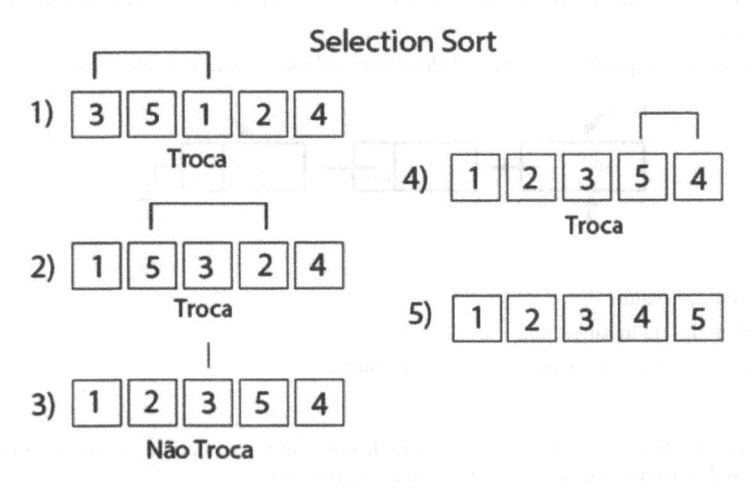

Selection Sort

Funcionamento do selection sort

▷ Neste passo, o primeiro número escolhido foi o 3; ele foi comparado com todos os números à sua direita, e o menor número encontrado foi o 1, então, os dois trocam de lugar.

▷ O mesmo processo do passo 1 acontece; o número escolhido foi o 5, e o menor número encontrado foi o 2.

▷ Não foi encontrado nenhum número menor que 3, então ele fica na mesma posição.

▷ O número 5 foi escolhido novamente, e o único número menor que ele à sua direita é o 4, então, eles trocam.

▷ Vetor já ordenado.

11.16.3 Ordenação por inserção (insertion sort)

O *insertion sort* é um algoritmo simples e eficiente quando aplicado em pequenas listas. Nesse algoritmo, a lista é percorrida da esquerda para a direita. À medida que avança, vai deixando os elementos mais à esquerda ordenados.

O algoritmo funciona da mesma forma como as pessoas usam para ordenar cartas em um jogo de baralho como o pôquer.

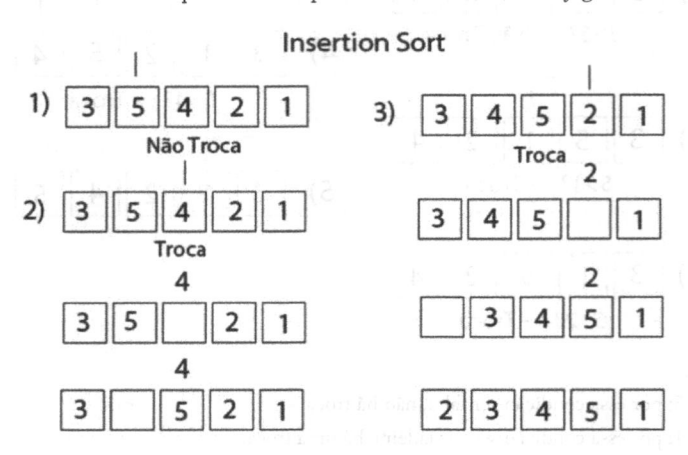

Funcionamento do insertion sort

▷ Neste passo, é verificado se o 5 é menor que o 3; como essa condição é falsa, então não há troca.

▷ É verificado se o 4 é menor que o 5 e o 3; ele só é menor que o 5, então os dois trocam de posição.

▷ É verificado se o 2 é menor que o 5, 4 e o 3; como ele é menor que 3, então o 5 passa a ocupar a posição do 2, o 4 ocupa a posição do 5, e o 3 ocupa a posição do 4; assim a posição do 3 fica vazia, e o 2 passa para essa posição.

▷ O mesmo processo de comparação acontece com o número 1; após esse processo o vetor fica ordenado.

11.17 Lista encadeada, pilha e fila

11.17.1 Lista encadeada

Uma lista é uma sequência finita de elementos ligados entre si, em que cada elemento (ou nó) da lista tem a seguinte estrutura:

▷ Um atributo com o valor do elemento; e

▷ Um atributo com uma referência para o próximo elemento da lista (será nula se for o último elemento).

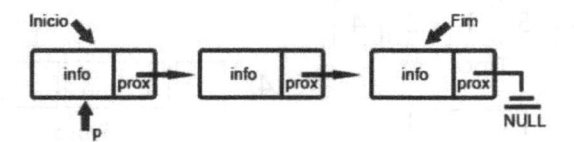

Observações:

▷ A ordem dos elementos na lista é relevante;

▷ Os elementos de uma lista são todos do mesmo tipo;

▷ O armazenamento de uma lista não requer uma área contígua de memória.

Pilha

Pilhas são listas em que a inserção de um novo item ou a remoção de um item já existente se dá em uma única extremidade, no topo. Em uma estrutura de pilha (stack), estabelecemos uma política LIFO – last in, first out.

Uma estrutura de pilha também oferece basicamente duas operações de manipulação, PUSH, para inserção no topo da pilha, e POP, para retirada do topo da pilha.

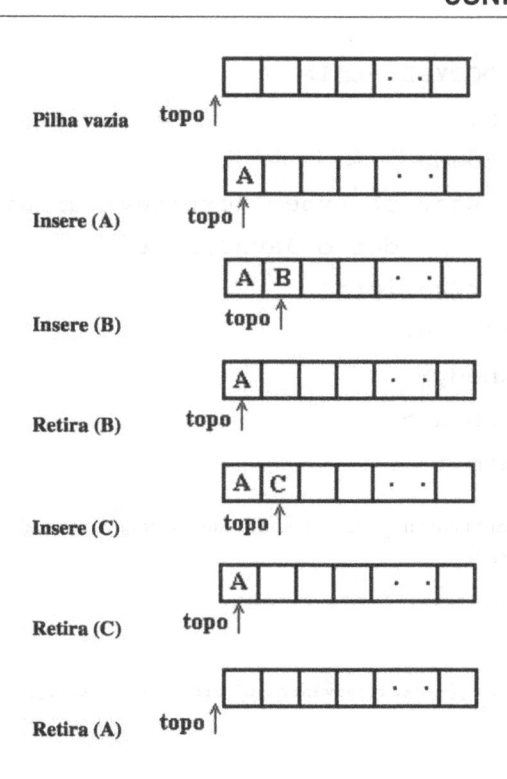

11.17.2 Fila

Uma fila (queue) tipicamente estabelece uma política FIFO - first in, first out - de acesso aos dados. Em outras palavras, a ordem estabelecida na lista é a ordem de inserção. No momento de retirar um nó da lista, o nó mais antigo (o primeiro que entrou) é o primeiro a ser retirado.

$$(a1, a2, \dots an)$$

Eliminações   Inserções
no início   no final

11.18 Python 3.6

Python é uma linguagem de programação interpretada, de código-fonte aberto e disponível para vários sistemas operacionais. Diz-se que uma linguagem é interpretada se esta não precisar ser compilada (traduzida para uma linguagem da máquina), mas, sim, "lida" por um outro programa (chamado de interpretador) que traduzir para a máquina o que seu programa quer dizer.

11.18.1 Variáveis

Em Python, os tipos de dados básicos são: tipo **inteiro** (armazena números inteiros), tipo **float** (armazena números em formato decimal), e tipo **string** (armazena um conjunto de caracteres). Cada variável pode armazenar apenas um tipo de dado a cada instante.

Python é uma linguagem dinamicamente tipada. Diferentemente de outras linguagens de programação, não é preciso declarar de que tipo será cada variável no início do programa. Quando se faz uma atribuição de valor, automaticamente a variável se torna do tipo do valor armazenado, como apresentado nos exemplos a seguir:

```
| >>> a = 10 >>> a 10
```

A variável a se torna uma variável do tipo inteiro.

11.19 JavaScript

JavaScript é uma linguagem de programação interpretada, ou seja, não depende de compilação para ser executada. Foi originalmente implementada como parte dos navegadores web, sendo responsável por praticamente qualquer tipo de dinamismo que queiramos em nossas páginas.

Os códigos JavaScript podem ser inseridos na página HTML de duas formas:

▷ **Interno no documento**: para inserir o código direto na estrutura do HTML, utilizamos as tags <script> e </script>, conforme mostrado a seguir.

```
<!DOCTYPE html>
<html>
  <head>
    <script type="text/javascript">
      //código JavaScript
    </script>
  </head>
  <body>
  </body>
</html>
```

▷ **Externo ao documento**: o código JavaScript também pode ser mantido em um arquivo separado do HTML. Para isso, deve-se referenciar tal arquivo na página, como podemos ver a seguir.

```
<!DOCTYPE html>
<html>
  <head>
    <script type="text/javascript" src="meuArquivo.js"></script>
  </head>
  <body>
  </body>
</html>
```

Observações:

01. O arquivo deve ser salvo com a extensão .JS e sua estrutura é a mesma utilizada quando o código é posto internamente no documento.

02. A tag <script> requer a tag de fechamento separada, não podendo ser fechada em si própria como <script type=./>.

11.19.1 Declaração de variáveis

Na maioria das linguagens de programação, o escopo das variáveis locais é vinculado ao bloco no qual elas são declaradas.

Assim, elas "morrem" ao final da instrução em que estão sendo executadas.

Em JavaScript, toda variável é "elevada" (hoisting) até o topo do seu contexto de execução. Esse mecanismo move as variáveis para o topo do seu escopo antes da execução do código.

É por esse mesmo motivo que é possível usar uma variável antes de ela ter sido declarada: em tempo de execução, a variável será elevada (hoisting) e automaticamente inicializada com o valor undefined (caso não seja atribuído nenhum outro valor) e tudo funcionará corretamente.

11.20 Linguagem R 3.4.2 e R Studio 5.1, OLAP

11.20.1 R 3.4.2 e R Studio 5.1

A linguagem R é utilizada por cientistas, estatísticos e, mais recentemente, cientistas de dados como um meio conveniente para a análise exploratória de dados interativos. Ao contrário do que se imagina sobre a linguagem R, ela não é limitada a apenas sessões iterativas, pois devido ao fato de ser uma linguagem de programação, os scripts podem ser criados e empacotados como bibliotecas. As soluções com base em scripts fornecem resultados mais consistentes e confiáveis do que os fluxos de trabalho tradicionais, que requerem uma grande quantidade de interações manuais com uma interface gráfica de usuário.

Essa linguagem, muitas vezes, não é considerada como uma linguagem de programação, sendo mais comparada a um produto estatístico especializado, como é o caso do SAS. Este é um tema amplamente discutido quando se considera a manipulação de dados usando planilhas do Excel ou um banco de dados relacional como o servidor SQL. A linguagem R é mais usada para manipulação de conjuntos de dados de tamanho médio, análises estatísticas e produção de documentos e apresentações centradas em dados. Além disso, fornece-nos uma ampla variedade de modelagens lineares e não lineares, testes estatísticos clássicos, análise de séries temporais, *clustering*, além de ser altamente extensível.

Um dos pontos fortes do R é a facilidade que podemos ter com uma melhor qualidade em relação a plotagens bem desenhadas, inclusão de símbolos matemáticos e de fórmulas, quando estas passam a ser necessárias, já que o R é um conjunto integrado de facilidades de software voltado para manipulação de dados e exibição gráfica. Duas das maiores empresas presentes no mercado, Facebook e Foursquare, utilizam a linguagem R tanto para recomendações quanto para modelagem de comportamentos dos usuários.

11.20.2 MapReduce, HDFS/Hadoop

Com a evolução das aplicações e a dependência do ser humano pelas informações, mais e mais aplicações vêm surgindo, deixando o homem cada vez mais refém da informação. Para isso, basta pensar na evolução da relação homem/computador, que no passado existiam muitas pessoas para uma máquina (como o mainframe), em seguida uma pessoa por máquina (o caso do computador pessoal) e, nos tempos atuais, cada pessoa possui várias máquinas (notebook, ultrabook, PC, tablet, smartphone etc.). Com tantos aplicativos surgindo, as informações são geradas exponencialmente, com isso a capacidade de gerenciar tantas informações se torna primordial para as aplicações atuais. Esse mesmo crescimento de dados acontece nos aplicativos empresariais com crescimento anual de 60%. Estima-se que uma empresa com mil funcionários gere anualmente 1.000 terabytes.

Quando pensamos em Big Data, é comum fazermos uma tradução literal da expressão e imaginarmos o termo "Grandes Dados", relacionado à grande quantidade de dados a ser analisada. Mas a significação é um pouco mais abrangente, levando como base os 3 Vs do Big Data:

▷ **Volume**: que está relacionado à grande quantidade de dados que possuímos dentro e fora da empresa.

▷ **Velocidade**: pois a cada segundo muitos dados novos são criados na internet, e alguns destes dados podem ser interessantes para sua empresa.

▷ **Variedade**: sendo que o dado pode ser um compartilhamento de um texto em uma rede social, um post no blog, um *review* em um e-commerce.

Juntando esses três pilares, é possível analisar praticamente tudo o que está público, envolvendo dados estruturados, no caso de nós conhecermos a estrutura de armazenamento daquele contexto, e os dados não estruturados, como imagens, vídeos, áudios e documentos.

Na organização de dados visando à análise, podemos classificar como:

▷ Estruturados (bancos de dados corporativos relacionais).

▷ Semiestruturados (arquivos de logs de servidores, por exemplo).

▷ Não estruturados (não relacionais, fora do ambiente corporativo e de inúmeras fontes e de várias formas e meios diferentes).

Trabalhar com tantos dados assim exige que a indústria se adapte a novas formas de avaliar e compreender esses dados. Novas ferramentas e soluções surgem a todo o momento, e uma delas é o *framework* de código aberto Hadoop, criado pela Fundação Apache.

O que o Hadoop faz é organizar melhor esse volume exaustivo de dados para encontrar informações específicas sobre eles, de maneira mais rápida e eficiente. Trata-se de conjuntos de clusters que trabalham para executar um grande número de tarefas simultâneas sem comprometer a infraestrutura de processamento da rede.

11.20.3 Apache Hadoop

O Apache Hadoop é considerado atualmente uma das melhores ferramentas para processamento de alta demanda de dados. Entre os benefícios de utilizá-lo, podem-se destacar:

▷ **Código aberto**: todo projeto de software livre de sucesso tem por trás uma comunidade ativa. No projeto Apache Hadoop, essa comunidade é composta por diversas empresas e programadores independentes partilhando seus conhecimentos no desenvolvimento de melhorias, funcionalidades e documentação.

▷ **Economia**: um dos grandes benefícios para quem faz uso do Hadoop é a possibilidade realizar o processamento da sua massa de dados utilizando máquinas e redes convencionais.

▷ **Robustez**: outro diferencial do Hadoop é que como ele foi projetado para ser executado em hardware comum, já considera a possibilidade de falhas frequentes nesses equipamentos e oferece estratégias de recuperação automática para essas situações.

▷ **Escalabilidade**: o aumento no volume de dados só fica limitado aos recursos, espaço em disco e capacidade de processamento, disponíveis nos equipamentos do aglomerado, sem a necessidade de alteração da codificação.

▷ **Simplicidade**: o Hadoop retira do desenvolvedor a responsabilidade de gerenciar questões relativas à computação paralela, como tolerância a falhas, escalonamento e balanceamento de carga, ficando estas a cargo da própria ferramenta.

Podemos afirmar que o framework do Hadoop é formado por diversos componentes. Entre eles, encontramos dois principais que tratam de armazenamento e processamento. O primeiro é o HDFS (Hadoop Distributed File System), que manipula o armazenamento de dados entre todas as máquinas nas quais o cluster do Hadoop está sendo executado. O segundo, o MapReduce, manipula a parte do processamento do framework. Vamos observar as duas individualmente.

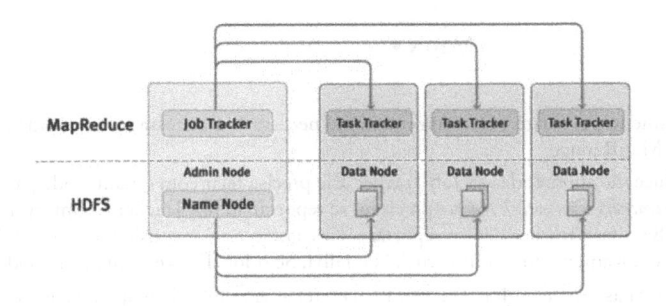

11.20.4 Hadoop Distributed File System (HDFS)

O HDFS é um sistema de arquivos escalonável e distribuído, cujo desenho é baseado fortemente no GFS (Google File System), que também é um sistema de arquivo distribuído. Sistemas de arquivo distribuídos são necessários, uma vez que os dados se tornem grandes demais para serem armazenados em apenas uma máquina. Por conta disso, toda a complexidade e as incertezas provenientes do ambiente de rede entram em cena, o que faz com que sistemas de arquivos de rede sejam mais complexos do que sistemas de arquivos comuns. O HDFS armazena todos os arquivos em blocos. O tamanho do bloco padrão é 64 Mb. Todos os arquivos no HDFS possuem múltiplas réplicas, o que auxilia o processamento em paralelo.

Em termos de funcionamento, o HDFS necessita de dois tipos de nós de armazenamento: um namenode (mestre) e um ou mais datanodes (trabalhadores). O mestre comanda todo o sistema de arquivos, mantendo metadados para todos os arquivos e diretórios da árvore de diretórios e arquivos do sistema. Ele também sabe quais datanodes possuem os blocos de determinado arquivo. Já os datanodes guardam e recuperam

blocos, quando mandados pelo nó mestre (os datanodes não fazem nada por conta própria), e enviam relatórios ao namenode periodicamente, com as listas dos blocos que eles estão armazenando.

Como o namenode é fundamental para o uso do sistema de arquivos, por comandá-lo, ele deve ser altamente resistente a falhas. Pensando nisso, o Hadoop fornece dois mecanismos. O primeiro deles é a realização de um backup dos arquivos essenciais do sistema de arquivos. Isto faz com que, em caso de problemas, seja possível retornar ao estado imediatamente anterior ao erro, de acordo com o backup, evitando perdas de dados muito significativas. A outra opção é utilizar um namenode secundário, que, apesar do nome, não atua como mestre, inicialmente. Este nó é utilizado apenas em caso de erro no namenode. O papel principal do "mestre secundário" é realizar uma junção, periodicamente, da imagem do sistema de arquivos com o log de edição, evitando que o log fique muito grande. Assim, como o estado desse namenode secundário é praticamente o mesmo do primário, em caso de falha do nó primário, é muito mais simples a recuperação do sistema. Basta copiar os arquivos de metadados do mestre para o secundário e rodar este como o novo primário.

▷ **Namenode:** administra o namespace do sistema de arquivos. Ele gerencia todos os arquivos e diretórios. Namenodes possuem o mapeamento entre arquivos e os blocos nos quais estes estão armazenados. Todos os arquivos são acessados usando esses namenodes e datanodes.

▷ **Datanode:** armazena os dados em forma de blocos. Datanodes se reportam a namenodes sobre os arquivos que possuem armazenados para que o namenode esteja ciente e os dados possam ser processados. Namenode é talvez o principal ponto crucial de falha do sistema, sem o qual os dados não podem ser acessados.

▷ **Namenodes secundários:** esse node é responsável por checar a informação do namenode. No caso de falha, podemos usar esse nó para reiniciar o sistema.

11.21 MapReduce

O MapReduce é um modelo de programação projetado para processamento paralelo e distribuído de grandes conjuntos de dados. A distribuição dos dados é feita no formato chave-valor, em que a chave é o identificador do registro, e valor é o seu conteúdo.

Como o próprio nome diz, as funções do MapReduce são:

▷ **Mapeamento**: os dados são separados em pares (chave-valor) e assim distribuídos para os nodes e, então, processados.

▷ **Redução**: os dados são agregados em conjuntos de dados (*datasets*) menores.

▷ O processo do MapReduce se inicia com a requisição feita pelo usuário e assim os dados são distribuídos pelos nodes do cluster no formato chave-valor e divididos em fragmentos.

A etapa de redução processa cada fragmento e produz um output (saída de dados) que são distribuídos pelos diferentes nodes do cluster.

Ao final do processo, um output é gravado.

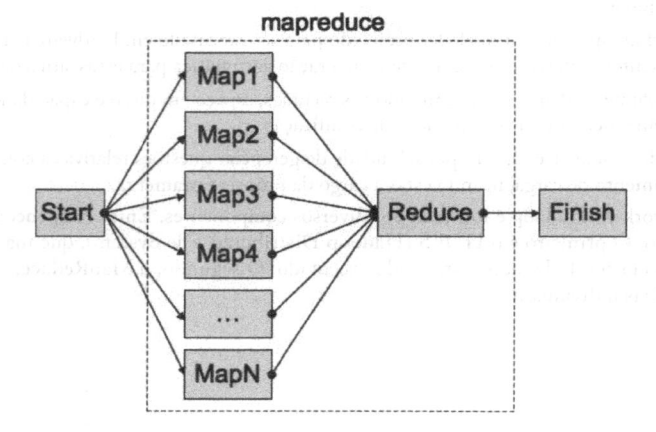

Ambas as tarefas rodam paralelamente no cluster. O armazenamento necessário para essa funcionalidade é fornecido pelo HDFS. A seguir estão os principais componentes do MapReduce.

▷ **Job Tracker:** tarefas de MapReduce são submetidas ao Job Tracker. Ele precisa falar com o namenode para conseguir os dados. O Job Tracker submete a tarefa para os nós *task trackers*. Esses *task tracker* precisam se reportar ao Job Tracker em intervalos regulares, especificando que estão "vivos" e efetuando suas tarefas. Se o task tracker não se reportar a eles, então o nó é considerado "morto" e seu trabalho é redesignado para outro task tracker. O Job tracker é novamente um ponto crucial de falha. Se o Job Tracker falhar, não poderemos rastrear as tarefas.

▷ **Task Tracker:** o Task Tracker aceita as tarefas to Job Tracker. Essas tarefas são tanto de map, reduce ou ambas (*shuffle*). O Task Tracker cria um processo JVM separado para cada tarefa a fim de se certificar de que uma falha no processo não resulte em uma falha de Task Tracker. Task trackers também se reportam ao Job Tracker continuamente para que este possa manter o registro de tarefas bem ou mal sucedidas.

11.22 Ferramentas de gestão de dados

Linguagens orientadas a objetos são, atualmente, dominantes na maioria dos sistemas corporativos em funcionamento. Com diversos benefícios como o baixo acoplamento e a divisão de responsabilidades, a criação e manutenção de aplicações projetadas a partir desse conceito se torna uma tarefa extremamente produtiva e, devido a isso, altamente atrativa para a indústria.

Essa produtividade se deve, principalmente, à capacidade de reuso de componentes criados seguindo os conceitos da orientação a objeto. Explicando um pouco mais, linguagens que seguem esse tipo de paradigma (orientado a objetos) tendem a permitir que o desenvolvedor crie módulos totalmente desacoplados, ou seja, sem nenhuma dependência entre si. Portanto, a solução de um problema maior pode ser dividida em diversas soluções menores que, em conjunto, resolvem o objetivo principal.

A vantagem disso é que, caso surja um novo projeto que seja semelhante a um já resolvido, essas pequenas soluções podem ser reaproveitadas, evitando duplicação de código e outros problemas.

No entanto, para projetos de grande porte, a configuração manual dessas bibliotecas se torna extremamente complexa e custosa, especialmente do ponto de vista de manutenção da aplicação, o que pode gerar um oneroso trabalho na busca e inclusão de todos os arquivos necessários para o funcionamento de uma biblioteca.

Visando resolver esse problema, foram criadas algumas ferramentas chamadas de Gerenciadores de dependências, que têm como objetivo gerenciar essas bibliotecas externas ao projeto.

11.23 Ferramentas para gerenciar as dependências

Os chamados gerenciadores de dependências servem para que seja possível, ao desenvolvedor, facilmente definir as bibliotecas que devem ser incluídas, bem como a versão de cada uma.

Além disso, uma das grandes vantagens desse tipo de ferramenta é a capacidade de realizar o download das bibliotecas automaticamente, por meio do uso de certos sites que fornecem o chamado "repositório de dependências".

Esses repositórios servem como uma espécie de arquivo público com diversos pacotes, que por sua vez podem ser baixados por meio dos gerenciadores de dependências.

A maioria das principais linguagens do mercado possui algum gerenciador de dependências, vamos a alguns exemplos:

▷ PHP tem o Composer (https://getcomposer.org/);

▷ Ruby tem o RubyGems (https://rubygems.org/);

▷ C# (e todo o ecossistema .NET) tem o Nuget (https://www.nuget.org/);

▷ Java tem o Maven que, dentre várias coisas, também consegue desempenhar essa função. (https://maven.apache.org/).

11.23.1 Yarn 2.7.4

Em outubro de 2016, o Facebook anunciou seu novo gerenciador de pacotes para JavaScrip, o Yarn, que apresentou a proposta de ser mais rápido, seguro e confiável que o NPM. O Yarn é open source, e nasceu com a colaboração, também, das empresas Exponent, Google e Tilde.

O Yarn funciona exatamente como o NPM e o Bower, abrangendo, inclusive, as bibliotecas que estão presentes nestes gerenciadores. Uma das coisas mais interessantes, além da rapidez, é a possibilidade de instalação de pacotes off-line. Ao instalar um pacote, ele cria um cache em sua máquina que possibilita a futura instalação deste sem precisar estar conectado à internet.

O Yarn por padrão realiza o download de dependências de um pacote de forma paralela. O que em alguns casos faz com que ele seja até 10 vezes mais rápido que o NPM que realiza a mesma tarefa de forma sequencial.

11.23.2 Sqoop 1.4.6

O Apache Sqoop – abreviação de "SQL para Hadoop" – tem como objetivo executar a transferência eficiente e bidirecional de dados entre o Hadoop e diversos serviços de armazenamento externo de dados estruturados.

Apache Hadoop é um framework projetado para o processamento massivo de dados de diversos tipos (estruturados, semiestruturados e não estruturados), no qual esses são armazenados no HDFS (Hadoop Distributed File System) e manipulados por tarefas MapReduce. As tarefas MapReduce são responsáveis por fazer o processamento, a combinação entre dados e, por fim, a produção de algum resultado a partir desse processamento.

Apesar de o Hadoop ser amplamente conhecido por sua capacidade de armazenamento e processamento de grandes quantidades de dados, muita informação ainda hoje está armazenada em bancos de dados relacionais. Assim, surgiu o Apache Sqoop, cujo objetivo é executar a transferência eficiente e bidirecional de dados entre o Hadoop e diversos serviços de armazenamento externo de dados estruturados.

O Apache Sqoop pode ser útil quando se deseja utilizar ferramentas de Big Data para o processamento de bases relacionais, para a integração de bases relacionais e mainframes com dados já presentes no Hadoop ou, ainda, para o arquivamento dos dados no Hadoop.

O Sqoop atualmente possui duas frentes de desenvolvimento. Uma delas, chamada de Sqoop 1, é a evolução natural do projeto inicial. Encontra-se na versão 1.4.6, responsável em realizar o processo de importação de um banco relacional para o HDFS. Esse processo será apoiado pelo Sqoop.

Uma das facilidades oferecidas pelo Sqoop é a capacidade de importação dos dados direto para o Hive. Hive é um dos projetos mais famosos do ecossistema Hadoop e foi iniciado pelo Facebook em 2007, mas atualmente é um projeto toplevel da Apache Software Foundation, assim como o Sqoop, e recebe contribuição de outras grandes empresas.

O data warehouse do Facebook havia sido construído inicialmente com soluções comerciais de bancos de dados relacionais. Contudo, devido à necessidade de processamento e armazenamento de grandes volumes de dados exigida pelo Facebook, foi decidido utilizar o Hadoop, por permitir aumentar a capacidade de armazenamento com baixo custo e sem tempo de inatividade e por possuir um framework de processamento distribuído que reduziu consideravelmente o tempo de execução das consultas.

Bancos de dados suportados

Por padrão, o Sqoop utiliza JDBC (Java Database Connectivity) para se conectar aos bancos e, por esse motivo, acredita-se que ele é compatível com uma grande quantidade de bancos de dados, uma vez que os fornecedores implementam essa API. No entanto, o Sqoop não garante a compatibilidade e a performance com todos os bancos que possuem conectores JDBC, devido às formas de implementação dessa API e a ligeiras diferenças que possam existir na sintaxe SQL de cada banco.

A tabela a seguir contém uma relação completa dos bancos e suas respectivas versões que foram testadas com o Sqoop. Pode ser necessário instalar os drivers de conexão, mesmo com o banco de dados estando presente na lista.

Banco de dados	Versão	String de conexão
HSQLDB	1.8.0 +	jdbc:hsqldb:*//
MySQL	5.0 +	jdbc:mysql://
Oracle	10.2.0 +	jdbc:oracle:*//
PostgreSQL	8.3 +	jdbc:postgresql://
CUBRID	9.2 +	jdbc:cubrid:*

11.23.3 Flume 1.7.0

Logs são uma fonte básica de informação e ajudam a monitorar a "saúde" de sistemas, detectando falhas em hardwares e serviços. Podem ajudar também na solução de problemas. Embora, de uma forma geral, um log represente registro de eventos, esta é uma ferramenta importante na administração de sistemas.

Com o surgimento de tecnologias e ferramentas para Big Data, a geração e a utilização dos logs se tornaram cada vez mais importantes, uma vez que agora é possível "prever" quando um equipamento precisa de manutenção, o comportamento de um indivíduo em um e-commerce e a geração de recomendações, entre outras coisas.

Administrar o volume de logs que é gerado por diversos sistemas/dispositivos não é uma tarefa fácil. Em 2011, a Cloudera criou o Flume, um sistema distribuído, confiável e disponível para coletar, agregar e mover grandes quantidades de dados de muitas fontes diferentes para um armazenamento de dados centralizado. Em 2012, esse passou a ser um projeto top level na Apache Software Foundation.

O Apache Flume não se restringe apenas à coleta de logs, e pode ser usado para transportar grandes quantidades de dados, como os gerados em social media, e-mails e qualquer fonte de dados possível.

O objetivo principal do Flume é ingerir dados de eventos no HDFS (Hadoop Distributed File System) de forma simples e automatizada. Porém, seu uso não se limita apenas ao HDFS; é possível enviar também dados para um arquivo ou banco de dados, entre outros.

11.23.4 NiFi 1.3.0

Com o Apache NiFi, podemos fazer desde uma análise de tráfego de redes até conversões de um banco de dados para outro; podemos analisar e transformar mensagens do Twitter e outras redes sociais e, principalmente, usá-lo para IoT.

No caso da internet das Coisas, ao contrário de outros sensores que só enviam dados para "fora", o software precisará receber esses dados e se comunicar com o dispositivo novamente, e o NiFi se encaixa muito bem neste processo.

O Apache NiFi é um projeto de software da Apache Software Foundation, que permite a automação do fluxo de dados entre sistemas.

11.23.5 Kafka 0.11.0

O Apache Kafka é uma plataforma distribuída de mensagens e *streaming*:

▷ O usuário produz uma mensagem;

▷ Essa mensagem é anexada em um tópico;

▷ O usuário consome essa mensagem.

No mundo atual, dados em tempo real estão sendo continuamente gerados por todos os tipos de aplicativos (ERP, CRM, websites, mídias sociais, vídeos, logs, sensores e muito mais) e estes dados precisam estar disponíveis de forma confiável e rápida para diferentes tipos de receptores. Na maioria das vezes, as aplicações que produzem os dados e as aplicações que precisam receber estes dados não "conversam" umas com as outras. Estas aplicações heterogêneas, requerem algum tipo de desenvolvimento para que exista uma integração entre elas. Com o aumento do volume de dados, isso se torna um ponto ainda mais crítico.

Com a explosão do Big Data, o primeiro desafio é coletar a imensa quantidade de dados e o segundo desafio, analisar tudo isso. O Analytics é frequentemente apontado como um dos maiores desafios associados com Big Data, mas antes de a análise acontecer, os dados devem ser ingeridos e disponibilizados para os usuários. É onde entra o Apache Kafka.

O Apache Kafka foi originalmente desenvolvido pelo LinkedIn e posteriormente liberado como um projeto open-source, em 2011. O Apache Kafka é um sistema para gerenciamento de fluxos de dados em tempo real, gerados a partir de web sites, aplicações e sensores. Algumas das empresas que usam Kafka: LinkedIn, Netflix, PayPal, Spotify, Uber, Airbnb, Cisco, Goldman Sachs e SalesForce. Recentemente a IBM anunciou a criação de dois projetos envolvendo o Apache Kafka. O LinkedIn possui o maior ambiente Kafka do qual se tem notícia, com 1.1 trilhão de mensagens por dia.

Essencialmente, o Kafka age como uma espécie de "sistema nervoso central", que coleta dados de alto volume, como, a atividade de usuários (cliques em um website), logs, cotações de ações etc. e torna estes dados disponíveis como um fluxo em tempo real para o consumo por outras aplicações. O Kafka vem ganhando cada vez mais popularidade em Big Data, pois além de ser um projeto *open source* de alta qualidade, possui a capacidade de lidar com fluxos de alta velocidade de dados, característica cada vez mais procurada para uso em internet das Coisas (IoT), por exemplo.

12   REDES SOCIAIS

12.1 WhatsApp

Atualmente no Brasil podemos considerar o WhatsApp como o aplicativo de comunicação mais usado pela população, como um substituto ao uso das tradicionais mensagens SMS. É interessante observar que este mesmo fenômeno (mudança de paradigma SMS para WhatsApp) não ocorreu nos Estados Unidos.

O aplicativo foi lançado em novembro 2009 (inicialmente para iPhones, somente em outubro 2010 foi disponibilizada a versão para Android) pela empresa WhatsApp fundada por Jan Koum e Brian Acton, que trabalharam no Yahoo. Após seu sucesso a empresa atraiu o interesse de grandes marcas, sendo adquirida em fevereiro de 2014 pela Meta, Inc (antiga Facebook, Inc).

Alvo de muitas repercussões no país dado a bloqueios realizados pela justiça, após episódios de "não colaboração" com a justiça, estes bloqueios levaram muitos usuários a utilizar-se de VPNs para continuar a usar o aplicativo, além de induzir as pessoas a buscarem aplicativos alternativos para comunicação.

Fique ligado

O aplicativo WhatsApp é voltado para a comunicação assíncrona por meio de mensagens de texto e áudios entre seus utilizadores. Na **comunicação assíncrona** ambos os interlocutores não precisam estar conectados para interagir, de modo que quando um usuário envia uma mensagem o destino pode estar desconectado, quando vier a conectar é que irá receber as mensagens, neste momento o remetente pode estar desconectado e, mesmo assim, o destino terá acesso a mensagem.

Marcas de 2017:

12.1.1 Recursos

Status de Mensagens

Para saber sobre o **status de uma mensagem** os usuários podem observar os sinais de "vistos" no canto inferior direito das mensagens enviadas:

- Um visto cinza: indica que a mensagem foi enviada com sucesso do seu aparelho;
- Dois vistos cinza: indicam que a mensagem foi recebida pelo destino em seu "aparelho";
- Dois vistos azuis: indicam que a mensagem foi vista/"lida" (**confirmação de leitura** – recurso adicionado em dezembro de 2014) pelo destino, na realizada apenas indica que a conversa foi aberta, o que sugere que a pessoa está ciente da mensagem;

Fique ligado

Assim como **é possível desabilitar** o status que demonstra **quando foi a última vez que o usuário utilizou o aplicativo** (ou se está usando no momento – online) é também **possível desativar o feedback dos vistos azuis**, para não revelar ao remetente que você leu a mensagem enviada por ele.

Agora você pode ativar as mensagens temporárias por padrão para todas as suas novas conversas. Assim, todas as mensagens em novas conversas individuais iniciadas por você ou por outra pessoa serão configuradas para desaparecer após a duração escolhida.

Grupos

O recurso de **conversas em grupos** foi disponibilizado no aplicativo em fevereiro de 2011, contudo uma das características mais marcantes é a **limitação** do número **de membros** de um grupo que era de 256 até maio de 2022, quando foi ampliado para **512 participantes** (contudo no Brasil o recurso só é disponibilizado após as eleições de outubro de 2022);

Já em agosto de 2013 foi adicionado a funcionalidade do envio de **mensagens de voz**;

Administradores de grupos poderão apagar mensagens problemáticas ou inadequadas para todos os participantes.

- **Descrição do grupo:** Um breve resumo encontrado nos dados do grupo que permite definir o propósito, as diretrizes ou os tópicos do grupo. Quando uma nova pessoa entrar em um grupo, a descrição aparecerá no topo da conversa.
- **Controles de administrador:** Nas configurações do grupo, agora há uma opção permitindo que os administradores restrinjam quem pode alterar o assunto, a imagem e a descrição do grupo.
- **Fique por dentro:** Quando você estiver fora de uma conversa em grupo, acompanhe rapidamente as mensagens que mencionam ou respondam a você tocando no ícone @ exibido no canto inferior direito da conversa.
- **Busca por participante:** Encontre alguém em um grupo pesquisando os participantes na página de informações do grupo.
- Os administradores agora podem remover as permissões de administrador de outros participantes do grupo e os criadores do grupo não podem mais ser removidos do grupo iniciado.

WhatsApp WEb

Em janeiro de 2015 o WhatsApp liberou a funcionalidade **WhatsApp Web**, este permite que o usuário acesse o endereço https://web.whatsapp.com em um computador e escaneie um QRcode com pelo aplicativo em seu smartphone para autorizar a sincronia das mensagens. Antes das atualizações de 2022 era necessário manter o celular conectado à Internet para poder usar a versão Web da ferramenta de comunicação, atualmente isso já não é necessário.

Página com QRcode para ser escaneada.

No aplicativo no celular acessar o menu (três pontinhos no canto superior direito)

Clicar em WhatsApp Web e então no + no canto superior direito para iniciar uma nova sessão.

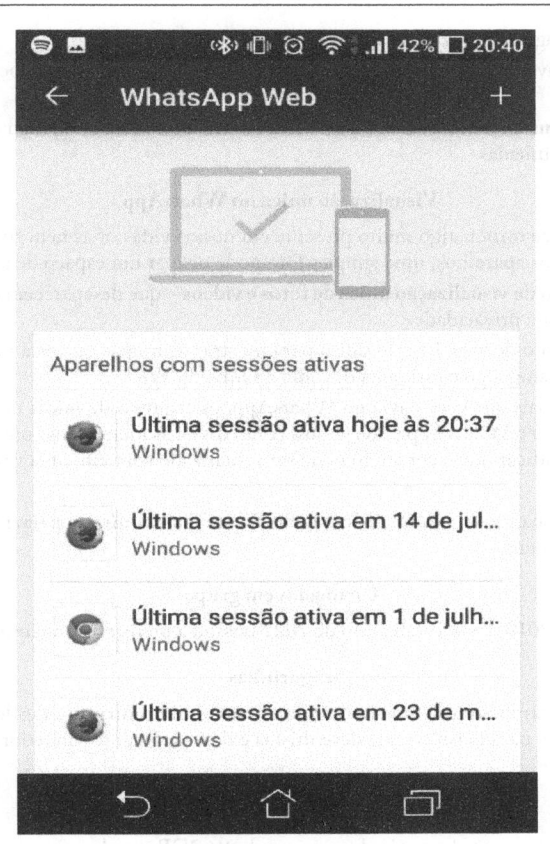

Note que o aplicativo lista as sessões criadas e as ativas. É possível encerrar sessões individuais assim como todas de uma vez.

Em maio de 2016 foi lançado o aplicativa WhatsApp para computador

Criptografia de ponta a ponta

Somente em 2016 foi inserida a criptografia para proteger as comunicações dos usuários, (com um pequeno incentivo das desavenças com o judiciário brasileiro). A criptografia empregada consiste em criptografar as mensagens no dispositivo do remetente e só decriptografar no dispositivo do destino com chaves de modo que nem mesmo a empresa WhatsApp possa decifrar (pelo menos essa é a propaganda para justificar os problemas com a justiça brasileira e suas solicitações de acesso a mensagens).

Mensagens por voz

Assim como as mensagens de texto os áudios enviados também contam com o status de mensagens.

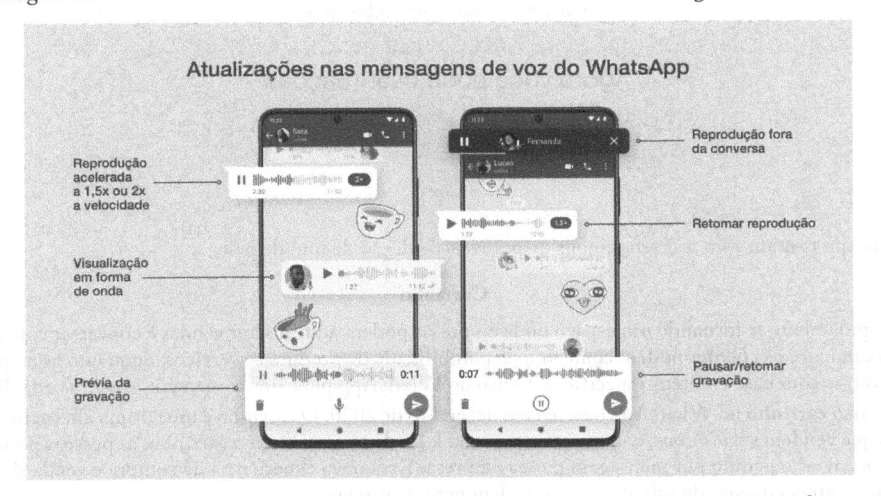

Atualizações nas mensagens de voz do WhatsApp

- **Reprodução fora da conversa**: ouça uma mensagem de voz sem precisar manter a conversa aberta, enquanto faz outras coisas ou lê e responde a outras mensagens.
- **Pausar/retomar a gravação**: agora, ao gravar uma mensagem, você pode pausar a gravação, caso haja uma interrupção ou você precise pensar no que falar, e retomá-la quando estiver tudo pronto.
- **Visualização em forma de onda**: mostra uma representação visual do som na mensagem de voz para ajudar a acompanhar a gravação.

- **Prévia da gravação**: ouça suas mensagens de voz antes de enviá-las.
- **Retomar a reprodução**: quando estiver escutando uma mensagem de voz e quiser pausá-la, você pode voltar a escutar de onde parou ao retornar à conversa.
- **Reprodução acelerada de mensagens encaminhadas**: ouça as mensagens de voz mais rapidamente nas velocidades 1,5x ou 2x, tanto as mensagens comuns quanto as encaminhadas.

Visualização única no WhatsApp

Tirar fotos e gravar vídeos no celular se tornou algo muito presente em nossas vidas, mas nem tudo que compartilhamos precisa se tornar um registro digital permanente. Em muitos aparelhos, uma simples foto pode ocupar um espaço de armazenamento para sempre.

Lançando em agosto de 2021 o recurso de **visualização única de fotos e vídeos** – que desaparecem da conversa depois de visualizados – para dar ao usuário ainda mais controle sobre sua privacidade.

Por exemplo, você pode enviar uma foto de visualização única para mostrar as roupas que está provando em uma loja, compartilhar uma reação rápida a um certo evento ou até mesmo algo confidencial, como a senha do Wi-Fi.

Assim como todas as mensagens pessoais que você envia no WhatsApp, os arquivos de mídia de visualização única são protegidos com a criptografia de ponta a ponta, e nem mesmo o WhatsApp pode vê-los. Além disso, as mensagens com esses arquivos de mídia serão sinalizadas com um novo ícone de número **"1"** para indicar que o conteúdo pode ser visualizado somente uma vez.

Depois que o arquivo de mídia for visualizado, a frase "Mensagem aberta" substituíra as palavras "Foto" ou "Vídeo" para evitar dúvidas sobre o conteúdo da conversa naquele momento.

Chamadas em grupo

Recurso disponibilizado em julho de 2018, após atualização de 2022 possou a oferecer a possibilidade de 32 participantes simultâneos.

Figurinhas

Desde outubro de 2018 o whatsApp também tem um suporte para pacotes de figurinhas desde emojis e recursos de câmera a Status e GIFs animados até figurinhas de terceiros, para permitir que desenhistas e desenvolvedores ao redor do mundo possam criar figurinhas para o WhatsApp

Compartilhamento de documentos

Após a atualização de 2022 passou a ser possível o envio de arquivos de até 2GB, sendo que antes o limite era de 100MB.

Reações

Desde maio de 2022 é possível usar reações de mensagens, similar a opção disponível no Facebook.

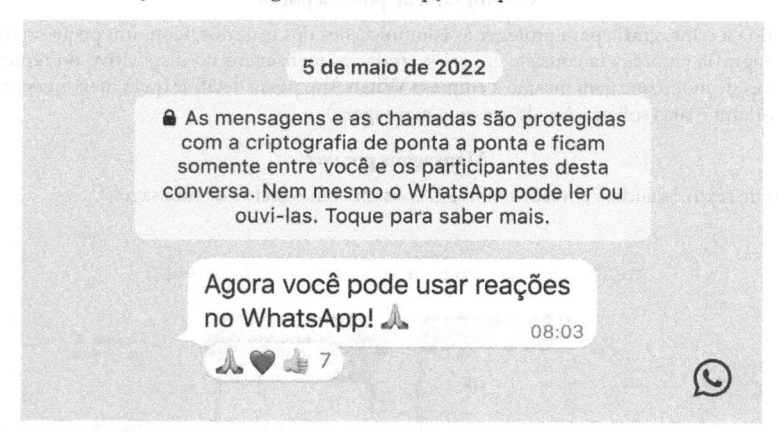

As reações no WhatsApp contam com todos os emojis disponíveis e seleção de tom de pele.

Carrinho

O WhatsApp está rapidamente se tornando um espaço onde empresas podem administrar vendas e conversar com seus clientes sobre produtos e serviços. Com o catálogo, os clientes podem conferir a disponibilidade de produtos e serviços, enquanto as empresas podem organizar estrategicamente as conversas com base em itens específicos. O uso do WhatsApp para fins comerciais cresce a cada dia.

O lançamento do recurso **carrinho** no WhatsApp ocorreu em dezembro de 2020. O carrinho é uma ótima alternativa para clientes enviarem seus pedidos a empresas que vendem vários itens, como restaurantes ou lojas de roupas. Com o carrinho, as pessoas podem explorar o catálogo, selecionar diversos itens e enviar o pedido por mensagem para a empresa. Essa nova experiência de compra e venda simplificará o controle de perguntas sobre pedidos, o gerenciamento de solicitações e o fechamento de vendas.

Usar o carrinho é muito fácil! Abra o catálogo para encontrar os itens que você deseja comprar e toque em "Adicionar ao carrinho". Assim que todos os itens forem adicionados ao carrinho, envie-o à empresa por mensagem.

Como fazer um pedido

No catálogo de uma empresa no WhatsApp, toque em CONVERSAR COM A EMPRESA para enviar uma mensagem ou em ADICIONAR AO CARRINHO para incluir um item no carrinho e enviar um pedido à empresa.

▷ Adicionar produtos ao carrinho

- Abra o WhatsApp.
- Abra a conversa ou o perfil comercial da empresa para a qual você deseja enviar um pedido.
- Toque no botão comprar 🛒 ao lado do nome da empresa para acessar o catálogo.
- Veja os produtos disponíveis no catálogo.
- Toque em Adicionar item ✚ ao lado do produto que você deseja adicionar ao carrinho. Se preferir, toque no item para abrir a página de detalhes do produto e, em seguida, toque em ADICIONAR AO CARRINHO.
- Toque em Adicionar item ✚ ou Remover ▬ item para ajustar a quantidade de um determinado produto no seu carrinho.
- Toque em ADICIONAR AO CARRINHO para incluir o produto no seu pedido.

Fique ligado
Observação: para enviar perguntas relacionadas a produtos do catálogo, toque em CONVERSAR COM A EMPRESA. Caso sua dúvida seja relacionada a vários itens, adicione-os ao carrinho e envie a consulta em uma única mensagem. Seu pedido só será criado após a confirmação da empresa.

▷ Editar o carrinho

- Toque em VER CARRINHO ou em 🛒 para ver os itens adicionados ao carrinho.
- Toque em CONTINUAR COMPRANDO para voltar ao catálogo e adicionar mais itens ao seu carrinho.
- Toque em Adicionar item ✚ ou Remover item ▬ para ajustar a quantidade de um determinado produto no seu carrinho.

▷ Fazer um pedido

- Quando seu pedido estiver pronto, toque em ENVIAR PARA A EMPRESA.
- Após enviar o carrinho, toque em VER CARRINHO na conversa com a empresa para ver os dados do pedido.

Pagamentos

Desde 15 de julho de 2020 os usuários no Brasil podem utilizar o recurso de pagamentos no WhatsApp para enviar dinheiro com segurança e fazer pagamentos no comércio local diretamente em suas conversas no WhatsApp.

O recurso de pagamentos no WhatsApp é oferecido pelo Facebook Pay.

Um dos pilares da criação do recurso de pagamentos é a segurança, e para evitar transações não autorizadas, será necessário informar um PIN de 6 dígitos ou usar a biometria do celular para autorizar cada transação. Todos os pagamentos serão processados pela Cielo, líder no setor de processamento de pagamentos no Brasil.

Pessoas físicas poderão enviar dinheiro e fazer compras no WhatsApp sem taxas. As empresas pagarão uma taxa de processamento para receber pagamentos de clientes, uma prática comum para comerciantes que aceitam pagamentos com cartão de crédito.

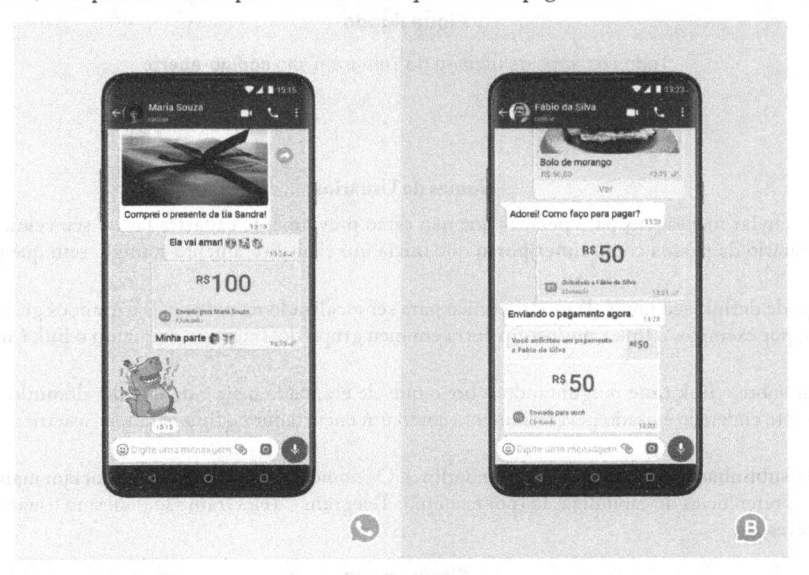

Há um limite diário e mensal para a quantia de dinheiro que você pode enviar e receber de seus amigos e familiares no WhatsApp.

Você pode enviar até R$ 1.000,00 por transação, R$ 2.500,00 em um período de 24 horas e R$ 5.000,00 em um período de 30 dias. Além disso, o Banco Central do Brasil estabeleceu o limite de R$ 1.000,00 para transações no período noturno, das 20:00 às 06:00.

Você pode receber até R$ 5.000,00 por mês.

Depois de atingir o limite, você não conseguirá enviar nem receber dinheiro. Você poderá tentar efetuar a transação novamente mais tarde.

Seu banco também pode estabelecer outros limites para o envio e o recebimento de dinheiro. Para mais informações, entre em contato diretamente com o banco.

O WhatsApp e o Facebook não cobram taxas quando você envia ou recebe dinheiro de amigos e familiares usando um cartão pré-pago, um cartão de débito ou um cartão múltiplo com a função débito. Entretanto, seu banco pode cobrar taxas pelo uso do cheque especial e sua operadora pode cobrar taxas pelo uso de dados móveis.

Compartilhamento de localização

Esta função criptografada de ponta-a-ponta permite controlar com quem você compartilha sua localização e por quanto tempo. Você pode escolher encerrar o compartilhamento a qualquer momento ou simplesmente deixar que o contador de tempo da Localização Atual expire.

Funciona assim: Abra uma conversa com o contato ou grupo com quem desejar compartilhar. Sob "Localização", no botão anexar, há a nova opção de "Compartilhar Localização Atual". Escolha por quanto tempo deseja compartilhá-la e toque em enviar. Cada membro da conversa conseguirá ver sua localização em tempo real em um mapa. Se mais de uma pessoa compartilhar sua localização em um grupo, todas as localizações aparecerão no mesmo mapa.

12.1.2 WhatsApp Bussiness

O Whats app conta ainda com a versão Bussiness lançado em janeiro de 2018 para empresas manterem contato com seus clientes usando desde atendimentos pessoais como automatizados com o uso de chatbots.

Perfil comercial: Compartilhe informações úteis sobre seu negócio, como descrição, email, endereço do seu negócio, ou site.

Ferramentas de mensagem: Responda aos seus clientes de forma rápida e eficiente com nossas ferramentas de mensagem respostas rápidas para perguntas frequentes, mensagens de saudação para apresentar um cliente ao seu negócio, e mensagens de ausência para que saibam quando você poderá responder.

WhatsApp Web: Converse em seu computador de mesa (desktop), organize suas conversas, e envie arquivos para clientes.

12.2 Telegram

O aplicativo Telegram foi lançado em agosto de 2013 pelos russos Nikolai Durov e Pavel Durov como um dos principais concorrentes ao WhatsApp sua popularização no Brasil começou em 2015 quando a justiça brasileira bloqueou o aplicativo do WhatsApp, posteriormente voltou a ganhar adeptos após outros bloqueios, já no mundo dos concursos ele ganha mais usuários por suas características como a de permitir mais usuários por grupo que seu concorrente.

Assim como o concorrente o Telegram é um aplicativo focado na troca de mensagens, que além de possuir recursos em maior quantidade que o concorrente, usou de criptografia de ponta a ponta desde o início, diferente do concorrente que só veio a adicionar a funcionalidade em 2016.

O Telegram permite ao usuário usar o serviço em todos os dispositivos ao mesmo tempo sincronizando as mensagens em qualquer quantidade de telefones, tablets ou computadores. Com o Telegram, você pode enviar mensagens, fotos, vídeos e arquivos de qualquer tipo (doc, zip, mp3, etc), além de criar **grupos de até 200.000 pessoas** ou **canais** para transmitir para públicos **ilimitados**.

Ao contrário do WhatsApp, o Telegram é um mensageiro baseado em nuvem com sincronização contínua. Como resultado, você pode acessar suas mensagens de vários dispositivos ao mesmo tempo, incluindo tablets e computadores, e **compartilhar** um número ilimitado de fotos, vídeos e **arquivos** (doc, zip, mp3, etc.) **de até 2 GB cada** (apenas em 2022 isso foi possível no WhatsApp, antes o limite era somente 100MB). E se você não quiser armazenar todos os dados no seu dispositivo, você pode sempre mantê-los na nuvem.

Fique ligado
Todos os apps de usuário do Telegram são **código-aberto**

12.2.1 Recursos

Nomes de Usuários

No Telegram você pode enviar mensagens para pessoas que não estão previamente cadastradas no seu celular como contatos, basta por exemplo acessar o link de usuário da pessoa como **t.me/jporso** que inicia um chat diretamente comigo, sem que para isso você precise saber meu número de telefone.

Assim como o usuário pode definir seu nome de usuário único para ser localizado na rede do Telegram os grupos e canais também podem ser definidos de igual modo, por exemplo, o link **t.me/profjp** entra em meu grupo do Telegram enquanto o link **t.me/profjporso** entra no meu canal do Telegram.

Já foi cobrado em provas sobre o link **t.me** perguntando sobre o que ele era, nada mais é do que um domínio do Telegram registrado em Monte Negro (.me) no caso este endereço é usado pela ferramenta como um encurtador de link para seus usuários, assim você não precisa usar o **telegram.org**

Você pode usar **a-z, 0-9 e sublinhados** (letras, números e underline). Os nomes de usuário **não diferenciam maiúsculas de minúsculas**, mas o Telegram armazenará suas preferências de capitalização (por exemplo, Telegram e TeleGram são o mesmo usuário). O nome de usuário deve ter **pelo menos cinco caracteres**.

Fique ligado
Você não precisa necessariamente configurar um nome de usuário. Lembre-se de que os nomes de **usuários do Telegram são públicos** e que a escolha de um nome de usuário no Telegram possibilita que as pessoas encontrem você na busca global e enviem mensagens, mesmo que não tenham seu número de telefone. Se você não está confortável com isso, desaconselhamos configurar um nome de usuário.

Status de Mensagens

▷ **Um traço** — mensagem entregue à nuvem do Telegram e seu amigo foi notificado, se ele permitir notificações.

▷ **Dois traços** — mensagem lida (seu amigo abriu o Telegram e abriu a conversa com a mensagem).

No Telegram **não há** um status de **"mensagem entregue ao dispositivo"** porque o Telegram pode ser usado em quantos dispositivos você desejar ao mesmo tempo. Como saber qual dispositivo seu amigo vai usar para ler a mensagem?

Você pode escolher quem vê essas informações nas configurações de Privacidade e Segurança do Telegram.

Lembre-se de que você não verá o horário do Visto por Último de pessoas com quem você não compartilha o seu. Você verá, no entanto, um Visto por Último aproximado. Isso mantém os stalkers afastados, mas torna possível entender se uma pessoa é alcançável pelo Telegram. Existem quatro valores aproximados possíveis:

▷ Visto recentemente - abrange qualquer período entre 1 segundo e 2-3 dias

▷ Visto na última semana — entre 2, 3 e sete dias

▷ Visto no último mês — entre 6, 7 dias e um mês

▷ Visto há muito tempo — mais de um mês (isso também é sempre exibido para usuários bloqueados)

As regras do visto por último também se aplicam ao seu status online. As pessoas só podem ver você online se você estiver compartilhando seu status visto por último com elas.

Existem algumas exceções porque às vezes é óbvio que você está online. Independentemente das configurações de Visto por Último, as pessoas verão você online por um breve período (~30 segundos) se você fizer o seguinte:

▷ Enviar uma mensagem em um chat privado ou em um grupo em que ambos são membros.

▷ Ler uma mensagem que eles te enviaram em um chat privado.

▷ Transmitir um status "digitando…" para o chat privado com eles ou em um grupo no qual ambos são membros.

Se você não está compartilhando seu Visto por Último com alguém e não fizer nenhuma das ações acima, eles nunca verão você online. Outra maneira de nunca aparecer online para alguém é bloquear essa pessoa.

Grupos

Os grupos do Telegram podem ter até 200.000 membros cada e são ferramentas de comunicação extremamente poderosas. Aqui estão alguns recursos importantes que os destacam no mundo das mensagens:

▷ Histórico unificado

Edite suas mensagens após enviar, apague-as para que elas desapareçam para todos.

▷ Disponibilidade entre plataformas

Acesse suas mensagens a qualquer momento, de qualquer um de seus celulares, tablets ou computadores.

▷ Busca instantânea

Encontre a mensagem que você está procurando, mesmo entre milhões. Filtre por autor para encontrar mais facilmente.

▷ Respostas, menções e hashtags

Mantenha facilmente uma conversa e tenha uma comunicação eficiente, não importando o tamanho do grupo.

▷ Notificações importantes

Silencie o grupo para receber notificações apenas quando as pessoas mencionarem você ou responderem às suas mensagens.

▷ Mensagens fixadas

Administradores e membros com permissão podem fixar qualquer mensagem para ser exibida na parte superior da tela do chat. Todos os membros receberão uma notificação, mesmo que ignorem as mensagens comuns do grupo.

▷ Ferramentas de moderação

Adicione administradores que podem apagar mensagens em massa, controlar a entrada de usuários e fixar mensagens importantes. Defina os privilégios de administrador com precisão granular.

▷ Permissões do grupo

Defina permissões padrão para impedir que os membros publiquem tipos específicos de conteúdo. Ou até mesmo restringir os membros de enviarem mensagens completamente — e permitir que os administradores conversem entre si enquanto todos os outros assistem.

▷ Compartilhamento de arquivos

Envie e receba arquivos de qualquer tipo, com até 2 GB de tamanho cada, e acesse-os instantaneamente em seus outros dispositivos.

▷ Adicionando membros

Você pode adicionar seus contatos ou usar a busca por nome de usuário.

É fácil migrar grupos existentes para o Telegram enviando para as pessoas um link de convite. Para criar um link de convite, vá para Info do Grupo > Adicionar Membros > Convidar via link.

Qualquer pessoa que tenha o Telegram instalado poderá participar do seu grupo seguindo este link. Se você optar por revogar o link, ele deixará de funcionar imediatamente.

Grupos × Canais

Grupos do Telegram são ideais para compartilhar coisas com amigos e familiares ou para colaboração em pequenas equipes. Mas os grupos também podem crescer muito e ter suporte a comunidades de até **200.000 membros**. Você pode tornar qualquer grupo público, alternar o histórico

persistente para controlar se novos membros têm acesso às mensagens anteriores e nomear administradores com privilégios granulares. Você também pode fixar mensagens importantes no topo da tela para que todos os membros possam vê-las, incluindo aqueles que acabaram de entrar.

Canais são uma ferramenta para transmitir mensagens para grandes públicos. Na verdade, um canal pode ter um número **ilimitado** de inscritos. Quando você publica em um canal, a mensagem é assinada com o nome e a foto do canal e não com o seu. Cada mensagem em um canal tem um contador de visualizações que é atualizado quando a mensagem é visualizada, incluindo as cópias encaminhadas da mensagem.

Chats Secretos

Os chats secretos especiais do Telegram usam criptografia de ponta a ponta, não deixam rastros em nossos servidores, oferecem suporte a mensagens autodestrutivas e não permitem o encaminhamento. Além disso, os chats secretos não fazem parte da nuvem do Telegram e só podem ser acessados nos dispositivos em que foram iniciados.

As **mensagens não podem ser encaminhadas** de chats secretos. E quando você apagar as mensagens do seu lado da conversa, o aplicativo do outro lado do chat secreto será solicitado a apagá-las também.

Você pode configurar suas mensagens, fotos, vídeos e arquivos para autodestruição em um determinado período depois que elas foram lidos ou abertos pelo destinatário. A mensagem desaparecerá do seu dispositivo e do de seu amigo.

A criptografia cliente-servidor, que é **usada em chats na nuvem** (chats privados e em grupo). Os **chats secretos usam uma camada adicional de criptografia cliente-cliente**. Todos os dados, independentemente do tipo, são criptografados da mesma maneira — seja texto, mídia ou arquivos.

A criptografia é baseada em criptografia AES simétrica de 256 bits, criptografia RSA de 2048 bits e troca de chaves segura Diffie-Hellman.

12.3 Facebook

Criada em fevereiro de 2004 por Mark Zuckerberg e os cofundadores Dustin Moskovitz e o brasileiro Eduardo Saverin um site inicialmente chamado de "The Facebook" como um blog voltado ao público universitário, logo mudou sua sede para a Califórnia (junho de 2004).

O site alcançou a marca de 1 milhão de pessoas ativas no mesmo ano em dezembro.

Em setembro de 2005 Zuckerberg toma a sugestão de Sean Parker (cofundador do site Napster de compartilhamento de músicas) e altera o nome para Facebook.

Inicialmente os usuários criavam seu perfil colocando uma foto de usuário e textos que descrevessem suas características e interesses, somente em 2005 se tornou possível o uso de fotos na plataforma.

Em 2006 foi lançada a versão para celular do Facebook

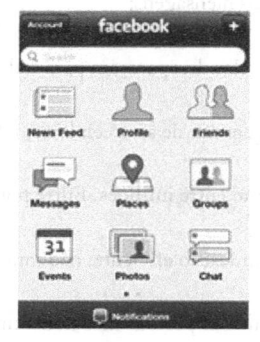

A primeira versão da API do Facebook foi disponibilizada em agosto de 2006. Em setembro do mesmo ano é que foi aberto o cadastro para pessoas sem convite.

A possibilidade de postar vídeos foi incluída em junho de 2007. Em novembro a plataforma começou a monetizar com apresentação de anúncios.

Em abril de 2008 foi lançado o bate-papo Facebook (que futuramente torna-se o Messenger) que permite a comunicação em tempo real com usuários online.

Ainda em 2008 foi disponibilizado a primeira versão do Single Sign-on da plataforma, permitindo que os usuários utilizassem o serviço de autenticação de usuário do Facebook para criar contas em outros sites e serviços.

O famigerado botão Curtir (LIKE) foi introduzido no site em fevereiro de 2009.

Em março de 2009 o Facebook altera novamente sua página inicial. Em 2010 a marca de 500 milhões de usuários foi alcançada.

O aplicativo Messenger foi lançado em 2011, enquanto no perfil do usuário temos a linha do tempo.

Já em 2012 o Facebook adquiriu o Instagram em abril de 2012 após Snapchat recusar a oferta, a empresa Facebook, Inc abriu seu capital na bolsa de valores em maio de 2012, em outubro do mesmo ano alcançou a marca de 1 milhão de usuários

12.3.1 Recursos

Página Inicial do perfil

Sua página inicial é o que você vê ao entrar no Facebook. Ela inclui o Feed, que é uma lista atualizada constantemente com as publicações dos seus amigos, os grupos dos quais participa, as Páginas que segue e muito mais.

O Feed é uma lista de histórias da sua página inicial em constante atualização. O Feed contém atualizações de status, fotos, vídeos, links, atividades de aplicativos e curtidas de pessoas, Páginas e grupos que você segue no Facebook.

Nome

▷ Seu nome não pode ter:

▷ Símbolos, números, capitalização incomum, repetição de caracteres ou pontuação.

▷ Caracteres de diversos idiomas.

▷ Qualquer tipo de título (por exemplo, profissional, religioso).

▷ Palavras ou frases no lugar de um nome.

▷ Qualquer tipo de palavra ofensiva ou sugestiva.

Fique ligado
O nome em seu perfil deverá ser o nome pelo qual é conhecido no dia a dia. Esse nome também deve aparecer em um documento de identificação

▷ Apelidos podem ser usados como primeiro nome ou nome do meio se forem uma variação do seu nome verdadeiro (como Edu, em vez de Eduardo).

▷ Também é possível listar um nome adicional em sua conta (por exemplo, nome de solteiro, apelido, nome profissional).

▷ Os perfis são apenas para uso individual. Você pode criar uma Página para uma empresa, organização ou ideia.

▷ Fingir ser alguém ou algo não é permitido.

solicitações de amizades

As solicitações de amizades ajudam você a se manter conectado com as pessoas que gosta. Ao adicionar um amigo, vocês poderão ver as atividades um do outro no Feed, no Stories e em Fotos.

Quando quiser adicionar um amigo no Facebook, lembre-se:

Você deve enviar solicitações de amizade para pessoas que conhece e em quem confia. Adicione um amigo pesquisando pelo nome dele ou diretamente em Pessoas que talvez você conheça.

Você pode controlar quem pode ser seu amigo e seguir você ao editar as configurações de privacidade.

Se não quiser que alguém veja você no Facebook, saiba como desfazer a amizade ou bloquear essa pessoa.

É possível ter até 5.000 amigos de uma vez.

Fique ligado
Redes como Instagram ganharam mais adeptos, principalmente de figuras públicas por conta desta limitação de seguidores.

Mensagens

Podemos enviar mensagens de texto ou fazer ligações de voz e de vídeo para seus amigos.

Enviar fotos, vídeos, figurinhas, GIFs e muito mais.

O Facebook permite visualizar que acessou ou não uma mensagem.

Os spams são problemas que também ocorrem em redes sociais, assim podemos bloquear as mensagens e denunciar a mesma.

Na sua lista de bate-papos, você receberá mensagens de seus amigos do Facebook, de empresas com as quais se conectou e de pessoas no Marketplace.

Pessoas que não são seus amigos ou nunca conversaram com você antes podem enviar somente solicitações de mensagens. É possível controlar quem pode enviar mensagens e solicitações de mensagens para você no Facebook nas configurações de Entrega de mensagens.

Ligação por vídeo

Podemos realizar ligações para usuários ou mesmo grupos de usuários pode vídeo.

Fique ligado
Nas ligações de voz ou vídeo entre apenas duas pessoas, seu endereço IP será compartilhado com o dispositivo da outra pessoa para estabelecer uma conexão ponto a ponto. Uma conexão ponto a ponto usa seu endereço IP para se conectar diretamente com a pessoa para a qual você está ligando. Isso ajuda a melhorar a qualidade de áudio e vídeo da ligação. Como isso acontece no plano de fundo, pode ser possível que a outra pessoa descubra seu endereço IP.

Stories

Os stories do Facebook permitem compartilhar fotos e vídeos com seus amigos e seguidores. Eles ficarão disponíveis para o público selecionado por apenas 24 horas.

Depois de 24 horas, é possível guardar os stories que compartilhou em seu arquivo de stories, que ficará visível apenas para você.

Você pode compartilhar conteúdo no seu story usando o Facebook ou o Messenger. Também pode compartilhar stories para grupos, eventos ou Páginas. Saiba mais sobre como funcionam os stories.

É possível ver os stories das pessoas e das Páginas que você segue e stories sugeridos usando o aplicativo Facebook ou o facebook.com no computador e navegador para celular. Também é possível ver os stories das pessoas com as quais você está conectado no Messenger. Se uma pessoa ou Página compartilhar um story que você ainda não viu, haverá um círculo azul em torno da foto do perfil dela.

Sempre que você visualizar o story de uma pessoa, ela saberá.

No aplicativo do Facebook

Os stories são exibidos em sequência na parte superior do Feed. Se algum dos seus amigos ou uma Página que você segue publicar um story, será possível vê-lo usando uma das opções a seguir:

▷ Toque no story da pessoa ou da Página na parte superior do Feed.

▷ Acesse o perfil da pessoa ou da Página e toque na foto do perfil dela.

▷ Toque na foto do perfil ao lado de uma publicação que ele compartilhou no Feed.

Os stories também podem aparecer em outros locais do aplicativo do Facebook, como no Feed. Se você visualizar, reagir ou responder a um story no Feed, o criador de conteúdo saberá.

No facebook.com

Os stories são exibidos na parte superior do Feed em computadores e dispositivos móveis. Toque ou clique em qualquer story para visualizá-lo ou use as setas (no computador) ou deslize a tela para a esquerda (no dispositivo móvel) para ir para a próxima tela ou para o próximo story. Toque ou clique em ✕ no canto superior esquerdo para sair do story de alguém e voltar para o Feed.

Também é possível visualizar o story de alguém acessando a Página ou o perfil da pessoa, rolando a tela até a publicação mais recente e tocando ou clicando na foto de perfil dela.

No aplicativo Messenger

É possível ver os stories no aplicativo do Messenger para iPhone e Android. Se algum dos seus amigos ou alguma pessoa com quem você está conectado no Messenger publicar um story, será possível vê-lo.

Para ver os stories de uma pessoa no Messenger para Android:

▷ Toque em ▮▮ Stories no canto inferior direito.

▷ Toque nos stories.

Role a tela para baixo ou toque em ✕ no canto superior direito para sair do story de alguém e voltar para o Messenger.

Compartilhar fotos e vídeos

Você pode usar o Facebook para compartilhar fotos e vídeos com amigos e familiares.

Saiba como:

▷ Compartilhar fotos e vídeos.

▷ Criar álbuns de um momento ou lugar especial, como uma festa de aniversário ou viagem de férias.

▷ Escolher quem pode ver suas fotos, vídeos e álbuns.

▷ Gerenciar marcações de fotos e vídeos.

Transmitir ao vivo

Com o Live, você pode fazer um streaming ao vivo de eventos, apresentações e reuniões no Facebook. Os espectadores podem assistir em um telefone, computador ou TV conectada. Você pode fazer uma transmissão ao vivo no Facebook usando um perfil, uma Página, um grupo ou um evento.

Fique ligado
As Páginas e os perfis qualificados podem arrecadar fundos ao adicionar o botão Doar a um vídeo ao vivo para uma campanha de arrecadação de fundos. Cobrimos todas as taxas de processamento de doações feitas para campanhas de arrecadação de fundos para organizações sem fins lucrativos.

Facebook Watch

No Facebook Watch, você pode descobrir vídeos e programas originais sobre assuntos como esportes, notícias, beleza, gastronomia e entretenimento.

Para assistir a esses vídeos na TV, você pode baixar o aplicativo do Facebook Watch para TV ou transmitir para uma TV com o aplicativo para celular do Facebook. Saiba mais sobre como fazer streaming de vídeos do aplicativo para celular do Facebook para a sua TV.

Jogos

No Facebook também encontramos jogos, tanto gratuitos como pagos.

Páginas

As páginas foram criadas para contornar o problema do limite de amigos em um perfil, assim os usuários podem criar páginas para publicar conteúdos, porém a interação do público com o autor em uma página é diferente e passa um ar mais impessoal, o que não agradou muito uma parcela do público que, consequentemente, migrou para o Instagram.

É possível curtir ou seguir uma Página para obter atualizações de empresas, organizações e figuras públicas. Qualquer pessoa que tiver uma conta do Facebook pode criar uma Página ou ajudar a administrar uma, contanto que tenha uma função na Página.

Em uma página você pode:

▷ Convidar pessoas para curtir sua Página ou compartilhar outra Página com seus amigos.

▷ Atribuir funções para sua Página para permitir que outras pessoas ajudem a gerenciar.

▷ Adicionar um botão de chamada para ação para ajudar seus clientes a entrar em contato com você, marcar um horário e muito mais.

Fique ligado

Observação: o perfil de uma pessoa não é a mesma coisa que uma Página, que pode representar marcas, empresas ou causas. Embora você possa publicar, curtir ou comentar em outra Página como sua Página, não poderá fazer o mesmo no perfil de uma pessoa.

Você precisa ser um administrador para escrever uma publicação na Página em mais de um idioma. As pessoas que visualizarem sua publicação verão o idioma mais relevante para elas, com base nas configurações de idioma e localidade delas.

As páginas contam com inúmeras ferramentas de gerenciamento clicando no botão Gerenciar

Teremos acesso a página ilustrada a seguir, nela podemos analisar o alcance das publicações, gerenciar o público-alvo das postagens, criar anúncios entre outros.

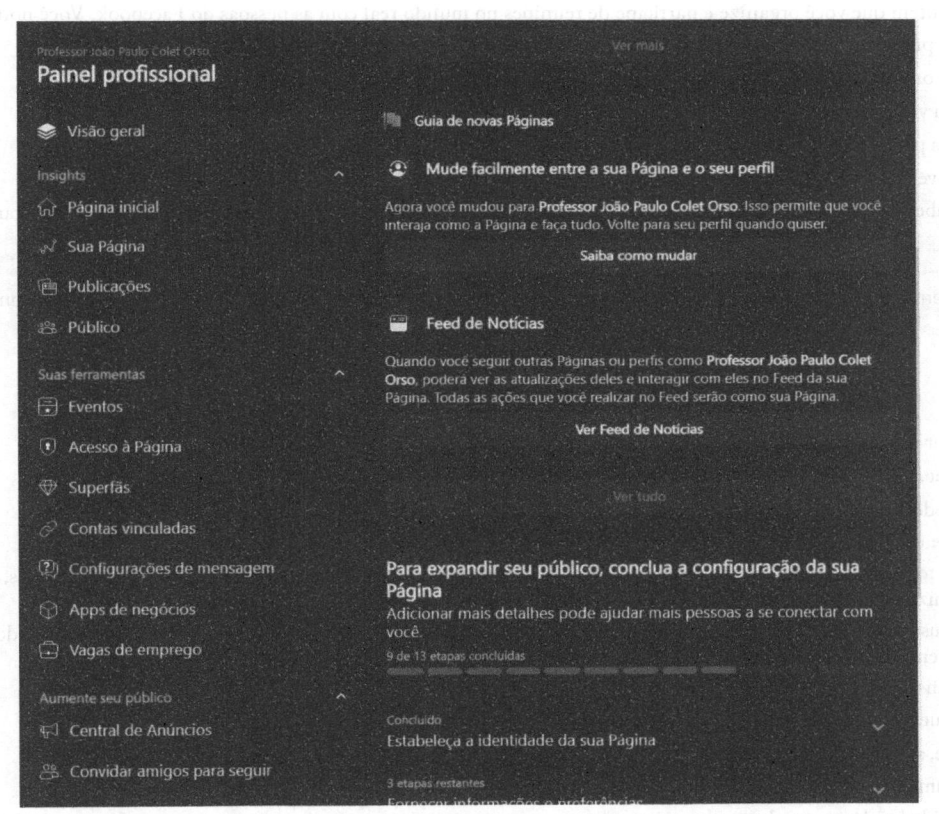

Fique ligado

Ao limitar o público da publicação, você pode controlar a visibilidade da sua publicação com base na idade e na localização do público. Somente as pessoas no público escolhido podem ver as publicações em qualquer lugar no Facebook, inclusive na sua Página.

Você pode direcionar a publicação da sua Página para um público específico. Assim, será mais provável que determinadas pessoas vejam a publicação no Feed com base nos critérios selecionados. Diferentemente de limitar o público da publicação, usar o direcionamento do Feed não afeta quem pode ver a publicação na sua Página nem em qualquer outro lugar no Facebook.

Grupos

Os grupos são um espaço para as pessoas conversarem sobre interesses em comum. Você pode criar um grupo para qualquer coisa: uma reunião de família, uma equipe que pratica esportes depois do trabalho ou seu clube de leitura.

Recursos indisponíveis para grupos comerciais

Para garantir que as nossas políticas comerciais sejam atendidas e ajudar a manter os grupos seguros, os grupos focados em compra, venda ou promoção de produtos não terão determinados recursos. Os dados desse resumo incluem:

▷ Salas

▷ Bate-papos

▷ Publicações anônimas

Todos os classificados de compra, venda e promoção de produtos devem atender às nossas diretrizes de política comercial. Saiba mais sobre as nossas Políticas Comerciais.

Diferenças dos grupos de compra e venda

Um grupo de compra e venda é como um grupo comum, mas nele os membros podem:

▷ Listar itens para venda.

▷ Marcar itens como vendidos.

▷ Procurar itens para comprar.

Saiba como adicionar os recursos de compra e venda a um grupo do Facebook que você administra.

Itens proibidos

Itens como animais, drogas, armas, produtos falsificados ou outros que infrinjam os direitos de propriedade intelectual não são permitidos em grupos de compra e venda nem no Marketplace.

Eventos

Os eventos permitem que você organize e participe de reuniões no mundo real com as pessoas do Facebook. Você pode:

▷ Criar um evento presencial.

▷ Criar um evento online.

▷ Publicar fotos ou vídeos no seu evento.

▷ Convidar pessoas para seu evento.

▷ Controlar quem vê e participa do seu evento.

Seu evento será aberto. Nele, você poderá compartilhar publicações, convidar pessoas, adicionar uma foto da capa e editar detalhes do evento.

Fique ligado
Observação: somente Páginas (e não perfis pessoais) podem criar eventos recorrentes. Saiba mais sobre a diferença entre uma Página e um perfil.

Evento online

▷ No canto superior direito do Facebook, clique em **+** e em Eventos.

▷ Clique em Online.

▷ Escolha um tipo de evento online:

  ▪ **Facebook Live:** use esta opção se o evento tiver mais de 50 convidados.

  ▪ **Salas**: use para ter uma experiência mais interativa em formato de ligação de vídeo. As Salas podem ter até 50 pessoas, incluindo organizadores e coorganizadores.

  ▪ **Link externo**: use esta opção se o evento for realizado fora do Facebook. Inclua todas as informações que os convidados precisam saber na descrição do evento.

  ▪ **Outro**: inclua instruções claras de como participar.

▷ Em seguida, clique em Avançar.

▷ Adicione o nome, a data e a hora do evento.

Privacidade de um evento

▷ **Privado**: os convidados devem receber um convite para o evento, que é oculto.

  ▪ A seleção que você fizer para Os convidados podem convidar amigos não poderá ser alterada depois da criação do evento.

▷ **Público**: qualquer pessoa pode ver o evento e participar dele.

▷ **Amigos**: somente seus amigos do Facebook podem ver o evento e participar dele.

▷ **Grupo**: quem pode ver o evento e participar dele depende da privacidade do grupo.

  ▪ **Grupo público**: qualquer pessoa pode ver o evento e participar dele.

  ▪ **Grupo privado**: somente membros do grupo do Facebook podem ver o evento e participar dele.

Formatos de eventos online

Facebook Live

Você pode convidar até 500 pessoas.

É possível fazer um streaming ao vivo de eventos, apresentações e reuniões no Facebook. Os espectadores podem assistir a ele por meio de um telefone, um computador ou uma TV conectada.

Pouco antes de seu evento começar, enviaremos uma notificação de lembrete. Inicie seu vídeo ao vivo. As pessoas podem assistir na Página do evento ou no Feed de Notícias. Os coorganizadores podem pedir para participar da transmissão, mas só você pode iniciá-la.

Salas

As Salas podem ter até 50 pessoas, incluindo o organizador e os coorganizadores.

Você deve entrar na sala antes dos seus convidados. Também é possível entrar na sala antes da hora de início do evento.

Link externo

Você pode convidar até 500 pessoas no Facebook.

É possível adicionar um link para um site ou aplicativo de terceiros onde os convidados podem assistir ao evento. Como o evento acontece fora do Facebook, inclua todas as informações que os convidados precisam saber na descrição do evento.

Outros

Você pode convidar até 500 pessoas no Facebook.

Não há link do vídeo nem botão para participar desse tipo de evento. Por isso, explique como participar na descrição do evento. Por exemplo, um minuto de silêncio em um momento específico, ou reserve um tempo para os membros do clube do livro lerem.

12.3.2 Marketplace

Você pode usar o Marketplace para comprar e vender itens com as pessoas da sua comunidade no Facebook.

12.3.3 Aplicativos

Aplicativos, jogos e plugins sociais permitem a interação com seus amigos, dentro e fora do Facebook. Você pode entrar usando sua conta do Facebook.

Ao conectar aplicativos e jogos à sua conta do Facebook, lembre-se:

▷ Você pode definir as configurações de privacidade para aplicativos e jogos que usa.

▷ A maioria dos aplicativos e jogos é criada por desenvolvedores terceirizados que devem seguir as políticas da plataforma.

▷ Se você entrar em contato com o desenvolvedor de um aplicativo ou jogo com o qual esteja enfrentando problemas, talvez ele possa ajudar.

Alguns aplicativos podem solicitar informações antes do uso

12.4 Instragram

O instagram é uma rede social de compartilhamento de gotos e vídeos, com ou sem filtros. Inicialmente as fotos só possuiam aspecto quadrado, mas dado o formato dos celulares cada vez mais esticados e com intuido de enfatizar em vídeos o fomato foi alterado para o 9:16 (retangular vertical) e suportar vídeos de 1080p (full-hd).

Foi lançado em outubro de 2010 por Kevin Systrom e Mike Krieger, em 2012 alcançou a marca dos 100 milhões de usuários e em abril de 2012 foi adquirido pela Meta, Inc (antigo Facebook, Inc).

12.4.1 Perfil

Seu perfil contém as fotos, os vídeos e as configurações que pertencem a você no Instagram. Nele, você pode ver o que compartilhou, uma lista das pessoas que segue e quem são os seus seguidores.

12.4.2 Recursos

Compartilhar em outras redes sociais

Você pode compartilhar conteúdo publicado no Instagram em outras redes sociais, incluindo o Facebook.

Direct

O Instagram Direct permite que você envie mensagens para uma ou mais pessoas. Essas mensagens podem incluir texto e fotos ou vídeos que você tira ou carrega da sua biblioteca. Você também pode enviar os itens a seguir como uma mensagem no Instagram Direct:

▷ Publicações que você vê no feed

▷ Fotos e vídeos temporários

▷ Perfis do Instagram

Para ver as mensagens que você enviou com o Instagram Direct

▷ Toque em ▽ ou em ⊘ no canto superior direito do Feed.

▷ Toque na conversa que deseja visualizar.

Quando você envia uma publicação do feed usando o Instagram Direct, ela só ficará visível para as pessoas que já podem vê-la. Por exemplo, se você enviar uma publicação de uma conta privada como uma mensagem, somente as pessoas que seguem essa conta poderão vê-la.

As fotos e os vídeos enviados com o Instagram Direct não podem ser compartilhados pelo Instagram com outros sites, como Facebook ou Twitter, e não serão exibidos em páginas de localização e hashtags.

Fique ligado
Não é possível visualizar fotos ou vídeos temporários depois de enviá-los. No entanto, você pode ver se eles foram entregues, abertos, reproduzidos ou se alguém fez uma captura de tela.

Após enviar uma foto ou um vídeo temporário, você verá o status da mensagem (por exemplo, Entregue, Aberto, Visualizado novamente, Captura de tela) como parte da conversa no Direct. Para conversas em grupo, toque no local que indica o status da sua mensagem para vê-lo em relação a cada pessoa do grupo individualmente.

Chamada em grupo

É possível conversar por ligação de vídeo com até oito pessoas usando as mensagens no Instagram.

12.4.3 Stories

Com os Stories, é possível compartilhar fotos e vídeos que desaparecem do perfil, do Feed e de mensagens após 24 horas, a menos que eles sejam adicionados ao seu perfil como destaques.

Fique ligado
Observação: os stories desaparecem do seu perfil, do feed e da caixa de entrada do Direct após 24 horas, a menos que eles sejam adicionados ao seu perfil como destaques dos stories.

Sugestões básicas

As sugestões básicas são ativadas automaticamente se você concede acesso à galeria ou ao rolo da câmera do seu dispositivo ao Instagram. Essas sugestões são baseadas em metadados sobre os seus vídeos ou fotos como:

▷ Quando as fotos foram tiradas ou os vídeos foram gravados

▷ Onde as fotos foram tiradas ou os vídeos foram gravados

▷ As fotos ou os vídeos que você adicionou aos favoritos

Sugestões avançadas?

Você pode ativar as sugestões avançadas para receber sugestões de stories mais relevantes. Essas sugestões são baseadas em itens como:

▷ Metadados sobre os seus vídeos ou fotos que vieram das sugestões básicas

▷ O que aparece nas suas fotos

▷ A qualidade das suas fotos

O Instagram usa dados de detecção facial e modelos de aprendizado de máquina para mostrar sugestões de stories mais relevantes. Por exemplo, podem ser usados dados de detecção facial e modelos de aprendizado de máquina para processar a qualidade das suas fotos, verificar se há pessoas ou outros objetos nas fotos e se elas seguem as Diretrizes da Comunidade do Instagram.

Os dados de detecção facial usados para as sugestões são diferentes da tecnologia de detecção facial. As pessoas nas suas fotos não serão automaticamente reconhecidas e não será feita a correspondência com outras fotos em que elas aparecem. A detecção facial procura a presença de rostos humanos nas fotos, mas não os identifica.

Os dados de detecção facial são fornecidos ao Instagram pela empresa que produziu o sistema operacional (por exemplo, Apple iOS, Google Android). O Google ou a Apple processam as fotos da biblioteca do seu dispositivo para determinar se há rostos nelas. Os dados desse processo são fornecidos ao Instagram. O processamento de detecção facial usado para sugestões é feito no seu dispositivo. Os dados desse processamento são armazenados no dispositivo, e não no Instagram.

Quando você publicar uma foto ou um vídeo no seu story, esse conteúdo será exibido nos seguintes locais:

▷ **No perfil**: um anel colorido será exibido em volta da sua foto do perfil e as pessoas poderão tocar para ver seu story. As fotos e os vídeos do seu story não serão exibidos na grade do perfil.

▷ **Na parte superior do feed**: a foto do perfil será exibida em uma linha na parte superior dos feeds dos seus seguidores para que eles possam tocar nela para ver seu story.

▷ **No feed ao lado das publicações que você compartilha**: quando você compartilhar uma publicação, um círculo colorido aparecerá ao redor da sua foto do perfil no feed. As pessoas podem tocar para ver seu story.

▷ **Na caixa de entrada do Direct**: um anel colorido será exibido em volta da sua foto do perfil nas conversas e na caixa de entrada do Direct e as pessoas poderão tocar para ver seu story.

Se a sua conta for pública, seu story também pode aparecer:

▷ Em Pesquisar e Explorar.

▷ Nos stories compartilhados, caso você tenha adicionado uma figurinha ligada a grandes momentos ou eventos (por exemplo, feriados, eleições) ao seu story.

Para saber quem viu seu story, abra-o e deslize para cima na tela. Você verá quantas pessoas viram cada foto ou vídeo do seu story, além dos nomes de usuário delas no Instagram. Se você compartilhou um story no Facebook, role a tela para baixo para exibir quem viu o seu story no Facebook.

Apenas você pode ver quem visualizou seu story.

Fique ligado
É possível verificar quem viu seu story até 48 horas após a publicação dele.

12.4.4 Vídeos do Reels

Com o Reels, você pode gravar e editar vídeos curtos. Saiba como adicionar música, efeitos e voice-overs aos clipes que você gravar e gerenciar quem pode ver os seus vídeos do Reels ou usar o seu áudio, além de descobrir criadores de conteúdo no Instagram.

Desde julho de 2022, a maioria dos vídeos pode ser compartilhada somente como vídeos do Reels. Alguns vídeos não serão afetados por essa mudança, incluindo vídeos publicados anteriormente no feed e vídeos publicados no Instagram na web.

Com o Reels, é possível gravar e editar vídeos curtos de até 60 segundos na câmera do Instagram. Você pode adicionar efeitos e músicas aos vídeos do Reels ou usar seu próprio áudio original.

Você pode gravar um ou vários clipes que, juntos, tenham até 60 segundos. A barra de progresso na parte superior mostra quanto você já gravou. Se você compartilhar seu vídeo do Reels no Explorar, ele também poderá ser visto na seção Reels do seu perfil.

Lembre-se de que não é possível usar figurinhas interativas (por exemplo, enquetes, perguntas e respostas, desafio) no seu vídeo do Reels.

Ao gravar um vídeo do Reels, encontrará um menu de ferramentas à esquerda. É possível tocar em:

▷ para procurar por uma música na biblioteca de músicas. Você pode editar o trecho da música que deseja tocar.

▷ para alterar a duração do seu vídeo do Reels. Isso definirá a duração máxima do seu vídeo do Reels.

▷ para alterar a velocidade do seu vídeo do Reels. Isso afetará o vídeo e o áudio do seu clipe.

▷ para escolher a duração do seu clipe. Ao retornar ao seu clipe, você verá uma contagem regressiva antes de começar a gravar.

▷ para ver o final do seu último clipe. Use a foto transparente para alinhar seu próximo clipe antes de gravar. Esse recurso só aparecerá após você gravar o primeiro clipe.

▷ na parte inferior para encontrar e adicionar um efeito da câmera. Deslize para cima para ver os efeitos populares ou toque em 🔍 para pesquisar mais efeitos.

> **Fique ligado**
>
> É possível usar a ferramenta Áudio do Reels para gravar um vídeo com o seu áudio original, com o áudio original de outro criador de conteúdo do Reels ou com uma música da biblioteca de música do Instagram. Você não pode usar o áudio original de um vídeo do feed, a menos que remixe o vídeo.

Antes de compartilhar seu vídeo do Reels, você pode adicionar um voice-over a ele.

Vídeos do Reels com áudio licenciado ou áudio original de outro criador de conteúdo do Reels: apenas o voice-over será atribuído a você e será exibido 🎤 ao lado do seu nome de usuário.

Vídeos do Reels apenas com seu áudio original: a página de áudio do seu vídeo do Reels será atribuída a você e incluirá seu voice-over.

Com o **Remix**, qualquer pessoa pode criar um vídeo do Reels que inclui o vídeo ou a foto de outra pessoa. Além disso, a pessoa também poderá baixar o vídeo ou a foto como parte da remixagem dela.

> **Fique ligado**
>
> Quando você remixa um vídeo do feed, ele se torna um vídeo do Reels. Não é possível remixar vídeos do feed que foram compartilhados antes da disponibilização do remix.

No Instagram, você pode gerenciar:

▷ Quem pode mencionar você na legenda de um vídeo do Reels ao alterar as configurações de menção da sua conta. Você receberá uma notificação quando uma pessoa mencionar você em um vídeo do Reels. Saiba mais sobre como as menções funcionam no Instagram.

▷ Seus filtros de comentários

> **Fique ligado**
>
> Não é possível desativar a opção de ver vídeos do Reels no Instagram.

As permissões de quem pode ver e compartilhar seus vídeos do Reels variam de acordo com as configurações de privacidade da sua conta:

▷ **Para contas públicas**: qualquer pessoa no Instagram e no Facebook pode ver e compartilhar seus vídeos do Reels. As pessoas conseguem ver seus vídeos do Reels na guia Reels e em lugares como páginas de efeito, hashtag e áudio. Qualquer pessoa no Instagram pode gravar um vídeo do Reels usando o seu áudio original, além de poder remixar o seu vídeo do Reels.

▷ **Para contas privadas**: apenas seus seguidores aprovados podem ver e compartilhar seus vídeos do Reels. Quando uma pessoa compartilhar seu vídeo do Reels, somente seus seguidores poderão vê-lo. Ninguém conseguirá gravar um vídeo do Reels usando seu áudio original.

Os vídeos do Reels que você compartilhar serão exibidos na seção Reels do seu perfil do Instagram. Quem pode ver seu perfil depende das configurações de privacidade de sua conta.

Os vídeos do Reels que você publicar no feed também aparecerão na grade principal do seu perfil.

12.4.5 Live

Você pode iniciar uma transmissão ao vivo para se conectar aos seus seguidores em tempo real. Após o fim de uma transmissão ao vivo, é possível compartilhar uma reprodução dela ou acessá-la nos Itens arquivados de streams ao vivo.

Fique ligado
Quando você salva a transmissão ao vivo no seu perfil ou baixa a transmissão em Itens Arquivados de streams ao vivo, apenas a transmissão é salva e não itens como comentários, curtidas e visualizadores. Pode demorar um pouco para que uma transmissão ao vivo seja salva no smartphone, principalmente se for um vídeo mais longo.

12.5 LinkedIn

O LinkedIn é uma rede social voltada aos negócios, lançado oficialmente em 5 de maio de 2003 por Reid Hoffman. O foco deste site é a criação de perfis dos profissionais de modo que possam focar em suas competências profissionais, formações experiências, permitindo que empresas e colegas visualizem seus dados. Nela você pode candidatar-se a vagas de emprego bem como ser recomendado ou recomendar seus contatos para uma oportunidade. A rede social foi adquirida pela Microsoft em junho de 2016.

12.5.1 Perfil

Fique ligado
Importante: mecanismos de pesquisa como Google, Yahoo ou Bing podem levar semanas ou meses para detectar alterações e atualizar informações, depois que você faz alterações ou edições no seu perfil público. O LinkedIn não controla esse processo de atualização. Se estiver aparecendo incorretamente nos resultados de pesquisa nesses sites, você pode entrar em contato com eles diretamente para providenciar a correção de resultados incorretos.

Seu perfil público exibe uma versão simplificada do seu perfil do LinkedIn. Você pode personalizar as suas configurações de perfil para definir quais informações do perfil poderão ser exibidas. Para isso, basta ativar ou desativar as seções de perfil que deseja tornar visíveis em ferramentas públicas de pesquisa.

Ele é visível para pessoas que não são usuários do LinkedIn, que não entraram em suas contas do LinkedIn ou para quem não vinculou a sua conta do LinkedIn à conta em outros serviços aprovados, sujeito às suas configurações de visibilidade fora do LinkedIn. Você pode acessar as preferências de visibilidade fora do LinkedIn na página de configurações de visibilidade do perfil.

Seu perfil público aparece:

▷ Quando as pessoas pesquisam seu nome utilizando uma ferramenta de pesquisa pública como Google, Yahoo!, Bing, DuckDuckGo, etc.

▷ **Em selos do perfil público.**

▷ Em serviços de afiliados e de terceiros aprovados como Outlook, Yahoo Mail, aplicativos de e-mail de celulares Samsung, etc.

Pessoas que não tenham entrado no LinkedIn verão as seções do seu perfil que você optar por exibir publicamente. Se quiser editar uma seção específica do seu perfil público, primeiro edite o seu perfil e depois habilite a visibilidade pública na seção.

Você também pode optar por ocultar seu perfil público de pessoas que não tenham conta no LinkedIn e de resultados de ferramentas de pesquisa.

Observações:

▷ Se você editar as configurações da sua foto de perfil na sua página de perfil, a sua página de perfil pública será atualizada com a nova configuração. Por exemplo: se você alterar a configuração de visibilidade de Pública para Suas conexões, a mudança será aplicada também ao seu perfil público, e a sua foto não aparecerá mais no seu perfil público. Da mesma forma, você pode atualizar as configurações de visibilidade da sua foto enquanto estiver editando a sua página de perfil público (ou desabilitando seu perfil público). Antes de unificar essas configurações, alguns usuários inseriam estados de visibilidade de fotos inconsistentes (p.ex., a foto era visível em um perfil público em resultados de mecanismos de pesquisa, mas não era visível para a maioria dos usuários do LinkedIn). Esses usuários estão sendo avisados sobre a necessidade de ajustar suas configurações.

▷ A configuração padrão de fotos é pública.

▷ Nem todas as seções do seu perfil podem ser exibidas publicamente. Na página Configurações do perfil público, você poderá ver e ajustar as seções do seu perfil que podem ser exibidas publicamente. Pessoas que não entraram no LinkedIn verão todas ou determinadas partes das seleções de exibição do perfil feitas nesta página.

▷ Desabilitar o seu perfil público pode impedir que você recupere sua conta se perder o acesso ao seu endereço de e-mail principal, já que a URL do seu perfil público pode ser solicitada.

12.5.2 Competências

Você pode adicionar e excluir **competências** por meio da seção Competências no seu perfil. Manter uma lista relevante de competências no seu perfil ajuda as outras pessoas a compreender **seus pontos fortes e associá-lo às oportunidades certas**. Você pode adicionar **até 50 competências** ao seu perfil.

12.5.3 Visualização de perfil

As informações sobre **Quem viu seu perfil** são exibidas de três maneiras. Dependendo das configurações de privacidade do visitante do perfil, você poderá ver estas informações:

▷ Nome, título, localidade e setor do visitante.

▷ Características semiprivadas do perfil de visitante, como cargo, empresa, instituição de ensino e setor. As informações exibidas podem variar para proteger a privacidade do usuário (por exemplo, VP de Marketing no setor de Internet, Aluno da Universidade da Carolina do Norte e Alguém da Accenture).

▷ "Usuário do LinkedIn". Eles são usuários que visualizaram seu perfil e optaram por permanecer anônimos nas configurações de privacidade.

Fique ligado
Você pode controlar quem pode ver se você visualizou o perfil atualizando suas opções de visualização de perfil na página Configurações e privacidade.

Para não receber mais os e-mails do LinkedIn sobre Quem viu seu perfil, clique em Cancelar inscrição no rodapé do e-mail.

Fique ligado
Se tiver uma conta Basic gratuita, você deverá escolher Seu nome e título caso deseje examinar o histórico de visualizações em sua própria página Quem viu seu perfil.

Conta Basic

A **conta Basic** do LinkedIn terá os seguintes recursos em Quem viu seu perfil:

▷ Se tiver definido as opções de visualização do perfil para exibir seu nome e título ao visualizar perfis, você verá os cinco visitantes mais recentes dos últimos 90 dias, bem como uma lista de sugestões para aumentar o número de visualizações do seu perfil.

▷ A lista exibe informações de quem visualizou seu perfil, como:
- Onde quem visualizou seu perfil trabalha.
- Como eles encontraram seu perfil.
- Seus cargos

Conta Premium

A **conta Premium** do LinkedIn terá os seguintes recursos em Quem viu seu perfil:

▷ Você verá toda a lista de visitantes do seu perfil nos últimos 90 dias se tiver pelo menos uma visualização nesse período e também verá as tendências e estatísticas associadas a ele.

▷ Além da experiência com a conta gratuita, você poderá ver informações semanais sobre visitantes.

▷ Na seção Resumo, você verá o número de pessoas que visualizaram seu perfil nos últimos 90 dias se houver pelo menos uma visualização nos últimos 90 dias, juntamente com uma porcentagem de aumento/redução das visualizações desde a última semana.

▷ Você verá um gráfico com as tendências semanais de visualização. Para ver estatísticas sobre as pessoas que visualizaram seu perfil em uma determinada semana, posicione o cursor nos dados exibidos no gráfico.

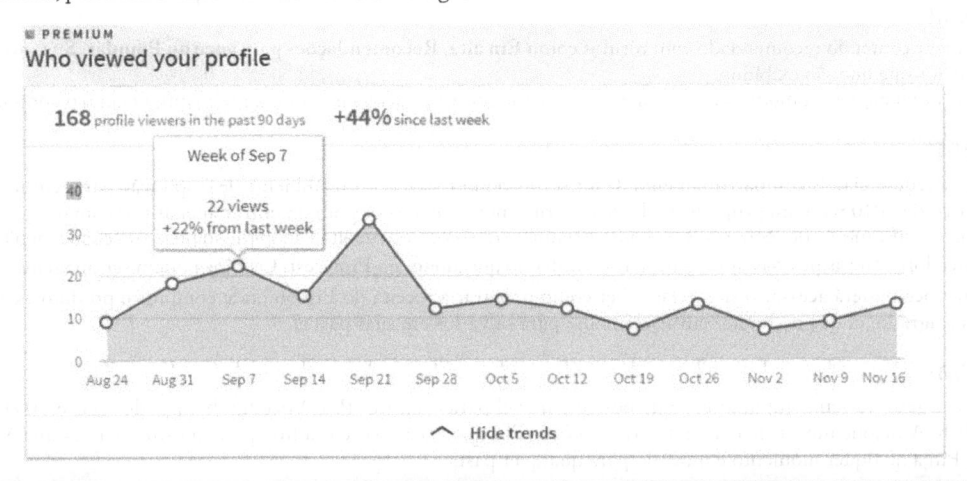

Fique ligado
Observação: mesmo que disponha de uma conta Premium, você não verá os nomes dos visitantes que optaram por navegar em modo privado ou com características de perfil privado.

12.5.4 Experiência

Você pode adicionar, alterar ou remover uma vaga de emprego, estágio ou contrato entre outros na **Experiência** seção em seu perfil. Você também pode adicionar habilidades diferentes a cada experiência, que aparecerão na seção **Skills** também.

12.5.5 Recursos

LinkedIn Learnig

O LinkedIn Learning é uma plataforma educativa on-line que ajuda você a descobrir e a desenvolver competências de negócios, tecnologia e criação com cursos em vídeo ministrados por especialistas. Com um catálogo de mais de 16.000 cursos, e mais de 60 novos cursos lançados a cada semana, o LinkedIn Learning oferece cursos de alta qualidade, relevantes e atualizados, ministrados por profissionais do mundo real, localizados em todo o mundo. Com base em estatísticas de milhões de usuários, o LinkedIn Learning personaliza recomendações de cursos em escala e apresenta conteúdos de aprendizagem relevantes para cada funcionário com base nas suas conexões.

Todos os caminhos de aprendizagem gratuitos estão disponíveis nos seguintes idiomas:

▷ Inglês

▷ Francês

▷ Espanhol

▷ Alemão

Procurando emprego ou aberto a propostas

Se estiver procurando emprego, você pode informar aos recrutadores e à sua rede no LinkedIn que está aberto a novas oportunidades de emprego. Se você especificar os tipos de oportunidades de trabalho que lhe interessam e a sua localidade preferida, o LinkedIn ajuda a exibir seu perfil nos resultados de pesquisa quando os recrutadores procurarem candidatos a vagas adequadas.

Com o #OpenToWork, você controla quem é capaz de ver que você está pronto para assumir uma nova oportunidade. Você pode selecionar quem pode ver que você está procurando emprego:

▷ Todos os usuários do LinkedIn: também inclui recrutadores e funcionários da sua empresa atual. Também adiciona o selo #OpenToWork.

▷ Apenas recrutadores: apenas pessoas que usam o LinkedIn Recruiter. Para proteger sua privacidade, tomamos medidas para impedir que usuários do LinkedIn Recruiter que trabalham na sua empresa e em empresas coligadas vejam seus interesses profissionais compartilhados

Alerta de Vagas

Você pode criar alertas no LinkedIn para se manter atualizado sobre as novas ofertas de emprego que correspondem às suas preferências. Você pode escolher se deseja receber esses alertas diária ou semanalmente por e-mail, notificações em aplicativos ou ambos.

Feed

Você pode publicar conteúdo em seu feed como em qualquer rede social, mas lembre-se de focar em conteúdo que agregue a sua carreira.

Seu feed do LinkedIn apresenta o conteúdo profissional da sua rede, seus compartilhamentos, itens de que você gostou, empresas que segue e outros conteúdos que possam ser do seu interesse.

Os sistemas do LinkedIn acompanham e analisam ações sociais como escrever uma publicação ou artigo, gostar de um conteúdo ou comentar sobre publicações ou artigos de outros usuários. Esses dados são utilizados nos algoritmos para fornecer conteúdo relevante a você no seu feed do LinkedIn.

Você pode visualizar conteúdo recomendado com rótulos como **Em alta, Recomendações para você ou Popular.** Suas ações sociais também influenciam os anúncios que que são exibidos.

Observações: Suas publicações, comentários e itens de que gostou nos Grupos do LinkedIn também influenciam o conteúdo do seu feed.

12.6 Pinterest

O Pinterest é uma rede social de compartilhamento de fotos com a missão de ser um ambiente de inspiração para seus usuários. Foi lançada oficialmente em março de 2010 para um grupo fechado de usuários, novos membros podiam entrar apenas por convite.

O Pinterest é uma plataforma de descoberta visual para encontrar ideias como receitas, inspiração para sua casa e estilo, e muito mais.

Os Pins são marcadores que as pessoas usam para salvar conteúdo que amam no Pinterest. Os Pins podem ser imagens, vídeos ou produtos.

Se clicar no Pin, você poderá acessar o site paras saber como preparar a receita do Pin ou onde comprar o produto exibido nele. Quando encontrar Pins de seu agrado, clique no botão Salvar vermelho para salvá-los em suas pastas.

12.6.1 Criar Pins

Carregue uma imagem do seu computador ou dispositivo móvel para criar um Pin. Você também pode criar e salvar Pins de imagens que encontrar na Web. Adicione um título e uma descrição a cada Pin que você criar e um link para um site, se tiver um. Você pode editar as informações de um Pin a qualquer momento e movê-lo para qualquer pasta.

Você pode criar Idea Pins para gravar vídeos e adicionar imagens, listas e texto personalizado em um único Pin. Use Idea Pins para criar guias passo a passo ou compartilhar uma coleção de ideias.

12.6.2 Criar pastas

Os Pins que você salva permanecem nas suas pastas. Dê nomes a elas e organize-as no seu perfil como quiser. Convide outras pessoas no Pinterest para colaborar em pastas compartilhadas e encontrar ainda mais ideias.

Para organizar seus Pins nas pastas, crie subpastas. Adicione uma subpasta "Decorações" ou "Jogos de festa" à sua pasta Festa de Aniversário para manter ideias similares no mesmo lugar. Organize seus Pins da forma que desejar. Você também pode adicionar notas para criar listas de verificação ou outros lembretes.

Se você preferir manter seus Pins privados ou estiver planejando uma festa de aniversário surpresa, poderá tornar sua pasta secreta. Somente você e as pessoas que convidar poderão ver suas pastas secretas.

Quando você salvar Pins em uma pasta secreta, a pessoa de quem você salvou não receberá uma notificação, e a contagem de Pins não aumentará.

Quando você salvar Pins de uma pasta secreta, o nome da pessoa de quem o Pin foi salvo não será exibido em seu novo Pin.

Se quiser compartilhar uma pasta secreta, você poderá convidar amigos para colaborar ou tornar a pasta pública. Para tornar uma pasta pública, desative a opção Manter esta pasta secreta nas configurações da pasta.

Observação: não é possível patrocinar pastas secretas e

12.6.3 Visualizar seu perfil

Você encontra todos os Pins que salva, as pastas que cria e os Pins que experimenta no seu perfil. Lá, você também pode ver quem está seguindo você, as pastas e as pessoas que você segue. Qualquer um pode ver seu perfil, mas suas pastas secretas permanecerão ocultas. Você pode ver suas pastas secretas quando visualiza seu próprio perfil.

12.7 Snapchat

Rede social de fotos e vídeos curtos e curta duração chamados de **snaps**, foi criado por Evan Spiegel, Bobby Murphy e Reggie Brown em julho de 2011, seu nome inicialmente seria Picaboo.

As fotos snaps com mensagens privadas podem ser visualizadas por um período de tempo especificado pelo usuário (1 a 10 segundos, conforme determinado pelo remetente) antes de se tornarem inacessíveis.

12.7.1 Tela do Chat

Deslize pra direita da Câmera para chegar à tela do Chat! Nela você encontra Snaps, Histórias e Chats dos seus amigos — tudo no mesmo lugar:

▷ **Lista de Amigos**: seus amigos aparecem com base em quem conversa mais com você e quem fez contato por último.

▷ **Assistir a uma História:** se um amigo atualizar sua História, terá uma miniatura redonda ao lado do nome dele. Basta tocar nela para ver aquela História! Se não houver miniatura, você já está por dentro. Você também pode assistir às Histórias de amigos na tela de Histórias.

▷ **Rever uma História**: toque em um Bitmoji na tela de Chat para ver aquele Perfil de Amizade, depois toque no círculo da História para assistir.

▷ **A seguir:** depois de visualizar a História de um amigo, você verá uma pré-visualização da História do próximo amigo! Toque na tela para assistir à próxima História, deslize para pular ou deslize pra baixo para sair.

▷ **Jogos**: entre em um jogo com seus amigos e converse enquanto vocês jogam

12.7.2 Tela de Perfil

Toque no ícone do Perfil no topo para ir à sua tela de Perfil. É onde você pode gerenciar suas Histórias, adicionar amigos, ajustar suas configurações e mais!

▷ **Histórias**: é onde você pode adicionar Snaps às Histórias, gerenciá-las, ver quem as visualizou ou apagar Snaps da sua História. Você também pode ver e gerenciar todos os Snaps ativos enviados ao Mapa de Snaps, que podem aparecer no Mapa de Snaps e em outras partes do Snapchat.

▷ **Notificações de perfil**: Toque no ponto amarelo no seu ícone de perfil para ver novidades como novas visualizações de Histórias, pedidos de amizade e mais!

12.7.3 Tela Enviar Para

É fácil enviar Snaps para seus Melhores Amigos, grupos de amigos e para os amigos mais recentes!

▷ **Melhores Amigos**: as pessoas com quem você mais troca Snaps e Chats estão em posição de destaque na tela Enviar Para. Você pode ter até oito Melhores Amigos de uma só vez!

▷ **Histórias**: no topo da tela Enviar Para, você tem todas as Histórias para as quais pode enviar seu Snap — incluindo Minha História, Mapa de Snaps e muito mais!

12.7.4 Filtros

O forte da rede social são seus filtros de vídeo que se popularizam rápido, como o filtro de bebê ou idoso, dentre inúmeros outros. É comum usuários que usem o Snapchat para produzir vídeos para postar em outras redes sociais como Instagram.

12.8 Tiktok

A rede social TikTok é conhecida por este nome no ocidente, seu nome original é Douyin, lançada em 2016 na China, tem como marco ter sido desenvolvida em 200 dias e ter alcançado a marca de 100 milhões de usuários em seu 1 ano.

O aplicativo móvel TikTok permite que os usuários criem vídeos curtos de até 60 segundos que geralmente apresentam músicas em segundo plano, podem ser acelerados, desacelerados ou editados com um filtro. Para criar um videoclipe com o aplicativo, os usuários podem escolher música de fundo de diversos gêneros musicais e gravar um vídeo de 15 segundos com ajustes de velocidade antes de enviá-lo para compartilhar com outros no TikTok ou outras plataformas sociais.

12.8.1 Ferramentas do criador no TikTok

As ferramentas do criador são recursos avançados que ajudam você a fazer coisas como saber mais sobre como seu conteúdo está se conectando com outras pessoas no TikTok, desenvolver uma estratégia para seu conteúdo e engajar-se mais com as pessoas que assistem a seus vídeos. As contas pessoais e corporativas podem visualizar nossas ferramentas do criador.

Obtenha suas ferramentas do criador

▷ Toque em Perfil no canto direito inferior.

▷ Toque no ícone de 3 linhas no canto direito superior para acessar suas configurações.

▷ Toque em Ferramentas do criador.

▷ Toque na ferramenta que você deseja analisar.

Recursos nas ferramentas do criador

Você pode acessar esses recursos em suas ferramentas do criador. Lembre-se de que alguns desses recursos podem não estar disponíveis a todos ainda, e alguns têm requisitos de elegibilidade que você tem que atender para poder acessar as ferramentas.

Ferramentas gerais

▷ **Análises**. Use as análises para ter insights sobre como seus vídeos estão se saindo. Você pode optar por ver uma visão geral de seus vídeos (como visualizações de vídeo, visualizações do perfil e contagem de seguidores), como seus vídeos individuais estão se saindo e saber mais sobre sua conta e a comunidade que está criando (como sua contagem de seguidores com o tempo e curtidas, comentários e compartilhamentos totais). Saiba mais sobre suas análises em nosso Portal do criador ou em nossa Série de tutoriais do TikTok.

▷ **Portal do criador**. O Portal do criador é um lugar onde os criadores vão para saber mais sobre coisas como os passos iniciais para começar no TikTok, conectar-se com seu público, como crescer como criador e expandir seu alcance, e as práticas recomendadas para seus vídeos.

▷ **Promoção**. O recurso Promoção é uma ferramenta de publicidade que você pode usar em seu aplicativo do TikTok para ajudá-lo a fazer coisas como conseguir que mais pessoas descubram seus vídeos, guiar mais pessoas até seu website e melhorar suas chances de obter seguidores. Saiba mais sobre como usar a Promoção.

▷ **P&R**. As perguntas e respostas, P&R, permitem que seus espectadores façam perguntas diretamente através de sua página de perfil ou na seção de comentários de seu vídeo. Saiba mais sobre como as P&R podem ajudar a engajar-se com os espectadores de seu vídeo em nosso Portal do Criador e em nosso blog.

Ferramentas de monetização

▷ TikTok Creator Next

O Creator Next é um programa criado para ajudar os criadores do TikTok a monetizar suas comunidades à medida que elas aumentam. Se você se qualificar e participar do Creator Next, obterá acesso a recursos e ferramentas para ajudar você a crescer no TikTok.

Costurar

Costurar é uma ferramenta de criação que permite que você combine outro vídeo no TikTok com aquele que você está criando. Se você permitir que outra pessoa Costure com seu vídeo, ela poderá usar uma parte de seu vídeo como parte do vídeo dela.

Dueto

Com a opção Dueto, você pode publicar seu vídeo lado a lado com um vídeo de outro criador no TikTok. Um Dueto contém dois vídeos em uma tela dividida que são reproduzidos ao mesmo tempo.

Fique ligado

É necessário ter uma conta pública para que outras pessoas Costurem ou façam duetos com seus vídeos.

12.9 Reddit

O Reddit foi fundado por Steve Huffman e Alexis Ohanian em 2005, tendo seu nome como um jogo de palavras que insinua a expressão "Read It" (leia isto). Ele consiste de uma rede social de agregação de conteúdo, onde os usuários debatem (comentam) notícias, jogos, teorias de fãs e outros assuntos organizados em comunidades de interesse.

O Reddit é uma grande comunidade composta por milhares de comunidades menores. Essas subcomunidades menores no Reddit também são conhecidas como "subreddits" e são criadas e moderadas por redditors como você.

Há uma comunidade no Reddit para quase tudo que você possa imaginar,

e várias maneiras de encontrar comunidades sobre o que você está interessado ou curioso.

Se você já sabe o que está procurando, usar a barra de pesquisa será o mais direto.

Para navegar nas comunidades quando você não tem certeza do que está procurando, r/findareddit, r/newreddits, r/popular e r/all são outros bons lugares para começar.

Se você estiver interessado em navegar por categorias, confira as principais comunidades em crescimento.

Se você estiver em nosso aplicativo e quiser explorar diferentes tópicos, toque no ícone de bússola ao lado do ícone inicial na parte inferior do aplicativo. A partir daí, você poderá conferir seu feed do Discover.

Se você encontrar uma comunidade de que gosta, junte-se a ela para que suas postagens apareçam em seu feed inicial. Basta tocar ou clicar no botão **Participar** e você começará a ver todas as novas postagens dessa comunidade em seu feed. Você pode participar de quantas comunidades quiser. No entanto, em qualquer visita, seu feed inicial mostrará apenas postagens de cerca de 250 comunidades e será atualizado a cada 30 minutos.

Para ver as comunidades em que você participa é um pouco diferente com base na plataforma em que você está:

No reddit.com

Clique no menu suspenso Início próximo ao canto superior esquerdo da tela e role para baixo até a seção Minhas comunidades. Você verá até 250 das comunidades que você segue lá.

13 FERRAMENTAS DE REUNIÃO

13.1 Zoom

Para acessar, baixar ou usar o zoom podemos acessar o site https://zoom.us/.

Assim como o Google Meet, o Zoom é uma ferramenta que ganhou destaque no mundo dos concursos com a pandemia, devido ao aumento do trabalho no modo *home office.*

Com esta ferramenta, podemos realizar reuniões individuais ou em grupos.

As reuniões com até dois participantes podem durar até 30h, tanto nas contas pagas como na gratuita.

Já as reuniões com mais de 3 participantes, nas contas gratuitas, têm duração máxima de 40 minutos. Enquanto as pagas podem durar até 30 horas como ocorre nas reuniões com dois participantes.

Uma reunião em uma conta gratuita pode ter 100 participantes, assim como na conta Profissional. Já na conta Corporativa, podemos ter 300 participantes, enquanto nas contas Empresariais podem chegar a 500 participantes. É possível ainda negociar o aumento para 1000 participantes em contratos pontuais.

Assim como o Google, o Zoom não limita a quantidade de reuniões. Para realizar uma reunião é preferível usar o aplicativo, que pode ser obtido pelo site do zoom.

Outra função do Zoom é a realização de chamadas permitindo estabelecer audioconferências.

13.1.1 Gravação

▷ Formatos MP4 ou M4A disponíveis.

▷ As gravações podem ser baixadas ou transmitidas.

▷ As opções de armazenamento incluem até 3TB/mês (sendo 1GB por conta).

13.1.2 Compartilhamento de tela

No Zoom, podemos compartilhar as telas dos usuários licenciados de modo que é possível permitir a outros participantes acesso remoto para realizar anotações nas telas.

13.1.3 Salas simultâneas

Uma grande reunião da empresa pode ser dividida em até 50 salas para reuniões em sessões separadas.

13.1.4 Chat

Durante uma videoconferência, podemos utilizar o chat em texto para não tumultuar a comunicação por áudio.

O chat do Zoom permite e envio de mensagens particulares para participantes além das mensagens para o grupo geral.

13.1.5 Quadro branco

Além de ser possível que outros acessem remotamente a sua tela apresentada, podemos usar o recurso de um quadro branco.

13.1.6 *Layout*

Em uma reunião ativa podemos alterar o *layout* de exibição, assim podemos destacar o orador ou colocar todos em grade com a mesma dimensão.

13.1.7 Segurança

O Zoom utiliza o protocolo TLS para criptografia AES de 256 bits para conteúdo em tempo real.

13.1.8 Sala de espera

O recurso Sala de espera permite que o anfitrião controle quando um participante pode entrar na reunião. Como anfitrião da reunião, você pode admitir os participantes um por um ou todos de uma só vez. Nas configurações, você pode escolher quem será colocado na sala de espera ou admitido automaticamente. Todas as contas possuem o recurso de sala de espera. Os anfitriões podem enviar mensagens para a sala de espera. Você pode personalizar a sala de espera, se estiver inscrito em um plano pago.

13.1.9 Tela principal

Após acessar a ferramenta *desktop* temos acesso a tela principal.

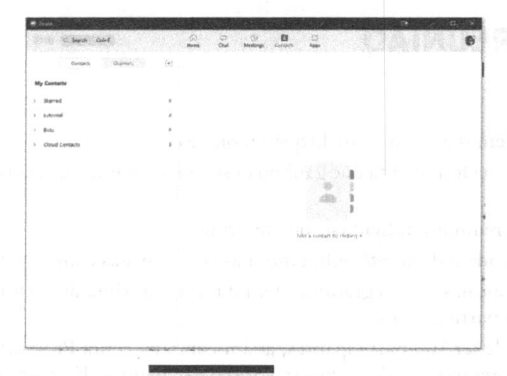

Para iniciar uma reunião, devemos clicar em **Meetings**

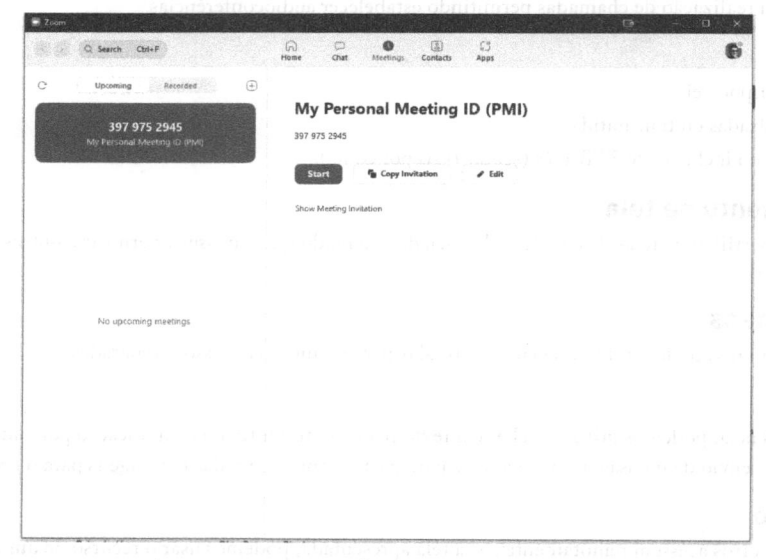

Ao iniciar uma chamada, passamos a receber os requerimentos de participação na reunião.

Na lateral esquerda, temos acesso às ferramentas de configuração e controle de áudio e vídeo.

Ao centro, temos as opções para abrir a lista de participantes, o chat de texto.

Podemos compartilhar uma tela inteira do computador ou apenas a janela ativa de algum aplicativo. Também podemos compartilhar apenas uma seleção da tela.

Uma das grandes vantagens do Zoom é a sua integração com outros aplicativos e ferramentas, por meio do compartilhamento podemos enviar arquivos que estejam em serviços de armazenamento na nuvem.

Uma sessão pode ser gravada pelo botão Record.

13.1.10 Configurações

Podemos configurar desde cor dos ícones de reação a atalhos de teclado para serem usados durante uma reunião para facilitar ações como troca de câmeras, compartilhamentos e anotações.

13.2 Meet

O **Google Meet**, também chamado **Meeting**, é uma ferramenta que ganhou destaque no mundo dos concursos com a pandemia dado o aumento do trabalho no modo *home office*.

Com esta ferramenta podemos realizar reuniões individuais ou em grupos.

As reuniões com até dois participantes pode durar até 24h tanto nas contas pagas como na gratuita.

Já as reuniões com mais de três participantes, nas contas gratuitas, têm duração máxima de 1 hora, enquanto as pagas podem durar até 24 horas.

Uma reunião em um conta *free* pode ter 100 participantes, assim como na conta individual do **Google Workspace**. Já nas contas *Enterprise* podemos ter 250 participantes.

O Google não limita a quantidade de reuniões que podem ser estabelecidas.

Para realizar uma reunião, podemos usar um navegador e acessar o Meet pela sua versão Web, ou o aplicativo em dispositivos mobile como *smartphones* e *tablets*.

As videoconferências do Meet são criptografadas em trânsito, e diversas medidas de segurança são atualizadas continuamente para proteção adicional.

O Google Meet se adapta à velocidade da sua rede, garantindo videochamadas de alta qualidade onde quer que você esteja. Novas melhorias de IA mantêm as chamadas sem ruídos, mesmo em ambientes barulhentos.

Com legendas instantâneas que usam a tecnologia de reconhecimento de fala do Google, o Meet torna as reuniões mais procuradas. Para falantes não nativos, participantes com perda auditiva ou reuniões em ambientes barulhentos, como legendas instantâneas possibilitam que todos acompanhem com facilidade.

Cada reunião recebe um código exclusivo que expira com base no produto do Workspace em que a reunião foi criada.

Você pode criar reuniões a partir de:

- calendário do Google;
- bate-papo do Google;
- Google Classroom;
- Gmail;

- hangouts do Google;
- Salas para grupos do Google Meet;
- página inicial do Google Meet - meet.google.com;
- dspositivo de sala de reunião do Google;
- Google Nest;
- Jamboard;
- outro software de terceiros. Por exemplo, Outlook.

13.3 Iniciar uma videochamada

01. No seu navegador, acesse o Meet.

02. Clique em **Nova reunião** e em **Iniciar uma reunião agora**.

 Meet

13.4 Usar uma lousa interativa

01. Abra o Meet.

02. Na parte inferior de uma videochamada, clique em Atividades " 🔺🔲⭕ " e depois **Lousa interativa**.

03. Escolha uma opção:

- Para criar um Jam, clique em Abrir uma nova lousa interativa.
- Para abrir um *Jam* no *Drive*, clique em Escolher do *Drive* nos *drives* compartilhados ou no seu computador.

13.5 Levantar a mão

01. Abra o Meet.

02. Na parte inferior de uma videochamada, clique em **Levantar a mão** ou **Abaixar a mão** "🖐".

13.6 Apresentar a tela

Os organizadores de reuniões que usam o Google Workspace for Education podem impedir que os participantes compartilhem a tela.

01. Abra o Meet e participe de uma videochamada.

02. Na parte inferior, clique em **Apresentar** agora " ⬆ " e escolha o que você quer compartilhar:

- A tela inteira;
- Uma janela;
- Uma guia.

03. Clique em Compartilhar.

04. Quando terminar a apresentação, clique em Parar apresentação.

13.7 Meet no Gmail

No Gmail os recursos do meet foram integrados logo abaixo das opções de e-mail, como ilustrado a seguir.

Além do recurso de vídeo, podemos iniciar apenas um chat (antigo hanghout).

13.8 Configuração de câmera

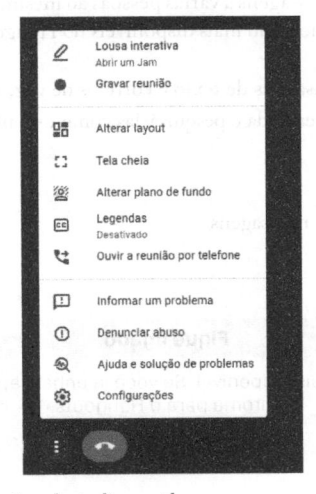

Em uma chamada, podemos acessar as configurações de áudio e vídeo.

No vídeo é possível utilizar recurso de remoção de fundo ou desfoque de fundo, que pode ser leve ou mais intenso.

Em uma reunião ativa, podemos alterar o layout de exibição, assim podemos destacar o orador ou colocar todos em grade com a mesma dimensão.

14 FERRAMENTAS DE PRODUTIVIDADE

14.1 Google Hangout

https://hangouts.google.com/

Google Hangouts é uma plataforma de comunicação, desenvolvida pela Google, que inclui mensagens instantâneas, chat de vídeo, SMS e VOIP. Foi lançada em 15 de maio de 2013, durante a conferência de desenvolvedores Google I/O.

O Google Hangouts substitui três produtos de mensagens que a Google havia implementado simultaneamente: Google Talk, Google+ Messenger e Hangouts, um sistema de vídeo chat presente no Google+. Em março de 2017, a Google anunciou que o Hangouts seria desenvolvido como um produto voltado para negócios, sendo a marca Hangouts dividida em dois produtos principais: Hangouts Chat e Hangouts Meet.

Além do modo clássico da ferramenta, que pode ser usado por quem tem apenas uma conta Gmail, há o Hangouts Meet, que é uma solução de videoconferência paga e destinada para grupos maiores de empresas ou escolas.

Por ser um serviço web o Google Hangouts é uma multiplataforma.

Hangouts clássico foi aprimorado com foco em duas experiências que ajudam a reunir equipes: o Google Chat e o Google Meet. Tanto o Chat quanto o Meet estão disponíveis hoje para os clientes do G Suite e também serão disponibilizados para os usuários em geral.

Fique ligado
O Hangouts clássico não está disponível na China.

O Google Chat foi lançado nas contas do Google Workspace em 2017 e agora está disponível gratuitamente nas contas pessoais.

Ao mudar do Hangouts clássico para o Google Chat na sua conta pessoal, você pode fazer o seguinte:

▷ Fazer muito mais com suas mensagens

▷ Reagir a mensagens com emojis

▷ Usar as Respostas inteligentes para economizar tempo

A videochamada não está disponível no Google Chat. Se você usa o Hangouts clássico para fazer videochamadas, não mude para o Google Chat. Para iniciar uma videochamada no Google Chat, selecione o ícone do Google Meet na conversa e ligue para a reunião.

As mensagens trocadas após junho de 2020 no histórico do Hangouts clássico aparecem no Google Chat. As que foram trocadas antes dessa data serão disponibilizadas mais tarde no Google Chat.

Fique ligado
Quando este logotipo aparece, você tem o Hangouts clássico.
Quando este logotipo aparece, você tem o Google Chat.

Você pode usar o Hangouts clássico para enviar mensagens a várias pessoas ao mesmo tempo. As conversas podem ter até 150 pessoas.

As chamadas telefônicas e as mensagens de texto não estão mais disponíveis no Hangouts clássico. Use o Google Voice para fazer chamadas telefônicas e enviar mensagens de texto

Além de usar o Google Voice para chamadas, mensagens de texto e correios de voz, você também pode fazer o seguinte:

▷ Ler transcrições de correios de voz na sua Caixa de entrada e pesquisá-las como e-mails

▷ Personalizar saudações do correio de voz

▷ Fazer chamadas internacionais com tarifas baixas

▷ Aproveitar a proteção contra spam para chamadas e mensagens

▷ Bloquear autores das chamadas indesejados

▷ Filtrar chamadas antes de atendê-las

Fique ligado
Importante: o app Hangouts do Chrome não está mais disponível. Se você já tinha o app Hangouts do Chrome, mude para a extensão do Chrome para o Hangouts.

14.2 Gloogle Drive

https://www.google.com/intl/pt-BR/drive/

Google Drive é um serviço de armazenamento e sincronização de arquivos que foi apresentado pela Google em 24 de abril de 2012. Google Drive abriga agora o Google Docs.

O Drive oferece acesso seguro e criptografado aos seus arquivos. Os itens compartilhados com você são verificados automaticamente e removidos quando há malware, spam, ransomware ou phishing. O Drive é nativo da nuvem, o que elimina a necessidade de arquivos locais e diminui o risco para seus dispositivos.

O Drive se integra perfeitamente ao Documentos, ao Planilhas e ao Apresentações, apps nativos da nuvem que sua equipe pode usar para colaborar com eficiência em tempo real.

O Drive se integra à tecnologia usada pela sua equipe e a complementa. Colabore nos arquivos do Microsoft Office sem precisar converter qualquer formato. Além disso, é possível editar e armazenar mais de 100 outros tipos de arquivo, como PDFs, CADs, imagens e muito mais.

Os recursos avançados de pesquisa do Google são incorporados ao Drive e apresentam velocidade, desempenho e confiabilidade inigualáveis. Por exemplo, a guia "Prioridade" usa a IA para prever o que você está procurando e mostrar o conteúdo mais relevante, ajudando sua equipe a encontrar arquivos até 50% mais rápido.

Armazene, compartilhe e acesse arquivos e pastas em qualquer dispositivo móvel, tablet ou computador. Os primeiros 15 GB de armazenamento são gratuitos.

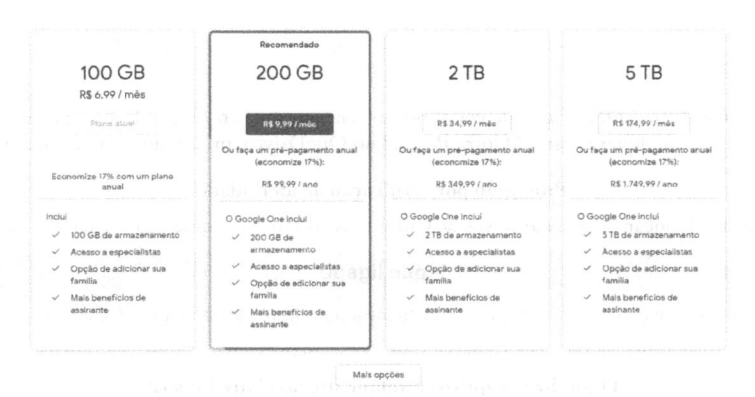

Existe opção de até 30TB de armazenamento.

O Drive também pode ser integrado a vários apps e ferramentas que sua equipe talvez utilize, como Adobe, Atlassian, Docusign, Salesforce e Slack, entre outras opções.

Drive File Stream

Faça streaming dos arquivos do Drive diretamente da nuvem para seu Mac ou PC, liberando o espaço em disco e a largura de banda da rede. As alterações que você ou os colaboradores fazem são atualizadas e sincronizadas automaticamente para mostrar sempre a versão mais recente.

Drives compartilhados

Nestes espaços compartilhados, as equipes podem armazenar, pesquisar e acessar o conteúdo facilmente. Como os arquivos em um drive compartilhado pertencem à equipe, e não a uma única pessoa, sua equipe tem sempre acesso aos arquivos necessários.

Prevenção contra perda de dados

Evite que os membros da equipe compartilhem conteúdo confidencial com pessoas externas. O Drive verifica informações confidenciais nos arquivos e impede o acesso de pessoas fora da sua organização.

Acesso off-line

Mesmo sem acesso à Internet, você ainda pode criar, ver e editar arquivos no Documentos, Planilhas e Apresentações. As alterações que você fizer off-line serão sincronizadas automaticamente quando houver uma conexão de Internet.

14.3 OneDrive

Microsoft OneDrive, ou simplesmente OneDrive, é um serviço de hospedagem de arquivos e serviço de sincronização operado pela Microsoft como parte de sua versão web do Office. Lançado pela primeira vez em agosto de 2007, o OneDrive permite aos usuários armazenar arquivos e dados pessoais como configurações do Windows ou chaves de recuperação do BitLocker na nuvem, compartilhar arquivos e sincronizar arquivos em dispositivos móveis Android, Windows Phone e iOS, computadores Windows e macOS e o Consoles Xbox 360 e Xbox One.

Os usuários podem fazer upload de documentos do Microsoft Office para o OneDrive. O OneDrive oferece 5 GB de espaço de armazenamento gratuito, com opções de armazenamento de 100 GB, 1 TB e 6 TB disponíveis separadamente ou com assinaturas do Office 365

Fique ligado
O OneDrive o limite de tamanho de arquivo é **250 GB**, portanto, certifique-se de que o arquivo que você deseja sincronizar não é muito grande. Para reduzir o tamanho de um arquivo, basta compactá-lo.

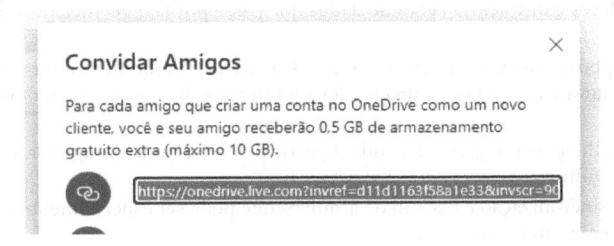

14.3.1 **Cofre Pessoal**

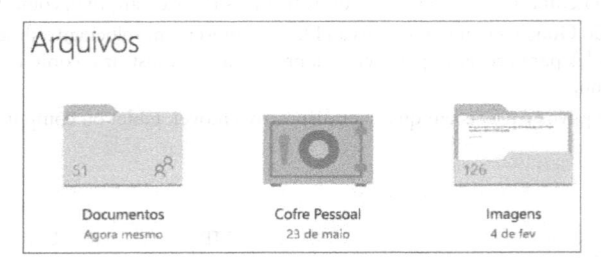

Cofre Pessoal é uma área protegida no OneDrive onde você pode armazenar seus arquivos e fotos mais importantes ou confidenciais sem sacrificar a conveniência de acesso em qualquer lugar. O Cofre Pessoal no OneDrive é protegido pela verificação de identidade.

Protegido por verificação de identidade

Você pode convenientemente desbloquear e acessar arquivos do Cofre Pessoal com sua impressão digital, face, código SMS ou outros métodos.

Fique ligado
A verificação em duas etapas é necessária para obter acesso ao Cofre Pessoal

Digitalizar arquivos diretamente no Cofre Pessoal

Use o aplicativo móvel do OneDrive no iOS ou Android para digitalizar documentos, tirar fotos ou fazer vídeos diretamente no Cofre Pessoal.

Bloqueios Automáticos

O Cofre Pessoal bloqueia novamente automaticamente em seu computador, dispositivo ou online após um breve período de inatividade. Qualquer arquivo aberto também será bloqueado e exigirá nova autenticação para ser acessado.

Leve arquivos confidenciais com você

Armazene arquivos confidenciais ou importantes, como seu passaporte, carteira de habilitação ou documentos do seguro em seu Cofre Pessoal. Os arquivos permanecem seguros, em um local de onde você pode obtê-los com facilidade.

Disponível em todos os dispositivos

Acesse seu Cofre Pessoal do seu OneDrive em um navegador da Web, aplicativo móvel ou diretamente do Explorador de Arquivos em seu computador Windows 10.

Fique ligado
A edição de documentos do Office (Word, PowerPoint, Excel, etc.) no seu Cofre Pessoal só tem suporte em um PC ou na Web. Em um aplicativo móvel, você pode exibir documentos, mas precisará mover um documento do seu Cofre Pessoal para editá-lo.

Obter mais da segurança do OneDrive

O Cofre Pessoal adiciona segurança robusta ao OneDrive, incluindo criptografia de arquivo, monitoramento de atividade suspeita, verificação de vírus e detecção e recuperação de **ransomware**.

Fique ligado
Obs.: Não é possível compartilhar arquivos que estejam no cofre pessoal.

14.4 **OwnCloud**

OwnCloud é um software de sincronização, compartilhamento e colaboração de conteúdo de código aberto que permite às equipes trabalhar com dados facilmente de qualquer lugar, em qualquer dispositivo.

A razão deste aumento na segurança é que OwnCloud permite que sua empresa (ou grupo de trabalho) tenha uma central de dados, permitindo que seus próprios administradores controlem o fluxo de dados que passa por lá e gerenciem tudo relacionado o que está relacionado com a segurança de suas informações.

Além desta vantagem sobre o Dropbox, OwnCloud permite que cada usuário da rede sincronize quantas pastas locais precisar, para que toda a informação nelas tenha backup automático. Você só precisa abrir a interface de usuário e selecionar as pastas, um processo que só leva alguns segundos.

Assim como Dropbox, OwnCloud lhe permite gerenciar tudo a partir de uma aba de navegador, onde você pode organizar suas pastas, baixar seus arquivos, e até visualizá-los online.

OwnCloud é uma ferramenta para sincronização e backup de arquivos que pode ser especialmente útil para pequenas e médias empresas. Não só é versátil e prático, mas também extremamente seguro.

Muito usado pelo setor público por ser opensource podemos baixar os arquivos para instalar no servidor (https://owncloud.com/download-server/) e o aplicativo desktop gratuitamente. Porém, se desejarmos usar o serviço pronto e direto dos servidores do projeto há custos de acordo com os pacotes escolhidos.

14.5 WeTransfer

https://wetransfer.com/

WeTransfer é um serviço de transferência de arquivos de computador baseado na Internet com sede na Holanda. A empresa foi fundada em 2009 em Amsterdã por Rinke Visser, Bas Beerens e Nalden. Em outubro de 2018, WeTransfer relançou seu aplicativo com o nome "Collect by WeTransfer".

WeTransfer é muito utilizado, tanto por órgãos públicos como empresas privadas pois tem uma grande aplicabilidade, mesmo com a conta gratuita. com a conta gratuita podemos compartilhar arquivos de até 2 GB, algo que por e-mail não é muito viável pelo serviço limitar o tamanho da mensagem de e-mail em 20 MB, e mesmo que fosse utilizado compartilhamento na nuvem do OneDrive ou Google Drive, os arquivos colocados ocupariam espaço da pasta do usuário, o que ainda exige a conta para que seja vinculado os arquivos. já com o WeTransfer os arquivos ficam disponíveis até que o usuário faça o download deles dentro do prazo de uma semana, na conta gratuita. caso deseje que os arquivos fiquem disponíveis por mais tempo é necessário adquirir a conta paga.

Dentre as configurações podemos vincular a downloads únicos, de modo que ao realizar o download do arquivo remetido por e-mail (link), ou envio direto do link por outro meio, ou serviço exclui os arquivos após a conclusão do download.

Outro motivo pelo qual WeTransfer está se tornando mais popular é por ter patrocinado o Mozilla Thunderbird, de modo que ao adicionar arquivos em anexo superiores a 5 MB automaticamente o Thunderbird sugere o uso do serviço.

Outro recurso importante é a possibilidade de vincular uma senha para poder fazer o download dos arquivos mesmo que possua link, contudo esta opção está disponível apenas na conta paga.

Com uma conta paga além de arquivos maiores de 2 GB podemos disponibilizar arquivos por mais tempo. atualmente a conta paga permite envio de arquivos de até 200 GB.

14.5.1 Produtos

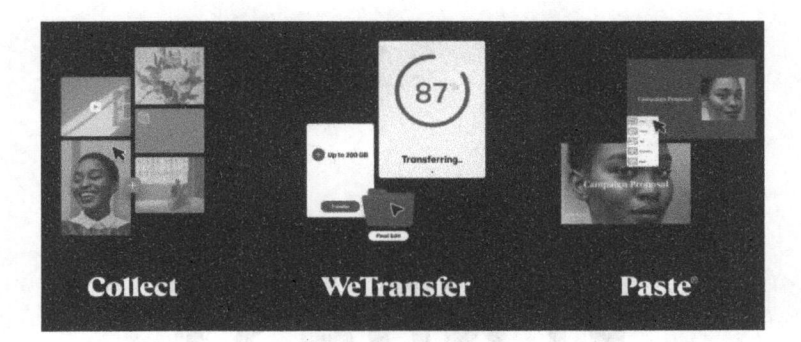

Collect

Reúne os melhores conteúdos das nossas aplicações. Vídeo no YouTube ou ficheiro de vídeo, artigo online ou anexo a um e-mail: se queres guardá-los, utiliza o Collect.

Paste

Diz adeus às longas horas de formatação e diz olá ao Paste, a ferramenta de apresentação premiada, que cria bonitos diapositivos em segundos. Aproveita ao máximo as funcionalidades de marca e modelos fáceis de utilizar, e partilha apresentações como um link, Power Point ou PDF. Tudo isto a partir do conforto do teu navegador.

WeTransfer

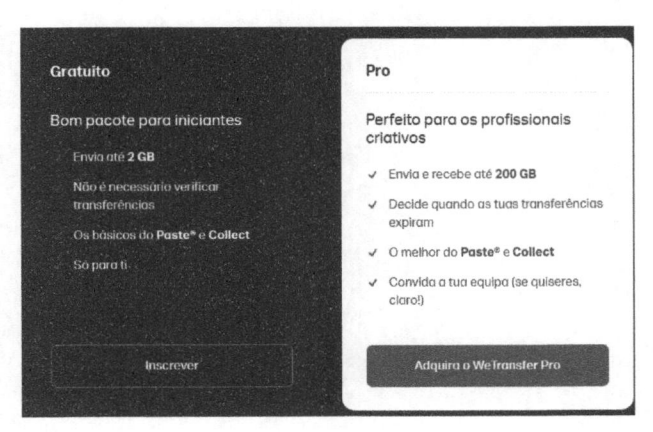

VENDAS E NEGOCIAÇÃO

1 NOÇÕES DE ADMINISTRAÇÃO DE VENDAS E TÉCNICAS DE VENDAS

O processo de vendas inicia-se antes mesmo de as partes se encontrarem e continua após a separação delas. Dessa forma, a negociação constitui-se de várias etapas, dentre elas: planejamento, execução e controle de negociação, sabendo que elas auxiliam na sistematização do processo de venda.

Em linhas gerais, a noção de negociação pode ser definida como o artifício de procurar um contrato aceitável para os envolvidos. Se a entendermos como um processo, facilmente concluiremos que ela se dá em um determinado espaço do tempo, vinculado ao passado, ao presente e ao futuro. Por isso, identificaremos os elementos mais importantes da negociação, como o planejamento (oferece a quem negocia uma perspectiva mais evidente do panorama); a execução, que é dividida em partes menores, faz com que o negociador focalize forças de grau e natureza adequados a cada instante, evitando desperdícios de força de trabalho; por fim, o controle que é realizado de maneira metódica e auxilia na construção de bases da credibilidade por meio de instauração dos acordos, ou, quando feito de forma analítica, concretiza o autodesenvolvimento durável, por meio do aprendizado adquirido em cada negociação.

1.1 Elementos Mais Importantes da Negociação

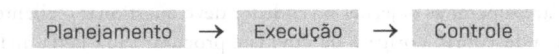

São sete etapas para o processo de negociação:

- Preparação.
- Abertura.
- Exploração.
- Apresentação.
- Clarificação ou manejo das objeções.
- Fechamento.
- Avaliação.

Para facilitar, podemos dividi-las da seguinte forma:

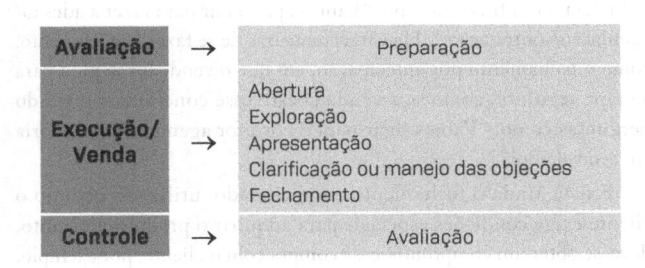

1.1.1 Elementos mais Importantes do Processo de Vendas

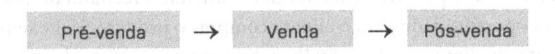

São sete as etapas para o processo de vendas, segundo Kotler:

- Prospecção ou qualificação.
- Pré-abordagem.
- Abordagem.
- Demonstração do produto ou serviço.

- Superação das objeções.
- Fechamento.
- Acompanhamento ou avaliação.

Dividindo as etapas:

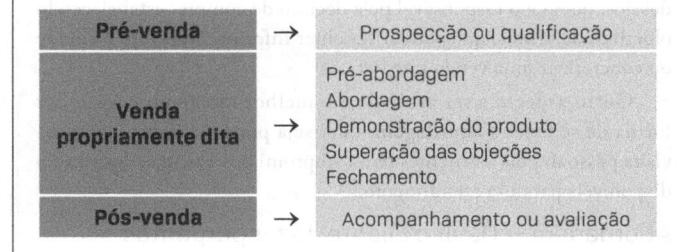

Planejamento ou Pré-Venda - Preparação para Vendas

A sistemática relacionada ao Planejamento de Vendas compreende um rol de passos específicos que devem ser observados para que se obtenha o melhor resultado no momento em que o plano de vendas for implementado.

Esse plano deve possuir uma relação coerente com a realidade do mercado e da empresa, precisa ser arrojado e desafiador, todavia deve ser possível de ser realizado.

O Plano de Vendas resulta da análise de várias estratégias menores construídas com base em nichos de mercado que se deseja atingir. A análise é fundamental para o planejamento de vendas, pois é com base nela que as decisões posteriores serão tomadas.

Para estabelecer um plano de vendas é necessário:

- Identificar os possíveis consumidores de determinado produto.
- Determinar a organização e a distribuição dos produtos e dos serviços.
- Oferecer suporte pós-venda.
- Estabelecer planos de pagamento a serem oferecidos.
- Identificar materiais de marketing específicos e seus custos.
- Conhecer os produtos.
- Estabelecer argumentos sobre objeções que possam ser apresentadas pelos clientes.
- Definição de margem negocial (objetivo ideal, ou seja, o que objetiva conseguir; e objetivo real, aquilo que é possível conseguir).
- Planejar concessões no caso de haver resistência do cliente.

Encontra-se na fase do planejamento a etapa de prospecção ou qualificação, detalhada abaixo:

1.1.2 Prospecção ou Qualificação → Identificar os clientes potenciais

Nessa etapa é importante que o vendedor busque alternativas para captar e identificar novos clientes em potencial. Ações como solicitar indicação de nomes aos clientes, visitar empresas, entre outras.

Após receber as indicações, os vendedores deverão fazer uma pré-análise dos clientes, avaliando aspectos como situação financeira, volume de negócios, antes de decidir visitá-lo.

Depois de realizado o planejamento, o passo posterior é a execução, também identificado com o termo venda contendo as etapas pré-abordagem e abordagem.

1.1.3 Venda Propriamente Dita

Pré-abordagem → Verificar as necessidades dos clientes potenciais

O vendedor terá que identificar as necessidades dos clientes, os desejos, quem é o responsável pela decisão de compra, estabelecendo objetivos de visitas, que podem ser obter informações sobre o cliente ou concretizar uma venda imediata.

Outro aspecto a ser avaliado é o melhor momento e a melhor forma de se fazer a **abordagem**, quer seja por uma ligação ou uma visita pessoal, pois os clientes têm compromissos e nem sempre estão disponíveis para um atendimento.

Abordagem → Ouvir o cliente, fazer perguntas e iniciar a apresentação do produto

A abordagem é uma das fases fundamentais, porque aqui se inicia o contato com o cliente, sendo importante para um bom início de relacionamento uma ótima "primeira impressão", conversar sobre assuntos amenos, sempre explorando as preferências e costumes do cliente. A partir desse diálogo o vendedor irá mapear os principais produtos que se encaixam no perfil daquele comprador. Orienta-se a tomar alguns cuidados, como não falar muito alto, chamar o cliente pelo nome, evitar críticas a outras pessoas ou entidades; é fundamental sempre ser cortês e prometer o que pode cumprir.

Nessa ambientação toda, deve-se fazer a percepção da reação do cliente, bem como os sinais que indicam o nível de interesse e satisfação na conversa. Por exemplo, se o vendedor fez toda a explanação acerca do produto e o cliente fez perguntas, comparou taxas, anotou tópicos, significa que ele ficou interessado e o vendedor está no caminho certo.

O vendedor deve atentar-se ao modo de se vestir, ser cortês, simpático, aspectos estudados em atendimento. Na matéria de venda, o vendedor deverá ser ouvinte e prestar atenção às informações repassadas pelo cliente durante a conversa; é o momento de fazer questionamentos, perguntas buscando aproximação com o cliente e compreender o que ele mais necessita.

Uma técnica relevante nessa etapa é o modo como efetuar as perguntas, sendo importante diferenciar entre as perguntas abertas e as perguntas fechadas.

Perguntas Fechadas

São aquelas que geralmente induzem o cliente a responder "sim" ou "não", e permitem um direcionamento mais exato àquilo que o cliente precisa É o tipo de pergunta ideal para se fazer àquele cliente mais fechado, mais calado.

Perguntas Abertas

São as perguntas mais indicadas para a ampliação do diálogo, permitindo ao cliente expressar sua opinião, seus ensejos e necessidades. Um exemplo seria perguntar ao cliente como vão os negócios em sua empresa (em caso de cliente pessoa jurídica) ou como vão os preliminares para aquela viagem que ele vai fazer. Só nesse curto diálogo o vendedor já consegue descobrir várias necessidades do cliente, por isso é fundamental deixar o comprador se expressar e ouvi-lo atentamente.

Apresentação e Demonstração → Apresentar o produto destacando suas vantagens e benefícios

Nessa fase, o vendedor apresentará o produto ao cliente seguindo a fórmula AIDA (Kotler): Atenção (obter atenção do cliente); Interesse (captar o interesse); Desejo (despertar o desejo) e Ação (levar o cliente a agir adquirindo o produto). Na apresentação, o vendedor deverá destacar

vantagens e benefícios do produto, buscando satisfazer as necessidades do cliente. A demonstração pode ser auxiliada com apresentação de folhetos, livretos, slides, amostras de produtos, entre outros.

Durante a demonstração, o vendedor pode usar cinco estratégias de influência, segundo Kotler:

Legitimidade: enfatizar características da empresa, como experiência, reputação.

Conhecimento especializado: o vendedor é especialista no produto ou serviço, conhecendo cada detalhe, e também conhece as necessidades do cliente.

Poder de referência: o vendedor aproveita-se das características, dos interesses e dos conhecimentos comuns dos clientes.

Agrado: o vendedor concede agrados ao cliente como convite para almoço, brindes, para fortalecer o relacionamento.

Zelo pela impressão: o vendedor procura causar a boa impressão no cliente.

Superação das Objeções → Sanar as dúvidas e superar a resistência da compra

Durante a apresentação, os clientes costumam colocar objeções quando solicitado o fechamento do negócio. Essas objeções podem ser psicológicas ou lógicas. A resistência psicológica é a preferência por marcas estabelecidas, apatia, relutância em ceder a uma argumentação. A resistência lógica é a objeção por preço, prazo de entrega ou algumas características do produto.

Para superar as objeções o vendedor deve questionar o cliente de modo a descobrir a origem da dúvida e procurar saná-la da melhor forma possível.

Fechamento → Concretização do negócio

O vendedor deve partir para o fechamento do negócio, e pode se utilizar de algumas ações para auxiliá-lo nesse processo, como solicitar o pedido, condicionar uma venda a uma concessão (um benefício que será avaliado para o cliente), partir para a próxima etapa já verificando a melhor data para pagamento.

É importante ressaltar que jamais devem ser utilizados quaisquer métodos ou truques para ludibriar o cliente para acelerar a venda do produto. Nesta etapa é importante reforçar os benefícios do produto e finalizar com frases do tipo: "Vamos aproveitar para fazer a adesão/simulação/contratação?". Há várias maneiras de se fazer o fechamento, como o fechamento por antecipação, em que o vendedor já pula para a etapa seguinte, como se a venda já estivesse concluída, emitindo perguntas como: "Vamos ligar para o corretor agendando a vistoria em seu veículo?".

Existe ainda o fechamento condicionado, utilizado quando o cliente exige condições especiais para adquirir o produto, portanto, deve-se obter um compromisso de compra com o cliente, por exemplo: "Se conseguirmos um desconto de 15% na cotação, podemos contratar o seguro do seu automóvel?".

Outra forma de fechar um negócio seria por meio do fechamento direto, na qual o próprio vendedor deve solicitar o fechamento, oferecendo a oportunidade para o cliente comprar o produto. Por exemplo, pergunte ao cliente qual é o melhor dia para pagamento das parcelas do seguro de automóvel, se no final ou começo do mês.

A última etapa da venda é a conclusão do negócio, entretanto, não basta apenas vender o produto ao cliente, é necessário conquistar a lealdade e fidelidade desse comprador, prestando uma assistência pós-venda. Pequenos gestos auxiliam nesse acompanhamento, como um telefonema de agradecimento, um convite a voltar para futuras negociações e o agradecimento pela preferência. O papel do vendedor não se restringe a apenas vender os produtos e atingir metas, mas sim conquistar os clientes, tornando-os fiéis, pois a reputação da empresa e um cliente satisfeito é uma das melhores formas de marketing.

1.1.4 Pós-venda

Acompanhamento (Follow-up) e Manutenção → Assegura a satisfação e busca a fidelização do cliente

Última etapa do processo de venda, o acompanhamento nada mais é do que a tentativa de o vendedor assegurar a satisfação do cliente e também a prospecção de novas vendas. É um contato após a concretização do negócio, em que o vendedor avalia o grau de satisfação do cliente feito por meio de uma visita pessoal, uma ligação. Além de o vendedor manter um relacionamento ativo com o cliente evitando o esquecimento ou perdê-lo para o concorrente.

1.2 Metas

Afinal, como definir as metas e até que ponto são positivas dentro da empresa? As metas foram instituídas com base em reproduções de anseios próprios ou de terceiros. Quando queremos comprar algo novo, por exemplo, delineamos um objetivo, seja ele acumular dinheiro ou obter alguma outra fonte de renda, tudo para alcançar o objetivo.

As metas podem causar alguns efeitos indesejáveis aos gerenciadores de vendas, por exemplo, criar concorrências internas, deixando essa competição refletir no atendimento ao cliente. Outra dificuldade encontrada em empresas que colocam muitas metas é o conflito entre os objetivos. Muitas vezes o cumprimento de uma meta acaba colidindo com outra, tornando-se algo impraticável, portanto a descrição ideal de meta seria aquela que traz a maior produção plausível dentro das particularizações e normas da empresa com uma relação custo-benefício imaginado.

No ambiente bancário, as metas influenciam abertamente na qualidade dos produtos e serviços comercializados. Como consequência tem-se o desperdício dos recursos financeiros, de tempo, de pessoas, sem mencionar o desgaste emocional sofrido pelos funcionários.

1.3 Técnicas de Vendas

A melhor maneira para ter sucesso na negociação é fazer um bom planejamento e ter um bom preparo, ou seja, elaborar um plano de ação aumenta as possibilidades de um negócio bem-sucedido.

Para uma venda de sucesso, devemos, primeiramente, elaborar uma estratégia, sempre objetivando o mérito a ser conquistado. Para colocar essa estratégia em prática, precisamos das técnicas ou táticas negociais, que são ações empregadas para completar as estratégias. Esse planejamento estratégico é feito em uma das etapas de pré-venda e são utilizados três elementos de referência: poder, tempo e informação, que abaixo serão explanados.

Há vários fatores que influenciam a negociação, dentre os principais destacamos **Poder, Tempo e Informação.**

A variável **Poder** está ligada aos poderes pessoais e aos circunstanciais (cargo, função) e por meio desse fator podemos mudar a realidade e alcançar os objetivos almejados. A forma mais correta de utilizar essa variável é dentro dos limites, ou seja, basear-se em informações sólidas e ter autoconfiança de forma a realizar acordos satisfatórios entre as partes. É importante ressaltar que, para que alguém mude, é necessário que a influência por ele sofrida seja maior que sua capacidade de resistência.

Os poderes pessoais são aqueles inerentes ao indivíduo, e podem dividir-se em: **poder da moralidade, poder da atitude, poder da persistência e poder da capacidade persuasiva.**

No que tange aos poderes circunstanciais, podemos defini-los como aqueles que focam na situação, sofrendo influência do meio: poder do especialista (conhecer o objeto de negociação e com quem se negocia), poder de posição (ocupar determinado cargo ou função), poder de precedente (basear-se em fatos pretéritos para argumentar na negociação), poder de conhecer as necessidades (perceber as exigências do cliente) e poder de barganha (exercer influência para chegar ao objetivo).

Outro fator há de ser levado em consideração. É o fator **Tempo.** Durante uma negociação essa variável deve ser levada em consideração, pois é válido falar em tempo limite e observar que as concessões são feitas geralmente próximas do tempo-limite, ou seja, quando o cliente está quase indo embora sem levar o produto o negociador faz uma concessão e resgata a possibilidade de negócio. Nem sempre é o ideal, pois quanto mais próximo do fim, maior é a pressão e tensão, e o acordo pode não ser satisfatório. Portanto, o vendedor até pode precipitar o desfecho da negociação e, adiá-lo para outra data, sempre tomando os devidos cuidados para não perder a venda.

Devemos ainda atentar para a variável **Informação,** que está intimamente ligada ao poder de conhecer o produto e o cliente para uma negociação bem-sucedida e com resultado acertado. Deve-se colher informações antes de iniciar a negociação, principalmente das necessidades do seu cliente, e se não for possível uma prévia pesquisa, ouça o cliente com atenção.

Por meio das técnicas de venda bem aplicadas, podem-se eliminar obstáculos e dificuldades encontrados no processo de negociação. E esses elementos que dificultam o processo de negociação são denominados de **objeções** e **impasses,** que muitas vezes são sanados com **concessões** pela parte do vendedor. Vamos explicar um a um esses elementos.

Objeções

As objeções podem ocorrer geralmente por desconfiança, desvantagens ou por falta de conhecimento do produto e do negociador. Dessa forma, é necessário que o vendedor atente para a origem dessa objeção para melhor tratá-la: basta ouvir o que o cliente pensa a respeito. As mais comuns são:

Objeção por desconfiança: ocorre quando o cliente não acredita no produto, no negociador ou na própria empresa. O vendedor deve apresentar autoconfiança e provas sólidas sobre seus argumentos, como cartilhas e folhetos da própria empresa.

Objeções por desvantagens: geralmente acontece quando o cliente percebe uma certa desvantagem no produto ou no serviço oferecido, geralmente ocorre quando o vendedor não consegue identificar corretamente as necessidades do cliente ou se esqueceu de ressaltar um benefício. Nesse caso o vendedor deve contra-argumentar, expondo outros benefícios.

Objeção por desconhecimento: ocorre quando o cliente é desconhecedor do produto. Para resolver esse problema basta prestar todos os esclarecimentos para eliminar as dúvidas, explicando de forma clara e objetiva os benefícios do produto.

Objeção circunstancial: acontece quando a negociação não é concretizada devido a circunstâncias como falta de tempo, condição financeira não atende aos requisitos etc. A solução para esse caso é agendar outra data com o cliente.

Dicas para dirimir objeções:

- Não interromper o cliente.
- Não discutir.
- Não rir da forma como o cliente se expressa.
- Ouvir o cliente com atenção.
- Transformar as objeções a seu favor, convertendo-as em pontos de venda.

1.3.1 Impasses

Durante o processo de negociação pode haver conflitos, que são originados das divergências na interação vendedor-cliente e geralmente ocorrem por falta de empatia entre as partes. Não se pode simplesmente largar a negociação por haver um impasse, existem alternativas para superar esse obstáculo, por exemplo:

- Dar uma pausa na negociação, marcar outra data.
- Chamar outro negociador para assumir seu lugar, como um gerente.
- Tentar alterar as condições, se possível, dilatar prazos, oferecer outras vantagens.
- Esteja sempre bem-humorado e sorridente, não demonstre tanta preocupação e afobamento em fechar o negócio.

Concessões

Diante desses obstáculos nem sempre se consegue contorná-los com as técnicas listadas anteriormente, então, deve-se tomar uma atitude mais decisiva: a concessão. Mas, afinal, o que é concessão?

Entende-se por concessão o processo, dentro da negociação, de ceder às exigências da outra parte. Lembre-se: perder um pouco é essencial para quem quer ganhar muito! O vendedor pode abrir mão do acessório para preservar o que é essencial no negócio e também para conquistar um bom cliente. Algumas dicas de como fazer as concessões de forma correta:

- **Deixe o cliente apresentar sugestões de negociação:** "E se não tivesse essa taxa...?"
- Evite conceder coisas que a parte não tenha solicitado, para o cliente não achar que o vendedor é muito flexível, e que tudo o que ele solicitar você concederá.
- Se fizer uma concessão inadequada, volte atrás de forma discreta e educada.

1.3.2 Dicas para um Bom Negociador

- Competência.
- Confiança.
- Critério.
- Comunicação.

O que um cliente espera do atendimento bancário?

- Cortesia.
- Segurança.
- Confiabilidade.
- Facilidade de acesso.
- Prontidão.

Em suma, o cliente quer produtos e serviços que correspondam à sua necessidade e um tratamento adequado, a fim de que se sinta valorizado e respeitado.

O vendedor deve:

- Ter boa apresentação.
- Bom humor.
- Boa postura.
- Empatia.

- Saber ouvir o cliente.
- Ter disposição.
- Ser cortês.
- Ser eficiente.
- Ser honesto e sincero.
- Comunicar-se bem.
- Assumir compromisso com o cliente.

1.3.3 Motivação

A chave para a realização de vendas é a motivação. Para que os trabalhadores se sintam motivados a desempenhar as suas tarefas é preciso que se dê constante atenção a fatores como reconhecimento, responsabilidade e desenvolvimento individual, além da definição adequada da tarefa em si.

A teoria de Maslow tem sido utilizada para auxiliar a compreensão do fenômeno da motivação pessoal. Abraham Maslow definiu uma hierarquia e necessidades que devem ser satisfeitas para que o indivíduo possua vontade de atingir a autorrealização. Em uma breve descrição, pode-se resumir da seguinte maneira:

Necessidades fisiológicas: o abrigo, o sono, a excreção, a fome, a sede etc.

Necessidades de segurança: desde a segurança em casa até o nível de estabilidade no ambiente de trabalho.

Necessidades sociais: aceitação no grupo em que vive, amor, amizade etc.

Necessidades de estima: reconhecimentos pelos membros do grupo de que faz parte.

Necessidade de autorrealização: em que o indivíduo se torna aquilo que deseja ser.

Ao passo que essas necessidades vão sendo satisfeitas, o indivíduo possui motivação para buscar mais altos níveis de realização.

Claramente, a empresa deve buscar alternativas para motivar seus vendedores, para que haja sempre um retorno positivo de seu trabalho. Uma das formas de motivação para vendas é a criação de grupos internos, que competem entre si por prêmios dados àqueles que tiverem melhor desempenho.

Dentre as teorias da motivação, existe a chamada teoria X e Y, de Douglas McGregor, que, numa primeira visão, sugere que os gerentes devem coagir, controlar e ameaçar os funcionários a fim de motivá-los e, numa segunda visão, acredita que as pessoas são capazes de ser responsáveis, não necessitam ser constrangidas ou controladas para ter um bom desempenho no trabalho.

Para a motivação, contemporaneamente muito se tem falado sobre *coaching*, técnica que visa a despertar o espírito de liderança e, por extensão, a capacidade de motivar as pessoas.

1.4 Os Quatro "Ps": Produto, Preço, Praça e Promoção

Esse é um assunto interessante e importante para quem trabalha com o setor de vendas. Na verdade, são fundamentos que auxiliam o profissional a desempenhar suas funções.

1.4.1 Produto

Convencionou-se chamar "produto" tudo aquilo que se pode oferecer e que, de alguma maneira, possa satisfazer necessidades ou anseios de um mercado. Qualquer tipo de serviço ou bem, marca, embalagem pode ser identificado como produto. Evidentemente não há apenas produtos físicos, eles podem também ser caracterizados como serviços, ambientes, organizações, conceitos etc.

É preciso entender que, quando se compra algum bem, também há a agregação de serviços e ideias a esse produto. Uma imagem de artista famoso, uma canção, um serviço qualquer pode estar anexo a esse produto. Um belo exemplo é a imagem dos atores que costuma ser utilizadas em propagandas de instituições bancárias. A ideia de confiabilidade do famoso passa ao produto imediatamente quando se opera a propaganda.

Antes de qualquer coisa, o produto deve ser aquilo que é desejado pelo consumidor, encaixar-se dentro das expectativas do público-alvo e, claro, satisfazer a necessidade do comprador.

Na criação de um produto, é importante ressaltar cinco itens fundamentais:

O produto real (também chamado de produto esperado): aquilo que o consumidor geralmente está buscando.

O produto ampliado: no geral, é o oferecimento de serviços e ou qualquer tipo de benefício adicional.

O produto básico: efetivamente aquilo que o comprador adquire.

O produto potencial: qualquer tipo de implemento que o produto pode sofrer durante o seu processo evolutivo provável.

O benefício-núcleo: é o melhoramento elementar que é comprado pelo consumidor.

O produto é o mais importante dos elementos do mix de marketing, pois as decisões administrativas acerca dele são as mais relevantes para a política empresarial.

1.4.2 Preço

A soma de dinheiro que se cobra por um produto ou por um serviço é denominada como **preço**. Quando o consumidor compra determinado produto, ele paga um determinado preço, que é acordado na venda, e recebe os benefícios cabíveis. Há, porém, outras variáveis embutidas no preço de um produto: a rentabilidade, por exemplo. Quando se determina o preço de um produto, é preciso ter em vista que sua colocação no mercado visa ao lucro, por isso, no estabelecimento do plano de marketing, a definição do preço de um produto pode significar o sucesso da estratégia adotada.

Para que haja competitividade de um produto, é necessário que seu preço seja razoável, ou seja, nem tão alto que faça o consumidor perder a vontade de comprar; nem tão baixo que signifique prejuízo para quem o produz, quer seja pelo custo de produção, quer seja pela depreciação do produto no mercado. Em suma o produto não pode ser superestimado por seu preço, tampouco ser subestimado com um preço tão baixo, que o cliente pense haver algum problema com o bem adquirido.

É importante levar em conta, para a definição do preço, se a compra será realizada e qual é a escala possível dessa compra; se haverá lucratividade nessa comercialização; se há possibilidade de mudança no preço do produto para se adequar com rapidez ao mercado. Finalmente, pode-se entender que o preço adequado a um produto é aquele que satisfaz o cliente, pois não se sente enganado, e gera dividendos para a empresa.

1.4.3 Praça

A praça compreende aquilo que se identifica também como o ponto de venda ou ainda o chamado canal de distribuição de determinado produto. A praça pode ser uma rede que executa a logística a fim de fazer o produto chegar a seu usuário final. A noção de acessibilidade é importantíssima para a identificação da praça.

O cliente deve poder adquirir o produto da maneira que lhe for mais conveniente, por isso é mister que a praça abarque canais eficientes de distribuição. Como variável, a praça representa parte significativa no processo decisório da empresa em seu planejamento de marketing.

Dentre as várias formas de distribuição, podemos citar:

Direta: em que o produtor fornece diretamente o seu produto ao consumidor ou presta seu serviço diretamente ao consumidor.

| *Por exemplo, o feirante que vende pastéis ou o dentista.*

Indireta: em que o produto é levado ao consumidor por um distribuidor. Um exemplo comum é o mercado, que dificilmente produz todos os produtos que comercializa, necessitando de fornecedores para abastecer seu comércio.

1.4.4 Promoção

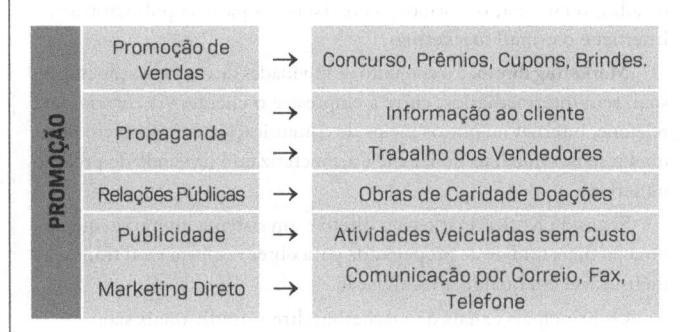

PROMOÇÃO → São as ações de marketing aplicadas em organizações de serviços que oferecem incentivos e vantagens para determinado grupo de clientes, com a finalidade de incentivar a experimentação.

Há cinco elementos relevantes na determinação da promoção: promoção de vendas, propaganda, força de vendas, relações públicas, publicidade e marketing direto.

PROMOÇÃO		
Promoção de Vendas	→	Concurso, Prêmios, Cupons, Brindes.
Propaganda	→	Informação ao cliente
	→	Trabalho dos Vendedores
Relações Públicas	→	Obras de Caridade Doações
Publicidade	→	Atividades Veiculadas sem Custo
Marketing Direto	→	Comunicação por Correio, Fax, Telefone

Promoção de vendas: realizada por meio de concursos, prêmios, cupons, descontos pós-compras, amostras grátis, pacotes de preços promocionais, entre outros elementos que visam a estimular a atenção, o consumo e a realização da transação por parte do cliente. Os sorteios relacionados ao consumo de algum produto podem ser citados como exemplos.

Afirma Kotler que a promoção de vendas consiste de um conjunto diversificado de ferramentas de incentivo, em sua maioria a curto prazo, que visa a estimular a compra mais rápida e/ou em maior volume de produtos/serviços específicos por consumidores ou comerciantes.

Propaganda: utilizada para informar o cliente e ativar nele a necessidade de realizar a compra. Segundo Kotler, a propaganda é qualquer forma paga de apresentação impessoal e de promoção de ideias, bens ou serviços por um patrocinador identificado.

Objetivos da propaganda:

- **Informar:** comunicar ao mercado sobre um novo produto; sugerir novos usos para um produto; explicar como o produto funciona.
- **Persuadir:** desenvolver preferência de marca, encorajar a mudança para a marca, persuadir compradores a adquirir o produto.
- **Lembrar:** lembrar os compradores que o produto pode ser necessário em breve, e onde comprar o produto.

V N E G

Força de vendas: relacionada ao trabalho dos vendedores, durante o processo de venda pessoal. Deve-se fidelizar o cliente por meio de um contato interativo com o consumidor. A venda pessoal é o que une a empresa e os clientes. O vendedor é a ferramenta que, em muitos casos, se torna a própria estrutura para o cliente, sendo um mecanismo de divulgação e estratégia. Por isso, a empresa deve definir cuidadosamente os objetivos específicos que esperam atingir com sua força de trabalho. São tarefas desempenhadas pelos colaboradores: prospecção (buscam os clientes potenciais), comunicação (informam sobre os produtos e serviços disponibilizados aos clientes), coleta de informações (realizam as pesquisas de mercado e reúnem informações em relatórios de visitas), entre outras.

Relações Públicas: consistem em impactar o consumidor por meio de estratégias como obras de caridade, históricos da empresa, eventos, notícias, publicações, palestras em que a empresa participa e desenvolve.

"Envolve uma variedade de programas destinados a promover e/ou proteger a imagem de uma empresa ou seus produtos", afirma Kotler.

Publicidade: é o tipo de comunicação que não é financiada, ou seja, que não é paga para ser veiculada. Exposição por razão da boa qualidade ou do destaque do produto são exemplos de boa publicidade.

A publicidade significa em português "tornar público", a qual designa qualquer mensagem impressa ou difundida e todas as técnicas associadas, cujo objetivo seja o de divulgar e conquistar, com fins comerciais, uma ideia, um produto ou serviço, uma marca ou uma organização junto de um determinado grupo de potenciais clientes, isto é, o mercado-alvo. Utiliza como meio de divulgação a televisão, o rádio, o cinema, os jornais, as revistas, os painéis publicitários, a internet e o e-mail marketing.

Marketing direto: é o conjunto de atividades de comunicação impessoal, sem intermediários, entre a empresa e o cliente, via correio, fax, telefone, internet ou outros meios de comunicação, com foco em obter uma resposta imediata do cliente e a concretização da venda do produto ou serviço.

Segundo Kotler, marketing direto é um sistema interativo que usa uma ou mais mídias de propaganda para obter resposta e/ou transação mensurável em qualquer localização.

Os principais canais de marketing direto tradicionais são:

- **Marketing por mala direta:** é oferta, anúncio, sugestão ou outras ações que são enviados diretamente ao endereço do cliente. É um meio que permite alta seletividade do público-alvo; é direcionada, flexível e modernizada.
- **Marketing de catálogo:** Kotler define como a situação em que as empresas enviam um ou mais catálogos de produtos a clientes potenciais selecionados que possuem alta probabilidade de fazer pedido.
- **Telemarketing:** usado em marketing de bens de consumo, como em marketing de bens industriais, o telemarketing vem crescendo e atingindo mercado diferenciados, obtendo-se resposta imediata e reduzindo os custos empresariais. Muito do sucesso do telemarketing é devido ao treinamento eficiente dos colaboradores e da estratégia adequada a cada empresa. Está sendo muito criticado devido ao abuso praticado pelas empresas com ligações em horários inadequados, insistência desnecessária, ocorrendo prejuízos. Portanto, a estratégia deve ser bem planejada para um bom resultado.
- **Marketing on-line:** é o estabelecimento do contato direto com o cliente via internet. Destacam-se os canais de marketing on-line, como canais comerciais que são os serviços de informações e marketing acessados por assinantes; internet para facilitar a comunicação por meio de e-mail, sites para tirar dúvidas.

Tome muito cuidado para compreender que os quatro "Ps" são variáveis a serem consideradas no mix de marketing. As questões buscarão testar seu conhecimento a respeito desse tópico, portanto, fique alerta!

Muito embora a maior parte das questões aborde a teoria dos 4 "Ps", hoje já se fala em 8 "Ps": pesquisa, promoção, personalização, planejamento, publicação, propagação e precisão.

1.5 Vantagem Competitiva

Entende-se por vantagem competitiva a vantagem que uma empresa pode possuir em relação àquelas que são suas concorrentes, usualmente ratificada pela análise do desempenho financeiro superior ao dos demais concorrentes.

Em linhas gerais, a vantagem competitiva é aquilo que demonstra a superioridade da estratégia de mercado adotada pela empresa em relação às demais que figuram no mercado.

Para que um produto ou serviço possua vantagem competitiva relevante, é necessário haver algumas características:

- Ser difícil de imitar.
- Ser algo único.
- Ser algo que possua sustentabilidade.
- Ser algo superior a qualquer tipo de competição.
- Ser facilmente aplicável a múltiplas situações.

É possível buscar a vantagem competitiva com medidas do tipo: foco específico no consumidor; maior qualidade do produto; grande distribuição; possuir um custo não elevado etc.

Apesar de haver muitos estudos a respeito do assunto, a melhor vantagem competitiva é possuir uma empresa ágil, que é antenada às mudanças do mercado.

▷ Liderança em custo, quando a empresa consegue ter uma boa gestão de despesas, possibilitando um custo inferior que as suas concorrentes.

▷ Enfoque em um segmento de produtos e serviços ou mercado buscando atender de maneira mais eficiente, conseguindo satisfazer as necessidades de seus clientes/público-alvo.

Devem ser enfocadas as ações de *Market-share*, que têm o objetivo de medir o crescimento, a aceitação de produtos e serviços, bem como, avaliar sua força e as dificuldades da empresa. *Market-share* significa a fatia que aquela empresa tem no seu segmento.

As empresas também devem sempre estar atentas às concorrentes de setor (mesma categoria de produtos e serviços) e concorrentes de mercado (atendem as mesmas necessidades dos consumidores de formas diferentes).

Em marketing, temos a prática do *Bechmarking*, que se divide em competitivo (realizando comparações com as empresas líderes de mercado) e funcional (compara boas gestões, processos similares).

1.6 Noções de Imaterialidade ou Intangibilidade, Inseparabilidade e Variabilidade dos Produtos Bancários

Sabe-se que atualmente o setor bancário é o responsável pelos maiores lucros líquidos no Brasil, uma vez que é o setor "movimentador" da economia, pois injeta no mercado grande capital, seja por meio de crédito direto e pessoal aos seus clientes ou apoiando o desenvolvimento nacional sustentável.

O lucro dos bancos advém, geralmente, de juros, taxas e custos pela comercialização dos serviços.

Dessa forma, percebe-se que o fator lucrativo dos bancos está lastreado não na comercialização de produtos tangíveis e estocáveis, mas sim nos serviços prestados pelas instituições bancárias. Portanto, o marketing dessas empresas deve ser diferenciado e voltado para a Intangibilidade, Inseparabilidade e Variabilidades dos seus "produtos", que abaixo serão explicados.

Devido a isso, o processo de venda deixa de ser uma mera troca entre comprador e vendedor, pois a natureza dos produtos exige que o vendedor explore situações de vida do comprador, estabelecendo uma estreita relação humana. Por exemplo, na venda de um seguro de vida, o segurado deve deixar claro para o vendedor quem serão os responsáveis por receber o "prêmio" em casos de falecimento do titular do seguro. Só nessa conversa o vendedor já consegue estar a par de vários detalhes da vida pessoal de seu cliente.

Por isso, o marketing bancário é diferente, pois, como não se tem o produto palpável, aliás, o produto bancário não é material e palpável, deve-se investir em outros direcionamentos de marketing, como o contato pessoal e recursos físicos do ambiente, como a decoração e *layout*. Deve-se levar em consideração também a qualificação do funcionário atendente, bem como os treinamentos realizados e o preparo do funcionário. Importante ressaltar também o grande investimento direcionado a novas tecnologias para melhorar o relacionamento com seus clientes e superar a concorrência.

É em razão disso que o marketing de relacionamento surge como outro aspecto de importância relevante nesse setor, pois fará com que compradores e vendedores parceiros estabeleçam laços de confiança. Se as necessidades do comprador forem atendidas, conclui-se que poderá haver estabelecimento de um relacionamento que pode render ótimos frutos, o que fará com que o comprador fique satisfeito e haja uma fidelização desse cliente para essa instituição, se a venda for realizada corretamente.

Os serviços detêm uma quantidade de características que os costuma distinguir dos produtos, a saber:
- **Intangibilidade:** diferentemente dos produtos, os serviços não podem ser experimentados antes de o comprador os adquirir.
- **Inseparabilidade:** os serviços são vendidos e consumidos de forma simultânea, não podendo ser separados da pessoa que o oferece.
- **Variabilidade:** por depender de quem o executa, em razão da inseparabilidade e do alto nível de abarcamento, os serviços não podem ser prestados de forma homogênea.

Cada serviço é singular, com alguma variação de qualidade.

1.7 Manejo de Carteira de Pessoa Física e de Pessoa Jurídica

No que tange ao manejo de pessoa física e jurídica, entende-se que a forma ideal de tratamento para esses clientes deve ser a diferenciada, uma vez que os produtos a serem destinados às pessoas físicas não serão os mesmos a serem direcionados para clientes administradores e proprietários de empresas.

Enquanto um cliente pessoa física precisa de um crédito pessoal rápido para pintar sua casa, o cliente pessoa jurídica precisará de um crédito que lhe proporcione uma melhora do capital de giro ou um empréstimo que lhe forneça dinheiro para investimento em equipamentos.

A mesma regra se aplica aos investimentos e aos seguros, pois para um cliente pessoa física devemos oferecer um seguro de automóvel, enquanto para a pessoa jurídica podemos oferecer um seguro da frota de veículos, quando houver.

1.8 Marketing de Relacionamento

Define-se por marketing de relacionamento o processo de assegurar a satisfação e a fidelização contínua daqueles que foram ou que são consumidores da empresa, ou seja, assegurar a satisfação dos clientes.

Para que isso ocorra, é necessário conhecer o perfil dos clientes, fazer um controle de qualidade do atendimento, para perceber como um cliente é ouvido e respondido.

Há diversas ferramentas que podem ser utilizadas para atingir os objetivos intentados pelo marketing relacional. Como exemplo, pode-se citar a criação de uma página informativa na internet com mecanismos de análise de satisfação do cliente.

1.8.1 Marketing de Relacionamento

Logo, o marketing de relacionamento cria relações duradouras, de longo prazo, que diminuem os custos. Sai muito mais caro para as empresas conquistar novos clientes. Para uma empresa será bem mais fácil (e com menor custo) vender um produto novo para um cliente antigo, que já conhece a empresa, a qualidade dos seus produtos, o atendimento etc.

Para bem desenvolver este relacionamento, a empresa precisa conhecer as necessidades, metas, capacidade do grupo que busca atingir.

Portanto, é necessário às empresas:
- Buscar todas as informações sobre comportamento de consumo e transações que foram realizadas são importantes para a análise de qual é a melhor maneira de atender, satisfazer e fidelizar.
- Buscar a comunicação, utilizando-se de todos os meios (telefone, internet, correspondência, ferramentas do marketing direto).
- Utilizar a tecnologia a seu favor. Estamos na era digital, utilizar estas ferramentas pode fazer a diferença.
- Individualização e personalização na comunicação.
- Força de vendas capacitada para apresentar uma boa imagem da empresa. Se faz necessário utilizar técnicas de endomarketing, capacitando e criando um bom relacionamento com os colaboradores da empresa.
- Ter atenção aos serviços de atendimento ao consumidor, ouvindo as demandas para melhorar seus serviços e produtos.

Quando abordamos o relacionamento do cliente com a empresa, podemos dividi-los em clientes:

Potenciais (prospect): a empresa deve analisar entre o "público em geral" quais são os potenciais clientes, ou seja, aqueles cujo perfil se enquadra com o que a empresa busca.

Defensores: clientes que defendem a empresa, indicam a outros, que confiam plenamente na empresa.

Experimentadores: são os potenciais que já tiveram contato com a empresa e agora experimentam produtos/serviços.

Compradores: já experimentaram, gostaram e estão voltando a fazer negócios.

Eventuais: este cliente gostou da sua experiência, ficou satisfeito e compra da empresa. Porém, analisa constantemente e, qualquer falha, irá para a concorrente.

Regular: o cliente regular é aquele que compra há um bom tempo e confia na empresa.

As características mais sensíveis do marketing relacional são:

Personalização: tratar o cliente de uma maneira não mecânica, valendo-se até mesmo de mensagens distintas para cada consumidor.

Memorização: qualquer ação deve ser registrada, identificando-se características, preferências, particularidades as atividades mantidas com o cliente.

Interatividade: o cliente pode interagir com a empresa, quer seja como receptor, quer seja como emissor das comunicações.

Receptividade: a empresa deve buscar ouvir mais o cliente. Aliás, ele deve ser quem decide se quer manter o relacionamento com a empresa e como o fará.

Prestar orientação ao cliente: focalizando suas necessidades.

O marketing de relacionamento serve como um termômetro para a empresa decidir quais ações podem gerar maior impacto nas vendas.

1.8.2 Criação de Estratégias

Em linhas gerais, há que se construir uma tática de negócios, visando à construção de relações permanentes entre uma empresa e seus clientes. O objetivo deve ser melhorar o desempenho da organização para com seus clientes, o que permite atingir a sustentabilidade dos resultados.

A definição da estratégia deve levar em conta o perfil do cliente, a fim de identificar seus anseios, os produtos que melhor se adequam ao perfil desse consumidor, bem como a identificar serviços oferecidos e seus agregados, buscando o melhor equilíbrio entre custo/benefício.

Isso é crucial para a empresa adquirir vantagem competitiva em relação aos seus concorrentes. Há destaque ainda para a tentativa de manter os clientes pelo sentimento de confiança, segurança, credibilidade que deve ser passada pela organização. Um atendimento ágil e motivado é a chave para conquistar esses objetivos.

Uma poderosa ferramenta para consultar a satisfação do cliente ou mesmo ofertar produtos ao cliente é o telemarketing. Ele é o canal de marketing direto aplicado em organizações de serviços que utilizam tecnologia de telecomunicação de forma planejada, estruturada e controlada, para estabelecer contatos de comunicação, serviços de apoio e venda de produtos diretamente a clientes finais ou intermediários da organização.

Satisfação do Cliente

O pós-marketing serve de ferramenta para mensurar a satisfação do cliente. Essa etapa é importante para que a empresa receba o *feedback* em relação aos produtos e serviços oferecidos, com a finalidade de identificar os melhores posicionamentos para eventuais alterações e melhorias.

As técnicas que são utilizadas para mensurar a satisfação dos clientes deixam mais claro qual é o valor percebido pelo consumidor em relação àquilo que é ofertado pela empresa.

Ao passo que se desenvolve o marketing relacional, a empresa pode começar a apostar em produtos e serviços de ordem mais personalizada, o que permite o desenvolvimento e a implementação de novos produtos e serviços no mercado.

1.8.3 Interação entre Vendedor e Cliente

Nesse ponto vamos estudar os principais aspectos do relacionamento entre a empresa e o cliente no momento da venda.

Qualidade no Atendimento

O diferencial em relação à concorrência é a qualidade no atendimento ao cliente. Para que a empresa busque excelência no atendimento, é preciso:

- Que o profissional entenda que sua imagem se identifica com a da empresa.
- Que o profissional se comprometa com o trabalho da empresa.
- Que o profissional não tenha um histórico de trabalho ruim (demitido várias vezes, viciado em drogas etc.).
- Que o profissional entenda que seu papel é fazer a empresa progredir e não regredir.
- Que o profissional seja proativo em suas funções, buscando integrar-se com a sistemática da empresa.

Algumas empresas, visando a compreender como seus funcionários estão desempenhando as funções de atendimento, se valem da chamada **compra misteriosa**, a qual é a **técnica de pesquisa** de compreensão da satisfação dos clientes, em que a empresa contrata pesquisadores para utilizarem seus serviços, pesquisadores estes que não serão identificados pelos atendentes de marketing. Com os resultados obtidos por esse processo, a empresa pode decidir como tomar as medidas necessárias para melhorar seu atendimento e conseguir melhor satisfação dos clientes.

Os bancos aderiram às técnicas de vendas para enfrentar a enorme concorrência hoje existente. Os gerentes de vendas estão diretamente ligados ao público. São eles que fazem que os produtos bancários tenham penetração no mercado. Com as técnicas de vendas, caminham em paralelo o marketing de relacionamento, a motivação para vendas, as relações com clientes, o planejamento de vendas e outros tantos mecanismos que têm o objetivo de aumentar as vendas dos produtos bancários, reter clientes (satisfeitos com os serviços do banco) e, consequentemente, gerar mais lucro para o banco.

O especialista em marketing tem a função de levar o produto ao mercado, preocupando-se com a imagem e a credibilidade da instituição perante os consumidores.

Valor Percebido pelo Cliente

Pode-se entender como valor percebido pelo cliente a imagem que ele possui da empresa. Geralmente, a frase do senso comum que diz "a primeira impressão é a que fica" faz sentido nesse aspecto, portanto, a empresa deve zelar para que o valor percebido seja, em seu conjunto (produtos e serviços), positivo.

Eis algumas estratégias para melhorar o valor percebido pelo cliente:

Comunicação eficaz: a empresa precisa falar com o consumidor.

Setor de ouvidoria eficiente: para que consiga resolver os anseios do cliente.

Acessibilidade: basicamente consiste na facilidade de obter algum serviço. Como exemplo é possível imaginar a quantidade de caixas eletrônicos em um banco.

Atendimento às solicitações dos clientes: buscando minimizar quaisquer insatisfações que possam ocorrer.

Os autores de marketing definem valor de diversas formas. Ainda, o valor total entregue ao cliente é o comparativo que faz entre benefícios e os custos, ou seja, a razão entre o que o cliente paga e o que recebe.

Assim, podemos esquematizar pontos que devem ser observados para o valor percebido pelo cliente:

Valor Total Entregue	
Valor	Valor
Produto	Monetário
Serviço	Tempo
Pessoal	Energia Física
Imagem	Psíquico

O valor de produto está atrelado à qualidade, algo que seja diferenciado. O serviço diz respeito à garantia, à manutenção dos serviços atrelados, além do produto e do serviço adquiridos. O Pessoal refere-se aos colaboradores positivos, defensores, vendedores motivados. A Imagem trata da visão da marca. Hoje o que "valoriza" a imagem das empresas é a preocupação social, ambiental e ética.

Já o custo Monetário é o valor que será efetivamente pago. O custo de Tempo é o quanto demora para finalizar o serviço, adquiri-lo. A Energia Física é o esforço que o cliente fará para executar e adquirir o produto/serviço. O Custo Psíquico liga-se ao status, à segurança e à idoneidade da marca.

2 NOÇÕES DE MARKETING DIGITAL

2.1 Geração de leads

Dentre os novos termos do marketing digital, leads é um dos mais importantes e tratados com reverência nas organizações, pois representa uma oportunidade de negócio importante. Ao captar leads, ou seja, clientes em potencial, a empresa tem acesso a informações de contato como nome e e-mail, em troca de um conteúdo gratuito (educativo, por exemplo). O contato acontece quando há interesse inicial do cliente em determinado produto ou serviço. A empresa disponibiliza o conteúdo gratuito, faz um anúncio na internet e atrai os clientes em potencial, que podem preencher um formulário, por exemplo, com dados (nome, e-mail) para ter acesso ao conteúdo.

Existem várias estratégias utilizadas nas empresas de e-commerce e para a captação de leads, como publicidade nas principais redes sociais e envio de e-mail marketing. É possível também fazer investimento em dinheiro em mídia para aumentar a relevância do site das organizações nos mecanismos de busca da internet, como o Google, e ainda com banners ou pop-ups que abrem quando a pessoa acessa determinado site.

Porém, o método mais comum de geração de leads é a disponibilização de algum conteúdo gratuito na internet, seja uma apostila, uma planilha de controle de gastos, um curso ou uma aula on-line no YouTube ou outra plataforma multimídia. É interessante disponibilizar o acesso ao conteúdo ou conteúdo complementar por meio da inscrição no site, via formulário. Este método é uma prática comum para captação de novos contatos, utilizado de forma ética pelas organizações, pois existe uma relação de ganha-ganha, em que o interessado tem conteúdo exclusivo sobre o produto ou serviço que pretende adquirir, numa verdadeira amostra grátis. Em contrapartida, a organização disponibiliza o conteúdo e armazena o contato desses interessados iniciais para aumentar o banco de prospecção de clientes.

2.2 Técnica de copywriting

Copywriting representa a geração de persuasão por meio de textos específicos com palavras-chave que estejam em textos de marketing em sites ou mesmo em propagandas por e-mail que tenham por objetivo geração do interesse e do convencimento para a concretização da ação da compra por parte do cliente.

Como o engajamento dos clientes é o principal objetivo deste método, pode ser utilizado das seguintes formas:

- E-mails;
- Blogs;
- Notícias em sites;
- Pop-up;
- Grupos de discussão;
- Anúncios.

2.3 Gatilhos mentais

Gatilhos mentais são elementos subjetivos em sites, blogs, formulários da internet, inclusive em vídeos divulgados no YouTube, que tiram os consumidores da zona de conforto e os estimulam a concretizar a relação de compra e venda. Isso pode ser confundido com a chamada a propaganda subliminar. São estímulos que agem diretamente no cérebro para estimular o consumo. Não se trata de nenhum método questionável ou hipnótico, mas configura a utilização de técnicas e elementos que propiciam um estímulo ao consumo.

2.4 Inbound marketing

Representa o chamado o marketing de atração, que inverte a relação tradicional de marketing. Nesse caso, as organizações que querem apresentar seu produto ou serviço não adquirem espaços tradicionais de marketing em sites, blogs ou na televisão, mas focam em geração de conteúdo de qualidade para seu público-alvo. Esse conteúdo pode ser disponibilizado gratuitamente na internet, o que gera confiabilidade do cliente. O Inbound pode ser feito de forma direta ou indireta. Um produto ou serviço pode ser apresentado em um seminário gratuito realizado pela organização, por exemplo. O cliente pode ter uma degustação gratuita, o que gera mais valor ao produto ou serviço.

3 POLÍTICA DE RELACIONAMENTO COM O CLIENTE: VENDAS E NEGOCIAÇÃO

3.1 Teoria de Philip Kotler sobre valor percebido pelo cliente

3.1.1 Valor percebido pelo cliente

A satisfação ampla do cliente só vai existir quando o valor percebido pelo comprador é positivo. Dessa forma, o valor percebido pelo cliente deve ser maior do que Valor Total (aquilo que é positivo e agrega) e o Custo Total (aquilo que é negativo e não agrega). Envolve, além do preço, a qualidade do produto oferecido e percebido.

Etapas de vendas (Kotler)

A venda não se resume ao momento de oferta e ao momento em que o cliente é convencido a comprar o bem ou serviço. Ela ocorre antes deste processo e termina após a concretização da venda, e se divide em três momentos: Pré-venda, Venda e Pós-venda.

Pré-venda

É o momento anterior à venda propriamente dita, que tem a função de levantar o público-alvo e suas características. São momentos desta etapa:

- **Prospecção:** representa o levantamento e pesquisa de potenciais clientes, a localização do público-alvo, sendo fundamental para o planejamento de vendas.
- **Qualificação:** após a prospecção reunir o contato de clientes em potencial, é feita a qualificação desses clientes na pré-venda, com o detalhamento das características de cada um e determinação dos bens ou serviços ideais para cada grupo de clientes.

Venda

Representa o momento propriamente dito de relação entre vendedor e cliente, com apresentação e negociação para aquisição do bem ou serviço. São momentos desta etapa:

- **Pré-abordagem:** representa o momento imediatamente anterior ao processo de atendimento ao cliente, que pode ser por meio de cartazes, banners ou instruções sobre o bem ou produto que será apresentado.
- **Abordagem:** é o contato inicial de atendimento ao cliente, quando o contato é estabelecido e tem início a venda propriamente dita. Nesse momento são levantadas as necessidades do cliente.
- **Apresentação:** momento em que as características do bem ou serviço são detalhadas, assim como as condições para sua aquisição, como preço e custos vinculados.
- **Superação de objeções:** momento em que o responsável pela venda argumenta ao cliente sobre barreiras existentes, como preço, características, custo-benefício etc.
- **Fechamento:** momento em que a venda é finalizada, e as condições para a aquisição do bem ou serviço são determinadas e acordadas entre as partes envolvidas. É a venda propriamente dita e finalizada.

Pós-venda

A venda não termina no momento da contratação do bem ou do serviço, sendo fundamental o momento posterior, para a manutenção da relação do cliente para vendas futuras. O objetivo dessa ação é a fidelização do cliente com a organização, visando a lucratividade contínua. São momentos desta etapa:

- **Acompanhamento:** é o processo imediato à concretização da venda, em que a instituição acompanha o momento em que o cliente recebe o produto ou serviço e o utiliza pela primeira vez.
- **Manutenção:** acompanhamento permanente da empresa com o cliente e contato esporádico para se manter a relação de vendas futuras e garantir a satisfação.

4 RESOLUÇÃO Nº 4.539/2016

O Banco Central do Brasil publicou no dia 28 de novembro de 2016 a Resolução nº 4.539, que dispõe sobre princípios a serem observados pelas instituições financeiras e demais instituições autorizadas a funcionar pelo Banco Central do Brasil no relacionamento com clientes.

Nos termos da Resolução nº 4.539/16, as instituições deverão observar os princípios de ética, responsabilidade, transparência e diligência na condução de suas atividades e no relacionamento com seus clientes e usuários.

As instituições deverão implementar uma Política Institucional de Relacionamento com Clientes que trate, dentre outros assuntos, da divisão de papéis e responsabilidades no treinamento de empregados e prestadores de serviços que desempenhem atividades relacionadas ao relacionamento com clientes.

O Banco Central do Brasil, na forma do art. 9º da Lei nº 4.595, de 31 de dezembro de 1964, torna público que o Conselho Monetário Nacional, em sessão realizada em 24 de novembro de 2016, com base no art. 4º, inciso VIII, da referida Lei.

Resolveu:

CAPÍTULO I - DO OBJETO E DO ÂMBITO DE APLICAÇÃO

Art. 1º *Esta Resolução dispõe sobre princípios a serem observados no relacionamento com clientes e usuários e sobre a elaboração e implementação de política institucional de relacionamento com clientes e usuários de produtos e de serviços pelas instituições financeiras e demais instituições autorizadas a funcionar pelo Banco Central do Brasil.*

§ 1º *O disposto nesta Resolução não se aplica às administradoras de consórcio e às instituições de pagamento, que devem seguir as normas editadas pelo Banco Central do Brasil no exercício de sua competência legal.*

§ 2º *Para efeito desta Resolução, o relacionamento com clientes e usuários abrange as fases de pré-contratação, de contratação e de pós-contratação de produtos e de serviços.*

CAPÍTULO II - DOS PRINCÍPIOS

Art. 2º *As instituições de que trata o art. 1º, no relacionamento com clientes e usuários de produtos e de serviços, devem conduzir suas atividades com observância de princípios de ética, responsabilidade, transparência e diligência, propiciando a convergência de interesses e a consolidação de imagem institucional de credibilidade, segurança e competência.*

Art. 3º *A observância do disposto no art. 2º requer, entre outras, as seguintes providências:*

I. promover cultura organizacional que incentive relacionamento cooperativo e equilibrado com clientes e usuários;

II. dispensar tratamento justo e equitativo a clientes e usuários; e

III. assegurar a conformidade e a legitimidade de produtos e de serviços.

Parágrafo único. *O tratamento justo e equitativo a clientes e usuários de que trata o inciso II do caput abrange, inclusive:*

I. a prestação de informações a clientes e usuários de forma clara e precisa, a respeito de produtos e serviços;

II. o atendimento a demandas de clientes e usuários de forma tempestiva; e

III. a inexistência de barreiras, critérios ou procedimentos desarrazoados para a extinção da relação contratual relativa a produtos e serviços, bem como para a transferência de relacionamento para outra instituição, a pedido do cliente.

CAPÍTULO III - DA POLÍTICA INSTITUCIONAL DE RELACIONAMENTO COM CLIENTES E USUÁRIOS

Seção I - Da Elaboração e Implementação da Política Institucional de Relacionamento com Clientes e Usuários

Art. 4º *As instituições de que trata o art. 1º devem elaborar e implementar política institucional de relacionamento com clientes e usuários que consolide diretrizes, objetivos estratégicos e valores organizacionais, de forma a nortear a condução de suas atividades em conformidade com o disposto no art. 2º*

§ 1º *A política de que trata o caput deve:*

I. ser aprovada pelo conselho de administração ou, na sua ausência, pela diretoria da instituição;

II. ser objeto de avaliação periódica;

III. definir papéis e responsabilidades no âmbito da instituição;

IV. ser compatível com a natureza da instituição e com o perfil de clientes e usuários, bem como com as demais políticas instituídas;

V. prever programa de treinamento de empregados e prestadores de serviços que desempenhem atividades afetas ao relacionamento com clientes e usuários;

VI. prever a disseminação interna de suas disposições; e

VII. ser formalizada em documento específico.

§ 2º *Admite-se que a política de que trata o caput seja unificada por:*

I. conglomerado; ou

II. sistema cooperativo de crédito.

§ 3º *As instituições que não constituírem política própria em decorrência da faculdade prevista no § 2º devem formalizar a decisão em reunião do conselho de administração ou da diretoria.*

§ 4º *O documento de que trata o inciso VII do § 1º deve ser mantido à disposição do Banco Central do Brasil.*

Seção II Do Gerenciamento da Política Institucional de Relacionamento com Clientes e Usuários

Art. 5º *As instituições devem assegurar a consistência de rotinas e de procedimentos operacionais afetos ao relacionamento com clientes e usuários, bem como sua adequação à política institucional de relacionamento de que trata o art. 4º, inclusive quanto aos seguintes aspectos:*

I. concepção de produtos e de serviços;

II. oferta, recomendação, contratação ou distribuição de produtos ou serviços;

III. requisitos de segurança afetos a produtos e a serviços;

IV. cobrança de tarifas em decorrência da prestação de serviços;

V. divulgação e publicidade de produtos e de serviços;

VI. coleta, tratamento e manutenção de informações dos clientes em bases de dados;

VII. gestão do atendimento prestado a clientes e usuários, inclusive o registro e o tratamento de demandas;

VIII. mediação de conflitos;

IX. sistemática de cobrança em caso de inadimplemento de obrigações contratadas;

X. extinção da relação contratual relativa a produtos e serviços;

XI. liquidação antecipada de dívidas ou de obrigações;

XII. transferência de relacionamento para outra instituição, a pedido do cliente; e

XIII. eventuais sistemas de metas e incentivos ao desempenho de empregados e de terceiros que atuem em seu nome.

§ 1º *Com relação ao disposto nos incisos I e II do caput, e em observância ao art. 3º, parágrafo único, inciso I, as instituições devem estabelecer o perfil dos clientes que compõem o público-alvo para os produtos e serviços disponibilizados, considerando suas características e complexidade.*

§ 2º *O perfil referido no § 1º deve incluir informações relevantes para cada produto ou serviço.*

Art. 6º Em relação à política institucional de relacionamento com clientes e usuários, as instituições de que trata o art. 1º devem instituir mecanismos de acompanhamento, de controle e de mitigação de riscos com vistas a assegurar:

I. a implementação das suas disposições;

II. o monitoramento do seu cumprimento, inclusive por meio de métricas e indicadores adequados;

III. a avaliação da sua efetividade; e

IV. a identificação e a correção de eventuais deficiências.

§ 1º Os mecanismos de que trata o caput devem ser submetidos a testes periódicos pela auditoria interna, consistentes com os controles internos da instituição.

§ 2º Os dados, os registros e as informações relativas aos mecanismos de controle, processos, testes e trilhas de auditoria devem ser mantidos à disposição do Banco Central do Brasil pelo prazo mínimo de cinco anos.

CAPÍTULO IV - DISPOSIÇÕES GERAIS

Art. 7º As instituições de que trata o art. 1º devem indicar diretor responsável pela observância do disposto nesta Resolução.

Art. 8º Fica o Banco Central do Brasil autorizado a baixar as normas e a adotar as medidas julgadas necessárias à execução do disposto nesta Resolução.

Art. 9º Esta Resolução entra em vigor 360 (trezentos e sessenta) dias após a data de sua publicação.

5 ÉTICA E CONDUTA PROFISSIONAL EM VENDAS

5.1 Ética e concorrência

As mais importantes referências teóricas da Administração em Vendas e concorrência são de Peter Druker (teoria da globalização nas empresas) e Michael Porter (teórico da competitividade e da vantagem competitiva).

Segundo a teoria de Peter Druker, a organização se adapta à globalização quando consegue oferecer o produto ou serviço prestado de forma certa para o público certo, oferecendo distribuição, preço e momento adequado.

Segundo Porter, a organização nunca pode parar de aprender sobre o mercado em que atua, seus rivais e formular formas de melhorar sua posição competitiva. As 5 forças de Porter são: **a rivalidade entre concorrentes, o poder de negociação dos clientes, poder de barganha do fornecedor, ameaça de entrada de novos concorrentes e ameaça de produto substituídos,** conforme a imagem que segue.

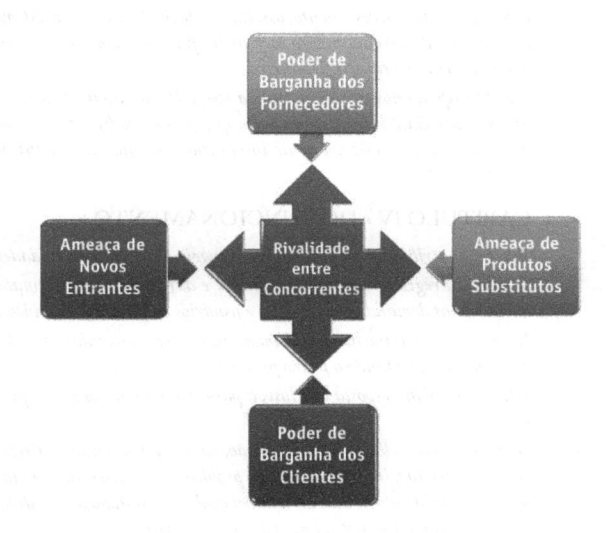

5.2 Globalização nas empresas

Considerando que o monopólio é nocivo para as organizações, Peter Drucker defende que as empresas invistam em estudo e avaliação constantes do mercado em que estão inseridas. A organização deve desenvolver a capacidade de chegar em um nível de excelência, o que se torna uma importante vantagem competitiva diante de seus concorrentes. Essa avaliação permite uma redução nos custos e uma maximização dos lucros. Entre as vantagens de análise de mercado, estão:

- Oferecer o produto certo.
- Apresentar o produto na hora certa.
- Indicar o produto para o público certo.

5.3 Competição e Mercado (Michael Porter)

O estudioso Michael Porter desenvolveu muitos estudos sobre vantagem competitiva e criou as 5 Forças de Porter, em que duas são ameaças, as quais uma organização precisa se preparar para enfrentar. Veja a seguir as Forças de Porter:

- Rivalidade.
- Poder de negociação do cliente.
- Poder de barganha do fornecedor.

- Ameaça de produto substituído.
- Ameaça de novos concorrentes.

5.4 Benchmarking

O benchmarking é uma importante ferramenta de análise para que uma empresa obtenha vantagem competitiva e possa qualificar seu atendimento aos clientes, prestação de serviços ou processos de produção. Nesse tipo de pesquisa de mercado, são observados os concorrentes, as melhores práticas, tudo para oferecer uma experiência melhor ao cliente. Além disso, é possível analisar a competitividade da empresa diante dos concorrentes. Por isso, o benchmarking é tão fundamental.

Podemos destacar alguns tipos dessa atividade:

- **Benchmarking Governamental:** feito junto aos governos de outros países.
- **Benchmarking Competitivo:** feito junto aos concorrentes e rivais.
- **Benchmarking Funcional:** feito junto aos concorrentes ou outro departamento da mesma organização buscando um elemento específico.
- **Benchmarking Setorial (Departamental):** feito internamente junto a outro setor ou departamento da mesma organização.

V N E G

6   RESOLUÇÃO CMN Nº 4.860/2020

Tal resolução dispõe sobre a constituição e o funcionamento de componente organizacional de ouvidoria pelas instituições financeiras e demais instituições autorizadas a funcionar pelo Banco Central do Brasil.

RESOLUÇÃO CMN Nº 4.860, DE 23 DE OUTUBRO DE 2020

Dispõe sobre a constituição e o funcionamento de componente organizacional de ouvidoria pelas instituições autorizadas a funcionar pelo Banco Central do Brasil.

O Banco Central do Brasil, na forma do art. 9º da Lei nº 4.595, de 31 de dezembro de 1964, torna público que o Conselho Monetário Nacional, em sessão realizada em 22 de outubro de 2020, com base no art. 4º, inciso VIII, da referida Lei, resolveu:

CAPÍTULO I - DO OBJETO E DO ÂMBITO DE APLICAÇÃO

Art. 1º Esta Resolução disciplina a constituição e o funcionamento de componente organizacional de ouvidoria pelas instituições que especifica.

Art. 2º O componente organizacional de ouvidoria deve ser constituído pelas instituições autorizadas a funcionar pelo Banco Central do Brasil que tenham clientes pessoas naturais, inclusive empresários individuais, ou pessoas jurídicas classificadas como microempresas e empresas de pequeno porte, nos termos da Lei Complementar nº 123, de 14 de dezembro de 2006.

Parágrafo único. Ficam dispensados de constituir ouvidoria os bancos comerciais sob controle societário de bolsas de valores, de bolsas de mercadorias e futuros ou de bolsas de valores e de mercadorias e futuros que desempenhem exclusivamente funções de liquidante e custodiante central, prestando serviços às bolsas e aos agentes econômicos responsáveis pelas operações nelas cursadas.

CAPÍTULO II - DA FINALIDADE

Art. 3º A ouvidoria tem por finalidade:

I. atender em última instância as demandas dos clientes e usuários de produtos e serviços que não tiverem sido solucionadas nos canais de atendimento primário da instituição; e

II. atuar como canal de comunicação entre a instituição e os clientes e usuários de produtos e serviços, inclusive na mediação de conflitos.

Parágrafo único. Para efeitos desta Resolução, considera-se primário o atendimento habitual realizado em quaisquer pontos ou canais de atendimento, incluídos os correspondentes no País e o Serviço de Atendimento ao Consumidor (SAC) de que trata o Decreto nº 6.523, de 31 de julho de 2008.

CAPÍTULO III - DA ORGANIZAÇÃO

Art. 4º A estrutura da ouvidoria deve ser compatível com a natureza e a complexidade dos produtos, serviços, atividades, processos e sistemas de cada instituição.

Parágrafo único. A ouvidoria não pode estar vinculada a componente organizacional da instituição que configure conflito de interesses ou de atribuições, a exemplo das unidades responsáveis por negociação de produtos e serviços, gestão de riscos, auditoria interna e conformidade (compliance).

Art. 5º É admitido o compartilhamento de ouvidoria pelas instituições, observadas as seguintes situações e regras:

I. a instituição integrante de conglomerado composto por pelo menos duas instituições autorizadas a funcionar pelo Banco Central do Brasil pode compartilhar a ouvidoria constituída em qualquer das instituições autorizadas a funcionar;

II. a instituição não enquadrada no disposto no inciso I do caput pode compartilhar a ouvidoria constituída:

a) em empresa ligada, conforme definição de que trata o § 1º; ou

b) na associação de classe a que seja filiada ou na bolsa de valores ou bolsa de mercadorias e futuros ou bolsa de valores e de mercadorias e futuros nas quais realize operações;

III. a cooperativa singular de crédito filiada a cooperativa central pode compartilhar a ouvidoria constituída na respectiva cooperativa central, confederação de cooperativas de crédito ou banco do sistema cooperativo; e

IV. a cooperativa singular de crédito não filiada a cooperativa central pode compartilhar a ouvidoria constituída em cooperativa central, federação de cooperativas de crédito, confederação de cooperativas de crédito ou associação de classe da categoria.

§ 1º Para efeito do disposto no inciso II, alínea "a", do caput, consideram-se ligadas entre si as instituições autorizadas a funcionar pelo Banco Central do Brasil e as empresas não autorizadas a funcionar pelo Banco Central do Brasil:

I. as quais uma participe com 10% (dez por cento) ou mais do capital da outra, direta ou indiretamente; e

II. as quais acionistas com 10% (dez por cento) ou mais do capital de uma participem com 10% (dez por cento) ou mais do capital da outra, direta ou indiretamente.

§ 2º O disposto no inciso II, alínea «b», do caput, não se aplica a bancos comerciais, bancos múltiplos, caixas econômicas, sociedades de crédito, financiamento e investimento, associações de poupança e empréstimo e sociedades de arrendamento mercantil que realizem operações de arrendamento mercantil financeiro.

§ 3º O disposto nos incisos II, alínea «b», e IV, do caput, somente se aplica a associação de classe ou bolsa que possuir código de ética ou de autorregulação efetivamente implantado, ao qual a instituição tenha aderido.

CAPÍTULO IV - DO FUNCIONAMENTO

Art. 6º As atribuições da ouvidoria abrangem as seguintes atividades:

I. atender, registrar, instruir, analisar e dar tratamento formal e adequado às demandas dos clientes e usuários de produtos e serviços;

II. prestar esclarecimentos aos demandantes acerca do andamento das demandas, informando o prazo previsto para resposta;

III. encaminhar resposta conclusiva para a demanda no prazo previsto; e

IV. manter o conselho de administração, ou, na sua ausência, a diretoria da instituição, informado sobre os problemas e deficiências detectados no cumprimento de suas atribuições e sobre o resultado das medidas adotadas pelos administradores para solucioná-los.

§ 1º O atendimento prestado pela ouvidoria:

I. deve ser identificado por meio de número de protocolo, o qual deve ser fornecido ao demandante;

II. deve ser gravado, quando realizado por telefone, e, quando realizado por meio de documento escrito ou por meio eletrônico, arquivada a respectiva documentação; e

III. pode abranger:

a) excepcionalmente, as demandas não recepcionadas inicialmente pelos canais de atendimento primário; e

b) as demandas encaminhadas pelo Banco Central do Brasil, por órgãos públicos ou por outras entidades públicas ou privadas.

§ 2º O prazo de resposta para as demandas não pode ultrapassar dez dias úteis, podendo ser prorrogado, excepcionalmente e de forma justificada, uma única vez, por igual período, limitado o número de prorrogações a 10% (dez por cento) do total de demandas no mês, devendo o demandante ser informado sobre os motivos da prorrogação.

Art. 7º As instituições referidas no art. 2º devem:

I. manter sistema de informações e de controle das demandas recebidas pela ouvidoria, de forma a:

a) registrar o histórico de atendimentos, as informações utilizadas na análise e as providências adotadas; e

b) controlar o prazo de resposta;

II. dar ampla divulgação sobre a existência da ouvidoria, sua finalidade, suas atribuições e formas de acesso, inclusive nos canais de comunicação utilizados para difundir os produtos e serviços;

III. garantir o acesso gratuito dos clientes e dos usuários ao atendimento da ouvidoria, por meio de canais ágeis e eficazes, inclusive por telefone, cujo número deve ser:

a) divulgado e mantido atualizado em local visível ao público no recinto das suas dependências e nas dependências dos correspondentes no País, bem como nos respectivos sítios eletrônicos na internet, acessível pela sua página inicial;

b) informado nos extratos, comprovantes, inclusive eletrônicos, contratos, materiais de propaganda e de publicidade e demais documentos que se destinem aos clientes e usuários; e

c) inserido e mantido permanentemente atualizado em sistema de registro de informações do Banco Central do Brasil.

Parágrafo único. *As informações relativas às demandas recebidas pela ouvidoria devem permanecer registradas no sistema mencionado no inciso I pelo prazo mínimo de cinco anos, contados da data da protocolização da ocorrência.*

CAPÍTULO V - DAS EXIGÊNCIAS FORMAIS

Art. 8º *O estatuto ou o contrato social, conforme a natureza jurídica da sociedade, deve dispor, de forma expressa, sobre os seguintes aspectos:*

I. a finalidade, as atribuições e as atividades da ouvidoria;

II. os critérios de designação e de destituição do ouvidor;

III. o tempo de duração do mandato do ouvidor, fixado em meses; e

IV. o compromisso formal no sentido de:

a) criar condições adequadas para o funcionamento da ouvidoria, bem como para que sua atuação seja pautada pela transparência, independência, imparcialidade e isenção; e

b) assegurar o acesso da ouvidoria às informações necessárias para a elaboração de resposta adequada às demandas recebidas, com total apoio administrativo, podendo requisitar informações e documentos para o exercício de suas atividades no cumprimento de suas atribuições.

§ 1º Os aspectos mencionados no caput devem ser incluídos no estatuto ou no contrato social na primeira alteração que ocorrer após a constituição da ouvidoria.

§ 2º As alterações estatutárias ou contratuais exigidas por esta Resolução relativas às instituições que optarem pela faculdade prevista no art. 5º, incisos I e III, podem ser promovidas somente pela instituição que constituir a ouvidoria.

§ 3º As instituições que não constituírem ouvidoria própria em decorrência da faculdade prevista no art. 5º, incisos II e IV, devem ratificar a decisão na primeira assembleia geral ou na primeira reunião de diretoria realizada após tal decisão.

Art. 9º *As instituições referidas no art. 2º devem designar perante o Banco Central do Brasil os nomes do ouvidor e do diretor responsável pela ouvidoria.*

§ 1º O diretor responsável pela ouvidoria pode desempenhar outras funções na instituição, inclusive a de ouvidor, exceto a de diretor de administração de recursos de terceiros.

§ 2º Nos casos dos bancos comerciais, bancos múltiplos, caixas econômicas, sociedades de crédito, financiamento e investimento, associações de poupança e empréstimo e sociedades de arrendamento mercantil que realizem operações de arrendamento mercantil financeiro, que estejam sujeitos à obrigatoriedade de constituição de comitê de auditoria, na forma da regulamentação, o ouvidor não poderá desempenhar outra função, exceto a de diretor responsável pela ouvidoria.

§ 3º Nas situações em que o ouvidor desempenhe outra atividade na instituição, essa atividade não pode configurar conflito de interesses ou de atribuições.

Art. 10. *Nas hipóteses previstas no art. 5º, incisos I, III e IV, o ouvidor deve:*

I. responder por todas as instituições que compartilharem a ouvidoria; e

II. integrar os quadros da instituição que constituir a ouvidoria.

Art. 11. *Para cumprimento do disposto no caput do art. 9º, nas hipóteses previstas no art. 5º, inciso II, as instituições referidas no art. 2º devem:*

I. designar perante o Banco Central do Brasil apenas o nome do respectivo diretor responsável pela ouvidoria; e

II. informar o nome do ouvidor, que deverá ser o do ouvidor da associação de classe, da bolsa de valores, da bolsa de mercadorias e futuros ou da bolsa de valores e de mercadorias e futuros, ou da entidade ou empresa que constituir a ouvidoria.

CAPÍTULO VI - DA PRESTAÇÃO DE INFORMAÇÕES

Art. 12. *O diretor responsável pela ouvidoria deve elaborar relatório semestral quantitativo e qualitativo referente às atividades desenvolvidas pela ouvidoria, nas datas-base de 30 de junho e 31 de dezembro.*

Parágrafo único. *O relatório de que trata o caput deve ser encaminhado à auditoria interna, ao comitê de auditoria, quando constituído, e ao conselho de administração ou, na sua ausência, à diretoria da instituição.*

Art. 13. *As instituições referidas no art. 2º devem divulgar semestralmente, nos respectivos sítios eletrônicos na internet, as informações relativas às atividades desenvolvidas pela ouvidoria, inclusive os dados relativos à avaliação direta da qualidade do atendimento de que trata o art. 16.*

Art. 14. *O Banco Central do Brasil poderá estabelecer o conteúdo, a forma, a periodicidade e o prazo de remessa de dados e de informações relativos às atividades da ouvidoria.*

CAPÍTULO VII - DA CERTIFICAÇÃO

Art. 15. *As instituições referidas no art. 2º devem adotar providências para que os integrantes da ouvidoria que realizem as atividades mencionadas no art. 6º sejam considerados aptos em exame de certificação organizado por entidade de reconhecida capacidade técnica.*

§ 1º O exame de certificação deve abranger, no mínimo, temas relativos à ética, aos direitos do consumidor e à mediação de conflitos.

§ 2º A designação de integrantes da ouvidoria referidos no caput fica condicionada à comprovação de aptidão no exame de certificação, além do atendimento às demais exigências desta Resolução.

§ 3º As instituições referidas no caput devem assegurar a capacitação permanente dos integrantes da ouvidoria em relação aos temas mencionados no § 1º

§ 4º O diretor responsável pela ouvidoria sujeita-se à formalidade prevista no caput, caso exerça a função de ouvidor.

§ 5º Nas hipóteses previstas no art. 5º, incisos II e IV, aplica-se o disposto neste artigo aos integrantes da ouvidoria da associação de classe, entidade ou empresa que realize as atividades mencionadas no art. 6º

CAPÍTULO VIII - DA AVALIAÇÃO DIRETA DA QUALIDADE DO ATENDIMENTO PRESTADO

Art. 16. *As instituições referidas no art. 2º devem implementar instrumento de avaliação direta da qualidade do atendimento prestado pela ouvidoria a clientes e usuários.*

Parágrafo único. *O disposto no caput aplica-se somente aos bancos comerciais, bancos múltiplos, bancos de investimento, caixas econômicas e sociedades de crédito, financiamento e investimento.*

Art. 17. *A avaliação direta da qualidade do atendimento de que trata o art. 16 deve ser:*

I. estruturada de forma a obter notas entre 1 e 5, sendo 1 o nível de satisfação mais baixo e 5 o nível de satisfação mais alto;

II. disponibilizada ao cliente ou usuário em até um dia útil após o encaminhamento da resposta conclusiva de que trata o art. 6º, inciso III, e § 2º; e

III. concluída em até cinco dias úteis após o prazo de que trata o inciso II.

Art. 18. *Os dados relativos à avaliação mencionada no art. 16 devem ser:*

I. armazenados de forma eletrônica, em ordem cronológica, permanecendo à disposição do Banco Central do Brasil pelo prazo de cinco anos, contados da data da avaliação realizada pelo cliente ou usuário; e

II. remetidos ao Banco Central do Brasil, na forma por ele definida.

CAPÍTULO IX - DISPOSIÇÕES FINAIS

Art. 19. *O relatório e a documentação relativos aos atendimentos realizados, de que tratam os arts. 6º, § 1º, 7º e 12, bem como a gravação telefônica do atendimento, devem permanecer à disposição do Banco Central do Brasil pelo prazo mínimo de cinco anos.*

Art. 20. *O número do telefone para acesso gratuito à ouvidoria e os dados relativos ao diretor responsável pela ouvidoria e ao ouvidor devem ser inseridos e mantidos permanentemente atualizados em sistema de registro de informações do Banco Central do Brasil.*

Parágrafo único. *O disposto no caput deve ser observado, inclusive, pela instituição que não constituir componente de ouvidoria próprio em decorrência da faculdade prevista no art. 5º*

Art. 21. *O Banco Central do Brasil poderá adotar as medidas necessárias à execução do disposto nesta Resolução.*

Art. 22. *Ficam revogadas:*

I. a Resolução nº 4.433, de 23 de julho de 2015; e

II. a Resolução nº 4.629, de 25 de janeiro de 2018.

Art. 23. *Esta Resolução entra em vigor em 1º de dezembro de 2020.*

ÉTICA E DIVERSIDADE

1 ÉTICA APLICADA

A palavra "moral" vem do latim (*mos, mores*), "ética" vem do grego (*ethos*), e ambas se referem a costumes, indicando as regras do comportamento e as diretrizes de conduta a serem seguidas.

A ética é a parte da filosofia que estuda a moralidade das ações humanas, isto é, se são boas ou más. É uma reflexão crítica sobre a moralidade.

Assim, a ética é definida como a teoria ou a ciência do comportamento moral que busca explicar, compreender, justificar e criticar a moral de determinada sociedade. A ética é filosófica e científica. Compete à ética chegar, por meio de investigações científicas, à explicação de determinadas realidades sociais. Ela investiga o sentido que o homem dá a suas ações para ser verdadeiramente feliz.

Enquanto a moral é definida como o conjunto de normas, princípios, preceitos, costumes, valores que norteiam o comportamento do indivíduo no seu grupo social, a ética é normativa.

A ética representa uma abordagem científica sobre as constantes morais. Refere-se àquele conjunto de valores e costumes mais ou menos permanente no tempo e no espaço. Em outras palavras, a ética é a ciência da moral, isto é, de uma esfera do comportamento humano.

Mas a ética não é puramente teoria, é antes um conjunto de princípios e disposições voltados para a ação, historicamente produzidos, cujo objetivo é balizar (limitar) as ações humanas.

1.1 Objetivo

A ética tem por objeto de estudo o estímulo que conduz a ação: os motivos, as causas, os princípios, as máximas, as circunstâncias; mas também analisa as consequências dessas ações.

A ética tem como objetivo fundamental modificar a moral, com aplicação universal, bem como guiar e orientar racionalmente o melhor modo a vida humana.

Assim, a ética tem por objeto o comportamento humano no interior de cada sociedade, e o estudo desse comportamento, com o fim de estabelecer níveis aceitáveis que garantam a convivência pacífica dentro das sociedades e entre elas, constitui o objetivo da ética.

1.2 Campo da Ética

Os problemas éticos, ao contrário dos problemas prático-morais, são caracterizados por sua generalidade.

A função fundamental da ética é a mesma de toda teoria: explicar, esclarecer ou investigar uma determinada realidade, elaborando os conceitos correspondentes.

Não lhe cabe formular juízos de valor sobre a prática moral de outras sociedades, ou de outras épocas, em nome de uma moral absoluta e universal, mas deve antes explicar a razão de ser desta pluralidade e das mudanças de moral. Isto é, deve esclarecer o fato de os homens terem recorrido a práticas morais diferentes e até opostas.

1.3 Conduta ética

Para que uma conduta possa ser considerada ética, três elementos essenciais devem ser ponderados:

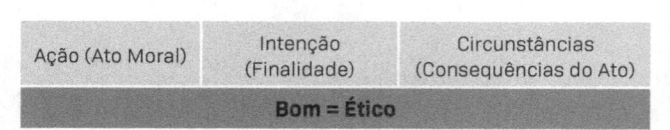

Ação (Ato Moral)	Intenção (Finalidade)	Circunstâncias (Consequências do Ato)
Bom = Ético		

Se um único desses três elementos não for bom, o comportamento não é ético. Assim, a ação (ato moral), a intenção (finalidade), e as circunstâncias e consequências do ato devem ser boas, corretas e certas.

1.4 Normas éticas e lei

Ética é um conjunto de valores que norteiam a boa conduta humana. As normas éticas são aquelas que prescrevem como o homem deve agir.

A norma ética possui, como uma de suas características, a possibilidade de ser violada, ao contrário da norma legal (lei).

A ética não deve ser confundida com a lei, embora, com certa frequência, a lei tenha como base princípios éticos. Ao contrário da lei, nenhum indivíduo pode ser compelido, pelo Estado ou por outros indivíduos, a cumprir as normas éticas, nem sofrer qualquer sanção pela desobediência a estas. Por outro lado, a lei pode ser omissa quanto a questões abrangidas no escopo da ética.

1.5 Moral

A noção de moral está diretamente relacionada com os costumes de um grupo social.

A moral é um conjunto de regras de conduta adotadas pelos indivíduos de um grupo social e tem a finalidade de organizar as relações interpessoais segundo os valores do bem e do mal.

A moral é a regulação dos valores e comportamentos considerados legítimos por uma determinada sociedade, povo, religião, tradição cultural etc.

Sendo assim, a moral é mutável e varia historicamente, de acordo com o desenvolvimento de cada sociedade e, com ela, variam os seus princípios e as suas normas. Ela norteia os valores éticos na Administração Pública.

1.5.1 Moral e Ética

A ética tem caráter científico, a moral tem caráter prático imediato, visto que é parte integrante da vida cotidiana das sociedades e dos indivíduos. A moral é a aplicação da ética no cotidiano, é a prática concreta.

A moral ocupa-se basicamente de questões subjetivas, abstratas e de interesses particulares do indivíduo e da sociedade, relacionando-se com valores ou condutas sociais.

Moral e ética não devem ser confundidas. Enquanto a moral é normativa, a ética é teórica.

A ética é científica, geral, objetiva, permanente, possui princípios e regras, é teórica e universal. A moral, por sua vez, é prática, específica, subjetiva, temporal, possui aspectos e condutas específicas, aplica a conduta como regra, é normativa e cultural.

1.6 Valores

O conceito de valor tem sido investigado e definido em diferentes áreas do conhecimento (filosofia, sociologia, ciências econômicas, marketing etc.).

Os valores são as normas, princípios ou padrões sociais aceitos ou mantidos por indivíduos, classe ou sociedade. Dizem respeito a princípios que merecem ser buscados. O valor exprime uma relação entre as necessidades do indivíduo (respirar, comer, viver, posse, reproduzir, prazer, domínio, relacionar, comparar) e a capacidade das coisas, objetos ou serviços de satisfazê-las.

É na apreciação desta relação que se explica a existência de uma hierarquia de valores, segundo a urgência/prioridade das necessidades e a capacidade dos mesmos objetos para as satisfazerem, diferenciadas no espaço e no tempo.

O complexo de normas éticas se alicerça em valores, normalmente designados como valores do bem.

Alonso, Lopez e Costrucci em sua obra Curso e Ética em Administração Empresarial e Pública afirmam que: "Valores éticos são indicadores da relevância ou do grau de atendimento aos princípios éticos". Por exemplo, a dignidade da pessoa sugere e exige que se valorize o respeito às pessoas.

Valores estão também ligados aos princípios da Ética Social. Por exemplo, a primazia do bem comum sugere valores como a solidariedade.

Valores éticos só podem ser atribuídos a pessoas, pois elas são os únicos seres que agem com conhecimento de certo e errado, bem e mal, e com liberdade para agir.

Algumas condutas podem ferir os valores éticos.

A prática constante de respeito aos valores éticos conduz as pessoas às virtudes morais.

Virtude vem do latim virtus, que deriva de "vir"; significa, de modo geral, praticar o bem usando a liberdade com responsabilidade.

1.7 Virtudes

A virtude é, na verdade, um exercício prático do homem e está ligada à razão e ao intelecto, sendo considerada como os hábitos da vontade do homem. Para Aristóteles não existem virtudes inatas, mas todas são adquiridas pela repetição dos atos, que geram os costumes, aos quais dão o nome de moral.

Virtudes são hábitos, adquiridos disciplinarmente, que predispõem as pessoas para agir bem.

As virtudes não são inatas, são adquiridas.

Em outras palavras, os traços de caráter do indivíduo e com eles as virtudes morais não se podem dar ou adquirir fora do meio social.

1.7.1 Virtudes cardeais (principais)

Desde a Antiguidade Grega até os tempos modernos, o conceito de virtude como hábito de fazer o bem não mudou muito, embora não se tenha chegado a um acordo quanto ao número de virtudes morais.

Chamam-se virtudes cardeais, porque são as principais e sobre elas se constrói a vida moral.

São quatro as virtudes morais, principais ou primárias, fundamentais: prudência (hábito de decidir bem); justiça (dar a cada um o que é seu); fortaleza (disposição da vontade que leva a não desistir do esforço necessário para fazer o bem ou resistir ao mal); e, temperança (dispõe-nos a moderar a procura do prazer).

A prudência é a principal. Sem prudência não há justiça, nem fortaleza, nem temperança.

Outras qualidades morais ou virtudes: a humildade, a resignação (abdicação, renúncia), a caridade, a solidariedade, a ajuda mútua, o companheirismo, a cooperação, a disciplina consciente etc. As velhas virtudes, no entanto, não perderam sua significação no mundo moral, como, por exemplo, a honestidade, a sinceridade, a amizade, a simplicidade, a lealdade, a modéstia etc.

1.7.2 Virtude e vício

O oposto da virtude é o vício, que é o mau hábito adquirido.

São vícios: a imprudência, a injustiça, a covardia, a intemperança e muitos outros que deles derivam.

É
T
I
D

2 ÉTICA EMPRESARIAL E PROFISSIONAL

2.1 Noções de ética empresarial e profissional

2.1.1 Empresas e organizações

Empresa é uma atividade econômica exercida profissionalmente pelo empresário, para produção e circulação de bens e serviços.

A empresa, enquanto atividade, não se confunde com o sujeito de direito que a explora (empresário). Por isso, não é a empresa que "fale" (de falir) ou importa mercadorias, mas o empresário.

Também não se pode confundir a empresa com o local em que a atividade é desenvolvida, uma vez que não é a empresa que pega fogo ou é reformada, mas o estabelecimento comercial.

Da mesma forma, a expressão "empresa" não pode ser confundida com sociedade. Assim, não se deve dizer "fulano e beltrano abriram uma empresa", mas "fulano e beltrano constituíram uma sociedade".

Assim, diz-se que, no sentido técnico, empresa é sinônimo de empreendimento.

Por meio de uma organização, torna-se possível perseguir e alcançar objetivos que seriam inatingíveis para uma pessoa.

São exemplos de organizações: uma grande empresa ou pequena oficina, laboratório ou corpo de bombeiros, hospital ou escola. Classificam-se desde micro-organizações, a pequenas, médias, grandes e até megaorganizações.

2.1.2 Ética empresarial

A ética empresarial refere-se à ética nas empresas e organizações.

Em outras palavras, a ética empresarial reflete sobre as normas e valores efetivamente dominantes em uma empresa ou organização.

Em sentido amplo, a ética empresarial baseia-se na ideia de um contrato social, segundo o qual os membros se comportam de maneira harmoniosa, levando em conta os interesses dos outros.

Pode ser entendida como um valor da empresa ou organização, que assegura sua sobrevivência, reputação e, consequentemente, bons resultados.

A ética empresarial está relacionada a reflexões ou indagações sobre costumes e morais vigentes nas empresas ou organizações.

As empresas necessitam que a conduta ética de seus integrantes, bem como os valores e as convicções primárias da empresa ou organização, se tornem parte de sua cultura.

A ética empresarial exige transparência, coerência e compromisso com a veracidade de qualquer informação.

Atualmente, o comportamento ético por parte da empresa é esperado e exigido pela sociedade.

2.1.3 Ética profissional

A ética profissional é um conjunto de princípios que regem a conduta funcional e comportamental daqueles que compõem determinada profissão.

A ética profissional não se ocupa somente do estudo e normatização das condutas do profissional com seus clientes, mas também com o outro profissional, objetivando a construção do bem-estar no contexto sociocultural, preservando a dignidade humana.

Cada profissão, porém, exige de quem a exerce, além dos princípios éticos comuns a todos os homens, a observância de procedimento ético, de acordo com a profissão.

As leis de cada profissão são elaboradas com o objetivo de proteger os profissionais, a categoria e as pessoas que dependem daquele profissional, mas há muitos aspectos não previstos especificamente e que fazem parte do comprometimento do profissional em ser eticamente correto.

A ética profissional, hoje, atinge todas as profissões regulamentadas por meio de estatutos e códigos específicos.

2.1.4 Código de ética

O código de ética é a relação organizada de procedimentos permitidos e proibidos dentro de um corpo social organizado. Um código torna os princípios éticos obrigatórios aos praticantes.

Há códigos de ética de organismos públicos e, da mesma forma, de empresas privadas. São, portanto, bastante numerosos e variados.

O código de ética varia de organização para organização, diferindo quanto ao conteúdo, extensão e formato, podendo, no entanto, apresentar, por vezes, conteúdos assemelhados.

Quando se elabora um código de ética, é importante fazer a devida distinção entre questão ética e dilema ético. Aquela lida com a formulação do problema, este trata de sua solução.

A condição básica para se ter um código de ética efetivo, no serviço público ou em qualquer outro, é a existência de uma liderança dentro da organização, que seja sua principal defensora e praticante.

Essa nova relação de influência, na qual o líder e o seguidor exercem influência mútua, justifica a importância de o líder entender e praticar modelos de comportamento e valores éticos que estimulem seus seguidores.

As normas de um código de ética visam ao bem-estar da sociedade de forma a assegurar a lisura (honradez, boa-fé) de procedimentos de seus membros dentro e fora da instituição (finalidade).

Preceitos básicos

Qualquer código de ética deve conter preceitos em, no mínimo, quatro áreas:

Competência	Sigilo
Integridade	Objetividade

Tais preceitos versam sobre as obrigações do grupo organizado a que se refere o código de ética.

Código de ética empresarial

O código de ética empresarial é um conjunto de normas éticas ditadas pela autoridade empresarial, que visam ao bem comum. Nesse código, devido à tênue fronteira entre o ético e o jurídico, normas legais são, frequentemente, repetidas.

Em outras palavras, o código de ética de uma empresa é um conjunto de princípios que visa estabelecer um padrão de comportamento entre os membros dessa empresa e seus clientes, fundamentado em um conceito de ética universal voltado para o desenvolvimento individual e da empresa.

O código de ética deve partir da realidade de cada empresa, estabelecendo comportamentos corretos, para bem diagnosticar e enfrentar a sua própria problemática ética.

O código de ética deve especificar as infrações e as sanções correspondentes, que são, geralmente, a advertência reservada, a censura pública, a suspensão e a demissão.

Além disso, os códigos de ética estabelecem espécie de jurisdição administrativo-disciplinar interna, que cabe à Comissão de Ética da empresa, integrada por pessoas da própria corporação, de reputação ilibada, mas também por pessoas estranhas à corporação.

Código de ética profissional

Um código de ética profissional pode ser entendido como uma relação das práticas de comportamento que se espera que sejam observadas no exercício da profissão.

O objetivo central de um código de ética profissional é a formação de consciência sobre padrões de conduta em determinada profissão.

As profissões, em nosso país, são organizadas pelos Conselhos Regionais Profissionais. É o caso do Conselho Regional de Medicina (CRM), da Ordem dos Advogados do Brasil (OAB) etc. Todos eles contam com seus próprios códigos de ética.

Modernamente, a maioria das profissões tem seu próprio código de ética profissional, um conjunto de normas, de cumprimento obrigatório, derivadas da ética, frequentemente incorporados à lei pública, caso em que os princípios éticos passam a ter força de lei. O seu não cumprimento pode resultar em sanções executadas pela sociedade profissional, como censura pública e suspensão temporária ou definitiva do direito de exercer a profissão.

Ainda, os profissionais, em sua maioria, que trabalham como empregados de empresas, ficam sujeitos a dois códigos de ética: o do Conselho Regional da sua profissão e o da empresa. Tratam-se, em princípio, de âmbitos distintos; uma coisa é a profissão com seus deveres profissionais próprios, e outra a empresa em que se trabalha; no entanto, elas costumam ter regras em comum.

Quando ocorre infração simultânea a ambos os códigos (empresarial e profissional), é competente para julgar a comissão de ética que primeiro recebeu a denúncia. É a chamada prevenção.

Independentemente dos procedimentos pelos códigos éticos, profissional ou empresarial, certamente que os profissionais estão sujeitos ao Poder Judiciário, nos casos em que as infrações éticas graves são também crimes sujeitos às leis penais. Porém, nada impede a aplicação de sanção pelo código de ética independentemente do processo criminal.

2.2 Gestão da ética nas empresas públicas e privadas

As empresas privadas não podem atuar apenas com foco no lucro, mas devem atuar com honestidade, confiança e integridade, pois é o que constrói a lealdade dos clientes.

Assim, também as empresas privadas podem (devem) estabelecer códigos de ética, que são vistos como parte da gestão de qualidade.

Ficou demonstrado, por meio de pesquisas que as empresas que têm a ética como plano de fundo tiveram melhores resultados em vários aspectos, sendo os dois principais a melhoria de qualidade com maior eficácia e a fidelização de novos clientes.

Portanto, não basta à empresa ser ética só em alguns aspectos, é preciso que ela transpire ética em todos os sentidos, de forma que possa ser percebida pelo maior número possível de pessoas.

2.2.1 Ética e responsabilidade social

O comportamento ético da empresa ou organização é a base da responsabilidade social, expressa nos princípios e valores por ela adotados. Não há que se falar em responsabilidade social sem ética nos negócios.

A responsabilidade social empresarial diz respeito à maneira como as empresas realizam seus negócios: os critérios que utilizam para a tomada de decisões, os valores que definem suas prioridades e os relacionamentos com todos os públicos com os quais interagem.

A responsabilidade social sempre preocupou partidos políticos e governos. Porém, nas últimas décadas, passou a preocupar empresas. Estas, em um primeiro momento, tomaram consciência de que deviam prestar atenção não só aos seus sócios ou acionistas, mas também às pessoas que com ela se relacionavam, como empregados, fornecedores e clientes. Em um segundo momento, conscientizaram-se de sua responsabilidade para com a sociedade em geral.

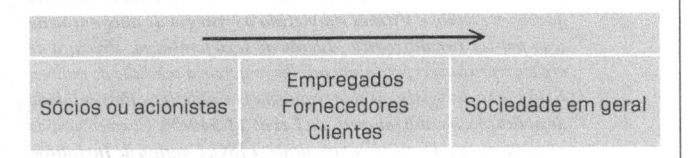

| Sócios ou acionistas | Empregados Fornecedores Clientes | Sociedade em geral |

A ética, em primeiro lugar, é pessoal. Assim, para que a empresa possa exercer sua responsabilidade social, é necessário que a ética seja posta em prática dentro da administração, e no interior de cada uma das pessoas.

Pode-se concluir que o exercício da responsabilidade social pela empresa está intrinsecamente ligado à ética pessoal de seus dirigentes e funcionários.

Responsabilidade social da empresa

A responsabilidade social pode ser definida como um compromisso da empresa com relação à humanidade em geral, e uma forma de prestação de contas do seu desempenho e do uso de recursos que originalmente não lhe pertencem, mas pertencem à sociedade.

Entende-se que o mencionado "compromisso" deva traduzir-se pela destinação não só de recursos, mas pela atenção de seus funcionários a atividades com fins sociais, em favor, por exemplo, da infância abandonada, da alfabetização, da saúde, da escola, da assistência aos necessitados etc.

Porém, não é unânime a opinião dos economistas sobre a responsabilidade social da empresa. Há duas visões:

▷ **Visão clássica ou econômica**: defende que a única responsabilidade social da empresa e de seus executivos é a de maximizar o lucro para seus acionistas.

▷ **Visão socioeconômica**: defende que as empresas não somente devem buscar o lucro, mas também a proteção e a melhoria da qualidade de vida das comunidades em que elas operam, e da sociedade em geral.

O conceito da responsabilidade social empresarial está relacionado com a ética e a transparência na gestão dos negócios e deve refletir-se nas decisões cotidianas que podem causar impactos na sociedade, no meio ambiente e no futuro dos próprios negócios.

De um modo mais simples, podemos dizer que a ética nos negócios ocorre quando as decisões de interesse de determinada empresa também respeitam o direito, os valores e os interesses de todos aqueles que, de uma forma ou de outra, estão envolvidos.

Transparência é um conceito que muito tem a ver com ética. A falta de transparência na condução dos negócios pode prejudicar não só clientes e consumidores, mas também a própria empresa. Se ela sonega, por exemplo, uma informação importante sobre seus produtos e serviços, pode ser responsabilizada, mais tarde, por omissão.

A busca da gestão socialmente responsável tem exigido maior transparência das instituições, sejam públicas, sejam privadas, nas relações com seus fornecedores, funcionários e clientes.

Tal atributo tem sido fundamental para a reputação das organizações, que devem explicitar à sociedade seus valores e a seu corpo funcional os padrões éticos e de conduta considerados adequados.

Quanto a possíveis questionamentos acerca desse tópico, ressaltamos os conceitos e noções de ética empresarial e profissional, assim como dos códigos de ética, além de noções de responsabilidade ética das empresas, especialmente a social.

3 LEI Nº 11.340/2006 - LEI MARIA DA PENHA

3.1 Origem da Lei Maria da Penha

É interesse o fato do qual se originou a Lei nº 11.340/2006, mais conhecida por Lei Maria da Penha, a qual foi uma determinação da Comissão Interamericana de Direitos Humanos, Renato Brasileiro Lima (2016, p. 899) explica a origem:

> Em data de 22 de setembro de 2006, entrou em vigor a Lei nº 11.340/06, referente à violência doméstica e familiar contra a mulher. *Esta lei ficou conhecida como Lei Maria da Penha em virtude da grave violência de que foi vítima Maria da Penha Maia Fernandes: em 29 de maio de 1983, na cidade de Fortaleza, a farmacêutica Maria da Penha, enquanto dormia, foi atingida por disparo de espingarda desferido por seu próprio marido. Por força desse disparo, que atingiu a vítima em sua coluna, Maria da Penha ficou paraplégica. Porém, as agressões não cessaram. Uma semana depois, a vítima sofreu nova violência por parte de seu então marido, tendo recebido uma descarga elétrica enquanto se banhava. O agressor foi denunciado em 28 de setembro de 1984. Devido a sucessivos recursos e apelos, sua prisão ocorreu somente em setembro de 2002. Por conta da lentidão do processo, e por envolver grave violação aos direitos humanos, o caso foi levado à Comissão Interamericana de Direitos Humanos, que publicou o Relatório nº 54/2001, no sentido de que a ineficácia judicial a impunidade e a impossibilidade de a vítima obter uma reparação mostra a falta de cumprimento do compromisso assumido pelo Brasil de reagir adequadamente ante a violência doméstica. Cinco anos depois da publicação do referido relatório, com o objetivo de coibir e reprimir a violência doméstica e familiar contra a mulher e superar uma violência há muito arraigada na cultura machista do povo brasileiro, entrou em vigor a Lei nº 11.340/06, que ficou mais conhecida como Lei Maria da Penha.*

Violação dos Direitos Humanos: a lei dita que a violência doméstica e familiar contra a mulher é uma conduta que viola os Direitos Humanos (art. 6º).

> *Art. 6º A violência doméstica e familiar contra a mulher constitui uma das formas de violação dos direitos humanos.*

3.2 Objetivos

Os objetivos estão expostos na ementa da Lei e no seu art. 1º, quais sejam:

- Cria mecanismos para coibir e prevenir a violência doméstica e familiar contra a mulher, nos termos do § 8º do art. 226 da Constituição Federal, da Convenção sobre a Eliminação de Todas as Formas de Violência contra a Mulher, da Convenção Interamericana para Prevenir, Punir e Erradicar a Violência contra a Mulher e de outros tratados internacionais ratificados pela República Federativa do Brasil;
- Dispõe sobre a criação dos Juizados de Violência Doméstica e Familiar contra a mulher;
- Estabelece medidas de assistência e proteção às mulheres em situação de violência doméstica e familiar;
- Altera o Código de Processo Penal, o Código Penal e a Lei de Execução Penal; e
- Dá outras providências.

O referido artigo remete ao § 8º, do art. 226, da CF/1988; porém, a mesma CF/1988 estabelece a proteção à família de forma genérica (a todos que integram a família), isto é, não diretamente à mulher.

3.3 Direitos das mulheres

> *Art. 2º Toda mulher, independentemente de classe, raça, etnia, orientação sexual, renda, cultura, nível educacional, idade e religião, goza dos direitos fundamentais inerentes à pessoa humana, sendo-lhe asseguradas as oportunidades e facilidades para viver sem violência, preservar sua saúde física e mental e seu aperfeiçoamento moral, intelectual e social.*

> *Art. 3º Serão asseguradas às mulheres as condições para o exercício efetivo dos direitos à vida, à segurança, à saúde, à alimentação, à educação, à cultura, à moradia, ao acesso à justiça, ao esporte, ao lazer, ao trabalho, à cidadania, à liberdade, à dignidade, ao respeito e à convivência familiar e comunitária.*

> *§ 1º O poder público desenvolverá políticas que visem garantir os direitos humanos das mulheres no âmbito das relações domésticas e familiares no sentido de resguardá-las de toda forma de negligência, discriminação, exploração, violência, crueldade e opressão.*

> *§ 2º Cabe à família, à sociedade e ao poder público criar as condições necessárias para o efetivo exercício dos direitos enunciados no 'caput'.*

Não é só dever do **poder público**, mas também da **família** e da **sociedade** criar condições para o exercício efetivo dos **direitos garantidos, direitos que estão descritos** no *caput* do art. 3º: direitos à vida, à segurança, à saúde, à alimentação, à educação, à cultura, à moradia, ao acesso à justiça, ao esporte, ao lazer, ao trabalho, à cidadania, à liberdade, à dignidade, ao respeito e à convivência familiar e comunitária (art. 3º, § 2º).

Todavia, cabe ao **poder público** (exclusivamente) **desenvolver políticas** a fim de garantir os **Direitos Humanos** das mulheres (art. 3º, § 1º).

3.4 Sujeitos da violência doméstica e familiar contra a mulher

> *Art. 4º Na interpretação desta Lei serão considerados os fins sociais a que ela se destina e, especialmente, as condições peculiares das mulheres em situação de violência doméstica e familiar.*

Sujeito passivo: exclusivamente a mulher, de nascença ou com transgenitalização, com a devida alteração em documento de registro civil de identificação autorizada por ordem judicial, em situação doméstica e/ou familiar.

Os homens não são sujeitos passivos dessa lei (travestis, homossexuais ou transexuais). Há doutrina (minoritária) no sentido de ser extensível aos transexuais sem cirurgia de mudança de sexo.

Deve-se caracterizar o vínculo familiar, de relação doméstica ou de afetividade; basicamente, a existência de laços de convivência entre os sujeitos ativo (agressor) e passivo (vítima), com ou sem habitação.

> *Lei nº 11.340/06. Sujeito passivo: mulher. 'In casu', a relação de violência retratada neste feito ocorreu entre dois irmãos. Inaplicabilidade. Precedentes. STJ, HC 212.767/DF, Rel. Min. Vasco Della Giustina (Desembargador convidado do TJRS), julgado em 13/09/2011, 6ª Turma, DJe 09/11/2011. Precedente do STJ: CC 88.027/MG.*

Assevera-se que também é válido para **hermafrodita** que fez procedimento médico para concluir a sua natureza feminina, conforme a jurisprudência do **TJSC**:

> *Conflito negativo de competência. Violência doméstica e familiar. Homologação de auto de prisão em flagrante. Agressões praticadas pelo companheiro contra pessoa civilmente identificada como sendo do sexo masculino. Vítima submetida à cirurgia de adequação de sexo por ser hermafrodita. Adoção do sexo feminino. Presença de órgãos reprodutores femininos que lhe conferem a condição de mulher. Retificação do registro civil já requerida judicialmente. Possibilidade de aplicação, no caso concreto, da Lei nº 11.340/06. Competência do juízo suscitante. Conflito improcedente. TJSC, Conflito de Jurisdição*

nº 2009.006461-6, da Capital, Rel. Des. Roberto Lucas Pacheco, julgado em 23/06/2009, 3ª Câmara Criminal, DJe 14/08/2009.

Sujeito ativo: tanto o **homem** quanto a **mulher**, independentemente da opção sexual, por exemplo, em uma relação homoafetiva entre duas mulheres (art. 5º, parágrafo único).

Corrobora o STJ:

> *O sujeito passivo da violência doméstica objeto da Lei Maria da Penha é a mulher, já o sujeito ativo pode ser tanto o homem quanto a mulher, desde que fique caracterizado o vínculo de relação doméstica, familiar ou de afetividade, além da convivência, com ou sem coabitação. **STJ, Jurisprudência em Teses nº 41.** Precedentes: HC 277.561/AL; HC 250.435/RJ; HC 181.246/RS; HC 175.816/RS; CC 88.027/MG; RHC 46.278/AL (Vide Inf. 551).*

3.5 Alcance da Lei

> *Art. 5º Para os efeitos desta Lei configura violência doméstica e familiar contra a mulher qualquer ação ou omissão baseada no gênero que lhe cause morte, lesão, sofrimento físico, sexual ou psicológico e dano moral ou patrimonial:*
>
> *I – no âmbito da unidade doméstica, compreendida como o espaço de convívio permanente de pessoas, com ou sem vínculo familiar, inclusive as esporadicamente agregadas;*
>
> *II – no âmbito da família, compreendida como a comunidade formada por indivíduos que são ou se consideram aparentados, unidos por laços naturais, por afinidade ou por vontade expressa;*
>
> *III – em qualquer relação íntima de afeto, na qual o agressor conviva ou tenha convivido com a ofendida, independentemente de coabitação.*
>
> ***Parágrafo único.*** *As relações pessoais enunciadas neste artigo independem de orientação sexual.*

Mesmo que ocorra uma agressão contra a mulher, deve-se obrigatoriamente ser **baseada no gênero** para que seja aplicada a Lei Maria da Penha (art. 5º, *caput*).

Alcance da norma: a eficácia da lei em estudo tem alcance limitado a três situações (art. 5º, I, II e III):

▷ Âmbito doméstico: coabitação, hospitalar ou empregatício etc.

> A patroa que bate na empregada doméstica que dorme, uma ou duas vezes por semana, na residência da empregadora (sem vínculo familiar e esporadicamente agregada); ou, uma colega agride a outra, em uma república de estudantes (coabitação).

▷ Âmbito familiar: parentesco consanguíneo ou por afinidade.

> Numa perspectiva de gênero e em condições de hipossuficiência ou inferioridade física e econômica, a irmã mais velha (22 anos) agride violentamente a caçula (17 anos) durante as férias à beira-mar (irmã que bate na irmã); ou, na mesma motivação, a mãe que bate na filha e vice-versa.

▷ Relação íntima de afeto: casamento, noivado, namoro ou ex-namoro/noivado, separados, divorciados etc.

> Uma ex-namorada agride a ex-parceira, que nunca moraram juntas (relação homoafetiva independente de coabitação).

União homoafetiva e desnecessidade de coabitação: haverá aplicação da lei em apreço mesmo que em uma relação homossexual (art. 5º, parágrafo único) e sem coabitação (art. 5º, III).

Nesse sentido é a jurisprudência do STJ:

> ***Súmula nº 600 – STJ:*** *Para a configuração da violência doméstica e familiar prevista no artigo 5º da Lei nº 11.340/2006 (Lei Maria da Penha) não se exige a coabitação entre autor e vítima.*
>
> *A violência doméstica abrange qualquer relação íntima de afeto, dispensada a coabitação. **STJ, Jurisprudência em Teses nº 41.** Precedentes: HC 280.082/RS; REsp 1.416.580/RJ; HC 181.246/RS; RHC 27.317/RJ; CC 91.979/MG; HC 179.130/SP; CC 107.238/MG; CC 105.201/MG (Vide Inf. 551).*

*A Lei Maria da Penha atribuiu às uniões homoafetivas o caráter de entidade familiar, ao prever, no seu artigo 5º, parágrafo único, que as relações pessoais mencionadas naquele dispositivo independem de orientação sexual. **STJ, Jurisprudência em Teses nº 41.** Precedentes: REsp 1.183.378/RS; REsp 827.962/RS; REsp 1.026.981/RJ; REsp 1.236.524/SP.*

Rescindência de contrato de trabalho: o contrato de trabalho poderá ser rescindido, por culpa do empregador, se ele praticar qualquer forma de violência doméstica e familiar contra a mulher prevista na Lei Maria da Penha (Lei Complementar nº 150, de 1º/6/2015).

Necessidade de demonstração de vulnerabilidade: a doutrina tende a entender que há necessidade de demonstração de vulnerabilidade da vítima quando o **sujeito ativo for mulher**.

> *Para a aplicação da Lei nº 11.340/2006, há necessidade de demonstração da situação de vulnerabilidade ou hipossuficiência da mulher, numa perspectiva de gênero. **STJ, Jurisprudência em Teses nº 41.** Precedentes: AgRg no REsp 1.430.724/RJ; HC 181.246/RS; HC 175.816/RS; HC 176.196/RS; CC 96.533/MG (Vide Inf. 524).*

Desnecessidade de demonstração de vulnerabilidade: todavia, tem-se presumida a condição de vulnerável quando o **sujeito ativo for homem.**

> *A vulnerabilidade, hipossuficiência ou fragilidade da mulher têm-se como presumidas nas circunstâncias descritas na Lei nº 11.340/2006. **STJ, Jurisprudência em Teses nº 41.** Precedentes: RHC 55.030/RJ; HC 280.082/RS; REsp 1.416.580/RJ (Vide Inf. 539).*

3.6 Formas de violência doméstica e familiar contra a mulher

> *Art. 7º São formas de violência doméstica e familiar contra a mulher, entre outras:*
>
> *I – a violência física, entendida como qualquer conduta que ofenda sua integridade ou saúde corporal;*
>
> *II – a violência psicológica, entendida como qualquer conduta que lhe cause dano emocional e diminuição da autoestima ou que lhe prejudique e perturbe o pleno desenvolvimento ou que vise degradar ou controlar suas ações, comportamentos, crenças e decisões, mediante ameaça, constrangimento, humilhação, manipulação, isolamento, vigilância constante, perseguição contumaz, insulto, chantagem, violação de sua intimidade, ridicularização, exploração e limitação do direito de ir e vir ou qualquer outro meio que lhe cause prejuízo à saúde psicológica e à autodeterminação; (Redação dada pela Lei nº 13 –772/2018)*
>
> *III – a violência sexual, entendida como qualquer conduta que a constranja a presenciar, a manter ou a participar de relação sexual não desejada, mediante intimidação, ameaça, coação ou uso da força; que a induza a comercializar ou a utilizar, de qualquer modo, a sua sexualidade, que a impeça de usar qualquer método contraceptivo ou que a force ao matrimônio, à gravidez, ao aborto ou à prostituição, mediante coação, chantagem, suborno ou manipulação; ou que limite ou anule o exercício de seus direitos sexuais e reprodutivos;*
>
> *IV – a violência patrimonial, entendida como qualquer conduta que configure retenção, subtração, destruição parcial ou total de seus objetos, instrumentos de trabalho, documentos pessoais, bens, valores e direitos ou recursos econômicos, incluindo os destinados a satisfazer suas necessidades;*
>
> *V – a violência moral, entendida como qualquer conduta que configure calúnia, difamação ou injúria.*

Violência geral: diante deste artigo, é possível perceber que os meios de violência doméstica e familiar contra a mulher são amplos. Por isso, a doutrina a nomeou de **violência geral:** física, psicológica, sexual, patrimonial e moral (art. 7º, I a V).

Além disso, com relevância, não é qualquer ação ou omissão capaz de infligir sofrimento na mulher que se aplicará a Lei Maria da Penha,

É
T
I
D

mas somente aquelas condutas que sejam algum tipo de ilícito civil ou penal (crime ou contravenção).

Ex.: imagine que Tício, namorado de Mévia, decida terminar o relacionamento com ela, que fica desconsolada e chora compulsivamente por mais de 30 dias sem parar, sem se alimentar direito, nem saindo de seu quarto, sofrendo de uma forma descomunal. Nessa situação hipotética, a Lei Maria da Penha não será aplicada.

A aplicação da Lei Maria da Penha está condicionada à coexistência de três requisitos: sujeito passivo (art. 4º), âmbito (art. 5º) e violência geral (art. 7º).

3.7 Requisitos para aplicar a Lei Maria da Penha

(1) Sujeito passivo	(1.1) mulher
(2) Âmbito	(2.1) doméstico (2.2) familiar (2.3) relação íntima de afeto
(3) Violência geral	(3.1) física (3.2) psicológica (3.3) sexual (3.4) patrimonial (3.5) moral

3.8 Da assistência à mulher em situação de violência doméstica e familiar

3.8.1 Das medidas integradas de prevenção

Art. 8º *A política pública que visa coibir a violência doméstica e familiar contra a mulher far-se-á por meio de um conjunto articulado de ações da União, dos Estados, do Distrito Federal e dos Municípios e de ações não-governamentais, tendo por diretrizes:*

I – a integração operacional do Poder Judiciário, do Ministério Público e da Defensoria Pública com as áreas de segurança pública, assistência social, saúde, educação, trabalho e habitação;

II – a promoção de estudos e pesquisas, estatísticas e outras informações relevantes, com a perspectiva de gênero e de raça ou etnia, concernentes às causas, às consequências e à frequência da violência doméstica e familiar contra a mulher, para a sistematização de dados, a serem unificados nacionalmente, e a avaliação periódica dos resultados das medidas adotadas;

III – o respeito, nos meios de comunicação social, dos valores éticos e sociais da pessoa e da família, de forma a coibir os papéis estereotipados que legitimem ou exacerbem a violência doméstica e familiar, de acordo com o estabelecido no inciso III do art. 1º, no inciso IV do art. 3º e no inciso IV do art. 221 da Constituição Federal;

IV – a implementação de atendimento policial especializado para as mulheres, em particular nas Delegacias de Atendimento à Mulher;

V – a promoção e a realização de campanhas educativas de prevenção da violência doméstica e familiar contra a mulher, voltadas ao público escolar e à sociedade em geral, e a difusão desta Lei e dos instrumentos de proteção aos direitos humanos das mulheres;

VI – a celebração de convênios, protocolos, ajustes, termos ou outros instrumentos de promoção de parceria entre órgãos governamentais ou entre estes e entidades não-governamentais, tendo por objetivo a implementação de programas de erradicação da violência doméstica e familiar contra a mulher;

VII – a capacitação permanente das Polícias Civil e Militar, da Guarda Municipal, do Corpo de Bombeiros e dos profissionais pertencentes aos órgãos e às áreas enunciados no inciso I quanto às questões de gênero e de raça ou etnia;

VIII – a promoção de programas educacionais que disseminem valores éticos de irrestrito respeito à dignidade da pessoa humana com a perspectiva de gênero e de raça ou etnia;

IX – o destaque, nos currículos escolares de todos os níveis de ensino, para os conteúdos relativos aos direitos humanos, à equidade de gênero e de raça ou etnia e ao problema da violência doméstica e familiar contra a mulher.

3.8.2 Da assistência à mulher em situação de violência doméstica e familiar

Art. 9º *A assistência à mulher em situação de violência doméstica e familiar será prestada de forma articulada e conforme os princípios e as diretrizes previstos na Lei Orgânica da Assistência Social, no Sistema Único de Saúde, no Sistema Único de Segurança Pública, entre outras normas e políticas públicas de proteção, e emergencialmente quando for o caso.*

§ 1º O juiz determinará, por prazo certo, a inclusão da mulher em situação de violência doméstica e familiar no cadastro de programas assistenciais do governo federal, estadual e municipal.

§ 2º O juiz assegurará à mulher em situação de violência doméstica e familiar, para preservar sua integridade física e psicológica:

I – acesso prioritário à remoção quando servidora pública, integrante da administração direta ou indireta;

II – manutenção do vínculo trabalhista, quando necessário o afastamento do local de trabalho, por até seis meses.

III – encaminhamento à assistência judiciária, quando for o caso, inclusive para eventual ajuizamento da ação de separação judicial, de divórcio, de anulação de casamento ou de dissolução de união estável perante o juízo competente. (Incluído pela Lei nº 13.894/2019)

§ 3º A assistência à mulher em situação de violência doméstica e familiar compreenderá o acesso aos benefícios decorrentes do desenvolvimento científico e tecnológico, incluindo os serviços de contracepção de emergência, a profilaxia das Doenças Sexualmente Transmissíveis (DST) e da Síndrome da Imunodeficiência Adquirida (AIDS) e outros procedimentos médicos necessários e cabíveis nos casos de violência sexual.

§ 4º Aquele que, por ação ou omissão, causar lesão, violência física, sexual ou psicológica e dano moral ou patrimonial a mulher fica obrigado a ressarcir todos os danos causados, inclusive ressarcir ao Sistema Único de Saúde (SUS), de acordo com a tabela SUS, os custos relativos aos serviços de saúde prestados para o total tratamento das vítimas em situação de violência doméstica e familiar, recolhidos os recursos assim arrecadados ao Fundo de Saúde do ente federado responsável pelas unidades de saúde que prestarem os serviços. (Incluído pela Lei nº 13.871/2019)

§ 5º Os dispositivos de segurança destinados ao uso em caso de perigo iminente e disponibilizados para o monitoramento das vítimas de violência doméstica ou familiar amparadas por medidas protetivas terão seus custos ressarcidos pelo agressor. (Incluído pela Lei nº 13.871/2019)

§ 6º O ressarcimento de que tratam os §§ 4º e 5º deste artigo não poderá importar ônus de qualquer natureza ao patrimônio da mulher e dos seus dependentes, nem configurar atenuante ou ensejar possibilidade de substituição da pena aplicada. (Incluído pela Lei nº 13.871/2019)

§ 7º A mulher em situação de violência doméstica e familiar tem prioridade para matricular seus dependentes em instituição de educação básica mais próxima de seu domicílio, ou transferi-los para essa instituição, mediante a apresentação dos documentos comprobatórios do registro da ocorrência policial ou do processo de violência doméstica e familiar em curso. (Incluído pela Lei nº 13.882/2019)

§ 8º Serão sigilosos os dados da ofendida e de seus dependentes matriculados ou transferidos conforme o disposto no §7º deste artigo, e o acesso às informações será reservado ao juiz, ao Ministério Público e aos órgãos competentes do poder público. (Incluído pela Lei nº 13.882/2019)

Prioridade de remoção de servidora pública: nos casos de violência doméstica e familiar contra a mulher que seja servidora pública da Administração Direta ou Indireta, o juiz deverá garantir prioridade na remoção desta para outro órgão a fim de garantir a integridade física e psicológica da vítima (art. 9º, § 2º, I).

Manutenção de vínculo trabalhista até 6 meses: quando houver necessidade de afastamento da vítima, o juiz garantirá a manutenção do vínculo trabalhista por até 6 (seis) meses objetivando a incolumidade dela (art. 9º, § 2º, II).

Ressarcimento ao Sistema Único de Saúde (SUS): a Lei nº 13.871/2019, que incluiu os §§ 4º, 5º e 6º, dispõe sobre a responsabilidade do agressor pelo ressarcimento dos custos relacionados aos serviços de saúde prestados pelo Sistema Único de Saúde (SUS) às vítimas de violência doméstica e familiar e aos dispositivos de segurança por elas utilizados. Todavia, tais parágrafos só tiveram vigência a partir de 2/11/2019 (45 dias após sua publicação no DOU).

Matrícula de dependentes na rede de educação básica: a Lei nº 13.882/2019, que incluiu os §§ 7º e 8º, dispõe sobre a garantia de matrícula dos dependentes da mulher vítima de violência doméstica e familiar em instituição de educação básica mais próxima de seu domicílio. Tais parágrafos possuem eficácia imediata, uma vez que a lei previu a sua vigência a partir do dia de sua publicação (publicado no DOU em 9/10/2019).

3.8.3 Do atendimento pela autoridade policial

Art. 10 Na hipótese da iminência ou da prática de violência doméstica e familiar contra a mulher, à autoridade policial que tomar conhecimento da ocorrência adotará, de imediato, as providências legais cabíveis.

Parágrafo único. Aplica-se o disposto no 'caput' deste artigo ao descumprimento de medida protetiva de urgência deferida.

Prioridade de atendimento policial: o art. 10 determina a atuação imediata pela autoridade policial que tomar conhecimento da iminência ou da prática de violência doméstica e familiar contra a mulher.

Art. 10-A É direito da mulher em situação de violência doméstica e familiar o atendimento policial e pericial especializado, ininterrupto e prestado por servidores — preferencialmente do sexo feminino — previamente capacitados. (Artigo acrescido pela Lei nº 13.505/2017)

§ 1º A inquirição de mulher em situação de violência doméstica e familiar ou de testemunha de violência doméstica, quando se tratar de crime contra a mulher, obedecerá às seguintes diretrizes:

I – salvaguarda da integridade física, psíquica e emocional da depoente, considerada a sua condição peculiar de pessoa em situação de violência doméstica e familiar;

II – garantia de que, em nenhuma hipótese, a mulher em situação de violência doméstica e familiar, familiares e testemunhas terão contato direto com investigados ou suspeitos e pessoas a eles relacionadas;

III – não revitimização da depoente, evitando sucessivas inquirições sobre o mesmo fato nos âmbitos criminal, cível e administrativo, bem como questionamentos sobre a vida privada.

§ 2º Na inquirição de mulher em situação de violência doméstica e familiar ou de testemunha de delitos de que trata esta Lei, adotar-se-á, preferencialmente, o seguinte procedimento:

I – a inquirição será feita em recinto especialmente projetado para esse fim, o qual conterá os equipamentos próprios e adequados à idade da mulher em situação de violência doméstica e familiar ou testemunha e ao tipo e à gravidade da violência sofrida;

II – quando for o caso, a inquirição será intermediada por profissional especializado em violência doméstica e familiar designado pela autoridade judiciária ou policial;

III – o depoimento será registrado em meio eletrônico ou magnético, devendo a degravação e a mídia integrar o inquérito.

Atendimento policial e pericial especializado: a Lei nº 13.505/2017, que incluiu os arts. 10-A, 12-A e 12-B, dispõe sobre o direito da mulher em situação de violência doméstica e familiar de ter atendimento policial e pericial especializado, ininterrupto e prestado por servidores — **preferencialmente do sexo feminino** — previamente capacitados.

Veja que o dispositivo não determina o atendimento obrigatório por servidores do sexo feminino, mas, sim, preferencialmente; isto é, na ausência delas, poderá o atendimento ser feito por agente policial masculino.

Diretrizes obrigatórias da inquirição (§ 1º)	Procedimento preferencial da inquirição (§ 2º)
I – Salvaguarda da integridade da depoente;	I – Recinto especial;
II – Ausência de contato direto com investigados, suspeitos ou pessoas relacionadas;	II – Intermediação por profissional especializado;
III – Não revitimização da depoente.	III– Registro em meio eletrônico ou magnético.

Art. 11 No atendimento à mulher em situação de violência doméstica e familiar, a autoridade policial deverá, entre outras providências:

I – garantir proteção policial, quando necessário, comunicando de imediato ao Ministério Público e ao Poder Judiciário;

II – encaminhar a ofendida ao hospital ou posto de saúde e ao Instituto Médico Legal;

III – fornecer transporte para a ofendida e seus dependentes para abrigo ou local seguro, quando houver risco de vida;

IV – se necessário, acompanhar a ofendida para assegurar a retirada de seus pertences do local da ocorrência ou do domicílio familiar;

V – informar à ofendida os direitos a ela conferidos nesta Lei e os serviços disponíveis, inclusive os de assistência judiciária para o eventual ajuizamento perante o juízo competente da ação de separação judicial, de divórcio, de anulação de casamento ou de dissolução de união estável. (Redação dada pela Lei nº 13.894/2019)

Providências durante o atendimento policial à mulher: o art. 11 lista certas providências que devem ser executadas pela autoridade policial que estiver atendendo a mulher em situação de violência doméstica e familiar, as quais não estão listadas em um rol taxativo, mas, sim, um rol exemplificativo, por força do termo: "[…] entre outras providências: […]".

Providências durante o atendimento policial à mulher (art. 11)	
Garantir	Proteção policial (quando necessário).
Encaminhar	A ofendida ao hospital ou posto de saúde e ao IML.
Fornecer	Transporte para abrigo ou local seguro (quando houver risco de vida).
Acompanhar	Para assegurar a retirada de seus pertences (se necessário).
Informar	Os direitos e os serviços disponíveis.

Art. 12 Em todos os casos de violência doméstica e familiar contra a mulher, feito o registro da ocorrência, deverá a autoridade policial adotar, de imediato, os seguintes procedimentos, sem prejuízo daqueles previstos no Código de Processo Penal:

I – ouvir a ofendida, lavrar o boletim de ocorrência e tomar a representação a termo, se apresentada;

327

II – colher todas as provas que servirem para o esclarecimento do fato e de suas circunstâncias;

III – remeter, no prazo de 48 (quarenta e oito) horas, expediente apartado ao juiz com o pedido da ofendida, para a concessão de medidas protetivas de urgência;

IV – determinar que se proceda ao exame de corpo de delito da ofendida e requisitar outros exames periciais necessários;

V – ouvir o agressor e as testemunhas;

VI – ordenar a identificação do agressor e fazer juntar aos autos sua folha de antecedentes criminais, indicando a existência de mandado de prisão ou registro de outras ocorrências policiais contra ele;

VI-A – verificar se o agressor possui registro de porte ou posse de arma de fogo e, na hipótese de existência, juntar aos autos essa informação, bem como notificar a ocorrência à instituição responsável pela concessão do registro ou da emissão do porte, nos termos da Lei nº 10.826, de 22 de dezembro de 2003 (Estatuto do Desarmamento); (Incluído pela Lei nº 13.880/2019)

VII – remeter, no prazo legal, os autos do inquérito policial ao juiz e ao Ministério Público.

§ 1º O pedido da ofendida será tomado a termo pela autoridade policial e deverá conter:

I – qualificação da ofendida e do agressor;

II – nome e idade dos dependentes;

III – descrição sucinta do fato e das medidas protetivas solicitadas pela ofendida;

IV – informação sobre a condição de a ofendida ser pessoa com deficiência e se da violência sofrida resultou deficiência ou agravamento de deficiência preexistente. (Incluído pela Lei nº 13.836/2019)

§ 2º A autoridade policial deverá anexar ao documento referido no §1º o boletim de ocorrência e cópia de todos os documentos disponíveis em posse da ofendida.

§ 3º Serão admitidos como meios de prova os laudos ou prontuários médicos fornecidos por hospitais e postos de saúde.

Procedimentos após o registro de ocorrência (art. 12)	
Ouvir, lavrar e tomar	Ouvir a ofendida, lavrar o boletim de ocorrência e tomar a representação a termo, se apresentada;
Colher	Todas as provas que servirem para o esclarecimento do fato e de suas circunstâncias;
Remeter	No prazo de 48 (quarenta e oito) horas, expediente apartado ao juiz com o pedido da ofendida, para a concessão de medidas protetivas de urgência;
Determinar	Que se proceda ao exame de corpo de delito da ofendida e requisitar outros exames periciais necessários;
Ouvir	O agressor e as testemunhas;
Ordenar	A identificação do agressor e fazer juntar aos autos sua folha de antecedentes criminais, indicando a existência de mandado de prisão ou registro de outras ocorrências policiais contra ele;
Verificar	Se o agressor possui registro de porte ou posse de arma de fogo e, na hipótese de existência, juntar aos autos essa informação, bem como notificar a ocorrência à instituição responsável pela concessão do registro ou da emissão do porte, nos termos da Lei nº 10.826/03 (Estatuto do Desarmamento);
Remeter	No prazo legal, os autos do inquérito policial ao juiz e ao Ministério Público.

Art. 12-A Os Estados e o Distrito Federal, na formulação de suas políticas e planos de atendimento à mulher em situação de violência doméstica e familiar, darão prioridade, no âmbito da Polícia Civil, à criação de Delegacias Especializadas de Atendimento à Mulher (DEAMS), de Núcleos Investigativos de Feminicídio e de equipes especializadas para o atendimento e a investigação das violências graves contra a mulher. (Artigo acrescido pela Lei nº 13.505/2017)

Art. 12-B (Vetado na Lei nº 13.505/2017)

§ 1º (Vetado na Lei nº 13.505/2017)

§ 2º (Vetado na Lei nº 13.505/2017)

§ 3º A autoridade policial poderá requisitar os serviços públicos necessários à defesa da mulher em situação de violência doméstica e familiar e de seus dependentes. (Incluído pela Lei nº 13.505, de 8/11/2017)

Art. 12-C Verificada a existência de risco atual ou iminente à vida ou à integridade física ou psicológica da mulher em situação de violência doméstica e familiar, ou de seus dependentes, o agressor será imediatamente afastado do lar, domicílio ou local de convivência com a ofendida: (Redação dada pela Lei nº 14.188/2021)

I – pela autoridade judicial;

II – pelo delegado de polícia, quando o Município não for sede de comarca; ou

III – pelo policial, quando o Município não for sede de comarca e não houver delegado disponível no momento da denúncia.

§ 1º Nas hipóteses dos incisos II e III do 'caput' deste artigo, o juiz será comunicado no prazo máximo de 24 (vinte e quatro) horas e decidirá, em igual prazo, sobre a manutenção ou a revogação da medida aplicada, devendo dar ciência ao Ministério Público concomitantemente.

§ 2º Nos casos de risco à integridade física da ofendida ou à efetividade da medida protetiva de urgência, não será concedida liberdade provisória ao preso.

3.9 Aspectos processuais relevantes

3.9.1 Competência mista e legislações aplicáveis

Art. 13 Ao processo, ao julgamento e à execução das causas cíveis e criminais decorrentes da prática de violência doméstica e familiar contra a mulher aplicar-se-ão as normas dos Códigos de Processo Penal e Processo Civil e da legislação específica relativa à criança, ao adolescente e ao idoso que não conflitarem com o estabelecido nesta Lei.

Aplicação subsidiária: por ser uma lei específica, a Lei Maria da Penha prevalece sobre a genérica naquilo que houver contradição, todavia, ainda se aplicará a lei geral quando aquela não versar sobre o assunto, por exemplo, os Códigos Processuais Penal e Civil (CPP e CPC), o Estatuto da Criança e do Adolescente (ECA), bem como o Estatuto do Idoso, entre outros.

3.9.2 Juizados de Violência Doméstica e Familiar contra a Mulher

*Art. 14 Os Juizados de Violência Doméstica e Familiar contra a Mulher, órgãos da Justiça Ordinária com **competência cível e criminal**, poderão ser criados pela União, no Distrito Federal e nos Territórios, e pelos Estados, para o processo, o julgamento e a execução das causas decorrentes da prática de violência doméstica e familiar contra a mulher.*

Parágrafo único. *Os atos processuais poderão realizar-se em horário noturno, conforme dispuserem as normas de organização judiciária.*

Competência cumulativa: os juizados de violência doméstica e familiar contra a mulher possuem a cumulação de competência civil e criminal, bem como de outras causas decorrentes (art. 14, *caput*).

*Os Juizados de Violência Doméstica e Familiar contra a Mulher **têm competência cumulativa para o julgamento e a execução das causas decorrentes** da prática de violência doméstica e familiar contra a mulher, nos termos do art. 14, da Lei nº 11.340/2006. STJ, Jurisprudência em Teses nº 41. Precedentes: REsp 1.475.006/MT (Vide Inf. 550). (grifo nosso)*

Horário noturno: os atos processuais relativos à Lei Maria da Penha poderão se realizar em **horário noturno** (art. 14, parágrafo único).

> *Art. 14-A A ofendida tem a opção de propor ação de divórcio ou de dissolução de união estável no Juizado de Violência Doméstica e Familiar contra a Mulher. (Incluído pela Lei nº 13.894/2019)*
>
> *§ 1º Exclui-se da competência dos Juizados de Violência Doméstica e Familiar contra a Mulher a pretensão relacionada à partilha de bens.*
>
> *§ 2º Iniciada a situação de violência doméstica e familiar após o ajuizamento da ação de divórcio ou de dissolução de união estável, a ação terá preferência no juízo onde estiver.*

3.9.3 Opção da ofendida nos processos cíveis

> *Art. 15 É competente, por opção da ofendida, para os processos cíveis regidos por esta Lei, o Juizado:*
>
> *I – do seu domicílio ou de sua residência;*
>
> *II – do lugar do fato em que se baseou a demanda;*
>
> *III – do domicílio do agressor.*

3.9.4 Audiência de retratação

> *Art. 16 Nas ações penais públicas condicionadas à representação da ofendida de que trata esta Lei, só será admitida a renúncia à representação perante o juiz, em audiência especialmente designada com tal finalidade, antes do recebimento da denúncia e ouvido o Ministério Público.*

Retratação da representação: nos casos de violência doméstica e familiar contra a mulher, somente será possível a **retratação da representação** (nos crimes de ação penal pública condicionada) **antes do recebimento da denúncia.**

> *A audiência de retratação prevista no art. 16 da Lei nº 11.340/06 apenas será designada no caso de **manifestação expressa ou tácita da vítima** e desde que ocorrida **antes do recebimento da denúncia**. STJ, Jurisprudência em Teses nº 41. Precedentes: RHC 41.545/PB; HC 184.923/DF; AgRg no AREsp 40.934/DF; HC 167.898/MG; AgRg no Ag 1.380.117/SE; RHC 27.317/RJ; REsp 1.533.691/MG; AREsp 518.363/DF.(grifo nosso)*

O art. 16 da Lei Maria da Penha apresenta situação dilatada à regra geral descrita no CPP referente à retratação da representação (art. 25, CPP). Portanto, cuidado com esses temas em sua prova.

Retratação da representação	
Lei Maria da Penha	Até o **recebimento** da denúncia (por exemplo: a denúncia está em mãos do juiz, mas ainda não se iniciou o processo).
CPP	Até o **oferecimento** da denúncia (por exemplo: a denúncia ainda não foi encaminhada para o juiz, mas ainda está em mãos do Ministério Público).

3.9.5 Sanções vedadas

> *Art. 17 É vedada a aplicação, nos casos de violência doméstica e familiar contra a mulher, de penas de cesta básica ou outras de prestação pecuniária, bem como a substituição de pena que implique o pagamento isolado de multa.*

Aplicação de pena de cesta básica ou de prestação pecuniária: a fim de desencorajar o agressor, o legislador proibiu (vedou) a **aplicação** de penas de cesta básica ou de prestação pecuniária (pagamento em dinheiro à vítima), bem como a **substituição** de pena pelo pagamento isolado de multa.

Substituição de pena privativa de liberdade por restritiva de direitos: o STJ determinou a impossibilidade de **substituição** de pena privativa de liberdade por restritiva de direitos, nos casos de violência doméstica e familiar contra a mulher.

> *Súmula nº 588 – STJ: A prática de crime ou contravenção penal contra a mulher com violência ou grave ameaça no ambiente doméstico impossibilita a substituição da pena privativa de liberdade por restritiva de direitos.*

Princípio da insignificância e bagatela imprópria

Não se admite o **princípio da insignificância** (bagatela própria) para a violência doméstica e familiar contra a mulher.

> *Súmula nº 589 – STJ: É inaplicável o princípio da insignificância nos crimes ou contravenções penais praticados contra a mulher no âmbito das relações domésticas.*

Nem mesmo a aplicação da bagatela imprópria:

> *Não é possível a aplicação dos **princípios da insignificância e da bagatela imprópria** nos delitos praticados com violência ou grave ameaça no âmbito das relações domésticas e familiares. STJ, Jurisprudência em Teses nº 41. Precedentes: REsp 1.537.749/DF; AgRg no REsp 1.464.335/MS; AgRg no AREsp 19.042/DF; REsp 1.538.562/SP; AREsp 652.428/DF; HC 317.781/MS. (grifo nosso)*

3.9.6 Vedação da Lei nº 9.099/1995

> *Art. 41 Aos crimes praticados com violência doméstica e familiar contra a mulher, independentemente da pena prevista, não se aplica a Lei nº 9.099, de 26 de setembro de 1995.*

Não se aplica a **Lei nº 9.099/1995** (JECrim) à violência doméstica e familiar contra a mulher, em todos os sentidos: sursis processual (suspensão condicional do processo), transação penal, reparação dos danos, entre outros dispositivos.

> *Súmula nº 536 – STJ: A suspensão condicional do processo e a transação penal não se aplicam na hipótese de delitos sujeitos ao rito da Lei Maria da Penha.*

Lesão corporal leve e culposa

> *Súmula nº 542 – STJ: A ação penal relativa ao crime de lesão corporal resultante de violência doméstica contra a mulher é pública incondicionada.*

Os demais crimes são de ação penal pública condicionada à representação continuarão com a mesma regra do Código Penal ou outras Leis Penais Especiais, o que não se aplica à Lei Maria da Penha é a Lei nº 9.099/1995 (JECrim).

Na violência doméstica e familiar contra a mulher que gere lesão corporal leve ou culposa, a **ação penal é pública incondicionada.** Por exemplo: o **crime de ameaça** contra a mulher em situação de violência doméstica e familiar continua a ser de **ação penal pública condicionada** à representação da vítima, conforme dispõe o art. 147, parágrafo único, do Código Penal.

> *O crime de lesão corporal, ainda que leve ou culposo, praticado contra a mulher no âmbito das relações domésticas e familiares, deve ser processado mediante ação penal pública incondicionada. STJ, Jurisprudência em Teses nº 41. Precedentes: REsp 1.537.749/DF; AgRg no REsp 1.442.015/MG; RHC 42.228/SP; AgRg no REsp 1.358.215/MG; RHC 45.444/MG; AgRg no REsp 1.428.577/DF; AgRg no HC 213.597/MT; HC 184.923/DF; RHC 33.881/MG; HC 242.458/DF (Vide Inf. 509).*

3.10 Medidas protetivas de urgência

3.10.1 Disposições gerais

> *Art. 18 Recebido o expediente com o pedido da ofendida, caberá ao juiz, no prazo de 48 (quarenta e oito) horas:*
>
> *I – conhecer do expediente e do pedido e decidir sobre as medidas protetivas de urgência;*
>
> *II – determinar o encaminhamento da ofendida ao órgão de assistência judiciária, quando for o caso, inclusive para o ajuizamento da ação de separação judicial, de divórcio, de anulação de casamento ou de dissolução de união estável perante o juízo competente; (Redação dada pela Lei nº 13.894/2019)*

É
T
I
D

III – comunicar ao Ministério Público para que adote as providências cabíveis;

IV – determinar a apreensão imediata de arma de fogo sob a posse do agressor. (Incluído pela Lei nº 13.880/2019)

Atendimento policial e pericial especializado: a Lei nº 13.505/2017, que incluiu os arts. 10-A, 12-A e 12-B, dispõe sobre o direito da mulher em situação de violência doméstica e familiar de ter atendimento policial e pericial especializado, ininterrupto e prestado por servidores — **preferencialmente do sexo feminino** — previamente capacitados.

Art. 19 As medidas protetivas de urgência poderão ser concedidas pelo juiz, a requerimento do Ministério Público ou a pedido da ofendida.

§ 1º As medidas protetivas de urgência poderão ser concedidas de imediato, independentemente de audiência das partes e de manifestação do Ministério Público, devendo este ser prontamente comunicado.

§ 2º As medidas protetivas de urgência serão aplicadas isolada ou cumulativamente, e poderão ser substituídas a qualquer tempo por outras de maior eficácia, sempre que os direitos reconhecidos nesta Lei forem ameaçados ou violados.

§ 3º Poderá o juiz, a requerimento do Ministério Público ou a pedido da ofendida, conceder novas medidas protetivas de urgência ou rever aquelas já concedidas, se entender necessário à proteção da ofendida, de seus familiares e de seu patrimônio, ouvido o Ministério Público.

Ministério Público ou ofendida: as medidas protetivas de urgências necessitam de **autorização judicial** e poderão ser concedidas por: [1] requerimento do Ministério Público ou [2] pedido da ofendida. Sendo assim, não cabe à autoridade policial solicitar medida protetiva de urgência, conforme a ausência legal no art. 19.

Art. 20 Em qualquer fase do inquérito policial ou da instrução criminal, caberá a prisão preventiva do agressor, decretada pelo juiz, de ofício, a requerimento do Ministério Público ou mediante representação da autoridade policial.

Parágrafo único. O juiz poderá revogar a prisão preventiva se, no curso do processo, verificar a falta de motivo para que subsista, bem como de novo decretá-la, se sobrevierem razões que a justifiquem.

Ministério Público ou autoridade policial: a prisão preventiva do agressor necessita de **autorização judicial** e poderá ser concedida: [1] requerimento do Ministério Público ou [2] representação da autoridade policial — no inquérito policial ou na instrução criminal (durante o processo penal poderá o juiz decretá-la de ofício).

Art. 21 A ofendida deverá ser notificada dos atos processuais relativos ao agressor, especialmente dos pertinentes ao ingresso e à saída da prisão, sem prejuízo da intimação do advogado constituído ou do defensor público.

Parágrafo único. A ofendida não poderá entregar intimação ou notificação ao agressor.

Notificação dos atos processuais: a ofendida deve ser "notificada" (ou "cientificada") sobre todos os atos processuais que envolverem o agressor; vedando-se, entretanto, que ela entregue intimação ou notificação ao agressor.

3.10.2 Medidas protetivas de urgência que obrigam o agressor

Art. 22 Constatada a prática de violência doméstica e familiar contra a mulher, nos termos desta Lei, o juiz poderá aplicar, de imediato, ao agressor, em conjunto ou separadamente, as seguintes medidas protetivas de urgência, entre outras:

I – suspensão da posse ou restrição do porte de armas, com comunicação ao órgão competente, nos termos da Lei nº 10.826, de 22 de dezembro de 2003 (Estatuto do Desarmamento);

II – afastamento do lar, domicílio ou local de convivência com a ofendida;

III – proibição de determinadas condutas, entre as quais:

a) aproximação da ofendida, de seus familiares e das testemunhas, fixando o limite mínimo de distância entre estes e o agressor;

b) contato com a ofendida, seus familiares e testemunhas por qualquer meio de comunicação;

c) frequentação de determinados lugares a fim de preservar a integridade física e psicológica da ofendida;

IV – restrição ou suspensão de visitas aos dependentes menores, ouvida a equipe de atendimento multidisciplinar ou serviço similar;

V – prestação de alimentos provisionais ou provisórios.

VI – comparecimento do agressor a programas de recuperação e reeducação; e (Incluído pela Lei nº 13.984/2020)

VII – acompanhamento psicossocial do agressor, por meio de atendimento individual e/ou em grupo de apoio. (Incluído pela Lei nº 13.984/2020)

§ 1º As medidas referidas neste artigo não impedem a aplicação de outras previstas na legislação em vigor, sempre que a segurança da ofendida ou as circunstâncias o exigirem, devendo a providência ser comunicada ao Ministério Público.

§ 2º Na hipótese de aplicação do inciso I, encontrando-se o agressor nas condições mencionadas no 'caput' e incisos do art. 6º da Lei nº 10.826, de 22 de dezembro de 2003 (Estatuto do Desarmamento), o juiz comunicará ao respectivo órgão, corporação ou instituição as medidas protetivas de urgência concedidas e determinará a restrição do porte de armas, ficando o superior imediato do agressor responsável pelo cumprimento da determinação judicial, sob pena de incorrer nos crimes de prevaricação ou de desobediência, conforme o caso.

§ 3º Para garantir a efetividade das medidas protetivas de urgência, poderá o juiz requisitar, a qualquer momento, auxílio da força policial.

§ 4º Aplica-se às hipóteses previstas neste artigo, no que couber, o disposto no 'caput' e nos §§ 5º e 6º do art. 461 da Lei nº 5.869, de 11 de janeiro de 1973 (Código de Processo Civil).

Medidas isoladas ou cumulativamente: determina o *caput* do art. 22 que o juiz poderá, de imediato, aplicar as medidas protetivas de urgência isoladas ou cumulativamente, entre outras, ou seja, o rol é exemplificativo.

Comunicação ao Ministério Público (§ 1º): como o rol é exemplificativo, poderá o juiz competente aplicar outras medidas previstas na legislação em vigor, mas sempre notificando o Ministério Público.

Agentes de segurança pública (§ 2º): tratando-se de agentes de segurança previstos no rol do *caput* e incisos do art. 6º do Estatuto do Desarmamento, o juiz competente irá comunicar o órgão competente e o superior hierárquico ficará responsável pela restrição do porte do subordinado sob de pena de incorrer nos crimes de prevaricação ou desobediência, conforme o caso.

Auxílio da força policial (§ 3º): a fim de garantir a efetividade das medidas protetivas, o juiz poderá requisitar o auxílio da força policial.

Medidas protetivas de urgência que obrigam o agressor, entre outras (art. 22)	
Suspensão de posse/porte de armas	Com comunicação ao órgão competente, nos termos da Lei nº 10.826/2003 (Estatuto do Desarmamento).
Afastamento do lar	Ou local de convivência com a ofendida.
Proibição de condutas	a) aproximação da ofendida, de seus familiares e das testemunhas, fixando o limite mínimo de distância entre estes e o agressor; b) contato com a ofendida, seus familiares e testemunhas por qualquer meio de comunicação; c) frequentação de determinados lugares a fim de preservar a integridade física e psicológica da ofendida;

Restrição de visitas	Aos dependentes menores, ouvida a equipe de atendimento multidisciplinar ou serviço similar.
Prestação de alimentos	Provisionais ou provisórios.

Suspensão de procurações	Conferidas pela ofendida ao agressor.
Prestação de caução provisória	Mediante depósito judicial, por perdas e danos materiais decorrentes da prática de violência doméstica e familiar contra a ofendida.

3.10.3 Medidas protetivas de urgência à ofendida

Art. 23 Poderá o juiz, quando necessário, sem prejuízo de outras medidas:

I – encaminhar a ofendida e seus dependentes a programa oficial ou comunitário de proteção ou de atendimento;

II – determinar a recondução da ofendida e a de seus dependentes ao respectivo domicílio, após afastamento do agressor;

III – determinar o afastamento da ofendida do lar, sem prejuízo dos direitos relativos a bens, guarda dos filhos e alimentos;

IV – determinar a separação de corpos;

V – determinar a matrícula dos dependentes da ofendida em instituição de educação básica mais próxima do seu domicílio, ou a transferência deles para essa instituição, independentemente da existência de vaga. (Incluído pela Lei nº 13.882/2019)

Medidas protetivas de urgência à ofendida, entre outras (art. 23)	
Programa de proteção	Encaminhamento da ofendida e de seus dependentes à programa oficial ou comunitário de proteção ou de atendimento.
Recondução ao domicílio	Determinação de reconduzir a ofendida e seus dependentes ao respectivo domicílio, após afastamento do agressor.
Afastamento do lar	Determinação de afastar a ofendida do lar, sem prejuízo dos direitos relativos a bens, guarda dos filhos e alimentos.
Separação matrimonial	Determinação da separação de corpos.
Matrícula escolar	Determinação de matrícula dos dependentes da ofendida em instituição de educação básica mais próxima do seu domicílio, ou a transferência deles para essa instituição, independentemente da existência de vaga.

Art. 24 Para a proteção patrimonial dos bens da sociedade conjugal ou daqueles de propriedade particular da mulher, o juiz poderá determinar, liminarmente, as seguintes medidas, entre outras:

I – restituição de bens indevidamente subtraídos pelo agressor à ofendida;

II – proibição temporária para a celebração de atos e contratos de compra, venda e locação de propriedade em comum, salvo expressa autorização judicial;

III – suspensão das procurações conferidas pela ofendida ao agressor;

IV – prestação de caução provisória, mediante depósito judicial, por perdas e danos materiais decorrentes da prática de violência doméstica e familiar contra a ofendida.

Parágrafo único. Deverá o juiz oficiar ao cartório competente para os fins previstos nos incisos II e III deste artigo.

Medidas protetivas do patrimônio da ofendida (art. 24)	
Restituição de bens	Indevidamente subtraídos pelo agressor à ofendida.
Proibição temporária	Para a celebração de atos e contratos de compra, venda e locação de propriedade em comum, salvo expressa autorização judicial.

3.10.4 Do crime de descumprimento de medidas protetivas de urgência

Descumprimento de medidas protetivas de urgência

Art. 24-A Descumprir decisão judicial que defere medidas protetivas de urgência previstas nesta Lei: (Incluído pela Lei nº 13.641/2018)
Pena – detenção, de 3 (três) meses a 2 (dois) anos.
§ 1º A configuração do crime independe da competência civil ou criminal do juiz que deferiu as medidas.
§ 2º Na hipótese de prisão em flagrante, apenas a autoridade judicial poderá conceder fiança.
§ 3º O disposto neste artigo não exclui a aplicação de outras sanções cabíveis.

Antes da Lei nº 13.641/2018, ao agente que descumprisse medida de protetiva de urgência, o juiz poderia aplicar outras sanções previstas, como, por exemplo, a possibilidade de se aplicar a prisão preventiva (art. 313, III, CPP). Portanto, antigamente o seu descumprimento não configurava crime na Lei Maria da Penha nem mesmo o de desobediência (art. 330, CP).

O descumprimento de medida protetiva de urgência não configura o crime de desobediência, em face da existência de outras sanções previstas no ordenamento jurídico para a hipótese. STJ, Jurisprudência em Teses nº 41. Precedentes: AgRg no HC 305.448/RS; Ag no REsp 1.519.850/DF; HC 312.513/RS; AgRg no REsp 1454609/RS; AgRg no REsp 1.490.460/DF; HC 305.442/RS; AgRg no AREsp 575.017/DF; HC 299.165/RS; AgRg no REsp 1.482.990/MG; AgRg no REsp 1.477.632/DF (Vide Inf. 544).

Sujeito ativo: é **próprio** (somente aquele que teve a medida protetiva de urgência decretada poderá cometê-lo).

Mesmo após a vigência da Lei nº 13.641/2018, não configura o delito de desobediência (art. 330, CP), mas, sim, o crime de **"descumprimento de medidas protetivas de urgência"** (art. 24-A, Lei nº 11.340/2006) — especial modalidade de desobediência.

Elemento subjetivo e conduta: é **doloso** (não admite a forma culposa) e **comissivo** (admite tentativa) ou **omissivo** (não admite tentativa).

Consumação e tentativa: trata-se de **delito instantâneo** (sua consumação se dá em momento certo: quando o agente comete a conduta proibida na decisão judicial ou deixa de praticar aquela que lhe foi ordenada) e; tanto é **plurissubsistente** (admite tentativa), na forma comissiva; como também, **unissubsistente** (não admite tentativa), na forma omissiva.

Princípio da especialidade: o crime de "descumprimento de medidas protetivas de urgência" (art. 24-A da Lei Maria da Penha) trata-se de especial modalidade de "desobediência" (art. 330 do Código Penal) e, por conseguinte, o tipo específico prevalece sobre o genérico, por força do princípio da especialidade.

Ação penal: é pública incondicionada, isto é, o Ministério Público deverá promover, privativamente, a ação penal pública (art. 129, I, CF/1988), assim que tiver conhecimento, não podendo desistir da ação penal (art. 42, CPP).

Inquérito policial: mesmo que se trate de infração penal de menor potencial ofensivo, não se aplicará os institutos referentes a esta infração (art. 61, Lei nº 9.099/1995), devendo, portanto, a autoridade policial

instaurar inquérito policial de ofício assim que tomar conhecimento da materialidade do delito (art. 4º, *caput*, I, CPP).

Competência: é do Juizado de Violência Doméstica e Familiar Contra a Mulher (arts. 13 e 14).

Descumprimento de medida protetiva penal ou civil (§ 1º): o descumprimento de decisão judicial que defere medida protetiva de urgência prevista na Lei Maria da Penha não é somente a de cunho penal, mas também a civil, por exemplo, as impostas pelos arts. 22 a 24.

Inadmissibilidade de fiança em sede policial (§ 2º): cuidado, pois o art. 24-A da Lei Maria da Penha é delito afiançável em sede judicial, mas será inafiançável em sede policial. Assim, a fiança somente poderá ser decretada pelo juiz competente.

Outras sanções (§ 3º): o cometimento do crime em estudo não impede a aplicação de outras sanções cabíveis, como a prisão preventiva (art. 313, III, CPP).

3.10.5 Atuação do Ministério Público

Art. 25 *O Ministério Público intervirá, quando não for parte, nas causas cíveis e criminais decorrentes da violência doméstica e familiar contra a mulher.*

Art. 26 *Caberá ao Ministério Público, sem prejuízo de outras atribuições, nos casos de violência doméstica e familiar contra a mulher, quando necessário:*

I – requisitar força policial e serviços públicos de saúde, de educação, de assistência social e de segurança, entre outros;

II – fiscalizar os estabelecimentos públicos e particulares de atendimento à mulher em situação de violência doméstica e familiar, e adotar, de imediato, as medidas administrativas ou judiciais cabíveis no tocante a quaisquer irregularidades constatadas;

III – cadastrar os casos de violência doméstica e familiar contra a mulher.

"Custos legis": o Ministério Público, quando não for parte da ação, intervirá como fiscal da lei (art. 25).

Competências do Ministério Público (art. 26)	
Requisitar	**Força policial** e **serviços públicos** de saúde, de educação, de assistência social e de segurança, entre outros.
Fiscalizar	Os **estabelecimentos públicos** e **particulares** de atendimento à mulher em situação de violência doméstica e familiar.
Adotar	De imediato, as **medidas administrativas** ou **judiciais cabíveis** no tocante a quaisquer irregularidades constatadas.
Cadastrar	Os casos de violência doméstica e familiar contra a mulher (no banco de dados à que se referem os art. 38 e 38-A)

3.10.6 Da assistência judiciária

Art. 27 *Em todos os atos processuais, cíveis e criminais, a mulher em situação de violência doméstica e familiar deverá estar acompanhada de advogado, ressalvado o previsto no art. 19 desta Lei.*

Art. 28 *É garantido a toda mulher em situação de violência doméstica e familiar o acesso aos serviços de Defensoria Pública ou de Assistência Judiciária Gratuita, nos termos da lei, em sede policial e judicial, mediante atendimento específico e humanizado.*

Assistência Judiciária: a ofendida deve estar acompanhada de advogado, caso não tenha condições para o seu pagamento, o Estado deverá lhe garantir que seja assistida pela Defensoria Pública. Tal assistência possui dois parâmetros: no inquérito policial e no processo judicial; além de atendimento específico e humanizado.

3.11 Da equipe de atendimento multidisciplinar

Art. 29 *Os Juizados de Violência Doméstica e Familiar contra a Mulher que vierem a ser criados poderão contar com uma equipe de atendimento multidisciplinar, a ser integrada por profissionais especializados nas áreas psicossocial, jurídica e de saúde.*

Art. 30 *Compete à equipe de atendimento multidisciplinar, entre outras atribuições que lhe forem reservadas pela legislação local, fornecer subsídios por escrito ao juiz, ao Ministério Público e à Defensoria Pública, mediante laudos ou verbalmente em audiência, e desenvolver trabalhos de orientação, encaminhamento, prevenção e outras medidas, voltados para a ofendida, o agressor e os familiares, com especial atenção às crianças e aos adolescentes.*

Art. 31 *Quando a complexidade do caso exigir avaliação mais aprofundada, o juiz poderá determinar a manifestação de profissional especializado, mediante a indicação da equipe de atendimento multidisciplinar.*

Art. 32 *O Poder Judiciário, na elaboração de sua proposta orçamentária, poderá prever recursos para a criação e manutenção da equipe de atendimento multidisciplinar, nos termos da Lei de Diretrizes Orçamentárias (LDO).*

Equipe multidisciplinar: essa ajudará os Juizados de Violência Doméstica e Familiar Contra a Mulher, que contará com profissionais específicos nas áreas psicossocial, jurídica e de saúde; devendo o Poder Judiciário prever recursos para a manutenção da equipe multidisciplinar, conforme dispõe a LDO.

3.12 Disposições transitórias

Art. 33 *Enquanto não estruturados os Juizados de Violência Doméstica e Familiar contra a Mulher, as varas criminais acumularão as competências cível e criminal para conhecer e julgar as causas decorrentes da prática de violência doméstica e familiar contra a mulher, observadas as previsões do Título IV desta Lei, subsidiada pela legislação processual pertinente.*

Parágrafo único. *Será garantido o direito de preferência, nas varas criminais, para o processo e o julgamento das causas referidas no 'caput'.*

Locais em que não há Juizado de Violência Doméstica e Familiar Contra a Mulher: enquanto a comarca jurídica não possuir tais Juizados, ficará a cargo das **varas criminais** tais competências (cível e penal).

3.13 Disposições finais

Art. 34 *A instituição dos Juizados de Violência Doméstica e Familiar contra a Mulher poderá ser acompanhada pela implantação das curadorias necessárias e do serviço de assistência judiciária.*

Art. 35 *A União, o Distrito Federal, os Estados e os Municípios poderão criar e promover, no limite das respectivas competências: (Vide Lei nº 14.316/2022)*

I – centros de atendimento integral e multidisciplinar para mulheres e respectivos dependentes em situação de violência doméstica e familiar;

II – casas-abrigos para mulheres e respectivos dependentes menores em situação de violência doméstica e familiar;

III – delegacias, núcleos de defensoria pública, serviços de saúde e centros de perícia médico-legal especializados no atendimento à mulher em situação de violência doméstica e familiar;

IV – programas e campanhas de enfrentamento da violência doméstica e familiar;

V – centros de educação e de reabilitação para os agressores.

Art. 36 *A União, os Estados, o Distrito Federal e os Municípios promoverão a adaptação de seus órgãos e de seus programas às diretrizes e aos princípios desta Lei.*

Art. 37 A defesa dos interesses e direitos transindividuais previstos nesta Lei poderá ser exercida, concorrentemente, pelo Ministério Público e por associação de atuação na área, regularmente constituída há pelo menos um ano, nos termos da legislação civil.

Parágrafo único. O requisito da pré-constituição poderá ser dispensado pelo juiz quando entender que não há outra entidade com representatividade adequada para o ajuizamento da demanda coletiva.

Art. 38 As estatísticas sobre a violência doméstica e familiar contra a mulher serão incluídas nas bases de dados dos órgãos oficiais do Sistema de Justiça e Segurança a fim de subsidiar o sistema nacional de dados e informações relativo às mulheres.

Parágrafo único. As Secretarias de Segurança Pública dos Estados e do Distrito Federal poderão remeter suas informações criminais para a base de dados do Ministério da Justiça.

Art. 38-A O juiz competente providenciará o registro da medida protetiva de urgência. (Artigo acrescido pela Lei nº 13.827/2019)

Parágrafo único.As medidas protetivas de urgência serão, após sua concessão, imediatamente registradas em banco de dados mantido e regulamentado pelo Conselho Nacional de Justiça, garantido o acesso instantâneo do Ministério Público, da Defensoria Pública e dos órgãos de segurança pública e de assistência social, com vistas à fiscalização e à efetividade das medidas protetivas. (Redação pela Lei nº 14.310/2022)

Art. 39 A União, os Estados, o Distrito Federal e os Municípios, no limite de suas competências e nos termos das respectivas leis de diretrizes orçamentárias, poderão estabelecer dotações orçamentárias específicas, em cada exercício financeiro, para a implementação das medidas estabelecidas nesta Lei.

Art. 40 As obrigações previstas nesta Lei não excluem outras decorrentes dos princípios por ela adotados.

Art. 41 Aos crimes praticados com violência doméstica e familiar contra a mulher, independentemente da pena prevista, não se aplica a Lei nº 9.099, de 26 de setembro de 1995 (Lei dos Juizados Especiais Cíveis e Criminais).

Não se aplica a **Lei nº 9.099/1995** (JECrim) à violência doméstica e familiar contra a mulher, em todos os sentidos: sursis processual (suspensão condicional do processo), transação penal, reparação dos danos, entre outros dispositivos.

Súmula nº 536 – STJ: A suspensão condicional do processo e a transação penal não se aplicam na hipótese de delitos sujeitos ao rito da Lei Maria da Penha.

3.13.1 Lesão corporal leve e culposa

Súmula nº 542 – STJ: A ação penal relativa ao crime de lesão corporal resultante de violência doméstica contra a mulher é pública incondicionada.

Na violência doméstica e familiar contra a mulher que gere lesão corporal leve ou culposa, a **ação penal é pública incondicionada.**

Os demais crimes de ação penal pública condicionada à representação **continuarão** com a mesma regra do Código Penal ou outras Leis Penais Especiais, o que não se aplica à Lei Maria da Penha é a Lei nº 9.099/1995 (JECrim). Por exemplo: o **crime de ameaça** contra a mulher em situação de violência doméstica e familiar, continua a ser de **ação penal pública condicionada** à representação da vítima, conforme dispõe o art. 147, parágrafo único, do Código Penal.

O crime de lesão corporal, ainda que leve ou culposo, praticado contra a mulher no âmbito das relações domésticas e familiares, deve ser processado mediante ação penal pública incondicionada. STJ, Jurisprudência em Teses nº 41. Precedentes: REsp 1.537.749/DF; AgRg no REsp 1.442.015/MG; RHC 42.228/SP; AgRg no REsp 1.358.215/MG; RHC 45.444/MG; AgRg no REsp 1.428.577/DF; AgRg no HC 213.597/MT; HC 184.923/DF; RHC 33.881/MG; HC 242.458/DF (Vide Inf. 509).

3.14 Alterações legislativas

Art. 42 O art. 313 do Decreto-Lei nº 3.689, de 3 de outubro de 1941 (Código de Processo Penal), passa a vigorar acrescido do seguinte inciso IV:

Art. 313 [...]

IV – se o crime envolver violência doméstica e familiar contra a mulher, nos termos da lei específica, para garantir a execução das medidas protetivas de urgência.

Art. 43 A alínea "f" do inciso II do art. 61 do Decreto-Lei nº 2.848, de 7 de dezembro de 1940 (Código Penal), passa a vigorar com a seguinte redação:

Art. 61[...]

I– [...]

f) com abuso de autoridade ou prevalecendo-se de relações domésticas, de coabitação ou de hospitalidade, ou com violência contra a mulher na forma da lei específica;

Art. 44 O art. 129 do Decreto-Lei nº 2.848, de 7 de dezembro de 1940 (Código Penal), passa a vigorar com as seguintes alterações:

Art. 129 [...]

§ 9º Se a lesão for praticada contra ascendente, descendente, irmão, cônjuge ou companheiro, ou com quem conviva ou tenha convivido, ou, ainda, prevalecendo-se o agente das relações domésticas, de coabitação ou de hospitalidade:

Pena – detenção, de 3 (três) meses a 3 (três) anos [...]

§ 11. Na hipótese do §9º deste artigo, a pena será aumentada de um terço se o crime for cometido contra pessoa portadora de deficiência.

Art. 45 O art. 152 da Lei nº 7.210, de 11 de julho de 1984 (Lei de Execução Penal), passa a vigorar com a seguinte redação:

Art. 152 [...]

Parágrafo único. Nos casos de violência doméstica contra a mulher, o juiz poderá determinar o comparecimento obrigatório do agressor a programas de recuperação e reeducação.

4 LEI Nº 12.288/2010 - ESTATUTO DA IGUALDADE RACIAL

4.1 A relevância histórica da legislação de promoção da igualdade racial

A expansão europeia em direção a outros continentes, que se iniciou junto com a chamada Idade Moderna, foi elemento fundamental no processo histórico que levou ao surgimento do Brasil como Estado-nação. Nesse processo, os europeus, além de entrarem em contato com as populações nativas do futuro território brasileiro, para aqui transferiram vastos contingentes humanos de outras regiões do mundo, sobretudo da África, em função, principalmente, de necessidades de mão de obra para os empreendimentos coloniais. Aprendemos, por isso, desde cedo, que, a partir da contribuição inicial de portugueses, indígenas e africanos, logo acrescida pela de pessoas das mais diversas origens, formou-se o povo brasileiro.

Da interação entre populações com experiências históricas distintas, que se enriqueciam pelo contato com as experiências das demais, resultou o imenso patrimônio cultural do país. No entanto, o grau de desigualdade e opressão que marcou aquele encontro inicial, decorrente de desmedida violência colonialista, deixou marcas difíceis de superar. A hierarquia entre as populações de variada origem que compõem a população brasileira manteve-se presente em todos os indicadores econômicos e sociais, século após século, reforçando-se pela discriminação racial desleal que se criou, em detrimento especialmente dos grupos humanos incorporados à sociedade nascente como escravos.

A relação entre populações assim fortemente hierarquizadas nunca deixou de ser uma questão crucial para quem refletisse sobre o Brasil. Desde sempre, pontos de vista distintos se contrapuseram na reflexão sobre a matéria, incluindo visões intransigentemente racistas, que chegaram a postular a incapacidade do povo brasileiro para se desenvolver social e economicamente, dado o seu vício racial de origem. Desde sempre as contradições objetivas da realidade se expressaram em leis e em divergências e disputas sobre a forma de organização do Estado brasileiro.

Nos primeiros anos da nova nação independente, por exemplo, o conselheiro Antônio Pereira Rebouças, deputado negro, defendeu vigorosamente, no parlamento recém-instalado, o direito de voto dos ex-escravos nascidos no Brasil, após adquirirem a liberdade. Mesmo na vigência do escravismo, que introduzia uma distinção de fundo entre as pessoas que viviam no país, não haveria por que estender essa distinção para o campo dos homens livres, dizia ele. Os brasileiros libertos eram cidadãos como quaisquer outros, não lhes podendo ser negado qualquer direito pelo simples fato de terem sido escravos. A proibição do voto dos libertos, no entanto, foi legalmente imposta, revelando que o estigma da escravidão se estendia, sim, a todos os que haviam sido um dia escravizados.

A longa espera pela redação e promulgação do primeiro Código Civil brasileiro também expõe, embora de outro ângulo, a influência da aguda hierarquização racial sobre o processo legislativo. Nesse caso, a influência não se dava pelo conteúdo positivo da lei formulada, mas pela dificuldade de formulá-la.

No período em que se deu a abolição do escravismo, o sistema de predomínio mundial europeu já deixava para trás a forma propriamente colonial para adotar outras estratégias de dominação, das quais fazia parte a consagração de hierarquias pseudocientíficas entre seres humanos, com base em critérios raciais. Assim, o Brasil, cujo processo histórico de formação o tornava terreno fértil para esse tipo de ideologia, viu-se enredado numa malha de noções espúrias, legitimadas pelo prestígio da ciência. Tais concepções mostraram toda a sua força institucional e legal nos programas governamentais de atração de mão de obra racial e culturalmente "superior" para substituir a mão de obra de origem africana.

Somente no século XX começa a tornar-se dominante a visão positiva sobre a diversidade humana presente na construção do Brasil e a convicção de que o valor dos indivíduos e grupos não pode ser aferido por critério racial. Estávamos, não por acaso, no século em que o predomínio europeu, construído nos quatro séculos anteriores, passava a perder força em todo o mundo.

A nova visão a respeito do valor da diversidade racial e da importância de que indivíduos de diversa origem tenham oportunidades iguais não deixou de se expressar na organização do Estado brasileiro e em nossa legislação. O conjunto de diplomas normativos apresentados nesta compilação já reflete essa visão, pois se estende da segunda metade do século XX aos dias atuais. Sua importância ganha ainda maior nitidez, no entanto, quando ele é observado contra o pano de fundo do processo de formação do país, que realça a centralidade da questão racial em nossa história, inclusive no aspecto institucional e legal.

A primeira e decisiva tarefa da luta antirracista, no plano legal, foi a de coibir a discriminação racial e o racismo. O processo, lento, começou por tornar contravenção penal a "prática de atos resultantes de preconceitos de raça ou de cor" (Lei nº 1.390/1951) e culminou na determinação do art. 5º, XLII, da Constituição Federal de 1988, de que "a prática do racismo constitui crime inafiançável e imprescritível, sujeito à pena de reclusão, nos termos da lei".

Nas últimas décadas, começou a ganhar volume no debate público a noção de que cabe ao Estado não apenas combater a discriminação e o racismo, mas agir positivamente na promoção da igualdade racial efetiva. Na Constituição Federal de 1988, a influência dessa noção aparece em formulações ainda relativamente tímidas, como, por exemplo, na referência explícita à proteção de manifestações culturais "indígenas e afro-brasileiras" (art. 215, § 1º) ou na norma do Ato das Disposições Constitucionais Transitórias que realça a obrigação do Estado de emitir títulos que formalizem o direito dos remanescentes das comunidades dos quilombos à propriedade definitiva das terras que estejam ocupando (art. 68).

Mais recentemente, a mudança – ou ampliação – de perspectiva ganhou relevo institucional com a implantação de agências dentro do Estado especialmente destinadas à promoção da igualdade racial. É assim que surgem entes como a Secretaria de Políticas de Promoção da Igualdade Racial da Presidência da República (Seppir) e o Conselho Nacional de Promoção da Igualdade Racial (CNPIR) e iniciativas como a Política Nacional de Promoção da Igualdade Racial (PNPIR) e o Plano Nacional de Promoção da Igualdade Racial (Planapir). Todas essas manifestações institucionais encontram suporte normativo em decretos transcritos nesta publicação.

Mas o estágio culminante da atividade legislativa acontece quando se formam os consensos sociais e políticos indispensáveis para que o Congresso Nacional introduza um tema novo, ou o novo enquadramento de um tema antigo, na ordem legal. A Lei nº 12.288/2010 (Estatuto da Igualdade Racial), constitui, assim, um verdadeiro salto de qualidade no tratamento dado pelo Estado brasileiro ao tema da promoção da igualdade racial. Com ela, passamos a dispor de um amplo enquadramento normativo da matéria, que inclui a fixação dos princípios gerais que guiam a atuação do Estado e da sociedade nessa área, a criação da base legal para a estruturação do Sistema Nacional de

Promoção da Igualdade Racial (Sinapir) e o encaminhamento das ações de promoção da igualdade em diversas áreas (saúde, educação, liberdade de crença e de culto, acesso à terra e à habitação e tantas outras).

A Lei nº 12.288/2010, nos dá, também, um retrato do estágio em que se encontra o tema da promoção da igualdade racial na esfera política brasileira. Esse estágio se refletiu tanto na tramitação da matéria como no conteúdo final do diploma legal. Nem todas as questões tratadas no Estatuto chegaram ao mesmo grau de definição, mas poucas categorias de políticas públicas deixaram de ser abordadas, até porque a promoção da igualdade racial atinge realmente nossa sociedade em todas as suas dimensões. Ademais, os princípios que permitem desenvolver novas iniciativas nessas várias dimensões ficaram bem determinados nos primeiros artigos da Lei.

A Câmara dos Deputados, ao possibilitar o acesso, em meio de fácil manuseio e circulação, à legislação vigente sobre matéria de tamanha relevância na história brasileira, estimula a discussão social sobre os caminhos que o país deve trilhar nessa área. Além disso, contribui para disseminar o conhecimento sobre normas fundamentais para a definição da imagem que o Brasil tem de si mesmo e de seu futuro, normas que têm significado imediato para a vida de milhões de brasileiros.

O dia 20 de outubro de 2010 foi marcado por um acontecimento ímpar na história brasileira. Nessa data, o Governo brasileiro, pelas mãos do presidente Lula, sancionou a Lei nº 12.288, que instituiu o Estatuto da Igualdade Racial.

O Estatuto da Igualdade Racial, do ponto de vista histórico, nada mais é que o terceiro artigo que faltou à Lei Imperial nº 3.353/1888, que "aboliu" a escravidão no Brasil, a qual, com um pouco de criatividade e uma boa técnica legislativa, poderia ter incluído o artigo 1º da Lei nº 12.288, de 2010, à Lei Imperial nº 3.353/1888, sem provocar nenhuma incongruência. Com essa suposta modificação, a Lei da Abolição teria a seguinte redação:

Lei Imperial nº 3.353, de 1888, modificada pela Lei 12.288/2010 Declara extinta a escravidão no Brasil e institui o Estatuto da Igualdade Racial.

Este exercício dá a dimensão de que a demora na aprovação dessa Lei não foi apenas pelos sete anos de sua tramitação no Congresso Nacional, mas inclui os cento e vinte e dois anos passados desde a "abolição inacabada", uma vez que a Lei Imperial nº 3.353/1888, não criou um único mecanismo de reparação, pelos mais de trezentos e oitenta anos de escravização criminosa da população negra (africana e afrodescendente) ou qualquer outro mecanismo de promoção de igualdade racial. Ao contrário, pelo tempo de tramitação dessa Lei no Congresso Nacional (apenas 3 dias), percebe-se que o objetivo, ao que parece, era apenas o de livrar o legislativo de uma "batata quente", ou seja, instituir uma abolição que na prática já vinha se efetivando, seja pelas alforrias e pelos quilombos, seja pelos custos de manutenção da escravização diante das fortes pressões internacionais e, com isso, livrar o país da obrigação de indenizar a população negra pelas atrocidades cometidas.

De qualquer modo, ainda que tardio, o Estatuto da Igualdade Racial é uma realidade legal. E, como toda lei que institui políticas públicas para as populações marginalizadas, necessita de muita mobilização social para atingir sua plena efetivação. E, mesmo assim, convém enfatizar que o Estatuto sofreu grandes alterações durante sua tramitação na Câmara e no Senado, limitando sua abrangência e efetividade, pontos que serão tratados adiante.

4.2 Avanços contra o preconceito racial

O parágrafo único do art. 1º do Estatuto da Igualdade Racial define os conceitos fundamentais utilizados na Lei – discriminação racial ou étnico-racial, desigualdade racial, desigualdade de gênero e raça, população negra –, bem como as políticas públicas que amparam as ações afirmativas, em curso ou a serem implementadas, entendidas como os programas e medidas especiais adotados pelo Estado e pela iniciativa privada para a correção das desigualdades raciais e para a promoção da igualdade de oportunidades.

Discriminação racial ou étnico-racial: *toda distinção, exclusão, restrição ou preferência baseada em cor, descendência ou origem nacional ou étnica que tenha por objeto anular ou restringir o reconhecimento, gozo ou exercício, em igualdade de condições, de direitos humanos e liberdades fundamentais nos campos político, econômico, social, cultural ou em qualquer outro campo da vida privada* (BRASIL, 2010, I, parágrafo único do art. 1º).

Com isso, o Estatuto da Igualdade Racial define precisamente o que se quer combater com o estabelecimento desta Lei e, ao definir que a população negra é formada pelo conjunto de pessoas que se autodeclaram pretas e pardas, conforme o quesito cor ou raça usado pelo IBGE, ou que adotam auto definição análoga, pretende elucidar quem é o público-alvo das ações afirmativas.

Do direito à saúde:

▷ O Estatuto assegura a Constituição da Política Nacional de Saúde Integral da População Negra;

▷ A participação de representantes do movimento negro nos conselhos de controle social da área;

▷ Acesso universal e igualitário ao Sistema Único de Saúde (SUS) para promoção, proteção e recuperação da saúde da população negra.

Do direito à educação:

▷ Nos estabelecimentos de ensino fundamental e de ensino médio, públicos e privados, é obrigatório o estudo da história geral da África e da história da população negra no Brasil.

▷ Contempla princípios que fomentam a necessidade da formação inicial e continuada de professores e de uma política de elaboração de material didático específico.

▷ Promoção de políticas de ação afirmativa que assegurem a ampliação do acesso da população negra ao ensino gratuito, fomentem a pesquisa e a pós-graduação, com incentivos a programas voltados para temas referentes às relações étnicas, aos quilombolas e às questões pertinentes à população negra.

Do direito à cultura, esporte e lazer:

▷ O Estatuto reconhece como patrimônio histórico e cultural as sociedades negras, clubes e outras formas de manifestação coletiva da população negra, com trajetória histórica comprovada.

- **A capoeira passa a ser tratada como desporto de criação nacional,** garantindo seu registro e proteção, em todas as suas modalidades.

Do direito à liberdade de consciência e de crença:

▷ Garante a plena liberdade de consciência e de crença, assegurando o livre exercício dos cultos religiosos de matriz africana e a proteção aos locais de culto e liturgia, assegurando, inclusive, o acesso aos órgãos e aos meios de comunicação para sua divulgação, bem como a assistência religiosa em hospitais ou em outras instituições de internação coletiva, inclusive àqueles submetidos à pena privativa de liberdade.

Do acesso à terra:

▷ Assegura que o Poder Público elaborará e desenvolverá políticas públicas especiais para promover o acesso da população negra à terra e às atividades produtivas no campo, ampliando e simplificando o acesso ao financiamento agrícola, garantindo assistência técnica rural, educação e orientação profissional agrícola e fortalecendo a infraestrutura de logística, tanto para a comercialização da produção como para o desenvolvimento sustentável dos remanescentes das comunidades dos quilombos, respeitando as tradições de proteção ambiental das comunidades, estimulando, inclusive, a emissão dos títulos de propriedade.

Do acesso à moradia adequada:

▷ Estabelece que o Poder Público assegure o direito à moradia adequada da população negra que vive em favelas, cortiços, áreas urbanas subutilizadas, degradadas ou em processo de degradação, com a garantia da infraestrutura urbana e dos equipamentos comunitários associados à função habitacional, bem como a assistência técnica e jurídica para a construção, a reforma ou a regularização fundiária da habitação em área urbana.

Da igualdade de oportunidades no trabalho:

▷ Afirma que o Poder Público adotará políticas voltadas para a inclusão da população negra no mercado de trabalho, inclusive, mediante a adoção de medidas visando à promoção da igualdade nas contratações feitas pelo setor público e o incentivo à adoção de medidas similares por parte das empresas e organizações privadas.

Dos meios de comunicação:

▷ Estabelece que os órgãos de comunicação devam valorizar a herança cultural e a participação da população negra na história do país, adotando a prática de conferir oportunidades de emprego para atores, figurantes e técnicos negros, vedando toda e qualquer discriminação de natureza política, ideológica, étnica ou artística.

Do acesso à justiça e à segurança:

▷ A Lei impõe ao Poder Público Federal a responsabilidade de instituir ouvidorias permanentes em defesa da igualdade racial, para receber e encaminhar denúncias de preconceito e discriminação com base em etnia ou cor e acompanhar a implementação de medidas para a promoção da igualdade.

▷ Adotar medidas especiais para coibir desde a violência policial incidente sobre a população negra até os atos de discriminação e preconceito praticados por servidores públicos.

Do financiamento da promoção da igualdade racial:

▷ Estabelece a obrigatoriedade de inclusão de políticas de ações afirmativas nos programas e ações constantes dos planos plurianuais e dos orçamentos anuais da União e, por conseguinte, dos demais entes federados.

A efetividade do estatuto em questão, ao longo dos tempos, sempre visa a proteção e acima de tudo atuar em defesa de minorias, o Brasil se efetiva em criação de leis que dificilmente são fiscalizadas e com isso, tem sua eficácia comprometida.

Importante considerarmos que as políticas públicas adotadas ou criadas para o Brasil são ineficazes e deixam de lado as ações afirmativas, posto que, é preciso uma política de valorização das pessoas, em questão lógica pelo próprio estatuto, o negro, que mesmo após a abolição da escravatura, com a modernização, foram e continuam marginalizados e excluídos. Quando se fala em igualdade racial, temos que incluir outras raças, como o índio, que não se vislumbra diretamente no presente estatuto.

Mas há diferença entre o legal e o real. Nunca foi e não será através de leis que promoveremos mudanças estruturais no país. A legislação é uma ferramenta importante, mas há que se realizarem amplos processos de reestruturação do Estado democrático que resulte em desconcentração da renda, em elevação da qualidade da escola pública em todos os níveis, que forme quadros capazes de responder ao novo ciclo de desenvolvimento da nação, que crie oportunidades para todos e elimine as desigualdades salariais baseadas em cor e sexo.

A vinda de negros africanos foi em numeral de milhares. Os escravos africanos e seus descendentes crioulos e mestiços influenciaram em profundidade a formação cultural do país, desde a época em que este era América portuguesa. No Brasil, de 1864, o número de escravos era de 1.715.000 pessoas. Em 1874, dez anos depois, o número era de 1.540.829 pessoas; 1.240.806 em 1884; e 723.419 em 1887, estando a maioria localizada na região sudeste. (IBGE – Brasil, 500 anos de povoamento, 2007, no tema PRESENÇA NEGRA: conflitos e encontros, por João José Reis).

4.2.1 Disposições preliminares

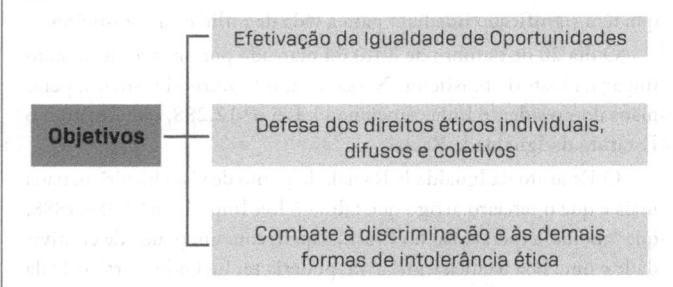

Art. 1º Esta lei institui o Estatuto da Igualdade Racial, destinado a:
Parágrafo único. Para efeito deste estatuto, considera-se:
I – discriminação racial ou étnico-racial: toda distinção, exclusão, restrição ou preferência baseada em raça, cor, descendência ou origem nacional ou étnica que tenha por objeto anular ou restringir o reconhecimento, gozo ou exercício, em igualdade de condições, de direitos humanos e liberdades fundamentais nos campos político, econômico, social, cultural ou em qualquer outro campo da vida pública ou privada;
II – desigualdade racial: toda situação injustificada de diferenciação de acesso e fruição de bens, serviços e oportunidades, nas esferas pública e privada, em virtude de raça, cor, descendência ou origem nacional ou étnica;
III – desigualdade de gênero e raça: assimetria existente no âmbito da sociedade que acentua a distância social entre mulheres negras e os demais segmentos sociais;
IV – população negra: o conjunto de pessoas que se autodeclaram pretas e pardas, conforme o quesito cor ou raça usado pela Fundação Instituto Brasileiro de Geografia e Estatística (IBGE), ou que adotam autodefinição análoga;
V – políticas públicas: as ações, iniciativas e programas adotados pelo Estado no cumprimento de suas atribuições institucionais;
VI – ações afirmativas: os programas e medidas especiais adotados pelo Estado e pela iniciativa privada para a correção das desigualdades raciais e para a promoção da igualdade de oportunidades.

4.3 Direitos fundamentais

4.3.1 Direito à saúde

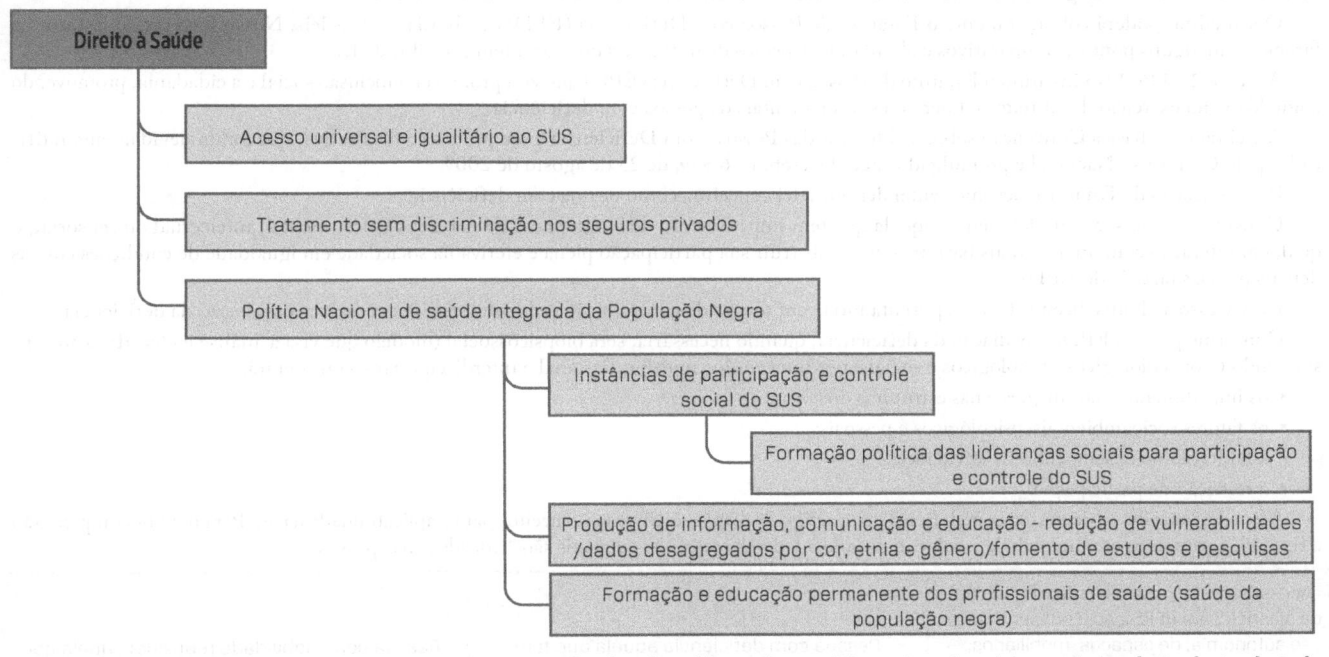

Art. 6º O direito à saúde da população negra será garantido pelo poder público mediante políticas universais, sociais e econômicas destinadas à redução do risco de doenças e de outros agravos.

§ 1º O acesso universal e igualitário ao Sistema Único de Saúde (SUS) para promoção, proteção e recuperação da saúde da população negra será de responsabilidade dos órgãos e instituições públicas federais, estaduais, distritais e municipais, da administração direta e indireta.

§ 2º O poder público garantirá que o segmento da população negra vinculado aos seguros privados de saúde seja tratado sem discriminação.

Art. 7º O conjunto de ações de saúde voltadas à população negra constitui a Política Nacional de Saúde Integral da População Negra, organizada de acordo com as diretrizes abaixo especificadas:

I – ampliação e fortalecimento da participação de lideranças dos movimentos sociais em defesa da saúde da população negra nas instâncias de participação e controle social do SUS;

II – produção de conhecimento científico e tecnológico em saúde da população negra;

III – desenvolvimento de processos de informação, comunicação e educação para contribuir com a redução das vulnerabilidades da população negra.

Art. 8º Constituem objetivos da Política Nacional de Saúde Integral da População Negra:

I – a promoção da saúde integral da população negra, priorizando a redução das desigualdades étnicas e o combate à discriminação nas instituições e serviços do SUS;

II – a melhoria da qualidade dos sistemas de informação do SUS no que tange à coleta, ao processamento e à análise dos dados desagregados por cor, etnia e gênero;

III – o fomento à realização de estudos e pesquisas sobre racismo e saúde da população negra;

IV – a inclusão do conteúdo da saúde da população negra nos processos de formação e educação permanente dos trabalhadores da saúde;

V – a inclusão da temática saúde da população negra nos processos de formação política das lideranças de movimentos sociais para o exercício da participação e controle social no SUS.

Parágrafo único. Os moradores das comunidades de remanescentes de quilombos serão beneficiários de incentivos específicos para a garantia do direito à saúde, incluindo melhorias nas condições ambientais, no saneamento básico, na segurança alimentar e nutricional e na Fique ligado integral à saúde.

4.4 Qual é a diferença entre preto, pardo e negro?

▷ **Preto:** esse termo toma como referência a ascendência oriunda de nativos da África.

▷ **Pardo:** o termo pardo remete a uma miscigenação de origem preta ou indígena com qualquer outra cor ou raça.

▷ **Negro:** já esse termo é definido pelo Estatuto da Igualdade Racial como:

▷ *"O conjunto de pessoas que se autodeclaram pretas e pardas, conforme o quesito cor ou raça usado pela Fundação Instituto Brasileiro de Geografia e Estatística (IBGE), ou que adotam autodefinição análoga".*

São conhecidas três diferentes formas de identificação da etnia parda: autodeclaração, identificação biológica e heteroclassificação.

5 ESTATUTO DA PESSOA COM DEFICIÊNCIA (OU LEI DE INCLUSÃO)

Quando tratamos de direitos das pessoas com deficiência, abordamos não só o Estatuto da Pessoa com Deficiência (ou lei de inclusão), mas diversas leis e normas que garantem a efetividade de diversos direitos, promovendo inclusão e igualdade.

O seu edital poderá cobrar somente o Estatuto da Pessoa com Deficiência (EPD) ou abordar outras leis. Nosso foco será o Estatuto e faremos, em alguns pontos, comparativos e abordando aspectos de outras leis que garantem acessibilidade.

A Lei nº 13.146/2015 instituiu o Estatuto da Pessoa com Deficiência (EPD) que visa promover a inclusão social e a cidadania, promovendo a igualdade no exercício dos direitos e liberdades fundamentais da pessoa com deficiência.

A Lei tem por base a Convenção sobre os Direitos das Pessoas com Deficiência e seu protocolo facultativo, que foram devidamente ratificados pelo Congresso Nacional e promulgados pelo Decreto nº 6.949, de 25 de agosto de 2009.

Para aplicação do Estatuto, devemos entender que a lei conceitua como pessoa com deficiência:

Considera-se pessoa com deficiência aquela que tem impedimento de longo prazo de natureza física, mental, intelectual ou sensorial, o qual, em interação com uma ou mais barreiras, pode obstruir sua participação plena e efetiva na sociedade em igualdade de condições com as demais pessoas (art. 2º do EPD).

Para acesso a alguns direitos (como aposentadoria com tempo de contribuição reduzido), faz-se necessária a avaliação da deficiência.

Conforme prevê o EPD, a avaliação da deficiência, quando necessária, será biopsicossocial (modelo que visa à análise e identificação considerando fatores biológicos, psicológicos e sociais) por uma equipe multiprofissional e interdisciplinar e considerará:

- os impedimentos nas funções e nas estruturas do corpo;
- os fatores socioambientais, psicológicos e pessoais;
- a limitação no desempenho de atividades; e
- a restrição de participação.

Além do conceito sobre pessoa com deficiência, o artigo 3º dispõe de diversos conceitos para a aplicabilidade da lei. Para melhor compreensão e fixação, agrupamos em uma tabela e colocamos lado a lado os conceitos que mais são "trocados" nas provas:

Acessibilidade: possibilidade e condição de alcance para utilização, com segurança e autonomia, de espaços, mobiliários, equipamentos urbanos, edificações, transportes, informação e comunicação, inclusive seus sistemas e tecnologias, bem como de outros serviços e instalações abertos ao público, de uso público ou privados de uso coletivo, tanto na zona urbana como na rural, por pessoa com deficiência ou com mobilidade reduzida.	Pessoa com deficiência aquela que tem impedimento de longo prazo de natureza física, mental, intelectual ou sensorial, o qual, em interação com uma ou mais barreiras, pode obstruir sua participação plena e efetiva na sociedade em igualdade de condições com as demais pessoas.	Pessoa com mobilidade reduzida: aquela que tenha, por qualquer motivo, dificuldade de movimentação, permanente ou temporária, gerando redução efetiva da mobilidade, da flexibilidade, da coordenação motora ou da percepção, incluindo idoso, gestante, lactante, pessoa com criança de colo e obeso.
Adaptações razoáveis: adaptações, modificações e ajustes necessários e adequados que não acarretem ônus desproporcional e indevido, quando requeridos em cada caso, a fim de assegurar que a pessoa com deficiência possa gozar ou exercer, em igualdade de condições e oportunidades com as demais pessoas, todos os direitos e liberdades fundamentais.	Elemento de urbanização: quaisquer componentes de obras de urbanização, tais como os referentes a pavimentação, saneamento, encanamento para esgotos, distribuição de energia elétrica e de gás, iluminação pública, serviços de comunicação, abastecimento e distribuição de água, paisagismo e os que materializam as indicações do planejamento urbanístico.	Mobiliário urbano: conjunto de objetos existentes nas vias e nos espaços públicos, superpostos ou adicionados aos elementos de urbanização ou de edificação, de forma que sua modificação ou seu traslado não provoque alterações substanciais nesses elementos, como semáforos, postes de sinalização e similares, terminais e pontos de acesso coletivo às telecomunicações, fontes de água, lixeiras, toldos, marquises, bancos, quiosques e quaisquer outros de natureza análoga.
Moradia para a vida independente da pessoa com deficiência: moradia com estruturas adequadas capazes de proporcionar serviços de apoio coletivos e individualizados que respeitem e ampliem o grau de autonomia de jovens e adultos com deficiência.	Residências inclusivas: unidades de oferta do Serviço de Acolhimento do Sistema Único de Assistência Social (Suas) localizadas em áreas residenciais da comunidade, com estruturas adequadas, que possam contar com apoio psicossocial para o atendimento das necessidades da pessoa acolhida, destinadas a jovens e adultos com deficiência, em situação de dependência, que não dispõem de condições de autossustentabilidade e com vínculos familiares fragilizados ou rompidos.	
Atendente pessoal: pessoa, membro ou não da família, que, com ou sem remuneração, assiste ou presta cuidados básicos e essenciais à pessoa com deficiência no exercício de suas atividades diárias, excluídas as técnicas ou os procedimentos identificados com profissões legalmente estabelecidas.	Acompanhante: aquele que acompanha a pessoa com deficiência, podendo ou não desempenhar as funções de atendente pessoal.	Profissional de apoio escolar: pessoa que exerce atividades de alimentação, higiene e locomoção do estudante com deficiência e atua em todas as atividades escolares nas quais se fizer necessária, em todos os níveis e modalidades de ensino, em instituições públicas e privadas, excluídas as técnicas ou os procedimentos identificados com profissões legalmente estabelecidas.

5.1 Igualdade e Não Discriminação

Determina o art. 4º do EPD:

>*Art. 4º Toda pessoa com deficiência tem direito à igualdade de oportunidades com as demais pessoas e não sofrerá nenhuma espécie de discriminação.*
>
>*§ 1º Considera-se discriminação em razão da deficiência toda forma de distinção, restrição ou exclusão, por ação ou omissão, que tenha o propósito ou o efeito de prejudicar, impedir ou anular o reconhecimento ou o exercício dos direitos e das liberdades fundamentais de pessoa com deficiência, incluindo a recusa de adaptações razoáveis e de fornecimento de tecnologias assistivas.*
>
>*§ 2º A pessoa com deficiência não está obrigada à fruição de benefícios decorrentes de ação afirmativa.*

A ação afirmativa são ações especiais e temporárias que visam eliminar desigualdades, garantindo a compensação provocada pela discriminação e desigualdade.

A pessoa com deficiência, especialmente os considerados vulneráveis, criança, adolescente, mulher e idoso, deve ser protegida de toda forma de:

- negligência;
- discriminação;
- exploração;
- violência;
- tortura;
- crueldade;
- opressão; e
- tratamento desumano ou degradante.

A deficiência não afeta a plena capacidade civil da pessoa, inclusive para:

- casar-se e constituir união estável;
- exercer direitos sexuais e reprodutivos;
- exercer o direito de decidir sobre o número de filhos e de ter acesso a informações adequadas sobre reprodução e planejamento familiar;
- conservar sua fertilidade, sendo vedada a esterilização compulsória;
- exercer o direito à família e à convivência familiar e comunitária; e
- exercer o direito à guarda, à tutela, à curatela e à adoção, como adotante ou adotando, em igualdade de oportunidades com as demais pessoas.

O Estatuto prevê como DEVER:

DEVER	
Juízes e tribunais - no exercício da função	Todos
↓	↓
Remeter peças ao Ministério Público para providências	Comunicar ameaça ou violação de direitos

Ainda, prevê o artigo 8º do EPD:

>*Art. 8º É dever do Estado, da sociedade e da família assegurar à pessoa com deficiência, com prioridade, a efetivação dos direitos referentes à vida, à saúde, à sexualidade, à paternidade e à maternidade, à alimentação, à habitação, à educação, à profissionalização, ao trabalho, à previdência social, à habilitação e à reabilitação, ao transporte, à acessibilidade, à cultura, ao desporto, ao turismo, ao lazer, à informação, à comunicação, aos avanços científicos e tecnológicos, à dignidade, ao respeito, à liberdade, à convivência familiar e comunitária, entre outros decorrentes da Constituição Federal, da Convenção sobre os Direitos das Pessoas com Deficiência e seu Protocolo Facultativo e das leis e de outras normas que garantam seu bem-estar pessoal, social e econômico.*

5.2 Atendimento Prioritário

Determina o art. 9º do EPD:

>*Art. 9º A pessoa com deficiência tem direito a receber atendimento prioritário, sobretudo com a finalidade de:*
>
>*I. proteção e socorro em quaisquer circunstâncias;*
>
>*II. atendimento em todas as instituições e serviços de atendimento ao público;*
>
>*III. disponibilização de recursos, tanto humanos quanto tecnológicos, que garantam atendimento em igualdade de condições com as demais pessoas;*
>
>*IV. disponibilização de pontos de parada, estações e terminais acessíveis de transporte coletivo de passageiros e garantia de segurança no embarque e no desembarque;*
>
>*V. acesso a informações e disponibilização de recursos de comunicação acessíveis;*
>
>*VI. recebimento de restituição de imposto de renda;*
>
>*VII. tramitação processual e procedimentos judiciais e administrativos em que for parte ou interessada, em todos os atos e diligências.*
>
>*§ 1º Os direitos previstos neste artigo são extensivos ao acompanhante da pessoa com deficiência ou ao seu atendente pessoal, exceto quanto ao disposto nos incisos VI e VII deste artigo.*
>
>*§ 2º Nos serviços de emergência públicos e privados, a prioridade conferida por esta Lei é condicionada aos protocolos de atendimento médico.*

O dispositivo determina situações que as pessoas com deficiência terão atendimento prioritário.

Atenção com as confusões sobre prioridade de atendimento. O edital pode abordar, além do EPD, a Lei nº 10.048/2000, que trata das pessoas que terão atendimento prioritário em órgãos públicos, instituições financeiras, entre outras.

A citada lei prevê atendimento prioritário para:

- pessoas com deficiência;
- os idosos com idade igual ou superior a 60 (sessenta) anos;
- as gestantes;
- as lactantes;
- as pessoas com crianças de colo;
- obesos.

A lei prevê também que as empresas públicas de transporte e as concessionárias de transporte coletivo reservarão assentos, devidamente identificados, aos idosos, gestantes, lactantes, pessoas deficientes e pessoas acompanhadas por crianças de colo e os logradouros e sanitários públicos, bem como os edifícios de uso público, terão normas de construção, para efeito de licenciamento da respectiva edificação, baixadas pela autoridade competente, destinadas a facilitar o acesso e uso desses locais pelas pessoas deficientes.

O PRESIDENTE DA REPÚBLICA Faço saber que o Congresso Nacional decreta e eu sanciono a seguinte Lei:

>*Art. 1° As pessoas portadoras de deficiência física, os idosos com idade igual ou superior a sessenta e cinco anos, as gestantes, as lactantes e as pessoas acompanhadas por crianças de colo terão atendimento prioritário, nos termos desta Lei.*
>
>*Art. 1° As pessoas portadoras de deficiência, os idosos com idade igual ou superior a 60 (sessenta) anos, as gestantes, as lactantes e as pessoas acompanhadas por crianças de colo terão atendimento prioritário, nos termos desta Lei. (Redação dada pela Lei nº 10.741, de 2003)*
>
>*Art. 1° As pessoas com deficiência, os idosos com idade igual ou superior a 60 (sessenta) anos, as gestantes, as lactantes, as pessoas com crianças de colo e os obesos terão atendimento prioritário, nos termos desta Lei. (Redação dada pela Lei nº 13.146, de 2015) (Vigência)*
>
>*Art. 2° As repartições públicas e empresas concessionárias de serviços públicos estão obrigadas a dispensar atendimento prioritário, por meio de serviços individualizados que assegurem tratamento diferenciado e atendimento imediato às pessoas a que se refere o art. 1º.*
>
>*Parágrafo único. É assegurada, em todas as instituições financeiras, a prioridade de atendimento às pessoas mencionadas no art. 1º.*

Art. 3° As empresas públicas de transporte e as concessionárias de transporte coletivo reservarão assentos, devidamente identificados, aos idosos, gestantes, lactantes, pessoas portadoras de deficiência e pessoas acompanhadas por crianças de colo.

Art. 4° Os logradouros e sanitários públicos, bem como os edifícios de uso público, terão normas de construção, para efeito de licenciamento da respectiva edificação, baixadas pela autoridade competente, destinadas a facilitar o acesso e uso desses locais pelas pessoas portadoras de deficiência.

Art. 5° Os veículos de transporte coletivo a serem produzidos após doze meses da publicação desta Lei serão planejados de forma a facilitar o acesso a seu interior das pessoas portadoras de deficiência.

§ 1° (VETADO)

§ 2° Os proprietários de veículos de transporte coletivo em utilização terão o prazo de cento e oitenta dias, a contar da regulamentação desta Lei, para proceder às adaptações necessárias ao acesso facilitado das pessoas portadoras de deficiência.

Art. 6° A infração ao disposto nesta Lei sujeitará os responsáveis:

I. no caso de servidor ou de chefia responsável pela repartição pública, às penalidades previstas na legislação específica;

II. no caso de empresas concessionárias de serviço público, a multa de R$ 500,00 (quinhentos reais) a R$ 2.500,00 (dois mil e quinhentos reais), por veículos sem as condições previstas nos arts. 3° e 5°;

III. no caso das instituições financeiras, às penalidades previstas no art. 44, incisos I, II e III, da Lei n° 4.595, de 31 de dezembro de 1964.

Parágrafo único. As penalidades de que trata este artigo serão elevadas ao dobro, em caso de reincidência.

Art. 7° O Poder Executivo regulamentará esta Lei no prazo de sessenta dias, contado de sua publicação.

Art. 8° Esta Lei entra em vigor na data de sua publicação.

Brasília, 8 de novembro de 2000; 179° da Independência e 112° da República.

FERNANDO HENRIQUE CARDOSO

Alcides Lopes Tápias

Martus Tavares

5.3 Direitos Fundamentais

Os direitos fundamentais são garantidos a todos pela nossa Constituição. Portanto, não importa quem seja, fica garantido os direitos previstos na nossa Carta Magna.

O EPD prevê regras específicas tratando sobre direitos fundamentais, tendo por objetivo a garantia de inclusão e igualdade.

São previstos:

- Do direito à vida;
- Do direito à habilitação e à reabilitação;
- Do direito à saúde;
- Do direito à educação;
- Do direito à moradia;
- Do direito ao trabalho;
- Do direito à assistência social;
- Do direito à previdência social;
- Do direito à cultura, ao esporte, ao turismo e ao lazer;
- Do direito ao transporte e à mobilidade.

Vamos trabalhar alguns destes (é essencial a leitura da lei de todos os dispositivos).

5.3.1 Direito à Vida

O Poder Público deve garantir a dignidade da pessoa com deficiência ao longo de toda a vida. E em situações de risco, emergência ou estado de calamidade pública, a pessoa com deficiência será considerada vulnerável, devendo o poder público adotar medidas para sua proteção e segurança.

A pessoa com deficiência não poderá ser obrigada a se submeter à intervenção clínica ou cirúrgica, a tratamento ou a institucionalização forçada (a curatela pode suprir o consentimento)

O consentimento prévio, livre e esclarecido da pessoa com deficiência é indispensável para a realização de tratamento, procedimento, hospitalização e pesquisa científica.

Dispensa em casos de:

- Risco de morte.
- Emergência em saúde, resguardado seu superior interesse e adotadas as salvaguardas legais cabíveis.

O EPD prevê que a pesquisa científica envolvendo pessoa com deficiência em situação de tutela ou de curatela deve ser realizada, em caráter excepcional, quando não existe a possibilidade de realização com participantes não tutelados ou curatelados, apenas quando houver indícios de benefício direto para sua saúde ou para a saúde de outras pessoas com deficiência.

5.3.2 Direito à Reabilitação e Habilitação

A reabilitação e habilitação é um direito garantido a toda pessoa com deficiência, visando ao desenvolvimento de potencialidades, talentos, habilidades e aptidões físicas, cognitivas, sensoriais, psicossociais, atitudinais, profissionais e artísticas que contribuam para a conquista da autonomia da pessoa com deficiência e de sua participação social em igualdade de condições e oportunidades com as demais pessoas.

Para passar por este processo, será realizada avaliação multidisciplinar, analisando potencialidades, habilidades e quais necessidades da pessoa com deficiência, seguindo as seguintes diretrizes:

Art. 15. O processo mencionado no art. 14 desta Lei baseia-se em avaliação multidisciplinar das necessidades, habilidades e potencialidades de cada pessoa, observadas as seguintes diretrizes:

I. diagnóstico e intervenção precoces;

II. adoção de medidas para compensar perda ou limitação funcional, buscando o desenvolvimento de aptidões;

III. atuação permanente, integrada e articulada de políticas públicas que possibilitem a plena participação social da pessoa com deficiência;

IV. oferta de rede de serviços articulados, com atuação intersetorial, nos diferentes níveis de complexidade, para atender às necessidades específicas da pessoa com deficiência;

V. prestação de serviços próximo ao domicílio da pessoa com deficiência, inclusive na zona rural, respeitadas a organização das Redes de Atenção à Saúde (RAS) nos territórios locais e as normas do Sistema Único de Saúde (SUS).

Fica, ainda, garantido para as pessoas com deficiência:

- organização, serviços, métodos, técnicas e recursos para atender às características de cada pessoa com deficiência;
- acessibilidade em todos os ambientes e serviços;
- tecnologia assistiva, tecnologia de reabilitação, materiais e equipamentos adequados e apoio técnico profissional, de acordo com as especificidades de cada pessoa com deficiência;
- capacitação continuada de todos os profissionais que participem dos programas e serviços.

Os serviços do SUS e do SUAS deverão promover ações articuladas para garantir à pessoa com deficiência e sua família a aquisição de informações, orientações (nas mais diversas áreas: de saúde, de educação, de cultura, de esporte, de lazer, de transporte, de previdência social, de assistência social, de habitação, de trabalho, de empreendedorismo, de acesso ao crédito, de promoção, proteção e defesa de direitos e nas demais áreas que possibilitem à pessoa com deficiência exercer sua cidadania) formas de acesso às políticas públicas disponíveis, com a finalidade de propiciar sua plena participação social.

5.3.3 Direito à Saúde

À pessoa com deficiência fica assegurada a atenção integral à saúde, de forma universal e igualitária, por intermédio do SUS, bem como fica assegurada a participação na elaboração de políticas de saúde.

As ações e os serviços de saúde pública destinados à pessoa com deficiência devem assegurar:

- diagnóstico e intervenção precoces, realizados por equipe multidisciplinar;
- serviços de habilitação e de reabilitação sempre que necessários, para qualquer tipo de deficiência, inclusive para a manutenção da melhor condição de saúde e qualidade de vida;
- atendimento domiciliar multidisciplinar, tratamento ambulatorial e internação;
- campanhas de vacinação;
- atendimento psicológico, inclusive para seus familiares e atendentes pessoais;
- respeito à especificidade, à identidade de gênero e à orientação sexual da pessoa com deficiência;
- atenção sexual e reprodutiva, incluindo o direito à fertilização assistida;
- informação adequada e acessível à pessoa com deficiência e a seus familiares sobre sua condição de saúde;
- serviços projetados para prevenir a ocorrência e o desenvolvimento de deficiências e agravos adicionais;
- promoção de estratégias de capacitação permanente das equipes que atuam no SUS, em todos os níveis de atenção, no atendimento à pessoa com deficiência, bem como orientação a seus atendentes pessoais;
- oferta de órteses, próteses, meios auxiliares de locomoção, medicamentos, insumos e fórmulas nutricionais, conforme as normas vigentes do Ministério da Saúde.

As diretrizes aplicam-se também às instituições privadas que participem de forma complementar do SUS ou que recebam recursos públicos para sua manutenção.

O Art. 19 do EPD prevê ações que devem ser desenvolvidas pelo SUS destinadas à prevenção:

> *Art. 19. Compete ao SUS desenvolver ações destinadas à prevenção de deficiências por causas evitáveis, inclusive por meio de:*
>
> *I. acompanhamento da gravidez, do parto e do puerpério, com garantia de parto humanizado e seguro;*
>
> *II. promoção de práticas alimentares adequadas e saudáveis, vigilância alimentar e nutricional, prevenção e cuidado integral dos agravos relacionados à alimentação e nutrição da mulher e da criança;*
>
> *III. aprimoramento e expansão dos programas de imunização e de triagem neonatal;*
>
> *IV. identificação e controle da gestante de alto risco.*

Importante também frisar que o EPD prevê no aspecto da saúde:

- As operadoras de planos e seguros privados de saúde são obrigadas a garantir à pessoa com deficiência, no mínimo, todos os serviços e produtos ofertados aos demais clientes. Também é vedada cobrança de valores diferenciados por planos e seguros privados de saúde, em razão de sua condição de pessoa com deficiência.
- Quando esgotados os meios de atenção à saúde da pessoa com deficiência no local de residência, será prestado atendimento fora de domicílio, para fins de diagnóstico e de tratamento, garantidos o transporte e a acomodação da pessoa com deficiência e de seu acompanhante.
- À pessoa com deficiência internada ou em observação é assegurado o direito à acompanhante ou à atendente pessoal, devendo o órgão ou a instituição de saúde proporcionar condições adequadas para sua permanência em tempo integral e, na impossibilidade de permanência, o profissional de saúde responsável deverá justificar, por escrito, devendo o órgão ou a instituição de saúde adotar as providências cabíveis para suprir a ausência do acompanhante ou do atendente pessoal.
- É assegurado à pessoa com deficiência o acesso aos serviços de saúde, tanto públicos como privados, e às informações prestadas e recebidas, por meio de recursos de tecnologia assistiva e de todas as formas de comunicação.

- Os espaços dos serviços de saúde, tanto públicos quanto privados, devem assegurar o acesso da pessoa com deficiência, em conformidade com a legislação em vigor, mediante a remoção de barreiras, por meio de projetos arquitetônicos, de ambientação de interior e de comunicação que atendam às especificidades das pessoas com deficiência física, sensorial, intelectual e mental.
- Os casos de suspeita ou de confirmação de violência praticada contra a pessoa com deficiência serão objetos de notificação compulsória pelos serviços de saúde públicos e privados à autoridade policial e ao Ministério Público, além dos Conselhos dos Direitos da Pessoa com Deficiência. Para efeito da lei, conceitua-se violência qualquer ação ou omissão, praticada em local público ou privado, que lhe cause morte ou dano ou sofrimento físico ou psicológico.

Aos profissionais que prestam assistência à pessoa com deficiência, especialmente em serviços de habilitação e de reabilitação, deve ser garantida capacitação inicial e continuada.

5.3.4 Direito à Educação

A educação também constitui direito da pessoa com deficiência, assegurados um sistema educacional inclusivo em todos os níveis e aprendizado ao longo de toda a vida, de forma a alcançar o máximo de desenvolvimento possível de seus talentos e habilidades físicas, sensoriais, intelectuais e sociais, segundo suas características, interesses e necessidades de aprendizagem.

Cabe ao Estado, à família, à comunidade escolar e à sociedade assegurar educação de qualidade à pessoa com deficiência, colocando-a a salvo de toda forma de violência, negligência e discriminação.

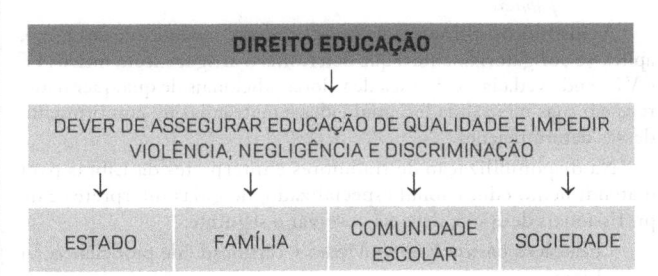

Desta feita, determina o Art. 28 do EPD:

> *Art. 28. Incumbe ao poder público assegurar, criar, desenvolver, implementar, incentivar, acompanhar e avaliar:*
>
> *I. sistema educacional inclusivo em todos os níveis e modalidades, bem como o aprendizado ao longo de toda a vida;*
>
> *II. aprimoramento dos sistemas educacionais, visando a garantir condições de acesso, permanência, participação e aprendizagem, por meio da oferta de serviços e de recursos de acessibilidade que eliminem as barreiras e promovam a inclusão plena;*
>
> *III. projeto pedagógico que institucionalize o atendimento educacional especializado, assim como os demais serviços e adaptações razoáveis, para atender às características dos estudantes com deficiência e garantir o seu pleno acesso ao currículo em condições de igualdade, promovendo a conquista e o exercício de sua autonomia;*
>
> *IV. oferta de educação bilíngue, em Libras como primeira língua e na modalidade escrita da língua portuguesa como segunda língua, em escolas e classes bilíngues e em escolas inclusivas;**
>
> *V. adoção de medidas individualizadas e coletivas em ambientes que maximizem o desenvolvimento acadêmico e social dos estudantes com deficiência, favorecendo o acesso, a permanência, a participação e a aprendizagem em instituições de ensino;*
>
> *VI. pesquisas voltadas para o desenvolvimento de novos métodos e técnicas pedagógicas, de materiais didáticos, de equipamentos e de recursos de tecnologia assistiva; **
>
> *VII. planejamento de estudo de caso, de elaboração de plano de atendimento educacional especializado, de organização de recursos e serviços de acessibilidade e de disponibilização e usabilidade pedagógica de recursos de tecnologia assistiva;*

VIII. participação dos estudantes com deficiência e de suas famílias nas diversas instâncias de atuação da comunidade escolar;

IX. adoção de medidas de apoio que favoreçam o desenvolvimento dos aspectos linguísticos, culturais, vocacionais e profissionais, levando-se em conta o talento, a criatividade, as habilidades e os interesses do estudante com deficiência;

X. adoção de práticas pedagógicas inclusivas pelos programas de formação inicial e continuada de professores e oferta de formação continuada para o atendimento educacional especializado;

XI. formação e disponibilização de professores para o atendimento educacional especializado, de tradutores e intérpretes da Libras, de guias intérpretes e de profissionais de apoio;

XII. oferta de ensino da Libras, do Sistema Braille e de uso de recursos de tecnologia assistiva, de forma a ampliar habilidades funcionais dos estudantes, promovendo sua autonomia e participação;

XIII. acesso à educação superior e à educação profissional e tecnológica em igualdade de oportunidades e condições com as demais pessoas;

XIV. inclusão em conteúdos curriculares, em cursos de nível superior e de educação profissional técnica e tecnológica, de temas relacionados à pessoa com deficiência nos respectivos campos de conhecimento;

XV. acesso da pessoa com deficiência, em igualdade de condições, a jogos e a atividades recreativas, esportivas e de lazer, no sistema escolar;

XVI. acessibilidade para todos os estudantes, trabalhadores da educação e demais integrantes da comunidade escolar às edificações, aos ambientes e às atividades concernentes a todas as modalidades, etapas e níveis de ensino;

XVII. oferta de profissionais de apoio escolar;

XVIII. articulação intersetorial na implementação de políticas públicas.

Às instituições privadas, de qualquer nível e modalidade de ensino, aplica-se obrigatoriamente o que determina o artigo, exceto incisos IV e VI, sendo vedada a cobrança de valores adicionais de qualquer natureza em suas mensalidades, anuidades e matrículas no cumprimento dessas determinações.

Na disponibilização de tradutores e intérpretes da Libras para o atendimento educacional especializado, de guias intérpretes e de profissionais de apoio; deve-se observar o seguinte:

- Educação básica: Ensino Médio + certificado de proficiência na Libras.
- Os tradutores e intérpretes da Libras, quando direcionados à tarefa de interpretar nas salas de aula dos cursos de graduação e pós-graduação: nível superior + com habilitação, prioritariamente, em Tradução e Interpretação em Libras.

Nos processos seletivos para ingresso e permanência nos cursos oferecidos pelas instituições de ensino superior e de educação profissional e tecnológica, públicas e privadas, devem ser adotadas as seguintes medidas:

- atendimento preferencial à pessoa com deficiência nas dependências das Instituições de Ensino Superior (IES) e nos serviços;
- disponibilização de formulário de inscrição de exames com campos específicos para que o candidato com deficiência informe os recursos de acessibilidade e de tecnologia assistiva necessários para sua participação;
- disponibilização de provas em formatos acessíveis para atendimento às necessidades específicas do candidato com deficiência;
- disponibilização de recursos de acessibilidade e de tecnologia assistiva adequados, previamente solicitados e escolhidos pelo candidato com deficiência;
- dilação de tempo, conforme demanda apresentada pelo candidato com deficiência, tanto na realização de exame para seleção quanto nas atividades acadêmicas, mediante prévia solicitação e comprovação da necessidade;
- adoção de critérios de avaliação das provas escritas, discursivas ou de redação que considerem a singularidade linguística da pessoa com deficiência, no domínio da modalidade escrita da língua portuguesa;

- tradução completa do edital e de suas retificações em Libras.

5.3.5 Direito à Moradia

O EPD prevê que a pessoa com deficiência tem direito à moradia digna, no seio da família natural ou substituta, com seu cônjuge ou companheiro ou desacompanhada, ou em moradia para a vida independente da pessoa com deficiência, ou, ainda, em residência inclusiva.

O Poder público deve adotar programas e ações estratégicas para apoiar a criação e a manutenção de moradia para a vida independente da pessoa com deficiência.

A proteção integral na modalidade de residência inclusiva será prestada no âmbito do Suas à pessoa com deficiência em situação de dependência que não disponha de condições de autossustentabilidade, com vínculos familiares fragilizados ou rompidos.

Programas habitacionais, públicos ou subsidiados devem reservar 3% das unidades habitacionais para aquisição para pessoa com deficiência, que goza de prioridade na aquisição, sendo beneficiada com prioridade uma vez apenas.

PROGRAMAS HABITACIONAIS → **PÚBLICOS OU SUBSIDIADOS** → 3% DAS UNIDADES

5.3.6 Direito ao Trabalho

A pessoa com deficiência tem direito ao trabalho de sua livre escolha e aceitação, em ambiente acessível (sendo obrigação das pessoas jurídicas a garantir ambiente acessível e inclusivo) e inclusivo, em igualdade de oportunidades com as demais pessoas.

São direitos das pessoas com deficiência:

- igualdade de oportunidades com as demais pessoas;
- condições justas e favoráveis de trabalho, incluindo igual remuneração por trabalho de igual valor;
- participação e acesso a cursos, treinamentos, educação continuada, planos de carreira, promoções, bonificações e incentivos profissionais oferecidos pelo empregador, em igualdade de oportunidades com os demais empregados;
- acessibilidade em cursos de formação e de capacitação.

É vedada a restrição ao trabalho da pessoa com deficiência e qualquer discriminação em razão de sua condição, inclusive nas etapas de recrutamento, seleção, contratação, admissão, exames admissional e periódico, permanência no emprego, ascensão profissional e reabilitação profissional, bem como exigência de aptidão plena.

É finalidade primordial das políticas públicas de trabalho e emprego promover e garantir condições de acesso e de permanência da pessoa com deficiência no campo de trabalho. Os programas de estímulo ao empreendedorismo e ao trabalho autônomo, incluídos o cooperativismo e o associativismo, devem prever a participação da pessoa com deficiência e a disponibilização de linhas de crédito, quando necessárias.

5.3.7 Habilitação Profissional e Reabilitação Profissional

O Art. 36 do EPD prevê:

> **Art. 36.** *O poder público deve implementar serviços e programas completos de habilitação profissional e de reabilitação profissional para que a pessoa com deficiência possa ingressar, continuar ou retornar ao campo do trabalho, respeitados sua livre escolha, sua vocação e seu interesse.*
>
> **§ 1º** *Equipe multidisciplinar indicará, com base em critérios previstos no § 1º do art. 2o desta Lei, programa de habilitação ou de reabilitação que possibilite à pessoa com deficiência restaurar sua capacidade e habilidade profissional ou adquirir novas capacidades e habilidades de trabalho.*

§ 2º A habilitação profissional corresponde ao processo destinado a propiciar à pessoa com deficiência aquisição de conhecimentos, habilidades e aptidões para exercício de profissão ou de ocupação, permitindo nível suficiente de desenvolvimento profissional para ingresso no campo de trabalho.

§ 3º Os serviços de habilitação profissional, de reabilitação profissional e de educação profissional devem ser dotados de recursos necessários para atender a toda pessoa com deficiência, independentemente de sua característica específica, a fim de que ela possa ser capacitada para trabalho que lhe seja adequado e ter perspectivas de obtê-lo, de conservá-lo e de nele progredir.

§ 4º Os serviços de habilitação profissional, de reabilitação profissional e de educação profissional deverão ser oferecidos em ambientes acessíveis e inclusivos.

§ 5º A habilitação profissional e a reabilitação profissional devem ocorrer articuladas com as redes públicas e privadas, especialmente de saúde, de ensino e de assistência social, em todos os níveis e modalidades, em entidades de formação profissional ou diretamente com o empregador.

§ 6º A habilitação profissional pode ocorrer em empresas por meio de prévia formalização do contrato de emprego da pessoa com deficiência, que será considerada para o cumprimento da reserva de vagas prevista em lei, desde que por tempo determinado e concomitante com a inclusão profissional na empresa, observado o disposto em regulamento.

§ 7º A habilitação profissional e a reabilitação profissional atenderão à pessoa com deficiência.

5.4 Inclusão da Pessoa com Deficiência no Trabalho

Teremos inclusão quando da colocação da pessoa com deficiência de forma competitiva e em igualdade de oportunidades, observada legislação trabalhista e previdenciária.

Devem, ainda, ser observadas as normas de acessibilidade e fornecidos recursos de tecnologia assistiva e a adaptação razoável no ambiente de trabalho.

A colocação competitiva da pessoa com deficiência pode ocorrer por meio de trabalho com apoio, observadas as seguintes diretrizes:

- prioridade no atendimento à pessoa com deficiência com maior dificuldade de inserção no campo de trabalho;
- provisão de suportes individualizados que atendam a necessidades específicas da pessoa com deficiência, inclusive a disponibilização de recursos de tecnologia assistiva, de agente facilitador e de apoio no ambiente de trabalho;
- respeito ao perfil vocacional e ao interesse da pessoa com deficiência apoiada;
- oferta de aconselhamento e de apoio aos empregadores, com vistas à definição de estratégias de inclusão e de superação de barreiras, inclusive atitudinais;
- realização de avaliações periódicas;
- articulação intersetorial das políticas públicas;
- possibilidade de participação de organizações da sociedade civil.

5.4.1 Assistência Social

A assistência social visa à promoção da pessoa, sendo previstos serviços, programas, projetos e os benefícios no âmbito da política pública de assistência social à pessoa com deficiência e sua família têm como objetivo a garantia da segurança de renda, da acolhida, da habilitação e da reabilitação, do desenvolvimento da autonomia e da convivência familiar e comunitária, para a promoção do acesso a direitos e da plena participação social.

Os serviços socioassistenciais destinados à pessoa com deficiência em situação de dependência deverão contar com cuidadores sociais para prestar-lhe cuidados básicos e instrumentais.

É assegurado à pessoa com deficiência que não possua meios para prover sua subsistência nem de tê-la provida por sua família o benefício mensal de 1 (um) salário-mínimo, nos termos da Lei nº 8.742, de 7 de

dezembro de 1993 (LOAS – Lei Orgânica da Assistência Social), que é conhecido como Benefício de Prestação Continuada da Assistência Social (BPC-LOAS).

Dentro do âmbito assistencial, o EPD trouxe a previsão do Auxílio-Inclusão, prevendo benefício para aquele que passe a exercer atividade remunerada e recebia o BPC-LOAS, como uma forma de incentivo para manutenção da pessoa com deficiência no mercado de trabalho (ser segurado obrigatório do RGPS – Regime Geral de Previdência Social) vejamos o que dispõe o artigo 94 do Estatuto:

Art. 94. Terá direito a auxílio-inclusão, nos termos da lei, a pessoa com deficiência moderada ou grave que:

I. receba o benefício de prestação continuada previsto no art. 20 da Lei nº 8.742, de 7 de dezembro de 1993, e que passe a exercer atividade remunerada que a enquadre como segurado obrigatório do RGPS;

II. tenha recebido, nos últimos 5 (cinco) anos, o benefício de prestação continuada previsto no art. 20 da Lei nº 8.742, de 7 de dezembro de 1993, e que exerça atividade remunerada que a enquadre como segurado obrigatório do RGPS.

Resumo dos requisitos pelo Estatuto:

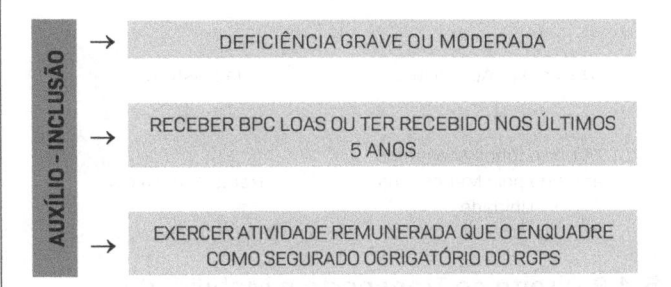

5.4.2 Cultura, Esporte, Turismo e Lazer

Vamos aos dispositivos legais:

Art. 42. A pessoa com deficiência tem direito à cultura, ao esporte, ao turismo e ao lazer em igualdade de oportunidades com as demais pessoas, sendo-lhe garantido o acesso:

I. a bens culturais em formato acessível;

II. a programas de televisão, cinema, teatro e outras atividades culturais e desportivas em formato acessível; e

III. a monumentos e locais de importância cultural e a espaços que ofereçam serviços ou eventos culturais e esportivos.

§ 1º É vedada a recusa de oferta de obra intelectual em formato acessível à pessoa com deficiência, sob qualquer argumento, inclusive sob a alegação de proteção dos direitos de propriedade intelectual.

§ 2º O poder público deve adotar soluções destinadas à eliminação, à redução ou à superação de barreiras para a promoção do acesso a todo patrimônio cultural, observadas as normas de acessibilidade, ambientais e de proteção do patrimônio histórico e artístico nacional.

Art. 43. O poder público deve promover a participação da pessoa com deficiência em atividades artísticas, intelectuais, culturais, esportivas e recreativas, com vistas ao seu protagonismo, devendo:

I. incentivar a provisão de instrução, de treinamento e de recursos adequados, em igualdade de oportunidades com as demais pessoas;

II. assegurar acessibilidade nos locais de eventos e nos serviços prestados por pessoa ou entidade envolvida na organização das atividades de que trata este artigo; e

III. assegurar a participação da pessoa com deficiência em jogos e atividades recreativas, esportivas, de lazer, culturais e artísticas, inclusive no sistema escolar, em igualdade de condições com as demais pessoas.

Nos teatros, cinemas, auditórios, estádios, ginásios de esporte, locais de espetáculos e de conferências e similares serão reservados espaços livres e assentos para a pessoa com deficiência, de acordo com a capacidade de lotação da edificação, que devem ser distribuídos em locais diversos, de boa visibilidade, em todos os setores, próximos aos corredores, devidamente sinalizados, evitando-se áreas segregadas de público e obstrução das saídas, em conformidade com as normas de

acessibilidade, devendo acomodar acompanhante da pessoa deficiente ou com mobilidade reduzida, sendo garantida também a acomodação próxima ao grupo familiar e comunitário.

No caso de não haver comprovada procura pelos assentos reservados, esses podem, excepcionalmente, ser ocupados por pessoas sem deficiência ou que não tenham mobilidade reduzida.

Devem existir rotas de fuga e saídas de emergência acessíveis, conforme padrões das normas de acessibilidade, a fim de permitir a saída segura da pessoa com deficiência ou com mobilidade reduzida, em caso de emergência.

- Cinema: deve garantir, em todas as sessões, recursos de acessibilidade para a pessoa com deficiência.
- O valor do ingresso da pessoa com deficiência não poderá ser superior ao valor cobrado das demais pessoas.

O Estatuto também prevê regras para hotéis, pousadas e similares:

PINCÍPIOS DO DESENHO UNIVERSAL

Hotéis, Pousadas e Similares

↓

Devem ser Acessíveis	Já Existentes
↓	↓
10% Dormitórios Acessíveis, Garantido pelo Menos uma Unidade	Rotas Acessíveis

5.4.3 Direito ao Transporte e Mobilidade

O EPD determina diversas regras com relação ao transporte e mobilidade das pessoas com deficiência. Vamos aos dispositivos e esquematizar:

Art. 46. *O direito ao transporte e à mobilidade da pessoa com deficiência ou com mobilidade reduzida será assegurado em igualdade de oportunidades com as demais pessoas, por meio de identificação e de eliminação de todos os obstáculos e barreiras ao seu acesso.*

§ 1º Para fins de acessibilidade aos serviços de transporte coletivo terrestre, aquaviário e aéreo, em todas as jurisdições, consideram-se como integrantes desses serviços os veículos, os terminais, as estações, os pontos de parada, o sistema viário e a prestação do serviço.

§ 2º São sujeitas ao cumprimento das disposições desta Lei, sempre que houver interação com a matéria nela regulada, a outorga, a concessão, a permissão, a autorização, a renovação ou a habilitação de linhas e de serviços de transporte coletivo.

§ 3º Para colocação do símbolo internacional de acesso nos veículos, as empresas de transporte coletivo de passageiros dependem da certificação de acessibilidade emitida pelo gestor público responsável pela prestação do serviço.

Art. 47. *Em todas as áreas de estacionamento aberto ao público, de uso público ou privado de uso coletivo e em vias públicas, devem ser reservadas vagas próximas aos acessos de circulação de pedestres, devidamente sinalizadas, para veículos que transportem pessoa com deficiência com comprometimento de mobilidade, desde que devidamente identificados.*

§ 1º As vagas a que se refere o caput deste artigo devem equivaler a 2% (dois por cento) do total, garantida, no mínimo, 1 (uma) vaga devidamente sinalizada e com as especificações de desenho e traçado de acordo com as normas técnicas vigentes de acessibilidade.

§ 2º Os veículos estacionados nas vagas reservadas devem exibir, em local de ampla visibilidade, a credencial de beneficiário, a ser confeccionada e fornecida pelos órgãos de trânsito, que disciplinarão suas características e condições de uso.

§ 3º A utilização indevida das vagas de que trata este artigo sujeita os infratores às sanções previstas no inciso XX do art. 181 da Lei nº

9.503, de 23 de setembro de 1997 (Código de Trânsito Brasileiro). (Redação dada pela Lei nº 13.281, de 2016) (Vigência)

§ 4º A credencial a que se refere o § 2º deste artigo é vinculada à pessoa com deficiência que possui comprometimento de mobilidade e é válida em todo o território nacional.

Art. 48. *Os veículos de transporte coletivo terrestre, aquaviário e aéreo, as instalações, as estações, os portos e os terminais em operação no País devem ser acessíveis, de forma a garantir o seu uso por todas as pessoas.*

§ 1º Os veículos e as estruturas de que trata o caput deste artigo devem dispor de sistema de comunicação acessível que disponibilize informações sobre todos os pontos do itinerário.

§ 2º São asseguradas à pessoa com deficiência prioridade e segurança nos procedimentos de embarque e de desembarque nos veículos de transporte coletivo, de acordo com as normas técnicas.

§ 3º Para colocação do símbolo internacional de acesso nos veículos, as empresas de transporte coletivo de passageiros dependem da certificação de acessibilidade emitida pelo gestor público responsável pela prestação do serviço.

Art. 49. *As empresas de transporte de fretamento e de turismo, na renovação de suas frotas, são obrigadas ao cumprimento do disposto nos arts. 46 e 48 desta Lei. (Vigência)*

Art. 50. *O poder público incentivará a fabricação de veículos acessíveis e a sua utilização como táxis e vans, de forma a garantir o seu uso por todas as pessoas.*

Art. 51. *As frotas de empresas de táxi devem reservar 10% (dez por cento) de seus veículos acessíveis à pessoa com deficiência.*

§ 1º É proibida a cobrança diferenciada de tarifas ou de valores adicionais pelo serviço de táxi prestado à pessoa com deficiência.

§ 2º O poder público é autorizado a instituir incentivos fiscais com vistas a possibilitar a acessibilidade dos veículos a que se refere o caput deste artigo.

Art. 52. *As locadoras de veículos são obrigadas a oferecer 1 (um) veículo adaptado para uso de pessoa com deficiência, a cada conjunto de 20 (vinte) veículos de sua frota.*

Parágrafo único. *O veículo adaptado deverá ter, no mínimo, câmbio automático, direção hidráulica, vidros elétricos e comandos manuais de freio e de embreagem.*

Direito ao Transporte e a Mobilidade

	Frotas de táxis	Locadoras de veículos
↓	↓	↓
Estacionamentos: uso público ou privado de uso coletivo e vias públicas	10% de seus veículos acessíveis	Um veículo adaptado a cada conjunto de 20 veículos da frota
↓		

Vagas próximas aos acessos de pedestres	2% do total , garantindo no mínimo uma vaga

6 ACESSIBILIDADE

A acessibilidade é direito que garante à pessoa com deficiência ou com mobilidade reduzida viver de forma independente e exercer seus direitos de cidadania e de participação social.

Estão sujeitas às normas de acessibilidade (previstas no EPD e outras normas):

- a aprovação de projeto arquitetônico e urbanístico ou de comunicação e informação, a fabricação de veículos de transporte coletivo, a prestação do respectivo serviço e a execução de qualquer tipo de obra, quando tenham destinação pública ou coletiva;
- a outorga ou a renovação de concessão, permissão, autorização ou habilitação de qualquer natureza;
- a aprovação de financiamento de projeto com utilização de recursos públicos, por meio de renúncia ou de incentivo fiscal, contrato, convênio ou instrumento congênere; e
- a concessão de aval da União para obtenção de empréstimo e de financiamento internacionais por entes públicos ou privados.

A acessibilidade é direito que garante à pessoa com deficiência ou com mobilidade reduzida viver de forma independente e exercer seus direitos de cidadania e de participação social.

Estão sujeitas às normas de acessibilidade (previstas no EPD e outras normas):

- a aprovação de projeto arquitetônico e urbanístico ou de comunicação e informação, a fabricação de veículos de transporte coletivo, a prestação do respectivo serviço e a execução de qualquer tipo de obra, quando tenham destinação pública ou coletiva;
- a outorga ou a renovação de concessão, permissão, autorização ou habilitação de qualquer natureza;
- a aprovação de financiamento de projeto com utilização de recursos públicos, por meio de renúncia ou de incentivo fiscal, contrato, convênio ou instrumento congênere; e
- a concessão de aval da União para obtenção de empréstimo e de financiamento internacionais por entes públicos ou privados.

Atente para o disposto no Art. 55 do EPD:

Art. 55. A concepção e a implantação de projetos que tratem do meio físico, de transporte, de informação e comunicação, inclusive de sistemas e tecnologias da informação e comunicação, e de outros serviços, equipamentos e instalações abertos ao público, de uso público ou privado de uso coletivo, tanto na zona urbana como na rural, devem atender aos princípios do desenho universal, tendo como referência as normas de acessibilidade.

§ 1º O desenho universal será sempre tomado como regra de caráter geral.

§ 2º Nas hipóteses em que comprovadamente o desenho universal não possa ser empreendido, deve ser adotada adaptação razoável.

§ 3º Caberá ao poder público promover a inclusão de conteúdos temáticos referentes ao desenho universal nas diretrizes curriculares da educação profissional e tecnológica e do ensino superior e na formação das carreiras de Estado.

§ 4º Os programas, os projetos e as linhas de pesquisa a serem desenvolvidos com o apoio de organismos públicos de auxílio à pesquisa e de agências de fomento deverão incluir temas voltados para o desenho universal.

§ 5º Desde a etapa de concepção, as políticas públicas deverão considerar a adoção do desenho universal.

Toda construção, reforma, ampliação e mudanças de uso de edificação abertas ao público ou privadas de uso coletivo (museus, teatros, cinemas etc.) devem ser acessíveis, sendo obrigação de entidades de fiscalização das atividades de Engenharia, de Arquitetura e correlatas, ao anotarem a responsabilidade técnica de projetos, devem exigir a responsabilidade profissional declarada de atendimento às regras de acessibilidade previstas em legislação e em normas técnicas pertinentes.

Para aprovar licenciamento ou emissão de certificado de projeto executivo arquitetônico, urbanístico e de instalações e equipamentos temporários ou permanentes e para o licenciamento ou a emissão de certificado de conclusão de obra ou de serviço, deve ser atestado o atendimento às regras de acessibilidade.

As edificações públicas e privadas de uso coletivo já existentes devem garantir acessibilidade à pessoa com deficiência em todas as suas dependências e serviços, tendo como referência as normas de acessibilidade vigentes.

Art. 58. O projeto e a construção de edificação de uso privado multifamiliar devem atender aos preceitos de acessibilidade, na forma regulamentar. (Regulamento)

§ 1º As construtoras e incorporadoras responsáveis pelo projeto e pela construção das edificações a que se refere o caput deste artigo devem assegurar percentual mínimo de suas unidades internamente acessíveis, na forma regulamentar.

§ 2º É vedada a cobrança de valores adicionais para a aquisição de unidades internamente acessíveis a que se refere o § 1º deste artigo.

Art. 59. Em qualquer intervenção nas vias e nos espaços públicos, o poder público e as empresas concessionárias responsáveis pela execução das obras e dos serviços devem garantir, de forma segura, a fluidez do trânsito e a livre circulação e acessibilidade das pessoas, durante e após sua execução.

Art. 60. Orientam-se, no que couber, pelas regras de acessibilidade previstas em legislação e em normas técnicas, observado o disposto na Lei no 10.098, de 19 de dezembro de 2000, nº 10.257, de 10 de julho de 2001, e nº12.587, de 3 de janeiro de 2012:

I. os planos diretores municipais, os planos diretores de transporte e trânsito, os planos de mobilidade urbana e os planos de preservação de sítios históricos elaborados ou atualizados a partir da publicação desta Lei;

II. os códigos de obras, os códigos de postura, as leis de uso e ocupação do solo e as leis do sistema viário;

III. os estudos prévios de impacto de vizinhança;

IV. as atividades de fiscalização e a imposição de sanções; e

V. a legislação referente à prevenção contra incêndio e pânico.

§ 1º A concessão e a renovação de alvará de funcionamento para qualquer atividade são condicionadas à observação e à certificação das regras de acessibilidade.

§ 2º A emissão de carta de habite-se ou de habilitação equivalente e sua renovação, quando esta tiver sido emitida anteriormente às exigências de acessibilidade, é condicionada à observação e à certificação das regras de acessibilidade.

Art. 61. A formulação, a implementação e a manutenção das ações de acessibilidade atenderão às seguintes premissas básicas:

I. eleição de prioridades, elaboração de cronograma e reserva de recursos para implementação das ações; e

II. planejamento contínuo e articulado entre os setores envolvidos.

Art. 62. É assegurado à pessoa com deficiência, mediante solicitação, o recebimento de contas, boletos, recibos, extratos e cobranças de tributos em formato acessível.

A Acessibilidade também contempla a informação e a comunicação, determinando a legislação:

- Obrigatoriedade nos sites de internet mantidos por empresas com sede ou representação comercial no País ou por órgãos de governo, para uso da pessoa com deficiência, garantindo-lhe acesso às informações disponíveis, conforme as melhores práticas e diretrizes de acessibilidade adotadas internacionalmente, devendo ter símbolos de acessibilidade em destaque.
- Telecentros comunitários que receberem recursos públicos federais para seu custeio ou sua instalação e lanhouses devem possuir equipamentos e instalações acessíveis.Os telecentros e as lanhouses devem garantir, no mínimo, 10% (dez por cento) de seus computadores com recursos de acessibilidade para pessoa com deficiência visual, sendo assegurado pelo menos 1 (um) equipamento, quando o resultado percentual for inferior a 1 (um).

- As empresas prestadoras de serviços de telecomunicações deverão garantir pleno acesso à pessoa com deficiência, conforme regulamentação específica.

- Cabe ao poder público incentivar a oferta de aparelhos de telefonia fixa e móvel celular com acessibilidade que, entre outras tecnologias assistivas, possuam possibilidade de indicação e de ampliação sonoras de todas as operações e funções disponíveis.

- Os serviços de radiodifusão de sons e imagens devem permitir o uso dos seguintes recursos, entre outros:
  - subtitulação por meio de legenda oculta;
  - janela com intérprete da Libras;
  - audiodescrição.

- O poder público deve adotar mecanismos de incentivo à produção, à edição, à difusão, à distribuição e à comercialização de livros em formatos acessíveis, inclusive em publicações da administração pública ou financiadas com recursos públicos, com vistas a garantir à pessoa com deficiência o direito de acesso à leitura, à informação e à comunicação.

- Nos editais de compras de livros, inclusive para o abastecimento ou a atualização de acervos de bibliotecas em todos os níveis e modalidades de educação e de bibliotecas públicas, o poder público deverá adotar cláusulas de impedimento à participação de editoras que não ofertem sua produção também em formatos acessíveis. Consideram-se formatos acessíveis os arquivos digitais que possam ser reconhecidos e acessados por softwares leitores de telas ou outras tecnologias assistivas que vierem a substituí-los, permitindo leitura com voz sintetizada, ampliação de caracteres, diferentes contrastes e impressão em Braille.

- O poder público deve estimular e apoiar a adaptação e a produção de artigos científicos em formato acessível, inclusive em Libras.

- O poder público deve assegurar a disponibilidade de informações corretas e claras sobre os diferentes produtos e serviços ofertados, por quaisquer meios de comunicação empregados, inclusive em ambiente virtual, contendo a especificação correta de quantidade, qualidade, características, composição e preço, bem como sobre os eventuais riscos à saúde e à segurança do consumidor com deficiência, em caso de sua utilização, aplicando-se, no que couber, o disposto no Código de Defesa do Consumidor.

- Os fornecedores devem disponibilizar, mediante solicitação, exemplares de bulas, prospectos, textos ou qualquer outro tipo de material de divulgação em formato acessível.

- As instituições promotoras de congressos, seminários, oficinas e demais eventos de natureza científico-cultural devem oferecer à pessoa com deficiência, no mínimo, os recursos de tecnologia assistiva. Os congressos, os seminários, as oficinas e os demais eventos de natureza científico-cultural promovidos ou financiados pelo poder público devem garantir as condições de acessibilidade e os recursos de tecnologia assistiva.

- Os programas, as linhas de pesquisa e os projetos a serem desenvolvidos com o apoio de agências de financiamento e de órgãos e entidades integrantes da administração pública que atuem no auxílio à pesquisa devem contemplar temas voltados à tecnologia assistiva. Caberá ao poder público, diretamente ou em parceria com organizações da sociedade civil, promover a capacitação de tradutores e intérpretes da Libras, de guias intérpretes e de profissionais habilitados em Braille, audiodescrição, estenotipia e legendagem.

Também contempla a tecnologia, incentivando o acesso e a criação de recursos e facilidades para garantir a acessibilidade, ficando garantido à pessoa com deficiência acesso a produtos, recursos, estratégias, práticas, processos, métodos e serviços de tecnologia assistiva que maximizem sua autonomia, mobilidade pessoal e qualidade de vida.

O poder público desenvolverá plano específico de medidas, a ser renovado em cada período de 4 (quatro) anos, com a finalidade de:

- facilitar o acesso a crédito especializado, inclusive com oferta de linhas de crédito subsidiadas, específicas para aquisição de tecnologia assistiva;

- agilizar, simplificar e priorizar procedimentos de importação de tecnologia assistiva, especialmente as questões atinentes a procedimentos alfandegários e sanitários;

- criar mecanismos de fomento à pesquisa e à produção nacional de tecnologia assistiva, inclusive por meio de concessão de linhas de crédito subsidiado e de parcerias com institutos de pesquisa oficiais;

- eliminar ou reduzir a tributação da cadeia produtiva e de importação de tecnologia assistiva;

- facilitar e agilizar o processo de inclusão de novos recursos de tecnologia assistiva no rol de produtos distribuídos no âmbito do SUS e por outros órgãos governamentais;

- os procedimentos constantes do plano específico de medidas deverão ser avaliados, pelo menos, a cada 2 (dois) anos.

Dentro do contexto de acessibilidade, também visualizamos a participação política e na vida pública:

Art. 76. O poder público deve garantir à pessoa com deficiência todos os direitos políticos e a oportunidade de exercê-los em igualdade de condições com as demais pessoas.

§ 1º À pessoa com deficiência será assegurado o direito de votar e de ser votada, inclusive por meio das seguintes ações:

I. garantia de que os procedimentos, as instalações, os materiais e os equipamentos para votação sejam apropriados, acessíveis a todas as pessoas e de fácil compreensão e uso, sendo vedada a instalação de seções eleitorais exclusivas para a pessoa com deficiência;

II. incentivo à pessoa com deficiência a candidatar-se e a desempenhar quaisquer funções públicas em todos os níveis de governo, inclusive por meio do uso de novas tecnologias assistivas, quando apropriado;

III. garantia de que os pronunciamentos oficiais, a propaganda eleitoral obrigatória e os debates transmitidos pelas emissoras de televisão possuam, pelo menos, os recursos elencados no art. 67 desta Lei;

IV. garantia do livre exercício do direito ao voto e, para tanto, sempre que necessário e a seu pedido, permissão para que a pessoa com deficiência seja auxiliada na votação por pessoa de sua escolha.

§ 2º O poder público promoverá a participação da pessoa com deficiência, inclusive quando institucionalizada, na condução das questões públicas, sem discriminação e em igualdade de oportunidades, observado o seguinte:

I. participação em organizações não governamentais relacionadas à vida pública e à política do País e em atividades e administração de partidos políticos;

II. formação de organizações para representar a pessoa com deficiência em todos os níveis;

III. participação da pessoa com deficiência em organizações que a representem.

Quanto à ciência e tecnologia é previsto:

Art. 77. O poder público deve fomentar o desenvolvimento científico, a pesquisa e a inovação e a capacitação tecnológicas, voltados à melhoria da qualidade de vida e ao trabalho da pessoa com deficiência e sua inclusão social.

§ 1º O fomento pelo poder público deve priorizar a geração de conhecimentos e técnicas que visem à prevenção e ao tratamento de deficiências e ao desenvolvimento de tecnologias assistiva e social.

§ 2º A acessibilidade e as tecnologias assistiva e social devem ser fomentadas mediante a criação de cursos de pós-graduação, a formação de recursos humanos e a inclusão do tema nas diretrizes de áreas do conhecimento.

§ 3º Deve ser fomentada a capacitação tecnológica de instituições públicas e privadas para o desenvolvimento de tecnologias assistiva e social que sejam voltadas para melhoria da funcionalidade e da participação social da pessoa com deficiência.

§ 4º As medidas previstas neste artigo devem ser reavaliadas periodicamente pelo poder público, com vistas ao seu aperfeiçoamento.

Art. 78. *Devem ser estimulados a pesquisa, o desenvolvimento, a inovação e a difusão de tecnologias voltadas para ampliar o acesso da pessoa com deficiência às tecnologias da informação e comunicação e às tecnologias sociais.*

Parágrafo único. *Serão estimulados, em especial:*

I. o emprego de tecnologias da informação e comunicação como instrumento de superação de limitações funcionais e de barreiras à comunicação, à informação, à educação e ao entretenimento da pessoa com deficiência;

II. a adoção de soluções e a difusão de normas que visem a ampliar a acessibilidade da pessoa com deficiência à computação e aos sítios da internet, em especial aos serviços de governo eletrônico.

6.1 Acesso à Justiça

É um dever do poder público assegurar o acesso da pessoa com deficiência à justiça, em igualdade de oportunidades com as demais pessoas, garantindo, sempre que requeridos, adaptações e recursos de tecnologia assistiva, para, assim, garantir acesso e igualdade no judiciário. Devem ser oferecidos todos os recursos de tecnologia assistiva disponíveis para que a pessoa com deficiência tenha garantido o acesso à justiça, sempre que figure em um dos polos da ação ou atue como testemunha, partícipe da lide posta em juízo, advogado, defensor público, magistrado ou membro do Ministério Público.

A pessoa com deficiência tem garantido o acesso ao conteúdo de todos os atos processuais de seu interesse, inclusive no exercício da advocacia, pois não raro atuação de advogados com deficiência.

A fim de garantir a atuação da pessoa com deficiência em todo o processo judicial, o poder público deve capacitar os membros e os servidores que atuam no Poder Judiciário, no Ministério Público, na Defensoria Pública, nos órgãos de segurança pública e no sistema penitenciário quanto aos direitos da pessoa com deficiência.

As pessoas com deficiência submetida à medida restritiva de liberdade ficam assegurados todos os direitos e garantias a que fazem jus os apenados sem deficiência, garantida a acessibilidade.

Cabe à Defensoria Pública e ao Ministério Público tomar as medidas necessárias à garantia dos direitos previstos nesta Lei de Inclusão.

Os serviços notariais e de registro não podem negar ou criar óbices ou condições diferenciadas à prestação de seus serviços em razão de deficiência do solicitante, devendo reconhecer sua capacidade legal plena, garantida a acessibilidade, sendo o descumprimento caracterizado como discriminação em razão da deficiência.

6.2 Reconhecimento Igual perante à Lei

Determina a Lei:

Art. 84. *A pessoa com deficiência tem assegurado o direito ao exercício de sua capacidade legal em igualdade de condições com as demais pessoas.*

§ 1º Quando necessário, a pessoa com deficiência será submetida à curatela, conforme a lei.

§ 2º É facultado à pessoa com deficiência a adoção de processo de tomada de decisão apoiada.

§ 3º A definição de curatela de pessoa com deficiência constitui medida protetiva extraordinária, proporcional às necessidades e às circunstâncias de cada caso, e durará o menor tempo possível.

§ 4º Os curadores são obrigados a prestar, anualmente, contas de sua administração ao juiz, apresentando o balanço do respectivo ano.

Art. 85. *A curatela afetará tão somente os atos relacionados aos direitos de natureza patrimonial e negocial.*

§ 1º A definição da curatela não alcança o direito ao próprio corpo, à sexualidade, ao matrimônio, à privacidade, à educação, à saúde, ao trabalho e ao voto.

§ 2º A curatela constitui medida extraordinária, devendo constar da sentença as razões e motivações de sua definição, preservados os interesses do curatelado.

§ 3º No caso de pessoa em situação de institucionalização, ao nomear curador, o juiz deve dar preferência a pessoa que tenha vínculo de natureza familiar, afetiva ou comunitária com o curatelado.

Art. 86. *Para emissão de documentos oficiais, não será exigida a situação de curatela da pessoa com deficiência.*

Art. 87. *Em casos de relevância e urgência e a fim de proteger os interesses da pessoa com deficiência em situação de curatela, será lícito ao juiz, ouvido o Ministério Público, de ofício ou a requerimento do interessado, nomear, desde logo, curador provisório, o qual estará sujeito, no que couber, às disposições do Código de Processo Civil.*

6.3 Crimes e Infrações

O EPD prevê 4 crimes expressos, sem prejuízo de sanções penais cabíveis. A cobrança é voltada para o texto da lei:

Art. 88. *Praticar, induzir ou incitar discriminação de pessoa em razão de sua deficiência:*

Pena *reclusão, de 1 (um) a 3 (três) anos, e multa.*

§ 1º Aumenta-se a pena em 1/3 (um terço) se a vítima encontrar-se sob cuidado e responsabilidade do agente.

§ 2º Se qualquer dos crimes previstos no caput deste artigo é cometido por intermédio de meios de comunicação social ou de publicação de qualquer natureza:

Pena *reclusão, de 2 (dois) a 5 (cinco) anos, e multa.*

§ 3º Na hipótese do § 2º deste artigo, o juiz poderá determinar, ouvido o Ministério Público ou a pedido deste, ainda antes do inquérito policial, sob pena de desobediência:

I. recolhimento ou busca e apreensão dos exemplares do material discriminatório;

II. interdição das respectivas mensagens ou páginas de informação na internet.

§ 4º Na hipótese do § 2º deste artigo, constitui efeito da condenação, após o trânsito em julgado da decisão, a destruição do material apreendido.

Art. 89. *Apropriar-se de ou desviar bens, proventos, pensão, benefícios, remuneração ou qualquer outro rendimento de pessoa com deficiência:*

Pena *reclusão, de 1 (um) a 4 (quatro) anos, e multa.*

Parágrafo único. *Aumenta-se a pena em 1/3 (um terço) se o crime é cometido:*

I. por tutor, curador, síndico, liquidatário, inventariante, testamenteiro ou depositário judicial; ou

II. por aquele que se apropriou em razão de ofício ou de profissão.

Art. 90. *Abandonar pessoa com deficiência em hospitais, casas de saúde, entidades de abrigamento ou congêneres:*

Pena *reclusão, de 6 (seis) meses a 3 (três) anos, e multa.*

Parágrafo único. *Na mesma pena incorre quem não prover as necessidades básicas de pessoa com deficiência quando obrigado por lei ou mandado.*

Art. 91. *Reter ou utilizar cartão magnético, qualquer meio eletrônico ou documento de pessoa com deficiência destinados ao recebimento de benefícios, proventos, pensões ou remuneração ou à realização de operações financeiras, com o fim de obter vantagem indevida para si ou para outrem:*

Pena *detenção, de 6 (seis) meses a 2 (dois) anos, e multa.*

Parágrafo único. *Aumenta-se a pena em 1/3 (um terço) se o crime é cometido por tutor ou curador.*

7 LEIS FEDERAIS, DECRETOS E RESOLUÇÕES

Segundo dados da Organização Mundial da Saúde (OMS), cerca de 10% da população mundial possuem algum tipo de deficiência. Conforme dados do Censo Demográfico de 2010, do Instituto Brasileiro de Geografia e Estatística (IBGE), 45,6 milhões de pessoas declararam possuir alguma deficiência, o que correspondia a 23,9% da população, à época. A deficiência visual atinge 18,8% da população, seguida da motora (7%), da auditiva (5,1%) e da mental ou intelectual (1,4%). Esse número pode chegar a 50 milhões de pessoas com deficiência nas projeções para o Censo Demográfico de 2020, de acordo com as perspectivas do próprio IBGE .

Pessoas com deficiência no Brasil

Percentual de pessoas com deficiência no Brasil, segundo o Censo 2010

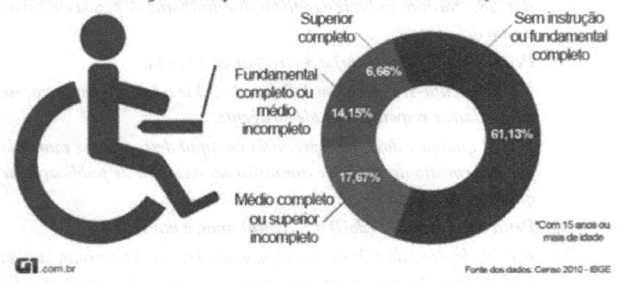

Fonte: g1.globo.com

A partir dessa realidade, percebeu-se a necessidade de pensar a sociedade brasileira e a inclusão das pessoas com deficiência em igualdades de direitos e oportunidades, seguindo os princípios constitucionais do país, já que a Constituição prevê a igualdade material entre todos, assim sendo, é de responsabilidade do Estado criar condições capazes de fazer com que pessoas com deficiência consigam os mesmos objetivos das pessoas que não possuem deficiências.

As políticas públicas são necessárias para garantir a efetivação de direitos e essas só são possíveis se iniciadas por pesquisas referentes às situações enfrentadas pelo grupo a quem se destina a política, aos exemplos já implantados em outros países, ao contato direto com o grupo afetado, para, assim, conhecer as suas demandas, necessidades e opiniões acerca do tema. Logo, é por meio da participação popular e do comprometimento do poder público que é possível implantar uma política pública de acessibilidade de qualidade.

A acessibilidade consiste na possibilidade e condição da pessoa com deficiência ou com mobilidade reduzida de usar, com segurança e autonomia, os espaços, mobiliários e equipamentos urbanos, as edificações, os transportes e os sistemas emeios de comunicação.

Ocorre que, para a consolidação deste direito, muitas vezes é necessária a eliminação de barreiras arquitetônicas, urbanísticas, de transportes, de comunicação, tecnológicas e barreiras atitudinais. As barreiras estão previstas na Lei nº 13.146/2015, o Estatuto da Pessoa com Deficiência e podem ser lembradas a partir do mnemônico TACTAU.

```
T   A   C   T   A   U
R   R   O   E   T   R
A   Q   M   C   I   B
N   U   U   N   T   A
S   I   N   O   U   N
P   T   I   L   D   Í
O   E   C   O   I   S
R   T   A   G   N   T
T   Ô   Ç   I   A   I
E   N   Ã   A   I   C
S   I   Ã   I   I   A
    C   O   S   S   S
    A
```

- Transporte: meios de transporte.
- Arquitetônicas: obstáculos existentes em edifícios públicos ou privados.
- Comunicação e Informação: obstáculo, atitude ou comportamento que dificulte ou impossibilite expressão nos sistemas de comunicação e tecnologia da informação.
- Tecnológicas: dificultam ou impedem acesso às tecnologias.
- Atitudinais: atitudes ou comportamentos que impedem ou prejudicam a participação social igualitária.
- Urbanísticas: são as vias e espaços, públicos ou privados.

Infelizmente ainda é comum encontrarmos situações como calçadas esburacadas, falta de rampas, escadas sem opção deelevador ou plataforma de elevação, elevadores sem a escrita em braile e sem sinalização sonora, locais com a ausência de piso tátil, o que dificulta e até impede o acesso da pessoa com deficiência e mobilidade reduzida ao meio físico.

De acordo com a CF/88, o Direito de ir e vir deve ser assegurado a todos os cidadãos, devendo ser eliminadas todas as barreiras físicas que impeçam o acesso das pessoas com deficiência e mobilidade reduzida aos prédios públicos, aos estabelecimentos comerciais, de ensino, praças, parques, cinemas e tantos outros. Há, no cenário brasileiro, farta legislação contemplando estes direitos (artigos 227, § 2º, e 244 da CF/88; Leis nº 7.853/89, nº 10.048/00e nº 10.098/00; Decreto nº 3.298/99 e Decreto Regulamentador nº 5.296/04, além de outras legislações estaduais e municipais), devendo ser denunciado ao Ministério Público, por meio de sua ouvidoria, qualquer violação a estes direitos.

Tanto a legislação brasileira quanto as normas técnicas apresentam uma evolução na abordagem do tema acessibilidade nas diversas áreas do conhecimento. No ambiente construído, as principais referências são a Lei nº 10.098, de 19 de dezembro de 2000, que estabelece normas e critérios básicos para a promoção da acessibilidade, o Decreto nº 5.296, de 02 de dezembro de 2004, que regulamenta esta lei, e a norma brasileira que estabelece os parâmetros técnicos para a promoção da acessibilidade, que iremos tratar nesse primeiro momento.

As Leis Federais nº 10.048 e nº 10.098 de 2000 estabeleceram normas gerais e critérios básicos a fim de promover acessibilidade às pessoas com deficiência ou às pessoas com mobilidade reduzida, temporária ou terminantemente. A primeira (nº 10.048/00) trata de atendimento prioritário e de acessibilidade nos meios de transportes e inova ao introduzir penalidades ao seu descumprimento; e a segunda (nº 10.098/00) subdivide o assunto em acessibilidade ao meio físico, aos meios de transporte, na comunicação e informação e em ajudas técnicas.

As leis acima citadas foram regulamentadas por meio do Decreto nº 5.296, de 2 de dezembro de 2004, que estabeleceu critérios mais particulares para a implementação da acessibilidade arquitetônica e urbanística e aos serviços de transportes coletivos. No primeiro caso, no que se refere diretamente à mobilidade urbana, o decreto define condições para a construção de calçadas, instalação de mobiliário urbano e de equipamentos de sinalização de trânsito, de estacionamentos de uso público; no segundo, define padrões de acessibilidade universal para "veículos, terminais, estações, pontos de parada, vias principais,acessos e operação" do transporte rodoviário (urbano, metropolitano, intermunicipal e interestadual), ferroviário, aquaviário e aéreo.

7.1 Lei nº 10.048/2000 - Atendimento Prioritário

De início, é relevante ressaltar que a Lei nº 10.048/00 é a Lei de Atendimento Prioritário e não de Atendimento Exclusivo, lei essa que passou por duas alterações, como observamos abaixo:

O PRESIDENTE DA REPÚBLICA Faço saber que o Congresso Nacional decreta e eu sanciono a seguinte Lei:

Art. 1º As pessoas portadoras de deficiência física, os idosos com idade igual ou superior a sessenta e cinco anos, as gestantes, as lactantes e as pessoas acompanhadas por crianças de colo terão atendimento prioritário, nos termos desta Lei.

Art. 1º As pessoas portadoras de deficiência, os idosos com idade igual ou superior a 60 (sessenta) anos, as gestantes, as lactantes e as pessoas acompanhadas por crianças de colo terão atendimento prioritário, nos termos desta Lei. (Redação dada pela Lei nº 10.741, de 2003)

Art. 1º As pessoas com deficiência, os idosos com idade igual ou superior a 60 (sessenta) anos, as gestantes, as lactantes, as pessoas com crianças de colo e os obesos terão atendimento prioritário, nos termos desta Lei. (Redação dada pela Lei nº 13.146, de 2015) (Vigência)

A partir da Lei Brasileira de Inclusão, o legislador inclui os obesos no atendimento prioritário e a alteração da terminologia Pessoa Portadora por Pessoa com Deficiência.

As lactantes não necessariamente precisam estar com a criança de colo ou amamentando.

GESTANTES
IDOSOS
LACTANTES
PESSOA C/ CRIANÇA DE COLO
OBESOS

Art. 2º As repartições públicas e empresas concessionárias de serviços públicos estão obrigadas a dispensar atendimento prioritário, por meio de serviços individualizados que assegurem tratamento diferenciado e atendimento imediato às pessoas a que se refere o art. 1º

Parágrafo único. É assegurada, em todas as instituições financeiras, a prioridade de atendimento às pessoas mencionadas no art. 1º

Em 2008, a Federação Brasileira de Bancos (Febraban) assinou um Termo de Ajuste de Conduta (TAC) com o Ministério Público Federal, os Ministérios Públicos de São Paulo e Minas Gerais e também a Secretaria Especial de Direitos Humanos na Presidência da República (SEDH), para promover acessibilidade nas agências bancárias. O Termo abrange todas as agências de bancos federais, no Brasil inteiro. Em bancos estaduais e privados, a medida tem efeito apenas nos estados de São Paulo e Minas Gerais. Nesses estados, os bancos públicos e privados precisarão realizar ajustes não apenas arquitetônicos. Essa medida tem como objetivo diminuir as barreiras que dificultam o atendimento nos bancos, de forma adequada.

Os terminais de autoatendimento e caixas deverão ser acessíveis para atender as pessoas em cadeiras de rodas. Precisará, ainda, haver garantia de demarcação de local preferencial nas filas. Os bancos com mais de um pavimento precisarão adaptar obrigatoriamente apenas um deles, desde que este andar ofereça todos os serviços às pessoas com deficiência. As adaptações devem seguir as normas estabelecidas pela ABNT (Associação Brasileira de Normas Técnicas).

Art. 3º As empresas públicas de transporte e as concessionárias de transporte coletivo reservarão assentos, devidamente identificados, aos idosos, gestantes, lactantes, pessoas portadoras de deficiência e pessoas acompanhadas por crianças de colo.

Nesse artigo, vale destacar que os obesos não aparecem como prioridade.

Art. 4º Os logradouros e sanitários públicos, bem como os edifícios de uso público, terão normas de construção, para efeito de licenciamento da respectiva edificação, baixadas pela autoridade competente, destinadas a facilitar o acesso e uso desses locais pelas pessoas portadoras de deficiência.

Art. 5º Os veículos de transporte coletivo a serem produzidos após doze meses da publicação desta Lei serão planejados de forma a facilitar o acesso a seu interior das pessoas portadoras de deficiência.

§ 1º (VETADO)

§ 2º Os proprietários de veículos de transporte coletivo em utilização terão o prazo de cento e oitenta dias, a contar da regulamentação desta Lei, para proceder às adaptações necessárias ao acesso facilitado das pessoas portadoras de deficiência.

Art. 6º A infração ao disposto nesta Lei sujeitará os responsáveis:

I. no caso de servidor ou de chefia responsável pela repartição pública, às penalidades previstas na legislação específica;

II. no caso de empresas concessionárias de serviço público, a multa de R$ 500,00 (quinhentos reais) a R$ 2.500,00 (dois mil e quinhentos reais), por veículos sem as condições previstas nos arts. 3º e 5º;

III. no caso das instituições financeiras, às penalidades previstas no art. 44, incisos I, II e III, da Lei no 4.595, de 31 de dezembro de 1964.

Parágrafo único. As penalidades de que trata este artigo serão elevadas ao dobro, em caso de reincidência.

Art. 7º O Poder Executivo regulamentará esta Lei no prazo de sessenta dias, contado de sua publicação.

Art. 8ºEsta Lei entra em vigor na data de sua publicação.

7.2 Lei nº 10.098/2000 — Promoção da Acessibilidade

CAPÍTULO I - DISPOSIÇÕES GERAIS

Art. 1º Esta Lei estabelece normas gerais e critérios básicos para a promoção da acessibilidade das pessoas portadoras de deficiência ou com mobilidade reduzida, mediante a supressão de barreiras e de obstáculos nas vias e espaços públicos, no mobiliário urbano, na construção e reforma de edifícios e nos meios de transporte e de comunicação.

No art.1º, podemos observar ainda a utilização da terminologia portador de necessidade, que foi revogado pelo Estatuto da Pessoa com Deficiência. Lembre-se de que a expressão pessoas com deficiência foi adotada oficialmente pela Assembleia Geral das Nações Unidas a partir da Convenção sobre os Direitos das Pessoas com Deficiência, de 13 de dezembro de 2006, a qual entrou em vigor em 3 de maio de 2008, subscrita e ratificada por vários países, entre eles o Brasil. Essa referida

Convenção foi aprovada pelo Senado Federal em 9 de julho de 2008 pelo Decreto nº 186/2008 e, posteriormente, promulgada pela Presidência da República em 25 de agosto de 2009, a partir do Decreto nº 6.949/2009.

Em relação ao Brasil, o Decreto nº 6.949/2009 foi o primeiro documento internacional de direitos humanos que adquiriu status constitucional sob a forma de emenda à Constituição, uma vez que, nos termos do art.1º, do referido Decreto, a Convenção da ONU foi aprovada pelo Congresso brasileiros nos moldes do § 3º, do art. 5º, da Constituição Federal, o qual prevê que: "Os tratados e convenções internacionais sobre os direitos humanos que forem aprovados, em cada Casa do Congresso Nacional, em dois turnos, por 3/5 dos votos dos respectivos membros, serão equivalentes à emendas constitucionais."

Art. 2º Para os fins desta Lei são estabelecidas as seguintes definições:

I. acessibilidade: possibilidade e condição de alcance para utilização, com segurança e autonomia, de espaços, mobiliários, equipamentos urbanos, edificações, transportes, informação e comunicação, inclusive seus sistemas e tecnologias, bem como de outros serviços e instalações abertos ao público, de uso público ou privados de uso coletivo, tanto na zona urbana como na rural, por pessoa com deficiência ou com mobilidade reduzida; (Redação dada pela Lei nº 13.146, de 2015)

II. barreiras: qualquer entrave, obstáculo, atitude ou comportamento que limite ou impeça a participação social da pessoa, bem como o gozo, a fruição e o exercício de seus direitos à acessibilidade, à liberdade de movimento e de expressão, à comunicação, ao acesso à informação, à compreensão, à circulação com segurança, entre outros, classificadas em: (Redação dada pela Lei nº 13.146, de 2015) (Vigência)ela Lei nº 13.146, de 2015)

ENTRAVE
COMPORTAMENTO
OBSTÁCULO
ATITUDE

a) barreiras urbanísticas: as existentes nas vias e nos espaços públicos e privados abertos ao público ou de uso coletivo; (Redação dada p a Lei nº 13.146, de 2015)

b) barreiras arquitetônicas: as existentes nos edifícios públicos e privados; (Redação dada pela Lei nº 13.146, de 2015)

c) barreiras nos transportes: as existentes nos sistemas e meios de transportes; (Redação dada pela Lei nº 13.146, de 2015)

d) barreiras nas comunicações e na informação: qualquer entrave, obstáculo, atitude ou comportamento que dificulte ou impossibilite a expressão ou o recebimento de mensagens e de informações por intermédio de sistemas de comunicação e de tecnologia da informação; (Redação dada pela Lei nº 13.146, de 2015)

III. pessoa com deficiência: aquela que tem impedimento de longo prazo de natureza física, mental, intelectual ou sensorial, o qual, em interação com uma ou mais barreiras, pode obstruir sua participação plena e efetiva na sociedade em igualdade de condições com as demais pessoas; (Redação dada pela Lei nº 13.146, de 2015) (Vigência)

IV. pessoa com mobilidade reduzida: aquela que tenha, por qualquer motivo, dificuldade de movimentação, permanente ou temporária, gerando redução efetiva da mobilidade, da flexibilidade, da coordenação motora ou da percepção, incluindo idoso, gestante, lactante, pessoa com criança de colo e obeso; (Redação dada pela Lei nº 13.146, de 2015)

PESSOA COM DEFICÊNCIA
≠
PESSOA COM MOBILIDADE REDUZIDA

V. acompanhante: aquele que acompanha a pessoa com deficiência, podendo ou não desempenhar as funções de atendente pessoal; (Redação dada pela Lei nº 13.146, de 2015) (Vigência)

VI. elemento de urbanização: quaisquer componentes de obras de urbanização, tais como os referentes a pavimentação, saneamento, encanamento para esgotos, distribuição de energia elétrica e de gás, iluminação pública, serviços de comunicação, abastecimento e distribuição de água, paisagismo e os que materializam as indicações do planejamento urbanístico; (Redação dada pela Lei nº 13.146, de 2015)

VII. mobiliário urbano: conjunto de objetos existentes nas vias e nos espaços públicos, superpostos ou adicionados aos elementos de urbanização ou de edificação, de forma que sua modificação ou seu traslado não provoque alterações substanciais nesses elementos, tais como semáforos, postes de sinalização e similares, terminais e pontos de acesso coletivo às telecomunicações, fontes de água, lixeiras, toldos, marquises, bancos, quiosques e quaisquer outros de natureza análoga; (Incluído pela Lei nº 13.146, de 2015)

VIII. tecnologia assistiva ou ajuda técnica: produtos, equipamentos, dispositivos, recursos, metodologias, estratégias, práticas e serviços que objetivem promover a funcionalidade, relacionada à atividade e à participação da pessoa com deficiência ou com mobilidade reduzida, visando à sua autonomia, independência, qualidade de vida e inclusão social; (Incluído pela Lei nº 13.146, de 2015)

IX. comunicação: forma de interação dos cidadãos que abrange, entre outras opções, as línguas, inclusive a Língua Brasileira de Sinais (Libras), a visualização de textos, o Braille, o sistema de sinalização ou de comunicação tátil, os caracteres ampliados, os dispositivos multimídia, assim como a linguagem simples, escrita e oral, os sistemas auditivos e os meios de voz digitalizados e os modos, meios e formatos aumentativos e alternativos de comunicação, incluindo as tecnologias da informação e das comunicações; (Incluído pela Lei nº 13.146, de 2015)

X. desenho universal: concepção de produtos, ambientes, programas e serviços a serem usados por todas as pessoas, sem necessidade de adaptação ou de projeto específico, incluindo os recursos de tecnologia assistiva. (Incluído pela Lei nº 13.146, de 2015)

Art. 3º O planejamento e a urbanização das vias públicas, dos parques e dos demais espaços de uso público deverão ser concebidos e executados de forma a torná-los acessíveis para todas as pessoas, inclusive para aquelas com deficiência ou com mobilidade reduzida. (Redação dada pela Lei nº 13.146, de 2015)

Parágrafo único. O passeio público, elemento obrigatório de urbanização e parte da via pública, normalmente segregado e em nível diferente, destina-se somente à circulação de pedestres e, quando possível, à implantação de mobiliário urbano e de vegetação. (Incluído pela Lei nº 13.146, de 2015)

Art. 4º As vias públicas, os parques e os demais espaços de uso público existentes, assim como as respectivas instalações de serviços e mobiliários urbanos deverão ser adaptados, obedecendo-se ordem de prioridade que vise à maior eficiência das modificações, no sentido de promover mais ampla acessibilidade às pessoas portadoras de deficiência ou com mobilidade reduzida.

Parágrafo único. Os parques de diversões, públicos e privados, devem adaptar, no mínimo, 5% (cinco por cento) de cada brinquedo e equipamento e identificá-lo para possibilitar sua utilização por pessoas com deficiência ou com mobilidade reduzida, tanto quanto tecnicamente possível. (Incluído pela Lei nº 11.982, de 2009)

Parágrafo único. No mínimo 5% (cinco por cento) de cada brinquedo e equipamento de lazer existentes nos locais referidos no caput devem ser adaptados e identificados, tanto quanto tecnicamente possível, para possibilitar sua utilização por pessoas com deficiência, inclusive visual, ou com mobilidade reduzida. (Redação dada pela Lei nº 13.443, de 2017)

Art. 5º O projeto e o traçado dos elementos de urbanização públicos e privados de uso comunitário, nestes compreendidos os itinerários e as passagens de pedestres, os percursos de entrada e de saída de veículos, as escadas e rampas, deverão observar os parâmetros estabelecidos pelas normas técnicas de acessibilidade da Associação Brasileira de Normas Técnicas – ABNT.

7.2.1 CONCEITOS RELEVANTES DA ABNT

Acessibilidade: possibilidade e condição de alcance, percepção e entendimento para a utilização com segurança e autonomia de edificações, espaço, mobiliário, equipamento urbano e elementos. É o processo pelo qual se atinge o acesso universal, resultado da prática do design inclusivo.

Acessível: espaço, edificação, mobiliário, equipamento urbano ou elemento que possa ser alcançado, acionado, utilizado e vivenciado por qualquer pessoa, inclusive aquelas com mobilidade reduzida. O termo acessível implica tanto em acessibilidade física como de comunicação.

Acesso Universal: condição de percepção, aproximação e utilização, ampla e irrestrita, de ambientes, produtos e ou serviços por qualquer pessoa.

Adaptável: espaço, edificação, mobiliário, equipamento urbano ou elemento cujas características possam ser alteradas para que se torne acessível.

Adaptado: espaço, edificação, mobiliário, equipamento urbano ou elemento cujas características originais foram alteradas posteriormente para serem acessíveis.

Adequado: espaço, edificação, mobiliário, equipamento urbano ou elemento cujas características foram originalmente planejadas para serem acessíveis.

Barreira Arquitetônica, Urbanística ou Ambiental: qualquer elemento natural, instalado ou edificado, que impeça a aproximação, transferência ou circulação no espaço, mobiliário ou equipamento urbano.

Deficiência: redução, limitação ou inexistência das condições de percepção das características do ambiente ou de mobilidade e de utilização de edificações, espaços, mobiliário, equipamento urbano e elementos em caráter temporário ou permanente.

Desenho Universal: concepção de ambientes, produtos e ou serviços para atender ao maior número possível de pessoas, sem necessidade de adaptação ou projeto especializado, representando o nível mais amplo de acessibilidade. O desenho universal visa atender a maior gama de variações possíveis das características antropométricas e sensoriais da população.

Equipamento Urbano: todos os bens públicos e privados, de utilidade pública, destinados à prestação de serviços necessários ao funcionamento da cidade, implantados mediante autorização do poder público, em espaços públicos e privados.

Espaço Acessível: espaço que pode ser percebido e utilizado em sua totalidade por todas as pessoas, inclusive aquelas com mobilidade reduzida.

Faixa Elevada: elevação do nível do leito carroçável composto de área plana elevada, sinalizada com faixa de travessia de pedestres e rampa de transposição para veículos, destinada a promover a concordância entre os níveis das calçadas em ambos os lados da via.

Inclusão: reconhecimento da diversidade humana, garantia do acesso universal e equidade.

Mobiliário Urbano: todos os objetos, elementos e pequenas construções integrantes da paisagem urbana, de natureza utilitária, ou não, implantada mediante autorização do poder público em espaços públicos e privados.

Pessoa com Mobilidade Reduzida: aquela que temporário u permanentemente, tem limitada sua capacidade de relacionar-se com o meio de utilizá-lo. Entende-se por pessoa com mobilidade reduzida a pessoa com deficiência, obesa, idosa, gestante, entre outros.

Piso Tátil: piso caracterizado pela diferenciação de textura em relação ao piso adjacente, destinado a constituir alerta ou linha guia perceptível por pessoas com deficiência visual.

Tecnologia Assistiva: conjunto de técnicas, aparelhos ou instrumentos, produtos e procedimentos que visam auxiliar a mobilidade, a percepçãoe a utilização do meio ambiente e dos elementos por pessoas com deficiência.

Art. 6º Os banheiros de uso público existentes ou a construir em parques, praças, jardins e espaços livres públicos deverão ser acessíveis e dispor, pelo menos, de um sanitário e um lavatório que atendam às especificações das normas técnicas da ABNT.

Art. 7º Em todas as áreas de estacionamento de veículos, localizadas em vias ou em espaços públicos, deverão ser reservadas vagas próximas dos acessos de circulação de pedestres, devidamente sinalizadas, para veículos que transportem pessoas portadoras de deficiência com dificuldade de locomoção.

Parágrafo único. As vagas a que se refere o caput deste artigo deverão ser em número equivalente a dois por cento do total, garantida, no mínimo, uma vaga, devidamente sinalizada e com as especificações técnicas de desenho e traçado de acordo com as normas técnicas vigentes.

7.2.2 Do Desenho e da Localização do Mobiliário Urbano

Art. 8º Os sinais de tráfego, semáforos, postes de iluminação ou quaisquer outros elementos verticais de sinalização que devam ser instalados em itinerário ou espaço de acesso para pedestres deverão ser dispostos de forma a não dificultar ou impedir a circulação, e de modo que possam ser utilizados com a máxima comodidade.

Art. 9ºOs semáforos para pedestres instalados nas vias públicas deverão estar equipados com mecanismo que emita sinal sonoro suave, intermitente e sem estridência, ou com mecanismo alternativo, que sirva de guia ou orientação para a travessia de pessoas portadoras de deficiência visual, se a intensidade do fluxo de veículos e a periculosidade da via assim determinarem.

Parágrafo único. Os semáforos para pedestres instalados em vias públicas de grande circulação, ou que deem acesso aos serviços de reabilitação, devem obrigatoriamente estar equipados com mecanismo que emita sinal sonoro suave para orientação do pedestre. (Incluído pela Lei nº 13.146, de 2015)

Art. 10. Os elementos do mobiliário urbano deverão ser projetados e instalados em locais que permitam sejam eles utilizados pelas pessoas portadoras de deficiência ou com mobilidade reduzida.

Art. 10-A. A instalação de qualquer mobiliário urbano em área de circulação comum para pedestre que ofereça risco de acidente à pessoa com deficiência deverá ser indicada mediante sinalização tátil de alerta no piso, de acordo com as normas técnicas pertinentes. (Incluído pela Lei nº 13.146, de 2015)

DECRETO nº 5.296/04

REGULAMENTA AS LEIS
10.048/00 E 10.098/00

ACESSIBILIDADE NOS SERVIÇOS DE TRANSPORTES	**DECRETO 5.296/04**	CONCEITUA AJUDA TÉCNICA

CONCEITUA DESENHO UNIVERSAL
CONCEITUA ACESSIBILIDADE

O capítulo IV, do Decreto nº 5.296/04, que discorre sobre a Implementação da Acessibilidade Arquitetônica e Urbanística, inicia com o Art. 10, impondo que a concepção e a implantação dos projetos arquitetônicos e urbanísticos atendam aos princípios do DESENHO UNIVERSAL, tendo como referências básicas as normas técnicas de acessibilidade da ABNT, a legislação específica e as regras contidas no Decreto.

O conceito de Desenho Universal, criado por uma comissão em Washington, Estados Unidos, nos anos 1960, foi inicialmente chamado de "Desenho Livre de Barreiras" por se voltar à eliminação de barreiras arquitetônicas nos projetos de edifícios, equipamentos e áreas urbanas. Posteriormente, esse conceito evoluiu para a concepção de Desenho Universal, pois passou a considerar não só o projeto, mas principalmente a diversidade humana, de forma a respeitar as diferenças existentes entre as pessoas e a garantir a acessibilidade a todos os componentes do ambiente.

O Desenho Universal deve ser concebido como gerador de ambientes, serviços, programas e tecnologias acessíveis, utilizáveis equitativamente, de forma segura e autônoma por todas as pessoas – na maior extensão possível – sem que tenham que ser adaptados ou readaptados especificamente, em virtude dos sete princípios que o sustentam, a saber:

Uso flexível	Design de produtos ou espaços que atendam pessoas com diferetnes habilidade e diversas preferências, sendo adaptáveis para qualquer uso.
Uso equiparável	São espaços objetos e produtos que podem ser utilizados por pessoas com diferentes capacidades, tornando os ambientes iguais para todos.
Simples e intuitivo	De fácil entendimento para que uma pessoa possa compreender, independentemente de sua experiência, conhecimento, habilidade de linguagem, ou nível de concentração.
Informação perceptiível	Quando a informação necessária é transmitida de forma a atender as necessidades do receptor, seja ela uma pessoa estrangeira, com dificuldade de visão ou audição.
Tolerante ao erro	Previsto para minimizar os riscos e possíveis consequências de ações acidentais ou não intencionais.
Com pouca exigência de esforço físico	Para ser usado eficientemente, com o mínimo de fadiga.
Dimensão e espaço para aproximação e uso	Que estabelece dimensões e espaços apropriados para o acesso, o alcance, a manipulação e o uso, independentemente do tamanho do porpo (obesos, anões etc.) da postura ou mobilidade de usuários (pessoas em cadeiras de rodas, com carrinhos de bebê, bengalas etc.).

8 RESOLUÇÃO Nº 230/2016 - CNJ

A Resolução nº 230/16 do Conselho Nacional de Justiça orienta a adequação das atividades dos órgãos do Poder Judiciário e de seus serviços auxiliares às determinações exaradas pela Convenção Internacional sobre os Direitos das Pessoas com Deficiência e seu Protocolo Facultativo e pela Lei Brasileira de Inclusão da Pessoa com Deficiência por meio – entre outras medidas – da Recomendação CNJ 27, de 16/12/2009, bem como da instituição de Comissões Permanentes de Acessibilidade e Inclusão.

8.1 Princípios Gerais da Convenção Internacional sobre os Direitos das Pessoas com Deficiência

A Resolução nº 230/2016 prevê, entre outros procedimentos, atendimento e tramitação processual prioritários aos usuários com deficiência quando forem parte ou interessados. Também visa a adoção urgente de medidas apropriadas para eliminar e prevenir qualquer barreira. O intuito é assegurar a servidores, a funcionários terceirizados e a usuários em geral as adaptações necessárias para o atendimento.

8.1.1 Essência da Norma

"Art. 1º Esta Resolução orienta a adequação das atividades dos órgãos do Poder Judiciário e de seus serviços auxiliares em relação às determinações exaradas pela Convenção Internacional sobre os Direitos das Pessoas com Deficiência e seu Protocolo Facultativo (promulgada por meio do Decreto nº 6.949/2009) e pela Lei Brasileira de Inclusão da Pessoa com Deficiência (Lei nº 13.146/2015)."

8.1.2 O Que a Resolução Leva em Conta

O Art. 2º, da Resolução nº 230/2016, do CNJ, estabelece conceitos aplicáveis às pessoas com deficiência, dos quais se destacam:

- "discriminação por motivo de deficiência" significa qualquer diferenciação,exclusão ou restrição, por ação ou omissão, baseada em deficiência, com o propósito ou efeito de impedir ou impossibilitar o reconhecimento, o desfrute ou o exercício, em igualdade de oportunidades com as demais pessoas, de direitos humanos e liberdades fundamentais nos âmbitos político, econômico, social, cultural, civil ou qualquer outro, incluindo a recusa de adaptações razoáveis e de fornecimento de tecnologias assistivas;
- "acessibilidade" significa possibilidade e condição de alcance para utilização, com segurança e autonomia, de espaços, mobiliários, equipamentos urbanos, edificações, transportes, informação e comunicação,inclusive seus sistemas e tecnologias, bem como de outros serviços e instalações abertos ao público, de uso público ou privados de uso coletivo, tanto na zona urbana como na rural, por pessoa com deficiência ou com mobilidade reduzida;
- "barreiras" significa qualquer entrave, obstáculo, atitude ou comportamento que limite ou impeça a participação social da pessoa, bem como o gozo, a fruição e o exercício de seus direitos à acessibilidade,à liberdade de movimento e de expressão, à comunicação, ao acesso à informação, à compreensão, à circulação com segurança;

- "tecnologia assistiva" (ou "ajuda técnica") significa produtos, equipamentos,dispositivos, recursos, metodologias, estratégias, práticas e serviços que objetivem promover a funcionalidade, relacionada à atividade e à participação da pessoa com deficiência ou com mobilidade reduzida, visando à sua autonomia, independência, qualidade de vida e inclusão social;
- "comunicação" significa uma forma de interação dos cidadãos que abrange,entre outras opções, as línguas, inclusive a Língua Brasileira de Sinais (Libras), a visualização de textos, o Braille, o sistema de sinalização ou de comunicação tátil, os caracteres ampliados, os dispositivos multimídia, assim como a linguagem simples, escrita e oral, os sistemas auditivos e os meios de voz digitalizados e os modos, meiose formatos aumentativos e alternativos de comunicação, incluindo as tecnologias da informação e das comunicações.

8.1.3 Atendimento Prioritário à Pessoa com Deficiência

Art. 16. A pessoa com deficiência tem direito a receber atendimento prioritário, sobretudo com a finalidade de:

I. proteção e socorro em quaisquer circunstâncias;

II. atendimento em todos os serviços de atendimento ao público;

III. disponibilização de recursos, tanto humanos quanto tecnológicos,que garantam atendimento em igualdade de condições com as demais pessoas;

IV.acesso a informações e disponibilização de recursos de comunicação acessíveis;

V. tramitação processual e procedimentos judiciais e administrativos em que for parte ou interessada, em todos os atos e diligências.

***Parágrafo único.** Os direitos previstos neste artigo são extensivos ao acompanhante da pessoa com deficiência ou ao seu atendente pessoal,exceto quanto ao disposto no inciso V deste artigo.*

***Art. 3º** A fim de promover a igualdade, adotar-se-ão,com urgência, medidas apropriadas para eliminar e prevenir quaisquer barreiras urbanísticas, arquitetônicas,nos transportes, nas comunicações e na informação,atitudinais ou tecnológicas, devendo-se garantir às pessoas com deficiência – servidores, serventuários extrajudiciais, terceirizados ou não – quantas adaptações razoáveis ou mesmo tecnologias assistivas sejam necessárias para assegurar acessibilidade plena, coibindo qualquer forma de discriminação por motivo de deficiência.*

SIMULADO PARA BANRISUL

01. **(FCC – 2019 – BANRISUL/RS – ESCRITURÁRIO)** Instituição de pagamento é a pessoa jurídica que viabiliza serviços de compra e venda e de movimentação de recursos, no âmbito de um arranjo de pagamento, que:

a) tem a possibilidade de conceder empréstimos, mediante garantias.

b) gerencia conta de pagamento do tipo pré-paga.

c) financia seus clientes por meio de cartão de crédito.

d) está dispensada da aplicação da regulamentação sobre prevenção à lavagem de dinheiro.

e) não está sujeita à supervisão do Banco Central do Brasil.

02. **(CESPE/CEBRASPE – 2022 – TELEBRÁS – TÉCNICO EM GESTÃO DE TELECOMUNICAÇÕES)** Com relação a sistemas operacionais, julgue o próximo item.

Computadores do tipo *thin client* utilizam uma versão reduzida do sistema operacional seja no Windows, seja no Linux e executam os processos em seu próprio ambiente.

Certo ( )   Errado ( )

03. **(CESPE/CEBRASPE – 2022 – IBAMA – ANALISTA ADMINISTRA-TIVO)** A respeito de conceitos de matemática financeira, julgue o item a seguir.

Se, em uma fazenda, 6 macacos consomem 45 kg de frutas em 5 dias, cada um deles consumindo a mesma quantidade, então 14 macacos consumirão 189 kg de frutas em 9 dias.

Certo ( )   Errado ( )

04. **(FCC – 2019 – BANRISUL/RS – ESCRITURÁRIO)** Colocando em prática sua estratégia de fidelização dos clientes por meio do chamado manejo de carteira, um determinado Banco adotou uma série de práticas e criou diversos produtos. Não condiz com essa abordagem da gestão de carteiras de clientes:

a) a concentração, sob uma mesma gerência, da gestão de contas de pessoas físicas e jurídicas, sem distinção de renda ou faturamento.

b) a segmentação do atendimento aos clientes por perfil de renda.

c) a abordagem diferenciada para nichos de públicos-alvo específicos, como, por exemplo, o de mulheres empreendedoras de atividades produtivas de pequeno porte.

d) a ampliação da carteira de crédito consignado junto a servidores públicos aposentados.

e) a concessão de crédito, em condições vantajosas, para financiamento de veículos menos poluentes, a permissionários de táxis.

05. **(CESPE/CEBRASPE – 2022 – IBAMA – ANALISTA AMBIENTAL)** No que se refere à tecnologia da informação, julgue o próximo item.

Bancos de dados do modelo NoSQL são considerados orientados a objetos, pois armazenam os dados em formatos distintos dos utilizados em bancos de dados relacionais.

Certo ( )   Errado ( )

06. **(FGV – 2021 – FUNSAÚDE/CE – AUDITOR ADMINISTRATIVO)** *"O intelecto humano compreende algumas coisas com tal perfeição, e delas tem uma certeza tão absoluta, quanto as possui a própria natureza: e tais são as ciências matemáticas puras, ou seja, a geometria e a aritmética, das quais o intelecto divino conhece muito mais infinitos teoremas, pois conhece todos eles: mas daqueles poucos compreendidos pelo intelecto humano, creio que a cognição se compare à divina na certeza objetiva..."*

(Galileo Galilei)

Esse pensamento é, e mostra, uma estrutura argumentativa; tudo o que nele é afirmado se apoia em:

a) opiniões pessoais.

b) estudos e pesquisas.

c) testemunhos de autoridade.

d) citações.

e) princípios religiosos.

07. **(CESPE/CEBRASPE – 2022 – IBAMA – ANALISTA AMBIENTAL)** No que se refere à tecnologia da informação, julgue o item.

Em uma planilha Excel, a divisão de qualquer número por ZERO apresentará o erro #VALOR!, o que indica que um dos operandos está inválido.

Certo ( )   Errado ( )

08. **(OBJETIVA – 2021 – PREF. VENÂNCIO AIRES/RS – TÉCNICO ADMINISTRATIVO)** Pedro possui 5 tintas de cores distintas para pintar 3 objetos diferentes. Sabendo-se que objetos distintos devem ter cores que não são iguais, ao todo, de quantos modos diferentes ele pode escolher a forma como que irá pintar esses objetos:

a) 60

b) 55

c) 50

d) 45

e) 40

09. **(IBADE – 2020 – IBGE – RECENSEADOR)**

Água

A água é um recurso natural abundante essencial para a existência de vida na Terra. O planeta Terra é constituído por uma extensa massa de água, correspondendo ao que conhecemos como hidrosfera. Além de estar presente na composição do planeta, a água também compõe parte do nosso corpo, permitindo-nos pensar que falar de água é falar de sobrevivência. Essa substância é utilizada em atividades essenciais ao ser humano, como a produção agrícola, e também usada como solvente universal. [...]

No que tange ao desperdício de água, o Brasil, segundo o Ministério do Meio Ambiente, desperdiça entre 20% e 60% da água destinada ao consumo ao longo da distribuição. Os hábitos dos brasileiros também não favorecem a economia de água, já que boa parte dessa substância é desperdiçada seja em uso pessoal ou atividades de limpeza.

(Adaptado de: https://brasilescola.uol.com.br/geografia/agua.htm. Acesso em: jan. 2020).

No fragmento: "No que tange ao desperdício de água, o Brasil, **segundo** o Ministério do Meio Ambiente, desperdiça entre 20% e 60% da água destinada ao consumo ao longo da distribuição."

A palavra destacada é classificada como:

a) numeral.

b) artigo.

c) conjunção.

d) verbo.

e) pronome.

10. **(CESPE/CEBRASPE – 2022 – IBAMA – ANALISTA ADMINISTRATIVO)** A respeito de conceitos de matemática financeira, julgue o item a seguir.

Se a taxa efetiva de um contrato é de 44% ao ano capitalizado semestralmente, então a taxa nominal é de 40% ao ano.

Certo ( )   Errado ( )

11. **(CESPE/CEBRASPE – 2022 – TELEBRÁS – TÉCNICO EM GESTÃO DE TELECOMUNICAÇÕES)** Julgue o item subsequente, relativo a organização e gerenciamento de informações digitais.

No Windows, podem coexistir arquivos com os nomes JANELA.TXT e janela.txt, pois o sistema operacional trata os dois como arquivos diferentes.

Certo ( )   Errado ( )

12. **(CESPE/CEBRASPE – 2016 – ANVISA – TÉCNICO ADMINISTRATIVO)** Acerca da ética no serviço público, julgue o item.

Ao deixar de pedir a nota fiscal em uma compra, um servidor público descumpre seu dever como cidadão, ferindo princípios éticos que buscam a universalização e efetividade dos direitos e garantias, uma vez que ele deixa de colaborar para o custeio comum das despesas com os serviços prestados à população.

Certo ( )   Errado ( )

13. **(IBADE – 2020 – IBGE – RECENSEADOR)**

Planeta Água

Água que nasce na fonte serena do mundo
E que abre um profundo grotão
Água que faz inocente riacho e deságua na corrente do ribeirão
Águas escuras dos rios que levam a fertilidade ao sertão
Águas que banham aldeias e matam a sede da população
Águas que caem das pedras no véu das cascatas, ronco de trovão
E depois dormem tranquilas no leito dos lagos, no leito dos lagos
[...]

(Guilherme Arantes. Fonte: https://www.letras.mus.br/guilherme-arantes/46315/. Acesso em: jan. 2020.)

Observe o fragmento: "Águas escuras dos rios que levam a fertilidade **ao sertão**" e substitua o complemento destacado pela alternativa devidamente sinalizada com uso de crase.

a) "Águas escuras dos rios que levam a fertilidade **a qualquer parte.**"

b) "Águas escuras dos rios que levam a fertilidade **a outros povos.**"

c) "Águas escuras dos rios que levam a fertilidade **a muitas cidades.**"

d) "Águas escuras dos rios que levam a fertilidade **a populações.**"

e) "Águas escuras dos rios que levam a fertilidade à população."

14. **(FCC – 2019 – BANRISUL/RS – ESCRITURÁRIO)** Frequentemente ofertados aos clientes das redes bancárias, os títulos de capitalização proporcionam

a) garantia da instituição financeira emissora.

b) isenção de imposto de renda sobre o valor resgatado que exceda à aplicação.

c) prazo de validade igual ou superior a seis meses na modalidade tradicional.

d) possibilidade de transferência durante a vigência, de uma pessoa para outra.

e) a opção, pelo subscritor, da emissão "ao portador".

15. **(FAU – 2022 – PREF. IGUATU/CE – AUXILIAR ADMINISTRATIVO)** A média de idade de 5 amigos é igual a 23 anos, se a idade de 4 deles é respectivamente 18, 26, 20 e 30 anos. A idade do 5º amigo é igual a:

a) 21.

b) 26.

c) 19.

d) 25.

e) 22.

16. **(FCC – 2019 – BANRISUL/RS – ESCRITURÁRIO)**

Imigrações no Rio Grande do Sul

[...] As levas de imigrantes se sucederam, e aos poucos transformaram o perfil do Rio Grande. Trouxeram a agricultura de pequena propriedade e o artesanato. Através dessas atividades, consolidaram um mercado interno e desenvolveram a camada média da população.

E, embora o poder político ainda fosse detido pelos grandes senhores das estâncias e charqueadas, o poder econômico dos imigrantes foi, aos poucos, se consolidando.

(Adaptado de: projetoriograndetche.weebly.com/imigraccedMatMdeo-no-rs.html)

O último parágrafo do texto enfatiza:

a) a progressiva e positiva transformação socioeconômica que as levas de imigrantes trouxeram ao estado rio-grandense.

b) o impulso rapidamente imposto ao ritmo até então tímido da produção nas pequenas propriedades gaúchas.

c) a pressão das camadas emergentes dos trabalhadores sobre a gestão política dos proprietários tradicionais.

d) a substituição dos modos de produção local pelas técnicas artesanais há muito consagradas em outras terras.

e) a importância da imigração alemã no deslocamento da economia rural para a do mercado financeiro.

17. **(CESGRANRIO – 2021 – CEF – TÉCNICO BANCÁRIO)** P foi diretor de sociedade empresária que foi acusada de praticar atos de corrupção, com geração de prejuízos superiores a cem milhões de reais. Após longo período de negociação, P e a sociedade resolvem compor os prejuízos causados.

Nos termos da Lei nº 12.846/2013, caso preenchidos os requisitos exigidos, poderá ser realizado(a)

a) compromisso de honestidade

b) acordo de leniência

c) negócio jurídico

d) transação legal

e) promessa de restauração

18. **(IBADE – 2020 – IBGE – RECENSEADOR)** Uma fábrica de café colocou 435 kg de café em pacotes de $\frac{3}{4}$ de quilograma cada um. Quantos pacotes foram obtidos?

a) 440

b) 520

c) 550

d) 580

e) 610

19. **(CESPE/CEBRASPE – 2022 – DPE/RO – TÉCNICO DE INFORMÁTICA)**

Texto CG2A1-I

Durante os séculos XXI a XVII a.C., já era possível encontrar indícios do direito de acesso à justiça no Código de Hamurabi, cujas leis foram embasadas na célebre frase "Olho por olho, dente por dente", da Lei de Talião. O código definia que o interessado poderia ser ouvido pelo soberano, que, por sua vez, teria o poder de decisão. [...]

Internet: www.politize.com.br (com adaptações).

Cada uma das próximas opções apresenta uma proposta de reescrita para o primeiro período do primeiro parágrafo do texto CG2A1-I. Assinale a opção em que a proposta apresentada mantém a coerência e a correção gramatical do texto.

a) Já nos séculos XVII a XXI a.C., era possível encontrar vestígios da existência do direito de acesso à justiça no Código de Hamurabi, em cujas leis tiveram inspiração a frase da Lei de Talião "Olho por olho, dente por dente".

b) Sinais do direito de acesso à justiça já podiam ser encontrados no decorrer dos séculos XXI a XVII a.C., no Código de Hamurabi, cujas leis eram fundamentadas na seguinte famosa frase da Lei de Talião: "Olho por olho, dente por dente".

c) Dentre os séculos XVII a XXI a.C., se encontram indicação do acesso ao direito de justiça na Lei de Talião ("Olho por olho dente por dente"), presente no Código de Hamurabi.

d) No período entre os séculos XXI a XVII, já existia indícios do direito de acesso à justiça na Lei de Talião, chamada de Código de Hamurabi, pela máxima "Olho por olho, dente por dente".

e) Nos séculos XXI a XVII a.C., era possível já encontrar traços da garantia do direito de acesso a justiça nas leis do Código de Hamurabi, onde foram embasadas na famosa sentença "Olho por olho, dente por dente" da Lei de Talião.

20. **(CESPE/CEBRASPE – 2022 – IBAMA – ANALISTA AMBIENTAL)**

Texto CB2A1-I

Assim como cidadania e cultura formam um par integrado de significações, cultura e territorialidade são, de certo modo, sinônimos. A cultura, forma de comunicação do indivíduo e do grupo com o universo, é herança, mas também um reaprendizado das relações profundas entre o ser humano e o seu meio, um resultado obtido por intermédio do próprio processo de viver. Incluindo o processo produtivo e as práticas sociais, a cultura é o que nos dá a consciência de pertencer a um grupo, do qual é o cimento. É por isso que as migrações agridem o indivíduo, roubando-lhe parte do ser, obrigando-o a uma nova e dura adaptação em seu novo lugar. Desterritorialização é frequentemente outra palavra para significar alienação, estranhamento, que são, também, desculturização. [...]

(Milton Santos. **O espaço do Cidadão**. 7.ª ed. São Paulo: EDUSP, 2020, p. 81-83. Com adaptações.)

Considerando as ideias, os sentidos e os aspectos linguísticos do texto CB2A1-I, julgue o seguinte item.

O segundo período do primeiro parágrafo apresenta um argumento a favor da afirmação de que cultura e territorialidade são sinônimos.

Certo ( )   Errado ( )

21. **(CESPE/CEBRASPE – 2022 – TELEBRÁS – TÉCNICO EM GESTÃO DE TELECOMUNICAÇÕES)** Julgue o item subsequente, relativo a organização e gerenciamento de informações digitais.

Linux e Windows utilizam uma hierarquia de diretórios para organizar arquivos com finalidades e funcionalidades semelhantes.

Certo ( )   Errado ( )

22. **(AOCP – 2021 – PREF. JOÃO PESSOA/PB – ASSISTENTE ADMINISTRATIVO)** Uma prova de determinado concurso público possui, no total, 40 questões, sendo que 5% desse total são questões referentes ao conteúdo Raciocínio Lógico e 55% do mesmo total de questões são referentes ao conteúdo Conhecimentos Específicos. Dessa forma, o total de questões dessa prova que NÃO se refere aos dois conteúdos citados anteriormente é igual a

a) 20.

b) 18.

c) 16.

d) 12.

e) 14.

23. **(FGV – 2019 – IBGE – COORDENADOR CENSITÁRIO)** Um jornal de grande circulação traz a seguinte manchete para um de seus artigos:

Prisão de traficante mostra eficácia da inteligência policial – *Compra e venda de lanchas por chefe de facção criminosa chamaram atenção da polícia.*

Os fatos abaixo, presentes nessa notícia, que se apresentam em ordem cronológica são:

a) chamar atenção da polícia / compra e venda de lanchas / prisão de traficante;

b) prisão de traficante / mostra eficácia da inteligência policial / chamar atenção da polícia;

c) mostra eficácia da inteligência policial / prisão de traficante / chamar atenção da polícia;

d) compra e venda de lanchas / chamar atenção da polícia / prisão de traficante;

e) chamar atenção da polícia / compra e venda de lanchas / mostra eficácia da inteligência policial.

24. **(CESGRANRIO – 2021 – BB – ESCRITURÁRIO)** O profissionalismo em vendas e atendimento implica uma série de procedimentos por parte do bancário, entre os quais a

a) aprendizagem e a qualificação constantes

b) cobrança por privilégios no trabalho

c) exigência de maior remuneração

d) potencialidade do seu ego

e) prioridade a seus interesses pessoais

25. **(CESGRANRIO – 2021 – BB – ESCRITURÁRIO)** B é gerente de determinada instituição financeira e recebe, como tarefa laboral, a responsabilidade de convencer os clientes a investirem na aquisição de ações de sociedade empresária que busca abrir seu capital em bolsa de valores. Após vários contatos, B consegue bater a sua meta pessoal, no sentido de ter conquistado um número significativo de novos clientes, decorrentes do desempenho da aludida tarefa, bem como auxiliar seus colegas de setor para que alcancem o mesmo objetivo.

A esse respeito, e de acordo com o Código de Ética do Banco do Brasil, o oferecimento de serviços e produtos deve ocorrer com

a) individualidade

b) comedimento

c) parcialidade

d) limitação

e) diligência

26. **(FUNDATEC – 2022 – PREF. ESTEIO/RS – ASSISTENTE ADMINISTRATIVO)** Osmar recebe um salário líquido mensal de R$ 2.140,00 e, no mês de dezembro, aplicou 70% do seu salário em uma instituição financeira por um período de 6 meses, com taxa de juros simples de 2% ao mês. Ao final do período de aplicação, o montante recebido por Osmar corresponde a:

a) R$ 1.498,00.

b) R$ 1.512,00.

c) R$ 1.677,76.

d) R$ 1.874,45.

e) R$ 2.246,93.

27. **(GUALIMP – 2021 – PREF. GUARAPARI/ES – ASSISTENTE ADMINISTRATIVO)** Um determinado elemento químico radioativo se decompõe de acordo com a função $P(t) = P_0 X 3^{-\frac{2t}{5}}$, em que P_0 representa a massa inicial da substância, em gramas, e **P(t)** representa a massa final da substância, **t** horas após o início da observação. Após quantas horas do início da observação, a massa da substância se reduziu à nona parte?

a) 5 horas.

b) 7 horas.

c) 9 horas.

d) 11 horas.

28. **(CESPE/CEBRASPE – 2022 – TELEBRÁS – TÉCNICO EM GESTÃO DE TELECOMUNICAÇÕES)** Acerca da ética profissional dos servidores públicos, julgue o item que se segue.

A atitude de servidor público deixar pessoa à espera de solução que compete ao setor em que ele exerce suas funções contraria a ética, mas não enseja dano moral a tal usuário do serviço público.

Certo ( )   Errado ( )

29. (FCC – 2019 – BANRISUL/RS – ESCRITURÁRIO) Desde a primeira Revolução Industrial até os dias atuais, passamos da "era da produção" para a "era do cliente". Uma consequência dessa passagem é

a) a decadência dos departamentos de vendas e das ações de marketing das empresas.

b) a redução da importância do ato de venda, como fim em si mesmo, ao passo que o papel do vendedor passa a ser o de identificar as necessidades e satisfazer o consumidor.

c) a redução da importância das pesquisas de mercado.

d) o abandono dos canais de comunicação com os clientes, como os Serviços de Atendimento ao Consumidor (SACs), que se tornaram obsoletos.

e) o abandono de estratégias como a segmentação e o posicionamento de mercado, com o advento do consumo de massa.

30. (CESGRANRIO – 2021 – CEF – TÉCNICO BANCÁRIO) Desde 1999, o Brasil adota um regime de câmbio flutuante (ou flexível). Considerando-se a prática brasileira desde então, nesse regime cambial, a

a) taxa de câmbio é fixada pelo Banco Central do Brasil.

b) taxa de câmbio é determinada pela oferta e demanda de moeda estrangeira.

c) taxa de câmbio não sofre interferência do Banco Central do Brasil.

d) taxa de câmbio não influencia a rentabilidade dos exportadores.

e) fixação da taxa básica de juros (Selic) torna-se dependente da política cambial.

31. (FGV – 2021 – FUNSAÚDE/CE – AUDITOR ADMINISTRATIVO) "

A matemática é a única ciência exata em que se nunca se sabe do que se está falando nem se o que aquilo que se diz é verdadeiro".

(Bertrand Russell)

Essa frase afirma que na matemática *"nunca se sabe do que se está falando"*, ou seja, contém a marca da

a) inexatidão.

b) abstração.

c) imprecisão.

d) ilogicidade.

e) dúvida.

32. (FGV – 2019 – IBGE – COORDENADOR CENSITÁRIO) Prisão de traficante mostra eficácia da inteligência policial – *Compra e venda de lanchas por chefe de facção criminosa chamaram atenção da polícia.*

Os termos que mostram a mesma relação semântica (antônimos) entre *compra e venda* são:

a) comprovação / falsificação;

b) hipocrisia / demonstração;

c) certeza / dúvida;

d) inteligência / esperteza;

e) subordinação / coordenação.

33. (CESPE/CEBRASPE – 2022 – IBAMA – ANALISTA ADMINISTRATIVO) Assumindo 2 como valor aproximado de 1,17, julgue o item a seguir, relacionado aos sistemas de amortização.

No sistema de amortização constante, os juros de cada parcela decrescem com o tempo e a diferença dos juros entre duas parcelas consecutivos é sempre constante.

Certo ( )   Errado ( )

34. (CESPE/CEBRASPE – 2022 – IBAMA – ANALISTA AMBIENTAL) No que se refere à tecnologia da informação, julgue o item.

O Microsoft Office 365 utiliza IaaS (*infrastructure as a service*), apresentando ao usuário uma interface *web* sem lhe mostrar a infraestrutura utilizada.

Certo ( )   Errado ( )

35. (VUNESP – 2022 – PREF. JUNDIAÍ/SP – ASSISTENTE ADMINISTRATIVO) A mãe do bebê Lucas pretende fazer um cercado para delimitar uma região de forma quadrada, no seu quintal, para que ele possa brincar. A região deverá ter área de 3,24 m2 . Então, a medida do lado desse quadrado, que representa a região a ser cercada, deverá ser de

a) 0,81 m.

b) 1,62 m.

c) 1,74 m.

d) 1,80 m.

e) 1,92 m.

36. (CESPE/CEBRASPE – 2022 – TELEBRÁS – ESPECIALISTA EM GESTÃO DE TELECOMUNICAÇÕES)

No mundo de hoje, as telecomunicações representam muito mais do que um serviço básico; são um meio de promover o desenvolvimento, melhorar a sociedade e salvar vidas. Isso será ainda mais verdade no mundo de amanhã.

A importância das telecomunicações ficou evidente nos dias que se seguiram ao terremoto que devastou o Haiti, em janeiro de 2010. As tecnologias da comunicação foram utilizadas para coordenar a ajuda, otimizar os recursos e fornecer informações sobre as vítimas, das quais se precisava desesperadamente. A União Internacional das Telecomunicações (UIT) e os seus parceiros comerciais forneceram inúmeros terminais satélites e colaboraram no fornecimento de sistemas de comunicação sem fio, facilitando as operações de socorro e limpeza. [...]

(Ban Ki-moon [secretário-geral das Nações Unidas]. **Pronunciamento acerca do Dia Mundial das Telecomunicações e da Sociedade de Informação**. 17 maio 2010. Com adaptações.)

Com relação às ideias, aos sentidos e aos aspectos linguísticos do texto anterior, julgue o item.

Em "nos dias que se seguiram ao terremoto que devastou o Haiti" (segundo parágrafo), a colocação do pronome "se" antes da forma verbal justifica-se para reforçar a indeterminação do sujeito oracional.

Certo ( )   Errado ( )

37. (CESPE/CEBRASPE – 2022 – TELEBRÁS – TÉCNICO EM GESTÃO DE TELECOMUNICAÇÕES) Acerca da ética profissional dos servidores públicos, julgue o item que se segue.

Além de decidirem entre o legal e o ilegal, entre o justo e o injusto, entre o conveniente e o inconveniente, entre o oportuno e o inoportuno, os servidores públicos devem também decidir entre o honesto e o desonesto, tendo em vista a inadmissibilidade de desprezarem o elemento ético das suas condutas.

Certo ( )   Errado ( )

38. (CESPE/CEBRASPE – 2016 – ANVISA – TÉCNICO ADMINISTRATIVO) Acerca da ética no serviço público, julgue o item.

O princípio da moralidade expresso na CF é reflexo da ciência da ética, na medida em que esta trata de uma dimensão geral daquilo que é bom.

Certo ( )   Errado ( )

39. **(CESGRANRIO – 2021 – BB – ESCRITURÁRIO)** Poucos clientes conhecem suficientemente o mercado financeiro, de modo a avaliar se o seu analista de investimentos conseguiu os melhores retornos para os seus fundos investidos.

Assim, verifica-se que este serviço é rico em atributos de

a) procura e resiliência

b) tangibilidade e variabilidade

c) confiança e experiência

d) risco sensorial e psicológico

e) risco social e temporal

40. **(FGV – 2021 – FUNSAÚDE/CE – ANALISTA DE RECURSOS HUMANOS)** Assinale a frase que não apresenta paralelismo sintático em sua estruturação.

a) "Quando se nega a alguém a oportunidade de tomar decisões importantes, ele começa a achar importantes as decisões que lhe permitem tomar."

b) "Qualquer agência com 10 milhões a menos de faturamento do que a nossa é muito pequena para oferecer serviços bons; qualquer agência, com 10 milhões a mais, é muito grande para ser eficiente."

c) "Não é a quantidade de dinheiro que você ganha, é a quantidade de dinheiro que você guarda."

d) "Adquirimos dinheiro com trabalho, guardamo-lo com temor e perdemo-lo com grande dor."

e) "Empresa privada é aquela que o governo controla, empresa estatal é aquela que ninguém controla."

41. **(FCC – 2019 – BANRISUL/RS – ESCRITURÁRIO)** As sociedades administradoras de cartões de crédito:

a) definem limites de crédito e encargos para financiar diretamente os seus clientes.

b) são empresas financeiras que emitem cartões próprios ou de terceiros.

c) autorizam o uso de bandeira e tecnologia por emissores e credenciadoras de estabelecimentos.

d) são responsáveis pela aceitação dos cartões no âmbito nacional e, se for o caso, internacional.

e) representam portadores perante instituições financeiras para obtenção de financiamento.

42. **(CESGRANRIO – 2021 – BB – ESCRITURÁRIO)** Dentre as escolhas mais populares de investimentos, a caderneta de poupança é uma das opções mais utilizadas pelos brasileiros, sendo considerada um investimento de renda fixa.

São também investimentos de renda fixa:

a) as Ações

b) as Opções

c) as Commodities

d) os CDB

e) os ETF de Ações

43. **(FCC – 2019 – BANRISUL/RS – ESCRITURÁRIO)** Com base no Código de Proteção e Defesa do Consumidor (Lei nº 8.078/1990, atualizada),

a) o fornecedor é sempre pessoa jurídica, pública ou privada, nacional ou estrangeira, bem como os entes despersonalizados, que desenvolvem atividade de produção, montagem, criação, construção, transformação, importação, exportação, distribuição ou comercialização de produtos ou prestação de serviços.

b) produto é qualquer bem, móvel ou imóvel, caracterizado por sua materialidade, ao passo que o serviço é um bem imaterial.

c) é considerada prática abusiva por parte do fornecedor condicionar o fornecimento de produto ou de serviço ao fornecimento de outro produto ou serviço, bem como, sem justa causa, a limites quantitativos.

d) é considerada publicidade abusiva qualquer modalidade de informação ou comunicação de caráter publicitário, inteira ou parcialmente falsa, ou, por qualquer outro modo, mesmo por omissão, capaz de induzir em erro o consumidor a respeito da natureza, características, qualidade, quantidade, propriedades, origem, preço e quaisquer outros dados sobre produtos e serviços.

e) no fornecimento de produtos ou serviços que envolva outorga de crédito ou concessão de financiamento ao consumidor o fornecedor deverá, entre outros requisitos, informá-lo prévia e adequadamente sobre o montante da taxa efetiva anual de juros, desobrigando-se da informação quanto ao montante dos juros de mora.

44. **(IBADE – 2020 – IBGE – RECENSEADOR)** Numa escola estão matriculados 600 alunos, dos quais 320 são meninas. A razão entre o número de meninos e o número de meninas é:

a) $\dfrac{3}{4}$

b) $\dfrac{7}{8}$

c) $\dfrac{4}{5}$

d) $\dfrac{11}{13}$

e) $\dfrac{7}{12}$

45. **(FCC – 2019 – BANRISUL/RS – ESCRITURÁRIO)** Em um banco de dados relacional existem as tabelas Cliente e ContaCorrente com cardinalidade tal que um cliente poderá possuir diversas contas-correntes e cada conta-corrente poderá ser conjunta, ou seja, pertencer a mais de um cliente. Para implementar corretamente a ligação entre essas tabelas em um Sistema Gerenciador de Banco de Dados Relacional padrão,

a) a chave primária da tabela Cliente deverá aparecer na tabela ContaCorrente e vice-versa.

b) bastará criar as duas tabelas e estabelecer uma restrição de integridade referencial direta.

c) será necessário que as duas tabelas tenham chave primária composta.

d) será necessário definir uma restrição circular de cardinalidade n:m direta por meio do ID do cliente e do número da conta-corrente.

e) será necessário criar uma tabela de associação entre elas.

46. **(CESGRANRIO – 2021 – BB – ESCRITURÁRIO)** A partir da análise do banco de dados da agência, o atendente bancário pode realizar vendas sugestivas, identificando as informações sobre o cliente para:

a) diminuir os juros cobrados dos correntistas.

b) informar sobre a carga tributária dos investimentos.

c) propor o acesso a novos produtos do banco.

d) retirar os dados do mailing da companhia.

e) sugerir mudanças no horário das visitas à agência.

47. (CESPE/CEBRASPE – 2022 – DPE/RO – OFICIAL DE DILIGÊNCIA)

Texto CG2A1-I

[...] Com a derrota de Hitler em 1945 e, portanto, o fim da Segunda Guerra Mundial, da qual o Brasil participou contra as ditaduras nazifascistas — devido à entrada dos Estados Unidos da América no conflito, liderando e coordenando os esforços de guerra dos países do Eixo dos Aliados —, o mundo foi tomado pelas ideias democráticas, e o regime autoritário do Estado Novo (iniciado em 1937) já não se podia manter.

Internet: www.politize.com.br (com adaptações).

No terceiro parágrafo do texto CG2A1-I, o trecho entre travessões informa o motivo de:

a) o Brasil ter participado da Segunda Guerra Mundial contra as ditaduras nazifascistas.

b) Hitler ter sido derrotado em 1945.

c) a Segunda Guerra Mundial ter chegado ao fim.

d) o regime autoritário do Estado Novo ter sucumbido.

e) o mundo ter sido tomado pelas ideias democráticas.

48. (FCC – 2019 – BANRISUL/RS – ESCRITURÁRIO) O Sistema Especial de Liquidação e de Custódia (Selic) é uma das denominadas Infraestruturas do Mercado Financeiro (IMF), por meio do qual

a) são custodiados títulos privados mantidos em carteiras de fundos de investimento.

b) são registradas as transações de compra e venda de títulos emitidos por instituições financeiras.

c) são transferidos os títulos para o comprador, em cada negociação, em tempo real.

d) ocorrem transferências de reservas e fundos para as câmaras de compensação e liquidação.

e) há possibilidade de lançamentos retroativos até determinado horário limite no dia posterior.

49. (FCC – 2019 – BANRISUL/RS – ESCRITURÁRIO) A Circular nº 3.461/2009 e suas alterações, do Banco Central, consolida as regras sobre os procedimentos a serem adotados por instituições financeiras na prevenção e combate às atividades relacionadas com os crimes de lavagem de dinheiro, previstos na Lei nº 9.613/1998 e suas alterações. Dentre outros, determina que deve ser dispensada especial atenção:

a) a situações em que não seja possível manter atualizadas as informações cadastrais de seus clientes.

b) ao sistema de vigilância presencial nas dependências das agências bancárias.

c) à habitualidade de depósitos em espécie em valores totais mensais que não superem três mil reais.

d) à elevada frequência de utilização, pelo cliente, de caixas eletrônicos em diferentes locais.

e) ao volume das aquisições de moeda estrangeira pelo cliente para fins de alegadas viagens internacionais.

50. (FGV – 2021 – FUNSAÚDE/CE – ANALISTA ADMINISTRATIVO) Assinale a opção que apresenta a frase que mostra *incoerência*.

a) "Uma das coisas mais curiosas a respeito da Bolsa é que cada vez que uma pessoa vende ações, uma outra compra, e ambas pensam que são espertas."

b) "Pequenas oportunidades podem ser o início de grandes empreendimentos."

c) "Casar por causa de dinheiro é a maneira mais difícil de consegui-lo."

d) "Nunca devemos gastar o que não temos."

e) "Dinheiro é o cartão de crédito de pobre."

51. (CESGRANRIO – 2021 – CEF – TÉCNICO BANCÁRIO) O texto seguinte diz respeito à generalização das políticas monetárias consideradas não convencionais por parte dos bancos centrais do mundo inteiro.

Os bancos centrais globais agora percebem que políticas monetárias antes consideradas não convencionais e temporárias agora se revelam convencionais e duradouras. Obrigados a encontrar novas soluções devido à crise financeira de 2008 e novamente neste ano por causa da pandemia de coronavírus, o Federal Reserve (FED, na sigla em inglês), o Banco Central Europeu e a maioria dos bancos centrais internacionais se tornaram mais agressivos e inovadores do que nunca na defesa das economias contra a recessão e ameaça de deflação.

(KENNEDY, S; DODGE, S. Política monetária não convencional agora é ferramenta duradoura. **Exame,** São Paulo, 15 set. 2020. Adaptado. Disponível em: https://exame.com/. Acesso em: 29 ago. 2021.)

Um exemplo de política monetária não convencional é a

a) redução da taxa básica de juros

b) compra de títulos públicos e privados por parte dos bancos centrais

c) redução das taxas de redesconto

d) expansão da base monetária

e) venda de títulos com o compromisso de recompra pela autoridade monetária

52. (CESPE/CEBRASPE – 2022 – IBAMA – ANALISTA AMBIENTAL) No que se refere à tecnologia da informação, julgue o próximo item.

Em uma planilha Excel, a divisão de qualquer número por ZERO apresentará o erro #VALOR!, o que indica que um dos operandos está inválido.

Certo ( )   Errado ( )

53. (CESGRANRIO – 2021 – BB – ESCRITURÁRIO) O Instagram é uma rede social baseada em imagens, e o Twitter limita a escrita a 280 caracteres. Talvez por isso, o *marketing* digital seja comumente associado ao uso de imagens e vídeos. No entanto, o uso de texto é muito importante e decisivo na atração de consumidores em plataformas como *websites*, *blogs* e *e-mail*.

O uso de conteúdo textual informativo e atraente, otimizado para persuadir consumidores a comprarem os produtos de uma empresa é denominado

a) *recall*

b) *ebooking*

c) *copyright*

d) *copywriting*

e) *cooperating*

54. (CESPE/CEBRASPE – 2016 – ANVISA – TÉCNICO ADMINISTRATIVO) Acerca da ética no serviço público, julgue o item.

Por ser o Brasil um Estado democrático de direito, princípios éticos não podem ser utilizados como instrumento de interpretação da CF e das leis

Certo ( )   Errado ( )

55. (FCC – 2019 – BANRISUL/RS – ESCRITURÁRIO) O Comitê de Política Monetária (Copom) é o órgão decisório do Banco Central que, no regime de metas para a inflação, implementado no Brasil em 1999, tem por objetivo:

I. Promover a maior geração de empregos.

II. Estabelecer as diretrizes da política monetária.

III. Definir a meta para a taxa básica de juros no Brasil e seu eventual viés.

Está correto o que consta de

a) I, apenas.

b) I e II, apenas.

c) II e III, apenas.

d) III, apenas.

e) I, II e III.

56. **(FGV – 2021 – FUNSAÚDE/CE – ANALISTA ADMINISTRATIVO)** Assinale a opção que apresenta a frase que contém uma metáfora explicada.

a) "Um homem que tem um milhão de dólares sente-se tão bem como se fosse rico."

b) "Quem fica olhando o vento jamais semeará, quem fica olhando as nuvens jamais ceifará."

c) "O capital é como água. Sempre flui por onde encontra menos obstáculos."

d) "A única certeza do planejamento é que as coisas nunca ocorrem como planejadas."

e) "Sabedoria é saber o que fazer; virtude é fazer."

57. **(CESGRANRIO – 2021 – CEF – TÉCNICO BANCÁRIO)** Um trabalhador é regido pelas regras da CLT e tem conta vinculada ao FGTS. Curioso por saber as hipóteses de levantamento do FGTS, formula consulta ao órgão competente.

Nos termos da Lei nº 8.036/1990, a conta vinculada do trabalhador no FGTS poderá ser movimentada no caso de

a) aquisição de imóvel comercial

b) aposentadoria concedida pela Previdência Social

c) desligamento por justa causa

d) compra de automóvel

e) aluguel de entidade familiar

58. **(FCC – 2019 – BANRISUL/RS – ESCRITURÁRIO)**

A chave do tamanho

O antes de nascer e o depois de morrer: duas eternidades no espaço infinito circunscrevem o nosso breve espasmo de vida. A imensidão do universo visível com suas centenas de bilhões de estrelas costuma provocar um misto de assombro, reverência e opressão nas pessoas. "O silêncio eterno desses espaços infinitos me abate de terror", aflige-se o pensador francês Pascal. Mas será esse necessariamente o caso?

O filósofo e economista inglês Frank Ramsey responde à questão com lucidez e bom humor: "Discordo de alguns amigos que atribuem grande importância ao tamanho físico do universo. Não me sinto absolutamente humilde diante da vastidão do espaço. As estrelas podem ser grandes, mas não pensam nem amam - qualidades que impressionam bem mais do que o tamanho. Não acho vantajoso pesar quase cento e vinte quilos".

Com o tempo não é diferente. E se vivêssemos, cada um de nós, não apenas um punhado de décadas, mas centenas de milhares ou milhões de anos? O valor da vida e o enigma da existência renderiam, por conta disso, os seus segredos? E se nos fosse concedida a imortalidade, isso teria o dom de aplacar de uma vez por todas o nosso desamparo cósmico e as nossas inquietações? Não creio. Mas o enfado, para muitos, seria difícil de suportar.

(Adaptado de: GIANETTI, Eduardo. **Trópicos utópicos**. São Paulo: Companhia das Letras, 2016, p. 35)

Há ocorrência de forma verbal na voz passiva e adequada articulação entre os tempos e os modos verbais na frase:

a) Ainda que em algum dia tenhamos para viver muito mais de 100 anos, ainda assim é que os julgássemos insuficientes.

b) Caso viéssemos a viver, no futuro, dois ou mais séculos, nada garantirá que estivéssemos satisfeitos com esse tempo de vida.

c) Na hipótese de um dia viermos a viver por alguns séculos, ainda assim houvesse quem não se satisfaria com todo esse tempo.

d) Quando, em idos tempos, a expectativa de vida era em média 35 anos, os homens não passariam a alimentar metas muito mais altas.

e) Os anos que forem bem vividos bastarão para aqueles que não costumam esperar pelo desfrute de uma margem inalcançável de tempo.

59. **(CESGRANRIO – 2021 – BB – ESCRITURÁRIO)** KO é gerente Júnior de um banco e atua no contato direto com os clientes que têm pouca experiência na atividade de investimentos financeiros. Buscando promoção no quadro interno da instituição financeira, o gerente realiza vários cursos de atualização, inclusive de educação financeira. Munido desses conhecimentos, ele contata os correntistas sob sua responsabilidade e oferece indicações sobre como investir. Os clientes compõem diversos segmentos econômicos, e alguns não possuem renda para propiciar saldos destinados a investimentos no momento em que são contatados. O supervisor de KO identifica essa situação e o adverte da perda de tempo com clientes que não gerariam lucros imediatos ao banco.

Nos termos da Resolução no 4.539, de 24 de novembro de 2016, verifica-se que a instituição financeira

a) deve privilegiar os clientes que gerem recursos imediatos.

b) deve apresentar a todos os clientes os produtos financeiros disponíveis.

c) deve preocupar-se com a formação de clientela futura.

d) pode criar segmentos especiais para atendimento privilegiado e secreto.

e) pode discriminar seus clientes livremente, analisando sua renda como dado essencial para produzir lucro.

60. **(IBADE – 2020 – IBGE – RECENSEADOR)** Em um jogo de basquete, uma equipe venceu a outra por uma diferença de 13 pontos. As duas juntas somaram 179 pontos. Quantos pontos fez a equipe vencedora?

a) 82

b) 96

c) 92

d) 86

e) 83

61. **(FCC – 2019 – BANRISUL/RS – ESCRITURÁRIO)** Utilizando o Microsoft Excel 2013, em português, um Escriturário calculou o valor futuro de um investimento com base em uma taxa de juros constante, considerando que as datas de vencimento dos pagamentos vencem no início do período (pagamentos mensais). Os valores usados são mostrados na planilha abaixo.

	A	B
1		Valor
2	A taxa de juros anual	0,07
3	Número de pagamentos	24
4	Valor do pagamento	-1000
5	Valor Futuro	R$25.830,84

O Valor Futuro de R$ 25.830,84 mostrado na célula B5 foi calculado usando a fórmula

a) =VF(B2; B3; B4; 0)

b) =VALORFUTURO(B2/12; B3; B4; 1)

c) =VF(B2/12; B3; B4;; 1)

d) =VALORFUTURO(B2/12; B3; B4;; 1)

e) =VF(B2/12; B3; B4;; 0)

62. **(VUNESP – 2022 – PREF. JUNDIAÍ/SP – ASSISTENTE ADMINIS-TRATIVO)** Thamires tem dois cachorros, Rex e Totó, cujas massas corporais são de 30 kg e 22 kg, respectivamente. Ela possui um total de 26 kg de ração em sua dispensa e pretende dividir essa quantidade em duas partes, uma para cada cachorro, de modo que a parte que caberá a cada um seja diretamente proporcional à sua massa corporal. Então, é correto afirmar que a parte que caberá a Rex superará a parte que caberá a Totó em

a) 2 kg.

b) 4 kg.

c) 6 kg.

d) 8 kg.

e) 9 kg.

63. **(CESGRANRIO – 2021 – BB – ESCRITURÁRIO)** Sr. X precisava planejar a comercialização de um serviço para um cliente exigente, que demanda a personalização e o serviço de alto contato.

Para isso, ele planejou em sua estratégia comercial

a) reduzir a variação nas operações e na entrega do serviço.

b) garantir a intangibilidade do processo do serviço.

c) encorajar o cliente a realizar operações por internet ou caixa automático.

d) introduzir sofisticada rede de canais de distribuição eletrônicos.

e) interagir pessoalmente com o cliente ao longo da prestação do serviço.

64. **(FGV – 2019 – IBGE – COORDENADOR CENSITÁRIO)**

Texto 1

Uma propaganda sobre o aniversário de um programa de notícias diz o seguinte:

O maior programa brasileiro de notícias completa 40 anos A história de quatro décadas do programa registra os fatos mais relevantes da história mundial, bem como as evoluções tecnológicas e de tratamento de informação que vêm transformando as comunicações em todo o mundo.

Segundo o texto 1, o destaque de maior valor do programa de notícias é:

a) a procura incessante pela verdade nas informações;

b) a durabilidade sempre atualizada do programa;

c) a documentação histórica de fatos e evoluções;

d) a transformação do programa através do tempo;

e) as mudanças no tratamento das informações.

65. **(CESGRANRIO – 2021 – CEF – TÉCNICO BANCÁRIO)** Com a introdução no Brasil, nos anos de 1990, dos primeiros caixas automáticos ou terminais bancários ou ATM, o processo de prestação de serviços se modificou. Desde então, os clientes passaram a integrar uma parte desse processo, realizando um conjunto de atividades que antes eram feitas pelo prestador do serviço.

Assim, o cliente passou a ser parte da solução do serviço, que tem como característica a:

a) coopetição.

b) coprodução.

c) estocagem.

d) homogeneidade.

e) simultaneidade.

66. **(FGV – 2019 – IBGE – COORDENADOR CENSITÁRIO)**

OCDE reduz projeções para Brasil e Argentina

As manchetes jornalísticas seguem um padrão em sua elaboração; NÃO faz parte desse padrão, segundo o que se pode deduzir a partir da manchete acima:

a) emprego de verbos no presente;

b) ausência de pontuação;

c) concentração de informações;

d) siglas não explicitadas;

e) emprego de linguagem coloquial.

67. **(FUNDATEC – 2022 – PREF. ESTEIO/RS – ASSISTENTE ADMINIS-TRATIVO)** Em um determinado posto de saúde, compareceram 450 crianças acompanhadas dos responsáveis; destas, 50% foram vacinadas contra a Covid-19 e 40% foram vacinadas contra o vírus H1N1. Sabe-se que 80 crianças foram vacinadas contra Covid-19 e H1N1 e que há um número de crianças que compareceu ao posto, porém não recebeu nenhuma das vacinas. Nessa situação, o número de crianças que NÃO foi vacinado corresponde a:

a) 100.

b) 125.

c) 145.

d) 160.

e) 185.

68. **(FCC – 2019 – BANRISUL/RS – ESCRITURÁRIO)** No *Linux* e no *prompt* de comandos do Windows, para mostrar a lista de arquivos e diretórios presentes na unidade de armazenamento atual, por exemplo, um pen drive, utilizam-se, respectivamente, os comandos

a) s e dir.

b) list e mkdir.

c) cat e rmdir.

d) ps e dir.

e) ls e files.

69. **(CESGRANRIO – 2021 – BB – ESCRITURÁRIO)** A revista inglesa *The Economist* publica periodicamente o famoso Índice do *Big Mac*, que consiste em avaliar os preços, em dólares, do conhecido sanduíche em diferentes países na economia global. Os resultados são frequentemente replicados pela imprensa internacional, incluindo a brasileira. A metodologia de apuração é simples: com base nas taxas de câmbio nominais das moedas nacionais em relação ao dólar, cotadas num mesmo dia, converte-se o preço do *Big Mac* avaliado nessas moedas para o seu respectivo valor em dólares.

Considerando-se que na edição de 12 de janeiro de 2021, os cálculos da *The Economist* mostravam que o preço, em dólares, do *Big Mac* no Brasil estava cerca de 30% mais barato do que o sanduíche similar vendido e cotado, também em dólares, nos Estados Unidos, o resultado indicava que o real brasileiro estava:

a) valorizado em relação ao dólar.

b) sobrevalorizado em relação ao dólar.

c) subvalorizado em relação ao dólar.

d) com alinhamento nominal em relação ao dólar.

e) na paridade real do poder de compra em relação ao dólar.

70. (FGV – 2021 – FUNSAÚDE/CE – AUDITOR ADMINISTRATIVO) "O homem é confinado nos limites estreitos do corpo, como numa prisão, mas a matemática o liberta e o faz maior do que todo o universo... É levado pela tempestade das paixões a um canto e a outro, sem nenhuma meta, mas a matemática lhe restitui a paz interior, resolvendo harmoniosamente os movimentos opostos da alma e reconduzindo-a, sob a orientação da razão, ao acordo e à harmonia." (Bertrand Russell)

As opções a seguir apresentam marcas qualitativas da matemática sugeridas pelo texto acima, *à exceção de uma*. Assinale-a.

a) A capacidade de superar a limitação humana.

b) A possibilidade de criar a ilusão de grandeza.

c) A criação da harmonia interior.

d) A orientação racional diante das paixões.

e) A formação de condições de união interna.

71. (CESPE/CEBRASPE – 2022 – IBAMA – ANALISTA ADMINISTRATIVO) Assumindo 2 como valor aproximado de 1,17, julgue o item a seguir, relacionado aos sistemas de amortização.

Para um empréstimo de R$ 270.000,00 realizado no sistema de amortização misto, com taxa de juros de 10% ao ano e que será pago em 9 parcelas anuais, a quinta prestação é superior a R$ 45.000,00.

Certo ( )   Errado ( )

72. (CESGRANRIO – 2021 – CEF – TÉCNICO BANCÁRIO) No primeiro semestre de 2021, o câmbio do dólar fechou acima de R$5,90, no maior patamar dos últimos anos, devido à pandemia e ao cenário de recessão. Suponha que o administrador de produtos bancários cambiais de um grande banco deve entregar um relatório, analisando as forças macroambientais que impactam o produto.

Diante desse contexto, o administrador deve considerar a valorização do dólar na dimensão do ambiente:

a) econômico.

b) político.

c) tecnológico.

d) cultural.

e) demográfico.

73. (FCC – 2019 – BANRISUL/RS – ESCRITURÁRIO) No âmbito do Sistema Financeiro Nacional, a atribuição da coordenação da Dívida Pública Federal externa e interna é:

a) do Banco Central do Brasil.

b) do Ministério da Fazenda.

c) da Secretaria do Tesouro Nacional.

d) do Ministério do Planejamento, Orçamento e Gestão.

e) do Conselho Monetário Nacional.

74. (CESGRANRIO – 2021 – BB – ESCRITURÁRIO) No Brasil, o órgão responsável pela fiscalização do Sistema Financeiro Nacional é o:

a) Conselho Monetário Nacional.

b) Ministério da Economia.

c) Banco Central do Brasil.

d) Banco do Brasil.

e) Banco Nacional de Desenvolvimento Econômico e Social (BNDES).

75. (FCC – 2019 – BANRISUL/RS – ESCRITURÁRIO) No tocante à caracterização da prestação de serviços financeiros, com destaque para os serviços bancários, considere:

I.   Possuem intangibilidade porque podem ser definidos como ações, esforços, ou desempenhos, e não objetos.

II. A noção de inseparabilidade está associada à simultaneidade entre produção e consumo desses serviços.

III. A heterogeneidade, ou variabilidade, refere-se ao fato de o potencial do desempenho desses serviços poder variar de uma transação para a seguinte.

IV. A perecibilidade significa que esses não podem ser estocados ou armazenados.

Está correto o que consta de

a) II, III e IV, apenas.

b) I e III , apenas.

c) II e IV, apenas.

d) I e II, apenas.

e) I, II, III e IV.

76. (CESPE/CEBRASPE – 2022 – TELEBRÁS – TÉCNICO EM GESTÃO DE TELECOMUNICAÇÕES) Com relação a redes de computadores, julgue o próximo item.

O conceito de Intranet indica a utilização, por parte de uma organização, de recursos da Internet em suas aplicações, substituindo a rede local.

Certo ( )   Errado ( )

77. (CESPE/CEBRASPE – 2022 – TELEBRÁS – TÉCNICO EM GESTÃO DE TELECOMUNICAÇÕES)

Texto CB4A1-I

A comunicação tem-se transformado em um setor estratégico da economia, da política e da cultura. Da guerra, ela sempre o foi. A inclusão da informação e da comunicação nas estratégias bélicas tem aumentado no correr de milênios.

No século VII a.C., o chinês Sun Tzu, em **A arte da guerra**, dizia que "toda guerra é embasada em dissimulação", referindo-se à distribuição de informações falsas. Contudo, quem mais desenvolveu esse conceito foi o general prussiano Carl von Clausewitz, em seu amplo tratado **Da guerra (Vom Kriege)**, publicado em 1832. No capítulo VI, Clausewitz afirma: "Grande parte das notícias recebidas na guerra é contraditória, uma parte ainda maior é falsa e a maior parte de todas é incerta. Em suma, a maioria das notícias é falsa, e o medo do ser humano reforça a mentira e a inverdade. As pessoas conscientes que seguem as insinuações alheias tendem a permanecer indecisas no lugar; acreditam ter encontrado as circunstâncias distintas do que imaginavam. Na guerra, tudo é incerto, e os cálculos devem ser feitos com meras grandezas variáveis. Eles direcionam a observação apenas para magnitudes materiais, enquanto todo o ato de guerra está imbuído de forças e efeitos espirituais". [...]

(Vicente Romano. **Presente e futuro imediato das telecomunicações**. São Paulo em Perspectiva. Internet: www.scielo.br. Com adaptações.) Com relação aos sentidos e aos aspectos linguísticos do texto CB4A1-I, julgue o próximo item.

Os dois primeiros períodos do primeiro parágrafo compõem uma relação de causa e consequência, de modo que seria correto uni-los em um só período, empregando-se uma conjunção causal, como **já que**, imediatamente antes de "Da guerra", desde que feitos os devidos ajustes de maiúsculas e minúsculas e de pontuação.

Certo ( )   Errado ( )

78. (OBJETIVA – 2021 – PREF. VENÂNCIO AIRES/RS – TÉCNICO ADMINISTRATIVO) Assinalar a alternativa que apresenta a equação que possui os números 5 e -4 como suas raízes:

a) $x^2 + x - 20 = 0$

b) $x^2 + x + 20 = 0$

c) $x^2 - x - 20 = 0$

d) $x^2 - x + 20 = 0$

e) $x^2 + x + 2 = 0$

79. (FCC – 2019 – BANRISUL/RS – ESCRITURÁRIO) A chamada Gestão da Experiência do Cliente:

a) tem seu foco exclusivo no ato de condicionar o cliente a realizar somente determinadas operações.

b) não se preocupa com a construção do relacionamento com o cliente, centrando-se na lógica da transação.

c) pode ser aplicada na estratégia de segmentação de mercado e de definição de públicos-alvo da empresa, mas não em sua estratégia de posicionamento.

d) está centrada na visão da empresa que ao ofertar seus produtos despreza o chamado *insight* do cliente.

e) tem uma visão geral da maneira pela qual a empresa e seus produtos podem ser importantes em todas as fases da vida do cliente.

80. (CESPE/CEBRASPE – 2022 – TELEBRÁS – TÉCNICO EM GESTÃO DE TELECOMUNICAÇÕES) Com referência a segurança da informação, julgue o item a seguir.

Vírus de macros são disseminados por meio de aplicativos que permitem a utilização embutida de linguagens de programação.

Certo ( )   Errado ( )

81. (CESGRANRIO – 2021 – BB – ESCRITURÁRIO)

A crise econômica causada pela pandemia do novo coronavírus provocou a maior fuga de capitais da história do Brasil. Dados divulgados nesta quarta-feira (24/6) pelo Banco Central (BC) explicam que os investidores estrangeiros retiraram US$ 31,7 bilhões do mercado brasileiro de títulos e ações só em março, abril e maio deste ano. Por isso, as retiradas somam R$ 50,9 bilhões nos últimos 12 meses; o maior índice da série histórica do BC.

(BARBOSA, M. US$ 50,9 bilhões saíram do mercado financeiro brasileiro em 12 meses. **Correio Braziliense**, 24/6/2020. Acesso em: 22 jan. 2021.)

Considerando-se os efeitos sanitários, econômicos e sociais decorrentes da pandemia da Covid-19 na economia global, o principal fator que justifica tamanha fuga de capitais do Brasil no ano passado é o(a)

a) aumento desenfreado da dívida externa brasileira.

b) aumento das taxas de juros no mercado internacional.

c) necessidade de recursos, no estrangeiro, para financiar as pesquisas científicas de vacinas contra o coronavírus.

d) manipulação das taxas de câmbio nos mercados globais.

e) maior percepção de risco, por parte dos estrangeiros, em investir em ativos denominados em moeda brasileira.

82. (GUALIMP – 2021 – PREF. GUARAPARI/ES – ASSISTENTE ADMINISTRATIVO) Observe o sistema linear abaixo.

$$\begin{cases} x + y - z = 1 \\ 2x + 3y + mz = 3 \\ x + my + 3z = 2 \end{cases}$$

Estudando o sistema acima, podemos afirmar que:

a) O sistema não possui solução se m = 3.

b) O sistema possui uma única solução se $m \neq -2$.

c) O sistema possui uma única solução se $m \neq 3$.

d) O sistema possui mais de uma solução se m = 2.

83. (FCC – 2019 – BANRISUL/RS – ESCRITURÁRIO) O Conselho de Recursos do Sistema Financeiro Nacional é um órgão colegiado, integrante da estrutura do Ministério da Fazenda, e que tem por finalidade julgar os recursos contra as sanções aplicadas pelo Banco Central e pela Comissão de Valores Mobiliários (CVM) e, nos processos de lavagem de dinheiro, as sanções aplicadas pelo Conselho de Controle de Atividades Financeiras (COAF) e demais autoridades competentes em:

a) casos de interesse exclusivo de investidores estrangeiros.

b) processos de segunda instância judicial.

c) situações de litígio entre instituições financeiras estatais.

d) segundo grau e última instância administrativa.

e) arbitragens decorrentes da utilização de instrumentos financeiros derivativos.

84. (FCC – 2019 – BANRISUL/RS – ESCRITURÁRIO) Para que possam fornecer empréstimo e financiamento para aquisição de bens, serviços e capital de giro no mercado nacional, as sociedades de crédito, financiamento e investimento, além de utilizar o seu capital próprio, emitem:

a) letras de câmbio.

b) certificados de depósito bancário.

c) notas promissórias comerciais.

d) letras de crédito imobiliário.

e) debêntures conversíveis.

85. (FUNDATEC – 2022 – PREF. ESTEIO/RS – ASSISTENTE ADMINISTRATIVO) Dois irmãos, Paulo e João, realizaram um investimento financeiro, e o lucro obtido foi dividido de forma proporcional ao valor aplicado por cada um. Sabe-se que Paulo investiu R$ 5.700,00, João investiu 2/3 do valor aplicado pelo seu irmão e que o lucro obtido no investimento, em um determinado período, foi de R$ 8.400,00. Nessa situação, a parte do lucro que coube a João foi igual a:

a) R$ 3.360,00.

b) R$ 3.540,00.

c) R$ 4.230,00.

d) R$ 5.040,00.

e) R$ 5.230,00.

86. (FCC – 2019 – BANRISUL/RS – ESCRITURÁRIO) Considerando-se algumas das principais etapas de um processo de venda, dentre as abaixo, a sucessão correta de algumas dessas etapas, do início para o final do processo, é:

a) fechamento da venda; pós-venda; sondagem de necessidades; contorno de objeções; prospecção de clientes.

b) abordagem do cliente; prospecção de clientes; fechamento; contorno de objeções; pós-venda.

c) prospecção de clientes; contorno de objeções; apresentação do produto e/ou serviço; conhecimento do produto e/ou serviço e dos clientes; fechamento.

d) prospecção de clientes; sondagem de necessidades; apresentação do produto; contorno de objeções; pós-venda.

e) apresentação do produto e/ou serviço; abordagem do cliente; prospecção de clientes; fechamento; pós-venda.

87. (FCC – 2019 – BANRISUL/RS – ESCRITURÁRIO) Considerando-se algumas das principais etapas de um processo de venda, dentre as abaixo, a sucessão correta de algumas dessas etapas, do início para o final do processo, é:

a) fechamento da venda; pós-venda; sondagem de necessidades; contorno de objeções; prospecção de clientes.

b) abordagem do cliente; prospecção de clientes; fechamento; contorno de objeções; pós-venda.

c) prospecção de clientes; contorno de objeções; apresentação do produto e/ou serviço; conhecimento do produto e/ou serviço e dos clientes; fechamento.

d) prospecção de clientes; sondagem de necessidades; apresentação do produto; contorno de objeções; pós-venda.

e) apresentação do produto e/ou serviço; abordagem do cliente; prospecção de clientes; fechamento; pós-venda.

88. **(CESGRANRIO – 2021 – CEF – TÉCNICO BANCÁRIO)** A principal marca distintiva do Pix, em relação aos mecanismos de pagamento com cartões de débito automático, é que o Pix é um sistema de pagamento instantâneo criado pelo(s):

a) Banco do Brasil.

b) Banco do Nordeste.

c) Banco Central do Brasil.

d) bancos comerciais.

e) bancos de investimento.

89. **(UNIOESTE – 2022 – PREF. CASCAVEL/PR – AGENTE ADMINIS-TRATIVO)** Sabe-se que um comerciante tem R$ 75.000,00 de lucro a cada R$ 300.000,00 em vendas. Qual seu % de lucro líquido?

a) 15%

b) 18%

c) 20%

d) 25%

e) 30%

1 GABARITOS

01	B	02	Errado	03	Certo	04	A	05	Certo
06	A	07	Errado	08	A	09	C	10	Certo
11	Errado	12	Certo	13	E	14	D	15	A
16	A	17	B	18	D	19	B	20	Certo
21	Certo	22	C	23	D	24	A	25	E
26	C	27	A	28	Errado	29	B	30	B
31	B	32	C	33	Certo	34	Errado	35	D
36	Errado	37	Certo	38	Certo	39	C	40	A
41	E	42	D	43	C	44	A	45	E
46	C	47	A	48	C	49	A	50	D
51	B	52	Errado	53	D	54	Errado	55	C
56	C	57	B	58	E	59	B	60	C
61	C	62	B	63	E	64	C	65	B
66	E	67	B	68	A	69	C	70	B
71	Certo	72	A	73	E	74	C	75	E
76	Errado	77	Errado	78	C	79	E	80	Certo
81	E	82	D	83	D	84	A	85	A
86	D	87	D	88	C	89	D		

Impresso por:

www.metabrasil.com.br